百科集趣

于永昌 著

第三辑

生物世界

自然景观

游览胜地

中国文史出版社

前　言

大千世界，社会生活，奇事种种，妙趣多多。

在人们看到、用到、吃到和有兴趣、想了解的事物中，很多都包含着丰富的文化内涵和深厚的历史底蕴，并融入了许许多多新奇、有趣的记载。这套《百科集趣》具有科学性、知识性，尤其侧重情趣，将十几个方面新鲜、好看、有意思的资料筛选后讲述出来。诸如糖葫芦、饼干、比萨饼的诞生；转魔方最快和最慢的人分别是谁；植物有语言，有情感，能自卫，也贪杯；动物有爱心，讲义气，也会因犯法被判刑；早期的空战轰炸是用手将炸弹掷向地面的；大炮也可为乐团伴奏……

捧起书，读者会发现，缤纷世事可印刷折叠，古闻新知能装订保鲜。每翻开一页便能读到一篇妙文，便可打开一扇观赏世间的窗口。从天上到地下，从山川到海洋，从古代到今天，从宏观到微观，从已知到未知，等等，荟萃了大容量知识和情趣的历史记载、馆藏资料与最新信息扑面而来。一览之下，让人在开阔眼界、增长知识的同时会由衷感叹：不读不知道，世界真奇妙！

愉快的读书称作悦读。这套书力求以引人入胜的内容和浓郁的情趣，让人看得高兴，看得快乐，进而感受到人生的美好、生活的多彩，使心灵受到启迪，唤起创造更多奇迹的热情。在补充课堂书本以外知识的同时，还能为整日忙于学习、工作的人们，缓解疲劳，放松身心，平添轻松快慰的好心情。好的心态、心情是艰苦生活的润滑剂和跋涉路上的滋补品，看到书中的有趣内容，难免让人忍俊不禁，发出会心一笑。多看看这套书，长知识，增情趣，会有不少收益。

目 录

生物世界

自然景观

游览胜地

生物世界

1. 生物的类别

生物是具有新陈代谢、生长、生殖、感应、运动等生命现象特征的物体。自然界中具有生物特征的物体包括植物、动物和微生物三大类。

微生物包括细菌、放线菌、真菌、螺旋体、立克次体、支原体、衣原体、病毒，是一类形体微小、构造简单的单细胞或多细胞原核生物或真核生物，有的甚至没有细胞结构。绝大多数微生物都要用显微镜甚至电子显微镜才能见其真容。

大约在25亿年前，由原始细菌进化出了海生藻类。以后，植物这个生机勃勃的绿色精灵便进占了地球的山川大地，各个角落。根据植物生长环境及其特征，可分为苔藓植物、蕨类植物、裸子植物、被子植物等。苔藓植物一般较小，遍布于世界各地，从极地到热带都有生长，属于无种子的绿色植物，由受精卵发育成孢子体繁殖。常见的苔藓植物有葫芦藓、地钱、片叶苔、塔叶苔等。蕨类植物是无花的植物，为高等植物中比较低级的一门。蕨类植物约有12000种，主要分布于热带、亚热带潮湿地区。常见的蕨类植物有薇菜、卷柏、海金沙、石松等，有的可食用、药用，作工业原料。裸子植物是种子植物中的一个类群，其特征是胚珠外露，受精后形成的种子也是裸露的，如铁树、银杏、松树、柏树、杉树等。全世界的裸子植物有700多种。被子植物具有真正的花，是最为高等的植物，全世界约有30万种。

动物是自然界的重要组成部分之一。据统计，全世界约有150万种动物。在动物的分类中，最大的单位是门，从构造简单到复杂可分为原生动物门、海绵动物门、腔肠动物门、蠕虫动物门、软体动物门、节肢动物门、棘皮动物门、脊索动物门共35个门类，往下再分为亚门、纲和目。海绵动物门和腔肠动物门的物种多栖息于水中。节肢动物门是已知动物中数量最多的，有100万种。节肢动物一般以头、胸、腹三部分为特征，下分为四个纲，即多足纲，如蜈蚣等；甲壳纲，如虾、蟹等；蛛形纲，如蜘蛛等，昆虫纲，如蝗虫、蚊蝇等。由此可知蜈蚣、蜘蛛并不是昆虫。

脊椎动物是脊索动物的一个亚门，是动物界最高等的门类。这种动物体形左右对称，身体分头、躯干、尾，背上有由脊椎骨相连的脊柱。哺乳动物又是脊椎动物亚门中最高等的一个纲，另具颈和四肢，绝大部分胎生，以乳汁哺育幼雏而得名。爬行动物也为脊椎动物亚门的一纲，分喙头目，如蜥蜴等；鳞目，如蛇等；龟鳖目，如龟等；鳄目，如湾鳄等。脊椎动物亚门的鱼、鸟两纲也都是地球上庞大的物种，身体形形色色，习性千奇百怪。它们畅游水里或翱翔天空，最能引起人们的羡慕和遐思。

2. 生命的另类——病毒

细菌已属人的肉眼看不到的微生物,病毒的个体更小,是地球上最为微小的生命。

一个病毒的长度通常只有几十到几百纳米(一纳米等于十亿分之一米),如将几十万个病毒拢到一起,或许能让人看到病毒粉屑。19 世纪末,科学家在研究烟草花叶病时发现,将感染了细菌的烟草叶提取液用滤菌器过滤后,依然能感染其他烟草,他们想到会有一种比细菌更小的感染性生物体让烟草感染,于是提纯了烟草花叶病菌。这是人类认识病毒的开端。

科学家经过一个多世纪的不懈探索和电子显微镜的发明,如今已揭开了病毒的神秘面纱,了解了病毒的生活习性。病毒只具备生命世界中最简单的身体构造,只是一层蛋白质外壳包裹着携带基因的核酸,复杂些的外面还有层脂膜,当然连单细胞生物也算不上。病毒寄生可以整体进入细胞,也可将身体有核酸的一端置入细胞,并表现出独特的生物活性。病毒没有从小到大的生长现象,它以自己特殊的方式繁衍,从而成为生命世界中的异类。

目前科学家已发现的病毒达几千种。病毒暴露在电子显微镜下的形状以球状和杆状为多,也有蝌蚪状、卵状及其他一些稀奇古怪的形状。对于人类而言,近年提到最多的是艾滋病毒,这种病毒可以完全破坏人体免疫系统,从而导致各种疾病并发,致人死亡。自 1981 年发现艾滋病病毒以来,通过性传播、血液传播和母婴传播,艾滋病已蔓延到世界各地。近些年来,一些奇特的病毒接二连三出现在人类社会,在人群中快速传播,如非典病毒、禽流感病毒、甲型流感病毒等,给人们的生命健康造成很大威胁。再加上以前的很多疾病,如小儿麻痹症、肝炎、天花等也由病毒所引患,致使很多人谈病毒而色变,视病毒为疾病的代名词。

病毒虽带给人一些疾病,但它也不是一无是处。病毒在基因工程、生物防治、纳米材料制造等方面都有使用,在今后的科研领域也会有更重要的作用。从生态学讲,病毒是维持生态系统稳定不可或缺的一环,倘若没有病毒,致使一些物种无序繁衍,也会造成生态失衡。人类是大自然中的一员,应该有智慧、有能力处理好与其他生命的关系,包括病毒等生物。人类有些病症不能光怪罪病毒,应多从破坏环境而造成生态恶化、有违生理的不良生活习性等方面找找原因,然后再加以有效的应对。

3. 少不得的细菌

细菌属于微生物中的一大类，为单细胞或多细胞的微小原核生物，按植物学的门类，归入低等植物细菌们。细菌的大小约为一至数微米，呈球形、杆形、弧形、螺形、丝形等，有的具有芽孢、鞭毛或荚膜。细菌以两等分分裂繁殖为主。除部分细菌有自养能力，多数细菌以腐生或寄生生活，遍布于土壤、水、空气和生物体的体内及体表。

一说细菌，有人便会认为它们是些坏东西。确也有若干种类的细菌能引起人和其他动植物发生病害或造成工农业产品腐败。但使人染病、物品发霉的细菌只占极少数，绝大多数的细菌对人无害，而且是缺少不得的呢。

很多细菌等微生物，专以消化动植物的尸体和排泄物为生，积极蚕食各种腐烂物品，以清洁环境为天职。从远古至今，在地球表面每时每刻都会死去很多动植物，如果不及时清除，地球再大也不会有人类立足之地。是微生物细菌担当除腐主角，出色完成了朽解工作，为人类的存在和发展帮了大忙。

细菌对人类社会的贡献是多方面的。一种根瘤菌能为豆科植物固定氮气，从而提高土壤肥力增收。培养大肠杆菌利用遗传工程生产的活性亮氨酸脑啡肽，镇痛效果极佳。以霉菌制造的各种抗菌类药物广泛用于临床治疗。提取霍乱菌的一种分泌物，提前注射给移植手术患者，能有效阻止排异反应。有些细菌具有极强的抗毒性，甚至吞吃氰化物、砷等，可用于清除污染。有些细菌可潜入螟、蝇体内滋生，或制造细菌农药，可有效减轻农作物的虫害。有的细菌可用来从肥料中提取可燃气体，从贫矿中提取铜、铀等。一些种类的细菌还被用在工业制冷和人工降雨等方面。细菌在冶金、石油工业等部门也都大有用武之地。如果没有了细菌，这些人类活动的领域将会出现多少空白呀！

与人们生活联系更为紧密的是发酵食物。有了乳酸菌、酵母菌等细菌，人们才能享有松软、香甜的馒头、面包，品尝萝卜、白菜等发酵制成的泡菜，吃到腐乳、黄酱、酱油、香醋等美食调味品，饮用经发酵酿造的酒、红茶等。发酵制作的酸奶，不仅口味更佳，容易被人体吸收，还有益于长寿呢。少了细菌参与，餐桌上缺少了这些美食，可以想见人们的生活会乏味很多。

人类生活是离不开细菌的。展望未来，细菌在农业、化工、燃料、食品、药品等方面都会有更多的应用。积极控制、治理有害的细菌；大力培育有益的菌种，用其所长，是人类与细菌的长久相处之策。

4. 生命的奇迹

科学家研究发现,生命可以在地球上一些最严酷的环境中生存,创造出种种奇迹,成为不可思议的“极端生命”。

许多动物可以忍受一个时期的干旱。若是几十年喝不到一滴水,则难以存活。然而偏有某些动物如轮虫等将身体蜷缩成球状,迎接连年干旱的考验。一种身长1.2毫米、被称作水熊虫的小型无脊椎动物,堪称耐旱冠军。遭遇多年不雨时,水熊虫会紧缩身体,关闭体内新陈代谢系统,耐心等待环境改变。研究显示,水熊虫在缺水状态下可存活达120年。

对于生物体来说,如果体表周围的温度高到一定界限,将难以存活。耐热的非洲撒哈拉银蚁,可忍受超过50摄氏度的酷热。一种生活在海底的长蠕虫,能将尾巴黏附在80摄氏度高温的火山热液喷口岩壁上,头部则伸出高热区。加热烹煮食品并不能除去所有细菌,有些细菌的芽孢可以忍受180摄氏度的高温。在俄罗斯贝加尔湖附近温泉中,水温达到47摄氏度,一种鲫鱼在水中优哉游哉游动。美国加利福尼亚52摄氏度的热泉中,也有几种热水鱼栖息。希腊有一种不怕烫的老鼠,在沸水锅里沉浮自如,出水后毫发不损。

在耐寒的动物中,北极白熊、南极企鹅、海豹等都能抵御零下80摄氏度的低温。北极鸭在零下110摄氏度环境中仍能保持常态。一种尼日利亚蝇的幼虫,在被放入零下190摄氏度液态氧里,能继续发育。那位耐干旱的水熊虫,在耐寒方面也是硬汉,把它放入零下272摄氏度液态氧里,仍能存活。

在地球的高空、水下也辟有生物的栖身之所。科学家在海拔2000米的高空,曾收集到木虱、蚜虫等鲜活虫体,在4000米高处俘获到蜘蛛,在同温层22000米高空,也有霉菌等菌体存活。在水下,哺乳动物海象、抹香鲸可以潜到水深超过1000米的海底觅食。这已是它们下潜的极限,再向下海水压力是大气压的几十倍,它们的心脏等器官将难以承受。可是,在更深的海底仍有不少鱼虾等动物生存。这些深海中的动物都具有更加柔韧的细胞膜,以多种不饱和脂肪取代了饱和脂肪。科学家运用遥控机器人进入马里亚纳海沟,在海平面以下11000米深度发现了细菌、端足类海虱等动物。一种海跳蚤体长4.5厘米,虽然周围一片漆黑,它们的游速却很快。深海动物一般以海上降落的动物尸体为食,可食之物降到这里后气味也变得独特。这些深海生物要承受100兆帕斯卡的压力,在此极端的环境下生存,让人心生敬畏。

5. 生命的顽强

生物可以存活于严酷难耐的环境中,有些生物更有着强大的生命忍受力,令人为之惊叹。

世界上生命力最为顽强的植物当属地衣。在海拔几百米至数千米的高山岩壁上,都点缀有地衣黄、绿、灰、橘红、褐等多种颜色的斑块。它们年复一年附着在树皮、岩石等处,其含带的酸还有溶解、风化岩石的作用。科学家研究发现,地衣并非单纯的植物,它与真菌、藻类合伙共生。真菌吸收水分、无机物,由具有叶绿素的藻类进行光合作用,制成养料,三方资源共享,在一处处营养极为贫乏和空气十分稀薄的地带生生不息。

有些生物的再生能力颇为顽强。在美国,有人切下一块仙人掌,在房檐下吊挂了 30 年,而后又栽入土中,仙人掌居然成活,重新长大。沙漠的芨芨草在压成标本后,被水浸泡又能萌芽,长得翠绿。我国东北出土的千年古莲子,经北京植物园培育,竟重新发芽、开花。英国博物馆里有两只蜗牛,被钉在木板上做标本,4 年后,板面上出现了黏液,馆员发现一只蜗牛还活着。

传说猫有九条命,当然是不足信,但猫的生命力的确很强。美国一位妇女发现她养的一只肥猫走失了,寻找不到。一天她打开家中一只皮箱,才知道爱猫被关在皮箱里,时间已长达 22 天。虽然一直挨饿,这只肥猫却靠着消耗身上的肥膘活了下来。在美国纽约的一场火灾中,15 层楼上的一只小猫在被浓烟烈火吞没前,观察好下面的地形,沉着冷静地纵身跳下,正好落入地面一个水池中,毫发无损。小猫游到池边,安全脱险。这一幕悄悄被人用手机拍到,放到网上,轰动一时。

20 世纪 80 年代,英国有两只机警的小公猪从屠宰场逃出,一次次摆脱了追捕者的围堵,警察动用了现代装备仍然扑空。小猪不屈不挠的"胜利大逃亡",赢得了公众的广泛同情。后来小猪虽被"缉拿归案",却由动物庇护所收容,被誉为公众的"英雄"。2008 年四川汶川发生强烈地震,一头被废墟掩埋长达 36 天的猪被人们救出。这头猪靠水和猪圈里的木炭及消耗自身多达 200 斤的脂肪艰难存活,被人们取名"猪坚强"。在网上还流传着为"猪坚强"谱写的歌曲。

6. 神奇的花

美丽的鲜花很受人们喜爱。在世界的一些地方,有些植物的花很是与众不同呢。

非洲喀麦隆草坡上生长着一种“握手花”。它有着与含羞草一样的敏感花冠。当花朵盛开后,一碰花托,花朵上的花瓣就会紧缩起来。如果用手指去触碰花蕊,花瓣就会把手指包拢住。

坦桑尼亚原野有一种木菊花,当地人称其“催眠花”。花朵有黄、白、紫等颜色,富含一种催眠的酮甙物质。人或动物吃了这种花就会昏昏入睡。连犀牛、河马这些大家伙,吃了几朵花后也会沉睡许久。

在我国新疆的玛纳斯草原和青海湖畔,春夏之际能看到一种艳丽的“报时花”,这种花只在固定的时间盛开。淡黄色的花开在早晨 8 时前后,橙红色的花绽放于中午时间。花开能向人报告上午的时间段。

新西兰有一种“报雨花”。当空气中湿度大时,花瓣萎缩包卷,预示着要下雨;而花瓣舒展,则表明天气晴朗。人们出门前先看看这种花,再决定带不带雨具。

印度尼西亚爪哇岛上有座叫潘格兰格的活火山,山下附近生长着一种“报警花”。每当这种花的蓝、紫色花朵开放,火山一定又要爆发了。于是当地人一看到“报警花”含苞欲放,便及早逃离此地。

印度尼西亚苏门答腊岛上生长着一种“灶台王花”,这是一种属芋头科的植物,20 年才开花一次。花朵高达 1.28 米,包括花瓣、花轴和花托。花托部分好似灶台,因此得名。在南美洲安第斯高原还有一种百年才开一次花的植物。这种植物数量不多,不开花不引人注意,一开花就把花开得很大,气味芬芳。塔形花穗高达 10 米,近万朵小白花自下而上层层开放,三个月才能将一只花穗布满。银白一片,蔚为壮观。

在印度尼西亚的热带森林里,生长着一种叫大花草的植物。它没有根、茎、叶,而是寄生在藤蔓植物的茎上,但它开出的花却是世界上最大的,名为大王花。大王花朵直径达 1 米,最大的为 1.5 米,相当于餐厅的圆桌。它有 5 片又大又厚的花瓣,呈鲜红色,花心圆凹像个脸盆,可以贮存七八千克水。大王花靠吸取别的植物的养分生长,一生只能开一次花。花开放后绚丽而有香气,但几天后就会散发出难闻的恶臭,吸引逐臭的苍蝇等昆虫到来,为它传播花粉,孕育后代。

大王花够臭的,中美洲有一种叫蜘蛛草的花,外貌奇丑,颜色像腐肉,气味更是令人作呕,臭不可闻。有个画家想给它画像,闻到花的臭味,险些昏厥过去,只好用大玻璃罩把花罩住,这才趋前完成观察、绘画。

7. 独特的草

世界上有各种神奇的花，也有不少独特怪异的草。

“蜜草”长在南美洲巴拉圭草原，它的茎、叶含有一种蜜草精，这种物质比蔗糖甜百倍。当地人把蜜草晒干、磨碎，掺在饮料内，使人乐于饮用。人们已经开始对蜜草进行培植。

非洲东部草原上生长着一种“醉草”，在草的叶瓣上分布有针尖大的小孔，从孔中能分泌出一种味道浓郁的烈香脑油，此香味芬芳好闻，对人体无害。但若长时间闻此草香，就会像醉酒一样睡倒。

巴西亚马孙河流域生长着一种“测醉草”。凡是饮酒过多的人走近它，浓烈的酒味就会使这种草枝垂叶卷。当地交通部门常用这种草测试那些酗酒后开车的人，一试一准。

“含羞草”原产于巴西。它是一种有趣的观赏植物，周身长满了细毛和小刺，只要手指轻触一下它的花或叶，叶片就会折合起来，似乎十分害羞，并因此得名。含羞草的叶柄基部有个贮水的叶枕层，当叶受到震动，水就向叶枕外流动，垂下叶柄。植物有了这种对触感的反应，就能减轻在暴风雨中受到的伤害了。

在中亚草原生长着一种“指南草”，具有辨别方向的功能。这种草有个特殊之处：在阳光照耀下，叶子有趋光性，叶子总是从北方指向南方，从叶尖的位置可准确辨认方向。这种草对旅行者来说就是天然的指南针。

在我国南方山里，有一种跳舞草，它会不住地摇摆舞动。跳舞草的叶子由三枚小叶组成，中间一叶较大，呈椭圆形，两边的叶小，为矩形。这种草对阳光非常敏感，太阳一照，两边侧叶就会收拢下垂，画着曲线旋转，叫人百看不厌。这种草原产在热带，不喜欢水分蒸发，因此太阳一照叶子就扭动，为的是躲避酷热，适应环境。

在南美洲巴西南部地区，天热多雨。一种属凤梨科的草，由于生命力旺盛，长到电线上去了。它的根长在电线表皮上，叶子密实地层叠成漩涡状，用来贮存雨水。每根电线都像一条条绿链伸展开去，新奇而好看。

圆鼓鼓的石头草长在美洲沙漠地区，它由两片对合的叶子组成，一剥开就会看到储存在里边的水。这种石头草杂生在真正的石头之间，能够巧妙地逃避食草兽类的吞食。有趣的是，雨后从两片圆叶中间，还能开出一朵朵美丽的小花哩。

在安哥拉山区长有一种瀑布草。这种草植根于山崖石缝间，倒挂而下，灰白色的长长叶片平整顺贴，叶面有细茸毛黏附在崖壁上。远远望去，一大片瀑布草好似瀑布顺崖倾斜。这种草为此而得名。

8. 多样的根

大多数陆生植物都有根扎入泥土，这些根埋头苦干，担当着固定植株吸收水和无机盐的重任。

根的类型多种多样，主要可分为直根系和须根系。直根系有粗壮发达的主根，如松树、柏树、柳树等。有些蔬菜和药用植物也是直根系，如萝卜、胡萝卜、人参等，由主根发育成贮藏根，从而向人们提供了美食和药材。须根系的主根生出不久便不再生长，而由茎的基部衍生出众多不定根。粮食作物多是这种根系。一株玉米长到8片叶子的时候，须根可达一万条，总长度达20公里。一株小麦的根可达到7万条。西伯利亚的黑麦须根更是多得惊人，一株就有1400万条。

根系多，扎根深，就能为植株吸收到更多的水分和养分。让人难以看到的是，植物根系的总面积大大超过了地面上枝叶覆盖的面积，甚至超过5—15倍。蒲公英长到20厘米高时，它的根已钻到1米深的地下。非洲的一种巴尔巴蒲树，它的根有30多米长。生长在南非德兰士瓦的一种野生无花果树，其根长达130米，是目前所知有着最长根的植物。

地面的植物形形色色，它们底下的根部也是奇形怪状的。甜菜的根呈纺锤形，萝卜的根为圆柱形，人参可长为人形。玉米在拔节后会生出几层支撑根，稳固茎干。常春藤茎上能长出攀缘根，帮助其攀爬。秋海棠的叶子插进土里就会长出根来，枣树也能分根长出小枣树。有的植物的根与微生物共生，成为根瘤和菌根。还有的植物长有寄生根，如菟丝子、肉苁蓉、桑寄生等，它们从地里发芽后，长出茎蔓向上生长，缠上其他植物后，以茎上吸器刺入植物，成为寄生根，而将自己下部的根断弃。这些“不劳而获”的植物虽让人不齿，但它们都很有药用价值，故此仍得到栽培。

常言道：“独木不成林。”是说一棵树再大，覆盖面积也有限。然而榕树以其树干向下生出许多不定根垂到地面，再发育成粗壮的支撑根，一棵树却能形成一片“树林”。我国西双版纳森林里的一棵大榕树，占地竟达6亩。世界上最大的一株榕树长于孟加拉国，其支撑根撑起的树干可覆盖约15亩土地，成为一处独特的自然景观。

鸟儿啄食树种，掉落在古树杈缝隙间生根发芽，还能长出“树上树”呢。我国河南光山县有一棵千年古银杏树，在树的5米分枝处，生长出黄连木、柏树、桑树各一棵，四树同根，蔚为壮观。无独有偶，江苏镇江市一公园内，一棵800岁的银杏树干也扎根生长着一株榆树、一株桷树和一株古藤，母树根深叶茂，子树也根壮枝繁。游客到此，无不称奇。

9. 叶子评说

千姿百态的植物,生就了形状不一的叶子。叶子有大有小,有薄有厚,有软有硬。大致可分为针形、披针形、线形、卵形、圆形、菱形、扇形、钥匙形、三角形、镰刀形、心形、鱼鳞形、提琴形等叶形。我国著名的观叶树鹅掌楸,其树叶前端不是尖形的,而是形成截头形,很像清代人穿的马褂,为此鹅掌楸又称马褂木。我国南方有一种树羊蹄甲,它的叶子沿着中轴叶脉分裂为两半,很有羊蹄的模样。

一个完整的叶子,通常是由叶片和叶柄组成。植物的叶子经长期进化,在适应生活环境的过程中,有些植物的叶子失去了叶柄,个别植物身上还找不到叶片。典型的是沙漠中的仙人掌,为了保存体内水分,节制蒸腾作用,它的叶子已经退化成了针状。盆栽的观赏植物文竹,姿态纤秀,枝干有节,因像竹枝而得名。通常被认为是文竹叶子的部位,其实是枝条,文竹的叶子已退化成白色的鳞片。想看清文竹叶子的真面目要用放大镜。评选世界上叶子最小的植物,文竹当属头名。

南美洲智利森林里长有一种大叶子的植物,名大根马拉草,落下一片叶子,可将三个并排骑马的人连人带马盖住。南亚热带森林中的长叶椰子树,树叶长达20多米,直竖起来有七八层楼高。南美洲王莲的叶子直径为2.5米,在水中能托住70公斤的重量。在非洲南部干旱的沙漠地带,生长着一种百岁兰。它似树非树,似草非草,能存活百年以上,但一生只长两片叶子。这种植物的茎是木质的,成块状埋于沙砾里,茎端分为两杈,每杈各生有一片草质带状的叶子。叶子生长缓慢,却不会脱落,一般可长到3米以上。年长日久,叶子被风沙卷曲撕揉,乱成一团,但这并不妨碍百岁兰生存,夜晚间或有一点潮气,在它就足够了。百岁兰年年开红色的花,靠不多的昆虫传粉,结籽后随风传播。百岁兰的叶子存活长达一个世纪,是植物中寿命最长的叶子。

绿叶衬红花,绿叶常常以默默奉献赢得赞誉。棕榈、橡皮树等赏叶植物也并不亚于赏花植物。在园林中,绿叶除供观赏、美化环境,还有吸附尘埃、清洁空气的作用。在饮食上,叶菜类白菜、卷心菜、菠菜、油菜等都能烹烧成佳肴。箬竹叶、苇叶、粽叶芦等是包裹粽子的专用品。用荷叶还能制作名菜荷包肉、荷包鸡等。从薄荷叶中提取的薄荷脑,被广泛用于糖果、饮料、牙膏及清凉油等中。芭蕉叶扇则是夏季时人们纳凉的好物件。在俄罗斯东部生有一种罗盘莴苣,其叶片一律朝南北方向长,是天然的指南针。澳洲有一种桉树的叶子,叶梢分别指向东西,也能为旅人指明方向。东非马尔加什的树林中遍布一种扇芭蕉树,树叶肥大坚实,可折成杯、碟、勺、碗、盆、桶等器皿,也可裁成桌布、窗帘,还可当瓦覆盖屋顶,代板铺垫地面。

10. 树皮略述

树是木本植物的通称，茎、干部的外露部分称为树皮。树皮的构造包括表皮、周皮、韧皮部几部分。韧皮部排列着筛管，筛管是为树体运送营养的通道。俗话说，树怕剥皮。如果树的主干的树皮被剥落一圈，树内输送养料的通路就被完全切断，进行不了营养代谢，就要导致全株树木枯死。

不同的树种，其颜色各不相同。槐树树皮是暗灰色的，楸树的皮为灰黑色的，梧桐的树皮呈翠绿色，樱桃的树皮显现红褐色。俄罗斯的白桦树亭亭玉立，树干外皮粉白如霜，有的还透出淡淡的红晕，清秀雅致，广受赞美。我国的白皮松，树皮色泽绿白相间，斑斓可爱，其枝杈扭曲，姿态奇妙，又有蟠龙松之称。

不同树种的树皮厚度也存在差异。悬铃木、冷杉的树皮是较薄的，油松、栎树的树皮则较厚。在我国各地分布很广的落叶大乔木栓皮栎，树皮木栓层特别发达，每年都会向外部生长大量木栓，厚的可达三寸，形成了又厚又软的树皮。

树木不同，树皮有的光滑，有的粗糙，一些大树、老树上开裂的花纹也是形形色色的。柿子树树皮作小方块开裂，松柏为长条纵裂，樱花的树皮呈圆环状浅裂，鹅掌楸树皮上则留下交叉状裂痕，而枫香树皮的花纹恰似一片片鳞甲贴在了树干上。我国北京街道广种的毛白杨树身高大挺拔，树皮四周长有环状裂蜗，很像一只大眼睛，在与人对视。

树皮有着不同的外观，有些树的树皮还触碰不得。印度生长着一种放电树，人不小心碰到它的树皮、枝条，就会产生像触电一样的难受感觉。热带赤道地区生长的箭毒木，其树皮、枝叶中都含有毒性很强的白色液汁，这种毒汁一旦接触到人或动物的伤口，便会造成死亡，大意不得。

不同树种的树皮以其物理性质和化学成分的不同有着多种用处。栓皮栎的树皮质地轻而有弹性，为热、电、声的不良导体，是很好的隔热、绝缘和隔音材料。因其又有不透水、不透气、耐摩擦、耐腐蚀等性能，可制作软木砖、软木板、软木塞等，在工业上用途广泛。许多种类的树皮都可用于造纸。构树、桑树的树皮都是制作打字蜡纸的原料，青檀树皮在制造宣纸时更不能少。樟子松、花香树、马尾松等树的树皮中可提取栲胶。马尾松的树皮能制胶粘剂和人造板。黄柏的树皮可制染料。金鸡纳、厚朴、杜仲等树皮都是名贵的药材。棕榈树的树皮称棕衣，用刀将棕衣一张张割下来，晒干就可以用来制作棕垫、棕绳等棕制品。树皮在民间也有着种种用处。玻利维亚人喜欢把大棕榈叶子当“雪橇”，在冬季滑行比赛。我国黑龙江沿岸的居民用桦树皮制成桦皮船，用于水上航行和捕鱼。

11. 种子趣谈

植物体经过开花、传粉、受精后，由胚珠发育成的繁殖器官即是种子。

种子一般由种皮、胚、胚乳三部分组成。种子的外形多种多样，如豌豆的种子为球形，菜豆的种子为肾形，玉米的种子为秤砣形，棉花的种子是卵形，大麦的种子是纺锤形的，荞麦的种子是三菱形，葱的种子呈盾形等。种子是植物体贮藏营养最丰富之地，含有蛋白质、脂肪、淀粉、多族维生素、糖类、矿物质等，人类的食物大部分来自植物的种子。

在开花植物中，能形成果实长为种子的类型多样。向日葵、荞麦等果皮干燥瘦小，称为瘦果，剥开它们的果皮才能得其种子。槭树、榆树的果实即种子，为薄薄的叶片，可乘风飘飞，称为翅果。栗树、榛树的果实，外壳坚硬，称坚果，壳内只有一枚种子。大豆、芝麻等果实成熟，果皮裂开，被叫作荚果，果皮内滚出的种子数量不等。

一说种子，人们往往会想到小的颗粒，其实种子也拥有“大块头”。非洲东部的塞舌尔群岛上有一种复椰子树，树高二三十米，它的种子是世界上最大的种子，果实中腹部有个沟槽，像是两个椰子合在一起的样子。复椰子果实一般每个都在5公斤以上，最重的可达30公斤。从这超大椰果中取出的种子，直径为50多厘米，重量为18公斤。如此大的种子可不是一年结成的，种子的发芽期为3年，从授粉、结实到成熟需要13年哩。

世界上最小的种子是南亚热带植物斑叶兰的种子。斑叶兰是一种地生草本植物，植株低矮，开花白色，小而芳香。它的种子数量多，但非常细微，小得像尘埃，多达200万粒才有1克重。

在欧洲南部生长着一种翠菊，这种植物的种子有自己爬动的能力。这是由于翠菊球形的种子上密布着硬冠毛，落地后遇到晴天，冠毛张开，像弹簧一样把种子从地面撑起；下雨天或夜间被露水打湿，冠毛缩拢，种子就能错位移动。这样一晴一雨，一干一湿，一张一缩，它就离开原地了。

在我国内蒙古沙漠地区生长着一种梭梭树。从这种树上能得到寄生的药用植物肉苁蓉。梭梭树的种子，是世界上寿命最短的种子，仅能活几个小时。但它又是发芽最快的种子，只要供给它一点水，在两三个小时内就能生根发芽，给荒野带来活力。

桉树的种子是世界上寿命最长的种子。1985年，在澳大利亚博莱沃德附近发现了一批一万年前冰河时期遗留下来的古桉树种子。研究人员用低温的方法打破种子的休眠，并经过精心培育，促使一枚古桉树的种子长出了幼苗。

12. 花卉大观

美丽的花朵是被子植物的繁殖器官,孕育着后代的"胎儿"。

花的形状千姿百态,有舌状、唇状、漏斗状、瓶状、五星状等,有的像吊钟、喇叭,有的像蝴蝶、鸟尾,还有的像兔子的耳朵,等等。

一朵完整的花通常是由花冠、花萼、花托、花蕊组成。花卉的大小相差悬殊,印度尼西亚和马来西亚热带雨林的大王花直径达 1.5 米,花瓣厚达 1.4 米;而最小的花为无花果的花,小到只有用显微镜才能看清它的仪容。

花之所以有绚丽迷人的色彩,是因为在花瓣的细胞液中含有色素。据统计,在数以千计的花色中,主要的只是黄、白、红、蓝、紫、绿、橙、茶这 8 种色彩。大部分花的颜色都是在红、紫、蓝或黄、橙、红之间变化着。报载,前不久英国园艺家成功培育出世界上第一株全黑色矮牵牛花,称为"黑色天鹅绒",是相当不容易的。

同一种花,或同一植株上的花的颜色,会因温度、光照、水分和细胞内所含的酸碱度不同而产生变化。杏花含苞时是红色的,以后逐渐变淡,开放时几乎是纯白的了。一种弄色木芙蓉花,初放时呈白色,第二天即成浅红,逐渐变为深红,花落之时又显现紫红。报春花在摄氏 20 度时开红花,把它移至摄氏 30 度的温度中则开白花。真是变化多端。

世界上香气传得最远的花是一种白色野蔷薇,俗称"十里香"。而开花时间最长的是一种兰花,长达 80 天。茉莉花香气沁人心脾,花姿小巧玲珑,花色洁白纯正,深受人们喜爱。

我国的牡丹花,雍容华贵,品种丰富,黄色的"金桂飘香"、绿色的"春水绿波"、粉色的"银鳞碧珠"、白色的"玉楼点翠"、红色的"锦帐芙蓉"等,光是这些名字就知其名贵了。深受我国人民喜爱的梅花,花型多为五瓣,有幸福、快乐、长寿、顺利和和平的寓意,也称"五福花"。梅花姿、色、香、韵俱佳,又为松、竹、梅"岁寒三友"之一。

养殖花卉在我国有着悠久的历史。我国花卉种类之多在世界上也享有盛名。据统计,全世界有杜鹃花 800 多种,而生长在中国的就有 650 多种;世界各地有报春花 450 多种,生长在中国的多达 390 多种;世界上有龙胆花 400 多种,生长在中国的有 230 多种。中国花卉闻名四海,广受欢迎。欧洲有谚语云:"没有中国花卉,便不成花园。"

13. 奇树怪木

在有人生活居住的地区和人迹罕至的原始森林等处，都生长着种类繁多的树木，其中有些树很是奇妙有趣。

在非洲沙漠地区生长着一种光棍树，树干和枝条都是光秃秃的。但如果割开枝条就会发现里面贮藏着大量水分。其实这种树是有叶子的，只是叶片退化得很小，而且脱落得很快。只有用“光棍”的形态，才能减少水分蒸发，让它们在恶劣的条件下生存下来。

在北美洲生长着一种变色树。这种树五六月开红花，八九月开白花。这是由于动物授粉所造成的。红花需要蜂鸟光顾，白花是靠蝴蝶造访。看看树上花的颜色，就知道是夏是秋了。

在南美秘鲁某地，生长着一种世界上木质最轻的巴尔萨木树。一棵10米高、双臂才能合围的大树，砍倒后一个人很轻松地就能把它举过头。这种树苗一年可长三四米，树木细胞中含有大量空气，手指一按，树干上就会出现一个凹痕。

非洲安哥拉长有一种能“灭火”的梓柯树。当有人在树下吸烟，或点燃篝火，从梓柯树的枝叶间就会喷洒出大量液体，把火灭掉。原来这种树上长有许多如同馒头大的节苞，上面密布小孔，遇到火光照耀，液汁就会从孔眼中喷洒而出。

在我国南海一带岛屿上，生长着一种叫海松的树，这种树不怕火烧，非常耐高温。我国海南岛上还有一种子京木，不怕浸泡，硬如钢铁，根本钉不进钉子。在非洲热带森林里有一种盾子木树，刀枪不入，斧子砍上去也要卷刃。圭亚那的绿心木，防腐、防蛀，用钢锯锯它时，竟能冒出火花。

在我国云南西双版纳密林中，生长着一种高约5米的紫薇树。这种树树皮光滑，开白色或红紫色的花。奇特之处在于当人用手触碰它的树皮，树就会摇摆，树叶颤抖不止，就像人怕痒而躲闪一样，因此人们把这种树称作“痒痒树”。据专家解释，这是由于树的构造对外界刺激较敏感，与触碰含羞草即合拢叶子是一个道理。

在非洲南部有一种会“发笑”的树，“哈哈”的笑声与人发笑的声音十分相似。笑树是一种小乔木，仔细观察，在笑树的枝杈间都长有一个丝络状皮果，里面有一些滚珠样的皮蕊，密布小孔。风一吹，皮蕊在皮果中滚动，又薄又脆的皮壳便发出阵阵类似人笑的声音了。

在非洲南部还有一种会“唱歌”的树，形似垂柳，树身上披覆着柔软的枝条，枝条上叶片薄薄。风吹来，枝条袅娜摆动，叶片相碰，会发出各种音色，高低婉转，优雅动听。

14. 妙哉，花时钟

据统计，全世界开花的植物有近 30 万种。形态各异、香气不同、颜色绚烂的花的开放季节、时间也是不一致的。

在我国，人们对各种花卉开放的时间，早有观察和了解，编写出《花期歌》曰：一月水仙着素装，二月梅花笑天寒，三月春暖桃花艳，四月温馨有牡丹，五月芍药殿余香，六月玫瑰喜开颜，七月荷花映红日，八月暑热有凤仙，九月金秋桂花香，十月芙蓉火一般，十一月菊花傲霜黄，十二月茶花遍山岗。

花卉的花期不同，每日开放的时间也存在差异。欧洲的生物学家调查发现，酿造啤酒用的蛇麻草和蛇床花，在黎明 3 时左右开放；牵牛花在 4 时许会敞开枝蔓的喇叭；野蔷薇在 5 点钟开始同其他花争艳；蒲公英、龙葵在 6 时左右绽放；7 时许开花的有芍药、毛茛、睡莲等；半枝莲在 10 时左右盛开；鹅鸟菜花喜欢在 12 时前后迎着日照傲放，光线越强开得越艳。中午以后，万寿菊在 3 时左右吐蕊；紫茉莉花开花于 5 时前后；烟草花于 6 时左右扬苞；7 时许丝瓜花和晚香玉展开花瓣；8 时前后月亮当空，月见草悄悄举起花朵；仙人掌科的昙花，9 时许开放，午夜时开得很盛，到天亮前便会凋谢了。

植物开花的时间不同，也都有着自己的习性。荷花于清晨五六时许开花，但稍后就会闭合；到八九时又半开，10 时以后再闭合，花蕾一直处于半开半合之际。第二天仍然如此，直到第三天盛开后，花瓣才慢慢凋落下来。木芙蓉在早晨 8 时前后开放白花，中午接受日照会变为淡红色，日晒至傍晚 5 时许又能成为深红色。花朵按时间段呈现三种不同颜色，为此人们看到花的颜色，即可判别大致时间。

不同植物在不同的时间开花，并形成一定的规律，引起有关专家的兴趣。18 世纪瑞典植物学家林奈研究了植物在相对的时间中定时开放现象后，于夏天时设置了一个圆形大花坛，把几十种开放时间不同的花按大致顺序栽种在花坛上，利用花朵开闭的时间感知计时。林奈的这个花坛被人们称作“花时钟”。

普通的花大多在上午 9 时至下午 3 时前后开放，这正好是昆虫活跃的时段。蜂蝶采集花蜜，能帮助植物传粉受精。植物在清晨、黄昏或是午夜开花，也能招致一些爬动昆虫光顾，代为授粉。研究植物开花的时间，观赏花开、判别时间还在其次；用于提高观赏花卉的产量，促进农业生产才是更有意义的。如了解玉米的雄花盛开和花粉成熟的准确时间，适时授粉，就能让大面积的玉米结出硕大的果穗，获得高产了。

15. 植物“巨无霸”

相对于动物中的“大块头”，有些植物在体形上并不落下风，甚至更胜一筹。

草本植物美人蕉一般栽种在花盆里，叶绿花红，是一种著名的观赏花卉。在非洲北部沙漠地区却生长着一种高大的美人蕉，茎部一人抱不过来，高达20多米，和六七层楼一样高。堪称世界草本植物之最。

地中海西部西西里岛上生长着一棵栗树，树干直径15米，是世界上最粗大的树。相传古代有位王后出宫旅游，带着一百名骑士登上西西里岛观赏风景，突遇暴雨，一行人拥到栗树下避雨，雨过而服装不湿。从此，这棵栗树便被人们称为“百骑大栗树”。

苏格兰的一株葡萄树，是1891年栽种的。它的树冠覆盖面积达460多平方米，最长的枝条有90多米，平均每年结果穗1300多个，可收获葡萄近3000公斤。

印度生长着一棵榕树。虽然树干的中心直径只有10米粗，可在下面却丛生着4300多根支柱根，树干遮阳面积竟超过了10000平方米，可容20000人同时在树下乘凉。这棵榕树可说是树冠最大的树了。

如果论树干体积之大，居于首位的是北美洲内华达山上的一棵杉树。它的树干高达142米，上下几乎一样粗，圆周直径达12米，重量约有6000吨。据计算，这棵巨杉能出55000多平方米板材，可以建造五开间的房屋150多幢；用板材钉一个木箱，可以装进一艘万吨级远洋轮船。人们尊称这棵巨杉为“世界爷树”。

世界上最高的树是澳洲的杏仁桉树。这种桉树一般都高达百米以上，最高的达156米，有50层楼高。鸟在树顶上鸣叫，人在树下依稀听到的像是蚊子嗡嗡。

古老的藻类植物大多生活在水中，藻类中也有“庞然大物”。西班牙生物学家曾发现一种在地中海生活的海藻，挨挨挤挤，蔓延开去，一眼望不到边。有的巨藻枝蔓相连长达8000米。

非洲热带森林里有一种白藤，俗名“鬼索”。茎秆如酒杯粗，叶面长有尖刺，攀住大树就往上爬，像一根带刺的长鞭，随风摇摆，爬到顶部又坠下，围着大树绕圈子。最长的白藤长400米以上。

目前地球上最大的生物体是美国俄勒冈州马胡尔国家公园中一株绰号“巨型蘑菇”的蜜环菌。植株是由绳状卷须组成的一个地下团块，生活在几英尺地下，蔓延长出嫩芽，以死、病树为食。这株巨型蘑菇是在1998年被发现的。这个超级大家伙占地近1000公顷，至少相当于1350个标准的足球场。生物学家现场视察后发现，蘑菇长势不减，它所占据的地盘还将扩大。在人迹罕至的地方还会有更大的有机生物吗？尚且不知。

16. 植物寿星

自然界中被人类发现的植物大约有40万种。在遍布地球各个角落、形形色色的植物中，高寿者是谁呢？

在长寿的植物中一般以大树为多。非洲的百岁兰，属裸子植物，它的一生只长有两片叶子，却能长生百年以上。在纳米比亚沙漠浅谷地带发现的一株百岁兰，根茎粗壮，直径达一米，两片肥硕的叶子长达3米，宽30厘米。经专家测定，这株植物已活了2000年以上，应称其“千岁兰”才是。

我国各地，古树颇多。四川成都杜甫草堂前有一棵罗汉松，相传为杜甫手植，已有1000多年。山东曲阜孔庙里有一株桧树，老态龙钟，据说为孔子亲种，至今生长了2000多年。台湾阿里山有株红桧，称神木，树龄达3000多年。陕西黄陵县黄帝陵旁有一棵柏树，传说是轩辕黄帝亲手栽种，树围粗达10米，树龄已达四五千年。

在世界上的一些国家，也生长着很多长寿植物。美国加利福尼亚州东部怀特山上一株针叶松达到4700岁。在加利福尼亚州莱顿维尔以北公园里，有一棵高250英尺、树龄为4000年的红杉树。此树在距地面50英尺处，吊挂着一座树屋，使用面积达500多平方米。树屋自19世纪初建成，已接待了不计其数的游客。美国西部的高山地带生长着一种球果上有刺毛的刺果松。20世纪60年代，在锯倒一棵粗大的刺果松后，从树的木纹年轮上确定了这棵树已有4900岁。人们用传说中活了969岁的长寿者“玛士撒拉”的名字为这棵树命名。不久，在西部的白山上又发现了一片刺果松树林，其中的一棵比锯倒的更粗大许多，经测算，这棵刺果松已有7900岁的高龄，遂将其称为“鼻祖”。

在墨西哥生长的一棵柏树，粗大、茁壮，目前也有6200多岁的高龄。澳大利亚的很多桉树都能活到4000岁以上。非洲俄尔他岛生长着一种龙血树，是一种常绿小灌木，更为高寿。学者在俄尔他岛考察时，看到一棵被风暴折断的龙血树，从树干断裂的年轮处发现这尊植物老寿星在倒下前，已存活了8000年。龙血树受损会从伤裂处流出一种血色液体，是一种树脂，又是一味名贵的草药，名“血竭”或称“麒麟竭”，可有效治疗筋骨疼痛。当地传说，巨龙与大象交战血洒大地，龙血便从树上流出。这就是龙血树得名的由来。

龙血树也不是最高寿的植物。在美国和墨西哥接壤的一片沙漠里，生长着一株枝叶繁茂的老灌木。科学家使用高科技仪器对它进行观察研究，得知这株灌木在地球上已存活了11700年，是保存于地球上的最古老的植物。这株植物不畏炎热干旱，对沙漠的恶劣气候条件有极强的适应能力。这让科学家对它很感兴趣，希望能通过对它的研究，得到一些农作物免受沙漠侵害的办法。

17. 植物的传宗接代

大多数植物都扎根于泥土中，生长中根茎不会移动。不同的植物有着巧妙的授粉和传播种子的方式。

很多植物开出美丽的花、分泌香甜的蜜汁，吸引昆虫前来为其授粉。生活在潮湿地区的马兜铃，还会设置"陷阱"，囚禁小虫，令其授粉服务。马兜铃的花形状如一个长颈花瓶，口部长满茸毛，里面能分泌香甜的花蜜。小虫钻入饱餐花蜜后，便会被茸毛倒刺挡住退路，它左冲右突，身上沾满了花粉。直至两三天后，挡路的茸毛萎缩，小虫才得以脱身。不过依虫的习性，它又会钻入另一株马兜铃的花，贪食花蜜，授粉充当"媒人"。

有些植物成熟后，种子又小又轻，只要有风吹过，就能让种子飞起来，随风四处飘扬。蒲公英的果实上长有茸毛，像一柄柄小伞。槭树果身上长着两片薄薄的翅叶，飞起来像转动的小元宝，榆树、白蜡、臭椿的果实都是片状，滚动飘飞能走出很远。我国南方有一种木蝴蝶树，成熟的种子三个面都长着薄膜，飘在空中酷似蝴蝶在翩翩起舞。杨树、柳树的种子体轻如絮，都可以飞上飞下，驾风旅游。这也是一些房脊、悬崖峭壁间生长出花草树木的原因。

有些植物的种子不怕水浸。水生植物荷花的果实莲子在莲蓬中成熟后，会掉入水中，然后随着水流离开原地，在漂流中会先后沉入水底。转过年后，一株株新的荷花又亭亭玉立了。椰树上的椰子成熟后，种子是果肉内的核，果实外面包有一层粗松的果皮。掉落到海水里，随波逐浪能漂流几百海里，一旦被冲上海滩，椰果发芽扎根就又能长出新的一代。瑞典植物学家林奈曾经在欧洲挪威海岸上找到过一些椰子，经研究证实它们是从美洲漂过来的。这表明远道而来的椰子竟横渡了海浪滔天的大西洋。

苍耳的种子上长满了带钩子的毛刺。人走在荒坡草滩上，衣裤上常会挂上这带刺的小球儿，让人厌烦。不过，这也是一些植物传播种子的方式。苍耳、鬼针、蒺藜等植物，就是以钩粘在动物四肢、皮毛上被带到远方繁育后代的。

果树的果实成熟了，香甜多汁，吸引着猴子、松鼠、鸟儿品食。有些种子不易消化，随鸟、兽的粪便排出体外，这也为植物传播种子帮了大忙。英国著名生物学家达尔文曾在研究中发现，有只鸟的粪便中混有12种植物的种子。

有些植物的果实成熟后，经过连续的暴晒或只要受到轻微触碰，果实就会裂开，借着果皮反卷的弹力，将种子弹出，传播开去。这样的植物有芝麻、豆类、非洲凤仙、羊蹄甲等。

18. 植物的自卫

众多的植物扎根于泥土中,在食草动物和病虫害侵袭下,看似无助,其实,很多植物都有着高明的自卫御敌手段。

在世界屋脊喜马拉雅山上生长着一种“眼镜草”,常绿的茎上开着灰绿色的花,随风摇摆,很像一条伺机捕食的毒蛇。食草动物看到这副模样,往往一走了之。

调整形态是植物自卫的另一本领。番茄、苹果接近成熟时,会增厚角质层,用以抵御腐败病菌的侵害。小麦在锈菌活动猖獗时,会增加叶片表面蜡质的分泌,对抗锈菌。水稻谷粒越熟,芒刺越硬,这让鸟雀嗅到稻香却不便下嘴。研究发现,一些植物长有丰满刺毛之处,往往是害虫喜欢啃食的幼嫩部分;而刺毛的生出,总能抢在害虫侵袭的前面。

自身产生对敌有害的化学物质,是植物自卫的重要武器。龙舌兰一类的植物叶片含有类固醇,夹竹桃茎叶含有强心苷,毒蘑中含有毒芹碱等,人或动物食用,可造成血液中毒,轻则呕吐、癫狂,重则难保性命。1981 年,美国东北部一种叫舞毒蛾的害虫,啃光了一大片橡树叶子,使橡树林严重受害。一年后,当地的舞毒蛾却不见踪迹,大片橡树却又长得郁郁葱葱。虫害是怎样治理的呢?专家在对橡树叶子进行分析时发现,橡树叶子遭舞毒蛾咬食前含有单宁酸较少,而被咬食之后,叶子中的单宁酸大量增加。单宁酸与害虫骨骼里的蛋白质结合,使得橡树叶很难消化,并产生不良反应,行动呆滞,纷纷病死或被鸟雀吃掉。依靠自制的单宁酸,植物居然战胜了动物。在美国阿拉斯加原始森林中,植物还制服过兔子。那一年野兔啃食植物嫩芽,大量繁殖。大批树木根系遭到破坏,严重威胁森林的存在。谁知野兔突然集体生起病来,一窝一窝地病死。几个月后,兔子数量骤减,以致寻不到兔子踪迹。后经科学家调查发现,森林中所有被野兔啃食过的树木,在长出的新芽、嫩叶中,都含有一种名为萜烯的化学物质。就是这种物质使野兔患病、死亡,最终逃离了这片森林。

英国植物学家在对欧洲白桦树林研究时发现,白桦树叶在被害虫咬伤后,叶中的酚会有明显增加,从而冲淡了对害虫的营养价值,破坏了害虫的食欲,从而减轻所受的伤害。枫树、柳树等也有类似的自卫方式,以产生酚醛、树脂等遏制害虫。当一些植物叶片被害虫啃咬受伤,在流出绿色液汁的同时会产生浓郁的香气。这是一种用作“呼救”的自卫武器。日本学者发现,一种拟南芥在被菜粉蝶的幼虫啃食叶片后,叶片散发的清香便会变得强烈,随后便会招致菜粉蝶的天敌——粉蝶盘绒茧蜂飞来。这种寄生蜂会把卵产在菜粉蝶幼虫身上,在这条幼虫变成蛹前就可以把它吃个只剩皮囊。

19. 植物的睡眠

人和动物都有睡眠。如果夜晚在野外时观察一下周围的植物,就会发现一些植物的形态也有了变化。花生的叶片向上折起闭合了,合欢树的叶子合拢下垂了。草地上一种开紫色小花的三叶草,叶柄上的三片小叶折叠着弯垂下来。白屈菜、羊角豆、酢浆草、含羞草等也都是入夜便折叠起叶子,纷纷进入睡眠了。

植物的睡态,不仅表现在叶子上,也展现在花朵上。蒲公英在入睡时,黄色花瓣会一齐向上竖起闭合,看着像一个小扫帚。胡萝卜的花向下低垂,又像个垂头瞌睡的老者。水面上的睡莲,大多花瓣会迎着旭日舒展绽放;当夜晚降临,它又会闭拢花瓣,进入睡眠状态。正因为这种莲花花瓣"明开夜合"变化明显,才获得了睡莲之名。大多数睡眠植物都是昼醒夜睡的,但也有些植物选在白天睡觉,夜晚开花,如晚香玉的花。它白天入睡,养足了精神,晚间把花开得很盛,芳香四溢,吸引夜间活动的蛾子为它传授花粉。可以当蔬菜吃的瓠子,也是白天睡眠,夜晚开花,为此便被俗称为"夜开花"。

植物睡眠在植物生理学上被称为睡眠运动。睡眠运动会给植物带来什么好处呢?这是人们很感兴趣的问题。最早进行这项研究的人,是英国著名生物学家达尔文。他在100多年前发现,不少植物的叶片总是处在运动状态中,如果将叶片固定在一个位置上,叶片晚间很容易遭受冻害。达尔文断定,叶片的睡眠运动可以保护叶片,抵御夜间的寒冷,对植物的生长大有好处。这种说法由于缺少足够的证据,一直没有引起重视。20世纪60年代,随着植物生理学的发展,对植物睡眠运动的研究也成为一个热门。

这时期,解释植物睡眠运动流行着一种"月光理论",认为叶子的睡眠运动可以减少月光侵害,因为过多的月光照射,会干扰植物正常的光周期感官机制,损害植物对昼夜长短的适应,影响生长。然而没有光周期的热带植物也有睡眠运动,就使"月光理论"解释不清了。后来,科学家发现,植物的睡眠并不受温度和光强度的控制,而是由叶柄基部中一些细胞的膨压变化引起的。合欢树、酢浆草、三叶草等植物,将叶子在夜间闭合,可以减少热量的流失和水分的蒸发,起到保温保湿作用。在近年的研究中,美国科学家恩瑞特用实验对植物睡眠运动做出了新的解释:他在夜间用灵敏的温度探测针测量多花菜叶片的温度,结果发现,不睡眠、呈水平方向的叶片温度比进行睡眠、呈垂直方向叶片的温度要低1度左右。就是这温度的差异,成为阻止或减缓叶子生长的重要因素。因此在相同的环境中,能进行睡眠运动的植物生长速度更快,具有更强的生存竞争能力。有关植物睡眠运动的本质正逐渐被揭示,人们期待着科学家有更新的发现。

20. 植物的“语言”

俗话说，人有人言，兽有兽语。那么，扎根在泥土中的植物相互之间是一声不吭的吗?

20世纪70年代，澳大利亚的科学家发现了一件有趣的事情:当一些植物遭受严重干旱时，会发出“咔嗒咔嗒”的声音。后来通过进一步的测量了解到，植物的声音是由微小的输水管震动产生的。这一发现传出后，引起科学界的兴趣，让有些科学家想到，那些声音如果是植物渴望喝水而发出的，就意味着植物也存在着能表达意愿的独特“语言”。

这以后，一些科学家对植物“语言”加以研究，使用各种微型话筒，对不同植物的根、茎、叶、花等部位长期测听，力求找出更多的证据，诠释植物存在“语言”。1980年，美国科学家用遥感装置对生长中的植物开展检测，发现当植物进行光合作用，将养分转换为生长物质时，便会发出“语言”信号。随后，人们录下了植物的“语言”，进行播放研究。美国的一家录音公司还制作了植物“歌曲”录音带。他们把两个精巧的微型电极卡在植物叶片上，当叶子进行呼吸时，便会发出微小的颤动，使电压产生微弱的变化。微型电极与话筒相连，仪表会通过话筒把植物发出的信号转换成声音。录音显示，不同的植物会以不同的声音唱出不同的“歌”，并与植物所处的环境有关。在温暖的阳光下或根部吸水充足时，其“歌声”格外柔美悦耳。

其后，英国科学家罗德和日本科学家岩尾宪三联手再次对植物的“语言”加以探索研究。为了深入了解植物发声的奥秘，他们特意设计出一台具有独特功能的“植物活性翻译机”。将机器连接上合成器与放大器后，便清晰地听到了植物发出的各种声音。通过反复监听，两位科学家感觉到植物的“语言”真是奇妙，它们的声音总是伴随身处环境的变化而改变。例如有些植物在黑暗中突然受到了强光照射，能发出类似惊讶的声音，似乎说明受到了打扰。当植物遭到强风或缺水时，就会发出低沉、混乱的声音，仿佛表达它们正忍受着某些痛苦。也有一些植物发出的声音好像口笛在悲鸣，有些又似病人临终前发出的喘息声。另有测试显示，一些叫声难听的植物，在受到适宜阳光的照耀或得到水的浇灌，声音随即变得舒缓动听。

植物发出的声音，称不称得上是它们的“语言”，有待深入研究。但使用这种“翻译机”，实现与植物的“对话”，对于感知植物对生长环境不佳或污染的反应、植物自身健康状况和需求，由此加以改良、提高农作物的生长，无疑是大有好处的。

21. 植物有血型

人和动物的血管中流有血液。有些植物在割破植株后,也会流出红色的液汁,这些是血液吗?

在我国南方林间灌木丛中,生长着一种常绿的藤状植物,夏季时枝蔓上会开出鲜艳的紫红色花朵。当这种藤枝被割开时,就会流出一种棕红色的液汁,随后会慢慢变成鲜红色,很像鸡血的颜色。为此这种植物得名"鸡血藤"。非洲俄尔他岛生长着一种常绿灌木,枝干受伤后也会流出一种红色的液体,为此将这种树称为"龙血树"。英国威尔有一座古老的建筑,庭院耸立着一株高大的杉树,已有700多年的树龄。奇怪的是,在树干处有一条长约2米的裂缝,长年累月溢出一种红色的黏稠液体。这些都引起了科学家的关注。经考察化验分析,科学家一一了解到植物枝干流出的红色液汁并非是与人或动物相同的血液。鸡血藤和杉树的红液由鞣酸、胶质和多糖蛋白组成,龙血树流淌的红色液体,只是染了色的树脂。这些物质没有人类及动物血液所具备的运输养分、携带氧气等复杂的生理功能。就此可知植物体内是不存在血液的。

由于植物的液汁中含有各种糖蛋白成分,与人体内的血型物质很相似,因此植物之间也会有不同的血型。最早发现植物血型的是一位日本法医山本茂。他在参与侦破一起谋杀案时,想到化验一下死者枕头内的荞麦皮,结果惊奇地发现,荞麦也有与人类相似的血型——AB型。山本茂就此迷上了植物血型的研究,他在野外先后采集了600多种植物的果实和种子,采用类似于测定人类血型的办法来检查植物的"血型反应",然后将它们按照不同的血型归类。经检测,发现苹果、葡萄、南瓜、海带等属于O型;桃叶珊瑚为A型;扶芳藤、黄杨、罗汉松等为B型;李树、地锦槭、单叶枫等为AB型。

科学家研究指出,植物的血型物质——血型糖,不仅决定着植物的血型,还有储藏能量、保护植物的作用。发现植物有血型之分,血型有利于植物的分类及细胞融合、品种杂交,这对培养农林花卉业优质、高产新品系、新品种将带来重大帮助。此外,利用植物的血型反应,也有助于协助警方侦破案件。如想调查死者临死前曾吃过什么东西,只要提取胃液,对植物残留物进行血型分析,便能较容易地找到答案了。

法国科学家克洛德·波亚德在对植物的研究中还发现,玉米、油菜、烟草等植物中,含有类似人体血红蛋白的基因。这意味着植物是有造血功能的。如果在其中加入铁原子,那就有可能制造出人体所需的血红蛋白来。这项试验如果能取得成功,将可能利用植物制造人体血液,植物将会成为人类社会的天然大血库。

22. 植物有情感

人有喜怒哀乐，动物会出现情绪波动，那些默默不语的植物有情感吗？

1966 年，美国有位名叫巴科斯塔的情报专家给庭院的花草浇水。他想测试一下水从根部上升到叶子的速度有多快，把测谎仪器的电极绑到一株天南星科植物的叶子上。他惊奇地发现，当水从干渴的植物根部徐徐上升时，测谎仪上显示出的曲线图形，居然与人在激动时测到的图形相似。这即是说，植物也是有情感的。巴科斯塔很为这个发现感到有趣和兴奋。他改装了一台记录仪，用导线与植物连接，然后划火柴准备去烧植物的叶子，只见记录仪上的指针产生剧烈摆动，这表明植物产生了恐惧。他重复几次划火柴，但每次都未真正烧灼植物。耐人寻味的是，植物仿佛感觉这只是威胁，不会有伤害，记录仪上的指针摆动逐渐变缓，曲线越来越平直。

巴科斯塔的发现，揭示了自然界的一个秘密：植物也有情感。以后很多科学家反复进行试验，其真实性也得到确认，并测试出植物有冰雪聪明、超感能力、超强记忆、善辨真伪、音乐鉴赏等 5 大情感功能。

植物的情感表现被称为“巴科斯塔”效应。巴科斯塔进而用植物鉴别“罪犯”。他在实验室内摆放两株相隔不远的植物，让六个人顺序进入，其中一人将一株植物折毁。然后把那株完好的植物接上电极，再让六人依序而进。当那个摧残植物的人进入时，那株植物的“感情波”使曲线剧烈跳动，仿佛在说：“毁其同胞的就是他，就是他！”

以后几年，美国、日本、印度等国的科学家在这项研究中有了更多的发现。认为植物不但能表露情感，还能忍受痛苦、饥渴，并具有同情心。苏联科学家在试验中把一个人催眠，将他的手与植物叶子相连，然后叙述不同的遭遇。试验表明，人和植物在脑电仪上会产生相似的图像反应。当处于睡眠状态的人高兴时，植株也竖起了叶子，舞动花瓣；当讲述寒冷，试验者浑身缩拢时，植物的叶片也会瑟瑟发抖；说到伤心事，试验者面露悲情，植物也有相应变化，整株叶片闭合垂下。美国、印度等国的科学家对音乐影响植物的生长开展研究发现，很多植物也是“乐迷”，也有着自己的“精神生活”。

随着对植物情感的探索研究和一个个新奇的发现，一门新兴的学科——植物心理学诞生了。如今这门学科正吸引着更多的科学家去探索、破解未知之谜的谜底真相。

23. 挨不得的植物

人们身边的植物,不论大小、高矮,总是默默地守候在一旁,为人遮阳挡雨,提供绿荫或供人观赏,文静而可亲。但在大自然中,一些植物却亲近不得,有的对人和动物来说还是极其可怕的。

中北美洲有一种叫天鹅花的植物。名字很雅,茎叶却扭曲难看,开出的花味道腥臭,人若闻一鼻子,便会作呕,难受半天。猪吃了这种花的叶子,会狂奔乱闯,倒地死去。

箭毒木多分布在热带地区,在我国云南等省也有生长。这种高大的常绿乔木,其树皮、枝条、叶子中都含有一种白色液汁,毒性极大。把这种毒汁涂在箭头上射向猎物,猎物中箭即死,"箭毒木"因此得名。动物误食了箭毒木的叶子,会引起心脏麻痹,窒息而亡。箭毒木的树枝燃烧时放出烟气,如果熏入人的眼中,也会造成失明。

蘑菇是人们餐桌上的佳肴,但也有多种颜色鲜艳的蘑菇是毒蘑,人或动物食用后会中毒丧命。有的蘑菇虽然不能置人于死地,却能使人致幻。人误食了墨西哥的裸盖菇后,浑身肌肉乏力,神志不清,情绪紊乱。当人吃下一种哈莫菌蘑菇后,还会出现"视觉显大性幻觉症",眼前总有庞大的畸形怪人,以致发生精神错乱。生物学家发现,猫误食了这种菌后,老鼠在它眼中会变成巨鼠,从而会丧失捕捉老鼠的勇气。

挨碰不得的植物还真不少。在南美洲秘鲁南部,生长着一种外形像棕榈树的植物,它的叶上隐伏着许多尖利的刺,刺端含有毒素。当有鸟落在树上栖息时,触在尖刺上就会造成刺伤和溃疡,每每身亡。

南非有一种马尔台尼亚草,成熟后会结出有两个长钩的草果,尖如长角,当地人称它"恶魔角"。尖角落在草丛后,鹿吃草时尖角一下就扎住鹿的鼻孔。鹿用力想把尖角甩掉,越甩扎得越深,最终在奔跑中毙命,草果却以此四处繁殖。

南非草丛还长有一种锚果,果体长满硬钩刺,还有坚硬的倒钩,形状像舰船的铁锚,并为此得名。狮子打滚时,一旦被锚果刺到,往往痛得张口去咬,结果口腔、舌头都会被钩住。狮子再凶悍也会因不能进食而饿死。

相传南美洲有一种叫尼亚品达的树,它有敏锐的触觉,人碰到它时,它能用尖利的树枝迅速把人抱住,使人遍体鳞伤,难以脱身。另有传说,印度尼西亚爪哇岛上有一种叫奠柏的食人树,当人碰着树时,它的枝条会像蛇一样把人缠住,并分泌物质把人消化。据科学家调查,这样捕获、食人的树是不存在的。不过当人或动物死在密林中,有些植物枝蔓、根须会将尸体缠住,其消化、吸收能力还是很强的。

24. 食肉的植物

很多动物是以吃植物为生的。然而在大千世界,也偏有一些植物以肉食为佳肴,使用其手段,将活生生的动物擒获、消化、食用。

在我国长白山有一种茅膏菜。这种植物虽生长在荒僻的盐碱地中,却枝叶茂盛,娇艳鲜嫩。一个个伸出的花蕊分泌有黏性物质,还会散发出甜香的味道吸引草蛉等飞虫到来。猎物一旦落在茅膏菜花托上,就会被粘住,越挣扎粘得越结实。随后,这位植物“捕手”会释放含有生化酶的消化液,将小虫腐蚀分解,慢慢“吸食”。

在南美洲森林里,一种圆面包大小的捕虫草,花瓣上密布茸毛,张“网”以待。一旦有蚂蚁、瓢虫等昆虫爬上,就会将其脚部粘住,获得美餐。在这里还有一种毛毡苔,其花序顶端为一个个黏性十足的腺囊,却透明如水珠。口渴的虫子一旦凑上去,便会被死死粘住,为毛毡苔增加了营养。

水生植物在水下设置“陷阱”,也可以捕获小虫,消化食用。欧洲湖水中有一种狸藻,茎部长有能关闭的气囊。当水虱等浮游生物游过,触碰到气囊的皮毛,瓣膜开启,猎物遇水就会被吸入气囊。随后瓣膜关闭,气囊过滤排水,猎物便粘在了油腻的腺毛上。

在美国卡罗来纳州的大平原上,长有一种捕蝇草。这种草体形矮小,贴地而生。茎上有十来枚基生叶,勺状,叶柄中央的叶脉能开合。两边半个叶片,如同一个夹子。当苍蝇等小虫爬到叶柄上,触碰到上面的茸毛,叶夹会急速合拢,边缘的粗硬草齿会交叉搭合在一起,将猎物牢牢捆住。

全世界食虫的植物多达500种以上。其中捕虫构造最精巧的是猪笼草。这种植物主要分布在澳大利亚、东南亚国家和我国南方一带。猪笼草的叶子分叶柄、叶身和卷须三部分,卷须顶部长有一个瓶状囊状物,瓶口上有能开合的盖子,瓶内分泌有半瓶甜香的液体。贪吃的小虫闻到香味前来尝鲜,便会滑落瓶液中化为猪笼草的点心。澳洲猪笼草的食虫瓶体长达一尺,不仅捕虫,连青蛙、老鼠也照食不误。

植物的食虫方式,一直受到科学家的关注。澳大利亚学者与世界卫生组织的专家们合作,培养出一种蘑菇,在河谷地区栽培试验。蘑菇分泌的黏液能将蚊子、吸血蠓粘获,化为营养。由此一来,与蚊、蠓所引起的疟疾等病害的斗争中又多了一个生力军。美国科学家在研究了毛毡苔的性能后,培育出一种新型马铃薯,这种马铃薯的叶面具有捕蝇草的特性,能分泌黏度极强的黏液,蚜虫等害虫触上便不得脱身。这一研究的成功,每年可为美国减少经济损失达1亿美元。

25. 植物预测地震

在大地震发生前,附近的动物经常有怪异举动,如老鼠搬家、羊不进圈、鸡上房顶、鱼浮水面等,被看作地震的前兆。与动物一样,植物在地震前夕也会出现怪异反常,并留下记载。

1970 年,我国宁夏西吉地区发生 5.1 级地震。震前一个月,距震中 66 公里的隆德县,蒲公英在冬天突然开花。1971 年,长江口地区发生一次 4.7 级地震。震前上海郊区的山芋藤和荠菜在严冬季节开花。1975 年,营口、海城发生 7.3 级地震,震前两个多月,不少杏树在初冬纷纷扬花枝头。1976 年唐山发生 8.6 级强烈地震,震前的 7 月本是树木繁茂之时,一些柳树枝条却干枯而死,有些果树结果后又再度开花。1976 年,四川松潘地区发生大地震,震前附近出现了竹子大面积开花、死亡,玉兰花二度开放,桐树枯萎等异常现象。这些都为地震的研究提供了重要的资料。

植物在地震前出现的异常表现,是由于地域周围哪些物理或化学因素引起的、怎样引起的,是人们长期以来很关注和感兴趣的问题。1938 年,日本纪伊田海岛周围海域发生强烈地震。岛上生长的含羞草,叶片一直是张开的,震前几天却突然全部闭合。地震当天的上午,叶片又全部张开。含羞草出现的不同寻常变化,一直受到有关专家的重视研究。到了 20 世纪 80 年代,日本东京女子大学的鸟山教授从细胞学的角度对植物预测地震进行深入研究。经试验发现,生物体的细胞在被化学导体接触到正负两端时,两端便会产生电位差,产生电流。在大地震之前,地下、空气中往往会出现某种物理或化学反应,植物受到变化刺激,在体内产生兴奋,就会有形态改变。鸟山曾以合欢树作为研究对象,用高灵敏度的记录仪器测量合欢树的电位变化。教授在几年的实验测量中发现,在打雷、暴雨恶劣气候出现之前,合欢树内都会有明显的电位变化和突然增强的电流。实验进行到 1978 年 6 月的一天,合欢树内突然出现极大的电流,一天后,附近一地便发生了 7.4 级地震。十几天后当地余震消失,合欢树中的电流也恢复到正常的状态。

持续多年的研究,让更多的科学家认识到,在地震形成的过程中,由于地球深层的巨大压力,使地球内部的石英岩层产生一种电流,分解了岩层中的水后,会产生一种带电的粒子。这些粒子被挤向地面,遇到植物体便会引发反应,引起植物叶、花的形态变化。含羞草一类对环境影响表现敏感的植物,对预测地震的确有一定的参考价值。

26. 植物探矿

植物遍布地球各个角落，形态不同，性能各异，有的还能协助人类寻找矿藏资源。对于一些植物储藏有矿藏资源信息这一点，我国古人早有发现。唐代《酉阳杂俎》一书载：山上有葱下有银，山上有薤下有金，山上有姜下有铜锡。山有宝玉，木旁枝皆下垂。这些都是获得矿产的经验总结。

花草植物为什么能充当探矿员呢？这是因为植物的根植于地层，靠吸收土层的养分生长，养料中含有丰富的矿物质。但不同的植物，因其生理的需要，对矿物质的要求各不相同。专家发现，一种"和氏罗勒草"必须生长在含铜量较高的土壤中，才能枝繁叶茂。后来有人在赞比亚的卡伦瓜地区见到了这种草，长得极其茂盛，经过勘探，在地下发现了一个大铜矿，储铜量达到9亿吨。异极草生长在含锌量较高的土壤中，通过异极草，在德国亚琛也发现并建起了一座大锌矿。经地质学家、生物学家一系列考察分析指出，石松菊繁盛的地方会有铝矿，紫云英、褐云英密集处会有铜矿，铃形花遍布之地有磷石矿，锦葵丛聚的所在常有镍矿，而紫苜蓿簇拥的角落可找到钽矿。

某些植物的繁盛生长能提供矿藏信息，一些植物的花朵色泽也有助于判别矿藏的存在。在有铜矿的地带，植物花朵会被染上蓝色和蔚蓝色；镍矿附近植物的花瓣颜色暗淡，没有光泽；有锰矿的周围开花植物的花序多呈红色。人们在识别了植物花序、花色的变化后，常常能抱到矿产的聚宝盆呢。

有些植物的生长姿态对探矿也有指示作用。如青蒿在一般土壤中长得相当高大，但当土壤中含硼量很高时，青蒿便会成为"矮老头"。看到青蒿的矮小不堪，就可以在附近找寻硼矿了。也有些树木会害一种"巨树症"，树枝伸得比树干长，叶子却小得可怜，这种畸形是由于根系吸收了埋藏在地下的石油造成的。树虽成了病树，却为发现油田起了指示作用。在巴西北部乡村的一个山坡上，有户人家栽种了一些黄瓜秧，就去忙别的事。虽然未经浇水侍弄，黄瓜却长得格外好，其中结出的一条黄瓜长1.3米，重达30公斤，成为轰动一时的新闻。此事引起生物学家注意，研究后认为，这种黄瓜只有在经过一种高放射性作用才会长得如此之大。不久查明，栽种黄瓜的山坡下埋藏着镭矿。

一些植物不仅能协助人寻矿，还能直接帮助人采矿。在含硒量较高的土地上种植大量吸收硒元素的紫云英草，待其长大、收割、烘干、烧成灰，从中便可提取到硒。同样，从紫花苜蓿中可提炼到钽，从一种名为蓝液树的树液中能提取出镍。在海带、紫菜等海生植物中更能得到数量丰富的碘。

27. 植物爱音乐

喜爱音乐的人很多。动物有听觉，不少动物听到音乐也会有较强烈的反应。当周围响起乐声时，花草树木会无动于衷吗？

长期以来，各国农业专家一直在研究如何提高农作物的生长能力。20 世纪 50 年代，印度的一位科学家发现音乐与植物生长是有关联的。他经常在自己的花园里拉小提琴，或是放几张交响乐唱片。日子久了，他感觉园中的花木长得明显旺盛。于是他正式进行实验，在一块一亩大的稻田里，每日播放 25 分钟交响乐。一个月后，他发现这块地里的水稻比别处的水稻平均高出了 30 厘米，稻秆也更茁壮。

以后，各国科学家纷纷选取植物，做音乐对植物产生效果的实验。法国科学家通过定向广播向生长中的番茄播放优美的轻音乐，每天播放 3 小时，欣赏音乐的一个番茄竟长到了两公斤重。苏联科学家用相似的方法，种出了 2.5 公斤的萝卜和篮球大小的蘑菇。英国科学家播放音乐培育出了五六公斤重的卷心菜。

科学家认定了植物喜爱音乐后，对其喜爱的音乐种类、样式再做研究。美国科罗拉多州的科学家发现，当地大多数树木喜爱旋律优美的东方音乐，特别是节奏轻快的轻音乐。一些树种在听了这些音乐后，能以两倍的速度生长。美国坦普尔市比尔大学的研究人员用分种两室的西葫芦进行试验，一处让收音机放摇滚乐，一处放古典乐曲。一段时间后，西葫芦对音乐表现出明显不同的好恶。前者的枝蔓背向收音机躲闪，后者的枝蔓却凑向收音机缠绕。改用金盏花做此实验，结果一样。印度专家在稻田里播放一种叫“拉加”的轻松欢快乐曲，水稻产量增长 40%，而播放其他一些乐曲，产量仅增加 25% 左右。印度一家植物生长研究室的科研人员发现，植物不仅喜爱音乐，对车轮滚动声和引擎发动机声也颇有好感。他们在一项培育豆芽的实验中证实，车轮与引擎声对加速豆芽的生长效果最佳，排在其后的是流行音乐和古典音乐。震荡过强的声波，不但不会促进植物的生长，反而会造成危害。美国科学家曾做实验，大音量反复播放摇滚乐曲，几种植物都相继枯萎了。

音乐是通过什么途径促进植物生长的呢？一些科学家认为，乐曲中的音符对应着植物体内蛋白质氨基酸分子，当乐曲响起，音符与氨基酸排列顺序相呼应，植物体内某种特殊酵素会变得活跃，从而促进了植株的生化作用及生长速度。这种说法是否准确，有待深入探讨，找出依据。

28. 数说国树

有些国家把国内广泛种植又受到民众喜爱的树木选定为国树，倍加爱护。

枫树是加拿大的国树。加拿大有“枫树之国”的美誉。加拿大民众对枫树有着深厚的感情，把瑰丽的枫树叶子视为国宝。在他们的国旗、国徽上都有枫叶图案。枫树最显著的特点是其绿色叶片在秋季变为红色。这是因为枫树在低温缺水的条件下，叶面叶绿素骤减而花青素充实，使叶片呈现红颜色。当大片红枫形成枫林，营造的深秋景色极美。

雪松是黎巴嫩的国树。黎巴嫩国旗红白两色相间，中央印着一棵绿色的雪松图案，象征着和平、牺牲、纯洁和永生精神。雪松为常绿乔木，在东南亚多有分布。在4个雪松种属中，黎巴嫩雪松最受关注，在《圣经》中被多次提及。雪松树体高大，形态优美，是世界著名三大观赏树种之一。置于草坪中央、广场中心、园路两旁，都很壮观。

印度将菩提树选定为国树。相传，佛祖释迦牟尼年轻时出家修行，寻求人生的真谛。他有一次在一棵大树下静坐了七天七夜，当天色将近拂晓，启明星升起时，终于大彻大悟，成为佛陀。这种树也因佛祖在其下悟道，得名菩提树。菩提树树干粗壮，树冠雄伟，树叶深绿而有光泽，被视作圣树的象征。

俄罗斯的国树是白桦树。白桦树亭亭玉立，碧叶之下，树干通体粉白如霜，有的还隐现出淡淡的红晕。姿态优美的白桦树宛若秀丽端庄的少女。白桦树属落叶乔木，适宜在丘陵坡地成片栽培，形成美丽的风景林。白桦木材纹理致密顺直，坚硬而富有弹性，在建筑等方面用途广泛。树皮可提取白桦油，制作化妆品香料，还有很高的药用价值。

棕榈树是古巴的国树，是和平、友好、不屈的象征。棕榈又称棕树，属常绿乔木，耐寒，喜温暖湿润气候。它四季常青，叶色葱茏，树势挺拔，可栽于庭院、花坛、路边等处。棕榈木材可制作器具，其树干披覆着一层层的棕衣，将其割下，晒干，就能制成棕垫、棕绳等用品。叶子可制扇、凉帽等。

波赛树是阿根廷的国树，它象征阿根廷人民争取独立解放的坚强意志。波赛树是阿根廷东部拉普拉塔河流域特有的树木。它的树干呈冠状空心，但非常粗壮，枝叶繁茂，树冠庞大，炎夏可为人遮阳。相传，在抗击西班牙殖民者的斗争中，一位叫阿娜依的女英雄在战斗中被俘，殖民者把她绑在波赛树上，放火烧死。在阿娜依就义时，波赛树怒放出满树红花。从此波赛树就成为民族女英雄的化身和阿根廷人民不畏强暴的象征。

29. 列谈国鸟

全世界的鸟类有9000多种。有的鸟深受一个国家人民的喜爱,对这个国家具有特殊的意义,或有重要的价值,就会被定为国鸟。国鸟在这个国家会受到重点保护,并成为这个国家的象征。

最早选定国鸟,即以白头海雕为国鸟的国家是美国。白头海雕体大威猛,是美洲的特产珍禽,深受很多美国人的喜爱,被视为坚强、勇敢的化身。在1782年时,白头海雕在美国的数量大幅下降,濒临灭绝。美国国会通过决议,将白头海雕定为国鸟,作为美国的标志和象征,号召美国各州民众对白头海雕加以保护。

1947年,日本国会通过决议,把绿雉定为国鸟。绿雉盛产于日本,雄雉矫健勇猛,雌雉性情温顺,富有母爱。在日本民间,有着很多绿雉的传说故事。日本民众对绿雉寄予特殊的深厚感情。

1960年,英国政府通过国民选举,把红胸鸲定为国鸟。红胸鸲又名知更鸟,体态娇俏,鸣啭动听,捕食大量害虫为食物,对促进农业增收起到重要作用。这种鸟在英国民众心目中享有崇高的声誉。

新西兰的国鸟是几维鸟。这种鸟又名鹬鸵,属原始鸟类。羽毛呈黄褐色,体形像梨,翅膀完全退化,不能飞翔,但两腿粗壮有力,奔跑时速可达60公里。所下的蛋比鸵鸟蛋还要大。它在鸣叫时,发出"几——维"之声,为此得名。这种鸟是新西兰所独有的。

巴布亚新几内亚的国鸟是极乐鸟。这种鸟鸟羽绚丽多彩,头部为金绿色,身体两侧丛生的绒毛为嫩黄色,两根金黄色的尾羽舒展修长,在阳光照耀下闪闪发光。这种鸟是世界公认的最美丽的观赏鸟。

巴哈马的国鸟是火烈鸟。火烈鸟是一种大型涉禽,外貌高雅端庄,站立时细长的脖颈弯曲成优美的S形。以咸湖中一种绿色小水藻为食,喜欢群居。独立不久的巴哈马是火烈鸟的群栖之乡,当地民众将美丽、合群的火烈鸟尊为国鸟。

如今,全世界已有许多国家有了国鸟。印度是蓝孔雀,斯里兰卡是黑尾原鸡,缅甸是乌鸦,澳大利亚是琴鸟,特立尼达和多巴哥是蜂鸟,智利是安第斯山鹰,毛里求斯是渡渡鸟,阿根廷是红灶鸟,津巴布韦是红脚茶隼,巴巴多斯是鹈鹕,荷兰是琵鹭鸟,奥地利是家燕,德国是白鹳,瑞典是乌鸫,卢森堡是戴菊鸟,比利时是红隼,冰岛是白隼,法国是雄鸡,挪威是河乌,丹麦为云雀。

30. 了解珊瑚

珊瑚,又称珊瑚虫,其形状像树枝。这让有些人搞不清它到底是动物,还是植物。

按照生物学的分类,珊瑚属腔肠动物中花虫类动物。珊瑚是一种水螅状小虫,它们栖息在浅海处岩石等物体上,利用触手捕食浮游生物。几十万上百万珊瑚虫群聚在一起,共同用触芽生殖的方法繁育后代。它们连在一起,内部的消化腔彼此相通,一个虫体得到食物,其他虫体也都能分享到营养。一些珊瑚虫死去后,另外的珊瑚虫又附着在它的骨骼上生活,使它们的栖居之地不断扩大增高。生活在西太平洋的鹿角珊瑚是生长得最快的珊瑚,条件适当,每年可以增高 10 厘米。

大海中的珊瑚五颜六色,千姿百态,有的像树杈,有的像花朵,有的如蜂巢,有的似蘑菇。形成的珊瑚礁成了刺尾鱼、雀鲷等鱼类和小虾、海葵、海星、海蛞蝓、海环虫等动物的家园。许多鱼类到这里产卵、抚育后代,食肉的大鱼也常来猎捕小鱼。每一处珊瑚礁都能吸引大批海洋动物光顾。

年复一年,珊瑚组成的珊瑚礁又能形成面积很大的珊瑚岛。我国的西沙群岛、南沙群岛,就是一座座珊瑚岛。在印度洋和大西洋中的马尔代夫和斐济两个国家,竟是建立在珊瑚岛之上的。

珊瑚在我国古代已成为一种中药,主治惊痫。精巧的红珊瑚工艺品,能与珠玉争辉。我国台湾博物馆中珍藏着一株年龄约有 3 亿年的巨型珊瑚,其主干有 5 枝,宽 0.7 米,高 1.25 米,净重 70 公斤,是珊瑚中的精品。20 世纪 80 年代,日本在冲绳岛海湾处发现一株珊瑚树,其直径为 6.4 米,株围达 20 米,高 4.5 米。这株珊瑚表面光滑洁白,呈半球状,看上去宛如一座小山包。据估计,构成这巨大的珊瑚的虫体超过了 60 万个。

清澄透明的海水中,五彩柔软的珊瑚附着在珊瑚礁上,随着海流轻摆浮动,美丽的鱼儿畅游其间,观之让人联想到海底的童话世界。然而近年来由于海水养殖、过度捕捞、气候变暖、海洋污染等原因,全球的珊瑚虫正大量死亡。我国海南有一些海域曾是珊瑚生长极为茂盛的地区,经海南热带海洋生物及病害研究所调查发现,海南省大部分珊瑚礁海域正在严重衰退,局部海域的珊瑚仅有极少量存活。2010 年夏季,世界许多地区出现炎热高温,招致多处浅海的珊瑚礁发生漂白、脱色的现象。非政府环保组织——全球珊瑚监测网的协调员威尔金森警告说,在未来 20 至 40 年,如果不采取保护措施,更多的大型珊瑚将会灭绝。在联合国有关组织帮助下,南太平洋一些群岛上的渔民,正采用人工养殖珊瑚的方法,把长势良好的珊瑚移到礁石上,并已取得成效。

31. 大自然的灯

在大自然中有许多会发光的生物，自古以来给人们带来了愉悦和廉价的照明，并引起科学家的重视和开发利用。

古巴原野上生长着一种夜光花。这种花颜色艳丽，花瓣里含有荧光素。盛夏时于傍晚开放，天亮前凋谢。当地人爱采摘花束点缀节日夜景，举办夜光花观赏晚会。众多夜光花在夜色中闪烁光辉，与星月相映，令人目眩神迷。

在日本野生的蘑菇中，有一种平菇属于毒蕈，不能食用。然而这种蕈的伞状果实体和菌丝却能发出很强的光亮。有人采集了一堆平菇，放在书桌上，作为绿色能源，夜间读书看报就用不着再开电灯了。

非洲有一种会发光的树，俗称“妖魔树”。这种树的表皮含有大量磷脂，氧化后能发出持久而强烈的光芒。人们夜晚坐在树下，能清楚地看清书本上的字迹。

南极有一种磷虾，属于甲壳类动物，背部有一个能发光的器官，一到夜晚就能发出一种绿色磷光。磷虾在受到惊吓时，发出的光度更强。在玻璃缸里养几只这种磷虾，相当于点亮了一个小灯泡。

南美亚马孙河里有一种被称为“红莲灯”的热带鱼，体形小巧，身体红蓝交错。这是一种会在夜晚发光的鱼，前部闪烁蓝光，后部会散发出一束红光。在鱼缸养几条，晚间光随着鱼儿的游动而熠熠生辉，鱼儿交错往来，观之如同在看不断变换图案的霓虹灯。

世界各地有不少种类的萤火虫。英国渔民爱把萤火虫装在瓶子里塞紧，投入水中，用荧光诱捕鱼群。西班牙妇女喜欢用纱布包起萤火虫插在鬓发，作为晚间亮丽的装饰。南美洲的萤火虫个头大，夜行者把它缚在鞋头走路。

非洲中部森林里有一种夜间会发光的鸟，叫莹鸟。它全身黄色，只在头部和翅膀上生有羽毛，其他部位长着一层硬壳，光便是从这层硬壳上发出的。当地人捉到莹鸟，装入笼子，夜色里提上笼子，就可以像提着灯笼一样赶路了。

有些动物虽然不能发光，由于体内有大量脂肪，也可作为灯烛之用。北美洲的印第安人捉到一种灯鱼，掏去内脏晒干，然后在鱼身穿一根灯芯，竖立点燃，照明亮度强过蜡烛。西班牙的菲加特山区有一种黄褐色的短尾山鼠，鼠的腹内有一个油腺囊。当地人捉到这种鼠，腹内放入灯芯，一只鼠可供点燃照明三四个小时哩。非洲几内亚湾的海岛上，有一种赤红色的长蛇，体内脂肪十分丰富。当地人捕捉这种蛇，穿灯线点燃照明，一个蛇灯不仅能点用几个晚上，其亮度也超过了油灯。圭亚那有一种肥牛，连尾巴处也积有大量油脂。屠宰后将它的尾巴割下来，钻洞穿上纱芯，可点燃照明几晚。

32. 动物“大块头”

动物界各个门类,在身长、身高、体重方面,都有着佼佼者。

澳大利亚的环节动物蚯蚓长达 2 米,缅甸培育出的蚯蚓长度超过 4 米,直径近 30 厘米,像一条蟒蛇。栖身于印度洋的软体贝壳类动物砗磲,直径 1.5 米,体重达 300 公斤。它的两瓣贝壳闭合力非常强大,有人将一根铁棍插进捕获到的大砗磲壳间,贝壳合拢竟将铁棍变弯。

软体动物中的大王乌贼体长 3 米,触手长达 15 米,重约 2 吨,敢与巨大的抹香鲸在海中缠斗。甲壳类的锦绣龙虾是龙虾的老大,体重为三四公斤。在爬行动物中,棱皮龟身长两米,体重在 500 公斤以上。南美的森蚺蟒是世界上最大的蛇,长达 10.8 米。鳄鱼有 20 多个品种,广泛分布在热带、温带地区。南亚、澳洲的一种雄性湾鳄体长可达 10 米。

在两栖动物中,海蟾是世界上体形最大的蟾蜍,身长可达 25 厘米。非洲雄牛蛙身长为 30 厘米左右,若将双腿拉开测量,身长可达 1 米。两栖动物中最大的是大鲵——娃娃鱼,体长可达 1.8 米,重达 50 公斤。

小小昆虫中也有些大个子。亚马孙天牛甲虫身长 18 厘米,新加坡的竹节虫身长 27 厘米。南美洲的大灰夜蛾身长 9 厘米,双翼展开近 30 厘米,远远看上去像是只鸟哩。南太平洋海岛上的巨沙螽,是自然界最大的昆虫,不包括须、腿,体长已达 10 厘米,重达 80 克。其凶悍模样,不仅能吓跑老鼠,还敢于咬人。在节肢动物中,栖息在新几内亚群岛上的食肉蜘蛛身长达到 9 厘米。日本海的大螃蟹甲壳横宽近 30 厘米,腿有 1 米长,重量可达 8 公斤以上。

在鱼类中,我国的白鲟是最大的淡水鱼。据记载,在长江曾捕获一尾白鲟重达 907 公斤。海洋中的鲸鲨是世界上最大的鱼,最长为 25 米,重量可达 30 吨。

鸟类中,亚马孙角雕身长 1 米,重达 9 公斤,以捕食猿猴为生。在飞翔的鸟类中,信天翁是最大的鸟,体长可达到 135 厘米,翼展为 4 米,重量为十几公斤。鸟类中最大的鸟是鸵鸟,雄鸟身高可达 3 米,体重可达 130 公斤以上。鸵鸟不会飞,却有着快速奔跑能力。

蝙蝠是唯一有翼膜、能飞行的哺乳动物。马来半岛的狐蝠,双翼展开阔达 1.5 米,重达 1 公斤。在其他哺乳动物中,澳大利亚的有袋类动物大赤袋鼠身长近 3 米,体重达 100 公斤。北极的白熊身长 3 米,重约 800 公斤。犀牛身高 2 米,体重约 2.5 吨。河马体长 4 米,重约 4 吨。南美洲的象海豹体重也可达 4 吨。非洲大象是陆地上最大的动物,雄象高约 3.5 米,体重可达 7 吨。地球上现存最大的哺乳动物是海中蓝鲸,人类捕获的最大一头雌性蓝鲸身长 34.6 米,重约 170 吨。

33. 动物“小不点”

在各门类的动物中有庞然大物,也有着灵巧敏捷的“小不点”。

鞭毛虫、变形虫、纤毛虫等单细胞原生动物,是世界上最小的动物,只能用微米(千分之一毫米)来衡量。巴倍虫只有3微米长,更小的蚕微虫只有半微米长,用电子显微镜才能看到其尊容。

单细胞的草履虫身长为300微米左右,昆虫中的羽翼金龟子、赤眼卵蜂、水虱等比草履虫也大不了多少,身长也就在1毫米左右。寄生于人和动物体内的绦虫、旋毛虫,雄性1.5毫米,雌性3.5毫米。节肢动物中的烛虫身长仅有0.5毫米。甲虫中的微蠹虫体长也只是2毫米,都是低等动物中的侏儒。

豆蟹是生活在浅海中的一类小型螃蟹,体长约2厘米,因形似豆粒而得名。它们寄生在海葵、贝类的鳃、外套膜等处,靠吸收寄主的营养为生。我国江苏南通一带生长的金钱龟只有铜钱大小,可以放在孩子掌上赏玩。

巴西的金蛙和古巴的伊比利亚山蛙身长均为1厘米,可并称为世界上最小的蛙类。加勒比海岛屿上的圣戈达壁虎和多米尼加的雅拉瓜壁虎,从嘴尖到尾部,平均长度均为1.6厘米,都是自然界最小的壁虎。

过去的人们以为最小的鱼是菲律宾的虾虎鱼,它的身长仅1厘米。如今澳大利亚生物学家在大堡礁找到了更小的鱼,即胖婴鱼,最小的身长只有6.5毫米。这种鱼成年后仍保持着鱼的特征,无齿、无鳞、无腹鳍,以漂游捕获浮游生物为食。

以前人们以为最小的鸟是蜂鸟。蜂鸟体重2克,只比蜜蜂大些。经生物学家考察发现,非洲还有一种更小的鸟——麦粒鸟,这种鸟全身长满细密的绒毛,翅翼透明,过去一直把它归为昆虫,其实它的的确确是长了两只爪的鸟儿。

在哺乳动物中,泰国的一种蝙蝠只有2克重。鼩鼱也是哺乳动物中的袖珍小儿,身长只有4厘米,体重2克,常年以捕食昆虫为生。鼩鼱精力充沛,活泼好动,新陈代谢速度也快。在一昼夜中,它四下巡视走过的路程,比跑两个马拉松的距离还要远。

在食肉动物中,最小的兽类是伶鼬。它身长只有15厘米,重量不足100克,以柔软灵巧的身躯出没于草原、森林、沙漠及城市中,以捕捉老鼠、田鼠为食,也猎杀野兔、雷鸟、山鸡等较大动物。伶鼬善攀爬,会游泳,捕食时动作迅捷,爪利齿锐,被捕食的动物很难逃脱。

34. 动物的嘴巴

嘴巴是动物的进食器官，在一些动物生存中也有着种种妙用。

昆虫的嘴称作“口器”。大多由上下唇、上下颚和舌头组成。因取食方法不同，嘴的形态和构造也不大一样。蝗虫、蟋蟀、蝼蛄等长着咀嚼式的嘴，适于啃咬植株、嫩茎。蚊子长着针状的刺吸式嘴，插入人或动物的皮肤便可贪婪吸血。蝉、蚜虫等昆虫，也以这种针状嘴刺吸植物液汁。蝴蝶、蛾子吮吸花蜜时，会把卷起的嘴巴伸直，插入花蕊，它们能卷能伸的嘴称虹吸式口器。蜜蜂的嘴既能咀嚼花粉，又能吮吸花蜜，称嚼吸式口器。苍蝇长有舔吸式的嘴，找到食物便吐出唾液，融化固体后舔食，一旦受惊会抛下唾滴逃走，遗下的唾液含大量病原体，易传染疾病。

鸟嘴也称喙，是鸟的抓拿工具。鸟嘴外面有角质的鞘，构成锐利的切喙或钩，是鸟的得力武器，觅食中有钳子、镊子、夹子等功用。鹰、秃鹫等猛禽上喙比下喙长，弯成利钩状，有利于啄撕猎物。苍鹭长有锐利的尖嘴，它刺中一条滑溜溜的鱼，仅用1/10秒。红交嘴雀的嘴像一把剪子，叼住松果便能夹碎果壳，吃到果仁。红鹳在潜水中猎食，它的嘴像筛子一样，边走边滤去水，捞到甲壳类动物，吞入腹中。斑嘴鹈鹕下颌长有一个皮质喉囊，如同一个网兜。它一口连水带鱼吞下，喉囊挤出水后，将鱼留下，捕到的鱼可重达几公斤。

新西兰的几维鸟有一个长长的嘴。它的长嘴用起来像冲击钻一样得力，能掘开大片土层，吃到蚯蚓、甲虫等美味。遇到危险，它会迅速挖土，入洞藏身。美洲的巨嘴鸟体长可达80厘米，而它的巨嘴长20多厘米。巨嘴鸟以植物果实为生，也会捕食蜥蜴、蛇、鸟蛋、雏鸟等。在南亚和我国云南一带也生活着一些巨嘴鸟，因嘴形似犀牛角而称犀鸟。

在水生动物中，绝大多数鱼类以嘴捕食和进食。虎鲨等凶猛动物，尤以嘴大牙利，称雄于海上。好斗的皇鲻不仅嘴巴大，还能像蛇口一样张大到120度，令对手不敢应战。大西洋群岛有一种玛塔龟，它觅食时隐藏好身体，有小鱼小虾经过，它猛张嘴巴就会像吸尘器一样将猎物吸入口中。非洲鲫鱼的嘴还是孵化器，卵受精后，雌鱼就将它们吸入嘴中，含孵出小鱼。小鱼出生后，在水中一遇危险还会逃回妈妈嘴巴“安乐窝”。

哺乳动物的嘴巴也有许多差异。鸭嘴兽的嘴扁平如鸭嘴，触觉却极灵敏，能快速在淤泥中搜寻到猎物。狮、虎的血盆大嘴很有威慑力，往往吓得被捕食动物腿软而就擒。鳄鱼也以其大嘴利齿，具有巨大的咬合力成为水中一霸。以嘴大闻名于世的河马，是吃素的。它的大嘴长牙，在雄性争斗时，会派上用场，也让狮子、鳄鱼对它敬而远之。

35. 动物的牙齿

牙齿对于动物来说，功用极其广泛。

牙齿是很多动物的捕食利器。企鹅满嘴长满了尖利的牙齿，它使用它们咬住溜滑的鱼。鳄鱼的牙齿有巨大的咬合力，能咬住斑马、野牛等大型动物，将其拖入水中，撕成小块吞食。蛇的倒钩状尖牙咬住猎物后，便能向腹内输送，送至胃部消化。对于虎和狮子来说，犬齿是它们的"餐刀"，四枚犬齿上下交错，在利爪配合下，咬住即可将猎物置于死地。狮子的臼齿尤其发达，齿面上下相合，形如剪刀，可以咬穿又厚又硬的牛皮。

南美洲的食蟹海豹体重200多公斤，它的牙齿上生有许多叶形裂片，交错组成细密的"筛子"。捕食时它会猛张大口吞去，然后把水从筛齿缝挤出，而把磷虾、鱼、蟹留在口中吃下。海象在两岁时会长出一对大牙。它在海底觅食时，要将长牙插进泥沙里，倒退着犁出泥沟，有些海螺、海贝就会被翻露出来，成为海象的美食。长牙是海象的重要谋生工具，一旦缺损断裂，它的好日子也就到头了。

菲律宾狐猴的牙齿像是粗糙的大梳子，门齿和犬齿却又很尖利。这种牙齿能像叉子一样插住果实，又能像梳子一样梳理身上的毛。非洲疣猪的上牙向上翘曲，如同伞把一样伸出口外，是防卫的利器。雄疣猪的长牙更像匕首一样锋利，鬣狗和豹也不敢轻易靠近它。

河狸的牙齿可不一般，其门齿最是厉害。它修筑巢房需要木料，便用上门齿咬住树干，下门齿啃刨切削，直径半米的大树，很快被它咬得轰然倒地。河狸建好住处后，也会不停地咬这啃那。它必须通过啃咬将牙齿磨短。不然它的牙齿会越长越长，将下颚刺穿。同样老鼠吃饱了也会磨牙，否则长牙撑住嘴巴，将难以进食。

大象的门牙其长度在动物中名列榜首。它的门牙长在上颌，没有齿根，能终生不断生长，永不脱换，成为"獠牙"。非洲象雌雄都有门牙，最长达3.5米，一枚重107公斤。亚洲象最长的门牙也只有2.6米左右，而且只有雄象有长大的门牙。象的长牙可不是摆设，它能折断树干，挖掘树根，剥开果壳中的核仁，判断湿地的虚实以防沉陷。搏斗时，象能用长牙重创进犯者，将对手开膛破肚。

在动物中，谁的牙齿最多呢？在美洲有一种果园蜗牛，这种蜗牛很普通，个头也不大，但它口内却有135排舌齿，每排为105枚，舌齿总数达到14175个。鳄鱼在捕食生涯中，会不断损毁、替换、萌生新的牙齿，一生当中会长出2000至3000颗牙齿。海洋中的鲸鲨口腔里布满了细小的牙齿，能咀嚼、过滤细小的鱼虾。几千颗牙齿在上下颌排列成12排，这些牙齿每年至少更换两次。这样一算，鲸鲨就是平生有牙齿最多的动物了。

36. 动物的舌头

对于形形色色的动物来说，舌头的外观和功用大有不同。

蜜蜂的舌头生在管状口器的中间，它落在花朵上，把长而细的舌头伸入花冠，一伸一缩就采食到花粉。马达加斯加岛上有一种兰花，花冠长 30 多厘米，一般昆虫的舌头难以探到里面采集花粉。而当地有一种飞蛾生有一条长舌，长达 35 厘米，正与这种兰花花冠相匹配。这种兰花以浓郁的甜香花蜜，引来长舌蛾，为其传粉，双双得利。

青蛙嘴里的舌头长得靠前，舌根长在下颌的前方，舌尖伸回到口腔内。捕捉蚊蝇时，舌头会倒弹出来粘住猎物，然后返回口腔，就吃到小虫了。

蛇的舌尖是分叉的，常会一伸一缩地吐到口外，称吐“芯子”。舌头是蛇的嗅觉器官。把舌头伸出口外，通过空气中化学物质分布的信息，蛇就可以了解、判断附近有无猎物出没、猎物大小、猎物位置等，然后跟踪和捕捉猎物。

非洲大陆和马达加斯加岛等地生活的变色龙，肤色能与环境相适应，迅速改变体色。它的另一特点是有着一条神奇的舌头。发现猎物后，变色龙会靠上去，吐出舌头将猎物捕获。变色龙舌头伸出的长度比它体长的两倍还多。舌尖处形成强有力的吸盘，一吐一收将猎物吸入口中，时间不足一秒钟。它用舌头不仅能吸住昆虫，还能粘住蜥蜴、青蛙、小鸟等猎物。

在哺乳动物中，食蚁兽的舌头长得如同大象的鼻子。由于它的舌头长，嘴里放不下，舌根不能放在口内及喉部，而是长在胸部。舌头是食蚁兽获食的利器。食蚁兽找到蚁巢后，用锐利的前爪捣开洞口，然后把蠕虫状的黏性长舌深入蚁巢内黏附白蚁、蚂蚁。它的舌头能灵活搜索蚁道，每分钟可伸缩 150 次，一个晚上就要吃掉 3 万只左右的蚁类。

暑热时节，狗常把舌头耷拉在口外，用舌头散热。澳大利亚的山袋鼠感觉天热时，便用舌头舔湿爪子、胸、后腿，为身体降温。

老虎、狮子等一些猫科动物的舌头上长有肉刺，它们进食时，能将骨头上的碎肉舔食得干干净净。狮子也常用舌头为幼狮舔身，梳理皮毛。

长颈鹿脖子长，它的舌头也长达 60 厘米。长颈鹿用长舌卷住树尖的嫩叶，送入口中，每日吃个不停。海洋中的哺乳动物鲸鱼，身长体大，舌头也是动物中最重的。有一头在沙滩上搁浅的蓝鲸，其舌头重达 3.2 吨。

37. 动物的鼻子

鼻子是动物的呼吸器官，鼻子与嗅觉有着较密切的联系。

各类动物鼻子的外观不同，构造各异，功用也不一样。马在长途奔跑时，呼吸急促，由于有胀大的鼻孔，便不至于跑起来上气不接下气。水牛的鼻子在炎热的天气下会渗出汗滴，能起到散发热量、调节温度的作用。水獭、鳄鱼等水陆两生动物，鼻部覆有盖子，出水打开，自如呼吸；入水关闭，可防止呛水。蝙蝠的鼻子能发出2万赫兹以上的声波，利用回声定位，便于捕捉昆虫。有些动物没有鼻子，却有灵敏的嗅觉。昆虫是从头上触角分辨气味的，许多水生动物的嗅觉器官竟然是舌头。

在哺乳动物中，狗的嗅觉之灵敏颇负盛名。经测定，狗的嗅觉比人要灵敏100万倍，一只狗鼻子的嗅觉细胞多达2.2亿个，可以分辨出200万种不同的气味。经过专门训练的狗，可以协助查找含汞、砷的矿藏，检查煤气管道是否漏气，查找藏有毒品和炸药的邮件等。野猪、家猪鼻子的嗅觉也相当灵敏。冬季时野猪能嗅到几十米雪下埋藏的一粒种子。经培训的野猪，能快速找到深埋土下的毒品、枪支，并能用鼻子把它们拱出来，是出色的“缉毒战士”。

在自然界，鼻子长得怪怪的动物还真不少。生活在我国西北和西南部的金丝猴，全身毛色金黄。这种猴子个个鼻孔向上，长有一个“朝天鼻”。它们的鼻子为什么要进化成这个样子，有待研究，但每逢下大雨，在猴群都是麻烦事，有的猴子忙着以爪捂起鼻孔，有的则把头缩低下来，以防鼻孔灌水。南亚加里曼丹岛上生活着一种叶猴，其外观特征是鼻子肥大。成年雄猴的鼻子像一条长茄子挂在脸上，为此得名“长鼻猴”。雄猴常以耸动长鼻显示威严，它还会以鼻发出高音向猴群报警。雄海象在发育成熟后，在嘴的上边会长出一个球形鼻子，直径约40厘米。在求偶期间，雄海象鼻子的色泽变得鲜艳，能从鼻腔发出有共鸣声音的吼叫，可传至几公里之外。交配期一过，球形鼻子变小，颜色也暗淡下来。

以长鼻子而闻名于世的动物是大象。象鼻子伸缩自如，长达一米六七，除用于呼吸和辨别气味，另有着不少功用。象的食量很大，几百斤食物全靠鼻子卷送到口中。经驯养的大象会用鼻子干活，堆物、搬运，干起来轻松。象鼻子的前端有人手指一样的突起，上面有丰富的神经细胞，感觉灵敏，能捡起地上的硬币、缝衣针，还能拔钉子、接绳头、采摘花朵呢。大象的鼻子还是它的武器和拐杖。对狼和小豹子，象能用鼻子卷起它们摔到树上。走沼泽、过桥，象会用鼻子试探有无危险。大象擅长用鼻子吸水为自己冲凉。象吸水时，食道上方的软骨会盖住气管口，这使它绝不会被水呛。

38. 动物的眼睛

动物的习性千变万化，它们眼睛的构造也是多种多样的。

蛙类的双眼长在头的顶部。蜗牛的眼睛长在触角上。水蛭的眼睛偏长在尾部。比目鱼的双眼则长在身体向上的同一侧。澳大利亚一种蜥蜴长有 3 只眼睛。在海星顶部分布着 5 只眼睛。比起蜘蛛来，海星的眼睛算不上多，南美洲的一种食鸟蛛，头部长有 6 只眼睛，呈斜十字排列。普通蜘蛛多为 8 只眼睛，其中一对又大又亮，其余的配合聚光。澳大利亚的一种毒蛛有 12 只眼睛，胸前布有 8 只眼睛，两侧各长 2 只，眼观六路，视野开阔，便于觅食。

一些昆虫类动物长有复杂的复眼，是由数量众多的小眼构成的。3000 多只小眼组成两只复眼的苍蝇，能在 0.01 秒即看清一件物体。蜜蜂的复眼由 6300 只小眼组成。组成蝴蝶一对明亮复眼的小眼更是多达 1.5 万多只，小眼都呈六角形楔状，各个侧面相互紧贴在一起。蜻蜓除了头上的三只单眼外，由数万只小眼组成的复眼构造更为复杂。

生活在南美洲浅水处的四眼鱼，每只眼由一条黑色水平膜隔成上下两个均等的部分。这种鱼游到水面觅食昆虫时，分隔眼睛的黑线正好和水面相平。这样上半部有远视功能的眼睛露在水面，可留意水面有无昆虫，而下半部有近视作用的眼睛可注意水下一些动静。马达加斯加的变色龙双眼也有二用。它的两只眼睛能单独活动，当一只眼睛向上看时，另一眼可以向下或向后看。这一来，变色龙就可以一面接近猎物，一面警惕着周围出现险情。

研究证实，大多数哺乳动物是色盲。如牛、马、羊、狗、猫、海中鲨鱼等，都分辨不了颜色。它们眼眶里的色彩只有黑、白、灰三色。猿猴和鼠类同样不能辨别颜色。长颈鹿辨色能力稍强，能分辨出黄色、绿色和橘黄色。鸟类则有辨色能力，除了夜间活跃的猫头鹰等，因视网膜中缺少锥状细胞无法认色外，许多飞禽都有较强的色感。鸟翱翔在空中，地面的颜色会帮助它们判断距离和立体形状。大多飞禽不仅色觉好，视力也强。它们的黑眼睛占据了头部的很大部分。敏锐的鹰眼中央凹内每平方毫米有多达 200 万个视觉细胞。鹰盘旋飞翔在千米高空，也能看到躲藏在草丛的田鼠，即使迎着阳光和雾气飞行，也照样能辨认出地面上的小动物。

动物中谁的眼睛最大呢？鸵鸟和邦加眼镜猴的眼睛都比它们的脑子要大，但它们的眼睛算不上最大的。2003 年，一条生活在寒冷深海的巨型鱿鱼被捉到岸上，它的头部与伸直的触手总长达 15 米，重达 150 公斤，眼睛直径达到 60 厘米，足有一个洗衣盆大。

39. 动物的耳朵

耳朵在有些动物身上，不仅有着多种功能，其所在位置也是令人捉摸不定的呢。

昆虫大都具有听觉，但在它们的头部却无论如何也找不到“耳朵”。这是因为昆虫包含鼓膜的听觉器官并没有长在头上。蟋蟀、蝈蝈的“耳朵”长在大前脚胫节上；苍蝇的“耳朵”长在翅膀基部后面；飞蛾的“耳朵”位于胸或腹部；蝉的“耳朵”在头部靠下处。

大多数鱼听力甚好，但它们的耳朵不与外界相通，被保护在头两侧囊中。鱼的侧线也具有听觉，听觉装置与鱼鳔相连，水中的声响使鳔壁振动，鱼便能感知。甲壳类动物螃蟹头部只有一对凸出的眼睛和两对触角，它的“耳朵”长在步足上。步足有着灵敏的听觉，稍有异样动静，螃蟹便迅速遁逃。

大部分鸟的耳朵覆盖在羽毛下，耳郭并不明显。一些潜水的鸟类更有浓密的绒毛覆盖耳部，以防内耳遭强大水压损坏。有些鸟凭听觉觅食，啄木鸟在树干上用喙敲击两下，静听动静，里面的幼虫稍有声响，就能让啄木鸟听到，进而啄开树皮，用舌头将虫钩出。山鹬也能透过泥土表层听到下面蚯蚓爬动的轻微声音，然后扒开土层，吃到蚯蚓。南太平洋群岛上的企鹅听力尤为敏锐，雌企鹅带着捕到的鱼回到栖身的海滩，在嘈杂一片的企鹅叫声中，能迅速辨别出自己孩子的叫声，重聚哺喂。

蝙蝠在一团漆黑的夜色中捕食，依靠的是回声定位方法。它们从口腔发出一种超声波，然后分析回音，判断物体大小、形状及细微移动变化。蝙蝠的鼻子结构有利于集中声音，复杂的耳朵皱褶则能捕捉到回音。它能听到几十米处蝴蝶抖动翅膀的声音，飞起后避开树枝等物体，悄无声息地捕获猎物，由此蝙蝠的耳朵被誉为“活雷达”。

在长期的进化中，很多哺乳动物也都练就了听觉敏锐的耳朵。兔子长有一对长耳朵，搜寻的声音面很宽。更是由于它的其他器官相对薄弱，需要用听觉来提高警惕，逃避敌害。凭借听力，田鼠能够吃到几十厘米土层下的昆虫，而狐狸则能捕获厚厚积雪下的老鼠。除了猎食，松鼠的耳郭还有护眼的作用。猞猁耳朵尖的绒毛则能告知声响传来的方向。羚羊、鹿等食草动物，为逃避天敌袭击，会不时转动耳朵的方向，聆听周围动静。非洲大耳狐的耳朵耳郭大而朝前，这有利于它向前搜索，躲避敌害，同时也能帮助它在旱季散发热量。非洲大象两只大耳形如蒲扇，天热时大象扇动耳朵能有效为身体纳凉降温。

40. 动物的角

角是偶蹄目和奇蹄目哺乳动物头顶或鼻前生出的突起物，是头部表皮和真皮质化的产物，韧而坚硬，呈锥状弯曲。

头上有角的动物不少，其角的形态也多有不同。牛、羊的角不分叉，是中空的，称虚角，雌雄都长有一对，不会脱落。鹿类的角庞大多叉，是实心的，称实角，鹿角每年要脱换一次。长颈鹿看似无角，其实它的角包在头皮里，只是不暴露。长角的动物都是食草性动物，它们的角用以自卫，雄性在交配期也用角抵撞，角斗争胜，以赢得配偶青睐。

我国幅员辽阔，生长着不少珍稀有角动物。西部高山的塔尔羊外貌像山羊，体毛红棕或黑褐色，又长又密。头上的两角短而侧扁，优雅周正。这种羊在我国已列为一级保护动物。我国西南山区的扭角羚，体大如牛，头顶一对硬角尖而向内扭转，显得十分威武。我国的麋鹿俗称“四不像”，雄性头上的角长达 80 厘米，角的主干上前后分叉，前枝发达，再行分叉；后枝则近于直。麋鹿的角每两年脱换一次。我国青海、四川灌木林中生活的白唇鹿，以有纯白色下唇得名。这种鹿头骨泪窝大而深，成年雄鹿长角，有多达 8 个分叉，也是极珍稀的物种。

驯鹿生活在北半球寒冷地带，在我国大兴安岭地区也有分布。它们的头上也长有许多不规则枝杈的大长角。北美洲草原有一种叉角羚，在 800 米长跑中奔跑时速能达到 88.5 公里。这种羚羊善跑，头上还长有一对三叉利角，足以应对草原狼的追击。但它却远跑不过殖民者的枪弹，在 20 世纪初便由 4000 万只锐减为一两万只，已被列为濒危保护动物。

犀牛产于非洲和亚洲，它们的鼻子上方长有硬角。与其他动物角长在骨架上不同，犀牛的角是长在头皮上的。亚洲犀牛都长有一只角，是独角犀。非洲的白犀和黑犀长有两只角，一前一后向上突起。角尖锐利，根部粗壮，犹如碗口大小。强壮的非洲犀牛有的前角长达 1.5 米。壮实的犀牛凭借强硬锋利的长角平步四野，别说狮子、豹子不敢惹它，连大象也怕它三分。

动物的角有的有着很高的药用价值。鹿茸是世界闻名的药材，我国自古就用作滋补的良药。鹿角每年脱换，新鹿角发育的初期软而富有血管，为角的生长提供了丰富的营养，这时的鹿角称鹿茸。鹿茸里含有内分泌素鹿茸精，有强身健脑、防止神经衰弱、增强免疫力等功效。犀牛角也很早就用于治病保健，它有清热解毒及治疗头眩、心悸、口干等药用。传说用犀牛角制酒杯，斟酒后若发现泛起泡沫可及早发现酒液含毒，还有人说犀牛角杯能使毒酒变得无毒。这类传说当然是缺乏科学根据的。

41. 动物的脖颈

人和动物的颈，俗称脖子，此处虽狭窄，却是“要害”之地。

低等动物混沌一团，有些连头也分不清什么形状，自然更找不到什么脖子了。水中鱼的脊椎骨可分出躯椎和尾椎，没有颈椎，所以鱼是没有脖子的。苍蝇等昆虫，能转动脑袋，身体可分为头、胸、腹三部分，头胸部有道沟槽，却称不上是脖子。螳螂是一种较大的昆虫，头部可随意扭转。它虽被称为“长颈虫”，但并不具有颈椎骨。蛙类能转动头部环顾左右，虽然仍无脖子，但在一些两栖动物的骨骼解剖图上，颈椎骨上已显现出颈椎的模样。在爬行动物身上，脖子彰显无疑。龟类已经有 8 枚颈椎，与脖子相连的头部伸缩自如，遇到敌害干脆把头缩回到背甲里。

鸟类的前肢演化为翅膀，啄取食物、整理羽毛都要以嘴而为，于是有了灵活的脖子。鸟类的颈椎从 11 至 25 枚不等。鸡的颈椎为 16 枚，雄鸡善于“引吭高鸣”。由于其食道不发达，喝水是要扬直脖子，倒灌下去。鸳鸯有颈椎 25 枚，头部可扭转 180 度。鸳鸯交颈，以脖子相缠绕，自古被传为甜美爱情的象征。

在哺乳动物中，长颈鹿以长脖子得名，河马、大象以脖子粗短著称。可是不管脖子长短，它们的颈椎绝大多数都是 7 枚，仅有少数例外。凶猛的捕食动物狮子、老虎等深谙脖颈是猎物的软肋，它们捕杀鹿、马、野牛等食草动物，往往一口咬住猎物颈部，让猎物窒息而死。

长颈鹿是世界上最高的哺乳动物。它体高五六米，脖颈近两米。有了这个长脖子，长颈鹿就能轻松吃到高树上的树叶。古生物学家认为，长颈鹿起源于中国和印度一些地方。由于地球生态环境和气候的变化，脖子短的长颈鹿吃不到高树上的叶子相继灭亡，而脖子长的种群则顽强地生存下来。如今野生的长颈鹿只存活于东非和南非一带。现代动物学家研究指出，长颈鹿拥有长长的脖颈，有利于它们采食高树上的嫩叶和果实，此外它们昂首高处，还会不断发出次声波，与同伴交流。在交配季节，雄长颈鹿之间会仰起头，相互用长颈缠撞，借以展示雄性的威风。脖子最粗最长的雄长颈鹿在争斗中占得上风，与雌性生下后代，则会更强壮。

在非洲，除了有长颈鹿，还有一种长颈羚羊。这种羚羊的脖子长度与身体对等，这使它们能吃到高树上一般羚羊吃不到的美味嫩芽。长颈羚羊结成小群活动，脖子长，视野开阔，发现有动静便快速逃开，让捕食者难于捕捉。

42. 动物的脚爪

动物的脚爪用于奔走和抓住物体。有些动物的脚爪在捕食、自卫、挖掘等方面，也能发挥出重要的作用。

螳螂的一对前脚生着锋利的钩齿，它用脚一跃俘获猎物，只需 1/20 秒的时间。猛禽都长有锐利而钩曲的脚爪，抓捕猎物时，疾如闪电。南亚的金雕、食猴鹰等猛禽脚爪粗壮有力，能抓起十几公斤的鹿和野羊腾空而去。

粗大锋利的脚爪也是狮、虎等猛兽捕食的利器。老虎捕捉野猪等猎物，能跳到猎物背上，用利爪抓住它的头和颈部，猛力把猎物的头扭转以致拧断。北京动物园收养了一只新捕到的华南虎，虎拒绝进食，暴怒之下，它的爪子竟把坚硬的水泥地面抓裂了。非洲狮子的脚爪也势不可当，它一掌能劈断斑马的颈椎，击碎豪猪的头骨，追捕斑马时，前爪一挥就能让斑马滚翻在地。熊类前掌的力量世人皆知。它一巴掌扇下去力贯千钧。北极熊在捕捉海豹时，用二前掌当“冰镩”，猛戳几下，就能凿开半米厚的冰层，接着扑向海豹，一掌打得海豹头裂骨碎。

澳大利亚大袋鼠的后肢极为粗壮而锐利，遇到敌害侵扰，它将后肢挥扫过去，能将敌害开膛破肚。非洲鸵鸟健壮的脚奔跑起来时速可达 65 公里，被逼入绝境时，能把追赶的狮子踢倒，连铁皮也能踢出一个大洞。斑马的腿功也相当了得，在被猎豹追击时，它会突然刹车，扬起后蹄迎击，猎豹猝不及防也会被踢伤。美洲的大食蚁兽身高一米多，体格健壮，脚爪锋利。在被美洲虎抓住时，大食蚁兽毫不畏惧，会抱紧老虎，将匕首一样的前爪刺向虎的肋下，美洲虎往往不支而败走。

啄木鸟的脚爪粗短而有力，两趾在前，两趾在后，指尖上长有尖锐的刺钩，能让它牢牢地抓住树干表面，再与尾部支撑，呈三足鼎立之势，尽可安稳地操持它的啄虫营生。凭着锐而给力的脚爪，啄木鸟在垂直光滑的树干也能上下左右移动，灵活自如。

鼹鼠的脚爪锐利而坚硬，是独特的挖掘工具，既能当凿钻用，又有铲子的功能。遇到较硬的土层，鼹鼠也能把它刨开，挖出泥土，运上地面。一只欧洲鼹鼠一天就可挖出 20 米长的地道。穿山甲也是一台高效的“掘土机”，叉状的前肢几下就能将白蚁窝掀开，吃到美餐。遇到危险，它会迅速挖洞躲藏，掘土时，用前肢挖土，后肢刨土，转眼间就没了踪迹。

动物的脚爪有 2、4、6、8 条不等，蛾、蝶的幼虫则多些。常见的蜈蚣生有 48 只脚。牙买加有一种蜈蚣两侧各长有 180 对足，共有 360 只脚。而长脚最多的是巴拿马山谷里的一种蚰蜒，它全身长有 750 只脚，被称作“千足虫”。

43. 动物的尾巴

拖在很多动物身后的尾巴，看似不如牙齿、脚爪重要，却也有着种种独特的功能和妙用，缺少不得。

水中的鱼靠尾巴的左右摆动而行进，尾巴是鱼体推进转向的重要器官。鱼被剪去尾巴，它在水中就动弹不得了。禽鸟靠翅膀在空中飞行，鸟的尾巴上丛生着宽密的羽毛，飞翔中起着舵的作用。靠了尾羽，鸟才能灵活转向。

松鼠从高高的树上跳下时，大尾巴像降落伞一样延缓下降速度，并起到“海绵垫”的作用，让它摔不着。啄木鸟攀树凿木时，会用刚硬而有弹力的尾巴撑住树干，成为两脚爪之外的另一个攀树支点。

澳大利亚的袋鼠有一条粗壮的尾巴，它也用后肢和尾巴“三足鼎立”落座休息。袋鼠在跳跃式前进中，尾巴伸展可保持身体平衡。在亚马孙河流域，树林里生活着一种卷尾猴，它们的长尾巴有多种用处，可平衡、固定身体，用尾巴倒吊休息，还能用它采摘拾起豆粒等食物和捕捉昆虫哩。

尾巴在有些动物身上被用作警告器。当海獭发现有敌害袭来的危险时，便会用扁平的尾巴拍打水面，打得水花四溅，通知伙伴一起逃生。臭鼬在被追击时，会将尾巴朝背部卷成弓形姿态，对手识相的赶紧跑开，否则臭鼬尾巴一扬，夹着液沫的浓烈臭气喷在身上，会让它痛苦几天。澳大利亚的针鼹从头到尾长满了长短不一、中空的针刺，刺端锐利并长有倒钩。遇到敌害侵袭，它会迅速转过身去，把带刺的尾巴抽向对手。一旦被它打中，倒钩刺入身体，可就要疼痛难忍了。

一些动物的尾巴是觅食的利器。响尾蛇的尾部末端长有一个内含空气泡的角质环，翘立起来能发出哨子一样的响声，很像小溪流水的声响，常常能吸引一些小动物来到附近而上当。一些蝙蝠善于以蜷缩的尾巴兜起后腿之间的皮膜，形成一个网兜，飞在空中捕捉个头较大的昆虫。生活在近海的赤魟，身体圆扁，尾部却细长，两侧长有一排刺针，坚硬而含有毒素。赤魟用这条刺尾防身和捕食，不但小鱼经不住它的刺尾挥打，有些大鱼也会被它的“尾巴功”击打丧命。老虎的尾巴是它尖牙、利爪之外第三大重兵器，它的尾巴抡起如钢鞭一样，能使野猪等动物一击致命。

生活在非洲的尼罗鳄，体长五六米，尾巴又粗又长。它们见到角马、羚羊等动物在河边饮水，会潜游过去，突然摆动身躯，用尾巴猛扫，将动物打入河中，饱餐一顿。我国的扬子鳄身长近一米左右，也是善用尾巴觅食的好手。当它发现有只乌龟伏在斜立水中的树干上晒太阳，便沉入水中，一点水花不见地游到乌龟栖息的树干下，悄悄伸起尾巴。随着鳄尾突然一击，乌龟便被打落下来，掉入鳄口。

44. 动物的皮毛

皮肤是动物身体表面包在肌肉外部的组织。毛是皮上所生的丝状物。

低等动物的表层只有一层细胞壁,或由内外两个胚层构成。水生的海绵动物,体壁还是多孔的。蚯蚓类的环节动物有了体腔,体壁由外面的环肌和里面的纵肌组成,身体上长有刚毛。

昆虫的外表皮含有特殊的节肢弹性蛋白,具有弹性和韧性。它们多样的外表皮形成了纤毛、刚毛及蝴蝶的翅膀鳞片、蜜蜂的毛皮"外套"、甲虫的保护刺等。

鳞是鱼类的表皮,为鱼组成了坚固的保护层。鳞片上分泌有黏滑的物质,有助于鱼儿在水中游动。鸟的皮肤上附有羽毛。鸟羽由一种角质蛋白质构成。这种蛋白物质兼有质轻、坚实、有韧性等特点,具有防水、护体、保温、飞翔等功能。生活在沙漠地带的沙鸡,羽毛上长有凹状鳞片。它飞到遥远的水源地喝足水后,还会跳到水里,浸入羽毛,让鳞片存水,再飞回巢中,让雏鸟啄水饮用。沙鸡的羽毛被当作便携式水袋使用。

不同的鸟的羽毛根数多少不等。蜂鸟身上的羽毛不足 1000 根,而天鹅这样的候鸟身上的羽毛至少要有 2.5 万根。奥地利克利马地区有一种裸鸟,除了翅膀、头和爪部有些羽毛,全身都光秃秃的。天气转寒时,这种鸟也有御寒之法。它在棉花成熟后,把一些棉花衔进窝,天气一冷,裸露的皮肤囊孔会分泌一种乳黄色的黏液。裸鸟往棉花上一滚,就能穿上一件又软又暖的"棉袍"。春天转暖,裸鸟皮肤里会分泌另一种溶液,溶解黄色黏液,脱掉"棉衣",让身体重新光爽起来。

皮肤上长毛是哺乳动物重要特征。皮毛有助于哺乳动物维持恒定的体温。毛的髓部有许多含气性细胞,毛又是传热的不良导体,因此毛皮成了动物身体的重要"保温层"。北极熊的皮下有厚厚的脂肪,毛囊中空防水,这使它能抵御摄氏零下 50 度的低温和风雪肆虐。金丝猴以毛发细长如丝、光滑闪亮著称,它们皮肤的美丽长毛可达 30 多厘米。非洲斑马的皮纹也以黑白相间、光洁秀丽而闻名。斑马的条纹外衣,与长颈鹿的"迷彩服"一样,都是它们的"保护服"。在自然环境中,身体与周围的景物融为一体,不容易暴露目标,常能躲过猛兽的袭击。

在哺乳动物中,不同动物的皮肤厚度不同,某一动物的不同部位皮肤也有薄厚之分。如大象,皮肤厚处可达 3 厘米,而薄的地方不足 1 厘米。大象生活在炎热地带,它不长体毛,以免妨碍散热。体形小于大象的犀牛、河马也都没有体毛。已经消失的猛犸象曾生活在冰天雪地的寒带,与现存大象不同,它们披覆着长毛,用以御寒。由此可知,是气候把如今的亚、非大象演化成了无毛象。

45. 动物的“盔甲”

盔甲是作战防身的服装。在长期进化过程中，不少动物的表皮演化为硬质、坚固、不易损坏的“盔甲”，使身体内部成为难以攻破的“堡垒”。

软体动物身体柔软，易受侵害。为保护自己，鲍鱼、牡蛎、文蛤、蜗牛、田螺等都有一个钙质或有机质形成的硬壳，作为护身的“盔甲”，遇到危险即缩入壳中。虾类也披着坚硬多刺的甲壳，大龙虾可长到20公斤重，甲壳厚硬如铁皮，大鱼想吃它是难上加难。

海洋中另有一类棘皮动物，内骨骼埋在表皮下面突出成棘刺，让海星、海胆、海参等拥有了一身带刺的“盔甲”。印度洋海域的红色球海胆，只有排球大，周身长满放射状长刺。动物被这种海胆的棘刺刺到，就会有毒液进入体内，遭受杀伤。海胆身着这样一身铠甲，既能从容退敌，又可轻松觅食。

刺猬和豪猪都披覆着一身钢针般长硬的刺毛。北美洲加拿大的豪猪用多达3万根刺毛从脚武装到牙齿。当敌害进犯时，豪猪会将针毛浓密的后半身朝向对手，把头夹在两前肢之间，采取防御姿态。只要敌人迫近它，它便撑起背部，以突然一击将尾巴的长刺刺向对方。据研究，豪猪的刺带有倒钩，刺针刺到动物肉里拔出后，毛刺留在皮下，还会移动。狼、山猫、美洲狮等，脚被豪猪刺上，会难以走路；面部受伤，便不能进食，死掉的不乏其例。

非洲穿山甲的身上挂满了鳞片，每个鳞片又大又锋利，身披这样一身甲胄，使它几乎不惧怕任何对手。当狮子、豹子袭击它时，它会竖起满身鳞片迎击。它还会甩动尾巴，将尾部鳞片挥动起来，像匕首一样刺向天敌，常常让对手大败而逃。

南美洲的犰狳身体也有一层甲壳包裹，起伏的“甲块”如同“瓷砖”覆盖住角质皮肤。遇到天敌来袭，它会伏在低洼处，将身上的甲块团成球形，不给天敌留下啄咬的空隙。南美的孩子喜欢踢足球，有时爱把犰狳当足球踢。犰狳虽然被踢得滚来滚去，身体有甲壳保护，并无损伤。当孩子们踢累了，休息时，犰狳会冷不防抽身溜走。

鳄鱼是水陆两栖爬行动物，它的皮肤很厚实，除角质鳞片外，躯干部的皮肤内还埋有一块块排列整齐的骨质板，这使它拥有了坚固的“盔甲”。龟类都长有坚硬而含有钙质的龟壳。遇到危险，龟将头和四肢缩入壳中，常令捕食者无计可施。象龟以腿如象腿而得名，它的壳长达1.5米，如同倒扣的大铁锅。一只大鳄鱼侵犯它，伸出大嘴去咬龟壳，结果壳上连个牙印也没留下，它的长牙却被硌弯了。

46. 动物的触须

触须是动物的感觉器官，大多长在头部周围，有着种种功用。

不少鱼的嘴边都长着胡须样的软刺，称作触须。鱼的触须长、短、扁、圆，形态不一，数目也不尽相同。长触须的鱼以视力较差、底层鱼类为多。触须是它们的触觉器官，是测量必经之路的尺子。触须在水中碰到物体，便会让鱼做出反应。深海鱼类的触须，有的顶端还能发光，起到照明的作用。鲟鱼掘开海泥觅食时，完全要靠触须在浑浊的泥水中发现猎物。马来鲇鱼的触须比身体还长，觅食、避险也更快捷。

海洋中的软体动物乌贼、章鱼等，触须肥大，称作触手。乌贼的八条触手，内侧密生吸盘，是它捕食作战的利器。大王乌贼的触手长达七八米，与“海上霸王”虎鲸相斗，也不落下风。八爪章鱼的触手也力量十足，能轻松将蟹壳、虾壳扭开。鹦鹉螺和章鱼是同一祖先，它有螺壳，还有多达60至80条触手活动自如。海洋中的大多数水母也长有触手。热带海洋中有一种僧帽水母，静卧在水面，却垂下众多触手，每条长十几米。一旦有猎物碰到触手，上面的蜇刺就会释放出毒素，将其麻痹。水母马上就会感知，将猎物拖起吃掉。

很多昆虫头部都长有两根长短不同的触须，称触角。触角上长有密实的绒毛，感觉灵敏。触角是昆虫的“眼睛”和“耳朵”，以触角探动后，昆虫就能灵活地寻找食物，远离危险。同类昆虫之间，摇动触角还有吸引异性、呼唤幼虫、与伙伴交流等作用。

在鸟类中，褐几维鸟、双齿拟䴕、双角犀鸟等也生有触须，环绕在鸟嘴周围或下部。触须能让鸟在寻找昆虫时快速发现目标。触须在哺乳动物身体构造中更有着重要的地位，猫、鼠、刺猬、兔、牛、羊、虎、豹等，或觅食，或逃生，都少不了触须。猫没有触须便不能捉鼠，老鼠少了触须在黑暗中也成了半盲。鲸鱼能凭着鲸须测定鱼群方位，海豹也要靠触须在海底寻食贝类海味。

有着最长胡须的哺乳动物是南极髯海豹。它的胡须长达50厘米，长在两颊、鼻子周围及眼睛上面。这些胡须底部是充血的毛囊，每根长须上分布着1000多个神经细胞，有着复杂天线的功能。髯海豹在夜间捕食鱿鱼和磷虾，在黑暗的海水中，通过胡须能感知猎物的位置、种类和群体大小，赶过去就能大有斩获。白天时，髯海豹会卧在海滩晒太阳，轻轻晃动嘴边的冉冉长须，似乎是一种炫耀。

47. 动物的毒液

使用毒液攻击对手或用于猎食，是不少动物的独门秘籍。

毒蜘蛛上颚内的毒腺与螯肢连通，被蜘蛛螯肢抓到，就要中毒。世界上毒性最大的蜘蛛是球腹蛛科的红斑蛛，也称“黑寡妇”。这种毒蜘蛛广泛分布在世界多个地区，每年被它蜇伤致死的多达上万人。南美洲有一种叫“喀喀依”的小虫，毒素极大，当地印第安人捉到这种虫，放火上烤至虫体渗出白浆，涂箭头上，十年后射出仍见血封喉，毒性不减。非洲一种红蚂蚁体内含有一种毒性蚁酸，发现蟒蛇后，往往一拥而上，将蟒蛇前后上下咬住，同时注入蚁酸。蟒蛇在毒性酸作用下，挣扎一阵便会丧失反击能力，成为蚁群的大餐。

在水生动物中，有不少鱼也会以分泌毒液自卫和觅食。南洋群岛的毒疣鱼，背鳍的脊部长有毒腺，当它顶撞一些鱼时，被撞的鱼往往中毒，难以游动而被擒。欧洲黑海有一种黄貂鱼，尾端长有尖齿形毒刺。发现这种鱼摆动尾巴游来，周围的鱼便会纷纷逃避。澳大利亚北部海域生活着一种龙鱼，这种鱼满口毒牙，连舌头上也长着一排尖利的牙齿，水生动物被它咬住，便难逃一死。澳大利亚南部海域游弋着一种箱形水母，水母只有篮球大，它有毒的触须却长达四五米，密布毒刺细胞，触及鱼类能快速杀死对方，遭遇人类，它也会出于本能攻击。调查表明，一只箱形水母所含的毒液足以杀死 60 个人，而且人一旦被它的触须刺到会在几分钟内死亡。

以分泌毒液而闻名于世的动物首推毒蛇。毒蛇约占蛇类总数的 15%。对人最危险的毒蛇是南亚眼镜蛇、澳大利亚大斑蛇、印度金环蛇、中国五步蛇等几种。一条澳大利亚的大斑蛇一次能分泌毒液 110 毫克。在一般情况下，它的 1 毫克毒液就足以使 100 个以上的人或 250 只羊丧生。菲律宾的眼镜蛇长约 1 米，它的厉害之处是咬紧毒牙，喷射毒液，在三米开外也能索人性命。

栖息在南美雨林中的箭毒蛙，也称得上是世界上毒性最大的动物，它肤色金黄或橙红，皮肤内含有剧毒，一只箭毒蛙分泌的毒液，可使 100 多人丧命。箭毒蛙体内含毒完全是用于防御，它用鲜亮的外表警告猎食者，不要打它的主意，否则自取灭亡。

动物的毒液害人，但也能助人。许多动物的毒液是治病的良药。蝎毒、蜂毒可用来治疗癌症，蜘蛛毒能提高肌肉活性，蛇毒能治疗关节炎等多种疾病。以蛇毒治病在印度已有数千年的历史。世界上最昂贵的液体正是一些动物的毒液。如中国五步蛇毒干品每盎司 1.12 万美元，北美珊瑚蛇的毒液每盎司 5.57 万美元，印度眼镜蛇毒液为每盎司 9 万美元，杀人蜂的毒液每盎司 113 万美元，美洲毒蜘蛛的毒液每盎司高达 236 万美元，都大大贵超金水了。

48. 动物的唾液

在自然界,有些动物的唾液除了湿润口腔、软化食物、帮助消化,还有着其他一些妙用哩。

蜘蛛的唾液是良好的“催化剂”。当蜘蛛捕捉到蝇、蛾、甲虫后,就用口部的一对螯刺入猎物体内,把唾液注射进去。唾液的化学成分能迅速在猎物体内发生作用,将猎物化为液体。蜘蛛吮吸后,仅留下一个躯壳。南亚的田鳖捕捉到小鱼后,注入唾液不仅能软化肌肉,连鱼刺、鱼骨也一起液化食用。

蜗牛的食物是一些软体动物。这些虽称软体动物者却有着一层外壳。蜗牛的得力武器是它的唾液,其浓度相当于4%的硫酸。一经吐在猎物外壳上,就进行了酥软处理,轻而易举便能在硬壳上打洞,从洞眼里吸食猎物的软化之躯。

蜗牛又是萤火虫的美食。萤火虫的唾液同样是高效的“麻醉剂”。萤火虫找到蜗牛后,会卧在蜗牛壳上轻轻摩擦,蜗牛享受到这种按摩服务后,会将柔软的身体伸到壳外。萤火虫会敏捷地用头部双颚向蜗牛软体处注入有麻醉性的唾液,让蜗牛失去知觉。随着萤火虫不断注射唾液,蜗牛肉便很快被溶解,化为萤火虫享用的肉汁。

雨燕的唾液是优质的“黏合剂”。筑巢时雨燕会衔来巢材,用大量唾液黏合,将巢筑在岩壁、房顶下。金丝雨燕等种类,完全用唾液将巢筑于悬崖洞顶或洞壁。它们吐出的唾液含有喉部的血丝,遇空气凝结,成为人们熟知的半盅形“燕窝”。

哺乳动物的唾液是治疗的“消毒剂”。狒狒、狮子、老虎等动物有了外伤后,它们会反复舔润伤口,用唾液杀灭细菌,防止伤口化脓和促进伤处愈合。

唾液在大象身上还有着“散热器”的功效。旱季到来,大象会大量饮水,将很多唾液贮存于鼻下的贮水囊。感到暑热难耐时,大象会通过鼻子将一些唾液喷淋到头、背、胸等处,给自己带来清爽。

唾液还是科莫多巨蜥的致命武器。科莫多巨蜥生活在印度尼西亚科莫多岛上,身长可达3米,重量最大为80公斤,口内长有大而锋利的锯齿状牙齿,是一种可怕的肉食性动物。它的秘密武器是带有致命细菌的唾液。当地的水牛虽然体形巨大,但若是不小心被巨蜥咬上一口,让带菌唾液进入体内,水牛不出几天就会因细菌感染患坏血病而死。一条科莫多巨蜥咬伤猎物后,多条巨蜥会一起静静等待,凭借敏锐的嗅觉找到倒下的猎物,争相上前饱餐一顿。以后一连几天群蜥都会抢食腐肉,直至吃个精光。这真是一种令人恐怖的动物。

49. 动物的喷射

在自然界中，有些动物在防卫和觅食时不仅能分泌毒液等物质，还能将其喷射出去，给对手造成突然杀伤。

在南美洲密林中生活着一种气步甲虫。这种小虫在自卫时会向敌害射出“液弹”，不但有毒性，还是一种高热化学武器，液体温度高达100摄氏度。液弹由过氧化氢、氢醌和酶类三部分组成，平时在体内分开存放，一旦需要，肌体便将三部分组合，产生激烈的化学反应、高温和压力，猛烈喷向敌害。

一种叫斑蝥的放屁虫，遇危险会连续喷放臭气，夜晚还会看到从它尾部放出蓝光。白蚁中的长鼻兵蚁鼻子长长，鼻端的突出部分能喷射一种黏液，并会迅速凝结，被缠住的入侵者只好束手就擒。南美洲一种以喷射唾液得名的唾沫蛛，从不结网捕食。它发现蝇、蛾等后，会小心靠过去，然后准确啐出一口黏液，将猎物裹住，加以食用。中美洲丛林中有一种蝎子，在扬起毒尾时，会喷射出强醋酸液体，射距可达80厘米，猎物被射中、灼伤，便动弹不得。

乌贼和章鱼都有在水中喷洒黑色墨液，用于捕鱼和逃生的手段。海洋中的荔枝螺也会用施射液体防身，有趣的是，它所施放的“烟雾”会由乳白变为黄、绿、蓝、紫、红不同色彩。当捕食者被搞得目眩神迷时，荔枝螺已悄悄溜掉了。

射水鱼生活在东南亚长有红树林的浅水中。它发现枝条上落有昆虫后，就游到下面，射出“水弹”，将昆虫射落水中，一口吞食。射水鱼的口腔上颚有沟状结构，与舌头形成了射管，它调整好目标角度，经舌头的快速运动，水弹就准确出膛了。

在鸟类中，戴胜鸟也以喷射臭气而闻名。南太平洋群岛上有一种信天翁雏鸟，遇到危险会喷出一种呕吐物，污秽难闻，也算得是一种退敌手段。南极企鹅要喷射的是粪便，射程可达40厘米远。它们倒不是以此防身，而是防冻。假如慢悠悠地在寒风呼啸、冰天雪地里“方便”，拉半截冻住了，麻烦就大了。

北美洲的角蜥以头上和嘴上有角状刺得名。遇到蛇、鹰、狼、狐等动物，角蜥会耸起刺迎敌，接着它会从咽喉凹处喷射出一股股血液。红色而带有异味的血液常常让捕食者惊慌失措，退避而去。生物学家发现，角蜥喷出的血液只要不足身体血液的四分之一，就不会影响到它的健康。

在哺乳动物中，马达加斯加的懒猴看似老实客气，但惹了它，它会从肘部射出毒液，够入侵者一受。美洲臭鼬更是喷射臭液的高手。当它遇到强敌，会立即掉转身体，抬起屁股，高竖尾巴，从肛门喷射出一种奇臭难闻的乙硫醇，这奇臭的化合物，让对手无不落荒而逃。

50. 动物的变色

在自然界中，有些动物能调整色素细胞的色彩，具有变色的本领，忽而浓妆，忽而淡抹，色彩变幻不定，观之让人吃惊。

生活在我国南海的比目鱼，身体扁平，二目同在一侧。这种鱼在水草旺盛之处，身体呈现绿色；贴在海底栖息、潜伏觅食时，鱼体表面又会变为灰褐色。热带海水中的石斑鱼，也能迅速变换身体的颜色。它从深暗色水中游进红色珊瑚礁时，身体会由黑色变为绯红色，当它浮到浅色水底时，体色又会由绯红转为灰白。

海洋中的墨鱼和章鱼也都是变色的高手，它们能随着周围环境的变化而呈现不同的色彩和纹路。海洋中的海兔是一种软体动物，以各种海草为食。它有一种特殊的变色避敌本领，即吃什么颜色的海藻，身体就变为什么颜色。如海兔饱食红藻后，身体会呈现玫瑰红色；吃多了墨角藻，身体又会显现棕绿色。生活在海滩沙地的招潮蟹，每天身体的颜色是随着时间的转换而不断变化着的。在夜间，蟹身呈黄白色；快日出时，颜色转深；近黄昏时，颜色又变浅了。

我国新疆阿尔泰山中，生活着一种像鸽子的岩雷鸟，这种鸟的羽毛会变换不同的颜色。春天时毛色呈淡黄，盛夏羽毛变为浅灰，秋季转成暗褐，严冬羽色雪白，全身再看不到一根杂毛。我国东北大兴安岭有一种雪兔，冬季雪兔毛色雪白，春天兔毛又变回暗灰，夏秋时节毛色转为黄褐。这两种动物并不是脱毛再长新毛而变色，而是皮毛随着季节变化而变色，成为适应环境的佼佼者。

在马达加斯加岛上有一种善变颜色的蛇，当地人叫它“拉塔那”。这种蛇游走在青草里，身体立即变成青绿色；盘缠在树干上，则变身灰褐色；出现在红色土地上，全身又红得像胭脂一样。其颜色说变就变，瞬间完成。在马达加斯加岛上，还生活着会变色的昆虫、蛙类等。

生活于马达加斯加及非洲、美洲等地的变色龙，也称变色蜥蜴，其最突出的特点就是变色。它们以体色融入周围环境，既以此逃避天敌侵害，又用于隐蔽自己，潜伏觅食。非洲丛林里的一种变色龙能频繁改变肤色，有时淡灰，有时草绿，有时橘橙，有时深红，被称作二十四时虫。变色龙是冷血动物，它们以变色适应环境，还以变色调解体温。清晨时需要升高体温，它们便把身体的宽面朝向太阳，皮肤呈现灰黑色，以吸取阳光热量；一旦身体暖和过来，变色龙的肤色又会变得浅白，这样可减少对热量的吸收，避免体温过高。

51.动物的伪装

自然界中的许多动物为了防御敌害袭击或者埋伏觅食,会对自己进行伪装,以种种拟态迷惑对手。

热带海域中生活着一种色彩斑斓的蝴蝶鱼,鱼的尾部前上方有一对黑色斑点,边缘为黄白色,很像鱼眼。这种鱼在水中常倒退着游动,当敌害扑向它时,它会用以假乱真的“眼睛”让对手上当,误把它的鱼尾当作鱼头,它则顺势逃开。生活在印度洋海底的管鳗,头部向上,像一棵棵随海流漂动的海草。它们栖身在沙质洞穴中,捕食时探出上半部,专门截杀过往的小鱼小虾。当管鳗感觉危险临近,会全身缩回洞穴,还会用细沙掩盖洞口,不留一点痕迹。

昆虫中有不少伪装高手。竹节虫伪装得酷似一段竹枝,枯叶蝶如同一片干枯的叶子。巴西刺虫停在有刺的枝条上,活像枝上一枚尖刺。木叶蝶的拟态尤为高明,翅膀上复杂的花斑像极了树叶的中脉和侧脉,上面还布有霉菌似的斑点。凤蝶毛虫孵化出的幼虫,又小又黑,恰似棕色的鸟类粪便,其头部散发的鸟粪臭味,更增加了食虫鸟类识别它的难度。体大的凤蝶毛虫,全身翠绿,脑门上有两块黄黑色的斑纹颇像蛇眼,模仿绿蛇,足以吓跑一些天敌。马来西亚的兰花螳螂与身边的浅白色花朵色调相同,完美地融为一体,使前来采蜜的蜂蝶纷纷成为它的美餐。

非洲的花鸟落在花枝上,很像一朵摇动的花朵,花鸟张开喙,红色舌头更像花的蕊心,无怪乎小虫飞来吸蜜会直接投入它口中。苍鹭在沼泽处捕鱼,一身灰褐色的羽毛很像芦苇。当它展开双翅罩住水面,又像树枝遮住的浓荫,有鱼儿到此纳凉,就会被它的利喙叼住。

动物中伪装最为出色的当推树懒。树懒生活在非洲、美洲等地,大部分时间栖身在树上。它身体的每根皮毛上都连带着一个小小的套子,套子里长着藻类植物,这种藻类靠吸收树懒体内蒸发的水分和排出的碳酸气生存,树懒则借助藻类的天然植物色彩得到伪装保护。巴西原始森林中的树懒在长满绿色藻类的皮毛上,还寄居了飞蛾。它伏在树上,与一丛枝叶无异。

不少聪明的动物伪装觅食,时有精彩的表演。白鼬在冬季常施展一套捕捉飞鸟的绝技。它利用周身的白毛,直挺挺地站在雪地上一动不动。空中飞鸟很容易把它当作一根落满了雪花的木柱,飞落在鼬头上停歇。这样,白鼬利爪一举就能获得一顿佳肴。鲨鱼中有一种猫鲨,诱食飞鸟的技术更高一筹。海上渔民曾目睹过这一奇景:猫鲨平浮海面,装死不动,将深色皮肤露出。海鸟看到半浮着的猫鲨,误认为是礁石,便落下来歇息。这时猫鲨慢慢沉下尾部,再缓缓将身体从尾到头下沉,鸟儿则一点点移向猫鲨头部。猛地猫鲨大嘴一张,就把鸟儿咬在了口中。

52. 动物的装死

有些狡猾的动物在实施骗术时，装死是其中一绝。

大西洋中有一种琵琶鱼，遇到危险便会身体僵直，鳃盖张开，腹部朝天，浮于水面。神奇的是，它的皮肤在两三分钟内也由褐色变白，与死鱼一模一样。过一阵子，它觉得危险不再，便把鳃盖合拢，喘一口气，划水溜之大吉了。

昆虫中有些种类的蠼螋和甲虫也会要弄诈死的招数。碰到强敌，它们会将其肢体仰面朝上，触碰、翻转，全没反应。但当对手稍有疏忽，它们便逃之夭夭。

装死之术有助逃生，也能用于觅食。我国广西山林中有一种吃鸟的大蛙，它胸肌有疣，呈硬刺状，为此得名棘胸蛙。这种蛙在捕鸟时，先在近水处仰面而躺，一动不动装死。刺状疣囊颜色醒目，如同一团鲜嫩的肉食。当有小鸟飞下去啄吃它时，蛙会一跃将小鸟抱住，跳入河中将其淹死食用。

哺乳动物实施装死的伎俩尤胜一筹。英格兰有只家养的猴子被拴住，主人给它拿来的食物常遭一群乌鸦抢夺，让它非常气恼。为教训乌鸦，猴子拿着食物滚倒在地，双目紧闭，口吐白沫，一动不动。乌鸦看到猴子这副模样，一哄而下，争抢食物。这时装死的猴子睁开眼睛，将离它最近的一只乌鸦抓住，猛扯它的羽毛，将乌鸦扒成了“秃毛鸡”。从此再没有乌鸦敢来抢夺它的食物了。

早年小学语文课本上有一篇课文，说的是渔民冬天凿开冰洞打鱼，打到不少鱼，装上牛车，准备拉回家去。一只饥饿的狐狸看到了，便直挺挺地躺在路面上。渔民看到这只冻死的狐狸，以为捡了大便宜，便将它甩上装鱼的车篷里。牛车一路行走，狐狸一路吃鱼。渔夫回到家才发现，“死”狐狸和一半的鱼都没了踪影，这才知道是上了狐狸装死的当。

把装死表演得惟妙惟肖的是南美洲的负鼠。负鼠在被豺狼、猞猁、狸猫等天敌追逐，当对手追近，发现逃不掉时，它会立即倒地装死。只见它四肢僵硬，舌头伸出，眼睛紧闭，再也不动。抓它、咬它，甚至触它的眼球，都毫无反应。负鼠的装死状态可以保持几分钟到几个小时。有的食肉动物只吃活鲜，看到对方已死，有丢下不吃的习性。当负鼠察觉敌害已去，张眼窥探一下四周情况，会迅速爬起逃走。负鼠擅长装死，但它为何能长达几个小时纹丝不动呢？生物学家研究发现，当负鼠倒下装死时，它真的是“断了气”，很像人患了癫痫症。有人用仪器为负鼠做脑内微电流探测试验，证明处于假死中的负鼠大脑反应正常，实际上是清醒的，处于警惕状态。专家将这种生命现象称为“冻结”。

53. 动物"分身术"

有些动物遇到危险时,会施展一种"分身术",舍去身体的一部分,用以迷惑敌害,溜之大吉。

螃蟹有一对钳状螯,是它觅食、求偶、打斗、与同类争夺地盘的武器。当情况不妙,螃蟹一对螯抵挡不住敌人的攻击,它会自断一螯,转移对手的注意力,趁机逃生。过一段时间,断螯处又会长出一只新螯。

海参在水中行动迟缓,当它受到敌害攻击,会从腔内抛出一团黏稠的肠子等内脏器官,挡在对手面前,自己则沉到水底避险。一段时间后海参会长出一套新的内脏器官。有一种管海参在被敌害咬住时,干脆将自己断为两截,一截喂了对方,另一截逃开,慢慢再长成一个完整的管海参。

海绵的身体由内外两层细胞组成,身上千疮百孔。它们的再生能力更强,被切成小块抛入海中,只需几天,每一小块又能长成一个新的海绵。海星在被撕为碎块后,也能很快形成多个完整的海星。

章鱼的身体由头部和 8 只触手组成。触手上布满了吸盘,有捕食、警戒等功用。当它的一只触手被强敌咬住,这只触手会在五分之四处自断。断手会扭动着继续与敌害纠缠,章鱼则退避而去。它的断手伤口处血管能极力收缩,自行闭合、止血,第二天便会长好创面,一个月后新触手完好如初。

"分身术"也是蚯蚓的拿手好戏。蚯蚓的身体由管状壁构成,当它被断开后,伤口能快速闭合,缺少头的一截会长出新头,少了尾的一截会生出一个新尾。一条蚯蚓就成为一对蚯蚓了。

壁虎和各种蜥蜴遇到侵袭,都有丢掉尾巴逃之夭夭的脱险之策。美洲的一种火蜥蜴,不仅掉了尾巴能再生,失去了腿也能长出新的,甚至能再生出非常复杂的身体部分,包括脑部和脊髓。这引起了生物学家的很大兴趣和关注。

我国西双版纳有一种蛇,从高处跌落在地能断碎为两截,这种蛇为此得名"碎蛇"。有趣的是,断裂开的蛇蠕动到一起,只需几分钟便会衔接完好,爬行而去。南美洲有一种分身蛇,遇到不测可断为几段。不过只要头部不受重创,又会长得完好如初。

有的哺乳动物也得"分身术"之妙。老鼠在被猫抓住尾巴,或被鼠夹夹住尾巴,它会下猛力把尾巴甩断,来个"金蝉脱壳"逃走。老鼠这时的尾骨并未受伤,只是把尾巴尖上的松弛部分留了下来。野兔的毛皮很薄,当它遭到鹰、鼬的攻击,被抓到时,稍用力一挣,就会脱落下一块皮,入洞逃生。撕去皮的地方并不会流血,伤处很快便能痊愈。

54. 虫鸟的鸣叫

鸣叫是一些较低等动物传递信息、联络沟通的常用方式，也是它们求偶、报警的信号。

地球上的昆虫有 100 多万种，好多昆虫能发出生动而喧闹的声音。蟋蟀、蝈蝈、螽斯等都是著名的鸣虫，雄虫靠摩擦双翅发声。世界上叫得最响的昆虫是雄蝉，它的双翅一秒钟振动达 120 次，发出的声音在离它 400 米远的地方也可以听到。有一种萱蟋蟀疏于练功，翅膀发生部位退化，已摩擦不出声响。雄虫在求偶时也有办法，它以嘴弹触草秆，发出振动引来雌虫。萱蟋蟀表演的算得上是“弹拨乐”。在各种鸣虫中，鸣声最复杂的要算纺织娘，它的鸣声时高时低，起伏悠扬，听了让人联想到织布机房的机杼和纱筒转动声，它也因此而得到“纺织娘”的美称。

许多禽鸟是擅长鸣叫的，而且在黎明之后鸣叫有序。据生物学家观察，每日以雄鸡叫得最早，然后是鸭、山雀、麻雀等，叫得最迟的是白头翁。研究发现，这与光度刺激有关。鸡在 1 烛光的亮度下即醒来打鸣，鸭鸣叫的亮度是 2.5 烛光，山雀 5 烛光，麻雀 10 烛光。白头翁在数百烛的光亮下，才可摆脱睡意喊喊嗓子。

雄鸟多以引颈长鸣吸引雌鸟。雌鸟会用叫声招呼幼雏靠近自己，还会发出特殊的叫声告知同伴危险来临。云雀在被捕食者追击时，也会尖叫不停。以鸣叫著名的是夜莺，栖息地不同，鸣叫的节奏便有快有慢。巴西森林的钟鸟在酷热时便大声鸣叫，声若洪钟，可传到 3 公里外，其节奏也像敲钟。百灵鸟除了有自己嘹亮、悦耳的保留曲目，还能模仿其他动物的声音，如猫叫和婴儿的啼哭声等。南美洲的反舌鸟更是多才多艺，它能学黄莺的鸣叫，又能仿燕子的呢喃；能发出羊咩狗吠，还能弄出磨盘转动的声响。为此，当地印第安人说它有 400 个舌头。

昆虫、鸟儿在陆地、空中争鸣，水生动物们也不甘寂寞。鱼儿大都没有发音器官，是靠压迫鳔内空气、扑打鳃盖、咬锉牙齿、摩擦鳍棘等发声的。大虾发出的声音像竹帚扫在路上，青鱼做出的声响如小鸟唧唧而鸣，安康鱼的叫声似老头咳嗽，海马的呼噜声则同猪打鼾相仿。

在其他两栖、爬行动物中也有一些鸣叫爱好者。每逢夏季，各地青蛙们都要举办“田园音乐会”，整夜鸣叫不停。蟾蜍们也叫，但叫声特别，像嘶哑的狗犬，听了让人感觉不舒服。响尾蛇翘起尾巴上的环状角质“哨子”发出嘶鸣，将小动物诱骗到身边，伺机捕捉。老成持重的象龟很多时间沉默不语，雄龟在求偶时期却会一反常态，大声吼叫。它的叫声能达几公里，听了让人不敢恭维，甚至可以说闹心，在雌龟听来却是极其悦耳的情歌。

55. 兽类的吼嗥

相比于昆虫、鸟类的鸣叫，哺乳动物的狂吼、长嗥，其动静要大得多了。

猿猴是十分善叫的兽类，古人很早就用“两岸猿声啼不住”等诗句加以记述。生活在南亚丛林的长臂猿争夺地盘、追求配偶，都会啼叫不止，可连续长达一两个小时。它们不但叫得时间长，音量也大，能传到一公里远。

生活在南美洲的一种大型猴，以能吼叫得名吼猴。雄性吼猴的脖子很粗壮，口腔和下颚也宽大，喉咙处舌骨能形成共鸣回音。当吼猴收缩胸部肌肉，压迫空气，冲出舌骨上端的出气口，从口部就会发出巨大音量的吼声。有时是时断时续的咆哮声，有时又像是隆隆的雷鸣，在暗夜中震撼四野，令人惊恐。吼猴群居，它们的群吼，震耳欲聋，有吓跑敌害的威力。两个族群相遇，两方对吼，警告对方不可越界，更会吼得震天动地。

人们常以“汪汪”代替狗的名称，其实狗在惊喜、悲伤、饥饿或饱食后会发出不同调子的叫声。叫声有时悠长，有时短促，有时尖厉，有时柔和，都是它即时心理活动的表达。狼的叫声称作狼嗥，狼通过嗥叫向同伴表达高兴、哀伤、惊恐、不满等情绪。在追捕猎物时，狼彼此会拉开距离，以嗥叫通报彼此的位置。捕猎得手的狼在发出嗥叫时，同伙会毫不费力找到捷足先登者。

南美洲树林里的灰长尾猴叫声中有着很多名堂。遇到威胁，紧急与否，敌害是狮、是豹，还是蟒蛇，都有互不相同的叫声，当危险解除，还会以此起彼伏的叫声互道平安。北极狐的叫声则是它捕食的利器。发现狍子后，它会悄悄凑近，突然发出尖锐刺耳的一声嗥叫，同时扑上前去。狍子往往猝不及防，被吓蒙而就擒。狮子的吼声也非常洪亮，可以传到八九公里之外，并具很强的震慑力。它在捕猎时也会发出吼叫，幼年斑马、羚羊等动物，一听到它的怒吼，常常四肢发软，奔跑不动，被一口咬住。

据德国科学家研究，在猫科动物中，叫声与动物体形大小关系不大，而与它们生活的环境关系较密切。在分析了 27 种猫科动物发出长距离叫声的平均频率后，有关科学家指出，生活在较为开阔区域的狮子、薮猫和印度豹的吼声较为低沉，而栖息在生物密集环境中的野猫、云豹和云猫的叫声频率则很高。巴西生物学家在研究中发现，聪明的野生猫科动物会模拟猎物的叫声，引诱猎物出现，然后实施捕杀。在亚马孙河流域森林中，虎猫会模拟杂色绢毛猴幼仔的叫声，引诱猴子下树，加以捕捉。美洲狮也会弄出灵长类动物的叫声，把大意的猿猴从藏身处吸引出来，将它们擒获。

56. 动物的睡眠

人为恢复精力要有睡眠，许多动物也有每天入睡的习性。

水生动物要睡眠，但与陆地动物相比，入睡时间要少很多。有些鱼类的睡眠不足一小时，或仅有几分钟，甚至几秒钟，人们伸个懒腰的工夫，对有些动物来说已睡过一觉了。鱼类没有眼睑，不会闭眼。当它们呈现静卧状态，往往已经入了梦乡。

海豹、海狗等动物，既能生活在水中，又能爬到岸上活动。它们在地面入睡，睡得酣畅些；在水中睡觉，每做一次呼吸，都要醒来一次，为此只能在呼吸的间隙中抽空小睡。睡眠中的海豚仍会游动，并可变化姿势。研究表明，海豚入睡后其大脑的两半球处于不同的状态。当一个半球处于睡态时，另一个半球却醒着，每隔 10 分钟两个半球状态会互换一次，很有节律。

蛙和蟾蜍等两栖动物，一般伏在草丛、石下入睡。龟类喜欢在向阳处，眯缝着眼睛打盹小憩。蟒蛇在进食后，可以一动不动地睡上几天至一星期。

群居的非洲鸵鸟入睡时，有睁眼的“卫兵”站岗。据测定，鸵鸟在睡眠中有一段深眠，强烈的灯光和喧哗也不能将它们惊醒。活动能力超强的蜂鸟，晚间的睡眠尤为昏沉，把它抓起扔在桌上，翻动几下，也不会醒。波兰哥白尼大学动物生理研究所在对各种动物的睡眠进行长期观察后发现，猛禽的睡眠时间比其他鸟类长，睡得香；哺乳动物中猛兽的睡眠时间比一般兽类长，睡得沉；大型鹰雕、北极熊、狮子、老虎、大猩猩等，这些动物界的强者，少有顾忌，饱食后倒头便睡，睡到自然醒。非洲雄狮吃饱喝足，每天常常要呼呼大睡 18 个小时。老虎能睡到 19 个小时。

长颈鹿入睡会横卧身体，它有浅睡和深睡两种睡法，但一直会处于警戒状态，不足 20 分钟便会迅速站起，走上一圈再倒下。河马入睡时，半身淹在水中，半身暴晒在太阳下，一睡就是大半天。

在家畜中，鸡除了天黑入睡，白天也要打盹儿 3 个小时。牛、羊一天里不停地吃和反刍，最多睡半个小时。马一天约睡 2 个小时，边走边打瞌睡。猪是动物中贪睡的，吃饱后，一天可睡到 20 个小时。

南亚棕蝠一生中约有 83% 的时间在睡眠中度过。树懒每日的睡眠时间也超过了 22 小时，名列动物界睡神大排名榜首。

动物睡眠时会做梦吗？科学家用仪器测试后发现，鱼类、爬行动物不会做梦；鸟类和哺乳动物会做梦。入睡做梦的动物有的做梦很短暂，有的做梦很频繁。

57. 动物的睡姿

动物的睡眠有时间不同，它们的睡眠姿势也是千差万别的。

水中的鱼儿睡觉时睁着眼睛，有的头朝下倒着睡，有些则喜欢侧着身睡。睡着后也会划动一下胸鳍或尾鳍，使身体保持平衡。珊瑚礁里的鹰嘴鱼临睡前，身体皮肤会分泌出大量黏液，把全身包裹起来，仿佛穿上了一件“睡袍”，前端开孔，让水流通过，早晨醒来，将其“脱”下。鹰嘴鱼有了这件一次性睡袍，既保温，又有助于躲避敌害。

天鹅困倦，有时浮在水面，一只脚翻到背上，在水面漂浮而眠。很多雀鸟站在树枝上会把头和嘴巴插在翅膀之下入睡。有的还爱缩起一条腿，只用单腿支撑着身体。鸟腿上长着结实的肌腱，睡觉时身体的重量会使肌腱拉紧，保证脚趾能紧握住树枝，使鸟儿不至于从树上跌落。鸟儿为防止受到敌害侵袭，它们常常是合上眼睑几秒钟，又睁开眨两下，再合再眨，间或还要展展翅膀，“伸伸懒腰”。鸳鸯被视为爱情的象征，交配期间，雌雄在白天形影不离，晚上睡觉时，雄鸟展开右翼向左盖住雌鸟，雌鸟则以左翼张开护向雄鸟，相依共眠。

穿山甲挖掘洞穴后睡在里面，将身体蜷缩成球状，安然入睡。刺猬也是蜷缩着身体睡觉的，利刺直竖，只露出鼻尖呼吸空气。松鼠蜷起腿睡下，会把蓬松的大尾巴盖在身上当被御寒。蝙蝠倒吊着身体睡觉，以后肢抓住岩壁、树枝，头部朝下，一有风吹草动，便会轻松飞去。

猫在野外睡觉时，爱侧着头，一只耳朵贴向前肢入睡，周围稍有动静，它就会警觉站起。狗在室外睡觉时，总是先要将一只耳朵贴着地面。地面传声比空气传播要快，狗的耳朵灵敏，贴地能听到很远的声音，感觉声音不对，会立即醒来。

夜间海豚犯困时，会伏在水下 1 英尺的地方，转动着身躯入睡。水獭妈妈会怀抱幼儿仰睡于海面。海獭入睡前会用海草编织一张椭圆形“大床垫”，躺到里面后，腹部朝上入眠。生活在北冰洋的海象，睡姿不是平卧，而是将头部露在水面，垂直在水中而眠。亚洲的海狸喜欢在白天入睡，睡时仰着头，爱磨牙。小海狸会并排睡在一起，还会把小脚掌枕在头下。

在大型哺乳动物中，虎鲸睡觉前，会成群游进海湾，将背部露出水面，腹部沉入水中，半浮半沉，处于半休息半警觉的睡态。陆地上的非洲大象以卧姿入睡。它们先选好松软的泥地和厚密的落叶，将前肢跪下，笨重的身躯倒向一边，再伸直四肢入眠。大象生病，或母象产下小象哺乳期间，也会站立而眠。由于象的体重负荷大，压住四肢会造成血液循环不畅，腿部浮肿，因此象站睡时一般只是靠在树干上打打盹。

58. 动物的冬眠

在自然界，一些动物有休眠的习性。休眠包括冬眠和夏眠两种。当动物感觉气温低、食物匮乏，便会以冬眠来应对。

生活在四季变化地区的蛙、蛇、蜥蜴等变温动物，在气温下降时，都要进入冬眠状态。当气温降到摄氏 8 度左右，蛇就会选择洞穴，十几条、上百条同种或不同种的蛇拥挤在一起，不吃不动，以消耗体内储存的脂肪维持生命活动的最低需要。在寒冷的自然环境中，散居冬眠的蛇死亡率将近一半。大批的蛇群聚在一起，则可使周围温度提高一二度，并可减少体内水分散失，降低能量消耗。蛇类过冬，采用集体冬眠，可大大降低死亡率。

恒温动物刺猬、蝙蝠、旱獭等也都是以冬眠过冬的动物。它们在冬季到来前的几个星期里，会大量觅食，使体重迅速增加。营养变成脂肪后储存起来，供冬眠时进行身体新陈代谢耗用。一只地松鼠在冬眠前要使自己的体重增加一倍，经过五个月冬眠后，又会失去这一倍的重量。

许多地区的熊都要进行冬眠。北美的灰熊在冬季到来前，会寻富有营养的食物大吃特吃。它们等在鲑鱼向内河洄游产卵的必经之处饱餐鱼皮、鱼子，吃得膘肥肚大，然后钻回到高山密林中的洞穴。在朔风呼啸、大雪纷飞中，灰熊卧在洞中枝叶上，蜷缩头腹，浑身松弛，发出低沉的吼声，昏昏然大睡起来。许多动物的分娩是个极其艰苦的过程，雌熊则不然。怀孕的雌熊从冬眠中睁眼醒来，会看到身下多了一两只小熊，睡梦中它已经做了妈妈。

科学家在研究了动物的冬眠现象后认为，动物冬眠实际上是对生命的一种“封存”，通过冬眠使生命在严酷的环境条件中得到保护和延伸。测试显示，地松鼠冬眠时每分钟呼吸仅 1 至 2 次（平时为 100 次至 200 次），心跳为 1 至 5 次（平时为 200 次至 300 次），体温降至摄氏 0 至 2 度。有统计表明，动物体在“慢动作”里，一切生理代谢过程锐减，可增强对疾病的抵抗力，延缓衰老。与其他不休眠的动物相比，冬眠动物一般都比较长寿。

大多数冬眠动物也不是整个冬季长眠不醒，许多动物会醒醒睡睡。仓鼠每睡一觉都不会超过一个星期。蝙蝠也会很有规律地醒来，飞到低处饮水，换个位置再睡。当然，也有着长眠不醒的“嗜睡者”。

59. 动物的夏眠

有些动物为适应寒冷的冬季而进行冬眠，另有一些动物为躲避高温干旱会采用夏眠。

海参以海底下层的小生物为食。夏季海水上层温度升高，小生物浮到上层。海参缺少了食物来源，便会钻到海底岩缝处，攀住岩石蜷缩起来，大睡上几个月。当暑热过去，水温降到摄氏 20 度以下，小生物重新返回海底，这时海参也已睡好，养足了精神，重新开始了捕食。

生活在非洲和美洲的肺鱼，既有腮，又有肺，在水中、陆地都能呼吸，为此得名“肺鱼”。每当旱季到来的时候，沼泽湿地的积水干涸了。非洲肺鱼便会钻进泥地里，用表皮分泌的黏液与泥巴搅和，建造一个泥窝，在头部还会开一“天窗”，以利于呼吸。然后肺鱼就会暗卧在搭建的泥窝中“消夏”，不吃不喝几个月，静待雨季的到来。

陆地上的腹足类蜗牛等动物，处于炎热干燥环境下，也会分泌出黏液，把自己封闭在壳子里，潜伏等待气候转变。在酷暑中，澳大利亚沙蜥会钻到沙子深处隐蔽不动，几个星期不再露面。澳大利亚的大山袋鼠在最炎热的月份，索性带着子女寻找凉爽的山洞安睡。这比站在电线杆下避晒熬着要高明得多。我国渤海湾的蛇岛，各种蛇类以春秋两季捕捉过往的候鸟为食。夏季时岛上难有鸟儿飞来，于是大批蛇族便一起钻入石缝、土洞中蛰伏夏眠，等到秋天候鸟南下飞过，才又倾巢而出。

非洲陆地龟等动物，在摄氏 40 度高温上下，都会钻进洞穴夏眠避暑。中部非洲有些地区，在长时间干旱中，湖水干涸，很多动物会因高温热烤而死。有些鳄鱼却能及早钻入河泽深处的泥洞中，凭借里面的潮湿和水汽，夏眠不动，应对旱季。当雨季到来，洪泽一片，鳄鱼也就又有好日子过了。

动物冬眠也好，夏眠也好，为什么在每年的一定时间，它们能自动休眠呢？生物学家在研究中发现，在休眠动物的血液中存在着一种能诱发休眠的物质。这种物质呈颗粒状，存在于血清中，也会附着于红血球上，从而诱发休眠行为。同时，休眠动物的血液中还存在着一种与休眠物质相抗衡的物质，当这种物质达到一定浓度时，休眠的动物就会苏醒过来。此外，动物的皮下有白色的脂肪层，可以防止体内热量的散失，具有保温作用。肩胛骨和胸骨周围分布着棕色的脂肪，为动物休眠提供了营养来源。这些都是休眠动物应具备的重要条件。

60. 动物的飞行

能够摆脱地球的重力，展翅飞行在空中，是一些动物的专长。

大多数昆虫羽化后是在飞行中度过的。在飞行中，蝴蝶每秒振翅4次，而蜜蜂每秒振翅400次。马蜂、牛蜂翅膀振频更高，因剧烈地摩擦翅膀，它们飞过会听到很强的嗡嗡声。非洲的一种粉蝶为采集花蜜和繁育后代，每年春天向北迁飞，先到地中海海岸，经英国、法国、冰岛，抵达北极地区，然后再返回，创昆虫远途飞行之最。世界上飞得最快的昆虫是一种斑鹿虻，其最高时速可达57公里。

哺乳动物中能展翼飞行的是蝙蝠。它们有一对大翼膜，由前肢与发达的指骨支撑，能快速灵活地飞行于空中，进出洞穴、山林而穿梭自如。蝙蝠利用回音定位，在漆黑的夜晚也不会撞到石崖、树干。有的蝙蝠还能贴水低飞捕鱼哩。

在动物中，"飞行大师"的桂冠还要戴在鸟儿头上。很多鸟儿在空中都有三种飞行方式，即鼓翼向前飞翔、利用惯性滑翔和借助上升气流停住翅膀翱翔。生活在南亚海域的信天翁双翼宽大，很适合在海洋上不稳定的上升气流中翱翔。海上风暴非但不能将它们卷到海浪下，反而成了它们翱翔的动力。因此，信天翁又有"风之骄子"的美称。

在飞鸟中，有"花样飞翔冠军"之名的是蜂鸟。蜂鸟具有特殊的肌肉组织，它的尾羽又是天然的方向舵，可随时调整飞行的高度和方向。蜂鸟除了能快速向前飞进，还会向后做倒退飞行，以及忽左忽右的飞行。在将长嘴伸向花朵采食花蜜时，能振翅悬空不动，从容吸食一朵花的蜜汁，再转向另一朵花。研究发现，蜂鸟悬空不动时，它的翅膀转轴关节与肩骨关联处是挺住不动的。它的双翼向前划动，翼缘稍有倾斜，产生了升力，而没有冲力；接着双翼在肩膀处做180度的转向，向后划动，同样产生了升力，而没有推力。蜂鸟为做这种空中定身，每秒钟振翅达80次以上。

鸟儿的翅膀是觅食、追捕、逃生的重要器官，并创下一系列非凡的纪录。飞得最快的鸟是尾部长有脊骨的褐雨燕，在印度卡查山地区一次观测中，褐雨燕有一段的飞行时速竟超过了300公里。有人用雷达测出美索不达米亚的雨燕时速达到320公里。一种高山雨燕在迁徙中可以连续不落地飞50公里以上。在飞行高度上，秃鹰能轻易飞到7000米高空。我国运动员在登上珠穆朗玛峰顶时，曾看到有鹰从头顶高处飞过，这种鹰的飞行高度至少要在9000米以上。

61. 动物的滑翔

很多动物凭借振动翅膀飞翔和滑翔，也有些动物虽然没有翅膀，却也能完成滑翔之举，滑翔到很高和很远。

海中的飞鱼是滑翔高手，它们生活在热带和温带地区海面。飞鱼身体细长而侧扁，呈流线型，胸鳍特别发达，可伸到尾部，两鳍展开拍动，酷似鸟的两翼。当飞鱼受到水中凶猛动物的侵袭时，会紧收胸鳍和腹鳍，向前猛游，并用尾巴用力拨水，接着一跃离开水面，滑翔而行。飞鱼离水滑翔时时速可达 40 公里，在高出水面四五米的高度可飞出二三百米。有人在大西洋曾测到飞鱼的最佳滑翔纪录：一条大飞鱼在水上滑翔时间长达 90 秒，滑翔高度超过 10 米，滑翔距离为 1100 多米。在“飞鱼之乡”巴巴多斯岛水域，有人曾看到飞鱼在 50 米的高空滑翔。

能滑翔的鱼种类较多，在我国沿海有燕鳐鱼、翱翔飞鱼等。在墨西哥湾有一种鲛鲸鱼，重达 4 吨，虽然身体笨重，也能跃出水面，滑翔出好远。前不久，英国摄影师拍摄到一种会滑翔的鱿鱼。这种鱿鱼称“太平洋褶鱿鱼”，触手宽平，展开如飞鱼之鳍。当鱿鱼受惊，便以鱿鱼“喷气推进原理”跃起，高出水面 20 多米。升空的鱿鱼触手舒展，环于下部，充当稳定器的作用，平稳而快速地滑翔而去。

在美洲和亚洲密林中生活的鼯鼠也有滑翔的独门绝技。鼯鼠的体形像松鼠，身躯两侧前后肢之间连有方圆形皮膜，皮膜两面密布茸毛。鼯鼠从树的高处跃下，展开皮膜四肢，能滑翔出几十米的距离。它用尾巴平衡身体，以后肢的抬升、垂下或伸出等动作改变滑行的方向和路线。鼯鼠栖身于树洞、岩缝里，昼伏夜出，以浆果、昆虫为食，在树间滑翔，悄无声息。通常，鼯鼠只能从高处向低处滑翔，不过，当气流较强时，它会顺着气流旋转，能上升到 200 米的高空，再平稳下落。在澳大利亚生活的一种鼯鼠属有袋动物。泰国丛林中一种能滑翔的小鼯鼠，仅重 2 克，奇特的是它整个皮膜阔度却达 5.5 厘米。小鼯鼠以小昆虫和蚜虫为食。东亚的大红飞鼠也是出色的滑翔家，它展开皮膜，一次可滑翔 110 米远。在印度尼西亚有一种体形如黄鼠狼、长有皮膜、善于滑翔的鼬鼠，它专以小鸟为食。当传来鸟儿惨叫，不用说，这种会“飞”的臭鼬又得手了。

除哺乳动物，某种蜥蜴和蛇类也有滑翔的技能。南美洲的扁叶蛇，在高树上躬身跃出，能稳住蛇身，滑翔出几十米，攀到另一棵树上，可出其不意觅到美食。在菲律宾树林中，生活着一种善滑翔的狐猴，它一次滑翔可飞出 130 米，高度仅下降 12 米。这种狐猴爬树速度不快，但它凭借高超的滑翔技术，往返大树之间，尽可饱餐浆果、嫩芽、昆虫、鸟卵，饮食无忧矣。

62. 动物的跳跃

许多动物以弹跳和高高跃起觅食、逃生以及求偶等，它们的跳跃成绩又是多少呢？

生活在水中的虾，腹部长有能弯曲的节。它们在躲避敌害时，缩起腹节，用尾巴打水，身体即可向后弹跳出去。南太平洋的一种卷尾虾，一次弹跳可跃到 6 米远。沼泽地带的弹涂鱼在泥滩上滑动觅食，它以前鳍支撑身体，弯曲的尾巴一绷直，就能轻巧地弹出一两米远。北美洲墨西哥湾有一种大槽白鱼，收缩后再伸展胸鳍，可跃出水面 5 米以上，在空中还能表演个“鹞子翻身”再入水。生活在海洋中的鲯鳅，借助强有力的尾部肌肉，可跃出水面六七米。鲯鳅跳出水面常能截获滑翔在水面的飞鱼，在求偶和与同伴相逢时，也会跳跃一番。

跳蚤以善跳而得名。有研究表明，一只普通的跳蚤能跳 33 厘米远，19 厘米高，它所跳的高度是它身高的 130 倍。饥饿的跳蚤为了找到一名宿主，会以每分钟 10 次的频率，连续跳跃 3 个昼夜。研究发现，跳蚤所以善跳，在于跳蚤后足表皮内有一种盔状蛋白质。当周围的肌肉收缩，这种物质就会受到挤压；弹跳时肌肉放松，它又会急速膨胀；像架设的发射架一样，以每秒 1350 米的速度，把跳蚤弹射出去。跳蚤跳得又高又远，但它并不是昆虫的跳跃冠军。北美洲等地的吹沫虫，有着爆发力更强的跳跃。吹沫虫又名沫蝉，是一种吸食植物液汁的小虫，当它们需要转换植株或躲避威胁时，便会跳跃而去。腿上特殊的肌肉隆起，收缩后快速弹出，可将它们的身体弹射到 70 厘米高。这个高度是跳蚤们望尘莫及的。

蝗虫也是一位跳跃高手。它有 3 对强健的胸足，前足和中足适于行走，后足则擅长跳跃。蝗虫跳跃的高度是它体长的上百倍，而且不需要助跑便拔地而起。

北美洲牛蛙的强项是跳远。美国的卡拉韦拉斯自 1938 年起每年举办跳蛙大赛。2009 年的冠军牛蛙三跳总共跳出 6.4 米，另有一只牛蛙单跳距离达到2.2米。

在哺乳动物中，表演场上的海豚能轻松跃过 2.5 米的栏杆。草原跳鼠在沙丘上能一跳 3 米高。澳大利亚大袋鼠以后肢跳跃前进，轻轻一跃就是四五米远，遇紧急情况，一跳可达八九米远，时速超过 60 公里，二三米高的篱笆、土岗，也能一跃而过。老虎能一跃斜跳出 10 米。羚羊能从十几米高的石岩上跃下。美洲狮可跳到四五米高，跳到 12 米远。印度尼西亚榕树林中的眼镜猴，捕食时能一跃六七米，落在另一棵树上并抓住猎物。马达加斯加的长臂猿，从一棵树荡向另一棵树，一纵可跃出 10 米，在一手抓树的同时，另一只手擒住飞鸟。

63. 动物的奔跑

奔跑是很多动物觅食、逃生的基本技能。奔跑的快慢、优劣常常决定着动物的命运。

能奔善跑的陆地动物有很多。鸟类中的鸵鸟不会飞，但它是位跑步健将。鸵鸟的足趾下有发达的肉垫，底部长着厚皮，在热带沙漠、石滩上，既不会陷入沙中，又不怕地面烤烫，而能不停地快速奔跑。鸵鸟能以 60 公里的时速持续飞奔 1 小时以上，最高时速可达 90 公里。

在哺乳动物短距离奔跑中，鼠类时速约为 10 公里，山羊约为 17 公里，大象为 30 至 40 公里，狼、黑犀牛约为 45 公里，袋鼠、长颈鹿、野驴约为 50 公里，野兔和鬣狗时速约为 60 公里，非洲狮子为 80 公里。羚羊、鹿等食草动物为寻食和逃避敌害，养成了快跑的习性，下肢细长，跑起来灵活。非洲瞪羚在奔跑中还会跳跃，汤普森瞪羚的臀部呈白色，跑动中闪烁的图案常将追捕者搞得眼花缭乱。

狮子、老虎、豹子等猛兽以食草动物为食，必须跑得快，才能擒获猎物。它们的身体大都矫健而柔软，肌肉发达，四肢活动频率快，跑动中身体拉得很长，步幅很大，成功率较高。非洲草原的短跑名将猎豹以捕猎羚羊为生，它四肢强健，动作迅猛，选好目标后，从背侧面飞跃冲出，一击将猎物扑倒。据观察，猎豹从静止状态到时速达到 70 公里，只需 2 秒钟时间，它奔跑的最高时速可达 110 多公里，是公认的短距离跑得最快的动物。不过猎豹的高速奔跑最多只能维持二十几秒钟，它就要停下喘息，待消解了肌肉中的乳酸，才能积蓄力量再跑。

动物中你死我活的较量时有发生。非洲野狗集群猎捕羚羊时会长时间尾随追赶，速度不快不慢，能一路追出几十至上百公里。追赶中，行经丛林沟坎，难免有一只羚羊慌乱出错或掉队，就会难逃一死，让野狗享用到大餐。北美狼群围猎身体庞大的野牛，也是以长跑进行的。在冰天雪地中，狼群不顾疲劳，可一连追击几天几夜，在追逐中挑选出一只老弱野牛，将其与野牛群隔离，最终将猎物团团围住，咬倒食用。

动物的奔跑离不开脚掌，可也有些爬行动物擅长以滚跑行进。南美洲的蜥蜴和大黄蝶的幼虫，遇到危险，会将身体团起，头尾相连，从高坡上滚动而逃，转瞬间便跑出很远。非洲埃及丛林中有一种环蛇，专以滚跑移动觅食。蛇的外皮生有毛刺，可钩住树皮树枝。当它想变换觅食位置，将头尾相衔，成为环状，顺树干滚下，借着往下滚的动力，便又会滚到另一棵树上。

64. 动物的游泳

在江河湖海中，许多动物有着好水性，在泳姿、游速、下潜等项目上，高手云集。

鱼类生活在水中，它们有着最适合游泳的身体构造。鱼有支撑身体的脊椎骨，形体两头尖，中间宽，为梭形；身体表面黏滑，能减小水的摩擦力，加快滑动。鱼有鳞覆盖体表，用鳍滑动向前，以鳃呼吸，用侧线保持平衡。鱼没有眼睑，眼睛总是瞪得大大的。这些都使鱼栖息在水域而活动自如。多种鱼有洄游的习性，为觅食、过冬、产卵等，往往长途跋涉上千海里。

生活在水中的动物，游泳是其特长。大多数鱼背脊向上，肚皮朝下，俯身而游，可也有些怪异的泳姿。南亚海域的甲香鱼是直立着身体游动的。鹿角鱼更搞笑，头部向下倒立着游摆而行。成鱼肚腹向上，总是仰游。梭子鱼左右鳍交替划水，算是自由泳吧。珊瑚礁附近的绿翅鱼有鳍却不是游泳，而是在海底匍匐爬行。飞鱼则能离开水面，展开鱼鳍，在空中滑翔一段路程。软体动物乌贼的尾部有一个环形孔，海水经环形孔进入外套膜，由软骨封盖。乌贼想游动时，外套膜猛烈收缩，软骨盖打开，外套膜中的水便从前腹部管口喷出，借助产生的反作用力，它就能像离弦的箭一样飞向前去。

哪种动物是游泳游得最快的呢？据测算，鲨鱼的时速为 46 公里，蓝鲸为 50 公里，海豚为 60 公里，剑鱼为 83 公里。而游得最快的鱼是旗鱼，时速达到 109 公里。旗鱼生活在温暖的海水中，它的头部如“歼击机”的造型，吻部似长剑，身体流线型的结构在游动中阻力很小。它耸在背部的鳍像船帆一样，在急速转弯时能很好地控制方向。旗鱼体内的大块红色肌肉能为它提供加速和保持速度的能量。这使掠食性的旗鱼在追捕猎物时无往而不胜。

动物中的潜泳好手又是哪个呢？南美洲有的蝙蝠能潜水捕鱼。印度猴会入水扎猛子捞出蚌贝。潜水捉鱼的鸟类众多，一种鲣鸟从高空收拢双翅，射入水中，能下潜到 40 米深处。企鹅生活在南极海域，是鸟类中最出色的潜水员，它们可以在水下停留 20 分钟，下潜到 200 米深处。企鹅在海中捕鱼时，用力拍打已经变为鳍的翅膀，这是一种独特方式的水中“飞翔”。潜水达到最深处的动物是抹香鲸，它可以潜到 2000 米深的海底。1969 年，有人在南非猎捕到一头抹香鲸，在其胃部发现两只小鲨鱼，据称这种小鲨鱼只生活在 3000 米深水下。经测算，抹香鲸从捕捉小鲨鱼到露出水面呼吸，在水下停留了近两个小时，从而也创造了哺乳动物中潜水时间最长的纪录。

65. 动物的集群

有些动物有聚集、群居的习性。由于数量众多，在它们外出活动或迁徙时，其场面颇为壮观。

2010 年秋，我国吉林省营白公路上，有数千条蝮蛇爬到公路上。专家分析，这些蛇因天气骤冷，从公路两侧灌木丛爬出，是到路面上集体晒太阳的。几年前，有人在乌兹别克斯坦的一个山谷里看到，大量灰蛇在树枝上聚集，在一棵树上就缠绕了 3000 多条。

每到繁殖季节，南太平洋面积近千平方米的麦加利岛便被海象和皇家企鹅密密麻麻占据，后到者再找不到立身之地。在这西侧的太平洋上，成千上万只蝠鲼上下游动，把水面挤得水泄不通。在太平洋一些群岛周围浮游着超过 10 万只水母。另有 20 万只以上的蜘蛛蟹正向着小岛滩头远征。

蝴蝶能做长途迁飞，也会有大规模的聚会。每年农历四月，我国云南大理就会飞来成千上万只蝴蝶。它们相聚蝴蝶泉边，群舞共赏。有的相互衔着尾巴，挂在树枝上，垂下一条条别致的“蝶链”，成为“蝶泉”奇景。在夏季时，我国神农架旅游区的拜台沟也会云集几十万只白蝴蝶，它们上下飘飞，如纷扬的大雪，形成著名的“蝶雪”景观。

群居的蝙蝠数量惊人。据统计，在美国新墨西哥州一个山窟中，聚集了蝙蝠 800 万只。外出觅食时，这只蝙蝠大军出洞要用 4 个小时。当地人一次便从洞中运出 10 万吨蝙蝠粪便。在美国得克萨斯州一个岩洞中有个更大的蝙蝠群，数量多达 2000 万只。

许多鱼类喜欢聚集在一起，做集体防御和觅食，在长途洄游中，首尾相接也能有效节省体力消耗。非洲野牛、斑马等在迁徙中也形成了浩浩荡荡的队伍，数量多达上百万只。这些食草类动物栖居在一起，可互相警醒，有利于共同抵御狮、豹的突袭。

19 世纪初，北美洲天空常常飞过一种数量众多的“漂泊鸠”。有人看到一群漂泊鸠飞过头顶，遮天蔽日，长达几个小时，估算一下约有 20 亿只。可惜这种鸟因肉质鲜美，已被捕杀灭绝。如今能集结成最大鸟群的是非洲的红嘴奎利亚鸟，一群能达到 3000 万只。

在食肉动物中，能组成上百万之众军团的是美洲和非洲的行军蚁。蚂蚁大军统一行动，所过之处，蜘蛛、蝎子等昆虫都难逃它们之口，还能杀死鸡、鸟等动物。一种火蚁可团成大球状，翻滚着渡过河流。数量之大更为惊人的是蝗虫，一旦成群迁徙，沿途的农作物会受到严重破坏。

66. 动物的组织性

很多群居的动物都有着严密的组织性。它们有严格的分工,每个个体尽力而为,并能取得实效。

蚂蚁、蜜蜂等昆虫都是群居的“社会性”昆虫。在蚂蚁社会里,能进行种植、畜牧生产,开展清洁、殡仪工作,发动攻击、掠夺战役等。蚂蚁的职业分工相当细致,在工蚁中有负责觅食运输的,有分管繁殖哺育的,有承担建造蚁巢的,还有看门当保安的。英国一位昆虫学家在实验中将一只死蚂蚱以体长1:2:4的比例放置在蚂蚁出没的地方,侦查蚁发现后马上召集蚂蚁搬运,缠上蚂蚱块推拉的蚂蚁数目为28:44:84,与三块蚂蚱的大小基本相符,其配置“人员”的能力可见一斑。

毛毛虫是蝴蝶或蛾的幼虫,有些幼虫也很有组织性。外出觅食时会有一只虫“队长”带队,后面的虫子一只顶一只尾部列队而行。为防止走散,毛虫们会一边爬行,一边吐丝,即使走丢了也会回到原路。在虫队经过的地面,都会留有一条“丝路”。长长一队毛毛虫可多达几百只。它们抵达目的地后,散开上树,饱餐树叶、嫩芽,然后又会汇聚列队返回。

中北美洲的火烈鸟过群居的生活,它们的组织观念很强。一旦迁徙开始,所有的鸟都要跟上大队前进,无论是孵着卵的雄鸟,还是喂着幼雏的雌鸟,都要迈开长腿就走。许多幼雏也加入迁徙大军中,沿途会不时有幼雏倒下。也有一些幼雏经历了磨砺,茁壮长大,在以后恶劣的生活环境中适应能力更强。

在哺乳动物中,非洲狮群以有组织的猎食常常吃到盛宴。伏击猎物时,几只雌狮会从不同的方向匍匐前进,对猎物发动突袭、围攻,再由体形更大的雄狮扑压、制服猎物。靠着集体行动,狮群不仅能捕食斑马、野牛等大型动物,还能放倒长颈鹿,甚至猎杀大象。而组织起来进行防御,也是食草动物逃生的有效方法。斑马站成环形,头朝内,一起向外扬蹄,狮子也不敢近前。野牛一起用硬角冲向狮群,也会冲得狮子逃散。北美洲大群麝牛遭遇狼群,它们将小牛放在队中,由雌牛看护,雄牛在外与狼群对峙,狼群毫无觅食机会。

在灵长类动物中,其组织性更胜一筹。非洲中部的大猩猩以植物性食物果腹,但在一年中也要进补一定富含蛋白质的食品,为此它们要进入一片密林捕捉叶猴为食。到达地点后,猩猩先要派出“侦察兵”了解叶猴藏身位置,然后悄悄商讨如何围剿。行动中由一只勇猛的猩猩对叶猴紧追不放,将惊慌失措的叶猴赶往伏击圈。埋伏着的大猩猩会冲出将叶猴抓住,完成猎捕。

67. 动物的领地之争

在自然界中,不少动物有占领一块地盘、不让其他动物进入的习性。领地一旦受到侵犯,便会产生激烈的争斗。

每年春天,我国的香鱼要从大海逆流到雁荡山小溪里定居。每一条香鱼都会拥有属于自己的地盘,大约只有1平方米大小,它只在这一方水域里活动,不会轻易离开,也不允许其他鱼儿闯入。有一种淡水雄鱼,它占有的领地,不过是一只贻贝。贻贝移到哪里,雄鱼立即赶过去受精,然后在附近巡游,担当守卫任务,直至受精卵发育成小鱼。在这个过程中,有别的雄鱼凑近这个贻贝,看守者就会冲撞它,迫使它离开。

一些昆虫也会为维护领地而战。雄蜻蜓会把河流、池塘的一段划为自己的领土,以水生植物、树洞等为圆心划定范围,只允许与自己交配过的雌蜻蜓进入领地产卵,而对其他蜻蜓严防死守。

鸟类对自己的领地特别重视,在繁殖季节,几乎每只雄鸟都要占有地盘,确立自己的地位。为争夺领地,雄鸟之间会互相警告、恐吓,继而展开激烈格斗,从而确定归属。林鸟通常以窝巢为圆心划出自己的领地。雄银鸥鸟在筑巢的忙碌中,会一刻不停地鸣叫,用叫声宣布它是这里的主人。樫鸟碰到鹰闯入它的领地,明知不是鹰的对手,仍会猛扑过去,在鹰的头部鼓翅拍打。鹰不知所措,也会悻悻离去。

在白令海峡的普里比洛夫群岛上,每年入夏会有上百万只海狗在岛上聚集。为得到一块交配繁殖后代的领地,一只只壮年雄海狗凶猛暴躁,互相斗狠,拼争不休,形成了领地割据。强壮胜出的雄海狗成为“滩霸”,斗败的雄海狗则无立足之地,流亡而去。

雌雄老虎各自占有一定的领地,平时独来独往,只在繁殖期才走到一起,交配后又会分开,回到自己的地盘。雄虎最在意自己的领土,发现有其他的雄虎侵犯,便会扑过去拼个你死我活。

狼也具有很强的领土意识。一个狼群的领地可能有几千平方公里之广,会与其他狼群的领地犬牙交错。为明确领地范围,狼通过地面标志物,如在树桩、石头等物体上撒尿,留下自己的气味记号,以此警告其他狼群不要越界。

狐狸、狮子、豹子也都以尿液划出领地界限。犀牛常用后腿在粪便上踩上一通,这样它走上一圈,就把领地范围划定了。南美洲热带森林里的水豚鼻部腺体能分泌一种香液,把这种物质涂在高出水面的树干、藤条上,这使水豚的领地有了与众不同的浪漫气息。

68. 动物争王

一些群居的动物，到了繁殖期，雄性为夺得交配权，相互之间往往会展开激烈的拼斗，争夺“王位”。

交配期的雄羚羊之间会相互冲撞、顶碰，缠斗不已。雄斑马之间会互相咬斗，用后蹄踢向对方。雄麋鹿会用长有鹿角的头向对手狠狠撞去，发出“砰砰”的巨大声响。搏斗中，一方一旦被对手的角刺中，就可能是重伤，会因失血而死去。

在南太平洋海岛上，高大的雄象海豹为争夺雌性配偶，先是相对而立，相互恐吓，继而怒耸长鼻，张开血红的大嘴，发出巨大、嘶哑的吼叫。它们不停地对阵，勇猛冲撞，用锋利的长牙互咬，弄得伤痕累累。在北半球一些海滩上，栖居着一个个海狮群。繁殖季节到来，一只为王的雄海狮会在滩头往来巡逻，护卫自己的眷属。这时，便会有成年而健壮的单身雄海狮找上前来，向海狮王挑战。两只同样强健的雄海狮一起拼猛斗狠，从滩头打到水中，腾跳扑撞、噬咬不停，发出一阵阵令人毛骨悚然的吼叫，直咬得双方鲜血淋漓。有一方败下阵来，逃开，才算结束“战事”。但过不了几日，海滩上便会出现新的王位挑战者，又一场争霸战将重新展开。

看似与世无争的野兔，在谁当兔王的争夺中也互不相让。两只凶悍的雄兔，争得眼睛更红，咧开三瓣嘴互相撕咬，斗得皮破血流，兔毛乱飞，直到一方蜷缩服输。

猴群的王位之争也是年年都有。在我国西双版纳的猴群中，往往是几只身强力壮的大公猴联合起来向老猴王发起进攻。这是一场殊死搏斗，双方死抓狠咬残酷无情。周围的母猴和小猴看到雄猴皮开肉绽，眼伤脸肿，无不吓得失声尖叫。挑战的公猴以多打少，称霸的老猴王若是衰老，只能带着伤痕逃离猴群而去。随后发生的是猴群中几只公猴开始了又一轮抓咬，为占据王位流血拼命。

非洲狮群各有自己的领地。单身的雄狮感觉足够强大时，会闯入一个狮群领地，与当地的狮王争胜。经一番拼杀，外来雄狮若能将原狮王赶走，这个新狮王会将这个狮群的幼狮全部杀死。也就是在雌狮失去幼崽后，才会发情和新狮王交配，产生新狮王的后代，这个狮群也进入了一个新的相对稳定时期。在狮群中，捕捉猎物主要依靠雌狮，抓到猎物后，雄狮有进餐的优先权。但雄狮也不总是吃现成的，当雌狮围捕野牛等大型动物僵持不下时，雄狮赶到，凭借庞大的身躯常能一跃压垮猎物。靠着雄狮的强壮，狮群有时还能将长颈鹿和大象猎杀。

69. 动物"吸血鬼"

自然界的动物有的吃草,有的食肉,也有嗜血为生的。

跳蚤、虱子、臭虫是人们熟知的咬人吸血昆虫。它们对人皮肤的叮咬能造成皮肤炎症、肿痛、溃疡。跳蚤能传播鼠疫等疾病,虱子传播斑疹伤寒、回归热病等。臭虫携带病毒多达80多种。2010年,我国河南、山东等地出现大量蜱虫咬人事件。蜱虫是臭虫的一种,这种小虫子钻入人的皮肤吸血,重者高烧不退,使人昏迷、抽搐,致人死亡。仅在河南,一个夏天已夺取18个人性命。

雌蚊在产卵期需要一定数量的血液补充营养。蚊子不仅叮咬人畜,连龟蛇等也不放过。苍蝇中也有吸血的种类,非洲一种蛇蝇用尖利的口器刺人吸血,使人被咬处肿起硬包。一种浅色的虱蝇不会飞,专吸鸟血,使雏鸟苦不堪言。在马达加斯加岛上,有一种蚂蚁也是吸血的,母蚁挑选出病弱的幼蚁,竟在幼蚁身上划出伤口,靠吸取伤口流出的血维持生存。

在南美洲亚马孙河中生长着一种鲶鱼,体形小巧,呈半透明,这使它凑近其他大鱼而不易被发现。这种鲶鱼会将身体隐藏于大鱼鳃中,将它尖利的鳃刺在大鱼鳃上,感到饥饿就从受害鱼身上吸血。海洋中的八目鳗鱼,以七对鳃孔排在眼后像八对眼而得名。它的嘴部有强力吸盘,内有锉刀头一样锐利的角质牙齿。一旦缠住洄游的大鱼,便大肆吸血,致使大鱼萎靡不振。

在美洲热带地区生活着一种吸血蝙蝠,这种蝙蝠体长不过7厘米,重100克左右。它们长着刀片一样锋利的牙齿,咬破动物皮肤,便快速吸血。对鸟类,它们在腿部吸血,对猪便选择腹部,遇到了牛、马则咬腿部和体侧。吸血蝙蝠每次可吸血200克,相当于体重的两倍,但不会影响飞行。这些家伙经长期进化,除了血液已不能再摄取其他食物,成为名副其实的"吸血鬼"。吸血蝠每年都会造成几十万头牛因失血衰弱患狂犬病等病症死亡。十几年前,秘鲁境内一批带有狂犬病病毒的蝙蝠频频袭击丛林地带民众。据统计,已有508人被咬到,致使4名儿童死亡。秘鲁卫生部急派医务人员携带狂犬疫苗,赶赴出事区域应对。

生活在内陆河流中的水蛭,又名蚂蟥,也具有惊人的吸血能力。它头尾部各有一个吸盘,口部有三个大牙,边缘部有细齿,可剖开人或动物的皮肤,贪婪吸血。它在吸血时会注入抗凝血剂和麻醉剂,使受害者被吸血而毫无知觉。这个"吸血鬼",自古便被人类利用。我国古人称其为"蜞针",用它吸食病人脓血,治疗痈瘤和血肿。近年,蚂蟥则被用于断指再植术后清瘀、消肿。蚂蟥体中提取的抗凝血物质,还被用于脑溢血、青光眼等病症的治疗。

70. 动物的寿命

人们爱用蜉蝣朝生暮死为例,警喻生命的短暂。蜉蝣成虫在交配和产卵后活不过几小时便会死亡,它因此又被称为一日虫。一种蚩蜉羽化后存活超不过45分钟,更是短命。但这表明的是蜉蝣等动物生命中某一个阶段的短暂,它们的幼虫从卵孵化出来并在水中发育,整个寿命却是长达几年。

普通家蝇成蝇后能活20天左右,算上幼虫期和蛹,寿命可达50天上下。有一部分苍蝇能在假死状态下过冬。蜜蜂中的工蜂寿命不超过一年,蜂王却能活5年。蚂蚁中的蚁后更高,达到13年。蜻蜓、金龟子从幼虫到成虫均为三四年。蜘蛛的寿命为4年。昆虫中寿命最长的当属蝉。北美洲有一种蝉,幼虫会钻入土中,攀附在树根上吸食营养,等它发育成熟爬上树梢,已经历了17个春秋。

鱼类寿命比昆虫要长得多。人工饲养的金鱼能活30年,鳗鱼为55年,鲶鱼可达60年。有人从一条大白鳣鱼的骨骼和鱼鳞上测定它存活了100多年。两栖动物大鲵(娃娃鱼)也是长寿者,一般能活50年,经人工饲养,它最长的寿命纪录是130岁。

在鸟类中,麻雀通常能活20年,鸽子、天鹅能活30年,鸵鸟的寿命为四五十年。生活于地中海沿岸的火烈鸟,高寿可达80岁。

乌龟是长寿的象征。目前已知西西里陆龟、汤加陆龟及马里昂陆龟寿命长达二三百岁。韩国渔民曾抓到一只海龟,体长1.5米,重90公斤。其背甲上附生了很多牡蛎和苔藓,据测算,这只海龟已有700岁高龄。我国安徽宿县村民在水塘内发现一只栖息的巨龟,体重68公斤。专家闻讯前去探测,从龟背上铁锈色花斑、龟壳厚度判断,这只巨龟的寿命将近千年。

啮齿类动物寿命一般不长。家鼠、野鼠为两三年,松鼠、野兔为10年左右。只有河狸存活时间长,可达四五十年。在有蹄类动物中,狍子寿命为15年,鹿族约20年,牛25年,马和骆驼30年,驴寿命更长,能活50年。狼和狐狸寿命为15年以下,豹和猞猁在20年以下,狮子大约30年,熊、虎、狒狒为四五十年,大猩猩、黑猩猩的最高寿命为五六十年。大象寿命为70岁。海中鲸类可达80岁。

在人们的视线之外,还生活着一些长寿的动物。墨西哥湾的海底深处生长着一种管虫,体长一二米,附着在水下岩缝处。研究人员在虫体外表做了标记,一年后再去观测,发现虫体只长了不到一厘米的白色嫩芽。由此推断这些管虫的寿命可能已高达250岁以上。

71. 动物的互助

逞强和竞争是很多动物的天性和本能，而在一些动物中，也能表现出和衷共济、互助互爱的一面。

生物需要伴侣。对于某些群居动物来说，同伴和饮食一样重要。动物学家研究发现，孤单的蝌蚪受伤后，伤势好转得很慢。但如果把它放回其他蝌蚪中，活力增加，康复的时间会明显缩短。美国芝加哥大学的研究人员发现，用同样的饲料，在鼠群中喂养的老鼠比单独饲养的老鼠发育要快得多。

美洲的一种蚂蚁找到蜜源植物，会吃得肚皮胀起。饱餐后赶回蚁巢，碰到没有进食的同伴，便会吐出肚内的蜜，让别的蚂蚁充饥。常常是吐得腹内空空，只得再去寻食。

鸟类中有很多互助友爱的举动。当一只山雀在飞翔时不慎撞上树枝，昏迷跌落在地，它的同伴会纷纷飞落在它身边，有的拍打它的翅膀，有的用尖喙拨弄它的身体，经过一番“抢救”，昏倒的山雀常能苏醒过来，和众山雀一起展翅飞去。

燕子把窝筑在光滑的壁面上，燕窝有时会掉下来。周围的燕子见到会飞奔而至，呢喃安慰失去窝的燕子，然后帮助它衔草，用唾液垒泥再筑一个新窝。

当食蜂鸟不幸丧失了它的幼鸟后，就会帮助周围的亲邻抚育照料幼鸟。这样幼鸟能得到丰盈的食物，成活率提高，有利于种群繁衍。南极有的小企鹅失去了父母，别的企鹅也会像抚养亲生儿女一样把它养大。

在南极，当温度降到零下 50 摄氏度，任何单独一只企鹅都很难成活。帝企鹅便以群体互助的方法抵御严寒。它们挤靠在一起，站在外圈的企鹅组成一道“防寒墙”，让围在里面的帝企鹅享受到温暖。一段时间后，帝企鹅会自动交换位置，身体暖和的转到外圈，外圈冻僵的则退到里面，依靠伙伴的体温驱散身体的寒冷，以集体的力量度过难熬的时光。

在水中群居的海豚，如果其中一只生病、受伤，沉入水下浮不起时，就会有两只健壮的同伴从两边把它夹在中间，抬到水面，并会一直伴随着它，为它觅食，帮它康复。逆戟鲸中有一只受伤，其他的个体也不会弃它而去。如果伤者被拖上岸，它的伙伴出于“保护同种”的本能也会向岸上冲击，搁浅也在所不惜。

黑猩猩觅到可口的食物，会邀请其他伙伴一起分享。使用石块敲击坚果的黑猩猩，还会把可手的石块借给同伴使用。一只大猩猩臀部扎了木刺，向伙伴求助，伙伴非常细心地帮它把刺拔出，又很周到地为它涂抹唾液，消炎止痛，真是帮忙帮到底。

72. 动物的“共生”

两种不同种类的动物生活在一起，或一种动物生活在另一种动物体内，互相依赖，各取所需，称为动物的“共生”。

热带海洋珊瑚礁上的海葵以鱼类为食，长有有毒的触手。小丑鱼由于体表有黏液保护，可随意在海葵触手间穿行，并以此为家。小丑鱼在被大鱼追捕时，会将对手引到海葵触手范围内，由海葵用触手将其刺伤麻痹，然后食用。小丑鱼则捡拾海葵的残羹剩饭，双双获益。

寄居蟹有了软体动物的空壳后，还会寻找海葵作为“护卫”。它把海葵从附着物上取下来，放到自己的壳上，借助海葵的触手保护，四处觅食。不能游动的海葵乘坐寄居蟹也更容易捕到动物。二者会长期维持这种合作共栖的关系。

南亚的鳑鲏鱼与河蚌是至爱亲朋，双方互当其后代的养母。繁殖期间，雌雄鳑鲏鱼会寻找河蚌，把受精卵安放到河蚌外套腔内，在贝壳内长成幼鱼。河蚌在收养鳑鲏鱼后代的同时，也会把它的钩介幼虫从出水孔排出，钩附在鳑鲏鱼的鳃或鳍上，被包裹后在里面寄生，至长大脱离。

南美洲的一种蚂蚁和蚜虫生活在一起。蚜虫从植物中吸取液汁后，会排泄出一滴滴蜜露，供蚂蚁享用。蚁群会为蚜虫建造蚜房，让蚜虫在里面居住，还会不遗余力地守护着蚜虫，充当“保镖”。

英国田野上的一种蚂蚁和蓝蝶幼虫之间也有这种盟友共生关系。幼虫腹部的分泌物，为蚂蚁提供了佳肴。大批工蚁对幼虫加以守护照料。当幼虫吃完一片叶子，蚂蚁们会殷勤地把它抬到一片新叶子上，让它吃个饱。20 世纪，当推土机把这种蚂蚁的栖息地毁掉，蓝蝶也因此不见了踪迹。它们相依为命是不能拆散的。

在我国西北高原，天气变化无常。一些鸟不在树上筑巢，而是与地鼠一起栖身洞穴内。地鼠打洞，为鸟儿提供住处；鸟儿为地鼠放哨、报警。双方各居一侧产卵、育雏，相处倒也融洽。

动物之间可以共生，动物和植物之间也存在着这种关系。美洲的蚁栖树为了得到蚂蚁的保护，不断为蚁群长出“小面包”，里面含有蚂蚁需要的果糖，密密麻麻长在叶柄基部，吃去一层，又会长出一层。

南美洲的树懒栖居树冠处，雨林中的绿藻、地衣等植物孢子会落到它的皮毛上，由于其身体散发出的热气和二氧化碳，孢子纷纷生根发芽，在皮毛上滋生，形成一种植物与动物“共生”。树懒皮肤的颜色也从浅灰色变为了树叶一样的绿色。它的粗而长的毛又黏又湿，皮毛里还生活着数种小昆虫和蛾子，使树懒之身成为复杂多样的动植物共生体。

73. 动物的机警逃生

躲避敌害，临危脱逃，是动物得以生存的最重要本能。有些动物方法独到，身手敏捷，每每在危急关头都能全身而退。

非洲西部海域栖息着一种鼠鱼，体形扁圆。遇到敌害来袭，它的腹部会猛然鼓胀起来，充满气体，成为球状。在敌害立足未稳时，它已经借助浮力急速升到水面。热带海洋中的刺豚也有变身球形的本领，更厉害的是它鼓得溜圆的身体上还布满了利刺，让突袭而来想吃它的对手无从下口，只能悻悻离开。

南美洲砂岩地带，生活着一种鹅卵石蟾蜍，颜色灰褐，像一块石头。当它遇到蛇类、狼蛛等天敌，会缩成一团，猛然跃起，像石头一样砸向对手，趁敌害惊慌躲闪，它便滚逃而去。北美沙漠中有一种白腹角蜥，在捕食者面前会竖起头部的角，翘起背部，使体形显得庞大，接着它还会晃动惨白色的腹部，对敌害进行恐吓。角蜥的这些招数常常能将捕食者吓得逃走，而让自己躲过一劫。沙丁鱼群也会使用恐吓战术。有摄影师在菲律宾海域拍摄到，在被鲨鱼追击时，成千上万只沙丁鱼组成了一条长达20多米的海豚模样造型，穿梭海中。鲨鱼是怕海豚的，这条大“海豚”的出现，把鲨鱼吓住了，等它回过神来，沙丁鱼群已消失得无影无踪。

在我国天山深处，一群岩鸽被一只老雕追击。眼看老雕离鸽群越来越近，一只岩鸽转了个方向，把老雕引向自己。当雕爪向它伸来，再飞就要撞上崖壁，岩鸽一个“鹞子翻身”，贴崖壁垂直而下，隐入山谷。老雕只顾猛追，来不及“刹车”，一头撞在峭壁上，坠落而亡。

非洲赛伦盖蒂草原上的羚羊常常成为猎豹的美餐。老羚羊在被猎豹追击的逃生中，有时也会杀一个“回马枪”。一只猎豹在冲散一群羚羊后，选择一只羚羊猛追，这只被追捕的羚羊迂回改变逃跑的方向，摆脱追击。当猎豹又冲向另一只羚羊时，前一只羚羊已得到了喘息的机会，转回头来，站好位置，用又坚又硬的角刺向冲来的猎豹。这一下也够猎豹受的，遂落荒而逃，羚羊化险为夷。

在西亚沙漠地带，有只饥饿的狼向一只吃草的野骆驼偷袭过去。骆驼察觉了，并不惊慌，它蹬开四蹄向沙漠跑去。狼追了一程停下脚步，骆驼也远远地卧下休息。狼心有不甘拼力又追，骆驼不紧不慢地在前边跑，和狼保持好距离。双方不知不觉已跑到沙漠深处，骆驼一溜烟跑得没了踪迹，此时烈日当头，酷热难耐，饥饿的狼栽倒再也爬不起来。而野骆驼凭着机敏成功逃生，并拖垮、除掉了一个天敌。

74. 动物的巧妙猎食

自然界的动物在生存竞争中，有些动物善于使用巧妙、高明的方法，常能有效抓住猎物，大饱口福。

在海洋底层生活的虾蛄，背腹扁平，身披盔甲。它们善于摆出“迷魂阵”捕食猎物。虾蛄们大兴土木，运来海藻、沙石，建造隧道，里面四通八达，错综复杂而又严严实实，只有虾蛄走得通。猎物一旦进入隧道，便如同踏入迷宫，自投罗网，只能任由虾蛄擒住食用。

海鲶发现螃蟹居住的洞口后，便在洞外寻衅。被激怒的螃蟹爬出洞外与海鲶搏斗，海鲶故意甩动尾巴让螃蟹钳住。当螃蟹的双钳被牵制时，海鲶一口咬住蟹口，吮吸蟹膏，置螃蟹于死地后破壳食之。

喜欢吃海边蚌肉的棉凫，有时也会被海蚌用壳紧紧夹住，形成“鹬蚌相争”的局面。棉凫并不和蚌相持，它带着蚌飞向内陆，落到淡水池塘中，把夹嘴的蚌浸在水中。海蚌离开赖以生存的海水就会失去活力。不到片刻，棉凫便用淡水降服了海蚌，从张开的壳中吃到了鲜美的蚌肉。

穿山甲以蚂蚁为食。它找到蚁穴后，用爪刨动，舔食一阵蚂蚁，然后便张开满身鳞片，并发出让蚂蚁感兴趣的陈腐气味。于是，大批蚂蚁爬到穿山甲身上，寻寻觅觅。这时穿山甲把鳞片一夹，夹住很多蚂蚁。它走到一旁的小河里，重新张开鳞片，被夹住的蚂蚁都浮在水面上，让它大快朵颐。

寻食的野猪群来到一处水塘，看到水中有鱼，便一起下到水塘里，迂回乱窜，用蹄子把淤泥搅起。很快水塘内泥水浑浊，泥沙冲进鱼鳃，鱼呼吸受阻，纷纷漂浮到水面。不速之客遂大吃了一顿鱼宴。这些野猪虽没读过什么兵书战法，却懂得以“浑水摸鱼”果腹。

鬣狗不善追击和伏击，它们却会使“诈”。鬣狗体形比角马小得多，在捕捉角马时，其中一只鬣狗先不动声色地溜进角马群，它不乱看，然后伏地不动，让角马以为它无害。然后它才抬眼搜寻打盹等失去警惕的目标。一旦周围鬣狗形成包围之势，这只鬣狗便一跃而起，扑向并死死咬住选定的目标，与鬣狗群里应外合将猎物擒获。

75. 动物的合作觅食

群居的动物外出觅食时，常会相互呼应，默契配合，发挥集体的力量，以多胜少，事半功倍。

蜘蛛一般都织一个小网，守候旁边，等待猎物上门。而美洲有一种军团蛛，像蚂蚁一样上千只生活在一起。它们在树丛之间编织大网，不仅捕捉昆虫，还能缠住鸟、老鼠、青蛙、蛇等。当猎物在网上挣扎，蜘蛛会一拥而上，给猎物注射麻醉剂，然后共享大餐。

群居的鹈鹕发现鱼群后，便会排成扇面队列跟踪，两侧的进行包抄，一个个展开双翅拍打水面，惊吓鱼群并把鱼群赶往岸边或浅水处。接着它们纷纷张开大嘴，捕食鱼儿。当水中出现大鱼，鹈鹕会从四面将它围住，有的咬住鱼头，有的叼住鱼尾，其他的衔夹鱼腹，迅速把大鱼抬上岸，捣成小段享用。

几只苍鹰在围剿狐狸时，会互相配合，居高临下，轮番向狐狸俯冲，狠啄猛抓，把狐狸眼睛啄得血肉模糊，然后剥皮撕肚，分而食之。

非洲群居的野狗一群可达 90 只。它们集体狩猎，在长途追逐中，找出猎物中最弱的一个，然后把它和其他猎物分隔开，紧紧缠住这个目标。当猎物落单，惊恐害怕，体力不支时，野狗便凶狠地把它扑倒。以这种团队围追的方式捕猎，野狗往往能胜过体形比它们大得多的猎物。

草原长耳野兔跑起来时速达 70 公里，而土狼时速仅为 60 公里。土狼会采用接力追击来弥补速度的不足。当野兔奔跑了一阵后，把一只土狼甩在身后，尚未喘一口气，另一只土狼又突然跳出来，将它追赶。前一只土狼得到休息后，等在前面，接力再追野兔。两土狼轮流追捕，野兔筋疲力尽，终难逃狼口。

身体强壮的黑熊也会在狼群面前惨败。狼群围住黑熊，采用“疲劳”战术，轮番撩逗它，咬它一口引它追赶，黑熊一刻不得喘息，左扑右追，最后累瘫在地，被狼群撕食果腹。

非洲狮子捕捉斑马、角马时，几只雌狮会埋伏在草丛。当猎物被追赶到附近，埋伏的狮子会突然蹿出，将慌不择路的猎物扑倒，分而食之。

中美洲的长鼻浣熊会结群捕食树上的鬣蜥蜴。它们兵分两路，一队爬到树上，把鬣蜥蜴往树下驱赶，鬣蜥蜴慌张下树，但它们立足未稳，便会被守候在树下的另一队浣熊抓住。非洲群居的黑猩猩也集体合作，采用正面驱赶、四面埋伏的战术来擒获叶猴，并能分食猴肉，补充身体缺乏的高蛋白。单独一只黑猩猩是捕捉不到灵巧的叶猴的。

76. 动物的联手御敌

在弱肉强食的动物世界,有些弱小的动物相互关照,结成联盟,也能战胜强敌,逃离险境。

生活在水中的金枪鱼等鱼类,上千万尾聚集在一起,体形一致,进退同步,鱼群飘忽翻转,常让捕食者不知所措。集群翱翔在天空的燕雀等,黑压压如云团一样变化队形,相互之间疾飞腾挪而不会发生碰撞,使猛禽也不知怎样将单只捕捉。

迁徙的候鸟天鹅、野鸭等,晚间在芦苇、沼泽地带宿营,会派出“卫兵”警戒,一有危险便能听到报警逃脱。非洲群居的笔杆獴出洞觅食,必有一名干练的獴员站岗放哨,它挺直身体,站在土包高处或树枝上,全神贯注地巡视四方,发现敌害出现即向伙伴发出信号,全体迅速钻洞避险。

在北半球极地生活的海象,以一二百头为一群。在夜晚睡觉时,为防备北极熊的偷袭,也会排班站岗,但它们的“轮岗”时间非常短暂。入夜后,先从一只海象开始,它环顾四周一两分钟,推醒身边的海象,自己便躺倒睡去。第二只海象也是如此,再推醒另一边的。依次轮流,大家都醒一次,也只当班一两分钟。虽然时间短,但海象数量多。等每头海象都轮岗一遍,差不多天已经亮了。

幼雏受到威胁,当父母的往往能迸发出巨大的能量。一次,一条粗大的乌梢蛇爬上一棵杉树,直奔树冠的松鼠窝。窝中一群幼鼠危在旦夕。松鼠爸爸发现了险情,它尖叫一声冲过去,在蛇尾处狠咬一口。乌梢蛇不备,扭回头扑向松鼠爸爸。这时松鼠妈妈也急速赶来,往蛇身上使劲咬去。蛇痛得把头又转向松鼠妈妈。两只松鼠就这样,你咬一口退去,它咬一下闪开。几个回合过后,蛇皮上已多处流血。乌梢蛇左右招架,支撑不住,最后从树上跌落,带着一身伤痕溜走了。一对大松鼠协同作战,赶跑了强敌,保住了幼雏。

狒狒也懂得联合起来,抗击强敌。它们能与羚羊、斑马等动物结成联盟,羚羊有灵敏的嗅觉,斑马听觉较强,狒狒有锐利的眼睛,又善于爬树。它们栖居在一处,能较早发现敌害的行踪,相互报警,及早逃生。在雄性首领带领下,狒狒群还敢于与强敌搏斗,它们抓起石头爬到树上,大声吼叫着向狮子、蟒蛇投掷,对手也奈何它们不得。

北美洲的麝牛遭遇狼群的袭击时,在头牛带领下会自动站稳阵脚,将老弱和小牛围在中心,健壮的公牛左右相靠,排成圆阵。麝牛一起瞪着愤怒的眼睛,伸出锐利的长角。狼群面对这种“铁桶阵”无计可施,佯攻一阵也只好溜掉,另寻捕猎目标。

77. 动物“以小斗大”

凶猛健壮的动物以捕食小动物为食，人们司空见惯。可是有些弱小的动物以自己的求生法则也能战胜庞大的强敌。

鲨鱼是海中霸王，凶残成性。有一种比目鱼却不怕它。比目鱼在受到鲨鱼侵犯时，身体会分泌出一种乳白色毒液，鲨鱼触上后，颌部肌肉就会被麻痹，大嘴巴难以开合，于是不得不赶紧溜走。

对鲨鱼来说，小小的刺豚更是厉害。刺豚被鲨鱼吞入腹中，毫不受损反而活动自如，它胀起一身硬刺，到处乱撞乱咬，最后会咬穿鲨鱼内脏钻出，要了鲨鱼的命。

栖身在南亚海洋中的盲鳗体形细小，但它却是以“小鱼吃大鱼”为生的。盲鳗在海水中漂浮，靠嗅觉和口端触须感知大鱼的位置，用吸盘吸附在大鱼身上，寻机从鱼鳃钻入鱼腹，咬食大鱼内脏和肌肉。渔民曾在捕获的一条大鳕鱼体内找到 123 条盲鳗，鳕鱼的内脏已被咬得伤痕累累。

蜘蛛也是敢于“以小斗大”的战将。蜘蛛遇到了十几厘米长的蜈蚣，并不畏惧，搏斗中趁机吐丝捆住了蜈蚣的触角，然后牵向自己的蛛网，将蜈蚣慢慢吊起。张牙舞爪的蜈蚣在被更多的蛛丝缠牢后，已动弹不得，成为蜘蛛的大餐。

一只老鼠受惊跌到一个距地几十厘米的蜘蛛网里，老鼠拼命挣扎，蛛网坠成了一个网兜。这时一个瓶盖大小的蜘蛛从藏身处爬出，它敏捷地在网兜上方编织出一个网盖，又加固了四角的系丝，将老鼠缠得严严实实。随后蜘蛛向再无反抗能力的老鼠体内注射消化液，溶化肌肉组织，慢慢享用鲜美鼠羹。

南美洲的蜘蛛喷丝织网，除捕食昆虫，还猎捕青蛙、蜥蜴和鸟类。它们织出的网韧而黏性强，托得住 300 克的重量。墨西哥一株大树的几条树枝被一张大而多层的蜘蛛网所覆盖。最大的一张网竟将一棵 18 米高的大部分树冠遮盖得严严实实。曾有一条 1 米长的毒蛇陷在大蛛网中，遭蜘蛛围攻，被俘获吸食得只剩一张蛇皮。

南美洲和非洲的行军蚁更是“以小斗大”的无敌军团。一个蚁群数量能达到 2000 万只，行进的队伍浩浩荡荡，有几百米长。美洲的行军蚁下颚含有毒液，非洲的行军蚁个头大，叮咬也更为凶狠。行军蚁在行进中，敢于进攻身体强壮的胡蜂，能吃掉鸡、兔等圈养的家禽家畜，甚至能将大蜥蜴和两米长的蛇迅速肢解，在路途上只留下一把把骨头。

78. 动物除虫

人身上滋生了寄生虫，很不舒服，会想出办法清除。而动物是怎样清除寄生虫的呢？

在北美洲加利福尼亚海湾珊瑚礁，一些鲈鱼等大鱼不停地游来游去，它们并不是在觅食，而是在寻找一种叫圣尤里塔的小鱼。一看到寻找的小鱼，大鱼就迎上去，温顺地张开身上的鳍，让小鱼用尖嘴东啄西啄。原来大鱼的鳍和鳃上附着了寄生虫。圣尤里塔鱼啄食寄生虫，在它获得美餐的同时，也为大鱼除去了虫扰，双方皆大欢喜。一位海洋生物学家在巴哈马群岛附近潜入海水中观察，近半个小时，一条圣尤里塔鱼就收拾了20多条大鱼身上的寄生虫。据统计，海洋中专事为大鱼除虫的小鱼有40多种，此外有的蟹和小虾也爱做这种营生。

在陆地上，当鹧鸪、松鸡肠内滋生了寄生虫，它们会寻找青涩的嫩草、浆果吃，冬天会啄食松叶、杉叶，利用所吃植物含有的香料、单宁酸，达到去除体内害虫的目的。野牛等哺乳动物也懂得找些味苦的艾草吃，用来去除肠道内的寄生虫。

喜鹊、乌鸦、鹦鹉等鸟类，常飞到蚂蚁聚集的地方，以背着地躺下，让蚂蚁爬上身体、羽毛中，大洗蚁浴，利用蚁酸的刺激性防治寄生虫。蚂蚁不足时，鸟儿用烟灰、菩提树皮叶等也能大洗一通。喜鹊洗蚁浴时，眼睛半闭，双翅展开，有时还用脚爪踩住尾巴，滑稽地仰面朝天，伸起脖子，显出舒服的样子。

有些哺乳动物靠小鸟朋友帮忙除虫。野牛吃草时会惊起草虫，椋鸟跟随后面捕虫，事半功倍。当椋鸟停在野牛背上休息时，顺便把牛背皮沟处的寄生虫也捉食干净了。大犀牛背上常常三五成群落着小犀牛鸟，这些小鸟天生就是为犀牛除虫的，它们嘴巴尖尖，啄食起“大朋友”皮肤皱褶处的小虫子来，一个也不会漏掉。

野猪、河马、大象等防治虫害另有一法。面对虫子纷扰，它们走进泥塘，从头到脚糊满一层厚厚的泥巴，晒干后，就有了一副百虫难侵的“铠甲”。

身上长了跳蚤的狐狸，更有一个除跳蚤的绝招。它会用嘴衔起一团干草，跑到河边，然后一步一步慢慢走进水中。跳蚤是怕水的，一个个赶紧跳到顶在狐狸头上的干草团上。狐狸不慌不忙，顶着干草团，游到河水深的地方。这时干草上的跳蚤可能正以为是坐在“草船”上兜风呢，狐狸却甩下头上的干草团，扎个猛子游向河岸。它回头看，有跳蚤的干草团正慢慢沉入水中。

79. 动物自疗

人生了病，受了伤，会请医院的医生救治。许多野生的动物患病受伤，它们也有自己的疗伤办法。

生活在太平洋所罗门群岛上的野兔有了外伤，便会寻找蜘蛛丝，用爪敷或滚到伤处，用蛛丝止血镇痛。马达加斯加狐猴摔伤碰破后，会采集一种"满地爬"藤本植物的叶子，敷盖在伤口上，用其消炎防腐。希腊克里特岛上的山羊被毒蛇咬伤后，便会寻找一种称作白鲜的野草嚼食，用以解毒。

在乌兹别克，有人看到一只野山羊从峭壁上摔下，腰部淌血。野山羊挣扎着爬向一个山洞，把流血处贴在岩洞壁上，过了一段时间，羊伤口处的血止住了，疲惫衰弱的山羊逐渐恢复了精力，然后拔腿离去。人们发现洞壁上分泌着一层黏性液体，后经化验了解，黏液含有微量元素和药物成分。令人惊奇的是野山羊竟知道它的药性，将其用于止血疗伤。

山鹬、山鸡在飞翔中有时会不慎撞伤，造成腿骨骨折。它们会飞落到河边，用嘴啄一些软泥，涂在骨折部位，好像在给骨折处"打石膏"。然后还会衔来一些细草枝，滚上泥巴，粘在"石膏"外层"上夹板"，固定好后还会晒太阳把泥巴烤干。整个自疗过程与医生为骨折病人治疗相仿。

泡温泉浴可以让身体放松，还可以防治皮肤病等疾患。人了解温泉的功能，动物也知道这个秘密。在日本，有人观察到一只小獾后背上长了脓疮，痛痒难受。獾妈妈便把小獾领到温泉水里，让孩子泡洗温泉浴。只洗了几次，小獾的疮疱便痊愈了。

动物会自疗伤病，它们还懂得养生。水獭四季吃鱼，春天时它们爱找些青草、野果吃，以增加胃内盐酸含量，有助于日后消化荤食。美洲灰熊冬眠醒过来后，身体虚弱，它们并不急于进补，而是挖掘雪莲和虞美人草的鳞茎吃，将肠胃清理一番。亚洲黑熊冬眠后也是先寻找能拉肚子的浆果吃，将体内久存的粪便排出，再去寻食美味。非洲热带森林的大猩猩吃饱后，还会成群结队奔向一块林地，采食一种名为阿斯匹利亚的树叶，将其作"保健品"服用。科学家进行药理检验，证明这种树的叶子有很好的药物成分，对防治发烧、抗感染效用显著。

一些飞禽在生育期往往飞到甲壳虫类昆虫较多的地方栖居，以利于觅食后产蛋富于钙质，提高幼雏成活率。雄鹿出角时，会找寻含钙较多的果物吃，找含钙丰富的泉水喝。雌鹿怀孕后，吃东西小心而挑剔，就像我们身边的孕妇爱挑食一样。

80. 动物讲卫生

讲究身体和环境卫生是人类的好习惯，有些动物也有着讲卫生的天性。

东南亚的动物学家经多年的考察发现，蚂蚁是十分爱清洁的动物。蚁窝里有了脏物或死蚁，很快会有工蚁赶过来，将其搬出蚁窝埋掉。

我国北方房屋的砖瓦缝中生活着一种黑褐色的小虫，名唤蠼螋。炎热时，它会不停地把窝内的卵衔来衔去，变化位置，通风防潮。有污物也会及时清到窝外，以保持栖息处清爽。

把洞穴筑在河边的河狸，住室分外间、餐厅、卧室，四壁整洁美观。卧铺上铺有柔软的干草，居住十分舒适。

紫貂的洞穴布置得也很讲究，有专门的卫生间和储藏室。卧室铺有干净的干草和鸟的绒毛。储藏室的松子、浆果、鱼干、鼠肉、兔肉等荤素食物分别码放。为防腐烂，主人还会将食物弄到洞外晾晒一番。

浣熊不吃沾有泥土的食物。捡到果子后，即便上面光滑没有土，它也要放到水里洗一洗。捉到鱼后，它会扒掉鱼鳞再食用，吃罢它还要洗一洗手掌，去掉鱼腥味。有的浣熊来到动物园，仍不改习性。给它窝头、面包，它仍要洗一洗，结果闹出笑话。

“和猪一样脏”，是人们爱用的比喻。其实猪是喜欢清洁的，也能保持卫生。猪在热天酷爱浸凉，但圈内只有污水，引得猪在里面打滚，弄得臭气烘烘，就不是猪的过错了。

在讲究卫生的动物中，称得上“标兵”的是一些鸟类。广布于我国南方的白鹇，雄鸟长尾，中央尾羽近于纯白。它站立枝头，会让人联想到披着白色斗篷的“绅士”。白鹇很爱清洁，它们一有空闲便会飞到树丛较稀、光线充足的沙地上，用足爪拨起沙土洗刷羽毛，大洗一通后又会倒卧沙地享受日光浴。

入夏后晚间，人喜欢冲个凉再入睡。在欧洲一个花园里，一群蓝山雀在傍晚时也会飞落水池，用翅膀撩水沐浴，然后三三两两飞回树洞栖息。

在鸟类中，最擅长清洁羽毛的是鹭。鹭的长颈中有 17 节颈椎，通过一节节活动自如的椎骨，它可以把长嘴伸到身体各部位，把所有羽毛清理得干干净净、清清爽爽。各种蛙类、鳗鱼是鹭的主食，这些动物身上都有大量黏液。黏液粘在鹭的身上，会弄脏它的羽毛，影响飞行。鹭自有它的应对之法，它的胸羽和臀羽能分泌一种粉状物质，涂抹后能将黏液糅合成小球儿，嘴啄、爪拨后即可全部清除干净。

81. 动物的储藏

经过长期的进化,动物们具备了很强的求生能力。善于储藏食物,是一些聪明动物生活的强项。

蜜蜂辛勤采蜜,为日常所用,也是在储备冬粮。蚂蚁早出晚归,不停地把食物搬进蚁穴,为过冬忙碌。有的蚁群甚至把蚜虫卵也搬入库房,养存起来,来年再送出到植物上,以得到蚜虫排泄的“蜜糖”。在美洲,蚂蚁中有一种称“贮藏蚁”的工蚁,专门担任贮存蜜露的工作,其他工蚁采到蜜汁后,都吐到它的口中,它将蜜咽到胃里,肚子胀得大大的,悬挂在蚁穴壁上。当蚂蚁饥饿时,碰碰贮藏蚁的触角,就能吃到这活的“贮蜜罐”吐出的蜂蜜。

在鸟类中有不少贮藏食物的好手,它们在秋天忙来忙去,寻找采摘食物的种子,仔细藏好,以备严冬时节食用。北美洲有一种星鸦,在冬天到来前,往往能设计上千个“贮粮站”,埋藏的种粒可达几万粒。这种星鸦会选择理想的山坡,用泥土把种子盖好,还会叼来石子做记号,以便回收。一种叫鵙的鸟,能够把捉到的蛙或虫类插到树枝上,像人们晾干菜一样风干,防止腐烂,以利于存储。另一种叫鹗的鸟更为聪明,它甚至懂得将捉到的鱼养在岩石水洼里,食物匮乏时便可去享用。

鼠、兔冬储食物是它们一年中的头等大事。草原上的几类田鼠,以谷粒、鳞茎、树籽等食物过冬。在一个砂土鼠窝中可挖出储备粮近 10 公斤。在金花鼠洞穴中常存有多达 5 公斤以上的雪松籽,这让黑貂和熊很爱找寻捣毁金花鼠的洞穴,以打劫冬粮。蒙古草原的鼠兔在夏秋季节整日咬断、搬运青草,晾晒在巢穴附近的坡地上,晾干后堆成小垛。到了冬季,鼠兔会掘出通向草垛的雪下通道,把干草拖回巢穴食用。有些牧民熟知鼠兔的存储习性,入冬后便来到鼠兔出没处,能敛到大批干草,用车运回喂羊。

每年秋天,当满山松果成熟后,松鼠先是抱着果仁大快朵颐,然后便争分夺秒地采收松果,运回洞穴,以备足冬天的口粮。每窝松鼠常常把近 20 公斤食物搬运进洞,才会停下来。一种橡松鼠,以橡树果实和蘑菇为食。为使蘑菇耐放,它会先将蘑菇在枝杈上晾放,风吹晒干后入洞贮藏。有的橡松鼠晒蘑菇上了瘾,挂在树上的蘑菇多达 1500 个。

大多数动物贮藏的食物是干货,也有动物储藏“活食”。鼹鼠喜食昆虫,它的食物储藏室里经常会存放一些蚯蚓。蚯蚓都被咬掉了头,既死不了,又逃不掉,想吃就能吃到鲜美的蚯蚓肉。黄鼠狼贮存食物也很有一套。在它的窝内除了能看到鱼干、虾干、死蛇等,还有活老鼠。这些老鼠被咬掉了脚,为了不让老鼠饿死,黄鼠狼还在它嘴边放了谷粒哩。

82. 动物巧用工具

人善于制造和使用工具，有些动物无师自通，也会使用“工具”觅食，而且干得很是巧妙和熟练呢。

动物常用的工具是随处可见的石头。海中爱吃蚌肉的章鱼，它会准备好石块守候在蚌旁。当蚌张开壳时，它就趁机用触手把石块投入蚌壳内，将壳卡住，无法闭壳的蚌就成了章鱼的一顿美餐。东南亚的爪哇猴，猎蟹时会以爪握住石块，看螃蟹到来，猛击蟹壳，吃掉蟹肉，然后又上到树上，专心等待下一只螃蟹到来。

非洲颈部围着一圈白毛的白兀鹫找到鸵鸟蛋，为对付厚硬的蛋壳，它叼起石头，挺身昂头向蛋上砸去，一砸再砸，直至壳破，吃到佳肴。另有些鸟也精通此道，可它们是倒过来干的。欧洲鸣鸫鸟爱吃大蜗牛的肉，当蜗牛将头和足缩进壳内，鸣鸫不能下嘴，便用嘴叼起蜗牛往石头上敲击。蜗牛壳不是很坚固，敲打几下会破壳，露出鲜嫩的软体，让鸣鸫鸟大快朵颐。

生活于海水中的海獭以石块为进食工具，并随身携带。海獭得到鲍鱼、蚌贝等有壳美味，食用时会仰卧水面，将石块放在腹部，当作砧子，用前肢抓起猎物向石块上猛敲，敲碎硬壳后从容享用海鲜。

南美洲的啄木燕雀发现躲在树干中的害虫钻得很深时，它会衔来一根小巧玲珑的树枝，探进树洞。如果树枝过长，它还知道截短一些；然后用嘴衔住一端，把洞里的虫子逗弄出来吃掉。在啄木燕雀对使用的树枝感到满意时，会把树枝存放在树缝里，就像人爱惜用着可手的工具一样。

黑猩猩捕食白蚁时也以树枝为工具。它向白蚁洞穴内插入沾有唾液的小树枝或草茎，过一会儿就有很多白蚁攀附在枝茎上。黑猩猩抽出来，津津有味地吃着一串串吊在上面的白蚁。在干燥季节，黑猩猩看到坑洼里积着一点水喝不到时，它会嚼几片树叶，当作海绵，把残存的水吸出来。

动物使用工具在行，更有聪明者会借助人所制造的机械觅食。狐狸是猎捕田鼠好手，自从拖拉机问世以后，更给它帮了大忙。狐狸跟在深翻土地的拖拉机后，当拖拉机把鼠洞碾毁，趁着田鼠惊魂未定，它猛扑上去，可以事半功倍。食鱼的海鸥喜欢跟在轮船后面飞翔，轮船在行进中，船体和激流能把鱼儿打翻，漂在船驶过的水面上。海鸥跟随船后，便获得了现成的美味。海鸥捉到蚌后，会用海草裹起，衔到海边公路的路面上，然后闪开，等待汽车碾压。一次有辆游览车驶过，没压着蚌，海鸥急得冲着车子嘎嘎大叫。司机倒回车，又向蚌壳压去，终让这只海鸥吃到了鲜美的蚌肉。

83. 动物"清道夫"

在自然界,每当出现了尸体或垃圾,就会有"清道夫"站出来,予以清理。否则地球上死尸堆积,腐物如山,便不会有人类立足之地了。

河湖中的水龟专吃生病和已死的鱼虾。水中的螃蟹很少停在一处,总是不停地爬动,一旦发现死鱼烂肉,它们就会从四面八方赶来,互相争食。不仅海水表层有食腐的鱼类,在海底深处,也有鱼、虫等动物静静守候,等待着从海面降落而下的动物尸体,大吃特吃。

杂草丛生,妨碍水稻生长,堵塞航道,也需要清除。我国的特产草鱼堪称水下除草"清道夫"。它的牙齿长在咽喉处,像镰刀一样,能把吞进的稗草锄成碎段,一天可吞下相当于自身体重一倍多的杂草。草鱼不仅在我国各地大显身手,还漂洋过海游进多个国家,被誉为"有生命的割草机"。

黑色甲虫蜣螂,俗称屎壳郎,是大地的"清道夫"。它辛勤地清扫着牛粪、马粪等动物粪便。蜣螂发现了粪便后,用头部将粪便堆积在一起,再用前足拍打成球形,随后雌雄二虫通力合作。一个向前拉,一个用力推,将粪球朝前滚动。滚到合适处,雌虫在粪球上产卵,用土掩埋。幼虫孵化后,就能以粪球为食,发育成长。澳大利亚有几千万头牛,每天会排出上亿吨牛粪,大量牛粪压住了牧草,造成草场退化、苍蝇滋生。澳大利亚从我国引进了神农蜣螂、大蜣螂等蜣螂品种,放养到草原上。蜣螂们在异乡勤于打扫粪便,很快使澳大利亚的广大草场变得清爽起来。

当林地出现一只死鸟或死鼠,铜头金蝇从几百米外就能嗅到"尸气"飞来。它们大吃一番后产卵,成为尸体的"住户"。其他一些蝇虫也陆续赶来,食尸或捕食吃尸体的虫子。尸体旁还忙碌着皮蠹和露尾甲虫等,啃食尸体的皮毛。最后死动物只剩下一把骨头。有时,小动物一死就会引来一种黑色有翅的昆虫,它长三四厘米,被称作埋葬虫。几只埋葬虫钻到动物尸体下面,不停地将泥土挖去,形成低洼,让尸体下移,最后将尸体全部隐入土中。埋葬虫会在尸体上产卵,幼虫孵化后,就可饱食尸肉长大。死的青蛙、小鸟等,都是埋葬虫的最爱。

非洲鬣狗清除腐尸更为彻底,小的羚羊等动物连骨头、蹄毛等都能被它吃得干干净净。在鸟类中,南美洲的安第斯康多秃鹫主要以腐尸为食,每天要花很多时间在空中盘旋,寻找动物的尸体。它们的头和脖子不长羽毛,以便于伸进尸体攫食。喙极其锋利,可以切开动物的毛皮;咀嚼肌发达,能吞咽大块的肉。它们还会把大块骨头叼起,往岩石上摔碎,连同骨髓、油脂一起吞食。这种秃鹫翼展宽达 3 米以上,体重十多公斤,体形庞大,找到动物尸体后,其他食腐动物都抢不过它。

84. 动物"建筑师"

动物有着不同的生活方式,每种动物都有自己的栖息地。有些动物尤其讲究建筑自己的洞室。

生活在池水中的石蛾幼虫喜欢"蜗居"。它们善于用各种物品碎屑粘搭小屋。凡枝叶、砂粒、贝壳碎屑,及种种硬质颗粒,都能作为它的建材,粘结成筒状可移动私宅,在里面居住。生活在寒温带浅海中的丝鱼,身长仅十几厘米。到了产卵时节,雄鱼就会衔来海草,用吐出的丝状黏液黏合,建起一间草房,让雌鱼进入产下鱼卵。海洋中的雄三棘刺鱼也会为雌鱼搭建产房。雄鱼先在海底的泥沙里用嘴掘一个沟槽,收集水生植物枝叶、海藻等搭在草上做棚,并分泌黏液胶结牢固,然后向下和旁边修建坑道,把坑顶向上推,使"房舍"变得宽敞。

章鱼生活在隐蔽的海底,过去人们只知道它以礁石缝隙为家。而在地中海波格罗斯岛附近海底,人们发现章鱼也会盖房子。一条章鱼把一块大石板搭在砂石堆上,撑起空间,前面的篱笆墙是用蟹盖、虾壳、陶片、藻叶等缠绕编织而成的,将它的住处遮得严严实实,为它隐蔽和捕食带来便利。

非洲白蚁是建造"地下宫殿"的能工巧匠。白蚁的巢穴有圆锥形、圆柱形、金字塔形等各种,有的高达 7 米,占地 100 多平方米。充当保护层的外壳厚 50 厘米,是由坚硬的土粒粘胶在一起的,如石头一样坚固。蚁穴中遍布隧道,弯弯曲曲,却又纵横得当,长达几百米,途中建造不同的洞室。蚁巢露出地面的部分是中空的,这样可以使空气上下流通,使地下部分保持恒温。在澳大利亚,长鼻白蚁建造了许多高达 6 米的蚁塔。有的已矗立了 60 年之久,成为当地永久性的自然景观。南美洲一种黑蚁的栖身之地面积达 50 平方米,向地下延伸至 8 米。其运输通道、流入和流出通风通道、菌培养基地和垃圾处理区都一一到位。据计算,建造这样一个蚁巢需要移除 40 吨泥土。

鼹鼠和土拨鼠营造的地下家园也很见功力。裸鼹鼠上百只群居于一穴。它们修造的地道四通八达,上下错落有致,如同迷宫。土拨鼠在冬夏两季会建筑不同的别墅、行宫,分设不同的房间,并设不同的植物门挡。生活在北美洲森林湖泽的河狸也是建筑高手。它们先在水边建造堤坝,再傍水筑出舒适的"水中楼阁"。在造坝时,河狸要用树干、枝叶和石头、淤泥将水流堵住。由河狸筑起的长堤可达 180 米长、6 米宽、3 米高。在美国蒙大拿州曾发现河狸筑起的 630 米长大坝,这是多么大的工作量啊!筑了坝,水位提高,河狸将住处建在小岛上,进出口都在水下,出入安全无虞。河狸的住室高 1.8 米,屋基直径 10 米左右,分设用餐和睡觉的平台,及食物储藏间。堤坝和住处有损坏,河狸会及时修好。

85. 动物的节能

许多动物在长期的进化过程中,具备了节约能源的本领。这对于它们的生存、繁衍是相当有利的。

有些动物在进化中优化了身体构造。生活在海岸边的军舰鸟,长有非常宽阔的翅膀,双翼展开阔达两米。但这一副翅膀的骨重只有0.5公斤。靠了这样的翅膀,军舰鸟能轻松翱翔于天空,并将能耗降到很低。

猴子的尾巴在夏季是散热器,在寒冬则有调节体温的功用,可节省热能。这是由于在猴尾中除分布有一般血管,还有一条直接连通动脉管的静脉。天冷时,大量血液可不流过尾部小血管而直接流返心脏。检测表明,当气温降低2度,猴尾部的温度仅降低1度。猴子这种身体构造,自然有益于它保持身体恒温和健康。

龟类是长寿动物。科学家研究指出,龟类得以长寿与它们善于节能有关。各种陆龟、海龟均行动迟缓,新陈代谢较慢,具有耐饥耐寒的生理机能。在有些环境中,龟能把基础代谢降到最低水平,甚至能处于休眠状态达20年。善于节能就是龟类长寿的绝招。

动物在长途迁徙飞翔时,对节能更有巧妙的运用。生物学家发现,蝴蝶在迁徙时,普遍采用“喷气发动机原理”,飞翔之法先进而节能。用高速摄影机追踪拍摄一种墨星黄粉蝶可看到,粉蝶在飞行中竟有三分之一的时间翅膀是贴合在一起的。它们巧妙地利用翅膀的张合,使前面一对翅膀形成一个空气收集器,后面一对翅膀形成一个漏斗状的喷气通道。蝴蝶每次扇动翅膀时,喷气通道的大小、进气口与出气口的形状和长度,以及收缩程度,都有序地变化着。蝴蝶以这样的方式飞行,很大地节省了体力消耗,直至漂洋过海抵达目的地。

大雁迁徙时,常在空中排成“一”字、“人”字队列。它们飞行的路程遥远,要消耗很多体力。在扇动翅膀飞行之际大雁很善于利用上升气流在天空中滑翔,用以节能。排好队形的雁群,前边雁的翅膀在空中振拍划过,膀尖上会产生一股微弱的上升气流,后面或一旁的大雁紧随着飞翔,可节省不少体力。海鸥也常常追随在海轮后面飞,同样是利用轮船行进中产生的上升气流托住身体,作省力地飞行。

以鱼、蛙为食的苍鹭,在寒冷的浅水和潮湿的沼泽中经常用单腿支撑和平衡身体,让另一条腿离开水面。这是因为它的瘦长腿在冷水中缺少隔热层,以单腿站立就可切断一条失热的通道。如此可知苍鹭的“金鸡独立”堪称节能的明智之举。

在节能方面,河狸则更为聪明。它们经常啃断树木修筑堤坝。在啃咬树干前,它们会看好风向,从顺风处下嘴,将树干咬断三分之二后,会退到一边。连着的三分之一交由顺风吹倒,它们则省了牙口和气力。

86. 动物的迁徙

有些动物为了过冬、吃到美食、寻找水源、产卵繁衍,往往会从一个地方远途迁至另一个地方。其迁移者的数量之大、场面之壮观,令人惊叹。

每到秋季,北美洲黑脉金斑蝶会聚集起来,从加拿大飞往墨西哥马德雷山区过冬。蝴蝶数量多达上百亿只,遮天蔽日,迁飞近 3000 公里。据统计,全世界有迁徙习性的蝴蝶达 200 多种,黑脉金斑蝶在昆虫迁徙中行程最远。

鲑鱼出生于北美洲淡水区,卵化后沿河而下进入海湾,在海中生长数年后会返回出生地交配产卵。每逢秋季,成千上万只鲑鱼便逆流而上,遇到急流、瀑布拦阻,鹰雕、灰熊捕食,均不退缩。它们执着向前,大多数能最终抵达目的地。

雌性海龟受孕后,便纷纷从海中游向出生地,寻找理想的海滩产卵。雌龟从海洋登上陆地,常常要游上 1000 多英里,产卵后又要涉水 1000 多英里,返回到它们生活的海域。

大约一半的鸟类因有迁徙的习性而被称为候鸟。雨燕是最著名的候鸟,它们在迁徙的时候,可以在空中连续飞行几个星期而不落地。丹顶鹤春季在我国北方沼泽地带筑巢产卵,到了 10 月,雌鹤便会带上小鹤迁徙南飞。北极燕鸥是迁徙飞行最远的鸟类,一年之内可在南极和北极之间往返飞行至少 3 万公里。

北太平洋中的灰鲸年年做定期迁徙。夏季时,它们三五成群来到阿拉斯加的西部和北部栖息觅食,冬季则迁往墨西哥的贝加至加利福尼亚一片浅水湾之间生育后代。也就是说,灰鲸每年都要沿着整条北美洲的海岸线做一次南北洄游。前不久,有人连续两次拍摄到一只雌驼背鲸,它的尾部斑纹特征明显。第一次是在巴西的常规鲸繁殖地,不久后又现身于马达加斯加海岸附近。这两点之间的最短距离为 9800 公里。专家指出,这是鲸类寻求配偶而迁徙的最长距离。

非洲中部的角马、斑马迁徙也是每年都会出现的景象。上百万只食草动物组成的迁徙大军,绵延几十公里。沿途遭狮子、猎豹偷袭,渡河被鳄鱼截杀。迁徙的动物虽有一些伤亡,但为了度过旱季,寻找水源和丰饶的嫩草之乡,为迁徙付出代价,也是值得的。

动物的迁徙大多有规律,但也有偶发的。据记载,1727 年,欧洲一支黑压压望不到尽头的老鼠大军自东向西而进,被伏尔加河拦住后,老鼠们争相跃入河中,使宽阔的河面布满了老鼠。这一场景竟持续了 11 个昼夜。1809 年,在德国又发生一次老鼠大迁徙。一支无边无际的老鼠大军,横扫原野,把过往处的庄稼吞噬一空。最后渡过一条大河,鼠群消失了。当时的人们估计,迁徙的老鼠至少有 30 亿只。

87. 动物“大肚汉”

人一日三餐，主副食加起来总量也就在体重的2%左右。很多动物的“饭量”比人要大很多。

昆虫中的蜻蜓，一小时能捕捉吃掉30只苍蝇，这相当于一个人连续吃下30只肥鸭。节肢动物蜘蛛胃口更好。科学家把进食后的蜘蛛称重，测得蜘蛛在早餐后体重是原来的4倍，午餐后是原来的10倍，晚餐后是原来的30倍。人若是按蜘蛛这种比例进食，早餐要吃下一头牛，午餐要吃一头牛六只羊，晚宴要吃两头牛八只羊，外搭三头猪。

鸟儿一般个头不大，肚量可都不小。白脸山雀一天能吃蝶蛾卵1500个。鹪鹩每日的食量相当于自身体重的70%。猫头鹰一夜捕食鼠类七八只。北美洲的宽尾煌蜂鸟能在一天内吮吸5倍于体重的花蜜。

在哺乳动物中，澳大利亚的鸭嘴兽以甲壳类、软体类动物为食，每天吃下的食物相当于自身的体重。家鼠的食量也很大，尽管100只家鼠的体重加起来也不及一个成人重，但3只家鼠吃的食物已经和一个成人的饭量相等。如果家鼠的数量是全世界人口的两倍，它们一年要报销多少粮食啊！

食肉动物狼一次能吞吃十几公斤的肉。动物园中的东北虎一昼夜要吃10公斤的肉骨，狮子三餐要吃8公斤的鲜肉，还要佐不少菜和牛奶。野生的大熊猫每天要吃20公斤的鲜竹，有时还会捕食竹鼠“解馋”。“吃斋”的河马一昼夜要吃嫩草、植物根茎100公斤。在动物园里，为河马调配的面食、草料、葵花子、胡萝卜等装入大桶，要一桶一桶往河马的大嘴里倒，常常也只能让它吃个多半饱。生活在非洲的长颈鹿，爱吃金合欢等树的枝叶，每天要吃三四十公斤，若将这些枝叶采集到一起，能装满几个麻袋。亚非地区的大象也都有很大的胃。草原上的一头大象要吃300公斤以上的食物，喝150公斤的水。它们每天不停地走动觅食，找寻树叶、嫩草、水果、谷物等含有高纤维素的东西。一大片嫩枝、根芽、青草，对一个大象群来说，不过是碟小菜。象群为糊口就难怪要不停地搬家了。

在海洋中，海象一顿吃下几十公斤鲜鱼只是早点，逆戟鲸连着吃下30头海豹也只是家常便饭。一只蓝鲸搁浅后，从它的胃部称出了一吨多磷虾，而这只是蓝鲸吃到的一大口美食而已。体重达100多吨的蓝鲸肚子饿了，便会在南极附近磷虾聚集的海面下潜500米，再转向水面，张开大嘴连水带虾共七八十吨吞入口中，然后用须状齿将水滤出，将磷虾咽入腹中。与陆地食肉动物捕到猎物慢慢品食不同，蓝鲸的猎食与享用是合为一体的。

88. 动物“大力士”

在自然界的动物中,有些体格强壮,力量超群,不愧为动物中的“大力士”。

在非洲草原,一头狮子猎杀一匹斑马后,可拖行上百米。一头花豹能将杀死的150磅羚羊叼起运到树上。大象用鼻子可以举起300公斤的重物,拖走5吨重的物体。它能摇晃并从土中拔出大树,堪称动物中的“鲁智深”。公牛比大象还要棒些,它能携带900公斤的重物,这是它体重的1.5倍。

不过,就自身体重与所举重量之比而言,象、牛们的“大力士”称号远不够成色。非洲冕雕能够抓起16公斤重的羚羊,再飞翔一大段路程,它爪下的羚羊重量是自身体重的4倍。可它的力量与一些昆虫相比还要逊色许多。

一种非洲的犀牛甲虫,只有20克重,却能将拦路的850克重物抓起,搬到一边。它搬动的物体重量已相当于体重的40多倍。在英国生物技术和生物科学学会举办的2010年生物科学摄影大赛上,有一张照片展现,一群标有体重5毫克的非洲黄猄蚁,各叼着一个500毫克的砝码,争先奔跑,它们承载的重物已达体重的100倍。

有科学家在试验中发现,一只体重只有6克的犀角金龟子,能够拖动1086克的重物走上很远。二者重量之差竟达180多倍。让一只体重仅为0.5克的蠼螋在平滑之处拉动重170克的玩具车,它能轻松拖着车子前行。在玩具车放了物品总重达到250克时,蠼螋拉车向前,仍气壮如牛。

前不久,英国和澳大利亚科学家在英国《皇家学会生物学分会学报》发表研究称,蜣螂(屎壳郎)是世界上最强壮的昆虫。研究发现,一种雄性蜣螂可以推动相当于它自身体重1141倍的物体。其强壮程度相当于一名70公斤重的人举起总重达80吨的6辆双层巴士。据伦敦大学的奈尔博士介绍,雄性蜣螂在求偶期,会展开激烈的相扑对决,要拼尽全力将对手推走。它们正是在长期争斗中练出了超凡的气力,成为昆虫界的神奇“大力士”。

蜣螂虽然强壮,但最强“大力士”的桂冠还是要戴在蚂蚁头上。据研究,一只蚂蚁能轻而易举地将比其自身重量大1400倍的筑巢材料或食物拖到巢内。小小蚂蚁每日吃的食物量相当于它的体重。它们能吃又能干,腿部肌肉的构造很是奇特。蚂蚁的肌肉在活动的时候会产生一种酸性物质,经收缩产生出巨大气力,使它们能拖起或用嘴衔重物奔走疾行,又很轻松。

89. 动物的聪明

许多动物有着聪明伶俐的天性。人们饲养宠物大多数也是喜爱宠物的聪明灵巧、善解人意。

自然界的动物为了生存，在觅食中最能展示其智慧和才能。美洲灰熊捕捉鲑鱼时，站在水中面向河岸，会将游来的黏滑大鱼连水一起抛到岸上，将鱼擒获。生活在南非的狒狒，将潮汐时间表熟记于心，每逢退潮便会准时来到海滩捡拾鲨鱼卵等美味。哥斯达黎加的白面卷尾猴在红树林得到蚌贝，会在树干上不紧不慢敲击。蚌开始会缩紧肌肉，闭壳坚守，时间长了便支撑不住，让猴子吃到蚌肉。印度尼西亚的爪哇猴更为高明，它们会守在树上专等螃蟹到来，用石头砸开螃蟹壳，吃了一顿又一顿。

动物各有争抢美食的高招。美国加利福尼亚州有一家人养了两只乌龟。当主人敲盆呼唤乌龟进餐时，两只乌龟争着向前跑，大龟跑着忽然转身把那只小龟掀翻。当小龟挣扎着翻过身来，跑到盆前，食物已少了一多半。

动物也不全都贪吃，聪明的动物懂得给自己“留后路”。南美的食蚁兽找到蚁巢后，会用锐利的前爪将蚁巢扒开一层，然后把细长而布满黏液的长舌头深入蚁道，粘住白蚁吃上一顿。食蚁兽并不将这里的白蚁斩尽杀绝，它只捣毁蚁巢表面的一层，再去其他蚁巢寻食。不久这里就会被白蚁修复，它可以再度光顾。

有些动物的聪明表现在记忆力和计算上。有人在实验中发现，乌鸦能算出3以内的加减法。乌鸦落在谷仓房顶，看到有三个人进入房间，怕被捉住便不落地，直到三个人全都走出离开，它们才放心地落地啄食。迷宫中的老鼠在一个地方找到美食后，第二次会径直去取。在一个加盖的透明瓶子中放入食物，章鱼也能照直移开盖子取食食用。美国一家马戏团的演员急于外出，找不到钥匙，便翻墙出门。一只大猩猩看到后，模仿他，爬墙逃脱，人们费了好大劲才把它抓回来。

动物的才艺是多方面的。日本水族馆的一群白鲸，能组合表演水上芭蕾。一些动物的语言能力更是了得。鹦鹉可以“说”几百个单词，并能在特定的场合准确说出它们。美洲的倭黑猩猩能掌握450个单词并与人交流。它坐在显示板前，看到暴风雨和洪水，会指向“大水”。看到比萨饼，它会指向“奶酪”“西红柿”和“面包”。美国一只牧羊犬经训练能理解1000多个英文单词，用英语唤其“取飞盘”“篮球”“毛绒玩具”等，准确率在90%以上。在美国加利福尼亚州，海豚经训练，不仅能听懂单词，还学懂了由单词组合的1000多个短句。如拿球、投篮、用铁环套球等，只要用电脑按一定次序发出指令，海豚便能照办不误。

90. 动物的笨拙

有些动物头脑发达,智慧超群,聪明而有灵气。另有些动物由于智力不够或贪吃等原因常能显现笨拙的一面,做出傻事。

毛虫有头尾相接、列队而行的习性。有人将一堆毛虫引到一个大圆瓷坛上,让其结成圆环而行。结果毛虫就团团相绕不停地走,直至几天后有一只筋疲力尽跌倒才得以断开。蚂蚁不慎落入玻璃瓶后,会在瓶底盲目转圈,且越转越快,直至死去。蜘蛛擅长捕食昆虫,但若将一只死苍蝇放到它的网上,会让蜘蛛不知所措,甚至会躲到一边不敢出来。鸟雀辛辛苦苦地筑巢,完工后,若将它的巢向一旁移动两三米,很多鸟会不认得自己的巢,在原处另造。松鼠入冬前会往树洞里储藏冬粮,把橡子等堆放于洞底。如果底部有漏口,造成储蓄物遗失,它也会不管不顾,只是一味堆过去,不知要做多少无效的劳动。

一些嘴馋的动物看到美食常常不计后果,给自己招惹麻烦。英国的宠物松鼠第一次吃椰子,用尖牙一直往里咬,结果让脑袋夹在椰子壳里,只能将大椰子顶在头上,让人忍俊不禁。非洲箱龟看到遍地野草莓,贪婪地大口吞吃,不但肚子滚圆,连脖子也鼓胀起来,当鹰雕袭来,龟的头部难以缩回壳内,遂酿成大祸。新几内亚群岛上有一种鹦鹉鸟,吃起浆果不要命,往往会撑得大腹便便,只能扒住树干喘气。当地人想捉这种鸟很容易,看到它后摇动树干,它就会像熟透的果子一样跌落下来。人们捕捉猴子,也是利用猴子贪心的弱点。将一个大南瓜挖开小口,掏去瓤,装入谷粮。猴子发现,会伸爪抓上一大把。这时当人出现,猴子并不会缩出爪子逃生,而是抓住食物不放,拖着南瓜而逃,自然要被人俘获。

生活在我国西南高处山林的大熊猫,盛夏季节爱喝清凉的泉水。熊猫从高处下到山谷,找到泉水后,会喝了又喝,喝了走开又返回,直喝得肚子滚瓜溜圆,仍想再喝。一次一只大熊猫饮水过量,步履蹒跚,走路跌跌撞撞,自然保护区的工作人员担心它返回高处林区时爬山跌伤,赶紧用担架把它送回到山上竹林中。

有些温顺的动物也会耍小性子,但并不难哄。美国密支那动物园有一匹老骆驼,二十年如一日颈上系一铜铃,走起来发出叮当之声,让它深感得意。不想一天一头小骆驼把老骆驼的铜铃咬瘪了,老骆驼伤心至极,不思饮食。管理人员赶紧照原样重做了一个,铃声较原来的清脆。老骆驼系上后仍然抑郁不欢。动物园又制作了几个铜铃,挑选了一个和原来铃声相近的,才骗过老骆驼。老骆驼系上铜铃走路,又气宇轩昂起来。

91. 动物求偶

动物能够生存是它们进化繁衍的结果。为了获得异性的青睐,有些雌雄动物之间的求偶,很是奇特浪漫。

到了繁殖期,雄性昆虫、鱼类、鸟类纷纷会搭建、营造巢穴,吸引雌性配偶到来。澳大利亚的园丁鸟以营建园亭洞巢著名,雄鸟纷纷清理绿地,插树枝,修甬道,在巢门前陈列采集收藏的花果、蘑菇、贝壳和各种闪亮的小物件,鸣叫着向雌鸟炫耀它的"家当"。其中的鲜花、浆果不够新鲜,雄鸟会及时更换。

在求偶期,有些雄鱼会穿上"婚装"。亚洲的斗鱼会由浅绿色变为红色,再变得红里透紫。美洲鲑鱼也会变得一身艳红。雄鸟则以拍动绚丽的羽毛讨雌鸟的喜欢。琴鸟展开的尾羽呈现出古琴的形状,姿态优雅。雄孔雀竖起尾羽开屏,追随在雌鸟身后,以博雌鸟的欢心。

在昆虫界,雄蝴蝶善于用舞动的翅膀花纹色彩打动异性。萤火虫则点亮屁股上的灯笼寻求配偶。雄蝉、蟋蟀不停地高唱情歌,没有雌虫与它幽会绝不肯收声。

赠送"礼品"求婚是不少动物热衷使用的手法。构造简单的雄举尾虫,为吸引雌虫会猎获一物,垂吊在树枝上,雌虫来到后,品尝了食物,感觉味道不错,就会留在雄虫身边。一种生活在热带的食虫虻对"彩礼"很是挑剔。雌虻审视了携带肉虫的"情郎"后,只接纳了带着个头大虫子的雄虻。吃了上好的虫子,可提高产卵的数量和品质,雌虻的挑选有它的道理。一种雌燕雀鸟在一群雄鸟中,会挑选从橡树林来的雄鸟为伴,随它而去,因为橡树林里食物丰富。它不愿"下嫁"给"家境差"的灌木林雄鸟。

动物的"彩礼"的种类是多种多样的。欧洲的雄白头翁有了"未婚妻"后,归巢时,会叼上一枝鲜花,表露忠诚。燕鸥在举行婚礼前,雄鸟会把一条鱼放在雌鸟身旁,请它食用。南极的雄企鹅为了寻找一块孵卵用的圆石,可以在冰天雪地的海岸边徘徊几小时,甚至几天,找到后奉献给它的"意中人"。有了这石头,企鹅踩着它孵卵,就能减轻冰雪对卵和幼雏的伤害。雄企鹅的礼品既是珍贵的,又是实用的。

在哺乳动物中,羚羊、野牛、斑马等,很多雄性动物以争斗来获取交配权。获胜的都是身强力壮、凶猛力大者,这对繁育优良后代很有好处。海洋中的雄驼背鲸为争夺配偶,相互间勇猛撞击,谁也不肯罢休,致使海面上惊涛汹涌,巨浪滔天。有些动物体形庞大,求偶时却不失温情。马尔维纳斯群岛上的海狮成为情侣后,双方会默默相对含情凝望,然后互相倚傍,不愿离分。非洲雄犀牛在喜获雌犀牛芳心后,它们会用面部的角互相摩擦,然后绕着一个圈子不快不慢地奔跑。这种摩擦犀牛角和跑圈的举动,可持续好几个小时。

92. 鸟的“夫妻情”

在民间，有不少关于鸟类的浪漫爱情传说，生物学家在观察研究鸟类生活习性时，也记载了鸟儿“夫妻”之间坚贞不渝的爱情故事，为人们所津津乐道。

生活在寒冷地带的企鹅实行“一夫一妻”制，对爱情也很专一。孵育幼雏期间，雄鸟去海面捕鱼，将鱼存放于喉囊，急忙赶回栖息地与雌鸟相会。上岸后，会有许多雌鸟围住这只雄鸟索要鱼吃，雄鸟左冲右突，坚决不给，即使被咬伤也不张口。只有它的“爱妻”才能得到鱼食。有人统计，82%的企鹅始终维持原配。有些企鹅“夫妻”共同生活在10年以上，可谓“白头偕老”。

极乐鸟主要生活在南太平洋的岛国巴布亚新几内亚，它的头部羽毛为金绿色，尾羽长长，光彩夺目。一种王极乐鸟对爱情最是忠贞不贰，一旦失去伴侣，另一只鸟就会绝食而死。我国广西有一种体态轻盈的玉鸟，红嘴，羽毛黄绿色，叫声婉转悦耳。雌雄鸟之间相伴相随，形影不离。如果一方死去，另一方就会发呆不动，忧郁而死。当地称这种鸟为“相思鸟”。

雌雄天鹅也是终生配对的，且相当“痴情”。一年秋天，一群天鹅南飞迁徙，牧民看到有只雄鸟不肯起飞，发现它身旁躺着一只死去的雌天鹅。它失去了心爱的配偶，就肃立在那里，不愿离去。三天以后，当雌天鹅的尸体被拿去，这只雄天鹅才缓缓飞走。丹顶鹤等鹤鸟体态优美高雅，雌雄成亲后双栖双飞，恩爱有加，“婚姻”专一而持久。

在鸟类中，也有一些鸟儿把“爱情”当儿戏。据生物学家调查发现，被视作“爱情象征”的鸳鸯，雌雄之间根本算不得“模范夫妻”。它们平时并没有固定的联系，只是在配偶期才有引人注目的亲密接触。雌鸟产卵后孵化和养育幼雏的繁重工作，雄鸟全不参与，而是甩膀走开，鸳鸯之间劳燕分飞的事时有发生。

人在婚姻生活中，夫妻同甘苦、共患难。一些鸟“夫妻”遭遇横祸，不离不弃，尤显真情。有人曾看到一只狐狸将一只雌鹅咬住，雄鹅明知自己不是狐狸的对手，却拼命向狐狸攻击，乱啄狐狸眼睛，吓得狐狸放开雌鹅逃走。两鹅嘎嘎叫着庆祝团聚。2011年春，一只雄性鹳雀飞越1.3万公里，从遥远的南非回到克罗地亚东部的布罗茨基瓦洛斯村，连续5年与残疾不能一道迁徙的“妻子”团聚。5年前雌鹳被人击伤，翅膀穿孔难以飞行，由当地好心人收养。雄鹳需要迁徙，独自飞往南非过冬。次年春季刚到，雄鹳便急切赶回故地，看望留下的“妻子”。共度数月期间，它们产卵孵蛋，雄鹳还承担了教授幼鹳飞行的责任。以后年年如此。新春抵达家中的雄鹳，长途劳顿，颇显疲惫，但它偎傍在雌鹳身旁的身影证明，距离无法阻挡鸟儿的真爱。

93. 动物“助产士”

人类妇女十月怀胎，会请医生帮助产下婴儿。有些动物怀孕生产前，也会有它的亲友来到身边，做它的“助产士”。

在德国、比利时生活着一种青蛙。繁殖季节，雌雄双双来到陆地，雄蛙静静地守候在雌蛙身边。当雌蛙产卵时，雄蛙会担当助产士，附到雌蛙背上，把雌蛙排出的胶质卵条粘在自己后肢上，然后再用后肢不断地向外轻拨卵带，帮助雌蛙把卵全部顺利地产出。雄蛙不仅为雌蛙助产，其后还会日夜保持后肢卵带的潮湿，直至卵孵化为蝌蚪。这种蛙因其产卵方式的独特而得名“产婆蛙”。

群居的老鼠有着很强的繁殖能力。当一只母鼠生产幼崽时，就会有几只老鼠从别处赶来，担当“助产士”。有的协助咬断脐带，有的帮忙舔净幼鼠的血污，还有的担任警戒，送来滋补身体的食物，服侍“产妇”十分周到。

海洋中的海豚更具互助精神。海豚即将生产时，总会有另一只母海豚陪伴在身旁。小海豚滑出母体后，伴随的海豚“阿姨”会及时把小海豚托出水面，让小家伙吸到第一口空气。接着，它还会跟随在这对海豚母子身旁游动，像护士一样尽照料之职。

在非洲大草原上，也有着一些动物助产士的身影。临产的母象会拖着沉重的身躯走进一片树林，而此刻也会有一两只母象跟随陪伴着它。母象生产时身体会前后摆动，时间长达一两个小时，旁边的母象会警惕地向四周张望，守护在一旁，以防被打扰。当生产的母象身后露出半截小象身子时，另一半却不见被甩动出来，一旁的助产士看到母象已经筋疲力尽，就会伸出长鼻子，卷住小象的半个身子，把小象整个身体拉出来。当象孩子顺利产出，呱呱坠地，作为助产士的“姨娘”还会用鼻子一次次反复拨弄小象，表达关爱，并帮助小象站立起来。

怀孕的犀牛在临产前身体笨重，步履艰难，也会有其他母犀牛陪伴在身边，担当助产士。“伴妇”还会用头或肚皮去摩擦按摩临产犀牛的腹部，准备迎接小犀牛的诞生。

当长颈鹿中的怀孕母鹿生产时，群居的成年长颈鹿会把它围在中间，并向四周警戒张望，防止狮子偷袭。围着的长颈鹿还会交替走近生产的母鹿身旁，默默表达鼓励之情。小长颈鹿降生后，围着的亲属们都要近前亲吻鹿宝宝，用嘴拱着小鹿撑起四足站立，让它吃到妈妈的奶汁。

94. 动物的分娩

哺乳动物因其生活环境、形体大小等不同，它们的怀孕期和分娩方式也有着种种差异。

澳大利亚的鸭嘴兽是现存最原始的哺乳动物。它的大小如同兔子，形体肥扁，长有鸭嘴般的角质喙。它繁衍后代的方式与其他哺乳动物不同之处在于，雌兽受精后在体内会发育成两个如鸟类的卵，排卵并不困难。卵排出后，由雌兽孵化。10天后，小兽破壳而出。鸭嘴兽妈妈没有乳房和乳头，只在腹部有一片乳区，这里有乳腺，能像出汗一样分泌乳汁。哺乳时，雌兽仰面朝天，乳腺区像个凹下的小盆，幼子会卧在盆边舔食。

澳大利亚的袋鼠怀孕期不超过 40 天。袋鼠肚子周围长有一个由皮膜构成的育儿袋。快临产时，雌袋鼠会将育儿袋清理一番，然后靠着树坐下，尾巴向前伸出，等候幼仔出生。袋鼠的幼仔长仅 2 厘米，像个蠕虫，这让袋鼠妈妈的分娩感觉轻松。生下的幼仔会落在雌兽的尾巴上，它会本能地沿着湿润的尾巴和肚皮，缓慢地爬进育儿袋。当先天不足的幼仔触到袋中的乳头，就会吸附上去。这个小东西连吸乳的力气也没有，全靠雌兽时不时喷射一些乳汁到它的口内，然后日复一日将它养育起来。

长颈鹿的怀孕期长达十四五个月。雌鹿站立着分娩。这一来小长颈鹿一出母体就要从相当的高度掉落下来。好在小家伙天生是翻跟头的好手，脱出娘胎后翻转身便能以前肢先着地，从未发生过头先撞地而惨死的事情。非洲大象的怀孕期更长，可达 22 个月。临产的雌象会有其他母象跟随进入密林。在困难的分娩中，许多母象会用尽力气，大声嚎叫，甚至彻夜不停。

生活在水中的海豹，以肺呼吸，大部分时间在海水中活动。雌海豹在怀孕八九个月后，则必须离开海水，在海滩或冰面上分娩，产下幼仔，哺育着宝宝过一段陆地生活。世界上最大的动物蓝鲸，雌鲸分娩总是选在冬末春初。它游到暖和平静的海面，先是上下蹿动、翻滚，继而蹿出水面，用笨重的身躯撞击海水，激起波浪。临产时，雌鲸竭尽全力用尾巴搅水，让身体一半露出水面，有节奏地将尾巴在空中挥舞，小鲸就在这时出世了。随着惯性作用，长七八米、体重两三吨的幼鲸被抛到几十米高的空中，落下着水之前，它的肺已张开，并吸到了第一口空气。小鲸生下来就要吃奶。鲸的口部没有软唇，小鲸吃奶时会把舌头卷成管状，然后用头撞击母鲸乳房，母鲸乳房受到刺激，肌肉收缩，便喷出一股力量很强的奶水柱，沿着小鲸卷起的舌管射到小鲸口中。

95. 动物初生儿

自然界的动物林林总总，种类繁多。在胎生的哺乳动物中，它们的初生儿也是形形色色，大小很不一样的。

南美洲一种袋老鼠的初生儿只有米粒大，这是因为它的双亲也只有乒乓球大小。刚出世的鸭嘴兽也很小，长仅 3 厘米，发育不全。澳大利亚大袋鼠，体重可达 100 公斤以上，它们发育不完全的幼仔却小得可怜，长仅 2 厘米，体重不到 1 克，没有毛，半透明，五官不全，像个幼虫。熊类体重可达三四百公斤，可它们的初生儿却很弱小。怀孕的亚洲雌黑熊在冬眠中毫无知觉便做了母亲，因为它的初生儿仅重 200 克左右，像只老鼠一样大。大熊猫妈妈个头也不小，产下的幼仔身长却仅有 10 厘米左右，重 100 多克。幼仔肤色浅红，长有稀疏的白胎毛，还有一条长尾巴。这个熊猫宝宝一点不像它的娘亲。

小狐狸生下来也只有 100 克重，一个月后体重才长到 1 公斤。白色的北极狐一胎可生小狐 22 只；刚生下的小狐毛是黑色的，七八天后毛色才从腹部开始慢慢变白。我国的金丝猴幼仔重 100 多克，出生毛色即是棕黄或浅黄。非洲的羚羊、斑马、野牛的初生儿体重要大些，它们呱呱坠地后，它们的妈妈会用嘴拨弄孩子尽快站立起来，吃上几口母乳，抓紧学习跑动，以应付豹子和鬣狗的偷袭。

非洲黑猩猩、大猩猩和狮子、豹子的初生儿体重都在一二公斤左右。生活在海洋中的“美人鱼”儒艮的新生儿就重多了。小儒艮身长七八十厘米，重 20 多公斤，生下后常常要让妈妈托起它，浮出水面呼吸。海豹的初生儿体长约 1 米，体重可达 30 公斤。小犀牛生下来身长为 70 多厘米，体重也是 30 公斤左右，但两个月就能增加到 100 公斤以上了。小河马生下来就是个超重儿，体重达 350 公斤。它在水中落生，生下后头两个月就躺卧在半米深的浅水中，只露出半个头在水面，像是一大团肉冻。小象生下要比小河马轻得多，身长约有 1 米，体重也只有 100 公斤左右。它肉色粉红，胖胖的体肤上长有嫩毛，钻到象腹下吸乳时，感觉鼻子成了累赘，不知如何摆动才好。小长颈鹿降生时也与高个子双亲身材一致，出生时身高便达1.7米以上，体重约 60 公斤，出生后 20 分钟即能站立，两天后便疾跑如飞。

自然界中最大的动物蓝鲸，其初生儿在动物中也是最大的。小蓝鲸在妈妈跃起尾巴、击水分娩中凌空出世，它身体长 6 米多，体重达 3 吨，简直和一节车厢相仿。

96. 动物教子

一些动物在哺育幼雏时期，会精心向幼雏教授各项觅食、求生的技巧，使子女日后得以自立谋生。

虎鲸在夏季会洄游到南美洲海域捕食海狮。海狮活动于海峡狭窄的岛上。母虎鲸带领小鲸来到附近水域后，会让孩子在一旁观看，然后独自借助潮水冲上水道，捕到一只海狮后迅速回到海面。它几次三番做出示范，还会在水浅处摆动尾巴，提示小鲸防止在此处搁浅。小虎鲸仿效母亲，也掌握了进出水道、捕食海狮的要领。

猫科动物都能迅猛地捕食猎物。母猫在和小猫玩耍时，常将尾巴平铺在地，摆动尾梢，逗引小猫扑捉。久而久之，让小猫学到了捉拿老鼠的本领。母虎生育后，会把幼虎带在身边。它抓到猎物后，咬伤交给小虎捕杀，这种训练可长达两年。

豹子遇到猛兽会隐蔽不动，以逃过劫难。母豹子会教小豹子使用这一防身之术，遇险情小豹子欲奔出时，母豹子会按住它，让小豹子上好这一课。母豹子还会反复带小豹子埋伏，追捕羚羊，从发现和接近目标，到追击、擒获，一一做出示范。

母狮在捉到羚羊等动物后，也会交给小狮子，让孩子学习追捕猎杀之术。为了磨砺小狮子，母狮还会故意把它推到山谷下，让它在环境险恶的无助之中，自己挣扎，设法从谷底爬上山谷，以经受折磨增强小狮子的野性和霸气。

苏门答腊的猩猩在小猩猩生下来仅十来天，就教授孩子攀爬。小家伙紧紧揪着母亲的毛，不肯松手，母猩猩先掰开孩子的手，自己坐到树上，让孩子哭叫一阵，然后伸手往树上引它，让它抓住树枝上到高处，培养它的攀爬兴趣。在以后的成长过程中，母猩猩还要教给孩子在树上支撑、移动、食虫技法，辨识 200 多种植物的食性以及搭建雨季的容身之所等。

动物的教子之道，不仅在于觅食、逃生，有的还有自立、自强的内容。南美洲的长鼻浣熊，雌性生下幼崽后，母子形影不离，母浣熊给孩子捕捉各种蜥蜴、青蛙，陪孩子玩耍嬉戏，使小浣熊无忧无虑。但当小浣熊长到一岁大以后，它就要独自为生。如果小浣熊不肯离开母亲，母浣熊一定会凶狠地把小浣熊赶下树去。

在狐狸家族中，小狐狸在父母身边长大后，一个个掌握了打洞、猎食、逃生的技巧，狐狸父母便会驱逐小狐狸离开这个家。当小狐狸不愿意离去，两个老狐狸会疯狂扑咬它们的子女，直咬得小狐狸们狐毛乱飞，惨嚎窜逃。老狐狸“清理门户”看似残酷无情，却是促使儿女外出闯荡、谋生发展的重要手段。

97. 动物的“母爱”

母爱是一种最崇高无私的情感，母亲为了哺育子女不辞辛劳，甚至可以付出一切。人是这样，一些动物也是如此。

鸟类的幼雏出壳后，幼雏整日张大嘴巴嗷嗷待哺。雌鸟与雄鸟往返奔波寻食饲喂子女。许多鸟妈妈没有片刻安闲，每天要寻食喂雏 10 多个小时，每小时送食六七十次。雌鹪鹩鸟每次送食多达 600 次以上。南美洲一种啄木鸟，雌鸟还会抓起雏鸟找寻食源，雏鸟吃饱，再将它带回树洞。

有袋类动物的幼雏生活在妈妈袋囊中，遇危险，母雏一体可迅速逃开。将幼雏放于洞穴的雌性动物，对子女同样呵护有加。砖瓦下的蠼螋遇到毒蝎侵入，会拼死相搏，宁可与子女同归于尽，也不会丢下孩子独自逃生。许多种水生动物的雌性，在后代孵化期也是守在一旁，专心看护。太平洋的雌章鱼产卵，为保护好受精卵，在一个月内完全停止觅食。由于异常饥饿，雌章鱼会啃食自己的触手，但对后代们仍不弃不离。

当雌蝼蛄发现子女变大，建造的育儿室变得狭窄，便会嘴爪齐下掘洞，为子女扩大住房。以后这位甘当“房奴”的蝼蛄妈妈还会悄然离去，把居处留给孩子，自己另觅新居。

埃及尼罗河边的鹬鸟下蛋后，怕猛烈的太阳晒到蛋上，便以身体为蛋遮阳，甘愿让骄阳在自己身上爆烤而一动不动。群居的猴子入睡时，母猴会把小猴子抱在怀里，背向风口，让寒风打在自己背上，使小猴子安然入睡。一种形似蚯蚓的蚓螈将母爱发挥得更彻底，当小蚓螈即将问世时，雌蚓螈会加长上皮细胞，使皮肉厚重许多，然后卧着不动，新生的小蚓螈爬过来就可以以母体为食了。五倍子虫在体内生儿育女，幼虫孵化后，也是把妈妈的身体当成一顿大餐。幼虫离开母体时，母亲的肌体已被儿女们从内部蚕食得精光，只剩下了一个躯壳。

习性凶残的鳄鱼看似无情，其实雌鳄是很了不起的妈妈，对后代充满了温情。雌鳄会选择近水处产卵，用草叶、细土将卵埋好，在整个孵育期都不吃东西，守在一旁，防止其他动物侵扰。在非洲西部，有人看到一只鳄鱼向一条卧着的森蚺蟒冲咬过去。一般情况鳄鱼遭遇这种大蟒蛇会转身避开，而这次鳄鱼却主动攻击，拼死去搏。最终鳄鱼获胜，当它咬住蟒头，将大蟒拖到一边，只见大蟒卧着的土坑中爬出了小鳄鱼。原来，鳄鱼不顾死活地缠斗森蚺蟒，是要救下它的鳄鱼宝宝。

98. 动物“好爸爸”

很多动物妈妈对子女爱护备至,而一些动物爸爸在哺育幼雏方面也做得十分到位。

水生昆虫负子椿雄虫称得上是好爸爸。它要将后背作为雌虫的产床,与雌虫共同感受分娩的困难。当受精卵产到它的背上,它就会独自承担起照顾后代的所有事务,日夜拖着卵宝宝栖身于水中,等待子女孵化,当小椿们破壳而出时,它们的父亲已变得衰弱不堪。

许多鱼类产卵后,养育后代的责任也会落到雄鱼身上。雌斗鱼产下受精卵后,雄鱼会守在卵巢旁寸步不离看护,几天不吃东西。当水流把卵泡冲走,它会追过去放回巢中;孵化的小鱼擅离巢穴,也会被它一次次衔回巢所。这种保育工作直至小鱼能自己觅食才告结束。雌刺鱼在巢中产卵后,雄刺鱼会一刻不停地在巢外往来巡视,一旦发现有敌害接近,它就会竖起背部尖刀般的利刺,向对方发起冲击。

海中的雌海马把输卵管插入雄海马的育儿袋,将卵送入后,就没它什么事了。授精、孕育下一代以及分娩等全由雄海马担当。这位爸爸要独自觅食,躲避敌害,拖着大腹便便的身体四处游荡。雄海马在大约 50 天后,经腹部强烈收缩,几次痉挛,会一尾尾生下近 200 只小海马。

鸟类中的鸸鹋也是当爹又当妈。雌鸟生下一排蛋后便跑开不见踪影。雄鸸鹋先要伏在蛋上孵小鸟,孵出后便要为众多小鸟找食,忙得停不住脚爪。人们把这种辛勤忙碌的鸟称作“妈妈鸟”。

在澳大利亚有一种野生的灌丛鸡,被称作“保姆爸爸”。在繁殖期,雄鸟会掘一个深坑,将腐叶、软草、沃土搅和,放入坑内。雌鸟在这个舒适的窝内产卵后便扬长而去。接下来的事都由雄鸟来做,它会一直守在窝旁,不断地往窝内盖土或往外扒土,以使窝内的温度不高不低,温度最多上下不超过 1 摄氏度,以利于雏鸟孵化。雄鸟常常要扒动一米深的土,累得筋疲力尽。当毛茸茸的鸟破壳而出,雄鸟爸爸顾不上休息,又开始东跑西颠为子女们的食物奔忙了。

生活在南亚热带丛林树洞里的双角犀鸟,雌鸟在洞内产蛋孵化期间,雄鸟会用湿泥、果渣等物黏合封住洞口,只留一个小孔向内递送食物。在两个月中,雄鸟四处奔波觅食,养家糊口。几十天后,当雌鸟啄开洞口,同喂养健康的雏鸟飞出洞外,雄鸟已变得憔悴至极。同样经历孵育之苦的还有南极帝企鹅。在暴风雪肆虐的冰面上,雌雄帝企鹅要分担孵蛋工作,在雌鸟觅食的一段时间,雄鸟要用嘴将蛋衔到足背上,放低腹部,把蛋盖住,就这样连续守护孵蛋 60 多天。夜色漆黑,寒风刺骨,饥饿难耐也只能以碎雪果腹。为了后代,雄帝企鹅全都默默忍受下来。

99. 动物的葬礼

人的亲属或好友逝去,会很悲痛并举行告别仪式。有些动物在同类死去时,也会伤心地举办葬礼。

非洲沙蚁在征战后,便会排成“送葬”的大队,扛起“阵亡将士”,送往一个土洞。安放后生者会为死者覆盖一层沙土,然后插起带根的小草,做永久的纪念。蜜蜂也有埋葬死去同类的习性。掩埋蜂尸的事由工蜂担任。一旦发现有蜜蜂在蜂房外死亡,工蜂就会把它的尸体搬到200米外的地方,用青苔和草掩埋起来。

有乌鸦死去,乌鸦会围拢过来,听一只领头的乌鸦呱呱叫上一番,像致悼词。随后由两只乌鸦将死者衔架到河湖中,完成“水葬”。秃鹰埋葬同类时实施的是“天葬”,它们将死鹰的尸体撕成碎片,再抓起送到树梢或岩洞中。亚马孙河流域生长着一种体态较小的文鸟,当有文鸟死去,许多文鸟会叼来绿叶、浆果和五颜六色的花瓣,覆盖在死者身上,很像在举行献花仪式。鹤的葬礼气氛凝重。当灰鹤群发现地面有死亡的同类,便会在上空盘旋一阵,接着落到地上,一只只绕着死者转行,默默地“瞻仰仪容”。西伯利亚鹤还会围着死者共同哀叫,当为首者发出一声尖锐的长鸣,群鹤便一起止住哀声,纷纷垂下脑袋,表示“默哀悼念”。

生活在澳大利亚草原上的野羊,一旦发现同类的尸骸便会伤心不已。它们停留不愿离去,还会悲愤地用头或角猛撞一旁的树干,发出声响,以示志哀。非洲有种獾,同伴发现死去的同类,会聚集起来把死獾投入河中。当河水把尸体冲走,悲伤的獾们便会沿河岸向下游追随而去,直到不见了死獾踪影才停下脚步。

草原上群牧的牛彼此和睦友善。当一头牛发现同伴惨死,就会找来成群的牛一起“吊唁”。它们围成一圈,哞哞痛哭,声音凄惨,泪流串串。哄也不散,赶也不散,“悼念”活动要持续几天。

在非洲生活着很多猴子。当猴群中有一只猴子死去,猴子们会围拢来守伴尸体。生性活泼的它们不再嬉闹,一个个脸上神情悲惨。随后有只大猴背起死猴,在众猴护送下来到山坡的一个坑前。铺好树叶后,安放上死猴,再放进水果当作“贡品”。接着大猴带头往里埋土,大声哀号;周围尘土扬起,哀声此起彼伏,将“葬礼”推向高潮。我国湖北石门县境内有一座海拔2000米的山峰,山林中生活着一些猴子。当一只猴子老死了,众猴便悲伤地背上它来到一棵大树下,挖出一个坑。接着放入死猴填土,垒成一座小坟。死猴虽然被掩埋了,尾巴还留在地面。猴子们都静静守在四周。这时一阵风吹,猴尾随风晃动,猴子们以为死猴复活了,蹦跳着扒出死猴,又抓又摸,见死猴毫无反应,便恢复了悲哀的神态,重把死猴埋下。几次三番,死猴的尸体已被折腾得不成样子。猴子们这才埋住死猴散去。

100. 动物“播种者”

许多动物与植物相依为命,有些植物的繁茂与否更有赖于动物的帮助。

南美洲有一种蚂蚁,除了会采集、搬运和储存食物,还具有播种植物、收获果实的习性,为此获得“收获蚁”的美称。这种蚂蚁会在蚁巢附近平整土地,用双颌将杂草“锄”个干净,然后把一种谷粒种下。经过“田间管理”,谷物成熟后,蚂蚁会将其收获、晒干、搬运回巢,过冬食用。整个过程与人们的耕种十分相似。

在南美洲亚马孙河流域,许多树木的果实会落入河水中,成为大型鱼类的口粮。鱼在吞噬树果时,往往会将果粒剥离出来,经排泄远播到各处。这种对树籽的传播,促进了沿河一带林木的茂盛。

在厄瓜多尔一些岛屿上,生长着一种味道鲜美的多年生大番茄。但是将这种番茄种子栽入土中却很难成活。想让番茄发芽、开花、结果,必须要依赖岛上一种乌龟出力。这种乌龟把番茄连籽吃下,种子在胃里不被消化,但在胃酶的作用下,内部物质却活跃起来。当籽粒随龟粪排出,发芽率即从原来不到1%提高到85%以上。借助了这种乌龟的力量,当地番茄种植业长盛不衰。

猴子、野猪、大象等动物,吃下香甜的浆果后,果实籽粒随粪便排出,也都做了“播种”植物的好事。在松子成熟的季节,松鼠会积极储备冬粮。它们采得松子后,有时未运回树巢,而埋入土里,过后又忘记了。第二年春天,埋了松子的地上就会长出松树小苗。在动物中,为植物播种最肯出力的要数雀鸟。栖息在欧洲的樫鸟,是著名的绿色植物播种者。樫鸟爱吃橡子,每年秋天,它会采集大量的橡子埋藏于地下。樫鸟挑选两棵大树的中间位置为基点,向左右两侧埋下一穴穴“冬粮”。到了春天,橡子若是未刨出吃完,便会在土中发芽生长。据统计,欧洲60%以上的樫树都是由樫鸟播种的。北美洲的星鸦将白皮松的种子埋藏于土中,有时采藏过多,未尽其用,会有三分之一以上的种子萌芽长成白皮松。

在秘鲁,还有一种被称作“植树鸟”的鸟儿,当地人称它“卡西亚”。这种鸟外形像乌鸦,叫声却很悦耳。它们喜欢吃甜柳树的叶子,许多鸟总是结队飞来,一起进食。它们吃法独特,先把咬断的柳树枝衔到身旁,用嘴在地上啄个洞,把树枝插进去,然后慢慢啄食嫩叶。几天后,这一排排插立着的柳树枝,经雨水浇灌就会生根、出新叶。过一两个月,此地就成为整齐排列着一棵棵柳树的小树林了。

101. 动物“收藏家”

不少人喜爱收藏各种物件，丰富生活乐趣。有些动物出于各种需要，也有着“收藏”的嗜好哩。

在动物“收藏家”中，最为著名的是澳大利亚的园丁鸟。园丁鸟有多达几十个种类。雄鸟在求偶期间会清整场地，建造美观的花巢，用秀丽的树枝搭建拱门，采集鲜花、浆果，陈列于巢中草坪，然后鸣叫雌鸟前来观赏。有的雄鸟将四处找到的蜗牛壳、瓶盖、硬币、孔雀毛、蝶翼等亮丽物件杂陈于花果中，更有了向雌鸟炫耀的资本。为了展示，有的雄鸟不辞辛苦，到处搜寻闪亮的物件，甚至飞入人家窗内盗窃，将小剪刀、眼镜、汤勺、钥匙、纽扣、卷发簪、耳环、戒指等叼回巢中摆放。有人看到，一只黄胸大园丁鸟得到一只大锡杯后，回巢兴奋得不停翩翩起舞。

在其他地区，也活跃着一些鸟“收藏家”。有人在北美洲一个秃鹫巢中，找到了一个高尔夫球、一个电灯泡、一个带有长长钓鱼线的渔具、一件小孩服装和一本画报。非洲鸵鸟也是颇有名气的“收藏家”，壶盖、罐头盒、自行车把、铁钉、兽骨等，都是它的挚爱。有时鸵鸟生怕别的动物抢夺它的爱物，便吞入肚中，结果招致胃穿孔丧命。20 世纪 80 年代，爱沙尼亚的皮亚尔努市的一棵大树被狂风吹断，人们发现了一个很大的白鹳鸟巢，鸟巢除使用树枝，还黏合了五颜六色的泥煤、塑料薄膜、绳网、自行车内胎等材料。巢中立有一段铁蒺藜，陈列有空香水瓶、儿童皮鞋、木梳子和一大卷电线等。在“手表王国”瑞士的索列伊尔市，有人发现一个鹡鸰鸟的巢不同寻常，它银光闪闪，华美精致。原来这个巢是鸟儿捡拾了附近钟表厂垃圾堆废料粘制的，其中收藏了大量手表元件。这个巢遂被当地博物馆保存，供人们参观欣赏。

水生动物中也有“收藏家”。地中海有一种螃蟹，在水底爬行时，看到有鱼骨、空贝壳、颜色鲜艳的藻类等，便缠堆在背上，在同类和鱼儿中炫耀。遇到危险，它缩身就逃。背上的“藏品”往往能挡住敌害的视线，从而使物主转危为安。

南美洲草原生活着一种鼩鼠，这种小鼠建造的洞穴复杂多变。它在地面活动时，看到拖得动的小物件，便要带回洞穴。有时还会溜进民宅，把勺子、盒子、手表、小钟、小镜子、玩具等顺走，然后摆放在鼠洞过道上。一旦这只鼠死去，它的邻居同伴会把它的遗物拖到自己家里，继续“收藏”陈列。鼩鼠“收藏”摆放小物品，是为了装饰它的“迷宫”，还是为了迷惑敌害，不得而知。

102.动物“气象员”

许多动物凭着独特的身体构造和适应自然环境的能力，对气候变化感知灵敏。留心一下动物，常常能让人获得较为准确的天气情报哩。

当蚂蚁忙碌地挖土，搬运垒到洞口周围，预示着将会下雨。一种黄丝蚁不善垒窝，当它们匆忙爬往高处，也是降雨的前兆。

蜜蜂的翅膀很轻薄，天气晴朗最适合它飞行。大雨将至时，空气中水汽大，蜜蜂会成群结队返回巢房。

青蛙对气压变化敏感，雨天最适合它生活。当它们感到要下雨时，便鼓叫不停，表达它们的快活。

淡定的乌龟是将雨情写在背上的。大雨来临前，空气中湿度大，由于龟壳导热性差，不能吸湿，于是背壳上便会凝集出水珠，水珠越多，表明雨量越大。

天气晴好时，泥鳅常沉栖水底。下雨时，气压低，水中氧气少，泥鳅会显得暴躁，冲到水面；暴雨将至，泥鳅还会上下垂直游动，剧烈蹿跳。

地中海沿岸有一种“天气鱼”，被许多人家养在鱼缸里。当这种鱼静静漂在缸底不动，则预示着当日是晴天；当鱼浮到水面，急促地往返游蹿，则告知有雨。这种“天气鱼报”的准确性极高。

缅甸渔民出海打鱼，常会带上一条蟒蛇，用其预测风暴。蟒蛇盘在船舱静卧不动，说明天气晴好；若蟒蛇急躁起来，挣扎着出船舱欲投水而去，则暗示要起风暴了，渔船要赶紧回港避风。

鸟儿对天气的变化也有灵敏的反应。喜鹊在清晨发出婉转的鸣叫，是晴天的征兆；如果它飞上飞下，乱啼乱叫，则是阴雨的预报。乌鸦沉稳地鸣叫，是晴天的告知；它若发出高亢的叫声，便预示要起大风；它边飞边发出嘶哑的惨叫，则宣告要下大雨。我国南方有一种“知雨鸟”，天气晴好时，鸟的羽毛平顺熨帖；若见它扑扇翅膀，浑身羽毛乱抖，过不多久就要有雨水落下了。

家养的鸡若迟迟不肯回窝，也是下雨的前兆。下雨前，空气温度高、湿度高，闷热，鸡窝里更不舒服，鸡便愿意留在外面。当下雨多时，鸡忽然登高拍翅，则预示着天将放晴。因为久雨湿热，鸡身的虱子活动厉害，让鸡痒不可耐。它感觉雨要停下时，便会以振翅来表露舒畅。

南极的企鹅也堪称“天气预报官”。一次一只探险队看到大队帝企鹅一起蹒跚向海边走去。行走中，企鹅又忽然全部停住脚步，接着又往回走。不久万里晴空出现了乌云，接着便刮起暴风。企鹅竟能预测到风暴降临，而适时到内陆躲避。这让目击者大感惊奇。

103. 动物“监测员”

有些动物对污染物有灵敏的反应，是称职的环保“检测员”。

水中的甲壳类动物鱼虫，对镉、镍等重金属极为敏感。鱼虫栖息的水域只要受到这些重金属污染，它们就会因心脏骤跳受损，大片致死向外报警。河蚌喜欢净水，当附近出现重油等污染，它们就会牢牢闭住自己的硬壳，河蚌的生长状态有助于人们了解水体的受污染状况。

当海虾受到入海口水中化学物质污染时，它们会争相爬上沙滩，向人们提供海水受污染的信息。海域受到化工染料濡染，鳟鱼会以其独特的咳嗽声不断发出警报。对有毒物质敏感的鱼类还有鳜鱼、鲈鱼、梭鱼、淡水鲑鱼、鳕鱼和金鱼等，只要把它们放入盛有水样的容器中，鱼儿攒动，不够安静，说明水质已存在问题，不可大意。若是鱼儿迷失方向，侧转身体，仰面喘息，则表明受到的污染已经极其严重。

蚂蚁不喜欢污浊的空气和有毒物的土壤，当森林地带的杀虫剂使用过量，它们就会全体搬走。蚯蚓和土壤中的原生动物的存在与否，也是土壤受污染的指示器。形似蜥蜴的蝾螈，受到化学毒品污染，会以皮肤溃烂难以愈合来表明当地处境不佳。

生物学家研究发现，蜜蜂腹部堪称污物“集纳器”，能测出铝、硫等40余种化学品污染。苍蝇中的一种果蝇对麻醉剂和易爆化学物质敏感，能检测出高灵敏度仪器也难以测到的极细微气味。秘鲁科学家发现一种白色蝴蝶能准确提供花卉受化工毒物污染的情报，还能协助警方找到和捣毁非法种植的可卡因毒品植物。

鸟类中的金丝雀体温较高，新陈代谢快，耗氧量大，对有毒气体较为敏感。携带金丝雀做环境监测，周围稍有有毒性气体渗出，鸟儿便会骚动不安，继而因缺氧失去知觉。可当它一得到少量氧气，又会恢复生气。人们常吃的肉鸡也有着“监测”功用。在海湾战争中，多国部队曾征召大批活鸡参战，用其报警。实验证明，鸡对速杀性神经毒剂敏感，当空气中含有少许毒剂，小鸡便会中毒死亡，此时周边人员便要采取防范措施，以免受毒剂伤害。

啮齿类动物田鼠、松鼠等，对污染也很敏感，也是监测环境的好帮手。斯洛伐克的研究人员发现，一种灰兔对毒物反应极为敏感，在受化学污染的环境中生活，它的血液成分会迅速产生变化，皮毛处重金属骤然增加，接着便停止发育。灰兔的明显变化能使人了解受到的污染并进行治理。

104. 动物“当差”

科学家研究发现，一些动物的智能得到开发，再经培训，完全可以走上人的工作岗位，并能恪尽职守。

在巴西，有些孩子是由大蟒蛇带大的。在一些村落，长有花斑的大蟒蛇为村民照看孩子，毒蛇便不敢靠近。家里养条蟒蛇既方便，又省事，两个月才吃一次东西，比养条狗划算。在非洲也有人让蟒蛇当婴幼儿的“保姆”。刚果南部有人训练出一条名为“巴努”的巨蟒，不仅能随时保护小孩不受动物伤害，还能采摘树上野果放到孩子手上。

印度大象看护孩子也很有耐心。当幼儿跑远，它会用长鼻子卷住孩子，把它放回到摇篮、吊床上。它用鼻子轻轻推着床体，哄孩子睡觉，还会挥动鼻子为睡着的孩子轰赶蚊蝇。

鸽子视觉敏锐。美国有家工厂训练鸽子当“质检员”。当传送带上出现有裂纹的零件时，鸽子会啄击信号板报告，并得到甜玉米奖励。利用章鱼爱钻洞的特点，欧洲考古人员训练章鱼打捞海底的文物、古董，颇有成绩。美国海军训练海狮，已一次次打捞到了失落海底的火箭、卫星返回舱。

经过训练的狗，可以看家护院，守护羊群，拉动雪橇，还能从警参与缉毒、巡逻、抓捕疑犯。导盲犬更为盲人所倚重，出行必牵于身前。美国林肯市一家酒吧的店主每日要把现金存入附近的银行，店主把存钱的事交给他养的名叫“涛比”的狗去做。涛比每日口衔钱袋，进入银行，像其他顾客一样排队，轮到它时，前爪扒住柜台，将钱袋奉上，两年期间一直没有出过差错。

聪明的灵长类动物担当人职更为出色。美国纽约一位主妇驯养的一只猴子学会了洗碗。它能自己打开水龙头，倒洗涤液，把众多碗、碟、餐具洗得干干净净。马萨诸塞州一位医生训练出一名叫“海伦”的猴“护士”，它不仅会倒垃圾、开关电灯、播放录音带，还能为瘫痪病人刷牙、梳头、喂食。美国西部农场有一名叫“赛多”的猩猩“工人”，它9岁就能下地干活，13岁学会了开拖拉机，一年后已是一名熟练的拖拉机手。法国东部一处铁路道口住着一位老扳道工，有一头大猩猩和他相依为命。大猩猩不仅学会了提水、扫地，还能熟练地扳道岔和向往来的火车举信号旗。当老扳道工故去后，大猩猩承揽了扳道岔的工作，不让别人前来，铁路部门只好派人住到附近协助它并负责为它提供食物。

印度有一所“猴子专科学校”。经一年训练，毕业的猴子便成为当地的导游。有人迷路，身穿西服背心的猴子导游会及时出现，带人走出迷津。游人手指腹部，猴子导游会把他带到餐馆；如果手放头下做入睡状，猴子导游会带路走向旅馆。

105. 动物“从军”

在自然界的动物中，有些机敏、骁勇，自古便被人类用于军事作战，有的还立下了赫赫战功哩。

在我国战国后期，齐将田单摆“火牛阵”，以千余头牛角绑利刃，尾缚苇灌油点燃，冲向敌阵。齐军随后掩杀，一举大破燕军。唐代大将使用麻雀，以“火雀阵”攻陷了岩州城。在印度，大象曾多次和主人一起抵御侵略，冲锋陷阵。阿富汗人在自卫战争中还成立了骆驼旅。在欧洲，法国国王亨利四世率兵在战场上放出蜜蜂，曾挫败了洛林骑兵的进攻。英王查理一世统兵作战，也使用蜜蜂冲锋，将敌军吓得溃逃。

到了近代，人们训练了更多的动物参与战争。骡、马、狗、鸽子等动物在军队的运输、巡逻、通讯等方面都发挥了重要的作用。在第一次世界大战中，毛驴成为意大利军队可靠的运输工具，后人在罗马建造了“毛驴纪念碑”。在第二次世界大战中，匈牙利民众抗击德国侵略者，一些战马浴血奋战，为国捐躯。艺术家制作了“马纪念碑”，并写上了“纪念真正的战友”的题词。

在“二战”期间，为对付德国的坦克阵，苏联专门建立了 4 个反坦克军犬连，每连编入 126 条军犬。训练时，将食物藏在“敌坦克”下，让饥饿的军犬寻食。作战时，当敌坦克驶近，就可点燃捆在军犬身上的燃烧弹引信，让它扑向目标，与敌坦克同归于尽。“二战”期间，美军曾组建了“蝙蝠敢死队”，在蝙蝠身上绑了能定时爆炸的微型燃烧弹。经在沙漠地区实验，能将 80% 的“村庄”烧毁。若投放到日本木质阁楼上，烧成一片，必伤日方士气。美军后来在实验中发现，放出的蝙蝠并不爱飞向民居，而是爱钻阴湿的山洞，“蝙蝠轰炸日本”计划遂被弃用。

20 世纪中叶，冷战爆发，一些动物被征召受训参与军事间谍活动。鹰、隼等能携带器材，潜入敌方，进行拍照，做运送情报的活动。苍蝇背上能安装微型监听设备，狗眼内也放入了照相机，用于刺探军情。20 世纪 60 年代以后，美国海军挑选海豚、海狮服役，训练后让它们参与警戒、护送、搜寻等军事活动。夏威夷群岛的美国海军部队还能指挥虎鲸在水下排雷，虎鲸经训练，在声波定位装置引导下，会迅速找到目标，用特制的工具抓住水雷，游出水面，清除舰船的隐患。

近年来，非洲一些国家内战不断，地雷遍布。比利时一个非政府组织将一种非洲地鼠训练成了“排雷战士”，为民众排雷。这种非洲鼠嗅觉极灵敏，能快速识别埋在土里的地雷。在莫桑比克，几十只地鼠仅用十几天即帮助当地人将 2000 平方公里雷区的地雷清除干净，使威胁民众生命安全的一大片区域得以重新开放。

106. 动物的“道德”

生物学家在长期的研究观察中发现，礼仪、道德并不只是人类的专利，在有些动物身上也能得到体现。

群居的沙丁鱼行进到通道狭窄处，鱼群不会抢行，而是自觉排队，依次向前。由幼鱼先行游在上层，年老的游在下层，其余的在后面跟进，从不乱拥乱挤。黄蜂出巢进巢一律靠左行。有人做实验缩小黄蜂的通道，只容一只黄蜂通过。这时没带食物的蜂会闪到一旁，让载有食物的负重黄蜂先行进巢。

非洲羚羊有着“敬老”的美德。一头年老的羚羊在场，其他羚羊便不会先躺倒休息。偶然有个别不懂礼貌的小羚羊先躺下了，其他羚羊也会拱着它站起来。

群居的白尾鹫，找到食物会发出鸣叫，通知伙伴共同进餐。众鹫到来后，总是礼让老鹫先吃。老鹫吃后就飞到高处担任警戒，其他白尾鹫再围过来吃。雄鹫还会让雌鹫多吃一些，因为雌鹫吃下后，回窝还要吐出来喂幼雏。

喜鹊找到食物，总是大声呼唤让长辈来吃。老乌鸦年迈体弱，趴窝不起时，小乌鸦会争先恐后为老乌鸦叼草铺窝，寻找食物，一直侍候到老乌鸦死去为止。

照顾雌性是不少动物的共同行为。美洲彩蝶在长途迁徙中，雄蝶总是在雌蝶周围形成一道屏障，承担前导和防卫重任。在每次艰苦的跋涉中，都会有三分之一的雄蝶在途中丧命。

有些动物对残疾者关怀有加。在英国伦敦一个公园内，一群椋鸟发现了一堆食物，它们飞过去，却没有啄食。原来椋鸟们是在等待一只腿部有伤的椋鸟。当那只椋鸟跛着脚赶到，大家为它让出位置，才一起共进美食。

一位生物学家曾看到两只老鼠一前一后在他面前走过，后面一只咬着前边一只的尾巴，由前面的老鼠牵着它移动。生物学家把两只老鼠抓住后，发现走在后面的老鼠双目失明。而前面一只老鼠在照顾残疾，帮助看不见路的老鼠搬家。在伦敦一条街上，有人曾看到过一只小狗吠叫着陪伴着一只视力模糊的老年狗过马路，小狗围着老狗跑着，尽力看护。

实验显示，人们讨厌的老鼠竟有着“宁可饿死，不害同类”的美德。在试验中，当一些老鼠吃到食物的同时，会触发机关使旁边笼中的老鼠遭到电击。在目睹了同类几番受到电击后，被给予食物的老鼠对食物视而不见，拒绝再吃，表现出令人敬佩的气概。

在南非一个牧场上，大象还做出了“见义勇为”的壮举。当一群大象听到一只被捕的羚羊在一个围栏中发出阵阵哀鸣后，象群的头领用鼻子打开了一道围栏的铁插销，打开了围栏门，帮助那只羚羊逃之夭夭。大象的这一举动被人看到传为美谈。

107. 动物的尊严

人希望得到别人的尊重，彰显尊严。有些动物也有着很强的个性，并会以自己的生活方式，维护其尊严。

看似平常的小麻雀，被人捉住，放入鸟笼，却很难驯养。它不睬清水、谷物、活虫儿，只扑扇着翅膀想飞出去，直至郁郁而终。南美洲危地马拉森林里有一种叫格查尔的小鸟，长长的尾羽华贵美观。西班牙人到此捉到了这种鸟，装鸟笼想带回欧洲，这种鸟不吃不喝，以死相抗，用结束生命诠释了自由的意义。这种鸟因此称作“自由鸟”，并被危地马拉尊为国鸟。

当人类的心智被残忍所蒙蔽、伤害动物时，动物决然玉碎，给予人的启示是很多的。海底的珊瑚色泽艳丽，柔美多娇，可它一旦被人摘采带出海面，就会成为一具惨白僵硬的骨骼。东非绿洲上生活着一种美丽的大蜥蜴，吸引有钱人想据为己有，做成标本观赏。然而这种蜥蜴受到伤害后，表皮在几秒钟后便黯然无光，变得像老树皮一样粗糙。在我国东北大森林里，雄麝脐下分泌的麝香，是名贵的香料和药材。要想获取雄麝的麝香极不容易，每当雄麝发现身处险境，就会在猎人开枪前，一口咬破脐下的香囊，让想劫夺麝香的人计划落空。

如今很多的人爱说“动物是人类的朋友”。既是朋友，人对动物就要善待，讲究诚信，而不能只将动物当作工具、玩物。如果在交往中，人对动物缺少了诚意和信用，动物也不是好欺负的。善于捕鱼的鸬鹚，长有带锯齿的嘴，喉部有个膨大的囊。渔民驯养鸬鹚后，在它脖颈下松松扎起绳套，驾船带其捕鱼。鸬鹚在水中穿波钻浪，叼住大鱼后，跃到船前交给渔民。一般捉到几条鱼后，船主要拿出鸬鹚喜食的小鱼，对鸬鹚加以犒赏。若船主没有这样做，鸬鹚就会登上船头歇工，赶它下水，它也拒绝捕鱼出力。在东南亚，椰子长在高高的椰子树上。马来西亚一家椰子园里，由经过训练的猴子上树摘取椰子。一天，猴子拒不上树出工，经了解得知，是一名新来的监工克扣了猴子应得的香蕉，招致了猴子“罢工”。于是赶紧补发香蕉，猴子才满意地上树，采摘椰子。

对于性情刚烈的大型动物，以暴力相加时，它们并不顺从，甚至会用生命来捍卫自己的尊严。在英国，有位农场主买回一匹马，因自己心气不顺，即用鞭子胡乱打马，排解不快。就在他觉得心情好了时，那马在牧场飞奔起来，跑到栅栏边，看到外边是悬崖，下面是大海。这马绕了一圈又跑到这里，然后奋力跃过栅栏往悬崖下跳去，以死来抗议对它尊严的践踏。

108. 动物“淘气包”

动物是人的朋友,一些动物在与人相处中会对人产生依恋,还会淘气和开些玩笑。

美国西海岸一个高尔夫业余俱乐部经常组织选手进行高尔夫球比赛。一天,放在球场大盒子里的所有比赛用球全部神秘消失了。经查,所丢的球在一个峡谷处找到,在堆放的空贝壳滩地上,海鸥吃完贻贝,正争抢高尔夫球玩耍。人们这才知道是海鸥淘气,把高尔夫球叼到了这里。

在南美巴哈马群岛一个潜水员工作站,喜爱与人为伴的海豚经常在潜水船周围游来游去。在和人玩耍时,海豚会悄悄把人的东西拿走,在人着急寻找时,再把它还回来,让潜水员又好气,又好笑。

有些动物淘气时,会和电线过不去。南亚的猴子经常拉住电线荡秋千,几只猴子一齐坠在一根电线上,三两下就让电线断掉了。在英国一家动物园,有电话线从长颈鹿畜栏上架越。当长颈鹿伸长脖子,便能将线咬住。它咬住又松开,能得到一种微弱电流带给它的麻醉感,这使它乐此不疲。而用这条线路打电话的人耳朵里却灌进了震耳欲聋的轰响。在发觉此事架高电话线前,电话局因长颈鹿的淘气,不知听了多少骂。

鹦鹉也是出了名的“捣蛋鬼”。法国、西班牙边境有个赛尔别尔火车站,每天同时到达两列对开的火车,停车10分钟。有一段时间,停车的时间变得短促,使众多旅客来不及登车,滞留在站台上。后经调查查明,此系车站站长养的鹦鹉所为。它会熟练模仿主人的哨声,致使司机以为是开车信号,于是提前将车开动。在英国两只业余足球队的一场比赛中,裁判并未吹哨,哨声却不时响起。原来搅局的是一只叫“米杜”的鹦鹉。虽然米杜的女主人称她的爱鸟是懂球的球迷,但它的口哨声却让双方队员不知如何是好。裁判只好“亮出红牌”,罚女主人带她淘气的鹦鹉离开赛场。

北京一位马先生养的鹩哥“能言善讲”,模仿能力很强。它学叫的“看报看报,《北京晚报》”最是惟妙惟肖。当送报员尚未出现,鹩哥有时会先喊上两嗓子。想买晚报的人听到,走出家门,不见卖报的,才会想到是上了“淘气包”的当。

淘气的也不全是小动物。美国旧金山动物园的大猩猩汤姆,已习惯和人亲密相处。这天它看到管理员在笼子外打扫卫生,便弄翻放食物的铁架子,压在脚上,惨叫着,表情痛苦。管理员见状,心痛心急,赶忙打开笼门,把铁架子搬开。汤姆一把把管理员抱住,手和脚一齐乱摇,表示什么事也没有,它只是淘气,想和管理员亲热嬉闹。

109. 动物“搭便车”

自然界的动物有陆地爬动、奔跑、空中飞行、滑翔、水里游泳几种活动方法。有些动物之间也有“免费”的“搭便车”方式搭载而行。

有袋类的动物都是将自己的幼雏带在身体囊袋中的，幼雏时刻不离母体，安全而舒适。负子蟾和负鼠也都是将孩子放在背上活动而得名。

腔肠动物水母个体之间虽能独立生存，但有些种类的小水母常常会依附在母体上，及至小水母生出孙子辈的水母，三代同堂，依然紧密相连。非洲雌鲫鱼将受精卵含在口内孵化，小鱼出生后，雌鱼将它们从口中吐出，仍带在身边。遇到危机，又迅速张口让子女游入口中。这种张嘴纳入小鱼的事，在天竺鲷中是由雄鱼来担当的。巴伦支海的小狮子鱼也由雄鱼爸爸陪伴，遇到危险，长有吸盘的小鱼会吸附在父亲身体各处，由鱼爸爸带它们快速逃离。

蝙蝠对幼仔也看护得极好。母蝙蝠从不让刚出生的幼仔有片刻离身，即便飞行时也是如此。蝙蝠胸前有乳头，腹部还长有假乳头，幼仔抓咬住它们，就可以紧紧依偎在母体怀中，随同母亲四处飞行。

墨西哥的灌丛鸡用袋囊载着幼雏能飞在空中，还能潜入水中。北欧的雌丘鹬空运雏鸟另有套路，即将雏鸟夹在两腿之间，好像运输机一样，将体重相当于母体四分之一的小鸟稳稳运载而去。

动物的“搭便车”并不限于同种类父母与幼子之间。美国生物学家研究发现，有些小鸟为节省体力，喜欢附在大鸟背上飞行，而大鸟也愿意“义务”帮小鸟的忙。在捕获的美洲大雁、灰鹤羽毛中都曾发现有躲藏的蜂鸟。1972 年，美国缅因州落下一只黑雁，人们在它羽毛中找到一只热带才有的蜂鸟。靠了黑雁温暖厚实的羽毛，蜂鸟才来到这寒冷地带，不然它早就被冻僵了。

在热带海水中，生活着一种鲫鱼。这种鱼的头顶后上方长有一个百叶窗似的“印子”，呈椭圆形，是带有齿状皱褶的吸盘。吸盘与物体一接触，就会将里面的水分挤出，形成真空，牢牢吸住物体。鲫鱼靠了自己的吸盘，可以吸附在鲨鱼、鲸鱼、海龟等大动物身体上，享受“免费旅行”服务，被一次次运送到食物丰富的地方。鲫鱼还会吸附在轮船的船底，成为油轮的“乘客”。

喜欢黏附船体的还有藤壶等水生动物。它们搭船而行，四处游逛，附着过多则会使船只增加阻力，降低航速。据研究，1905 年俄国波罗的海舰队被日本海军打败，主要原因之一即是军舰的航速过低。而造成舰船开不快的罪魁祸首竟是藤壶。沙俄的舰船从波罗的海驶到日本海，经过了长达一年的航行，船底长满了藤壶一类的附着生物，增加了船体重量和水的阻力，开快不起来，遂遭打击，全军覆没。

110. 动物的舞蹈

人有载歌载舞的表演。有些动物也会展现独特优雅的舞蹈动作，并有着不同的功用哩。

蜜蜂中担当侦察任务的工蜂在探寻到蜜源后，便会返回蜂巢，在巢房上飞舞不停，用舞蹈的不同样式，向等候出发的工蜂们告知蜜源的位置。专家研究发现，当侦察蜂跳“圆形舞”时，表示蜂源在较近的 50 米以内；如果跳起“8 字舞”，则表示在较远的 80 米外。舞蹈的蜂头朝上，是指点蜜源正对着太阳的方向；头朝下，则指示蜜源背向着太阳。负责采蜜的工蜂们解读了侦察蜂的“舞蹈语言”，即可出发，迅速找到蜜源。

在鸟类中，很多鸟儿都能歌善舞。日本鹤堪称出色的“舞蹈家”，它们跳舞不分季节。在群居的鹤中，如果有一对鹤舒展开翅膀，翩翩飞舞，其他鹤们也会参与舞动，连幼鹤们也会蹦跳助兴，一场舞会煞是热闹。我国的丹顶鹤也酷爱跳舞。它们羽毛漂亮，舞姿优美，雌雄时不时会对舞一番。据专家观察，鹤类的舞蹈与求偶并无关系，只是它们生活中的游戏和消遣。

在繁殖季节，有不少雄鸟是以舞蹈向雌鸟“求爱”的。澳大利亚的雄琴鸟面对雌鸟会摆开栗色、镶有黑边的尾羽舞蹈，让内羽闪烁银光，舞步忽快忽慢，不停地炫耀美姿，以博得雌鸟青睐。每年四五月间，雄孔雀之间也会展翅开屏比美，一摇一摆踱起舞步，追走于雌鸟身后。体形庞大的信天翁，在繁殖期间，雌雄会联手表演一种类似芭蕾的奇怪舞蹈。它们用前爪支撑笨重的身体，做出鞠躬、刨土、咬喙、喷鼻等古怪动作。非洲鸵鸟在求偶时，雄鸟会跑到雌鸟面前，深情起舞，它不停地摆开双翅，双脚前后左右跳动，有时还会骤停亮相或来个大跨步，一次次吸引雌鸟与它同舞。在肯尼亚咸水湖上，火烈鸟还会以集体舞的形式相亲。成千上万只火烈鸟排列于水面上，每只都轻摆头部，缓移双腿，一队队雌雄的舞蹈行列扭动转换，蔚为壮观。

动物以舞蹈求偶、娱乐，它们还会以跳舞捕食。狐狸寻食走到一处山下，发现远处山坡上有几只野兔，野兔也都远远警觉地看到了它。狐狸立刻开始了舞蹈表演，它翻滚在地，又一个鲤鱼打挺用后肢撑起，然后用单肢着地，变化腾转，还用背部贴地，高举四肢旋转，如同人在跳街舞。这一番劲舞看得兔子们愣住了。狐狸继续欢跳，它东滚一下，西跳一下，向山坡上靠近，翻滚蹿跳不停，还表演前后翻跟头。兔子完全被它的表演吸引住了。狐狸看看已舞动到离一只兔子不远，突然一跃扑到这只兔子身上，咬住了兔子要害，以舞蹈表演赢得了一顿美餐。

111. 动物的偷盗

一些动物有小偷小摸的行为，有的臭名昭著，有的却鲜为人知。

老鼠在地球各处几乎都能生存，它们常到有人居住的地方偷窃，把鸡蛋、糕点、水果等拖回洞穴。在乡间则大肆偷藏谷物。

印度城市中生活着不少猕猴，这些灵长类动物也都爱溜进民宅，偷吃偷喝；在街头偷取摊贩的水果、糕点，令人防不胜防。

南亚的乌鸦和澳大利亚的园丁鸟喜爱用闪亮的东西取悦配偶，它们有时会钻入民居，翻找可心的小物件。有些人家因此会丢失戒指、耳环、手表、硬币等物品。在春季播种后，乌鸦会挖出种子吃掉，使农作物减产。北美洲的金花鼠也爱干这种营生，它们常跑到地里刨吃已播下的花生，还会钻进仓库，大偷玉米。

生活在南极的阿德里企鹅，建巢育雏需要铺垫小圆石子。有的企鹅搜寻不到，便打起了偷窃邻家的主意，常常趁对方不注意，抢了石子就跑。有时尚未出手，已被盯住，它会装得若无其事。在一大群企鹅中，有时偷来抢去，互相追逐，秩序大乱，直至大家都筋疲力尽，才会结束纷争。

欧洲有一种骷髅天蛾，它常常混进蜜蜂的蜂巢偷蜂蜜吃。在遭遇工蜂时，天蛾使用骗术，把唇部的触须用力摩擦，弄出一种很像蜂王分娩时发出的"呜呜"声，工蜂便会为它让路，进而使它偷蜜得逞。1958 年，德国一位养蜂人发现蜂房里出现了大量鲜红色蜜汁。经调查发现，当地该季天气差，花朵少，蜂群便飞到一家糖食厂，盗取了制作果汁的蜜水。南美洲有一种胡蜂，以捕食蜘蛛和蜜蜂为食。它们偶然得到肉末，喂养幼蜂受到欢迎，便群起飞往一家肉食店盗抢肉末。在被店员轰赶后，胡蜂还聚在店门前乱蜇报复。

南非海岸的鱼类资源不断减少，使白鹈鹕踏上了不光彩的谋生之路。一队白鹈鹕列队飞落到一个海岛上，这里是塘鹅的栖息地。许多雌雄大塘鹅去为幼雏捕鱼，白鹈鹕挑选没有父母看护的小塘鹅，把它咬住、吞放于颈前皮囊中，飞起排队返航。白鹈鹕的幼雏在得到了美食的同时，别人家的孩子却遭了殃。

非洲不断扩大农田开垦面积，猩猩等灵长类的栖身林地在逐渐减小，这招致了它们钻出林地探寻食物来源。一群黑猩猩看到妇女下田耕种，把婴孩放到一边，便悄悄溜过去，趁她不备，把婴孩抱走，跑进密林撕碎分食了。悲剧的发生让人深省：当人类不加约束地危害到动物和自然环境，动物也会变得狡黠，并让人付出惨重的代价。

112. 动物酗酒

人饮酒过量举止失常,会做出一些不智之事。动物不自觉地吃了某些过熟的果实、液汁,在体内发酵后,也会显出种种醉态。

花朵受精分泌出的花蜜中,有的含有少量酒精,其香醇气味会吸引蜜蜂等昆虫采食。有些树的液汁中有酒精成分,也会招致蝴蝶、野蜂等虫类造访。结果就是昆虫纷纷被麻醉,行动踉跄,难以自制,有的狂飞乱舞,有的难以成飞。醉酒的蜜蜂会飞不回蜂巢。一种凤翅甲虫醉饮后,先是唧唧振翅鸣叫,接着会绕着树干跳跃转动,最后仰倒在地上酣睡,一直睡到酒醒。

蚂蚁也会成为"酒鬼"。南美洲森林中有些蚂蚁的巢穴里,往往寄养一种短翼小甲虫,这种小虫子能分泌一种芳香族的物质,带有较强的麻醉性,使蚂蚁吃了成瘾。当蚁巢遭到攻击,蚂蚁会纷纷先去救援这些小甲虫,然后才去抢救自己的卵。另有一种黑蚁,当工蚁外出觅食,吃下含有酒精的食物返回时,把守巢穴的蚁兵嗅到"酒"味,便不许它进巢,而是将其拖到水边,用水为它醒酒后方允许它进巢。

北美洲的知更鸟很爱寻食一种熟透而发酵的草莓,它们吃得高兴,随后便失态,互相冲撞,甚至撞向大树树干。有的知更鸟闯入城市,破窗在民居室内乱飞,甚至因此误了向南迁徙的行期。印度洋的毛列达岛上有一种鸽子,它吃下一种"醉"果后,会在体内产生一种于己无害的毒素,颈部赘肉的颜色也会变得鲜红。这使鸽子享用美食后不但能得到飘飘然之乐,还能使敌害对它望而生畏。

南美洲有一种散发出芳香味的草,名为疯草,叶液中含有吗啡成分。野鼠、猴子都爱寻食疯草,但这种草吃多了就会上瘾,撒疯胡蹦乱跳。野猫吃了疯草后也会神志不清,看到老鼠、小鸟会惊慌逃窜。

南非大象爱大吃一种叫恩鲁拉树的黄色果子。果子在胃内发酵后,大象便会变得古怪。它们脚步蹒跚,相互攻击,毁坏树木,大声嘶叫,叫声可传到几公里之外。一次野生公园内一头"醉象"冲向游览车,一屁股坐在一辆小轿车上,压塌了车顶。好在车内两名游客未被伤到,他们慌忙从车内爬出,逃得性命。

人饮酒过量会造成酒精急性中毒不治,动物酗酒无度也会发生惨剧。2010 年年底,继美国、欧洲等地相继出现大批死鸟后,人们正查找原因,罗马尼亚的康斯坦察市郊又发现了几十只星椋鸟的尸体。经检验,这些鸟的死因很快便查实了,星椋鸟是由于体内酒精超量而亡。原来,星椋鸟贪食发酵的葡萄,而葡萄的甜汁已变成类似葡萄酒的液体。吃葡萄的鸟如同狂饮葡萄酒,最终因其体内酒精过量,丢掉性命。

113. 动物的爱心

自然界的动物有弱肉强食的法则，在一些动物中也有着施爱、呵护同类、异类的天性，会表现出种种“利他行为”。

生物学家称有血缘关系的同种动物为“真亲”，无血缘关系的同种动物为“假亲”。据观察，有300多种真亲鸟能帮助别的鸟育儿，被叫作“保姆”。保姆帮助真亲鸟筑巢、孵卵、觅食、警戒，以至为雏鸟御寒，几乎事事出力。

研究发现，鸟儿之间的帮助是带有互酬性的。在它们自己不忙的时候去帮助别人，等到自己的繁殖期到来，其他的鸟也会来帮助它。也有专家指出，当有的鸟不幸丧失幼鸟后，帮助真亲抚育幼雏，可使自己的基因得以保存延续。

哺乳动物中，也有很多“保姆”。有些猿猴或猩猩乐于把爱倾注给非亲生的幼仔身上，去抱别人的孩子，哄它们玩耍，喂它们食物，帮它们梳理头发，关怀备至。非洲黑猩猩的幼仔在死了母亲后，就会有其他的母猩猩对它照看抚养。日本小猕猴在母猴走失后，母猴的姐妹便会把“外甥”带在身边。

有人看到北美的红雀鸟在失去幼鸟后，会捉了虫子，叼到河边，去喂水中张嘴的小鱼。鸟和鱼之间完全不沾亲，这只能用“母性”哺儿的天性来形容了。有些嗜血成性的动物在哺乳期失去幼仔，当母兽抓到被捕食者也会放弃杀戮而加以抚养。于是在世界不少地区发现了“豹孩”“熊孩”，并出现多个“狼孩”。

猫、狗、猴子等哺乳动物，容易和别的动物相处，也经常奉献爱心。在动物园，一些狮子、老虎等珍稀动物幼仔出生后，吃不到母兽的奶，往往会找到母猫、母狗充当“奶妈”。北京八达岭野生动物园的雌金钱豹与美洲雄黑豹成亲，生下一只小豹崽。当小豹崽拱着雌豹的肚子想吃奶时，雌豹却躲闪，拒绝哺乳，饿得小豹崽乱叫。情急之下，园方四处求助，找到了一只京巴串狗和一只松狮来当小豹崽的“奶妈”。两位狗妈妈正值哺乳期，奶水足、脾气好，轮流为小豹崽哺乳。在京巴“奶妈”身旁蹭奶吃的还有一只狼崽。母狼一窝生下4只小狼，这只最小，总抢不到奶吃，饲养员便把它抱过来也吃狗奶。狗妈妈一概收留，喂足它们奶水。

在英国，一只叫戴夫的6岁罗特韦尔犬也有着温厚的爱心。不久前主人把一只遭遗弃的残疾兔子带回家，戴夫对小兔子充满了母爱，为它舔去脏物，梳理毛发，彼此分享食物，照顾它睡觉。主人看到戴夫的友善表现，不断捡拾一些被丢弃的动物带回家。戴夫帮忙照看的动物已包括4只鸭子、3只鹅、5只兔子、13只小猫、5只小狗和一大群小鸟。近日，戴夫以它的爱心被票选为英国最有灵性的狗。

114. 动物救人

在人与动物的相处中，当动物有了伤病，很多人会出手救治；当人有了危难，一些动物也会挺身相救。

海豚很喜欢与人相伴。19 世纪时，海豚“杰克”在新西兰为船只领航，避免触礁，勤恳工作了 22 年。1964 年，一艘日本渔船在海面沉没，漂浮的 4 名船员在筋疲力尽时，游来两条海豚。海豚沉到水里，让船员骑到背上，游向岸边，终于使船员获救。

1980 年，一名韩国籍船员在风浪中不慎从船上掉进西太平洋海水中。在他挣扎中，一只大海龟游到他身边，让他爬到背上，驮着它向西游去。15 个小时后，在离尼加拉瓜海岸附近被一艘瑞典商船发现。船员登船后，海龟掉头而去。

鳄鱼伤人的事时有发生，但也有例外。一对美国夫妇带孩子去非洲旅行，一家人在赞比西河坐航船观光时，4 岁的儿子小威利突然失足落水。岸上的人正要下水救人，发现一条身躯庞大的鳄鱼冲向了孩子。人们齐声惊叫，想到落水的孩子会遭不测。谁知片刻之间，鳄鱼浮出水面，背上托着活生生的小威利。它游到岸边，侧身放下孩子，爬回河里，消失在深水处。目睹这一情景的人，全都惊呆了。

1985 年，美国女子罗莎琳坐渡轮出海游玩，不料底舱漏水，渡轮沉没。罗莎琳穿上救生衣，在水上漂浮，忽然看见两条鲨鱼牙齿闪着寒光向她冲来，那一刻让她感到绝望。幸运的是，两条鲨鱼并没有伤害她的意思，反而围着她，还用头推着她游动。时间过了很久，一架直升飞机飞来，发现了水中的罗莎琳，放下了救援的绳梯。罗莎琳得救了，两条鲨鱼也潜入海底。

苏丹牧民哈桑骑着骆驼在沙漠中赶路。忽然降临的大风沙，让哈桑感到身体不适，然后从驼背上栽下来。骆驼正衔着主人衣角催主人爬起，一只恶狼冲到面前。狼嗥叫着驱赶骆驼逃走，又扑向哈桑。在这危急关头，骆驼毫不胆怯，它先将胃中腥臭的食物吐了狼一头，趁狼晕头转向，一脚踢在狼的头上，狼受伤逃走。骆驼卧下，让主人骑到背上，快速返回家门。

狗救人的事也层出不穷。英国伦敦消防队训练了一批大型狗专用于火场救生。一次伦敦一幢房子失火了，楼内的居民拼命从浓烟中逃生，妇女丹妮发现自己 4 岁的孩子还在楼内。消防人员赶到后，听到丹妮的哭诉，警员指挥一条毛色金黄的称作包普的大狼狗冲入火海。狼狗不辱使命，很快搜寻到丹妮的孩子，咬着孩子的衣服，将孩子叼出。丹妮抱紧孩子，高兴得正哭，只见包普又冲进楼房，叼出了孩子的布娃娃，让在场的人全都笑了。

115. 动物不舍旧主

动物是人的朋友。有些动物与人相处时间长了,产生感情,会对主人恋恋不舍。

在巴西,有些乡村人家养蛇除鼠。蛇在一户人家生活一段时间后,变换环境会烦躁不安,只依恋旧家。为此当地人卖房,是将蛇一起打包出售的。

我国台湾有一市民酷爱养鸽子,后患病去世。家人把它宠养的近百只鸽子带到远处放飞。然而在两个星期后,正当家人为死者举行祭祀时,放飞的群鸽齐刷刷飞回落在原鸽舍。待祭祀结束,鸽子们才在上空盘旋一阵离去。美国的一位贝雷船长,在航海中救下并收养了多只信鸽。贝雷病逝,当亲友们在墓地为他举行葬礼时,一只信鸽从远处飞来,轻轻落在贝雷灵柩上,歪着头,聆听牧师的祈祷。直到仪式结束,它才依依不舍地飞走。

英国医生利菲维尔家住肯特郡,他带着宠爱的一只波斯猫前往伦敦办事,不料猫在闹市中走失了,这让医生懊丧不已。半年后,让利菲维尔喜出望外的是,爱猫穿越伦敦城郊,渡过泰晤士河,行经上百公里,找回家中,与他久别相逢。美国俄克拉何马州一位妇女带着一只猫咪去加利福尼亚好友家做客,返回时将猫留给了朋友。但这只猫怀念旧主,硬是用了 14 个月的时间,跨过 1400 英里路程,回到原来主人身边。

我国浙江有一村民乘船渡过钱塘江看望岳父,回家时抱回一头小猪,放养在猪圈中,而第二天小猪却离圈,不知去向。与此同时,老岳父喂猪时发现送出的小猪又回到家中。原来小猪依恋旧家,竟不顾水深浪大,连夜渡过江面,返回家中。

在被喂养的动物中,对主人最为忠贞的便是狗了。在巴西里约热内卢的特雷索波利斯镇,每天都能看到一只家犬守在一个墓旁。这只狗的主人名叫克里斯蒂娜,死于强降雨引发的泥石流。女主人下葬后,这只狗就一直静静卧守在墓地上。在日本东京的郊区,有条狗每天早晨会欢跳着送主人乘轨道车进城上班,傍晚又摇着尾巴去车站接主人回家。某日,狗的主人猝死于东京,而那条狗仍然每晚按时去车站迎候主人,并且日复一日,坚持了 9 年。这只狗死后,为纪念它对主人的忠贞不渝,当地人为它建造了塑像。

在阿富汗战场上,26 岁的英国士兵塔斯克在一次行动中中弹倒下。当塔斯克的遗体运回营地时,一直跟随着塔斯克并与塔斯克行动默契的防暴犬西奥突然发病,很快停止呼吸,随主人去了。人们普遍认为,塔斯克与防暴犬在长期的训练生活中建立了深厚的友情,犬是因为主人和亲密搭档阵亡而伤心过度死去的。

116. 动物谢恩

近年来已有越来越多的研究表明，动物的行为不仅出于本能，也与"情感"相关。尤其是一些哺乳动物，当它们受惠于人，并不是掉头就忘的。

一头顽皮的小海豹爬上苏格兰的一个海岛，东走西看，玩得开心。不料它在海滩翻滚时被一个晾晒的大渔网缠住，它越挣扎，勒得越紧，遍体鳞伤，奄奄一息了。一位海岛旅馆的女主人摩娜经过附近，发现了受困的小海豹。她急忙向前，细心拉开了缠住小海豹的网丝，然后把它抱回家中。摩娜为小海豹冲洗、涂了药膏后，又为它做了鲜香的鱼糊。在摩娜的精心照料下，6 个月后，小海豹的身体完全康复，被送回大海。一年以后的一天早晨，摩娜打开家门，发现她救过的小海豹卧在石阶上。小海豹看到她，便显出惊喜若狂的神态，口里叫着，拍动前肢。小家伙长大了许多，女主人已经抱不动它了。摩娜怎么也没想到小海豹会来探望她，她忙把小海豹请进家门，设宴款待。

我国燕山脚下的一个小山村住着德旺老汉一家。一天，老汉看到墙下躺着一只黄鼠狼颤抖喘气，像是发烧生了重病。他把黄鼠狼抱回家，让老伴找出清热消炎药，研磨溶水，给黄鼠狼灌了下去。一天后黄鼠狼病情转好，能吃东西了。老汉买了些肉，存放冰箱，自己舍不得吃，都喂给了黄鼠狼。当黄鼠狼病愈后，又被老汉放归到野外。以前，老汉养的鸡时有丢失，自此以后，不仅老汉家再不丢鸡，全村各家也不再丢鸡，减少的是各家院舍的老鼠。更有意思的是，那只生病被救的黄鼠狼来到老汉家拜年，随同它的还有大小几只家庭成员。此事在乡间一时传为美谈。

在肯尼亚，罗泽夫妇收养了一只小雌狮，他们精心饲养着它。小狮子也很乖巧，总是依偎在主人膝下。随着年复一年小狮子长大，罗泽开始用活食训练小狮子捕猎，培养它的独自野外生存能力。一天，罗泽夫妇把小狮子带到离家很远的一片茂密的树林，扔给它几块肉，趁它大嚼着，二人悄悄离去。令罗泽夫妇想不到的是，一年后，由他们养大的小狮子带着它的三只幼狮找上门来看望他们二老。狮子的不忘旧情很让罗泽夫妇感动。

动物懂得谢恩，有的还知道报恩。在我国云南的一个山村，有位老妈妈正在窗下缝纫，房前走来一位不速之客，这是一头大象，它把一只长足伸到老妈妈面前。老妈妈细看发现，象蹄上扎了一根尖利的木刺，大象是来寻求帮助的。老人家连忙放下手上的活计，为大象拔出尖刺，又细心地在伤口处敷下消炎药。大象扬着长鼻表达谢意，迈开轻松的步子隐入山林。第二天一早，老妈妈听到房内地上啪嗒一响，地面滚动着一条大鲤鱼。窗外又晃动着那熟悉的大象身躯。原来大象是为报挑刺之恩专程来致谢的。

117. 动物的报复

有些动物有着惊人的记忆力，当它们受了害，受了气，会实施报复，让人知道它们也不是好欺负的。

印度中部有个叫利雅普蒂的村庄，一个村民用弹弓打死了一只雌乌鸦，以后便有一只健壮的雄乌鸦经常跟在这村民身后，猛扑到他头上狠啄。村民都说这是乌鸦在为它的"妻子"报仇。一连几年，这位村民走出家门便会被守候在外的乌鸦啄头啄脸，啄得他满面伤痕，不敢轻易出门。

在我国河北平泉县的范杖子村，村民张荣的孙子和另外几个顽童捣毁了一个猫头鹰的树洞，弄死了两只猫头鹰的幼雏。猫头鹰遂进行报复，看张荣的孙子走回家后，便守在门外。张荣傍晚去看守食用菌大棚，一连几晚被飞冲下来的猫头鹰狠啄，有一下还被啄到眼睛，导致视野模糊，为治眼睛前后花费了 7000 多元。孙子害鸟，让爷爷遭到报复。

在四川峨眉山景区山道上，常围拢着向人讨食的猴子。有人没有食品，打开包让猴子看看，猴子也不会和人为难。一名女游客想要一下猴子，她把一个纸包递给了一个领头的母猴。母猴打开一看，见里面包了一些果核和果皮，很是气恼。它做了个手势，一只猴子悄悄跟在女游客身后，突然夺下她的提包，转身就逃。转眼间，女游客的提包就被三传两递，挂到一棵高高的树杈上。包中放有重要的票证和钱款，女游客想戏弄猴子，却让自己遇到了大麻烦。

非洲野牛的报复心也很强。肯尼亚有个叫阿别亚的人，学会了用猎枪，走进灌木丛伏击野牛。当他击中一头野牛肚子后，沿着野牛的血迹追击。他走到树叶茂密处，正弯腰查看地面痕迹，躲在一旁的受伤野牛猛地蹿出来，将他撞倒在地，用坚硬的牛角死顶着他，直至将仇人顶死。

在沙特阿拉伯，有个油坊老板养了一头老骆驼。一天老板做生意赔了本，有一肚子怨气，回家后用鞭子抽打骆驼撒气，过后他就把打骆驼的事忘了。老骆驼挨了打可没忘。几天以后，它溜出骆驼棚，来到老板帐篷外，接着冲到里面，扑向老板床铺，恰好遇到老板外出，愤怒的骆驼便把老板的被褥咬成碎片。它还觉得不解气，又把老板的餐具踏得一塌糊涂，这才扬长而去。

大象被惹怒而报复的事也多有发生。在印度，一群大象进城送货后，有一头象沿街散步。路过一家裁缝店时，它看到裁缝穿针引线，好奇地把长鼻子伸进了窗口。做衣服的裁缝挥手扎了大象一针，大象痛得缩回鼻子走了。谁想几个月后，大象又来送货，那只挨扎的大象也赶了来。它在街心喷水池吸足了一鼻子水，找到裁缝店，向窗口喷出，把那个裁缝喷了个"落汤鸡"，才缓缓走开。

118. 动物的“另类之爱”

有些动物在求偶期之外,对其他的物种、物体也会产生追随、喜爱、依恋之情,有的因过于痴心而受到人们的关注。

几年前,奥地利一家动物园内一只过路的雌性白天鹅迷恋上了一条天鹅造型的游船。游客驱动游船走到哪里,雌天鹅就相伴到哪里,视高大健硕的游船为心目中的“如意郎君”,一连多日相随。到了迁徙的时候,也无意南飞。直至一只雄性黑天鹅出现,才拉回了雌天鹅“移情别恋”的心,双双结伴飞走。

塑料用品很能引起一些动物的喜爱。俄罗斯首都莫斯科郊区有一家人买了一只塑料狗,放在自家门口。住在附近树林的一只松鼠看到了塑料狗,便成天围着它打转,时而偎住它,时而凝望它。松鼠与塑料狗亲密相伴是这家人常能见到的一景。英国康沃尔郡圣奥斯特尔市有一家收养乌龟的“乌龟花园”。管理员发现老龟提米受别的龟欺负,单独饲养又怕它寂寞,便把一只塑料龟放到提米的窝里。提米见到塑料龟,欣喜异常,每天和它玩耍,触碰它,亲吻它,推着它爬来爬去,还把它最爱吃的莴苣送到它口边。到了晚上,管理员不把塑料龟放进提米的小窝,提米也决计不肯回窝。

癞蛤蟆总是不招喜欢,不过也有例外。英国德文郡派恩顿动物园 7 岁的母沼泽猴在沼泽边抓到一只癞蛤蟆,疼爱地把它捧在手里,又捂到胸前,为其保暖,小心翼翼地摆弄它,抚爱它。很多游客聚拢而来,观看这只猴子像爱小猴一样爱着一个异类。英国韦尔特郡有一只猎犬叫弗林特,它看到有两只麻雀从鸟窝跌落下来,它并没有冲上去猎杀,而是叼到窝旁,寻找食物饲养小麻雀。看小麻雀吃饱了,弗林特又和它们玩耍。在追逐中,总是让小麻雀跑在前面,有耐心更有爱心。

动物爱异类,也有爱上人的。在浙江余杭的半山公园,12 岁的男孩代聚林正和父母游玩拍照,一只花喜鹊飞到聚林身旁。代妈妈用相机抓拍了人鸟合影后,花喜鹊围着孩子飞前飞后,竟不肯飞走了。孩子觉得好玩,喂了喜鹊一根火腿肠,这一下喜鹊更是跟定了这个孩子,从山顶一直跟到山脚,追随了孩子一下午。虽然公园里孩子很多,花喜鹊只在聚林身旁飞飞停停,让在场的其他游客大惑不解。

英国会计师安迪收养了一只被暴风雨打落的雌鸽子,为它取名波琪。安迪一家为鸽子建了舒适的小窝,照顾周到。谁知这只雌鸽子却“热恋”上了男主人。安迪吃饭,它便凑上去同桌进餐;安迪外出,它会同车跟随;女主人一靠近安迪,它便会扑向她,在她头上猛啄;大有反客为主,取代女主人的架势。家庭让这只外来鸽子搅得关系有些紧张,安迪不得不重新考虑波琪的归宿。

119. 动物的玩乐

玩和娱乐是人的天性，但这不是人的专利。许多动物也喜欢玩乐，而且玩起来会不厌其烦。

一种白脖燕鸥爱玩空降的游戏。它们飞到高处，然后合起翅膀垂直降下，直至即将撞地才张翅飞开。乌鸦玩的则是飞到高处丢下一截小棍儿，然后俯冲而下再将小棍儿衔住。乌鸦有时独自玩，有时两只相互一丢一衔共同游戏。

小海獭生活在海獭妈妈身旁，饱餐后安闲自在。海獭妈妈会把海藻团成球，母子之间丢过来，掷过去，扔着玩。小海獭有时自己左丢右丢扔个不休，一玩几小时，自得其乐。小浣熊能把一块小木头玩得又光又滑而舍不得丢掉。水中的小河马会长时间重复着把树叶吹起来不使其落水的把戏。狡猾的黄鼠狼也会衔起树枝、石子，甩到空中，再一口咬住，玩得尽兴。

野外的兔子喜欢相互追逐，热身后两只兔子往往以后腿作为支撑，站立起来，用前爪相互急促地扑打对方，这是在做一种类似拳击和相扑的游戏。两三只山豹在一起时，会互相呼叫、藏躲、追逐，或是打滚和扭作一团，就像儿童在玩捉迷藏和摔跤。野羊爱玩“占山为王”的游戏，一只站在乱石堆上，其他的轮番往上冲，撵下的再冲上去。

在北极，一群渡鸦飞在一个陡坡的坡顶，然后像坐滑梯一样顺雪坡滑下。一只挨一只滑到坡地后，又飞到高处接着再玩。北美洲的灰熊也喜欢在覆盖着冰雪的山坡上滑下，而且不辞辛苦地再三爬到高处，享受嗖嗖滑落的乐趣。

在热带丛林，几只叶猴并排用后脚掌抓在树枝上倒立，比赛看谁坚持的时间更长久。草原上，狮子自小就喜欢玩耍乌龟，它咬着乌龟的硬壳翻来覆去，从不觉得无聊。一只小黑熊曾闯进一位探险者的木屋，爬进一个没盖的木桶里，一歪一摆地摇晃作乐，玩了又玩，直到后来把桶弄翻了才离开。

小动物地鼠有跳洞穿穴的快乐，大家伙也不失玩乐的雅兴。海面刮大风时，鲸会高举尾鳍让风推着它悠闲漂走一段路，然后潜回，重新玩它的“风帆”游戏。有人在非洲丛林看到一群大象乱兜圈子，发出重击声。随后发现，是大象们沿着一条小径用鼻子和脚使劲在打一个球，那是一个直径 60 厘米、被太阳晒干的大泥球。近日，有摄影者在印度科比特公园拍到一只大象在玩“溜溜球”。那是一只蜥蜴被大象用鼻子卷起来，顺着长鼻子溜下，再扬上去，又溜。大象倒是溜得开心，可怜的蜥蜴怕是要被玩晕了。

120. 动物爱音乐

音乐的优美旋律能陶冶人的情操，舒缓情绪，消除疲劳，有益于健康。众多试验表明，音乐的这些功效在动物身上也能得到体现。

瑞典一家养猪场主为他饲养的2500头猪安放音响设备，播放流行音乐。一段时间以后，场主发现猪活泼起来，食欲大增，长膘更快，宰杀后肉质也更鲜美。比对发现，猪场的猪最喜欢轻松、快节奏的流行曲调。

英国研究人员发现，在养鸡场播放节奏舒缓的欧洲古典乐曲，能减少公鸡之间的啄斗，降低死伤率。适时在孵化室播放轻柔典雅的音乐，能“呼唤”幼雏加紧啄壳，尽快出壳，鸡蛋孵化率提高5%以上。

“对牛弹琴”比喻牛不识琴声，弹给它听是弄错了对象。事实并不是这样的。我国广西柳州的鹧鸪江养牛场自2001年开始“对牛弹琴”，420头奶牛和着音乐节奏吃草、产奶。在音乐的“刺激”下，每头奶牛每天平均增加产奶量0.41公斤。奶牛听的都是曲调悠扬、优美抒情的曲子，有《在水一方》《夜光曲》《天鹅湖》《圣母颂》等。自奶牛听了音乐后，脾气变得温和了，早晨每到播放音乐的钟点，牛儿会纷纷站起，东张西望，期盼乐声响起。在英国牧场上，也有“对牛弹琴”的研究。研究人员实验发现，为奶牛播放贝多芬的《田园交响曲》等古典乐曲，可提高产奶量3%左右。英国音乐大师卡斯尔发现马对音乐也有敏锐的感觉，了解到性情温和的马喜欢莫扎特的乐曲，而暴烈、容易兴奋的马则爱听柴可夫斯基谱写的节奏强烈或浪漫的曲调。卡斯尔使用音乐驯养赛马，所驯的一匹雌马在一次大赛上勇猛夺魁。

动物喜爱音乐，钟情赏乐的传闻颇多。苏联的赛克加特索夫一家人都爱好音乐，每当这家人弹起钢琴，栖居屋檐处的一只燕子就会飞到钢琴架上欣赏乐曲。这只燕子最爱听7岁的女孩莎莎弹奏钢琴。莎莎十指飞舞弹奏，燕子会摇头摆尾迎合，还会发出呢喃之声哩。在挪威夏日海滩上，一位小姑娘吹出悠扬的笛声，常会吸引一头小海豹爬起来聆听。美妙的笛声让小海豹听得入神时，它还会把小脑袋枕在小姑娘的膝盖上。在我国东北鄂伦春人居住的一个山村里，有户人家的孩子爱拉胡琴。这天孩子放学后正操琴演奏，一只黄鼬从门外溜进来。它卧在一旁，竖着耳朵，一动不动，听得入神。孩子停住胡琴，黄鼬站起出门；当琴声再起，黄鼬又进门来听。以后每当孩子拉起胡琴，屋内常会出现这一身黄毛的知音。它常常微歪着头，探动嘴巴，听得专注。一天黄鼬还带进了它的三个子女同赏琴乐，成为山村美谈。

121. 动物看电视

看电视是很多人生活中的重要内容。人爱看电视,有些动物对电视节目也充满热情,并演绎出一段段看电视的新闻故事。

在海南岛东南海面的南湾半岛上,驻守着一支人民解放军的部队。1983 年,部队三营领到一台电视机,战士们都为能看到电视感到高兴。第一天看电视时,大家排列整齐,席地而坐。突然,一群生活在附近山林的猴子在猴王带领下赶来了,并且一点不客气地坐在队前看起电视。有的战士嫌它们身上有味,想赶开它们。营长风趣地说:"给它们看吧,好让它们进化进化。"猴子们于是留在了"首长席"。猴子生性好动,看了一会儿,几只小猴子坐不住开始打闹。这时那个猴王跑过去,给每只小猴几个"耳光",小猴都安静下来。以后干部战士看电视,只要猴子来凑热闹,都对它们热情欢迎。

英国达华依克洛斯动物园运来一群捕到不久的猴子。为了安顿好猴笼的新主人,管理员把一台彩色电视机放到笼子前,为猴子们解闷排忧。猴子看着电视一时间忘记了被囚禁的不快。它们很爱看电视中的足球赛、拳击赛、打斗片,对那些平静的风景片不感兴趣,但当映出原始森林和树上累累果实时,猴子们会兴奋地抓耳挠腮叫起来。

英国一家动物园的两只黑猩猩也是电视节目的热心观众。它们对屏幕上不断变化画面的动画片和武打片看得津津有味,看到人与人说个不休就会自己按键换一个频道。美国纽约市动物园的四只猩猩算得上是"电视迷"。它们尤其爱看猴、蛇、猫、狗等有动物的节目和打斗等快节奏的片子,能连看两三个小时一动不动。

在离孟加拉国首都达卡 80 公里远的一个村镇上,小学校长鲍尔家新买了一台电视机。这天晚上,一家人在客厅打开电视机正看卡通片,一阵扑腾翅膀的声音响起,两只健硕的猫头鹰飞来,并排站在窗外,往房内电视机上看。鲍尔和家人注意到,电视荧屏上热闹的画面一下就吸引住了两只猫头鹰又圆又大的眼睛。第二天晚上,电视机打开后,这一对猫头鹰又落在了窗台上,聚精会神地看起了电视。此后,它们几乎每天晚上都会飞来观赏电视。再后来,这对猫头鹰为了看电视方便,干脆放弃了以前的家,落户在鲍尔家窗外一棵能看到电视的芒果树上。这一对带翅膀的"忠实电视观众",在周围一时传为佳话。

北京一位姓卢的老先生养了一只乌龟,每当晚间家人一起看电视,乌龟也会从它下榻的卫生间来到客厅,卧在主人脚边观赏电视节目。主人看什么,它就跟着看什么,瞪着两只小眼睛,一眨不眨。只是当荧屏上出现美丽的郊外风光、湖泊、河流、溪水、绿草、花丛时,乌龟就会撑着身体,扬高头颅,仿佛说:"这个好看!"

122. 动物“明星”

近年来，随着人们娱乐活动的多样化，一些有独特技能的动物纷纷现身电视荧屏和网络视频中，成为走红的动物“明星”。

美国一只20个月大的伯瑞犬名叫诺曼，它自小就聪明好学，曾参加宠物狗比赛并获得冠军。诺曼的绝活是蹬着主人孩子的滑板车沿街溜达。它一出现常会受到沿途市民和新闻记者的围观。

在俄罗斯南部私人海滩，商人在一头名叫阿纳普卡的驴背上绑了降落伞后，从高空抛下。此举旨在吸引游客光顾，却使这头驴受到惊吓。英国《太阳报》的记者将“飞驴”赎救，养护多日后，送往莫斯科骑术学校。阿纳普卡沿途受到大批民众围观，其热烈的场面堪比追捧超级明星。

2009年，英国汉普郡一家养鸭场产下一只4只脚的小公鸭，由于它天生残疾，场主人为它特制了一个专用围栏。这只畸形鸭一经媒体报道，立即引起英国公众的关注，人们担心这只小鸭活不长久。在鸭场主人的细心呵护下，两个月后，小鸭已长成一只健康的成年鸭。它能游泳，在鸭群中活蹦乱跳，四条腿跑动起来似乎比别的鸭子更快些。四腿鸭子演绎出了一个安徒生童话中丑小鸭的故事，并成为引起全英国瞩目的大明星。

有些动物很有音乐天赋。英国一家宠物店有一只非洲鹦鹉，名叫波利。它能用口哨的音色吹出普契尼的咏叹调，这使它成为当地的宠物明星，吸引众多游人进店观赏，使宠物交易买卖兴隆。美国加利福尼亚州的大猩猩科科经训练掌握了1000多句美国手语。人们把它的一套套手语记下来，形成了天然歌词，由作曲家作曲，歌唱家演唱，推出一张专辑。科科由此成为明星词作家。2010年，北京歌手川子弹琴与他的宠物狗嘟嘟来到上海《中国达人秀》舞台，合唱《人鬼情未了》，视频在网上热传，点击率近百万。嘟嘟是11岁大的英国可卡犬，从小听音乐长大，能随着乐声鸣叫，很有节奏感，在主人调教下，嘟嘟渐渐具有搭档气质，学会伴唱很多歌曲，常随主人去酒吧等处演出。此番电视台表演让嘟嘟一夜成名，成为明星红狗。

有些动物具有绘画才能。巴西动物园的黑猩猩吉米从马戏团来到动物园后，闷闷不乐。管理员给它拿来绘画颜料，吉米立刻变得活跃，每天画了又画，已画出了色彩斑斓的多幅作品。美国亚利桑那州菲尼克斯动物园有一头叫鲁比的大象，擅长画油画。它会使用不同颜色的油彩笔在画布上作画。画完一幅，它会后退几步审视，颇有大画家的派头。几年来鲁比已画了200多幅抽象画。当地人从鲁比的画作中选出39幅佳作，举办明星动物画展，然后出售。39幅油画在画展开幕的第二天便被抢购一空。

123. 外来生物入侵

近年来各处频繁发生的“外来生物入侵”，包括微生物病原、植物、动物在内的物种异地安家落户繁殖，给生态环境造成了严重的危害，并成为当今世界危害最为严重的环境难题之一。

澳大利亚原来是没有兔子的，19 世纪中期，墨尔本动物园从英国运来一批兔子供观赏。不料动物园失火，幸免于难的兔子逃到草原上。大草原饲草充盈，成了兔子的天堂。到了 1928 年，澳大利亚兔子的数量高达 40 亿只。当地植被被破坏，畜牧业面临着灭顶之灾，从此开始了人兔大战。

在我国，上海崇明岛为固沙促淤，于 30 年前从美国引进互米花草，这种小草到了引进地后疯长成为霸主，导致鱼类、贝类因缺乏食物大量死亡，水产养殖业受到重创，由于食物链断裂又影响到岛上鸟类生存。水葫芦能净化水质，还能做猪饲料，引入到上海后，这种水生植物疯狂繁殖，堵塞河道，影响通航，其灾情日益严重。2004 年以来，原产于南美洲的红火蚁侵入我国广东等地，并以惊人的速度扩散。这种凶狠的蚂蚁所到之处，不仅令本地同类无法生存，将植物的种子、嫩芽啃食一尽，连体形很大的节肢动物也都成为它们的攻击目标。从国外引入的小龙虾喜欢穴居，因其食用价值被各地无序养殖，造成了灌溉用水的流失，农业减收并危及水堤大坝。据统计，目前入侵我国的外来生物多达 400 种以上，其中有 50 余种是国际自然保护联盟公布的全球最具威胁的外来物种。

加强检疫是防止外来生物入侵的重要一环。北京拥有全国最大最繁忙的航空港，近年机场检疫人员每周都能截获禁止携带的植物产品几十至上百批次。目前，对于一些外来物种可能带来的潜在危害，公众并不是很了解。在北京等地的宠物市场上，陈列着很多另类虫兽，有毛茸茸的大蜘蛛、红绿色的蜥蜴、巴西龟、豚鼠等，有些若被购买者放生或丢弃，就很容易危害到生态环境。

生物入侵对经济的影响是巨大的。我国每年光水葫芦造成的经济损失就达 100 亿元，仅打捞费一项便耗用了 5 亿—10 亿元。生物入侵使我国每年损失 500 亿人民币以上。一些国家遭受生物入侵造成的经济损失更为惨重，美国、印度和南非每年高达 1500 亿、1300 亿和 800 亿美元。这些只是直接损失，尚不包括那些难以计算的隐性损失，如外来生物引起人的伤害和死亡、导致本地生物物种的灭绝以及由于环境景观的改变带来的美学价值的丧失等。外来生物入侵的危险普遍存在，各国的生态安全都面临着严峻的挑战，抵御入侵，联合防治的工作任重而道远。

124. 濒危的动植物

自17世纪以来的几百年间,随着人类生产活动的发展,使许多动植物赖以生存之地大大缩小,生态平衡遭到破坏。不少生物灭绝了,有些正处于灭绝的边缘。

2006年,世界自然保护联盟公布了8000种濒临灭绝的植物,包括澳大利亚菲利普岛的芙蓉花。这种植物在食草动物蚕食下仅存两丛。人们赶紧将动物从岛上迁出,这种植物才又茂盛起来。2010年,世界自然保护联盟等机构在发表的一份报告中指出,据"植物抽样红名单指数"显示:全球超过五分之一的植物物种有灭绝的危险,其中灭绝危险最大的是苏铁等裸子植物。

很多人爱吃牡蛎。美国研究人员表示,为了采到牡蛎,大批暗礁遭到破坏。不仅世界上85%的野生牡蛎濒临灭绝,还会严重影响到海洋的生态平衡。鳄鱼皮手提包大量充斥于市场货架,使生活于亚非拉各湖泽水域的鳄鱼都大为减少。由于一些人爱吃鱼翅,使大批鲨鱼惨遭捕杀。走私出售用我国藏羚羊绒编织的围巾可获暴利,让众多藏羚羊深受其害。我国政府重拳打击偷猎者,这才使藏羚羊的种群数量回升。

由于人类的过度开发、气候变暖等原因,全球的绿海龟已从几十年前的数亿只,减少至几十万只。如果缺乏保护,世界上的珊瑚礁,可能在2050年彻底灭绝。一个国际环保组织在一项针对21个国家、100种疑似灭绝的两栖动物进行搜寻调查中,发现只有4种鲵、蛙尚存。生活在墨西哥加利福尼亚海湾的鼠海豚,常常被困在大型捕鱼的刺网中,目前仅存活几百只,属高濒危物种。

在我国和一些国家名声显赫的老虎,20世纪在世界各地有10万只存活,而如今野外生存的老虎仅有3200只。世界野生动物基金组织的专家指出,如果人们不采取有效的措施加以保护,人们在野外将再也看不到这种"优雅的大猫"。

在最近召开的一届联合国生物多样性大会上,与会专家对当前出现的物种灭绝进行估测,认为当今地球上每小时即有3种生物灭绝。这样,一天就要灭绝72种生物,一年要绝种26280种生物。有些动植物数量锐减,虽然存活,也被"疾病"缠身。鸟、蛙等动物最易受环境污染,患胃溃疡、皮肤囊肿以及产生卵子畸形等。北极熊由于气候变温、捡拾垃圾等原因,会使骨质疏松症增多。植物面临着极冷、干旱、虫灾等不利生长的恶劣环境,有70%处于不同程度的危险之中。如何改善人类生产、生活方式,给各种生物体以健康繁衍的自然环境,是每个国家都面临又急需解决的问题。

125. 物种新发现

近一个多世纪以来,世界上有很多珍稀动植物灭绝了,让人感到痛心。然而近年在一些国家和地区也不断传出发现生物新物种的讯息,令人有欣慰和兴奋之感。

几年前,英国阿伯丁大学海洋实验室研究人员宣布,他们在大西洋700至3600米深处发现了十几种海洋新物种。包括有着葵花状吸盘的海参,有着醒目黄色肠子的海参,体形方正的筐蛇,外形像花朵的水母,像毡帽的水母,像灯笼的水母等。其中最优雅漂亮的是一种红色柱头水母,它体形修长,肤色粉红,柔软的身体好像有美丽的发髻和飘飞的裙裾,终日摇曳在2700米深的水中。英国阿伯丁大学与日本东京大学的研究人员在东南太平洋处还发现了一种新型狮子鱼,这个物种头大尾小,如蝌蚪状,却长有腹鳍,能适应深海7000米处的寒冷与水压。研究人员在东南亚深海中还捕获了一条新种鱿鱼,它长9.4厘米,狭长的身体两侧长有20多对整齐如一的鱼鳍,像是为鱿鱼装了"船桨"。这些都是前所未发现的。

环保组织"保护国际"前不久宣布,在太平洋岛国巴布亚新几内亚的两处森林地带发现了大约200个新的物种。在这里发现的沙袋鼠,与老鼠大小相仿,成为袋鼠科最小的一员。从不离树的弯趾壁虎藏于树丛中,惧怕明亮的阳光。一种矮胖的树鼠也从不着地。巨型长毛鼠有一个圆圆的鼻子,以捕食昆虫为主食,身体大得像猫。花丛蝙蝠长着很长的舌头,专事舔食花蜜,传播花粉,与蜂鸟习性相仿。新物种中的雀形鸟,毛色深褐,颈部为彩色,翅膀呈白色。此鸟的特点是频繁排便,由于直肠短,难以储存粪便,吃了就拉,当然及时排泄也有利于飞行。巴布亚新几内亚的野生雨林地区人迹罕至,此地仍有一些物种等待发现。

世界自然基金会公布的一份报告显示,在1999年以来的十几年间,南美洲亚马孙河流域已经发现了1200多种植物和脊椎动物新物种,包括637种植物、257种鱼类、216种两栖动物、55种爬行动物、16种鸟类和39种哺乳动物。新发现的一种青蛙,身体透明,跳动的心脏清晰可见。一种毛蜘蛛全身棕色,只有毒牙为蓝紫色。它体长可达8厘米,浑身长满刚毛,专门捕食鸟类,改写了传统的"鸟吃虫子"概念。在哥伦比亚境内,新发现了三个两栖动物新物种,即红宝石眼睛的蟾蜍、喙状嘴的蟾蜍和腿部长有条纹的火箭蛙。在哥伦比亚南部卡奎塔雨林中,生物学家发现了一个长有浓密红须的新猴种,为其定名红须伶猴。这种猴子体形娇小如猫,终生喜欢与配偶厮守,常常两两相对,坐在树枝上,连尾巴也纠缠在一起。当地新发现的一种"阿卡瑞绒"猴,脸部横宽,面部长相更像人类,让生物学研究人员很感兴趣。

自然景观

1. 我们的地球

人类居住的地球，是太阳系八大行星之一。宇航员从太空遥望，所看到的地球是一颗美丽的蓝色星球。

据科学研究推定，大约在50亿年前，宇宙中充满了气体和尘埃。一部分气体和尘埃在聚集发生激烈反应后，成为炽热的火球，形成了太阳。一些残存在太阳周围的气体尘埃，也成为火球，经旋转、收缩，逐渐冷却，表面结成了一层由岩石构成的外壳。其中之一就是我们的地球。科学家根据坠落在月球上的岩石和地球上最古老的岩石样本测定、推算，地球大约形成于46亿年前。

地球诞生后，在围绕太阳公转的同时，它本身也在一刻不停地自西向东旋转和运动着，演变至今，还将发展演变下去。地球圈层分为地球外部圈层和地球内部圈层两大部分。外部圈层分为水圈、生物圈、大气圈三个基本圈层；内部圈层分为地壳、地幔、地核三个基本圈层。地壳是从地面到地下70多千米的一层，富含硅和铝，也称硅铝层。地壳以下到2900千米深处的是地幔，这里是地球内部体积最大、质量最大的一层，约占地球体积的80%。地核是指地球的中心部分，是以铁和镍为主要成分形成的，具有强大地心引力的炽热固体。人们爱将地球的地壳、地幔和地核比喻为鸡蛋的蛋壳、蛋清和蛋黄。

地壳是地球的表层，由各种岩石组成，除地表覆盖一层薄薄的沉积岩、风化土和海水外，上部主要由花岗岩类的岩石组成。地壳的平均厚度约为33千米。在漫长的地球历史中，沧海桑田的巨变时有发生，大陆漂移、板块运动等都是地壳运动的表现形式。地壳还受到大气圈、水圈和生物圈的影响和侵蚀，形成各种不同形态和特征的地壳表面，蕴藏着极为丰富的矿产资源，而土壤与人类的关系最为密切。

人类生活在地壳表层，按地貌有平原、草原、高原、盆地等。人们在自然环境中能观赏到丽日蓝天、飞瀑流泉、绿野红花等优美景象，也会遭受地震、火山喷发、海啸、泥石流、雪崩等灾难。地球上有自然形成的优美风光，也有众说纷纭的奇异怪景、虚实难表的迷幻气象，还有不可思议的地域悬疑，有待科学家解开谜团。

不管人们生活在何处，地球都是人类的共有家园。这个家园里有很多自然资源，人类要依靠这些自然资源维持生命。人和动物、植物、微生物聚集在一起，共同生活、竞争，让地球家园充满了活力。随着人口的增长，工业的发展，资源的过度使用，让地球很受伤。如今善待地球、爱护地球，已成为各国越来越多人的共识。人们认识到从小事做起，节约能源，减少污染，联合起来，付诸行动，就能爆发出巨大的能量。

2. 蓝色的天空

从地球表面向上,是包围着它的大气层。大气层就像一件厚厚的“外衣”,覆盖着地球。

大气层由大气构成,大气是没有颜色和气味的空气。成分主要为氮气(约占78%)、氧气(约占21%)、氩气、氖气、氦气、氪气、氢气、臭氧、水汽、二氧化碳等。此外大气中还悬浮有尘埃、盐粒、冰晶、花粉、细菌等物质。大气层随高度的不同表现出不同的特点,自地面向上可分为对流层、平流层、中间层、暖层和散逸层五个部分,再上面就是星际空间了。对流层是大气层的最底层,紧靠地球表面,对地球影响较大。刮风、浮云、降雨、落雪等都发生在这一层。人类的活动和动植物的生存都存在于这一层。大气层里的空气虽然看不见,质量却大得惊人。据研究估算,整个地球周围有5000多亿吨重的空气。地球上的人如果没有人体内向外的压力,会被压得粉身碎骨。

别看大气层看不见,摸不到,它却是地球的保护伞,保护地球的作用极其巨大。如果没有大气层,太空中的天体就会如排排炮弹撞击而来,砸得地球难以存在;没有大气层,太阳上的有害光线直射地面,不会有水,温度也得不到调节,人类和生物都不会存活。有了大气层,当地球吸收了太阳光后,会将其中的一部分热量释放到空气中,这些热量又被大气层中的水蒸气和云截留住,使热量重新返回地球,使地球变得温暖、舒适。对流层之上有一个臭氧层,距地面20—30千米,这里分布着一种被称为臭氧的气体,它能吸收阳光中的紫外线,保护生物免受伤害。

大气层是无色透明的,但人们头上的天空在丽日晴朗时是瓦蓝的。这是由于太阳光由红、橙、黄、绿、青、蓝、紫七色组成,进入大气层后,遇到空气中的气体和尘埃微粒的分子,就发生散射。决定光散射强弱的一个主要因素是波长,愈是波长短的光线愈易被散射。蓝色因其波长短,便被大量散射开来,于是在太阳高挂云天时,人们看到的天空就是蓝色的了。

决定光散射的另一个因素是空气密度。空气密度越大,散射光也越强。在8000米以下的低空,蓝光得以散射,天空呈现蓝色。随着海拔高度的增加,空气变得稀薄,大气对阳光的散射力也越来越弱,致使天色也越来暗。在8000米以上,天空变为青色;11000米以上是暗青色的;13000米以上则成为暗紫色的;到了20000米以上,由于散射作用完全消失,呈现天际的只是一片暗黑色。

3. 形态多变的云

云是指停留在大气层的水滴、冰晶的集合体。云的形成主要是由水汽凝结造成的。

在太阳的照射、辐射下，江河湖海的水面，以及土壤和动、植物体的水分，会不停地蒸发到空中，变成水汽。水汽从蒸发表面进入低层大气，这里温度高，所容纳的水汽较多。当这些湿热的空气被抬升，温度会逐渐降低，升至1.5千米左右时，空气中的水汽就会达到饱和。如果空气继续被提升，就会有多余的水汽析出。当那里的温度高于摄氏零度，水汽就凝结成小水滴；如果温度低于摄氏零度，水汽就凝结成小冰晶。在这些水滴、冰晶逐渐增多并达到人眼可辨认的程度时，就出现了人能看到的云了。

据估算，每年从海洋、江河、陆地上蒸发到大气中去的水汽，约有4.5万亿吨之多。组成云的小水滴、小冰晶体积极其微小，一般直径只有0.01—0.02毫米，最大的也不会超过0.2毫米。由于它们又小又轻，足以让上升气流将它们"托"住，所以云不会从天空掉落下来。

由于各地地理位置、空气温度和上升运动等不同，云就有了多种多样的组成和外形。有的洁白如絮，有的乌黑一团；有时灰蒙蒙一片，有时发出红色和橙色的光彩。其实天上的云都是白色的，只是因为云层的厚度不同，以及云层受到阳光照射的方位不同才显示出不同的色彩。

云的形状色泽虽然有着千变万化，但种类大致有这样几种：一种卷云像丝絮、羽毛一样，丝丝缕缕大片飘浮在较高的空中；一种积云呈棉花状，在夏季最常见，很容易形成积雨云，带来雷雨天气；一种层云低空笼罩，呈灰色或灰白色，不易消散，会降下连绵阴雨或毛毛雨；另有一种火烧云，常在日出或日落时成片出现，颜色为红色，随着斜阳的照射而云态多变，色调也有深浅不同，这种火烧云又叫朝霞和晚霞。1883年8月的一天，印度尼西亚的喀拉喀托岛上发生了一次强烈的火山喷发，喷发出的火山灰约有180亿立方米，大量细小的尘埃升到七八万米的高空，凝结水汽后长期弥漫在天际。那一年世界各地看到的彩霞格外艳丽，人们称之为"血霞"。

云霞的出现、颜色、形状与大气中水汽含量、尘埃多少有关，对天气变化有一定指示意义。谚语有"早霞不出门，晚霞行千里""棉花云，雨来临"等，都是自古以来人们通过观察云霞形状总结的辨识天气的宝贵经验。

4. 吹来刮去的风

风是由水平流动的空气形成的。空气流动得越快风就越大。

空气产生运动,主要是由于地球上各纬度所接受的太阳辐射强度不同而形成的。在赤道和低纬度地区,日照时间长,大气接受的热量多,温度高;高纬度地区日照短,地面和大气接受的热量少,温度低。这种高低纬度之间的温度差异,使地球南北之间出现气压梯度,使空气产生水平运动,就形成了风。另外,地球的自转也使空气的水平运动发生了偏向的力。这种力使北半球气流向右偏转,南半球向左偏转,也引致了风的产生。除这两种力,世界各地吹刮的风还受海洋、山地等地形的影响。因此,风的吹动、风向和风速的时空分布较为复杂。

风有很多种类。冬季大陆比海洋冷,大陆气压比海洋高,风从大陆吹向海洋;夏季大陆比海洋热,风从海洋吹向大陆;这种随季节转换的风称为季风。白天近地层海洋上的气流吹向大陆,称为海风;夜间从大陆吹向海洋,则称陆风。在山区白天由谷地吹向坡地的风称谷风,夜晚由坡地吹向山谷的风称山风。无论是广阔的海洋,冰雪覆盖的南极、北极,还是一望无际的沙漠,风无处不在。有的地区常年刮风,如南极的阿德利岛,一年中有340多天刮大风,大风起兮一刮就是一二十天。

风力是指风吹到物体上所表现出的力量的大小,通常用来表示风的大小。一般风力被分为13个等级。0级—5级为无风、软风、轻风、微风、和风和清劲风,风力不大,清劲风也只是造成小树摇摆。6级—12级为强风、疾风、大风、烈风、狂风、暴风、飓风,随风力强烈,由人们行走困难,发展为建筑物被毁,造成巨大的灾害。现在发布天气预报时,说到台风、飓风,威力巨大,将风力最大已提高到17级。

风与人类的生存关系密切,对人类既有利也有弊。对农业作物来说,风能带来及时的降水,可以传播植物花粉、种子。但也会产生消极作用,传播病原体,蔓延植物病害;大风会使植株倒伏、树木折毁、落花落果,还会造成土壤风蚀、沙丘移动毁田等。对农业收成来说,风的作用并不比降雨小,所以成语“风调雨顺”要把“风”说在前边。一年一度的季风会给各地带来充沛的降水。风又是一种取之不尽、用之不竭的无污染能源。风力发电成本低,许多国家都建立了风力发电站,对风加以利用。发生在热带海洋的台风、飓风以及强烈的旋风、龙卷风,破坏力巨大,也正在得到有效的预防和治理研究。

5. 暴烈的台风

台风是一种海上的热带气旋。过去我国习惯将形成于摄氏26度以上的热带气旋称为台风。

热带海面在阳光的强烈照射下，海水会大量被蒸发，从而形成大片的积雨云团。热空气上升后，这一区域的气压就会下降，致使周围的空气源源不断地涌入。由于受地球转动的影响，涌入的空气会出现剧烈的空气旋转，这就是热带气旋。热带气旋会一边旋转，一边移动，风力可达10级以上。这种气旋因形成地域的不同而有了不同的名称。发生在太平洋西部海域和南海海上的被称为台风，发生在大西洋西部的则称为飓风。

台风生成后，海面上蒸发的大量水汽在高空遇冷凝结，组成稠密厚重的乌云。在旋转移动中风向呈逆时针方向旋转，一路刮起狂风，降下暴雨。台风经发展之路，风势强大。此时登陆，会给当地造成巨大的自然灾害。据科学家估算，一个中等强度的台风所释放的能量，相当于上百个氢弹爆炸或10亿吨黄色炸药所释放的能量总和。其破坏力是惊人的。

台风按照其强度，分为6个等级，即热带低压、热带风暴、强热带风暴、台风、强台风、超强台风。台风最大风速为12—13级，超强台风的风速可达16级或16级以上。有史以来，强度最高、中心附近气压值最低的台风是超强台风泰培。1979年日本的大范围洪灾就是这个台风造成的。

据统计，1959—2004年间，西北太平洋及南海海域，年平均发生台风为26.5次。发生台风最多的月份是8月，其次是7月和9月。台风移动行进的路径约为三类：西进型的台风自菲律宾以东西移，经南海在中国海南岛或越南北部登陆；登陆型台风移动穿过台湾海峡，在中国广东、福建、浙江沿海登陆；抛物线型台风先向西北方向移动，再转向东北，转向日本附近，路径呈抛物线形状。过境的台风登陆后，挟带的风暴降雨会摧毁农作物、各种建筑设施等，造成人员生命、财产的巨大损失。但有时台风也能起到消除干旱的有益作用。

从20世纪初开始，形成于北太平洋西部的台风有了冠名。首次给台风取名的是澳大利亚一位气象预报员。他把热带气旋取名为他不喜欢的一个政治人物。以后台风命名便很少再用人名，大多使用动物、植物、物品、食品等名字，还有一些名字是某些形容词或神话传说，如中国所命名的悟空、风神、电母等。自2000年起，台风的命名由世界气象组织所属的亚太地区11个成员国和3个地区提供。所取玫瑰、珍珠、莲花、彩云等名字，多具文雅、美好之意。泰国提供的“莫拉克”，意为绿宝石。菲律宾提供的“伊布都”则为一个排水管。

6. 肆虐的飓风

在大西洋和东太平洋地区，强大而厚实的热带气旋被称为飓风。飓风也泛指狂风和风力达 12 级以上的大风。飓风与台风相类似，只是依形成和移动的地域不同而有不同的名称。

一般来说，飓风常发生于夏季秋初，在形成时，海面湿热的空气上升，形成低气压“口袋”。气团不断增大，盘旋，上升的气流遇冷，形成云和雷暴，以热带低气压成为热带风暴。风暴上层能穿过对流层，到达平流层，与低寒的水汽凝结成冰雪，就此裹挟了大量结冰体。飓风在北半球呈逆时针方向旋转，在南半球以顺时针方向旋转。温暖的海水成为供应充足的“动力燃料”。热带气旋越滚越大，肆虐冲闯，可运行几千公里。

根据飓风的破坏力，定为五级。飓风一级的风力为每秒 33—42 米，可造成树木和小码头受损；二级风力为每秒 43—49 米，泊位、小艇受冲击，房屋受损；三级风力为每秒 50—58 米，洪水泛滥，楼房不保；四级风力为每秒 59—69 米，洪水一片汪洋，建筑物尽毁；五级风力为每秒 70 米以上，风暴危害巨大，人员须撤离。飓风的运转本该有规律可循，但又没有，它常会不断改变去向。经预测而至的飓风，来临的前一天，当地天空昏暗模糊，这是先期出现的卷云，由大量冰晶组成。卷云的涌动看似飓风会“呼吸”，还会“眨眼”。当飓风咆哮而来，会掀带海浪上岸，海浪可高达 6—15 米。伴随着飓风，常会产生龙卷风。海浪扑上陆地，以难以置信的力量冲击地层，还会引发地震。据估算，飓风移动中一天释放的能量，足以满足全美国约 6 个月用电的需要量。

飓风每年给大西洋和东太平洋地区一些国家带来的灾害是严重的。1900 年 9 月，一场超强飓风袭击了美国得克萨斯州的加尔维斯敦城，形成的洪水淹没了 12 个街区，死亡人数约 1 万人。15 年后飓风二袭该城，虽然修筑了高大坚固的防洪堤，仍然难阻洪水作乱，造成 275 人死亡。

2017 年 9 月，由 4 级升至 5 级的厄玛飓风，以时速 280 公里之势靠近了美国佛罗里达州，成为大西洋史上第二大强大热带气旋。这一飓风先是横扫了加勒比地区的多个岛国，登陆法属圣马丁岛，造成多人死亡；席卷巴布达岛，将该岛变为废墟。佛罗里达州政府要求 630 万人撤离避风，成为美国历史上最大一次“民众大撤退”。厄玛过境佛州，仍造成 32 人死亡。5 天后佛州有超过 150 万人无电可用，陷于高温热浪困境。

7. 威力巨大的龙卷风

龙卷风是一种风力极强但范围不大的旋风，也被认为是一种强力气流涡旋。龙卷风在我国也叫“龙吸水”，相传是天上的龙把尾巴伸到海中吸水，然后行雨。为此认为龙卷风是靠近水域的常见现象。

龙卷风主要分为两种：一种产生于陆地上，叫作“陆龙卷”；另一种生成于海面等水域，称为“水龙卷”。关于龙卷风的成因，有关专家指出与局部地区受热，引起上下空气强对流有关，容易产生“真空抽水泵”效应似的龙卷风。当一处大量变暖而湿润的热空气向上急速移动，附近区域的气流会迅速下降，由此便会形成很大的旋涡。在旋涡里，热湿的气流沿着螺旋线向上飞升，内部形成稀薄的冷空间，让水汽冷凝，结成冰晶。随着冷凝水气的增多、厚重，人们所看到的龙卷风总是呈现出雾气沉沉的旋转云柱状。

一个龙卷风形成后，在移动中形状奇特。它的上部是大团的乌黑积雨云，下部是下垂着的漏斗状云柱。龙卷风在地面上的直径，一般在几米、几十米到几百米不等，上部的直径可达到几千米。由积雨云层伸展到地面的巨大漏斗状云柱产生的强烈旋风，风力可达 12 级以上，常挟带雷雨。虽然龙卷风袭击范围并不大，生存时间一般只有几分钟，最长也不超过数小时，但其风力特别大，中心附近的风速可达 100—200 米/秒，甚至更高，破坏力极强。龙卷风影响范围从数米到几十或上百千米，所过之处万物遭劫，常会出现拔起大树、掀翻车船、摧毁建筑等灾害，有时还能将人、畜、车辆等卷到空中。

全球每年平均发生龙卷风上千次，使数万人丧生。其中美国出现的龙卷风占一半以上，亚欧与大洋洲也是龙卷风的多发区。各国对龙卷风的研究都很重视，但呼啸而来的龙卷风尚有诸多难解之谜。如龙卷风所到之处吼声如雷，气流涡旋的某些风速超过了音速；漏斗状旋涡直径为 200 米时，旋流产生的功率可达 3 万兆瓦，相当于 10 座大型水电站的总发电量。一个龙卷风竟会产生如此强大的威力！还有令人不解的是，1896 年，美国圣路易市发生的一次龙卷风，一根松木棍穿透了一块 1 厘米厚的钢板。1919 年，美国明尼苏达州出现的一次龙卷风，一根细草茎竟刺穿了一块厚木板。此外在一些发生了龙卷风的地方，房屋遭毁，把碗橱从一处刮到另一处，碗橱里的所有碗盘却完好；龙卷风将人卷上高空，又平安送回地面，一无伤损；龙卷风扫过，拔去了鸡一侧的毛，却留下另一侧的；这些龙卷风的行为，都令人难以捉摸。

8. 黄云漫卷的沙尘暴

沙尘暴是指强风将地面尘沙吹起,使空气污浊,水平能见度小于 1 千米的天气现象。沙尘暴天气主要发生在冬春季节,由于干旱,降水甚少,地面干燥松软,抗风蚀能力弱,当有大风刮过时,大量沙尘就会被卷入空中,形成沙尘暴的自然灾害。

沙尘暴天气是自然现象,并非现代产物。早在白垩纪晚期(距今 7000 万年)地球上已有沙尘暴出现。3000 多年前,我国史书中便有西北地区发生"黄土""雨尘土"等记载。在我国最早的诗集《诗经》《尔雅》中,也有"风尔雨土曰霾"的记述。在元末的 1367 年春,一日北京西北方突起大风,飞沙走石,昏尘蔽地,彻夜不止。此后夜夜风卷狂沙,连刮了 43 天,给京城百姓带来了一场旷日持久的灾难。

有关专家指出,强劲持久的大风是形成沙尘暴的动力,松散、干燥的地表则是其沙源。据调查,世界沙尘暴的发源地,主要有中国西北地区、中亚地区、阿拉伯地区、非洲撒哈拉地区和美国中南部地区。我国北方有四大沙尘源区,其中以甘肃河西走廊和内蒙古阿拉善地区为最强。沙尘暴的生成往往是极短时间的事,由静风或小风,突然就会转为每秒 10 米以上的大风,卷起沙石,作长途奔袭。一场发生于撒哈拉沙漠的沙尘暴,能卷过 1600 公里,所过之处很少有生物能逃过浩劫。过境于我国北方的沙尘暴,有时还会抵达朝鲜半岛和日本等地。

沙尘暴的危害是多方面的。1981 年埃及首都开罗遭遇一场沙尘暴,城市及周边连降两天"沙雨"。平均每平方公里降沙达 25 吨,整个开罗落沙 5 千吨。城市的机场、港口、重要公路等设施全部停用。1993 年我国甘肃、宁夏和内蒙古三省出现了特强沙尘暴天气,死亡 85 人,伤 278 人,失踪 31 人,直接经济损失 5.5 亿元。1998 年我国西北 12 个地、州发生强沙尘暴天气,46.1 万亩农作物受灾,11 万多头牲畜死亡,直接经济损失 8 亿元。沙尘暴天气对人健康的影响更大,可诱发多种疾病,尤其是过敏性疾病,或造成过敏性病人旧病复发及加重。健康人也会有咳嗽、气喘、胸闷等不适。浮尘弥漫,天色阴沉,能见度差,还会造成人心情沉重,郁闷不舒,损害人的健康。

沙尘暴风蚀地貌,污染环境,危害是严重的。但沙尘暴对人类也有有利的一面。沙尘中含有的钙等碱性阳离子,能有效缓解酸雨;沙尘粒子中所含的铁和磷,也有助于海洋生物的生长。此外沙尘暴还有降低大气温度的作用,为延缓全球气候变暖能发挥一定效益。但沙尘暴对人类生活毕竟是弊大于利。人类当前尚难以阻止沙尘暴的发生和危害,但可加强对沙尘暴的监测、监控和预警,以达到避害趋利的目的。

9. 自天而降的雨

雨是从天空云际降落的水滴。雨是人类生活中重要的淡水来源之一。

地球上的水受到太阳光的照射后,就变成水蒸气被蒸发到空气中,水蒸气上升遇冷便会凝聚结成小水滴。这些水滴微小而轻,被上升的气流托在空中,聚集为云。当云体内的水汽能源源不断得到供应和补充,使水滴表面经常处于过饱和状态,水滴的凝结会继续,体积和重量增大,在大水滴越长越大,大到空气托不住它时,便从云中降落地面,成为雨。

通常根据降水强度和降水量,雨分为小雨、中雨、大雨和暴雨几个级别。在我国气象上规定,24 小时内的雨量小于 10 毫米或 1 小时内的雨量小于或等于 2.5 毫米的雨为小雨。24 小时内的雨量为 10—24.9 毫米或 1 小时内的雨量为 2.6—8 毫米的雨为中雨。24 小时内的雨量为 25—49.9 毫米或 1 小时内的雨量为 8.1—15.9毫米的雨为大雨。24 小时内的雨量大于或等 50 毫米或 1 小时内的雨量大于或等于 16 毫米的雨量为暴雨。一般来说,小雨清晰可见雨滴,但雨声微弱;中雨雨落如线,雨滴不易分辨;暴雨响声哗哗,常伴有雷电。在沙漠上空还会出现一种干雨,明明是有雨在降,由于当地低空极热而干燥,雨滴未及落地便蒸发掉了。

世界各地的地形地貌不同,降雨量亦分布不均。我国雅鲁藏布江河谷的巴昔卡年平均降雨量为 4500 毫米,我国台湾的火烧寮年平均降雨量高达 6500 毫米。我国四川雅安也是多雨之地,秋季常有倾盆大雨,还有一年下雨 220 天的记录。印度阿萨姆邦的哈希丘陵降雨量也极其充沛,经对其 49 年监测发现,此地的年平均降雨量达到 10869 毫米,最多一年的降雨量更高达 26461 毫米。在南美洲巴拉圭的巴拉那河附近,横挂着大瀑布,上空总有风吹,下面水雾不断,凝结水珠飘降,可谓时时有雨,已下了几百万年。这让此地成了全世界最潮湿的地带。

一场突发的大雨、暴雨,有时能改变一个地区的生态,甚至能创造奇迹。澳大利亚东海岸有一年连降几天大雨,海面海水含盐率下降,渐变为淡水,造成大批海洋鱼类生物因水土不服死亡。埃及北部曾下了一场特大暴雨,很多地方的相当一部分土层被雨水冲刷掉。洪水退去后,距艾尔城不远处人们看到地面有裸露的精美石头,考古学家赶来发现这是一座庙的顶尖——一场暴雨竟“发掘”出一座古庙。

世界上也有一些少雨的地方。苏丹的哈尔法城年降雨量 3 年仅为 1 毫米。秘鲁首都利马也是一座不雨城,由于常年无雨,许多居民以纸板盖房,不备雨具,城内到处是露天仓库,地面也无排雨水设施。然而天有不测风云,一旦出现一场降雨,便会让这里的人们不知所措。

10. 怪雨种种

下雨本是常见的自然景象，但在世界一些地方，有时也会降下不同寻常的“雨”，让人称奇。

1974 年夏，意大利和法国南部降下一场粉红色的“血”雨，使许多人惊骇。科学家查找原因，才知是狂风刮过撒哈拉沙漠，卷起红色沙尘，随雨降落造成的。

1986 年春季的一天，伊朗首都德黑兰突降“黑”雨。这场雨历时 30 分钟，人们不敢出门。后调查发现，雨水中含有不少磷和硫黄，是由于德黑兰南部郊区发生大火，风卷黑色飘浮物引起的。

对于一些地方降下的形形色色怪雨，科学家研究分析，多是由旋风、龙卷风而为。1856 年美国密歇根州一场暴风雨掀翻了一个缝针厂，大批缝衣针，包括毛衣针，随风而去，满天飞舞了许久又随雨四降，下了一场“针”雨。1940 年，旋风摧毁了苏联高尔基地区的一个造币厂，伴随着电闪雷鸣、急风暴雨，百里外的一个村庄上空突然降下无数银币。

在世界一些地方还时降“动物”雨。1954 年，英国伯明翰城里下了一场“青蛙”雨。在暴雨中人们打伞走在街上，一阵“噼噼啪啪”的声音响在雨伞上，随后看到满地小青蛙蹦跳在雨地上。青蛙都活着，很小，身长一二厘米，黄绿颜色，并且随着降雨从天上越落越多。

2010 年 2 月，澳大利亚西北部的小镇莱吉曼纽连下了两天“鱼”雨。随着降雨，天上落下来成百上千条白鲈鱼，有些落地时还是活的。第一天傍晚落了鱼，第二天傍晚又落，让当地人有了意外之喜。据研究，这些落鱼是从距此 326 英里的水域被暴风雨吸起，再被气流“运送”，抵达这个小镇上空后坠落的。

天降怪雨本是罕见的事，但在中美洲的洪都拉斯，天降“鱼”雨不仅平常，当地还有“鱼雨节”的庆祝活动，且天降活鱼现象已经持续了 100 多年。洪都拉斯位于加勒比海西岸，每年春夏之交，北上的大西洋暖流会带来丰富的鱼群，而南北冷暖气流交汇，也极易引发龙卷风。一些在浅海处觅食的鱼类便会被风暴卷到空中，具有地理优势的洪都拉斯频下“鱼”雨，也就是顺理成章的事了。这里的“鱼雨节”日期是不固定的，哪天天上落鱼，哪天就是庆贺的节日。常常是一阵暴风雨过后，远近地面落满了白花花的海鱼，大家一齐加入了捡鱼的行列，场面让人大开眼界。

奇怪的降雨中还有“龙虾雨”“螃蟹雨”“蜗牛雨”“石头雨”等。各种怪雨普遍的解释是由旋风造成的。但难以说明白的是，为什么怪雨只降落同一类物品或动物，而没有其他种类夹杂其间。难道旋风还会加以挑选吗？看来怪雨在有些方面还是让人匪夷所思。

11. 雷鸣贯顶

雷鸣和闪电是一种常见的自然现象，是云层中电子碰撞的产物。

云层中含有多种微粒子，这些微粒子经过碰撞会带上电荷。当不同的云体、云体内部、云体与地面的电势差达到一定程度，便会发生放电现象，即产生闪电。闪电划过天空时，能很快使沿途的空气变热，变热的空气迅速膨胀，并猛烈地向四周冲击，引起巨大的声波，这就是雷声。闪电距离近，人耳听到的是尖锐的爆裂声；如果距离远，听到的则是轰隆声。闪电和响雷是同时发生的，由于光速比声速快得多，所以有雷电时，人们总是先看到闪电，几秒钟后才听到雷声。

雷电的能量和破坏力是巨大的，它能劈开大树，击毙人畜，毁坏建筑，给人类生命财产造成巨大损失。但雷电对人类生活也有有益的一面。发生雷电时，强大的电流能把大气中不活泼的氮气和氧气化合，生成二氧化氮，溶解在雨水中落到地面，成为天然的氮肥。全球土地每年因雷电获得的氮肥有 4 亿吨之多。雷电还能把大气中的氧气转化为臭氧，空气中臭氧层增厚有益于吸收危害生命的紫外线，还能起到杀灭大气中病原菌、净化空气的作用。此外，雷电还有帮助人类寻找矿藏等功用。雷电能产生巨大的电能，如何获取、储存和利用它，是科学家正在研究的课题。

如同世界各地降雨量的不同，雷电的发生也分布不均。印度尼西亚许多地区属于多雨地带，爆发雷电也频繁。爪哇一年中有 200 多天打雷，有的城市更有 300 多天雷声隆隆，年响雷 1400 多次。茂物地区雷暴尤多，有时雷雨交加，也有时空雷无雨，据记载，一年中有 11 个月 320 多天均可听到雷鸣。

在下雨天，天空中运行着带电云团，由于感应起电，常使其下部地面产生相反的电荷。当云、地之间的电场强度达到一定程度时，便会在地面凸出部分产生电击穿现象。如果此时人在其间，便成为闪电通道，强大的电流通过人体，即造成雷击。据统计，全世界每年死于雷击的大约有 4000 人。

美国人苏利文，在 1942—1972 年 30 年间曾 5 次遭雷击，一次次失去大脚趾、烧掉眉毛、烧焦左肩、烧毁头发，又被从轿车中击到车外，却大难不死。研究者对他如此吸引雷击尚难有合理解释。雷击能将人击毙，也能创造奇迹。1980 年夏天，印度一位患白内障双目失明的老人在家中闲坐，突然阴云密布的天空响起一声炸雷，老人感到头脑受到很大震动。第二天他一觉醒来，惊喜地发现自己又重见光明了。专家研究认为这是因为患者处在雷击的磁场内，磁场使眼球的不溶性蛋白变成了可溶性蛋白，一举消除了“白内障”，使老人复明。

12. 闪电划空

闪电是云与云之间、云体内部或云与地之间发生的强烈放电现象。

暴雨云团通常会产生电荷，底层为负电荷，顶层为正电荷。地面也会产生正电荷，并追随着云团移动。正、负电荷彼此相吸，空气并不是良好的传导体，于是地面的正电荷聚向树木、山丘、高大建筑的顶端，甚至人体，欲与带有负电荷的云层相遇。经负电荷枝状触角向下伸展，接近地面，正负电荷克服了空气阻碍连在一起，便产生了一道夺目耀眼的闪电。

据统计，地球上每年约发生闪电 1600 万次。每秒钟就有约 600 次闪电，其中约有 100 次会袭击到地面。一道闪电的长度可能有数百米，也可能长达几千米。电光一击，闪电的中心温度能达 2 万度左右，比太阳的表面温度高出 3 倍多。闪电正前方震波压强达 70 个大气压，电位差可大至几亿至数十亿伏特不等，击穿力足以摧毁直径 20 厘米的石头，击中人体常造成人烧焦死亡。1975 年，在津巴布韦的乡村乌姆塔出现了猛烈的雷电天气，闪电袭击了一幢建筑，导致 21 人遇难。

闪电的形态曼妙多姿。最常见的闪电是枝状闪电，也叫线形闪电，呈明亮的白色，很像地图上一条分支很多的河流，又像有分枝的大树。片状闪电也比较常见，研究认为这种闪电可能是云层后面火花放电的回光，或是云内闪电被云团遮挡造成的漫射光。链形闪电是几个闪电衔连在一条线上，缓慢滑行，较少见。闪电中还有一种近地的球形闪电，有饭碗和足球大，闪烁发光，在距地面不高处飘荡。遇到建筑可破门而入，引发爆炸和事故。超级闪电是威力大而稀少的闪电，闪电中还爆发出蓝色的光焰。1978 年纽芬兰的钟岛曾受到一次超级闪电的袭击，整个乡村门窗都喷放出蓝色的光，10 多千米外的房屋也被震得咯咯作响。

闪电多为白色的。因空气中混有氩、氖、氪等稀有气体，闪电有时也会呈现红、蓝、黄等颜色。科学家经长期研究证实，自然界还有一种不发光的黑色闪电。由分子气凝胶聚集物产生出来，是发热的带电物质，极容易爆炸或转变为球形闪电。由于雷达也对其难以捕捉，黑色闪电被认为是“闪电族”中危险性较大的一类。

在俄罗斯中部，有一块名为格罗莫维什的旷野。闪电会经常光顾此地，使这块旷野之地有了“闪电家园”的称谓。在这处“闪电家园”，除闪电发生率很高，旷野有时还会冒出奇怪的光；人站在野地上，心跳加快，血压也会升高。专家分析研究后认为，此地的异象归因于电阻过低，故容易招致闪电频发，并由此推测附近有金属矿藏。这种推测在盗墓者那里也有所印证，据说有盗墓者专挑雷雨天来到此地，查看闪电击向最多的山丘，雨后沿雷电击出的土沟向下挖，还真挖到了金子。

13. 坠落的冰雹

一般直径为5毫米至10厘米，随暴风雨落向地面的冰球或冰块被称为冰雹。冰雹的发生常在春夏之际。

冰雹的形成需要有强上升气流的积雨云。在暖湿季节，空气中含有的水汽多，低层大气又很容易被太阳晒热的地面所烘烤，形成下热上冷很不稳定的空气柱，从而发生强烈对流。水汽凝结成冰晶体后，很强的上升气流将其增大为冰雹块。在继续上升中不断与沿途的雪花、水滴合并，形成一层层透明与不透明的冰块。这时如遇到更强的上升气流，进入低温区，冰球、冰块又会有增长、变大。当上升气流托不住它们时，形成的冰雹便会从积雨云中砸落下来。

冰雹对建筑物和农作物有着极大的破坏性，突然而来的大冰雹还会给人和牲畜造成伤害。研究资料显示，冰雹的危害局地性强。雹带一般宽几十米到数千米，长数百米到数十千米。落雹时间短，一般2—10分钟，少数在30分钟以上。在北半球雹灾常发生于4—10月，以下午、傍晚为多。为对抗冰雹的危害，1896年奥地利人用大炮轰击雹云取得成功。“二战”后意大利人使用火箭消除冰雹也见效果。如今各国都在广泛使用火箭、高炮轰击雹云消雹，或用飞机将碘化银等催化剂撒入雹云消灾。

据调查，我国长江以北、燕山一线以南、青藏高原以东是冰雹的多发区。西藏东北部的黑河(那曲)年平均降雹达35.9天。而在东非肯尼亚的南蒂地区，一年中下雹经常有130多天。冰雹落地一般个头如糖球、卫生球大小，如果像乒乓球已经足够大。但在世界一些地方，却砸落过一些惊人的“大块头”。据记载，1788年，一场冰雹席卷了大半个法国，多达数百吨冰球从天上倾泻而下，最大的雹子重250克。1843年俄国降落的冰雹重达300克。1904年，莫斯科降下的冰雹重到400克，陷地6厘米。1929年，印度发生一次雹灾，最大的雹子直径13厘米，重达1公斤。

天降冰雹中还有着离奇的事。20世纪60年代，苏联西伯利亚入夏后一场滂沱大雨挟带着冰雹从天而降。在一个硕大的冰雹中，竟裹着一个人掉在地上。经调查得知，这人是跳伞部队的伞兵。训练中他跳离飞机后，遇到一股极强的空气流，将他卷带到浓厚的积雨云中。他失去了操控能力，任凭气流抛上抛下，云中水汽、冰晶层层黏聚在他身体上，如同用一个馅在不停地“摇元宵”，周身的冰也越积越厚，趣聚越多，由此结成了一个大号“冰雹”。当云中的上升气流托举不住时，“人雹”便降落下来。

14. 悦目的彩虹

彩虹是一种气象中的光学自然现象，是由于太阳光射到饱含水滴的空气里，发生光的反射和折射而形成的。

太阳光看起来是白色的，实际上是由多种颜色组成。阳光进入空气中的水滴后，依光波长短的不同，会被分解成红、橙、黄、绿、蓝、靛、紫七色光带，形成五彩缤纷的彩虹。彩虹通常出现在雨后的晴空，海水浪花、瀑布等上空或喷得很高的喷泉上也能产生小型彩虹。

我国早在宋代时，精通天文历算之学的学者孙思恭便提出了“虹乃雨中日影也，日照雨则有之”的说法，已解释出彩虹的形成是水滴对阳光的折射和反射。17世纪时英国科学家牛顿以玻璃棱镜把太阳光散射成彩色后，关于彩虹的光学原理才全部被发现。

观测发现，彩虹最常出现在雨后转晴的下午或傍晚。这时空气中尘埃少而且充满小水滴，天空的另一边仍有雨云略显阴暗，人们头上已没有云的遮挡而可见阳光，这样彩虹就会清晰显现在天空。有时在彩虹的外侧还能看到另一道虹，色彩比第一道稍淡，得名副虹，也叫作“霓”。这种虹被称作双彩虹。虹和霓色彩的次序排列相反，虹的色序是外红内紫，而霓的色序是外紫内红。

人们所看到的彩虹，都是上部半圆的弧形。其实彩虹是一个完整的圆形，也就是说，彩虹没有起点，也没有终点。它的圆心就是太阳与地球垂直连线的中点。人们看到的彩虹只是它的上半部，剩余的下半部位于地平线以下。看不到彩虹的下半圆，不等于下半圆不存在。

雨后彩虹的出现与当地当时的天气有着联系。人们可以根据彩虹映现在天空的位置，推测将是晴天或雨天。当东方天空现出彩虹时，本地一般是不大容易再下雨的；而西方天空挂有彩虹时，本地又落雨的可能性就很大了。

天上的彩虹一般都是在雨后天晴时出现，但也有彩虹却悄悄现于夜深人静的夜间。1984 年 9 月的一晚，我国辽宁省新金县普兰店镇在经历了一场小雨后，天空放晴，一轮圆月高挂天空。当地人走出家门惊奇地发现，在西方空中出现了一条弧形光带，从南伸向北，色彩虽不很分明，但仍可分辨出其上层的淡红色和下层的淡绿色。气象局专家观看后确认，光带是罕见的月虹。这道月虹持续了约 5 分钟后，渐渐消失。专家指出，月虹也是一种大气光象，形成的原理与日虹相同，当月光照射到雨滴上，经折射和反射就会出现虹。由于月光比日光弱得多，月虹也比日虹暗淡，多呈白色，难以被人发现。能分辨色彩的月虹则少之又少。

15. 弥漫身边的雾

当大气中因悬浮的水汽凝结,能见度低于 1 千米时,气象学称这种天气现象为雾。

秋冬时节,临近地面,当水汽超过了空气的容纳量,多余的水汽就会凝结,与灰尘等颗粒结合形成小水滴或冰晶,它们悬浮在靠近地面的空气里,就形成了雾。白茫茫一片的雾,也可以说是靠近地面的云。

持续出现浓雾弥漫的天气,会使海、陆、空交通受阻,易引起交通事故。雾气蒙蒙也表示空气中灰尘和病原微生物多,成为过敏原,危害人的呼吸道和皮肤等,引发多种疾病。而霾主要由 PM2.5 细粒子组成,它会被吸入人的喉部和鼻内,停留于气管,深入肺部。霾颗粒中包括生物颗粒、矿物质、生化物质等,对人体健康危害极大。

雾迷离、缥缈,在中国古代的诗词绘画中是重要的审美意向。雾对人也有用处。我国的名山庐山年平均雾日达 192 天,工作人员在松柏树下放木盆,一夜间可收集雾水 20 至 30 公斤,用以浇溉云雾茶等作物。在秘鲁的一些园区,人们使用尼龙网制成的雾水收集器,大量收集雾水,也颇有成效。

受地理位置的影响,有的城市因雾日多,有了“雾都”之称。我国的重庆年平均雾日是 104 天。有世界雾都之称的英国首都伦敦年平均雾日为 94 天。自 20 世纪初,伦敦人大部分使用煤炭作为家居燃料,产生大量烟雾,再加上临海受当地气候的影响,伦敦便经常笼罩在浓浓的雾气中。在伦敦 1952 年的一场大雾中,街上交通完全中断,咫尺难辨;剧场里开着灯,人们出入还要以手扶墙行走。

雾在各地是常见的,但有些雾气又是诡异和怪诞的。在 1952 年那场伦敦大雾中,有大批的人来不及抢救便中毒而死。有研究认为是浓煤烟熏呛所致,也有人认为是雾中含有其他化学物质。2005 年 10 月,尼日利亚首都阿布贾被一种奇怪的雾包围,人们普遍反映胃痛,眼睛受刺激。检测显示,雾中含有一定量的硫酸。也是在这一年,加拿大芬地海湾上的大雾让多达 5000 多只鸟儿死亡,并不是雾中含有毒性污染物,而是大雾的温度忽然变得很低,许多鸟儿飞翔中翅膀被冻僵,会一头扎下来摔死。

16. 美景之雾凇

在寒冷的天气里，雾中大量零摄氏度以下尚未结冰的雾滴，飘荡于低空中。当碰到零摄氏度以下的树枝等物时，附着于上面，不断积累、冻结，凝聚成白色松散的冰晶，这即是雾凇，也称树挂。

雾凇是我国北方常见的一种类似霜降的自然现象，是一种自然美景。在我国南方高山地区也常见。只要雾中有过冷的水滴就可形成。凝聚的雾凇层由小冰粒构成，它们之间有气孔。由于是过冷水滴迅速冻结，相邻的冰粒之间内聚力较差，易从附着物上脱落。雾凇很容易在过冷云团环绕的山顶处形成，也是飞机外壳上常有的冷冻现象。有的雾凇突现，会将电线、树木压断，造成经济损失。

我国是世界上研究雾凇最早的国家。早在春秋时期就有关于“树稼”“树介”等对雾凇的论述。雾凇一词最早出现于南北朝时期，在吕忱所编《字林》一书中解释说：“寒气结冰如珠，见日光乃消，齐鲁谓之雾凇。”这是直呼雾凇的最早文献。

我国各地形成雾凇的景点很多。哈尔滨、小兴安岭、松花江畔、新疆天山、内蒙古林区、五台山等地因地貌不同，所形成的雾凇风格迥异。其中吉林松花江两岸景点的雾凇，更以其仪态万方、独具韵味的景象，与桂林山水、云南石林、长江三峡同为中国四大自然奇观。

每当雾凇时节来临，吉林的松花江岸，十里长堤，便是“忽如一夜春风来，千树万树梨花开”。柳树广结银花，松枝齐绽银菊，把游人引入如诗如画的境界。吉林松花江流域地处寒温带大陆性气候，不冻江、雪大、雾多、空气湿度大、水汽充足、易饱和，成为形成吉林雾凇得天独厚的地理条件。冬季的松花江、松花湖等水域，冰冻如镜，但冰层下几十米深水处仍保持着摄氏 4 度的水温，江水与空气之间有着巨大的反差。江水中源源上升释放的水蒸气凝结到两岸树木、草丛之间，形成厚度达 40—60 毫米的树挂。这远远超过其他雾凇处仅 5—10 毫米的厚度。这里的雾凇是毛茸形晶状品种，格外晶莹剔透，尽现“一江寒水清，两岸琼花凝”的美景。吉林雾凇不仅美，雾凇的出现对人的健康还有益处。调查检测发现，吉林雾凇有净化空气的功能，据测，在有雾凇的松花江地段，对人具保健作用的负氧离子每立方厘米可达上千至数千个，比没有雾凇处多 5 倍以上。此外，雾凇还有消减噪声的功效。吉林雾凇是闻名于世的美而有益于身心健康之景地，每年都吸引着众多中外游人纷至沓来。

17. 霜与露水

霜与露,都是在空气的相对湿度达到100%时,水分从空气中析出的现象。二者的区别在于,水汽凝华成霜的霜点温度低于冰点,而水汽液化为露的露点温度要高于冰点。

深秋和初春时节,当夜间气温降至摄氏零下时,空气中多余的水汽便会在不易导热的树枝、瓦片等物体上,凝结成白色的冰晶,这就是霜。一种物体,如果与其质量相比,表面积相对大,那么它上面就容易形成霜。如草叶很轻,叶面面积却较大,草叶就易结霜。另外物体表面粗糙的,如土块、瓦块等也爱结霜。

有霜时节,田头有农作物,常会遭受霜冻。实际上农作物并不是因为霜而受害的,霜凝在作物茎叶上不会造成损害。零下低温才是祸害。有时到了摄氏零下一二十度的低温,天气干燥,并没有霜出现,但农作物早已被冻坏了。霜对植物无害,当日出后气温升高,霜所融化的水,对农作物倒有一定好处。

与霜凝结的时节不同,露凝结于夏秋的清晨,一颗颗亮晶晶的小水珠凝聚在草叶、花瓣上,为人们所常见。在一些纬度低的地区露水四季皆有,到了秋天会更多些。露水需要在大气较稳定、风小、天空晴朗少云、地面热量散失快的天气条件下才能形成。如果夜间天空有云,地面气温不容易下降,或夜间风大,水汽扩散,露水都很难出现。

露水对农作物的生长十分有利。当植株受日光照射蒸发掉大量水分,发生轻度枯萎,得到露水的滋润补充,便会恢复生机。检测发现,露水几乎不含重水,含有对生物体有益的化学物质,并具较强的渗透性。植物经露水灌溉,生长加快且茁壮,露水的利用一直受到各国农业专家的重视。

现代生理学家研究认为,露水中由氢氧原子结合的"共价键",具某些生理活性,对于人体健康也大为有益。据《中国医学大辞典》阐述:"近地水汽,夜著于草木等易散之物体,因冷而凝,圆净如珠,如秋露、百草上露、百花上露,皆有功用。"另云:"露本阴液,又得荷叶之清气,故能养阴扶阳,滋益肝肾,去诸经之火,甚为有效。"可知在我国很早就对露水有研究,并用于治疗疾病了。近年来一些国家对露水有了更多的开发利用。俄罗斯一家疗养院让某些疾病患者每日早晨空腹饮一杯露水,收到显著疗效,被称为"魔水疗法"。日本一家公司从富士山麓收集露水装瓶,经密封、消毒后投放市场,还成为俏货呢。

18.纷飞飘落的雪

当气温在零摄氏度以下时,空气中飘浮的小水滴就会规则地排列形成冰晶,这些冰晶吸附空气中的水汽和其他小水滴,越聚越大,就会由云端飘落到地面,这就是雪。

雪是常见的固态降水现象。在我国常发生在冬半年,是北方冬季的主要降水。雪有很多种形状,如针状、柱状、球状、板状、树枝状等,但其基本形状是六角形。就像地球上没有完全相同的两滴水一样,在自然界也找不出两朵完全相同的雪花。

降雪的形成必须具备两个条件:水汽饱和和有凝结核。水滴在低温和相对湿度不小于100%时才能结为冰晶,还须有悬浮在空中的物质微粒才能凝结成雪。在科技发展的今天,如果天上有云却不见降雪,可以向云中播撒海盐等化学物质微粒,实现人工降雪。

雪水看起来平常,却有很好的促进生物生长的作用,尤有利于农作物的生长发育。雪有很好的保温效果,可以在寒冬保护植物不被冻伤,来年开春雪水融化又为植被提供了良好的水源。

世界各地因地理位置和地貌不同,降雪之地的降雪量也大有区别,有的地区因雪量过大还会形成雪灾。在美国一些地方,冬季降雪量一直很大。1926 年 4 月的一天,科罗拉多州的银湖降雪量达 1.92 米。1959 年 2 月的一周里,加利福尼亚州的沙斯塔山间连续降雪达 4.8 米。美国月最大降雪量是在加州的塔马拉克地区,降雪量达 9.9 米;季度最大降雪量是 1971—1972 年华盛顿的一个地区,降雪量达到 28.5 米。2012 年年初,美国阿拉斯加州的科多瓦镇连续降雪,累计近 6 米,几乎将全镇埋入雪中。3 座建筑坍塌,6 处住所被严重挤压,许多人员受困。致使州国民卫队大批成员出动,赶来抢险救灾。

降雪一般是白色的,但在世界一些地方也飘落过多种颜色的雪。在欧洲西部山区,下过一场“绿”雪,调查发现这是大西洋中的大风把海水中的水藻卷上天空,凝结为雪花后飘落下来。在中欧西部高山上,下过一场“黄”雪,经检测分析,这是由于从非洲北部撒哈拉沙漠吹来的风把黄沙混凝在雪中。日本在 1925 年冬下过一场灰色雪,经调查为雪中混杂了大量附近喷发的火山灰所致。1963 年冬,日本还降下“红”“黄”“褐”几种颜色的雪,经检测,这是强风吹起中国西北高原地区的沙尘,漂洋过海而到了日本上空凝结雪花降下。1970 年冬,苏格兰降下一场“黑”雪,调查发现是这一地区的大工厂排放未燃尽的煤烟,煤烟颗粒黏附在雪花上造成的。这也让人们了解到无序工业生产造成空气污染的严重性。

19. 壮观的冰川

冰川是一种巨大的天然冰体,是由多年降雪不断积累而形成的。一座冰川的形成往往需要上百年,甚至更长的时间。

冰川只形成于陆地,主要分布在年平均气温零摄氏度以下、气候寒冷的两极或海拔很高的高山地区。欧洲、南美洲、北美洲和中国西部高原山地,都有冰川地貌的分布。

在寒冷的地方,冰雪不容易融化,还会越积越厚。这些冰雪受重力的影响,会产生滑动。由冰雪形成的冰川也是会移动的。但由于冰川规模宏大,移动速度极其缓慢,一般每天只有几厘米,最多也不过数米之远。然而冰川对地球的塑造之力又是巨大的,成为进行侵蚀、搬运、堆积并塑造各种冰川地貌的动力,因此被称为"大地的刻刀"。

冰川"雕刻"出了地球上众多著名景观。珠穆朗玛峰、阿尔卑斯山等著名山脉之所以陡峭挺拔,正是得益于冰川之力。地球上陆地面积的 1/10 为冰川所覆盖,而 4/5 的淡水资源就储存于冰川之中。冰川会影响到整个地球的气候,甚至会改变人类进化的进程,关乎人类的未来,这并不是危言耸听。

罗斯冰川(也称冰架)是世界上最大的冰川,位于南极爱德华七世半岛与罗斯岛之间,东西长 800 千米,南北最宽处为 970 千米,冰川靠海边缘高 60 米,接近陆地边缘最厚达 750 米。面积达 52 万平方千米,相当于一个法国。1841 年,一支英国海军探险船队曾被这座冰川所挡,后来冰川就以探险队队长罗斯爵士姓氏命名。现在罗斯冰川仍以每天 1.5 米—3 米的速度向海洋伸展,一旦冰体产生裂隙,就会割裂开巨大冰块,形成冰山漂浮。

在南美大陆安第斯山脉南段,有一处罗斯格拉希亚雷斯冰川群。冰川群面积 4457 平方千米,西接智利国界,东临阿根廷湖。这里有第四纪冰川时期形成的冰川湖,有多条冰川汇集于此。其中的莫雷诺冰川是冰川群中至今仍在成长发展的冰川,它长 35 千米,其前缘为一道宽 4 千米、高 60 多米的冰坝,矗立在湛蓝的阿根廷湖湖面上,蔚为壮观。莫雷诺冰川每隔两三年就会截断阿根廷湖面一次,致使湖面水位上升,直到水流掏空坝底,冰坝坍塌,湖水重新畅通,水位才恢复正常。巨大的冰坝崩塌时发出雷鸣般的轰响,湖面激起的波涛猛烈地向湖岸冲击。如此惊心动魄的景象每次可持续一两天,并已持续了几十年。是吸引国内外游人的壮观一景。

20. 漂浮的冰山

冰川在海浪冲击作用下发生崩裂就会形成冰山。冰山多为大若山川的冰,脱离了冰川或冰架,在海洋自由漂流,有“海上的漂泊者”之称。

冰山是由南北两极大冰库“制造”出来的。冰川入海处结成的巨大冰块,在春夏两季受海浪、季风影响,断裂出众多冰山。每年北极仅格陵兰岛西部即产生冰山1万多座。南极海洋中每年则有新生冰山22万多座。有些冰山个头极大,1956年美国破冰船“冰川”号远航南太平洋,在斯科特岛以西240千米处发现了一座大冰山,它长335千米,宽97千米,面积比欧洲的比利时国土还大。2000年,南极的罗斯冰架崩裂出一座冰山,面积达1.1万平方千米,它漂浮到2005年,才由阿拉斯加一场大风暴揉碎。

一座冰山约有90%体积沉积于水下,从冰山表面看到的只是冰山一角,难猜其水下的形状。组成冰山的冰平均年龄在5000年以上,冰体坚固结实,这成了极地海洋轮船运输的危险因素。1912年英国邮船泰坦尼克号首航横渡大西洋,在纽芬兰岛附近撞上冰山,造成1500多人死亡。1959年丹麦海轮“汉斯·赫脱夫特”号撞到冰山,也造成近百人死亡。

众多冰山在两极出现后,由高纬度向中纬度、低纬度漂流。北极地区海域的冰山,高数十米、一二百米不等,形状多样。由格陵兰岛向南漂移,平均每年有375座冰山漂过纽芬兰岛或北纬48度。南极地区海域的冰山大多呈平板状,多分布于南纬60度以南。过往的轮船在远处可见,冰山在阳光下反射出翡翠般的光辉。冰山的漂流,使海域周围的空气变冷,常常凝有浓雾。波涛时时冲击着冰山,水位忽高忽低,使冰山产生裂隙;冰缝中海水进进出出,空气也被吸进挤出,这使冰山还会发出清脆的声响。冰山漂流运动的动力是风和洋流,风吹可使冰山日行40—50公里。冰山在高纬度区漂浮,能维持10年之久,如漂向低纬度广海,一二年便会失去踪迹。

冰山含有丰富的淡水资源。据估算,北冰洋冰山产生的速率为年2800亿立方米,南极更高达18000亿立方米。只是冰山产生的淡水尚难利用。构成冰山的冰原本十分洁净,冰山在漂流中冰的纯净度有所改变,从空气中吸纳了很多矿物质和营养物质,融化中加以释放,便给浮游生物提供了养料,继而养活了磷虾,使鱼和海鸟生存繁茂。冰山作为一条生物链的前端不可小觑。

21. 可怕的雪崩

当山坡积雪内部的内聚力抗拒不了它所承受的重力拉引时，便会向下滑动，引起大量雪体崩塌。这种自然现象就是雪崩，也被称作“雪塌方”。

雪崩发生在山地，发生于降雪已经聚积了很多的时候，或在特大暴雪中产生。其发生的主要原因是，雪堆下面形成了深部“白霜”。这是一种冰的六角形杯状晶体，也可看作是一种冰碴。它的形成是由于雪粒受到蒸发造成的，白霜部位比上部的积雪松散得多，与上层积雪之间形成了一个软弱带。当上部积雪开始顺山坡向下滑动，这个软弱带便起到了润滑作用。通常积雪堆得过厚，超过了山坡面的摩擦阻力时，吹动的风、声音的震响等，都能使积雪下滑，产生雪崩。

雪崩是积雪山区一种严重的自然灾害，且破坏力十分强大。这和雪崩的下降速度有关。12 级的强大台风，不过是每秒钟跑 32.5 米；而雪崩的速度却能达到每秒钟 97 米。1970 年秘鲁发生的一次雪崩，雪崩在不到 3 分钟时间内，狂跑了 14.5 千米。雪崩造成灾害的另一个原因是气浪，雪崩体在高速行进过程中能够引起强大的气浪，力量大如原子弹爆炸时的冲击波。秘鲁那次雪崩所掀起的气浪，把地面上的岩石碎屑全都卷扬起来，竟使附近一带都降下了一场稀奇的“石雨”。

雪崩发生前，雪坡一带总是静悄悄的。然而随着轻轻一声“咔嚓”，雪层断裂，层层叠叠的雪团雪块就如同一条凶猛的银龙，顺山势呼啸而下，成为狰狞无比的“白色妖魔”。1981 年 4 月的一天，一块体积仅一栋房子大的冰块，从美国阿拉斯加州三佛火山顶部冰川滑落，落在一旁的雪坡上，顿时引起雪崩。数百万吨积雪迅速向下滚滑，将沿途 13 千米的所有物品摧毁。据调查，这场雪崩所产生的粉末状雪浪长达 160 千米，是迄今发生的最严重雪崩。

世界各地常有雪崩发生，遇难者从几人多至数十人、上百人都有。在第一次世界大战中，死于雪崩的更多达 6 万人。在欧洲阿尔卑斯山一带，交战双方经常有意用大炮轰击积雪的山坡，制造人工雪崩。随着隆隆炮声，扑天盖地的冰雪将无数生灵埋葬。这真是人类史上极其悲惨的一页。

研究发现，雪崩的发生除了与降雪积累、山坡形态有关，还取决于人类活动。有些雪崩是由受害者或是其队友造成的，这类雪崩也叫“人为休闲雪崩”。滑雪、徒步旅行或其他冬季运动爱好者，经常会在不经意间，成为雪崩的“导火索”，触发雪崩。当雪崩发生，人在被厚雪掩埋后，在半个小时内如不能获救，生还的希望就很渺茫了。为防范雪崩造成的危害，有关专家提出，在易发生雪崩的地区可建造水平台阶和导雪堤等。登山、滑雪等运动爱好者应尽量避免经过雪崩高发地段。

22. 闲话寒地

世界上最寒冷的地方是哪里？一般说来，应当在最高纬度或最高的冰雪山峰。世界最高山峰珠穆朗玛峰，终年覆盖冰雪，通过无线电探空观测，那里曾出现了零下 60 摄氏度的低温。南极大陆是一个冰雪严寒的世界。1957 年 5 月，美国考察站在南极极点测到了零下 73.6 摄氏度的低温。在那 10 年后，挪威科学家在南极极点附近测到了零下 94.5 摄氏度的低温新纪录，这是迄今为止的世界“冷极”了。

通常到了零下 30 摄氏度以下的低温，人的眼泪会被冻结。到了零下 60 摄氏度以下的低温环境，人呼出气来，瞬间就会冻住，落到地上成为白色的粉末；橡胶等制品全会变硬变脆，失去弹性；用肥皂水吹出的泡泡都不会破，泡泡会凝固，能像空心玻璃球一样拿在手中。

据调查评定，世界上有十大极寒之地。俄罗斯、加拿大、美国、格陵兰和南极洲各有两处。加拿大的育空塞尔扣克堡，由于冬季极寒，荒无人烟，低温达到零下 58.89 摄氏度。另一处育空斯格纳冬季也异常寒冷，滴水成冰，空气中总有夹杂着霜的凛冽寒风，最低温度为零下 63 摄氏度。美国阿拉斯加州最寒冷的景色谷，冬季持续时间长，气候恶劣，人迹稀少，最低气温达到零下 62 摄氏度。美国蒙大拿州罗杰士峡道，冬季总是阴冷阴冷的，低温达零下 56.5 摄氏度。

在俄罗斯两处最寒冷之地的一个，西伯利亚的奥伊米亚康是有人居住的最寒冷城镇。这里的气象站在 1959 年 1 月曾测得零下 71 摄氏度的低温，该镇也被公认为是北半球的“寒极”。在当地小汽车是特制的，有暖风机送出暖气。车窗玻璃都是双层的。楼房都建筑在打进地下的支撑物上，房体与地面最少要有一码间隔，以防房子本身冒出的热量融解冻土。建筑的门窗都是三重或四重的，用以保温。独特的是，城市的自来水管几乎全部铺设在地面上，这样不易断裂，也便于维修。管理人员必须从城市附近的勒拿河厚达 5—7 米的冰下取水，然后沿途加热，直至流进每座房屋。奥伊米亚康冬季的平均气温是零下 53.6 摄氏度。这个温度，不戴帽子走出家门一秒钟头发便会冻得僵硬笔直，能听到自己呼出的气变成唰唰作响的小冰碴。在这极寒之地生活，食物很关键。为了保证身体有足够的热量，当地人爱吃一些生肉、生鱼，如生的马肉、马内脏、生猪的肥膘再加上黄油等。在当地，牛奶和可乐等饮料也都是做成砖状出售的。在室外难于进食，拿出一个苹果便会冻成冰坨，落地便摔成碎片。

23. 叙说热极

哪里是世界上最热的地方,一直引人关注。1879 年 7 月,在阿尔及利亚的瓦尔格拉测到了摄氏 53.6 度的高温。1913 年 7 月,在美国加利福尼亚州的死谷出现了摄氏 56.7 度的高温。1922 年 9 月,非洲利比亚的加里廷温度达到摄氏 57.8 度,热极重回非洲。目前公认的高温纪录为在亚洲伊拉克巴士拉测得:摄氏 58.8 度。

我国新疆的吐鲁番盆地,周围有高山,中间横亘着火焰山。这里入夏后阳光灼照,赤色的岩石红光闪烁,整座大山好像都在熊熊燃烧。即使站在很远的地方,也会感觉到一股股炽热的气流扑面而来,使人汗流浃背,头昏目眩。当地每年有 3 个月的平均气温在摄氏 40 度左右,为中国的"热极"。

美国加利福尼亚州的死谷,是西半球陆地最低处,由岩块断层下沉成为沙漠之地。这里夏季有着火炉炽烤和煎锅般的炽热,几乎常年无雨。气温经常高达摄氏 50 度,更曾有过连续 6 个星期气温超过摄氏 57 度的纪录。

非洲是闻名于世的"热极"。埃塞俄比亚的达洛尔,位于达纳吉尔凹地,地势虽低,温度却高,这里有着摄氏 34.4 度的世界最高平均气温。身居此处,常让人有笼蒸火烤之感。非洲撒哈拉沙漠的中部,旱季午间沙面温度可达摄氏 60 度以上,蜥蜴、蚂蚁等动物暴晒在沙地上,超过 3 分钟就会死亡。

非洲东北部的苏丹,被认为是一个生活在"火炉"里的国家。苏丹在阿拉伯语中的意思是"黑人的土地",这是由于国土常年经阳光灼照,居民的肤色多为黑色或者深褐色而得名。从天文学角度来说,一年中太阳要两次经过苏丹上空,一次是太阳从北回归线到南回归线时经过,另一次是自南回归线返回北回归线,因此生活在苏丹的人,一年中要度过两个夏天。苏丹的首都喀土穆气候炎热干燥,气温常年都在摄氏 32.1 度—42.6 度之间徘徊,天气最热的时候,气温能达到摄氏 50 度,地表温度高达摄氏 70 度。游人来到这里,已经不能用"热"来形容,而要直接使用"烫"。坐车吹出的风也是烫的。在当地,你随时可以吃到熟鸡蛋。想喝茶,把茶叶放进装满凉水的茶壶里,在沙地上扒个坑,把茶壶埋放进去,只需几分钟,便可喝到煮泡得芳香四溢的茶水了。由于当地昼夜气温都高,喀土穆人每年有大半年都是睡在户外的。苏丹人外出时,为抵御烈日炙烤,喜欢穿传统的民族服饰——大袍。男人一般穿白色的大袍,是一种圆筒的一件式套头装,以棉质的为主,没有领子,长长的没过膝盖,直接包裹到脚踝。妇女多喜欢穿彩色的长袍,并佩戴金银饰品。虽然黑色吸热,已婚妇女仍偏爱穿黑色或深色的外袍,这表现了她们的耐热力强,并能展示出其高雅庄重的品位和个性。

24. 南极综览

南极洲是地球最南端的大洲，也叫“第七大陆”。那里白雪皑皑，冰封千里。包括大陆、陆缘冰（与陆地相连的浮动冰层）和岛屿，总面积为 1405.1 万平方千米。陆缘冰面积达到约 158.2 万平方千米，整个大陆只有约 2% 的地域无长年冰雪覆盖。

据考古研究，南极洲曾坐落在赤道附近，非常炎热，与南美洲、大洋洲紧靠在一起，为茂密的热带雨林所覆盖，恐龙等史前爬行动物曾穿梭其中。后来随着地壳运动，南极洲一步步朝南漂移，抵达地球南端并变得寒冷。

南极洲地理位置偏远，周围被三大洋环绕，远离人类，气候和环境恶劣。这里是地球上最寒冷的大陆，冬季的平均气温在摄氏零下 40 度，夏季的平均气温也在摄氏零度以下，年平均气温为摄氏零下 25 度，极端气温超过了摄氏零下 90 度。

南极洲还是地球上风暴最强烈、最频繁的大陆，经常刮大旋风，风力猛烈，风向瞬息万变。强力大风的风速可达每秒 100 米，相当于 12 级台风风力的 3 倍。一年中的风暴天多达 340 天，为此南极洲又有“世界风极”之称。环境的恶劣使植物很难生长，只有个别地区生长着一些苔藓、藻类等。

南极洲的面积在各洲中很不起眼，但其平均海拔却是最高的，达到 2350 米。它之所以身量高，覆盖其上的辽阔而厚实的冰雪功不可没。这同时使南极洲成为地球上冰雪储量最多的大陆，约占地球总冰量的 90%。南极洲又是淡水贮量最多的大陆，约占地球淡水总量的 70% 以上。

南极洲是最晚被发现的大陆。如今南极洲仍是人类现身最少的洁净之地。千百年来南极洲一直保持着洁白无瑕的原生态，是一座纯粹的超大型野生公园。这里的人类仅限于少数的科学考察员和旅游者，不存在工业污染。南极洲大陆虽然洁净，但从这里却透视出了地球上臭氧耗损的严重。早在 1985 年，英国科学家就已经在南极洲的上空发现了臭氧空洞，而且臭氧空洞还在持续扩大。这提示人们要珍爱环境，保护好大气的臭氧层，爱护南极洲。

生活在南极洲的“居民”形形色色。附近海域有磷虾、鱼、海豚、哺乳动物鲸鱼等；附近岛屿生活着海豹、海鸟等。南极洲海岸上生活着近 20 种企鹅，其中的帝企鹅站立起来，身高可达 1.3 米。南极洲的地下矿产如煤、铁等十分丰富，主要分布在南极半岛和沿海岛屿地带。

25. 北极大观

南极有陆地，是世界七大洲中最小的洲。北极没有陆地，却有一个北冰洋，是世界四大洋中最小的洋。北极是凹进去的一片汪洋，被厚厚的冰盖覆盖着，面积约为 1300 万平方千米，比南极面积仅小不到 10%。

北极是指地球自转轴的北端，即北纬 90 度的那一点。北极地区是指北极附近北纬 66 度 34 分北极圈以内的区域。北极周围是亚洲、欧洲、北美洲北部的永久冻土区，总面积为 2100 万平方千米，约为地球总面积的 1/25。北极圈内有北冰洋、岛屿、陆地，分属 8 个国家：俄罗斯、美国、加拿大、丹麦、冰岛、挪威、瑞典、芬兰。

以北极为中心的北冰洋，是地球上最冷的大洋。绝大部分终年被海冰覆盖，其中央部位的海冰已有几百万岁了，属永久性海冰。常年不化的冰盖占大洋面积的 2/3。冰盖周围海面常浮现很多冰山。海水在这里冬天会冻起来，夏天又会融化。北极的冬季极其漫长，常刮狂风。1—3 月平均气温约为摄氏零下 40 度，距极点 2898 千米处的欧米亚仑真附近曾测到摄氏零下 53 度的低温纪录。

冬季在冰层包围中，北冰洋沿岸的港口均成“死港”。但这也有例外，俄罗斯的摩尔曼斯克港港湾内海水却不结冰，使进出港口的船只比其他季节更为繁忙。这是由于有一股强大的暖流从墨西哥湾流出，斜穿大西洋来到欧洲西北部沿海，像一条巨大的暖气管，温暖到巴伦支海，使摩尔曼斯克海域的最低温度不低于摄氏 3 度，让这里的港口成了“不冻港”。在北极一些冰原地带还有冒着热气的小河，这些小河由温泉水汇聚而成。泉眼旁散布有水坑，堪称露天的“浴盆”，水温能达摄氏 37 度，可供洗热水浴。在北极圈内的楚科奇半岛，由于有多处温泉，这里出现了多片“绿岛”。在冰雪世界中生长起高高的草丛、黑莓树，还结有草莓，长出蘑菇呢。

在北极地区，千百年来因纽特人世代在此为生。主要从事陆地和海洋狩猎，辅以捕鱼和驯鹿，以猎物为主要生活来源。如今因纽特人已使用现代渔猎工具，乘汽艇从事狩猎活动，亦进行毛皮贸易。受白人文化影响，在格陵兰地区已有 80% 的人移居小城镇。在北极，最北的城市是挪威斯瓦尔巴群岛的首府朗伊尔。这是一座仅有 1200 人的小城，设有邮局、学校、银行、医院、报馆、饭店、商场和博物馆等，深藏在北极圈内。

北极地区虽寒冷，却并不死气沉沉，这里是很多动物的天堂，有北极熊、北极狐、北极狼、驯鹿、麝牛、雪兔、鲸、海豹、鲱鱼、鳕鱼及众多种类的海鸟等。北极周边海峡和岛屿蕴藏有丰富的石油和天然气，格陵兰岛上的马莫里克山的铁矿储量就高达 20 多亿吨。

26. 广阔的海洋

地球表面被陆地分隔且彼此相通的广大水域就是海洋,其总面积约为3.6亿平方千米,占地球表面的71%。海洋水的总量约为13.7亿立方千米。有专家计算,假如地球是一个平面,把这些水都倒在平面上,可达2400多米深。

人们常把“海洋”连在一起说,其实“海”和“洋”有不同的概念。洋是海洋的中心部分,是海洋的主体。著名的为四大洋:太平洋位于亚洲、南北美洲、大洋洲和南极洲之间,面积约17968万平方千米,平均深度约为4028米,是世界第一大洋;大西洋位于欧洲、美洲、非洲和南极洲之间,面积约为9336万平方千米;印度洋位于亚洲、非洲、大洋洲和南极洲之间,面积约为7492万平方千米;北冰洋位于地球最北端,面积约为1310万平方千米,是深度最浅的大洋,因洋面终年覆盖有冰而得名。

海的面积约占海洋的11%,水深也较大洋浅,从几米到二三千米。海是大洋的附属部分,靠近陆地。海可以分为边缘海、内陆海和地中海几种。世界主要的海有近50个,太平洋最多,大西洋次之。珊瑚海是世界上最大的海,总面积约为479.1万平方千米,是南太平洋的属海,它的两边是澳大利亚大陆。珊瑚海有大量的珊瑚礁,以大堡礁最为著名。

海洋是如何诞生的呢?科学界一直存在着不同的看法。一种假说认为,地球从炽热的太阳中分离出来,冷却后在重力作用下地壳出现挤压、下陷,形成许多裂痕。以后高耸的部分就成为陆地,低陷的部分就成为海洋。另一种说法是,地球在形成过程中甩出的一部分形成月球,并在地壳表面留下一个大窟窿和许多裂隙,就此形成了海洋。还有一种学说认为,早期地球的引力会吸引周围的固态物质以极高的速度与地球碰撞,使得地球表面坑坑洼洼,出现了高山和海洋。1912年德国科学家魏格纳提出了“大陆漂移学说”,他认为今天的海洋是地球板块分离和最早的泛大洋分裂形成的。目前海洋“初生水”流行的说法是:喷涌而出的熔岩带出了大量的水蒸气、二氧化碳,形成云层,产生降雨。长时间的大量降雨,在原始地壳的低洼处不断积水,便形成了最原始的海洋。

海洋是矿物资源的聚宝盆,含有金、铜、锌、锰等几十种稀贵金属,石油资源储量为10000亿吨。海洋还是未来的“粮仓”,虽然海洋里不能种植农作物,但海洋中鱼和贝类却能为人类提供优质、丰富的蛋白食物。海洋“粮仓”的潜力是很大的。可是海洋也有“脸色”不好的时候,会掀起风暴,刮起台风、飓风,发动海啸,带来灾难,对这些任何时候也不能疏于防范。

27. 怪颜色的海

七彩的太阳可见光照射到海水上，波长较长的红、橙、黄色光绝大部分被海水吸收，而波长较短的绿、靛、蓝、紫色光，会发生不同的反射和散射，尤其是波长更短的蓝色和紫色光，更容易散射到人的双眼中。又由于人眼对紫色光不敏感，而对蓝色光较敏感，所以人们看到的海水往往是蓝色的。

可是，在一些海域，由于海水中含有了一些物质，使人们看到的海水不是蓝色的。在亚洲阿拉伯半岛与非洲大陆之间，有一个红海。那里气候炎热，海水蒸发快，使红海成为世界上水温和含盐度最高的海。这样的海水，极适合于蓝绿藻类大量繁殖。而蓝绿藻类漂浮呈红色，从而将海水映得赤红一片。另外，北部撒哈拉沙漠的红色沙尘常被大风卷起，飘至红海上空；红海水下又有红色砂岩，在天空日光映照下，更加重了海水的红色，使红海之名扬之天下。

黑海是欧洲与亚洲之间的一个内陆海。黑海只有同地中海相连的一个出口，而且通道狭窄，海水不能大量及时与外部海水交换，海水上下层之间交换也不够，造成深层海水严重缺氧。经特殊细菌作用，海水中的硫酸盐产生分解，形成硫化氢等。硫化氢呈黑色，致使深层海水呈现黑色，并让此海得名。鲟鱼、鲭鱼、鳀鱼等大量生活于黑海的上层水域，水产是丰富的。

我国东部的黄海，自古有黄河水流入。黄河搬运来大量黄土高原等处的泥沙，使海水中悬浮物质增多，海水透明度变小，故而呈现黄色，黄海之名也因此而得。

在俄罗斯西北部内陆地区，由北冰洋的巴伦支海伸入围住的一片水域有一个白海，属北冰洋的边缘海。白海地处纬度高，气候严寒，一年中有200多天被雪白的冰层覆盖。在阳光照耀下，海水呈现一片白色，故而得名。虽然寒冷，这片海域却生活着多种无脊椎动物、鱼类和海生哺乳动物。

除了一些固定位置有着这多种颜色的海，航海者发现，在一些水域还有着不固定而现出怪色的海。如同科幻小说家儒勒·凡尔纳所写《海底两万里》描述过的鹦鹉罗号遭遇"牛奶海"一样，印度洋上也会出现大面积乳白色水面。1995年，科学家进行研究发现，当洋面出现奶色时，从卫星图片上也会看到"白斑"。经进一步研究证实，奶色是由一种漂满海面发光的浮游生物引起的，发光特点是由白色、浅绿、浅红的闪光所组成。能够让海面发光显现别样光彩的动物，还有结群的水母、海绵、苔虫、环虫等。只要这种发光生物大量出现，海面就会出现大片的乳白色光辉。

28.奇特的死海

死海位于巴勒斯坦、以色列和约旦之间。湖面海拔为 -430.5 米,是世界上陆地的最低点,有“地球肚脐”之称。死海名为“海”,实际上是一个内陆湖泊。它南北长 86 千米,东西宽 5—16 千米,面积约 810 平方千米。

死海是一片淹不死人的海。相传在公元 70 年,罗马远征军统帅狄度攻打耶路撒冷时,为了惩罚敢于反抗他的人,决定处死几个奴隶,把他们投进死海。这些奴隶却两次被水浪送回岸边,没有淹死。狄度以为有神灵保佑,便赦免了他们。死海为什么淹不死人呢?原来死海周围气候炎热干燥,湖水蒸发量极大,而水中含盐度又特别高,使水的比重超过了人体的比重。人在水中就如同木块漂浮在水面一样,不会下沉。

死海地处低洼之处,附近分布着荒漠、砂岩和石灰岩层。约旦河和哈萨河等几条河流夹带着矿物质流来,却没有出处。湖水蒸发,水中所溶解的盐类积聚在湖内。历经长久岁月,死海的盐分越积越多,成为高浓度的咸水湖,水中含盐量高达 25%—30%,相当于海水平均盐度的 7—10 倍。据估算,死海中的全部食盐,足够 40 亿人吃上 2000 年。

在死海又咸又苦的水中,生物是很难生存的。然而检测发现,一些菌类和绿藻却能在死海中存活,且优哉游哉。死海湖面呈深蓝色,非常平静。湖水含盐高,含矿物质也丰富,浸泡其中有治疗关节炎等慢性病和安抚神经、镇痛等功效。这使死海周边每年都能吸引数十万人到此休假疗养。据医生调查,死海底部的黑泥,是护肤佳品,涂抹皮肤后能改善暗沉、淡化纹路、提亮肤色,经提炼一直是以色列、约旦的创汇产品。

由于死海之水的蒸发量远大于注入量,再加上这一地区常年干旱少雨,所以湖面高度自 1950 年便以每年 0.5 米的速度下降,近年下降速度更达到 1.2 米。随着湖面减小,从 20 世纪 80 年代湖畔有了荒漠化倾向,并出现了一个个下陷的天坑,如今已有 6500 多个。照此发展,有人忧虑 30 年后死海将不复存在。但也有科学家研究认为,死海是不会消失的。这是因为死海在地质构造上处于东非—西亚裂谷带北端,这个大断裂带正处在幼年时期,裂片活动剧烈,目前正以每年 2 厘米的速度向外延伸。其底层与红海断裂带相连,红海的海水通过底部的裂谷可流入死海。这样死海不但不会缩小消亡,还会因水源充足而壮大。对于死海的未来,人们拭目以待。

29. 知晓海底

海面时而波涛汹涌，时而风平浪静。透过蔚蓝色的海水，在海洋底部和陆地一样，有高山、深谷、盆地、平原，还有河流、海洞、森林和绿洲呢。

根据海水深浅的不同，海底可以分为三个地形单元：大洋边缘、大洋盆地和大洋中脊。大洋边缘位于海洋与大陆连接的地方，为和缓的坡地，由大陆架、大陆坡、大陆基构成。大洋盆地地形复杂，其中有深海平原、海岭、海峰等。大洋中脊是海洋深处的巨大山脉，山峰高耸，有断崖裂谷夹杂其中，地势更为崎岖多变。

海洋中的“河流”，称为“海流”似乎更为准确。与陆地上的河流相比，相同的是它们都沿着固定路线日夜流动；不同的是它们首尾相接，因循环往复又被称为大洋“环流”。海洋中的“河流”宽几十至几百千米，最长可达几千千米，深200—300米，最深能至800米。黑海海底发现的一条“河流”，其流量大小是泰晤士河的350倍，流程约2500千米。此“河”拥有航道、支流、冲积平原、急流甚至瀑布。专家说，这条“河流”如果出现在陆地上，将是世界第六大河流。

海底有时看似平静，其实却有暗流涌动，甚至于出现“海底风暴”。20世纪30年代，横跨大西洋连接欧美大陆的数条海底电缆被依次切断，经检测发现割断电缆的“元凶”是一股闷不作声的浊流。流动在5000米深海底的浊流，有时会突然增强流速，达到40厘米/秒，导致突发性的海底沉积物猛烈大挪移。看似温柔的“风暴”，会使洋底泥沙泛起，所过之处一切生物、礁石及海底通讯电缆等，都会被掩埋在沉积层之下，能量之大尽可毁灭周围一切。

在一些海域的海底，还隐藏着海洞、下陷漩涡、死水等，造成经过的海船甚至上空的飞机蒙难。据记载，100多年前一艘50吨级的渔船在大西洋西北洋面上进行捕捞作业，行进中船体忽然遇到强大的阻力，减速并停了下来。船长命令开足马力，但渔船有如被紧紧粘住一般，一动不能动。船上的人想尽办法，也难以让船行驶。就在船员们绝望时，船又动了，终于开走。后经专家调查认定，这片海域有着“死水区”，上下层海水之间密度不同，一旦上层密度小的水层厚度等于船只的吃水深度时，就可能出现“死水”现象，让当事者不知所措。

海底有不少凶险之地，也有着一些美妙之境。科学家考察发现，加拉帕戈斯群岛水下1000米裂谷附近的海底，聚集着大量由巨贝、蠕虫、蟹和绿藻组成的生物群落，形成好几个“绿洲”。在我国澎湖列岛山水港东部海域海底，还有一片长300多米、宽50米的灌木林。这里的海树约3米高，树叶繁茂，颜色呈粉红、淡黄色，在海水中发出橘红色的光芒。各种海鱼在林叶间追逐嬉游，成为一种独特的海景。

30. 了解海沟

海沟是位于海洋中两壁较陡、狭长、水深大于500米的沟槽,是海底最深之处。海沟一般认为是海洋板块与大陆板块相互碰撞,地壳发生剧烈凹陷而形成的。

地球上水深7000米以上的海沟共有19条,多在太平洋。其中日本海沟长3000千米,宽100千米,北自堪察加半岛东南,南至小笠原群岛东部,最深处达10374米。

地球上最深的海沟是马里亚纳海沟,位于北太平洋西部,马里亚纳群岛以东,全长2550千米,呈弧形,大部分水深在8000米左右。最深的斐查兹海渊深达11034米,为地球的最深点。

在海沟底部,通常有1100个大气压的巨大水压,对人类到达此处是巨大的挑战。这个深海高压、漆黑的世界,一般温度在摄氏2度左右。少数海域受火山喷发等地热影响,温度又可高达摄氏380度以上。

1951年,英国皇家海军"挑战者二号"首度测量海沟最深处,以"挑战者深渊"为名,测出10900米的深度。1960年,美国海军的"的里雅斯特号"深潜器创造了潜入马里亚纳海沟10916米的纪录。2012年,美国好莱坞著名导演卡梅隆独自乘潜艇"深海挑战者号",下潜近11千米,探底马里亚纳海沟,历时3小时,收集生物、地质标本,拍摄了图片、视频。

2012年6月,中国"蛟龙号"载人潜水器,在马里亚纳海沟进行了6次试潜,最大下潜深度为7062.68米。接着我国"探索一号"科考船又驾临马里亚纳海沟,开展了综合性万米深渊科考活动,以自主研发的"海斗号"无人潜水器下潜10767米,获取了万米以下深渊及全海深剖面的温盐深数据。从此万米深海不再是我国海洋科技界的禁区。2020年11月10日,中国"奋斗号"载人潜水器在马里亚纳海沟10909米深处成功坐底,成为全球坐底最深的潜水器之一。

各国科研人员在对海沟的调查中发现,海沟中贮存着大量的碳,是巨大的二氧化碳"收集槽",皆由海水中细菌转化而来。专家认为,广泛收集这方面的数据,有助于了解海沟对地球气候方面的作用。科研人员在调查中还发现,海深千米处生活有大群乌贼、章鱼、抹香鲸等海兽动物。3000米处则有成群的大嘴琵琶鱼栖息。在8000米以下深水中,也生活着一种狮子鱼,它们头大,眼小,色白,无鳞,体形长约20厘米。1995年,日本"海沟号"机器人被放到10911米海底,进行试样采集和考察。从传回的图像中可看到,茶色海底泥土上有白色像海参一样的生物在清晰蠕动,旁边游动着多条浅色小鱼。可以确认有动物在万米以下深水处生存,而以前发现有鱼的深度为8370米。

31. 认识潮汐

潮汐是沿海地区的自然现象，指海水在太阳、月球的引潮力作用下，所产生的周期性运动，海面垂直方向的涨落即称潮汐。在我国自古把发生在白日的潮水涨落称潮，将夜间的潮水涨落称汐。

在万有引力定律的作用下，月亮对地球上的海水有吸引力，这种吸引海水涨潮的力叫引潮力。地球表面各地离月亮的远近距离不同，所以各处海水所受的引潮力也有差异。一般正对着月亮的地方引潮力大，而斜对着、背对着月亮的海水引潮力就相对小些。各地海水天天都在进行着海水时涨时落的运动。海水形成的潮汐是非常守时的。月亮绕地球一周是 24 小时 48 分钟，潮汐的周期也是 24 小时 48 分钟。一昼夜之间，大部分海水一次面向月亮，一次背对月亮，都有两次涨落。在天体运动过程中，月亮、地球和太阳形成直角时，由于月亮和太阳的引潮力相互抵消了一部分，海面的涨落幅度小，这就是小潮。当月亮、地球和太阳处在一条直线上时，月亮和太阳的引潮力一致，就会形成大潮。

我国古人很早就对潮汐有关注和研究。北齐颜之推《颜氏家训·归心》有曰："潮汐去还，谁所节度？"宋代苏辙在《和子瞻雪浪斋》诗中云："门前石岸立精铁，潮汐洗尽莓苔昏。"明代刘基在《江行杂诗》之七咏道："坤灵不放厚地裂，应有潮汐通扶桑。"我国古有观潮的习俗和雅兴。每年春分和秋分的时节，地球离太阳最近，加上月球的力量，就形成特大潮。闻名于世的钱塘江大潮，就发生在秋分时节。潮水涨起如万马奔腾，其壮观景象堪称天下一绝。

潮汐在中外军事上都有应用。1661 年，郑成功率军进入台湾，攻打赤嵌城。船队乘涨潮之际航道宽、深，对荷兰守军攻其不备，一举破敌成功。1939 年，德国军队根据精确计算潮流的变化，用漂雷战术拦袭英国舰船，取得了良好战果。在 1950 年朝鲜战争初期，美国军舰也是利用大潮涨起在仁川登陆，奇兵突现，取得了空前胜利。

海水涨落的潮汐现象造成了海水奔涌和海平面的短时升降，产生潮差。经检测，夏威夷等大洋深处的潮差约为 1 米，而近海处的潮差则大得多。我国杭州湾的潮差达 8.93 米，加拿大芬地湾的最大潮差更高达 19.6 米。一般说来，平均潮差在 3 米以上就有实际应用价值。最早的潮汐发电站，于 1912 年在德国布斯姆建立。1966 年世界上最大容量的潮汐发电站在法国朗斯建成。我国自 1958 年以来，陆续在广东顺德、山东乳山、上海崇明等地兴建潮汐发电站。世界三大著名潮汐发电站是加拿大安纳波利斯潮汐发电站、法国朗斯和基斯拉雅潮汐发电站。据估算，地球上有开发潜力的潮汐能量每年约为 200TW · h。

32. 海市蜃楼的由来

在平静无风的海面、湖面、雪原、沙漠、戈壁等地区,偶尔会在空中或地表出现高大的楼台、城堡、树木等幻景。这种神奇的自然现象被称之为“海市蜃楼”。

古代的人不了解其中的奥秘,认为是蜃(大蛤蜊)吐气而成,故有了“海市蜃楼”的说法。在西方神话中,蜃景被描绘成魔鬼的化身,是死亡和不幸的征兆。在我国古代,则把蜃景看成是仙境,秦始皇、汉武帝都曾派人前往蓬莱寻访仙境,以求获得灵丹妙药。

现代科学研究发现,蜃景是地球上物体反射的光经大气折射而形成的虚像,所谓蜃景就是光学幻景。夏季的海洋或沙漠等地区,烈日当头,海面、沙面附近的下层空气温度上升快,空气密度小,而上层空气温度低,冷空气密度大,当远处较高物体反射出来了光,从上层较密空气进入下层较稀疏空气,会被不断折射,人在逆着反射光看去时,就会看到海市蜃楼。闻名于世的蓬莱蜃景,在山东省蓬莱市所看到的“仙境”,就是海峡对面庙岛群岛的幻景。

蜃景的种类较多,根据出现的位置相对于原物的方位,可以分为上蜃、下蜃和侧蜃;依据与原物的对称关系,可以分为正蜃、侧蜃、反蜃等。另外蜃景还有彩色蜃景和非彩色蜃景之分。

蜃景的出现有两个特点:一个是会在同一地点反复出现。如美国阿拉斯加州上空就有蜃景频繁出现。一个是蜃景出现的时间较固定。如我国山东蓬莱的蜃景多出现于每年的5、6月份;俄罗斯齐姆连斯克的蜃景常出现在春季;美国阿拉斯加州的蜃景一般出现在6月20日以后的20天内。就此可知,蜃景与地理位置、地球物理条件及所在地区特定时间的气象特点有密切联系。气温的反常分布是蜃景形成的主要气象条件。

我国山东蓬莱阁是观赏海市蜃楼的胜地,在此一观蜃景是很多人的愿望。1986年山东电视台和几个单位联合在济南成立了“蓬莱海市蜃楼摄制组”,然而几年间却一直没有捕捉到海市蜃楼奇观的影子。1989年6月17日,山东电视台的摄制人员在蓬莱地区拍摄电视片《齐鲁海疆》,意外碰到了好运。那天午后2时许,蓬莱阁对面沿黑山岛往东100千米的海面上,出现了一条宽大的淡黄色光带,大雾弥漫,这一气象说明海市蜃楼的奇景即将出现。摄制人员兴奋地架好摄像机,海市蜃楼适时出现了:只见空中忽有亭台楼阁高低错落,又有苍松翠柏迎风摇曳,这边显露崖石,那侧又现楼舍。景观瞬息万变,令人目不暇接。摄制人员肩扛摄像机,在沙滩上往来奔跑,连续拍摄了6个小时,终于抢拍下一套珍贵的海市蜃楼影像。

33. 恐怖的海啸

海啸是一种具有强大破坏力的海浪。当海底发生地震、火山爆发或水下塌陷时，就会引起海水的巨大波动，发生海啸。海啸发生时，掀起的迅猛海浪高达几十米，甚至上百米，不仅会颠覆海上的船舶，波涛汹涌奔突还会破坏沿海陆地上的建筑，带来巨大灾难。

通常海底发生了地震等强烈震动，震荡波就会在海面以不断扩大的圆圈，向四外传播，并传播到很远的地方。它能以每小时600—1000千米的高速，在毫无阻拦的洋面上驰骋10000—20000千米的路程，掀起20—40米的巨浪，吞没所能波及的一切。有时最先到达海岸的海啸是波谷，造成水位下降，随后波峰自上而降，造成毁灭性破坏。1755年11月的一天，葡萄牙里斯本就遭遇到这样一次海啸，当水位降低，露出难得一见的浅海底，吸引很多好奇的人走下去看，只几分钟波峰临头，走下海岸的人均遭灭顶之灾。

越洋的海啸能横越大洋或从很远处传播而来，在没有岛屿群阻挡的情况下，咆哮数千千米。开阔的海域能使海啸的冲击波速度有时与一架商用喷气式客机不相上下，疯狂扑向大陆。当到达海岸浅水地带时，海浪会急剧增高，形成一道含有巨大能量的"水墙"，劈头向堤岸内砸去，与随后的浪峰席卷一切，造成的毁灭景象令人惨不忍睹。

全球的海啸发生区与海洋地震带较一致。全球有记载的破坏性海啸大约有近300次，平均六七年发生一次。1883年8月因印度尼西亚喀拉喀托火山喷发引起的一次海啸，海浪高达35米，波长达524千米，竟将一艘大海轮从水中抛到40米以外的陆地。1960年5月智利海岸海底发生强烈地震，使整个海域波涛汹涌，海浪高达25米。智利沿海岸的建筑全部被毁，伤亡数千人。造成人员伤亡最惨重的海啸发生于2004年，12月26日印度尼西亚苏门答腊岛发生里氏9级大地震，靠近震中的印度尼西亚村庄几分钟便被海浪吞没。随后海浪迅猛向外辐射，大约在地震发生一个小时后，巨浪开始袭击泰国南部。两个半小时后，大浪已经疾行了1600千米，开始冲击印度和斯里兰卡。接着马来西亚、马尔代夫、缅甸、孟加拉国等国也遭受了浩劫。这场大海啸一共夺去了东南亚及印度等国家和地区20多万人的性命，是世界近200多年来死伤人数最多的海啸灾难。

海啸是如此恐怖，当代科学家一直在研究应对之策。调查发现，地震是海啸的一个天然预警信号。专家指导说，如果发生了强烈地震，人们就不要在海岸边停留；一旦有海啸已在狂奔而来的路上，应立即前往地势较高处躲避。

34. 礁石扫描

礁石指高出海蚀平台的海蚀残留体,是江河湖海中一种距水面很近的岩石。

礁石可为生物礁体组成,也可为火山岩体或大陆岩体延伸水下形成。历经几万年甚至几百万年水浪浸泡、冲刷,很多成为蜂窝体。现代诗人艾青曾写《礁石》诗一首,诗句8行:“一个浪,一个浪/无休止地扑过来/每一个浪都在它脚下/被打成碎沫,散开……/它的脸上和身上/像刀砍过的一样/但它依然站在那里/含着微笑,看着海洋……”诗人在这里以礁石之态赞颂了刚强和坚韧不拔的品格。

礁石位于大陆沿岸和海岛周围的边缘地带。其中有不少涨潮时隐伏于水下,落潮时现于水面。分布宽度从十数米至上百米,还有的更大。由珊瑚虫分泌的石灰质骨骼,连同藻类、贝类等海洋生物残骸胶结在一起,堆积成的珊瑚礁体,每年可“生长”增厚3—4厘米。珊瑚礁包括暗礁、堡礁和环礁三种类型,堡礁因像城堡一样围绕在陆地周围而得名。澳大利亚的大堡礁以拥有世界上最大的珊瑚礁群而扬名天下。

在我国福建宁德潮音洞以北有一片礁石区。这里的礁石千万年来受海浪冲蚀,大自然的鬼斧神工和精雕细琢,使礁石的棱角尽被磨平,造型千姿百态。游人来到这里,凭着想象力可以发现有“海狮”“海豹”“海马”“海鱼”“海蚌”“海螺”等。在我国台湾的野柳风景区,礁石的造型更是千变万化。这里有“河马石”“海狗石”“龙头石”“鸟石”“蘑菇石”“菠菜石”“姜石”“豆腐石”“鞋子石”“雨伞石”“女王头石”“魔鬼头石”等,惟妙惟肖。在此地还能观赏到巨大礁石的裂缝、洞沟、壶穴、崖壁等,让人大开眼界。

伯利兹珊瑚礁位于美洲国家伯利兹陆地以东距离海岸线约20千米的加勒比海上。这片礁群长达290多千米,总数接近500个,是北半球最大的珊瑚礁群。礁群之间的海水湛蓝一片,出奇地清澈,以至于潜水者在夜间打着手电可以看清楚5米远的景物。各珊瑚礁沿岸都生长着红树林。红树林能防风护岸,为生活在珊瑚礁里的各种鱼类提供了良好的生存环境。这里栖息着优雅的“天使鱼”等美丽鱼种。温顺的大西洋宽鼻海豚以此处为家,悠闲游弋。多种海鸟也受鱼类食物吸引,来此安营扎寨。鸟类的粪便为红树林提供了肥料,动植物在这里共同构成了一个完整的生态系统。这处热带海域,因其珊瑚礁的著名,已受到越来越多的游客和潜水爱好者的喜爱和光顾。

35. 沙滩聚焦

沙滩是由沙子淤积形成的沿水边的陆地或水中高出水面的平地。

我国有辽阔的海岸线，有着许多著名沙滩。广西的北海沙滩滩头长平，沙质细白，石英矿含量高达98%。海南三亚的亚龙湾沙滩，沙质柔软，洁白如银，使游人乐于涉足。广东湛江的东海岛沙滩，沙细且白，随着潮落宽约100—300米，长达28千米，是中国第一长滩。

沙滩并不都是白色的。在冰岛南端的维克有一片黑沙滩。这里黑沙滩的“沙”其实是颗粒状的火山熔岩。熔岩颗粒没有杂质，也没有淤泥尘土，捧起一把，手上乌黑，轻轻抖下，黑沙散落，手上纤毫不染。黑沙为沙滩带来了神秘和诡异，成为拍摄科幻类型影片的妙处。

巴哈马群岛的沙滩颜色是粉红色的，大片沙滩完全是由一种叫作有孔虫的微小珊瑚虫所形成。这种珊瑚虫死后会留下虫体外骨骼，经千万年的海浪拍击演变，形成粉红色沙子。

美国夏威夷的帕帕科立沙滩是绿颜色的。它那独特的绿色来源于一种橄榄石的矿物质，也是拜火山喷发所赐。另有一处绿沙滩在加拉帕戈斯岛。

除了颜色不同寻常，有些沙滩另有奇特之处。澳大利亚的鲨鱼湾有着一处贝壳沙滩。这里的“沙”是以遍地极微小的贝壳形成。贝壳来自一种扇贝，它们在此无天敌，环境舒适，大量繁殖。历经千万年，壳体积累，受海浪冲击，成为贝壳沙粉。如今往下深掘数米，仍可见贝壳细屑。

美国加利福尼亚州有一片面向太平洋的沙滩，背后是高耸的砂岩峭壁。这里在退潮后海滩上没有细沙，却铺满了圆滚滚的石头，形状如保龄球大小，景象壮观，这处海滩也因此得名“滚石”海滩。

在美国加利福尼亚州还有一片“玻璃”沙滩。20世纪早期，布拉格堡的居民习惯将生活垃圾抛下峭壁，丢弃在这片沙滩上。以后这片沙滩被封闭。汹涌的海浪有力地冲刷着这里的沙滩，将那废弃的玻璃、金属等打磨得小巧而光滑，让这片沙滩覆满了“装饰品”，成为多彩的沙滩。

美国夏威夷的波利哈雷沙滩覆盖着一种特殊的石英砂，当人光着脚踩在沙滩上，会响起类似于狗叫的声音。为此这片沙滩得名犬吠沙沙滩。

新西兰科罗曼德尔半岛有一片地热沙滩。这片沙滩拥有地热优势，在退潮后和涨潮前，沙滩地表下会有一处处温泉透过沙层慢慢渗出。旅游者来到这里可以在沙滩上挖个洞，建造自己专属的温泉池，在海边一洗温水浴。

36. 星罗棋布的群岛

群岛是群集的岛屿类型。一般指集合的岛屿群体，是彼此距离很近的许多岛屿的合称。

地球上的群岛主要有50多处，分布在大洋中。最大的群岛是西太平洋海域的马来群岛，整个群岛有大小岛屿约3万个，分属马来西亚、印度尼西亚、文莱、新加坡、菲律宾、东帝汶等国。最小的群岛是南太平洋的托克劳群岛，由3个珊瑚环礁组成，面积仅12平方千米，被称为“袖珍群岛”。

由于群岛有大小之分，在一些大群岛中就包含了许多小群岛。如马来群岛就包括了菲律宾群岛、大巽他群岛、小巽他群岛、东南群岛、西南群岛、马鲁古群岛等。根据岛屿的排列形状，将排列成线形、弧形的，也称列岛。在我国有长山列岛、澎湖列岛等。我国最大的群岛是舟山群岛，位于我国海岸线中段，由大小1300个岛屿组成，面积1371平方千米。我国南海有东沙群岛、西沙群岛、中沙群岛和南沙群岛四大群岛，共有岛、礁200多个。

夏威夷群岛位于太平洋中部，共有大小岛屿130多个，总面积16650平方千米，其中有8个比较大的岛能住人。这个群岛是由地壳断裂处喷发的岩浆所形成，直至如今，一些岛上的火山口还常有火山喷发活动。由于都是火山岛，到处可见纵横的山地、丘陵，这也形成了群岛美丽独特的自然景观。在大西洋中西部，有一片百慕大群岛。这里以百慕大群岛、波多黎各岛和佛罗里达半岛为三个顶点形成的三角海区，曾发生过无数海难、空难事件，得称“魔鬼三角区”而闻名于世。百慕大群岛也是在火山喷发中诞生的，一些岛上遍布温泉、地热，到处可见颜色鲜艳、造型怪异的亚热带花草植物，充满了神秘的美感。

在南太平洋的法属波利尼西亚，有一组美丽的群岛，面积为4000平方千米。这里属热带雨林气候，景色旖旎，每年都有10多万游客从世界各地来到这海洋深处的岛国游览。土著文化是这里的一大特色，有的大酒店的房间也都用茅草盖成，小屋分卧室浴室，门前有花园椰树，别具风趣。当地的土著人还以野餐、篝火晚会接待远地而来的游客，给客人留下深刻的印象。

在西太平洋中部，散落着2100多个小岛屿，这就是密克罗尼西亚群岛。由于小岛多，且密密麻麻，被称为“微型群岛”。这里的小岛，有的由不知年代的火山熔岩堆积而成，岩石经过千万年的风化侵蚀，变成了沃土，滋生万物。也有的小岛是由珊瑚礁石形成的，如同洁白无瑕的玉盘，衬托着一个个秀丽的岛体。岛上椰树、槟榔亭亭玉立，奇花异草遍布路边，散发芳香，处处风光迷人。生活在现代都市的人们来到这里，不由得会产生置身“世外桃源”之感。

37. 三面环水的半岛

半岛是指陆地的一半伸入海洋或湖泊,一半同大陆或更大的岛屿相连的地貌状态,它的其他三面被水包围。世界的主要半岛,都在大陆的边缘地带。

世界最大的半岛是亚洲西南的阿拉伯半岛,面积为 320 多万平方千米。亚洲面积超过 100 万平方千米的半岛,还有南亚印度半岛、东南亚中南半岛、东部朝鲜半岛、北面的堪察加半岛和楚科奇半岛。欧洲海岸线曲折,半岛众多,素有“半岛的大陆”之说。面积超过 10 万平方千米的半岛有 5 个,即北欧斯堪的纳维亚半岛、西南欧伊比利亚半岛、东南欧巴尔干半岛、南欧亚平宁半岛、东北欧科拉半岛。非洲东北部有索马里半岛,面积 75 万平方千米,呈三角形向东北海面突出,称“非洲之角”。北美洲东部有拉布拉多半岛,面积达 140 万平方千米。南美洲半岛面积都不大。南极洲有一座较大的半岛,称南极半岛,面积为 18 万平方千米。

大的半岛多是受到地质构造断陷作用形成的,我国的三大半岛也是这样。山东半岛面积 7. 3 万平方千米,辽东半岛面积 2. 94 万平方千米,雷州半岛面积 1. 32 万平方千米。有的半岛形成是由于泥沙流携带泥沙由陆地向岛屿堆积,或岛屿受海浪侵蚀,使碎屑物由岛屿向陆地堆积,逐渐使陆与岛相连,形成陆连岛。山东的芝罘岛就是这样形成的。在我国,小的半岛很多,港、澳、台也都有,香港即有九龙半岛、鹤咀半岛、清水湾半岛等 8 座。

阿拉伯半岛向东南方伸入印度洋,向西有苏伊士运河、红海和曼德海峡与非洲相通,向东与伊朗隔波斯湾、阿曼湾相望。半岛上有沙特阿拉伯、也门、阿曼、阿拉伯联合酋长国、卡塔尔、科威特等诸多国家。半岛沿波斯湾周围有大量石油储藏,给半岛上临波斯湾的国家带来巨大财富。阿拉伯半岛是伊斯兰教的诞生地,伊斯兰教创教人穆罕默德在这里出生和生活。半岛上所有国家都以伊斯兰教为国教。沙特西部的麦加是伊斯兰教圣地,每年世界各地都有不少伊斯兰教徒前往麦加朝觐。

堪察加半岛位于俄罗斯远东地区。西濒鄂霍次克海,东临太平洋和白令海。南北长约 1200 千米,最宽处为 480 千米,面积 37 万平方千米。这座半岛的特色是绵延着中部和东部两条大山脉,有 127 座火山,其中有 22 座是活火山。著名的克柳切夫火山位于半岛最高处,海拔 4750 米。300 多年来,这座火山喷发了 50 多次,至今山顶处仍常年冒着浓烟。半岛上的火山,连同半岛东南角上千岛群岛上的 16 座火山,构成了太平洋最活跃的一段火山带。

38. 岛屿搜奇

岛屿是指四面环水并在涨潮时高于水面的自然形成的陆地区域。岛和屿在概念上有着不同:小的面积不足1平方千米,称"屿";大到可达几百万平方千米,叫"岛"。世界各地的岛屿为数众多,其中有的颇为神奇。

在希腊爱琴海上,有一座名为阿罗丝安塔利亚的小岛,岛上泥土有除污之效。每当大雨滂沱时,全岛地面全会淹没在肥皂泡沫里。为此这座岛被称作"肥皂岛"。岛上居民不必花钱买肥皂用,随便抓把泥土就可洗澡、洗衣、洗物。

在俄罗斯的波斯湾附近,有一座奥尔穆兹岛。整个小岛是由食盐堆成的,上面不存在任何生物。小岛高出海面90米,周长30千米,是生态盐的好场地。这座岛遂有"盐岛"之称。

俄罗斯北部的北冰洋海域,有一组利亚霍夫群岛。近些年来,这些岛屿不断发生着由大到小的变化,就如同茶杯里的糖块一样,在悄悄融化。据地质学家调查,这个群岛的底部坐落在一个巨大冰座上,上面为沉积物铺成的陆地。由于北极地区的冰面不断向北方消退,群岛之下的冰座也面临着不保。这使这处荒僻的群岛引发关注。

有失也有得。1986年1月,在日本东京以南1250千米处的海洋上,奇迹般地新诞生了一个小岛。这是由海底火山突然喷发,而长出来的新岛,也意味着小笠原群岛忽然间增添了一个新伙伴。

在西印度洋群岛中,有一个无人居住的小岛,这个小岛竟然会像地球自转那样,整日旋转不停,每24小时自己旋转一周。这是一艘经过此处的货轮偶然发现的。探险者闻讯登岛考察,考察后有人认为岛的下部有冰山,也有人认为是潮汐的作用才产生旋转。其真相尚难做出结论。

在加拿大东海岸北大西洋中有座塞布尔岛,几百年来触岛沉没的海船多达几百艘,塞布尔岛因此得名"吃船岛"。1967年一艘法国轮船又撞岛沉没,有获救的船员称,水手开足马力却难以让船前行,反冲向小岛。有关调查人员联想到塞布尔岛或许有非常大的磁力,但调查尚难找到确凿的证据。

在西印度洋群岛中,有一个名为马提尼克的小岛。岛上的人个个都是高个子,足足要比其他地方的人高出一头。凡是那些到这个岛上居住了一段时间的人,也都会莫名其妙地长高几厘米。科学家分析研究后认为,这个小岛的岩石中,含有多种特殊的放射性物质,不会给人体带来伤害,却能使人体的机能发生变化,包括使人增高。

39. 动物岛罗述

世界上的岛屿千姿百态，一些岛屿被某种数量庞大的动物所占据，成为岛屿的“主宰”。

我国有四大“动物岛”。台湾是著名的“蝴蝶岛”，在高雄、台东等山谷中，花多林密，每年的繁衍季节都会有数十万只蝴蝶，来此漫天飞舞，形成“蝴蝶会”。在旅顺口西北渤海水域 7 海里处，有一座蛇岛。面积仅 7000 多平方米的岛上植物繁密，林丛、阴谷、石穴处竟活动着约 2 万条蝮蛇。蝮蛇夏眠，春秋两季大量捕食迁徙过往的候鸟。蝮蛇擅常拟态、变色，能像树枝一样隐藏在树丛中，静等小鸟送上门来。蛇嘴能张到 120 度，能吞下比嘴大几倍的鸟。在青海湖有一座鸟岛，每年从数千千米外的南亚迁徙至此的斑头雁、天鹅、棕头鸥、鸬鹚等候鸟达 10 万多只。鸟岛周围水面有丰富的浮游生物、水草、鱼儿，为栖息的鸟类提供了良好的食物和繁殖育幼条件。在海南陵水县有一座猴岛，10 平方千米的林地间生活着千余只猕猴（也称恒河猴）。岛上建有野生动物保护站，使部分猴子得到驯化。保护站设有餐桌石凳，每餐以哨声呼唤猴子入座，按时进食，观之颇有情趣。

世界各地的“动物岛”更是种类繁多。南太平洋上有个“蜘蛛岛”，岛上漫山遍野爬满了大小蜘蛛，约有 1000 万只。有的蜘蛛不光捕食昆虫，还能捕鸟，有的蜘蛛则能下海捉鱼。西印度洋上塞舌尔群岛中的库辛岛是一座“蜥蜴岛”，生活着多达 4 万条蜥蜴。靠着捕捉大量鸟类、寻食鸟蛋，蜥蜴的食物十分充足。塞舌尔群岛中还有一个“燕岛”，崖壁岸边栖息的海燕多达 350 万只。

在秘鲁绵长的海岸线上，纵列的钦查群岛也是一座座“鸟岛”。据调查，仅一个岛上就有 600 多万只海鸟。每天被岛上群鸟吞吃的鱼虾多达上千吨。“鸟岛”具有极高的经济价值，鸟粪是最好的天然肥料，30 年间钦查群岛鸟粪的总开采量就达到 3000 多万吨。

印度洋上尼亚亚群岛中原先有个“鼠岛”，是遇难轮船上的老鼠游至岛上安家，因食物充足繁衍到数十万只。谁知后来附近又有船沉，家猫上岸，以鼠为食。猫的繁殖力惊人，仅几年就有约 25 万之众。老鼠难见踪迹，到处都是野猫。“鼠岛”由此更名为“猫岛”。

泰国南部半岛附近有一座“鳄鱼岛”，岛上栖息着 2 万多条鳄鱼。南非西南部海域有一座“海豹岛”，在 2 万平方千米的海滩上，生活着 6 万多头海豹。这些海豹尽情地打滚、嬉闹，视海岛为天堂。在巴哈马埃克苏马岛边有一个“猪岛”，岛上奔突着上千只野猪。相传猪是水手寄存在岛上，准备做烤猪用，却没能收回。这些猪成了野猪，吃光了岛上能吃的东西，下水捕鱼，由于水产丰富，生活倒也惬意。

40. 泥沙堆积的三角洲

河流注入海洋或湖泊时,水流向外扩散,动能减弱,会将所挟带的泥沙堆积下来,形成一片向海或湖伸出的平地,外形多呈三角形状,被称为“三角洲”。

三角洲的类型有扇形、鸟足形和尖形等几种。当海水浅波浪作用较强,能将伸出河口的沙嘴冲刷夷平,就会形成弧形扇状三角洲。我国黄河三角洲就是这样形成的。当波浪作用较强的河流以单股入海,只有主流出口处沉积,使三角洲呈尖形向外伸长,就会形成尖形三角洲。长江三角洲即属于这种类型。

我国的珠江三角洲是热带性三角洲,与黄河、长江三角洲不同,地貌水文上表现为多汊道的良好水网,广宽的深水河道众多。珠江三角洲位于广东省中南部、珠江下游,面积 5.53 万平方千米。“大珠海”包括广州、深圳、佛山、东莞、中山、珠海、江门、肇庆、惠州,再加上香港、澳门两个特别行政区,是我国改革开放的先行地区,是中国最重要的经济中心区域之一。地区内常见的植物有 500 多种,鱼类水产资源丰富,近年来工业、农业、渔业、果品业等都有全面发展。从类型上看,珠江三角洲与南亚红河、湄公河三角洲等热带型三角洲近似。

欧洲的多瑙河奔流直下,汇入黑海,形成了多瑙河三角洲,它是欧洲保存得最完好的三角洲。多瑙河三角洲拥有不计其数的湖泊和沼泽,哺育着多种鸟类和特有的鱼类。三角洲里出产的淡水鱼占罗马尼亚捕捞淡水鱼总量的一半,有“永不枯竭的渔场”之称。三角洲风光秀丽,水域辽阔,资源丰富,被誉为“欧洲最大的地质和生物实验室”。

在非洲塞内加尔境内,由塞内加尔河奔泻形成的宽广三角洲,水草丰盛,环境优美,富有原始的自然风貌,是鸟类生息繁衍的乐园。这里有水禽 300 多种、数百万只,有大量留鸟,还有几十种候鸟。其中包括鹈鹕、白鹤、灰鹤、野鸭等,从欧洲飞到这里过冬,春暖花开时再返回。三角洲湿地土质松软,亦是海龟繁殖产卵的极佳场所。在湿地环境栖息的还有多种鱼类、两栖类动物、爬行类动物、甲壳动物、哺乳动物等,各得其所,生生不息。

在非洲纳米比亚境内东北部,有一片由洪水带来的沉积物长期积聚形成的奥卡万戈三角洲,面积为 1.5 万平方千米,是地球上最大的内陆三角洲。在这片绿洲上,遍布水道、沼泽、小岛和苇地、灌丛。大群的河马在水中浮现,大型野生动物斑马、大象、水牛、瞪羚、黑斑羚等在草丛聚集,狮子、猎豹等在此猎食。在雨水充沛的年头,这处三角洲南伸的水道会发生膨胀,将大片沙漠地带变为波光闪闪的绿洲,让更大的地区充满生机。

41. 低洼流缓的沼泽

地面长期处于潮湿状态,或潴留着微弱流动的水,生长着喜湿植物,并有泥炭积累的洼地即为沼泽。

沼泽可以因为江、河、湖、海的边缘或浅水部分淤塞演变而成,也可由林区或高山草甸、冻土带地下水聚集形成。沼泽的明显水文特征是水体流动缓慢,几乎处于停滞状态;另外的特征就是径流极小。沼泽由于积水不深,水底的腐殖质特别丰富,非常适合水草、芦苇、菖蒲等水生植物的生长。在沼泽里往往生长着很多小鱼、小虾和微生物,这些又是鸟儿们爱吃的食物。沼泽由此形成了一条完美的生物链。

沼泽是陆地水的组成部分。全球沼泽面积约 112 万平方千米,约占陆地面积的 0.8%,大部分集中在亚洲、欧洲、北美洲三大洲的寒湿地区。我国有沼泽约 11 万平方千米,集中分布在四川若尔盖高原以及东北三江平原、大小兴安岭和长白山等地。三江平原位于黑龙江省东北部,是由黑龙江、松花江和乌苏里江冲击形成的低平原,是中国面积最大的沼泽区。这片低位沼泽过去被称为“北大荒”,经过多年改造,已拥有了 4600 多万亩耕地,变为年年高产的“北大仓”。

沼泽是湿地的一种。湿地与森林、海洋并称三大生态系统,在抵御洪水、调节气候、调节径流、控制污染、美化环境和维持生物多样性等方面都有重要作用,被誉为“地球之肾”。我国是湿地大国,湿地资源约占世界总量的 10%。北京有湿地 500 平方千米,近年来不断改造荒地和退耕还湿,使湿地面积还在增加。

潘塔纳尔沼泽地是世界上最大的沼泽湿地,它位于巴西马托格罗索州的南部地区,面积达 2500 万公顷。沼泽地内分布着河流、湖泊、森林和平原,除丰富的植物资源,还栖息着鸟类、鱼类、两栖动物、爬行动物、哺乳动物等 1000 多种,是南美具有代表性的生态系统。这处沼泽地被联合国教科文组织列为世界生物圈保护区和人类自然遗产名录。不过根据卫星图像资料显示,潘塔纳尔沼泽地正以每年 2.3% 的速度缩小面积。这让巴西政府意识到问题的严重性,已成立了保护圈管理委员会,研究措施应对。

大沼泽地位于美国佛罗里达州东南部,沿海岸地带生长着茂密的红树林,这里生活着 150 余种鱼类、12 种海龟,还有短吻鳄。在林中栖息的鸟类多达 400 种以上。在沼泽地的白水湾还可以看到大批的火烈鸟。这里是地球上一处独特、偏僻的地区,但这处沼泽为维护当地的生态平衡却有着至关重要的作用。

42. 外高内低的盆地

四周有较高的山地或高原,把一片低落的平原或丘陵围在里面,这种盆状地形就是盆地。

盆地主要是由于地壳运动形成的。在地壳运动作用下,地下岩层受到挤压、拉伸,出现断裂、弯折,会造成岩石隆起或下降,下降的部分被隆起的部分包围,就产生了盆地的雏形。如我国的吐鲁番盆地、江汉平原盆地等,就是这样形成的。还有一种盆地是由冰川、流水、风和岩溶侵蚀形成的,如我国的景洪盆地,主要由澜沧江及其支流长期侵蚀而成。

盆地一般分布在多山地带,盆地内部地形平缓,多平原和丘陵,适合人类居住和农业生产;盆地外部多为高山,适合山地农业的发展。盆地外高内低,决定了四周河流向盆地内不断注入。河流带来了丰富的矿物和有机物质,这些物质沉积在盆地中,年代久远便形成了各种矿产。此外,盆地的岩石沉积比较完整,动植物死后容易保存为化石,这使盆地成为古生物学家寻找化石的好去处。

我国有塔里木盆地、准噶尔盆地、柴达木盆地和四川盆地四大盆地。塔里木盆地位于新疆南部,地处天山、昆仑山和帕米尔高原之间,东西长 1500 千米,南北宽 600 千米,面积约 40 万平方千米,是我国最大的内陆盆地。天山横贯新疆中部,分割出两个盆地:南边的是塔里木盆地,北边的是准噶尔盆地。这两大盆地虽仅相隔一山,自然特征却大不一样。塔里木盆地被高山、高原团团围住,气候干燥,大多是沙漠地带。而准噶尔盆地气候比较湿润,形成了一些绿洲,可以种植春小麦、棉花、瓜果等。这里的草场优良,畜牧业发达,著名的克拉玛依油田也坐落在这里。四川盆地西临青藏高原,东靠巫山,北接秦岭、大巴山,南面为云贵高原,是由高地环抱的盆地。盆地面积约 26 万平方千米,有长江横贯南缘,气候终年温暖,雨量充沛,土壤肥沃,矿产丰富,得"天府之国"的美誉。四川盆地聚居着四川、重庆的绝大部分人口,是中国和世界上人口最稠密的地区之一,也是巴蜀文化的摇篮。

刚果盆地是非洲最大的盆地,又称扎伊尔盆地。盆地位于非洲中西部,呈方形,赤道横贯其中部。面积约 337 万平方千米。澳大利亚中部偏东处有一处大自流盆地,因地面覆盖着不透水层,得东部雨区受水而得名。盆地呈浅碟形,面积约 177 万平方千米。澳大利亚的畜牧业发展大大得益于这种得天独厚的地形。美国西部荒野中,有一处大盆地,它有着与世隔绝的山脉、荒漠、峡谷等奇妙景观。盆地低矮处却又有"山区",有洞穴和罕见的钟乳石。在大盆地可以领略到各种不同的自然风光,正受到越来越多人的关注。

43.坦坦致远的平原

陆地上海拔高度相对比较小、地貌宽广平坦的地区称为平原。它以较小的起伏区别于丘陵,以较小的高度区别于高原。

平原有多种类型。按其成因,可分为构造平原、堆积平原和侵蚀平原三种。构造平原是由于地壳版块抬升或海面下降而形成的平原,如俄罗斯平原便为构造平原。堆积平原是在地壳运动较小的过程中沉积物补偿性堆积形成的平原,洪积平原、冲积平原等都属于堆积平原,如我国长江中下游平原就是冲积平原。侵蚀平原是在风化物因重力、流水的作用,使地表被剥蚀形成的石质平原,我国江苏徐州一带就有这样的平原。

世界平原总面积约占全球陆地总面积的1/4。亚马孙平原是世界上面积最大的平原,位于南美洲北部,介于巴西高原和圭亚那高原之间,地域面积约560万平方千米。世界上其他的大平原还有俄罗斯平原、西伯利亚平原、北美大平原、恒河平原、印度河平原、中欧平原、中国东北平原等。

我国有东北平原、华北平原、长江中下游平原三大平原。东北平原亦称松辽平原,是我国最大的平原,地跨黑龙江、吉林、辽宁、内蒙古四省,地处大兴安岭、小兴安岭、长白山脉之间,长1000千米,宽400千米,面积约35万平方千米,遍布肥沃的黑土,农业发达,是粮食重要产区,产量占全国总产量的1/3,也是畜牧业的重要基地,是我国重要的钢铁、机械、能源和化工基地。华北平原由黄河、淮河、海河冲积而成,面积约31万平方千米。华北平原是我国第二大平原,地势平坦,土壤肥沃,河湖众多,夏季高温多雨,是我国一个重要的农业区,盛产小麦、水稻、棉花、花生、黄麻、烟草等。北京、天津、石家庄、济南、郑州等众多大中城市都坐落在华北平原上。长江中下游平原地跨鄂、湘、赣、皖、苏、浙、沪7省市,主要工业有钢铁、机械、电力、纺织和化工等,是我国重要的工业基地,水陆交通发达。上海、武汉、南京、长沙、杭州等大中城市坐落其间。

平原多分布在河流下游,是人类生活的主要区域,也是经济发展较早较快的地方。历史上的四大文明古国都发源于大河附近的平原地区。平原地域一般人口稠密,但也有荒僻之处。老挝北部川圹省有一片石缸平原,地面铺满了碎石屑、枯草等,不是耕作之地,地面却埋露着众多石缸,并使这片平原得名。周边散落的石缸多达3000多个,有的高3米,重6吨。专家考证这些石缸制成时间距今约3000年。联合国教科文组织已将这里的石缸列为世界文化遗产名录,对石缸的功用、制作都在深入考察中。

44. 顶部宽广的高原

海拔高度一般在1000米以上，地形宽广、开阔，周边以明显陡坡为界，大面积隆起的区域称为高原。

高原是在大面积、长期、连续的地壳运动抬升过程中形成的。有的高原表面平坦、宽阔，也有的高原地域由于地壳不断抬升，地面受到长期切割侵蚀，造成表面崎岖不平，起伏较大。但高原的共同特点是顶面比较宽广。海拔高，气压低，氧气含量少，日照时间长，周围是陡坡样的高地，这些成为高原的主要特征，并使高原有了“大地的舞台”之称。利用高原低压缺氧的环境，进行训练，可有效地提高运动员的体力耐力素质。

世界上的大高原主要集中在亚洲、非洲、南美洲三大洲。除冰雪高原南极外，巴西高原是世界第一大高原。巴西高原位于南美洲东部巴西境内，面积为500多万平方千米。东部有高高的脊状山岭，在里约热内卢到圣多斯一带，形成大西洋沿岸的高大峭壁。从大西洋上远远望去，峭崖就像铜墙铁壁屹立在大洋彼岸。在非洲东部，有一片辽阔的东非高原，面积约为100万平方千米。这里平均海拔为1200米左右，是非洲湖泊最集中的区域，素有“湖泊高原”之称。世界著名的高原还有帕米尔高原、玻利维亚高原、埃塞俄比亚高原、墨西哥高原、亚美尼亚高原、格陵兰高原等。

我国有青藏高原、内蒙古高原、黄土高原和云贵高原四大高原。青藏高原位于中国西南部，是由一系列高大的山脉组成的，海拔3000—5000米，面积约250万平方千米，是世界上海拔最高的高原，有“世界屋脊”之称。经科学家考古证实，这个雄伟的高原竟是从海底升起来的。在青藏高原除了发掘到大量的恐龙化石、三趾马化石、陆生植物化石外，还挖掘到许多海洋动植物的化石，如三叶虫、鹦鹉螺、珊瑚、海胆、海百合和海藻等，埋藏在重叠的页岩和石灰岩层里。专家由此推断，在二三亿年前，这里原是海洋，后来由于地壳运动，喜马拉雅山从海底升起，周围跟着大幅度隆起，青藏高原便诞生了。

我国的黄土高原沟谷众多，是典型的黄土地貌。这里的黄土面积占了中国黄土面积的绝大部分，最厚的地方约150米。这里的黄土是怎样形成的呢？科学家研究发现，黄土来自蒙古、中亚和我国西北一带的荒漠地区。因为那里气候干燥，温差大，剧烈的热胀冷缩使坚硬的岩石逐渐变成了沙粒和粉尘；又由于冬季多风，每年将数以万吨的细沙和粉尘卷至秦岭以北“安家”，经过数百万年的积累，便形成了今天的黄土高原。这座高原易造成水土流失，却也是盛产水果的“大果园”。

45. 生机盎然的草原

草原是地球生态系统的一种,是分布最广的植被类型。由于地域土壤层薄或降水量少,木本植物无法广泛生长,而草本植物却得以繁衍,并引来各类动物聚集栖息。

草原大致可分为两大类:温带草原和热带稀树草原。温带草原又分为温带草甸草原和温带干草原两种。草甸草原近水,温带干草原则远离海岸,主要分布在亚欧大陆中部、北美洲中部和南美洲南部等内陆地区。热带稀树草原主要分布在热带森林和热带荒漠之间,气候炎热干旱,土壤浅薄贫瘠,如非洲的赛伦盖蒂大草原。

在欧亚大陆,草原植被从欧洲多瑙河下游起,呈连续带状往东部延伸,经罗马尼亚、俄罗斯、蒙古,直达我国境内,形成了世界最宽广的草原带。在北美洲也有南北走向的草原带。南美洲的草原主要分布在阿根廷及乌拉圭境内。非洲草原则主要分布在南部及中部。

草原辽阔坦荡,是大地上最富有生机的自然景观。目前世界上大部分草原是天然牧场,放牧为各地人们的生活提供了丰富的资源。草原又是禾草和野生动物的家园。北美洲草原的哺乳动物有野牛、叉角羚羊、灰狼、野兔、獾等。非洲草原生活的哺乳动物更是种类繁多,包括角马、斑马、羚羊、犀牛、大象、长颈鹿、胡狼、狮子、猎豹、鬣狗、獴、鸵鸟等。大洋洲的动物则有畜养的牛、绵羊及骆驼、马、驴等,有独特的动物袋鼠,有野犬、兔子,有爬虫类蜥蜴,有飞行的鹦鹉和不飞的鸸鹋等鸟类。众多食草和食肉动物世世代代在草原进行着生命的轮回,让草原充满生机。

中国是世界上草原资源最丰富的国家之一,总面积近 4 亿公顷,占全国总面积的 40%,为现有耕地面积的 3 倍。我国的草原可划为 5 大区域,即东北草原区、蒙甘宁草原区、新疆草原区、青藏草原区和南方草山草坡区。著名草原有呼伦贝尔草原、伊犁草原、锡林郭勒草原、鄂尔多斯草原、那曲高寒草原、祁连山草原、科尔沁草原等。呼伦贝尔草原位于内蒙古自治区东部,以牧草为主的植物多达 1300 种,形成了不同特色的植被群落景观。这里毗邻大兴安岭,地面拥有 3000 多条河流、500 多个湖泊,栖息着 400 多种兽类和禽鸟,地下蕴藏着 40 多种矿产资源。大草原广袤无垠,未受污染,被称为“北国碧玉”。鄂尔多斯草原自 2004 年兴建草原旅游区,核心区由一个蒙古大营和 100 多个蒙古包组织成群,按功能分为歌舞表演区、骑马射箭区、餐饮娱乐区、庙宇和敖包祭祀区、体验蒙古民俗风情休闲区等,每年都能吸引众多中外游客光顾。

46. 并不冷寂的冻原

冻原也称苔原，主要指北极圈内以及温带、寒温带的高山树木线以上的一种以苔藓、地衣、多年生草类和耐寒小灌木构成的植被带，土壤下常有永冻层存在。

冻原为典型的寒带生态系统，分布于欧亚大陆和北美大陆的北部边缘地带，形成一条大致连续的冻土地带。这里冬季寒冷漫长，夏季凉爽短促，降水量为200—300毫米，风力强劲。由于生长期短，无法成为长出树木的环境，故冻原也被称为“无树的平原”。

世界上的冻原主要分为三类：南极冻原、北极冻原和高山冻原。无论哪一类，占优势的植物都是草、苔藓和地衣几种。在我国只存在高山冻原，分布于北方长白山和阿尔泰山的高山地带。由于全年气温低，生长期短，植物大多呈匍匐状、垫状或莲座状，以小灌木仙女木、圆叶柳、真藓、镰刀藓等为主。

在冻原地带，虽然严寒时间段较长，但冻原外貌并不像荒漠那样单调和缺乏生气。有的地带有较长的日照，使这里的植物成为多年生常绿植物，并常开出大型和艳丽的花朵。冻原的动物种类也不算少，有漫山遍野上百万头的驯鹿，有大群的麝牛，有灰熊、北极熊、北极狐、北极狼、北极兔、旅鼠等。夏季多有候鸟迁来繁息。水域则有海豹、海象、角鲸、白鲸、鳟鱼、鲑鱼、狗鱼、鲱鱼、胡瓜鱼、长身鳕鱼等哺乳动物和鱼类群系。众多动物以冻原为家园，使冻原地带一年到头都不冷寂。

西伯利亚冻原位于俄罗斯西伯利亚北部，沿北极冰盖边缘绵延3200千米，是一片广阔的大平原。冻原的大部分下层土都是永久冻土，最厚的冻土层深达1370米。冬季，所有土壤都成为坚硬的冻土；夏季，最上层的土壤融化成薄薄的湿土，使植物能在此生根、长大。越往南湿土层越厚，最厚处可达3米，连桦树、落叶松等树种也能生长存活。在这片冻原上，每年有3个月太阳不落；冬季则几个月全是漫漫长夜，只能看到月光。即使是仲夏，这里的温度也只有5摄氏度左右，冬季的气温则要降至零下40摄氏度。严寒时间长，留给植物开花、结子的时间短，为此这里的植物大多是多年生的，长得较矮小，生长速度也较缓慢。虽然人迹罕至，但夏季时冻原上却能见到鲜花盛开。这片冻原还是众多野生动物的家园。冰湖岸边是麝牛和驯鹿的栖息地。旅鼠和野兔则在苔藓下面打洞穴居。北极狐、雪鸮等又以捕捉鼠、兔为食。夏季的湖泊、小岛是红胸雁和西伯利亚鹤等候鸟筑巢产卵的理想之所，成群的禽鸟多达数十万只。

47. 浓荫蔽日的森林

森林是以木本植物为主体的生物群落，是集中的乔木与其他植物、动物、微生物和土壤之间相互依存、相互制约，并与环境相互影响，从而形成的一个生态系统的总体。森林具有丰富的物种、复杂的结构、多种多样的功能，被誉为“地球之肺”。

现代森林的形成经历了漫长的演化过程，它分为三个阶段，即晚古生代的蕨类古裸子植物阶段、中生代的裸子植物阶段和新生代的被子植物阶段。之后，乔木、灌木、草本植物相继出现，遍布地球陆地，形成各种类型的森林。如今的森林按其陆地分布，可分为针叶林、落叶阔叶林、常绿阔叶林、热带雨林、热带季雨林、红树林、珊瑚岛常绿林、稀树草原和灌木林等。按外貌森林包括针叶林和阔叶林两大类。针叶林分布在寒冷干旱和地势很高的地方，如云杉、雪松、落叶松等。阔叶林生长在气候温暖、湿润的温带地区，如果树、桂树、樟树等。

森林吸收二氧化碳，产生氧气，固定泥土，调节气候，涵养水源，是动植物理想的栖息之所，也是人类赖以生存和发展的资源和环境。俄国林学家莫罗佐夫早在1903 年就指出，“森林是林木、伴生植物、动物及其与环境的综合体。”现代生态学认为，森林是保护、发展并可再生的一种自然资源，具有经济、生态和社会三大效益。

林木是与人类生活关系极其密切的重要自然资源。森林树木的粗壮树干是优质的木材，可用于建筑和生产建设，造屋宇、做家具、建铁路、修桥梁、开矿山、造纸等。林产品松脂、栲胶、虫蜡、香料等，也都是重要的轻工业原料。森林还能提供包括果子、种子、坚果、根茎、块茎、菌类等各种食品。在泰国某些林区，60% 的粮食取自森林。很多民族的肉食、动物蛋白，也都靠森林动物提供。目前世界上大多数草药也都是依靠植物，取自森林。可以说森林是惠及了人类生活的方方面面。

21 世纪初，世界森林面积为 34. 5 亿公顷，约占世界陆地总面积的 1/4。森林面积在世界各地分布很不均匀。各大洲中欧洲森林面积最大，为 9. 3 亿公顷，其次是南美洲、北美洲。亚洲森林面积为 5 亿公顷，大洋洲仅0. 9亿公顷。

我国属森林资源贫乏的国家。土地面积约占世界总面积的 7%，森林面积仅占世界总面积的 4% 左右，人均森林占有量仅相当于世界人均占有量的 1/5。我们的当务之急是认真贯彻《森林法》，大力开展植树造林活动，增加森林覆盖率。另外，保护好现有林区，禁止滥采滥伐，少使用一次性筷子，减少过度包装，多修建森林公园等，也都是要努力做好的事情。

48. 干燥炎热的沙漠

沙漠是指地面完全被沙所覆盖、雨水稀少、气候干燥炎热的荒芜地区。

沙漠大多分布在南北纬度15—35度之间的风信带。这些地方气压高,风总是从陆地吹向海洋,潮湿的空气却进不到陆地,使这些地方雨量极小,持续干旱。地面上的岩层经不断风化后形成细小的沙粒,沙粒随风飘扬,堆积起来就形成了沙丘。沙丘增多、广布,于是变成了浩瀚的沙漠。

沙漠地区风力极强,最大风力可达10—12级。强大的风力卷起大量浮沙,形成凶猛的风沙流,以蛮力吹蚀地面,使地貌发生急剧变化。沙丘没有脚,风卷动着它却能不断移动。在非洲撒哈拉沙漠曾观测到流动的沙丘一年中移动了9米。

沙漠地区年温差可达摄氏30—50度。日温差也很大,夏天午间地面温度可达摄氏60度以上,夜间又会降到摄氏10度以下。但也有偏冷的沙漠,如南美洲西海岸中部的阿塔卡马沙漠温度只在摄氏0—20度。

地球上大约有1/5的陆地是沙漠,集中分布于亚洲中部和其他几大洲内陆地区。著名沙漠有非洲撒哈拉沙漠,面积为932万平方千米,是世界第一大沙漠。此外还有中东的阿拉伯沙漠、非洲的利比亚沙漠、南美洲的巴塔哥尼亚寒漠、大洋洲的大沙沙漠等。我国的沙漠面积约70万平方千米,在西北干旱地区较为集中,有塔克拉玛干沙漠、古尔班通古特沙漠、柴达木盆地沙漠、腾格里沙漠、乌兰布和沙漠等八大沙漠。塔克拉玛干沙漠位于塔里木盆地中心,面积约33万平方千米,地区风沙活动频繁而剧烈,流动沙丘占到80%以上。在沙漠中曾发现小宛、楼兰等众多古城遗址。

沙漠地区生活环境恶劣,动植物稀少。但沙漠并非一无是处。世界上的石油储存大都在沙漠地带。制作玻璃、陶瓷、化学品、西药的硼砂,也大量从沙漠干燥地区获得。此外铍、锂、云母、黏土等非金属物质在沙漠地区也有丰富藏量。沙漠盛产的风能、太阳能更是深厚的潜力资源,有待研究开发。

沙漠之沙通常颜色是黄色、浅黄色,不过也有些沙漠的沙色异于寻常。澳大利亚的辛普森沙漠沙子是红色的,据考察,沙子是由于含氧化铁的岩石风化形成。中亚土库曼斯坦的卡拉库姆沙漠沙子是黑色的,研究认为是黑岩层沙化形成的。伊朗东部有一片卢特沙漠,沙子是白色的,白茫茫的沙地由盐和砂石风化形成。美国的科罗拉多河附近有一处沙漠,由火山熔岩形成的砂粒中含多种矿物质,整个沙漠呈现粉红、金黄、蓝、白、紫等诸色,是一个五彩沙漠。

49. 雄伟起伏的山脉

山脉是沿一定的方向延伸,包括若干条山岭和山谷组成的山体,因像脉状而称为山脉。

地球上纵横交错的山脉,堪称世界大陆的“骨架”。山脉的形成与地壳运动是分不开的。位于地壳上部的岩石圈由很多板块拼合成,内部相对稳定,边缘处却很活跃。当两大板块相遇,产生碰撞,使岩层受到挤压,即会形成山脉。板块推挤造成地壳弯曲变形,并向上抬升,就形成了皱褶山脉。火山喷发熔岩和岩块堆积,会形成火山山脉。此外山脉的类型还有断层山脉、冠状山脉等。

山脉的分布看上去杂乱无章,其实是有些规律的。在世界地形图上可以看到,比较高大的山脉主要集中在横卧亚欧大陆的中南部、纵贯南北美洲大陆的西部两个地带。在地球上有许多雄伟的山脉,最高的山脉是喜马拉雅山脉,其中有110多座山峰超过了7300米。最长的山脉是南美洲的安第斯山脉,全长8900米,雄峙在南美洲的西海岸,山脉既高又陡,平均海拔近4000米。安第斯山脉绚丽多姿,这里蕴藏着丰富的铜矿,活跃着活火山,也易发生雪崩。

阿尔卑斯山脉是欧洲的最高山脉,西起法国东南部的尼斯,经瑞士和德国南部、意大利北部,东到奥地利的维也纳,山脉呈一弧形,长1200千米,宽120—200千米。主峰勃朗峰海拔4810米,海拔4000米以上的山峰有100多座。近几百万年以来,欧洲经历了几次大冰期,阿尔卑斯山脉形成了很典型的冰川地形,目前尚横亘着1200多条现代冰川,成为旅游和冬季滑雪的胜地。希腊的奥林匹斯山是希腊的最高山脉,也享有盛名。最高峰2917米,长年云雾缭绕,高耸入云,一年中有2/3的时间被积雪覆盖,被尊奉为“神山”。在南非开普敦半岛北端有一座平顶山,山顶平整如台,长方形,长逾3000米,得名“桌山”。夏天东南风吹来的白云笼罩着山顶,顺北麓下滑,山体盖上一层白色,就像铺了一块“桌布”。桌山上林木葱茏,开普敦国家植物园就位于山的斜坡上,是南非具代表性的植物景观。

我国的山脉大多分布在西部和北部,著名山脉喜马拉雅山脉位于青藏高原南巅边缘,是世界海拔最高的山脉,也是中国与印度、尼泊尔、不丹、巴基斯坦等国的天然国界。主峰珠穆朗玛峰是世界最高山峰,高8848.86米。我国其他著名的山还有昆仑山、唐古拉山、天山、阿尔泰山、大兴安岭、小兴安岭等。各地的旅游名山也有很多。浙江温岭东北处有个叫凤凰山的地方,山体下竟隐藏着1300多个大型洞窟,这使这一山体又有了“空心山”之称。

50. 山地夹缝的峡谷

峡谷是深度大于宽度、谷坡陡峻的谷地。当地面隆起的速度与下切作用协调时,便容易形成峡谷。

峡谷是河流的杰作。河流依靠快速流动的水及携带物对河岸持续产生冲刷、破坏作用,这就是侵蚀作用。一般来说,峡谷是由河流长时间侵蚀而成。峡谷的形成过程极其漫长,如我国长江三峡,就是经历了200多万年,才形成了如今的规模。

长江三峡自古有“瞿塘雄、巫峡秀、西陵险”的说法。这里山势雄奇险峻,江流奔腾湍急,夹岸峰插云天,峡区礁滩接踵,是闻名遐迩的游览胜地。我国的雅鲁藏布大峡谷,长504.6千米,最深处为6009米,是世界上最长、最深、海拔最高的峡谷。我国其他著名峡谷还有澜沧江梅里大峡谷、金沙江虎跳峡、巫山小三峡、大渡河大峡谷等。

美国的科罗拉多大峡谷是世界最大的峡谷,位于亚利桑那州西北,大致呈东西走向,蜿蜒曲折,如同一条桀骜不羁的巨蟒,匍匐在高原上。它全长349千米,宽6—25千米,平均谷深1600米,谷底宽700多米。两崖壁立千仞,又有千回百转的通幽曲径,景象壮观。几亿年前这里原是海洋,地壳运动使地表抬升,科罗拉多河奔流其间,经千百万年河水侵蚀切割,形成了大峡谷。如今从谷底向上,一层接一层,分布着各个地质时代堆积起来的岩层,不同岩层有种种远古动物留下的化石。使大峡谷的岩壁成了一部“活的地质教科书”。

美国加利福尼亚州内华达山脉中有一个“死谷”。这里是北美洲最干、最热、最低洼处,曾有过连续6个星期气温超过摄氏57度的纪录。死谷的成因是由于巨大的岩块沿断层下陷,再经洪流冲刷而成。此处环境恶劣,却也有些淘金者闯入这里,找到黄金发了财。然而没过几年,金矿枯竭,此谷又成了荒废之地。这死谷内也并非毫无生机,一种开白花的岩生植物,茎叶长满茸毛,抵御着干燥的风顽强生长;大角山羊和响尾蛇也在岩石间游弋生存;而含盐量极高的水坑内,鱼儿也适应了恶劣的条件,游动悠然。

纳米比亚的鱼河峡谷长160千米,宽27千米,平均深度550米,是仅次于美国科罗拉多大峡谷的世界第二大峡谷。但这一峡谷无人居住,除荆棘灌木和沙漠蜥蜴,几乎是生命禁区。

在南极洲也有一块谷地,不是峡谷而称干谷,它并非由河水侵蚀而成,而是由冰川切割造就。干谷因少有降雪,一片干秃而得名。但在干谷坡地也有一些海豹的干尸。有研究人员检测认为,海豹可能早已死于数百年前,甚至数千年前了。

51. 喷发的火山

在地壳之下100—150千米处，有一个“液态区”，区内存在着高温、高压下含气体挥发成分的熔融状硅酸盐物质即岩浆。它们一旦从地壳薄弱缝隙处冲出地表，就形成了火山。

火山出现的历史非常悠久。很多火山喷发于人类有史之前，如今已不再活动，这样的火山称为“死火山”。人类有史以来时有喷发的火山称为“活火山”。有些死火山随着地壳运动也会突然喷发，则称为“休眠火山”。据统计，全球已知的死火山约有2000座；已发现的活火山有523座，其中陆地上有455座，海底有68座。地球由六大板块拼组而成，板块的交接处地壳较薄弱，易喷发火山。环太平洋是很活跃的火山带，火山频频喷发。

火山喷发能喷出多种物质，固体的有岩块、碎屑、火山灰等；液体的有熔岩流、水、水灰浆等；气体的有水蒸气，以及碳、氢、氮、氟、硫等的氧化物等。此外火山活动中还常喷发出可见或不可见的光、电、磁、声和放射性物质等。当火山爆发，会有惊天动地的巨大轰鸣，石块从天而降，岩浆炽热飞溅，霎时吞噬周围的一切，方圆几十里都被笼罩在浓烟迷雾中，毁灭村镇，给人类的生命财产带来巨大损害。当然，火山喷发也能带来益处，火山灰是农林业极好的天然肥料；火山喷发会形成包括金、银在内的多种矿产；火山地区景象奇特，往往成为旅游胜地。

火山喷发能造成种种令人惊叹的奇异景观。1943年2月的一天，墨西哥帕里库廷小村的玉米地忽冒白烟，裂开口子；第二天洞口有浓烟、石块、灰、砂喷出，周围很快出现了10米高的小丘；一周后小丘变成一座100多米高的圆锥形火山；一年后火山升高到336米。时至今日，从玉米地扶摇而上的著名帕里库廷火山已高达3170米。

在意大利西西里岛的北面，有一座火山，它海拔900多米，每小时喷发1—3次。每次喷发把火红的熔岩体抛到几百米空中，形成一股红色的火花。夜晚喷发形成的火柱更是壮观。由于这座火山海拔高，在150千米外的海面也看得到，航海者视它为一座天然航标，呼其为“地中海的灯塔”。

在蒙特塞拉特岛上，有一座苏弗里埃尔活火山。这座火山不仅可以参观，还允许进到火山口内。在火山口里可看到火山熔岩正不断冒气，还会发出“呲呲”的吓人声音。但这座火山的活动仅限于此，不会有更大的危险。地方当局便在火山口内建造公路、旅馆，招徕游人一享置身火山口之乐。

52. 惨烈的地震

地震是地壳快速释放能量,产生地震波的一种自然现象。

地震大致可分为三类:一类是陷落地震,当上层地壳压力过大,造成地下的巨大岩洞坍塌,形成地震。另一类是火山地震,由于火山爆发,熔岩冲击地壳发生爆炸,引发为地震。还有一类是构造地震,是地球的内力作用等引起地层断裂和错动,使地壳发生升降变化而爆发的地震。构造地震是地球上出现次数多、影响范围广的地震。

地震的地理分布受一定的地质条件限制,并具有某些规律。全球的地震分布呈一定的带状,称地震带。从空间上看,主要集中在环太平洋和地中海—喜马拉雅两大地震带。地球上几乎时时都有地震,平均每年发生500万次以上。但有感地震不足5万次,7级以上的地震平均更不到20次。地震的大小通常用震级来表示,地震释放的能量越大,震级越高。震级每增加一级,能量约增加30倍。

地震是第一大天灾。当大地震发生,地面在剧烈晃动中会出现断裂,造成建筑倒塌;山体等自然物被摧毁,发生山崩、滑坡、海啸等自然灾害,造成大量人身伤害和财产的巨大损失。人类从1900年开始对地震有了可靠的记载,一次次大地震带给人类社会的灾难是极其惨烈的。

1908年12月28日下午,意大利墨西拿市发生了7.5级大地震,这个拥有千余座石造金字塔的城市,瞬间被夷为平地,地面下陷0.6米,地震中有11万人蒙难,其中墨西拿市有8.3万人死亡,约占全城人口的一半。1923年9月1日午时,日本发生7.9级的关东大地震。在东京,地震使居民炉灶翻倒,引发大火,形成火海。成千上万人被大火驱赶到几座大桥上,被火烧、拥挤践踏,水中桥面满是死尸。据统计,地震共造成死亡失踪人数达15万之多,单东京一城就有10多万人。

1960年5月22日入夜,智利西海岸蒙特港附近海底发生了9.5级地震,这是人类地震史上级别最高的地震。地震持续到第二天,几十万幢房屋大多不存,5700人遇难。地震引发的海啸横扫太平洋,直袭日本,又造成日本800人死亡。1976年7月28日深夜,我国河北唐山发生7.8级大地震,造成24万多人死亡。2008年5月12日午间,我国四川汶川发生8.0级大地震,共造成近7万人死亡,约37万人受伤。

地震的危害是惨重的。但地震也是可以监测预报的。另外,注意利用地震前动物、地声、地光、水位水质等客观存在的宏观前兆现象,观测其异常变化,是可以为临震预报提供重要依据的。

53. 汹涌的泥石流

在山区、沟谷中，暴雨、冰雪融水会造成山体向下滑落，伴随着大量的石块、泥沙，沿着沟谷倾泻而下，漫流堆积。这种自然现象就是泥石流。

泥石流多发生于环太平洋和欧亚大陆的褶皱带山地。世界上有 50 多个国家存在着泥石流的潜在威胁，较严重的有哥伦比亚、秘鲁、瑞士、中国、日本等。泥石流常发生在半干旱山区或高原冰川区，这里山势陡峭，泥沙、石块等堆积多，树木稀少，一旦暴雨急降或冰水解冻，大大小小饱含了充足水分的石体，便会顺着斜坡向下滑动，形成泥石流。泥石流能在很短的时间内，用数十万、上百万立方米的岩石、泥沙堵塞江河，摧毁建筑，破坏森林、农田、道路，给人类的生命财产以及自然环境造成重大灾害。

世界各地泥石流的灾害是时有发生的。1970 年秘鲁西部钦博特海湾海底发生 7.8 级大地震，强大的冲击波震裂了瓦斯卡兰山主峰的冰冠，这是秘鲁国境内最高的山峰，海拔 6768 米。巨大的冰体从空坠落，破碎而下爆发泥石流，500 多万立方米的雪水重约 1 亿吨左右，夹带泥石，以 100 千米的时速冲向容加依城，造成 2.3 万人死亡，灾难景象惨不忍睹，成为世界历史上冰雪泥石流冲埋伤亡人数之最。1985 年哥伦比亚的鲁伊斯火山引发泥石流，流体以 50 千米的时速冲击了近 3 万平方千米的土地，包括城镇、乡村、田地，使阿尔梅罗镇成为废墟，造成 2.5 万人蒙难，15 万头家畜死亡，13 万人无家可归，经济损失高达 50 亿美元。

我国山地多，有潜在发生泥石流的沟道 1 万多条，大多分布在西藏、四川、云南、甘肃几省区，是泥石流多发的国家。1969 年，云南发生南拱泥石流，使新章金、老章金两村被毁，97 人丧生。2010 年 8 月，甘肃南部的舟曲县连日遭遇强降雨，北部山地土石松动，爆发了泥石流。流体以猛烈的速度冲入了县城，冲毁了大量房屋建筑，夺走了 1500 多人的性命。近 60 年以来，我国县级以上城镇因泥石流致死共计 5400 多人，造成财产损失近万亿元。

专家指出，泥石流的诱发因素包括修建铁路、公路、水渠的不合理开挖、弃土弃渣采石、滥砍滥伐乱垦等。预防泥石流的关键还是要保护和改善山区的生态环境，植树造林，做好水土保持。为免受泥石流的危害，房屋建筑以远避离开易发生泥石流的山沟、道口为宜。当泥石流发生时，与其遭遇不能沿沟向下或向上跑，而应该向两侧山坡上跑。要离开沟道、河谷地带，在基底稳固又较为平缓的地方驻足。

54. 幽深的天坑

天坑是指具有巨大的容积、陡峭而圈闭的岩壁、深陷的井状或桶状轮廓的空间，底部与地下河连通的喀斯特地貌。多为石灰岩经久受雨水侵蚀，导致地表岩层塌陷形成。

天坑学名叫“喀斯特漏斗”。按国际洞穴协会和中国地质学会洞穴研究会公布的标准，洞口直径大于200米、垂直洞深超过200米的喀斯特漏斗才称天坑。至2010年，国际上被确认的天坑有78个，约2/3分布在我国。

中北美洲的伯利兹海岸附近有一处大蓝洞天坑，洞深124米，洞的直径却达300米。巴哈马群岛的长岛上有一个盐水天坑，入口直径仅35米，洞深却达202米，天坑深埋于水中，是潜水者的乐园。委内瑞拉的玻利瓦尔天坑深314米，上缘宽352米，底部缘宽502米，是个锥桶形大天坑。巴布亚新几内亚的新英格兰岛上有一天坑口宽350米，深510米，也够宽深。

按照天坑分级，宽度和深度均超过500米的为超级天坑，全世界至今发现只有3例，均在中国。重庆奉节县的小寨天坑，深666.2米，坑口直径662米，坑底直径522米，有“天下第一坑”之称。2016年11月，在陕西汉中发现了罕见的大规模天坑群，天坑多达49处，其中的三元圈子崖天坑最大口径为520米。

我国广西百色地区的乐业天坑群亦由20多个天坑组成。其中的大石围天坑深达613米，南北宽420米，东西长600米。底部有面积为几十平方千米的原始森林，有溶洞群，与地下河流相通。科学家入洞考察发现，洞下暗河里生活者一种盲鱼，还有方形竹子以及许多叫不出名字的植物。洞穴一个角落则长有远古时代的植物，如桫椤等。在溶洞里科学家还看到了一种猫科动物的脚印，据当地人说这是一种像鼯鼠的“飞猫”，能够滑翔，以捕捉蝙蝠为食。洞底还有一种洞螈出现，与盲鱼一样，它们都是地下河流中源于古代的动物，视力退化。

乐业天坑群的天坑除了有大石围天坑的大而深，还有不少奇妙之处。一个白洞天坑也具有地下原始森林和暗河，还与相隔1千米外的天星冒气洞相通，形成了自然界十分奇特的景观——这边洞口吸气，那边洞口出气。从天星洞口冒出的白色烟气，在方圆几百米都能看到。在大石围天坑不远处还有一个莲花洞，洞中有大大小小的岩溶莲花座200多个。莲花座是一种钟乳石，因形状酷似舒展于水面的睡莲而得名。冒气洞和一个洞中有如此之多的莲花座形成，都有待科考学家细加考察。

55. 神秘的洞穴

洞穴指有出口通到地表面的天然地下空间，通常是由于水的侵蚀等外力作用形成的。洞穴在人们心目中一直是个充满神秘感的区域，而在世界上成千上万的洞穴中，有些的确神奇。

世界最长的溶洞是美国肯塔基州的猛犸洞。这个洞全长近 600 千米。上下 5 层左右相通，连接有 77 个洞厅，组成了一个曲折幽深的地下迷宫。最大的洞厅长 163 米，宽 87 米，可以容纳几千人。洞内还有 7 个自然瀑布，水声隆隆，水珠飞溅。底部还有一个地下湖，深邃宁静，湖面如镜。猛犸洞以洞长著称，与史前猛犸象并无关系。

美国新墨西哥州卡尔斯巴德岩洞群中有个大屋洞，它长 550 米，高 25—77 米，面积 56 万平方米。山窟中有个蝙蝠洞，栖息着约 800 万只蝙蝠，每天傍晚从洞穴蜂拥飞出，历 4 小时，在空中形成一条长几千米的黑色“长飘带”，成为一道奇观。我国湖北利川新发现了一处腾龙洞，长 8.5 千米，洞口高 60 米，宽 170 米。它比大屋洞更大，成为新的岩洞之最了。

在秘鲁普诺省的里利斯塔有一个能歌会唱的洞穴，不时会响起风琴声、锣鼓声、笛声和“女声独唱”等。调查发现这是因为洞中蕴藏了大量的磁矿，随着温度、湿度变化产生的震动而创造出的乐声。在苏格兰的斯塔法岛上也有一个洞穴，能发出竖琴演奏的声音。据研究这是因为海风吹进洞口拱道和洞内六边形石柱，气流受挤压，快速环绕石柱运动遂形成了拨动竖琴般的声响。在我国重庆东部巫山县官渡镇也发现有一会鸣唱的洞穴，每到春夏季节，洞内就会传出有节奏的乐声，宛如有乐器演奏。专家调查后认为，这是由于春夏时洪水量大，水流冲入相对封闭的暗河，带动空气冲刷石壁，就会产生清脆的声响，于是有了会唱的石洞。

在新西兰东部岛屿中有一个能发光的洞穴。夜晚从洞外向里望去，洞内一片光明，景物清晰可见。然而当人踏进洞口，洞内亮光会一下子消失。经调查了解，亮光是一种蝇类幼虫发出，这些幼虫数量众多，能在石缝中结网发光。幼虫对声音极敏感，稍有脚步声等动静，便会熄光隐匿，待威胁解除便又会重新发光。

在希腊亚各斯海滨有一个被称作“无底洞”的洞穴。据测这个洞每天有 3 万多吨海水涌入洞中，但奇怪的是这么多的海水从未把洞灌满。美国的一个考察队把一种经久不变的深色染料溶入水中，流入洞内，这种带颜色的水便没有了下落。再将一种鲜艳的塑料粒投放，发动了数以百计的人在周围水域查找了一年，仍然一无所获。这个“无底洞”的底到底通向哪里，至今是一个谜。

56. 喷涌而出的泉水

泉是地下水天然出露的地点,或是地下含水层露出地表的地点。根据泉的水流状况的不同,有常流泉和间歇泉之分;按照泉水成分、功用,又可分为冷泉、温泉、矿泉和观赏泉几类。

世界上的泉位泉眼分布广泛,仅我国泉的数量就有逾十万之多,各地名泉不胜枚举。济南号称有七十二名泉,趵突泉位于济南趵突泉公园泺源堂之前,位居七十二名泉之首,有“天下第一泉”之誉。经查趵突泉有文字记载的历史,可上溯至我国的商代,迄今长达3560多年。

泉水多为淙淙而流,叮咚作响。在一些地方却也有些泉水甚是怪异,令人难解。间歇泉总是喷喷停停,在世界很多国家和地区都有分布。我国湖南伏龙山腰有一座“喊水泉”,这眼山泉在寂静时滴水不出,一有雷声便会哗哗往外淌水。夏季人们在泉边喊叫,它“听”到了,也会有清冽甘甜的泉水流出。在贵州大山深处也有一种敲击就能敲出的“自来”泉,找到泉眼处,用石头一敲洞口,就会有清泉流出。专家考证认为,这都属于“声震”间歇泉。在地质结构中,有着许多“毛细水管”,一有声音振动,水便能沿着细管往上冒。

在间歇泉中最有意思的要数美国黄石国家公园的“老实泉”,它每隔40多分钟一定喷涌一次,上百年来老老实实从未改变过。间歇泉为什么能如此“守时”,一直是一个谜。黄石公园里还有一个巨人泉,每隔3天喷射一次,历时15分钟左右。喷发时斜向喷出,水柱达20多米高,水汽可达80米高空,珍珠状的水沫下落中受阳光照射,每每映出虹霞的景观。

泉水多为涓涓细流,但也有流量巨大的。距美国佛罗里达州不远的大西洋中,有一喷泉,井状,底部直径约20米,每秒喷出泉水约40吨,冲破几十米海水的阻拦,升至海面。大量的泉水使周围30米成为淡水区,与周边海水的颜色、温度和浪高均不相同。这一海泉之大远胜于陆地的。

很多泉水中含有丰富的矿物质,可作为矿泉水饮用。而有的泉水中含有天然气成分。我国台湾台南县有个关子岭温泉,泉水从泉眼冒出,由于混有天然气,划火伸向水面就能将泉水点燃。新疆伊宁市西北还有一个火泉,山体下面是煤田,泉水中含有硫黄、矾等矿物质和大量可燃性气体。当地利用火泉的地热,建起了治疗皮肤病的医院等设施。

湖南石门县有一个龙口泉,每当大雨滂沱,就会有成群的鱼儿从泉口翻跃而出。专家调查发现,泉内的鱼是由外面游到泉洞暗河里的,这里水位低,便困在里面缓慢生长,一旦雨大涨水,鱼儿便会争相出洞,形成了泉涌鱼跃的景观。

57. 奔腾向前的河流

河流是陆地表面有水流动的线形天然水道。河流在我国称谓很多,大河也称江、川、水,小河则叫溪、沟等。

地球上之所以会有各种各样的地貌,很多是出于河流的"杰作"。通常河流通过侵蚀、搬运、堆积三种作用对地貌产生影响。弯曲的河流形成曲流,遇到陡崖时形成瀑布,冲过高山时形成峡谷,漫流荒地后形成冲积平原。每条河流都有源头,河流或发源于冰川、泉水,或来自湖泊、沼泽,情况不尽相同。

世界上有许多著名大河。非洲的尼罗河长6670千米,是世界第一长河。南美洲的亚马孙河长6440千米,位列世界长河第二。中国的长江长6300千米,列第三。北美洲的密西西比河长6020千米,列第四。中国的黄河长5464千米,列第五,是中国第二大河。黄河流经青海、四川、甘肃、宁夏、内蒙古、陕西、山西、河南和山东9个省份,呈"几"字形向东注入渤海。黄河流域有肥原沃土,物产丰富,山川壮丽,居民占中国总人口的1/4,历史文化积淀深厚。黄河因此有中国"母亲河"之称。

在世界长长短短、大大小小的河流中,有些河流甚是奇特。南非高原上的科范果河长约1600千米,长年水量达110万立方米。中上游流量都很大,而到了下游河水会突然消失。考察发现,河的下游进入热带草原地带,地形平坦,水流分为支流流缓,气候炎热,河水被蒸发。人们看着蒸气上升,便说这河是"流上天"了。

在希腊北部有一条奥尔马加河,全长80多千米,河水清澈。奇怪的是河水喝起来带有很浓的甜味,被称为"甜水河"。调查得知,河床土壤中含有大量的原糖结晶体,是构成糖的主要成分,易溶于水,使河水有了甘甜味道。

非洲安哥拉有一条勒尼达河,长仅6千米。这条小河以香气扑鼻闻名于世。即使远离小河50千米,也能闻到一阵阵飘散而来的异香。原来河的香味来自河底生长的大量水生植物,它们可以在水中开出芬芳的花朵,花香味溶解在河水中,又散发到空气里,四处弥漫,并飘到很远。

委内瑞拉东部一河下游,有一段奇兀的岩涧河道,这里的岩层、涧缝宽窄、高低不一,水流穿过时水速快慢不同,就会发出各种怪异声响,如吹铜笛,如敲锣鼓,又像鸟兽叫,此起彼伏,使此河被唤作"会唱的河"。

58. 波平如镜的湖泊

湖泊是陆地上洼地积水形成的水域,是一种比较宽广、流动缓慢的水体。

湖泊按成因可分为冰川湖、火山湖、堰塞湖、构造湖等几种。按湖水盐度高低可分为咸水湖和淡水湖等。湖泊四处安家,只要地面低洼,都有可能蓄水成湖。湖泊总是由大变小,逐渐消亡。气候、河流以及人类的活动,都会影响湖泊的寿命。湖泊的寿命一般为1万—2万年。不过也有的湖泊寿命很长,如欧洲的贝加尔湖,存世至少有2000万年了。

湖水是全球水资源的重要组成部分。地球上湖泊总面积约为270万平方千米。世界上最大的咸水湖是里海,位于中亚西部和欧洲东南端,面积为37.1万平方千米。最大的淡水湖是苏必利尔湖,位于美国与加拿大边境,面积为8.24万平方千米。中国最大的咸水湖是青海湖,面积约为4543平方千米。中国的五大淡水湖分别是鄱阳湖、洞庭湖、太湖、洪泽湖和巢湖。

看似波平如镜的湖泊,有些却有着神奇之处。在北美洲阿拉斯加的巴罗海角上有个努沃克湖,湖水是双层的,上层是淡水,下层则为咸水。这是由于在严寒条件下,咸水比重大而居下层。因水体有别,两层水中各自栖息着不同的动植物。

在北冰洋南部基里奇岛上还有一个五层湖。考察发现,湖的最底一层饱含硫化氢,水层缺氧,只存在着一些细菌。往上一层水呈深红色,色素是由吞食硫化氢的细菌造成的。第三层水透明,含盐量较高,生活着海葵、海藻及鲈鱼、鳕鱼等鱼类。往上一层是咸水和淡水过渡层,有海蜇等动物生存。最上一层是淡水层,栖息着多种淡水生物。各水层生活的生物都不会“越界”。

在中北美特立尼达岛西南部有一个沥青湖。湖的面积约0.44平方千米,湖面呈暗灰色,里面全是优质沥青。100多年以来,人们每天从湖中开采几十吨沥青,但新的沥青又源源不断地从湖底涌上来。英国从伦敦到伯明翰的一号公路,就是用这个湖的天然沥青铺成的。

西印度群岛的大巴哈马岛上有一个火花湖。当人们夜晚泛舟湖上,船桨拍打水面,就会在船舷激起火花。若有鱼儿跃出水面,也会看到火花飞舞。原来湖水中生长着大量含有萤光素的甲藻,湖水一经搅动,萤光素与空气结合,产生氧化反应,便让人看到了绚丽的火花。

加勒比海的多米尼加岛上有个沸湖。沸湖长90米,宽60米,坐落在山谷中。这里的地表与地下岩浆距离较近,地下水喷涌形成的湖面上热气腾腾,湖水上下翻滚,好似一锅沸水,沸湖也因此得名。

59. 飞流高挂的瀑布

瀑布是指河流或溪水经过河床纵断面的陡坡或悬崖处时,垂直倾泻而下的水流。

瀑布形成的原因有多种:构成河床的岩石不同,高低相差大会出现瀑布;地壳断裂造成陡岩,河流至此会形成瀑布;石灰岩地区的暗河从山崖间涌出,会形成瀑布;海浪拍击海岸、火山喷发等在一定条件下也会产生瀑布。总之,瀑布是地球内应力和外应力综合作用的结果。

尼亚加拉瀑布是世界第一大跨国瀑布,位于加拿大安大略省和美国纽约州的尼亚加拉河上。伊瓜苏瀑布是南美洲最大的瀑布,也是世界上最宽的跨国瀑布,位于阿根廷与巴西边界上,最宽处达 4 千米。世界各地的瀑布千姿百态,形形色色,还有很多。我国的著名瀑布有黄果树瀑布、壶口瀑布等。

非洲赞比亚的赞比西河中游河段,有一座维多利亚瀑布,落差 106 米,宽 1800 米,以"声若雷鸣的雨雾"闻名于世。在南美洲委内瑞拉的丘伦河上,有一座安赫尔瀑布,其落差达 979 米,为世界上落差最大的瀑布。老挝的孔南瀑布只有 15—21 米高,宽却达 10800 米,总流量每秒 42500 立方米。位于巴西和巴拉圭之间巴拉河上的瓜伊拉瀑布,平均高度只有 30 多米,瀑布口却宽达 4850 米,最大流量为每秒 5 万立方米。

在委内瑞拉的圣埃来那德瓦伦地区有个卡纳伊玛公园,园中有一座瀑布,是供人们游泳戏水之所。后来发现瀑布的水流中竟夹带着金沙,这一瀑布遂得名"黄金瀑布"。

在非洲几内亚的舍迪亚有一片断崖,飞瀑直下,高达 200 米,宽为 20 米。这处瀑布由无数如丝的细流所组成,断崖像织布机上的梭子,流水则如梭子齿缝中流出的细纱,整个瀑布如同悬挂着的巨幅薄纱。这座瀑布也因此得名"新娘的面纱"。

在美国夏威夷的瓦胡岛上,有一座几百米高的瀑布。奇特之处在于,瀑布落到半山腰,会化作一团团的水雾,扶摇直上,直冲崖顶。原来瀑布四周环绕悬崖峭壁,只有一条狭小的山隘通向海洋,太平洋上强劲的风吹进山隘,以猛力将瀑布水帘的水流冲向崖顶,从而造化出这里"不落的瀑布"。

在澳大利亚和塔斯马尼亚岛之间的巴斯海峡水下,科学家发现了一座海底瀑布。瀑布从一座礁岩裂缝涌出,宽达 150 千米,落差为 400 米,每秒流量为 3 万立方米。有资料表明,这处瀑布是世界上已知的唯一海底瀑布。

60. 岩石拾趣

地球形成之初，地核引力把宇宙中的尘埃吸引过来，将尘埃凝聚成固态石，又经风化，久而久之便形成岩石。

组成岩石的基本化学元素有 8 种，即氧、硅、铝、铁、钙、钠、钾和镁。根据一块岩石上含有铀和分裂出来的铅，能够计算出这块岩石的年龄。岩石按成因可分为火成岩、沉积岩和变质岩三大类。岩石大小不一，形状多样，在地球表面的每寸土地下面都有岩石的存在。

在澳大利亚中部维多利亚大沙漠中，有一块艾尔斯岩石，它高 340 米，长 3000 米，是世界上最大的整体岩石。这块巨石气势雄峻，如一座小山，石体光滑，在阳光照耀下能反射出不同的色泽。巨石日出时呈棕色，中午时变为灰蓝色，日落之际又变为红色，并把附近的沙丘映照得通红。石头放射红色的光芒，仿佛在燃烧，这使它又有了“燃烧的巨石”之称。

在我国东山岛海边有一块搁在海岸边的孤石，重约 200 吨。一阵海风吹来，这块重石会微微摇晃，被称为“风动石”。重石摇动的原因是下大上小，重心较低，底部呈圆弧形状，如同“不倒翁”，能动而不会倾倒。在美国的科罗拉多州有一块风动石，常常迎风剧烈摇晃。

在我国广西靖西有个叫牛鸣坳的山坳，有块横卧的巨岩像匍卧的大灰牛，石面光滑，布有一些交错的孔洞。当人贴住洞吹气时，岩石就会发出雄浑的“哞哞”声，越使劲吹声音就越响。在海南陵水县境内有一块“琴石”，如一张桌子大，石头边缘有 8 道向外突出的棱，用石头自下而上敲击石棱，可清晰地听到 8 个高低不一的音阶，让人觉得有趣。

在我国四川石柱县马武乡有一块能预报天气的“气象石”。这是一块桌面大的圆形石头，有水珠浮现于石面某一方时，则预示着那一方要下雨；当水珠汇聚石头中部，表明当地要下雨；当水珠布满整个石面，是预告将要下大雨。还有更细微的预报是，当整个石头潮湿变黑时，预示着阴雨连绵的天气到来；石头表面的潮湿转干发白，又告之是天气将变得晴朗。就连石头冒蒸气，表明将出现雾气天，也有预告。如此“有才”的气象石实属罕见。

我国地处云贵高原苗岭山脉水族人居住的山上，崖边的石头还能“生蛋”。如果上到山顶，就会看到悬岩边排列着几十个石蛋，就像一排母鸡准备生蛋一样。有的石蛋上只露出一丁点“蛋头”，有的露出一半，有的已挤出岩石就要降生大地。专家指出，这是由于岩石中的物质在地壳中受地热作用，形成一种结晶体，升入地表久而久之会逐渐脱离原岩石，于是形成了今天的“生蛋”奇观。

61. 天降陨石

陨石是大质量流星体进入地球大气圈，未被完全烧毁而落到地面的残骸。

据估算，每年坠落在地球的陨石数量很大，可达几十万吨到几百万吨。但多年来世界各地有记录的陨石，却仅有3000多个。这是由于许多陨石"石沉大海"，或跌入荒漠之地，难以寻觅。更多的陨石在与大气摩擦中已"粉身碎骨"，化为陨石粉尘，散布在地球表面，使地球上每年额外加重了500多万吨尘埃。

对于陨石这"天外的来客"，我国古人早有认识。一本名为《竹书纪年》的书中写道："夏六月，雨金于夏邑。"记载了公元前2133年山西夏县降落的陨石雨，是世界上首次让陨石雨见诸文字。到了汉代，人们又多了"星坠至地，则石也"的见解。在我国古籍中，也记载了很多关于陨石造成灾害的事例，如明正德七年(1512)峄县(今山东峄城)由于陨石引发火灾，烧毁官舍、民房千余间，郊外树林也成了一片焦土。在我国古代，人们也常把陨石看作"灾变"的征兆。

至近代科学产生之后，人们对于陨石现象才有了正确和较为详细的认识。科学家们普遍认为，巨大的陨石对地球的冲击，曾给地球的历史带来远比地震、火山更大的影响。不少研究提出，是中生代末期一块重12万多亿吨的陨石撞入地球，造成了恐龙等生物的灭绝。近代"通古斯爆炸"，"肇事者"也为陨石。1908年6月30日晨，俄国西伯利亚通古斯河上游密林中，砸下一个重物，爆炸而起的火光照得整个天空通红，1500千米外也能看到。大火吞噬了2000平方千米的原始森林，在中心地区3千米范围内，出现了直径大小不等的坑穴200多个，其周围的树木一律呈放射状向外侧倾倒。经对现场状况和当地土壤中检测到的流星尘、硅酸盐质等综合分析，证实爆炸确系陨石所为。

陨石根据其内部的铁镍金属含量高低通常分为三大类，即：石陨石、铁陨石、石铁陨石。铁陨石密度大，在高速穿越大气圈时较难氧化和碎裂。1920年发现于非洲纳米比亚南部的世界最重铁陨石重达59吨。世界上最重的石陨石为我国吉林1号陨石，是1976年3月8日在吉林市郊降落的陨石雨中落下的，重1770公斤。

陨石在科学上的价值很大，是研究天体结构的活标本。陨石的凝聚年龄约为45亿年，含有60多种有机化合物、100多种矿物，其中1/4是地球上没有发现过的。这为宇宙科学研究提供了宝贵的信息。2010年，我国在辽宁鞍山的古龙村发现了首个天体陨石坑，直径1800米，坑深150米。坑区基岩为20亿年前形成的早元古代变质岩地层，属岫岩陨石坑。这一发现填补了中国领土上这类独特地质构造形迹的空白，是我国极为珍贵的自然遗产，具有重要的科学研究和旅游开发价值。

62. 史前化石

化石是存留在岩石中的古生物遗体、遗物或遗迹，常见的有骨骼、贝壳等。当远古发生了火山喷发、泥石流等自然灾害，瞬间将古代生物掩埋，又经隔离氧化而形成。

远古时期的生物种类众多，它们被泥沙掩盖沉积埋葬，有些部分由于细菌作用被腐蚀和分解，而坚硬的动物骨骼、牙齿、植物的茎干等逐渐被矿物质替换和填充，经过漫长时间的变化，达到石化程度，但仍保有原生物体的形态特点，就形成了化石。化石是地球历史的见证，是研究生物起源和进化的科学依据。古生物化石不同于文物，它是重要的地质遗迹，是宝贵的、不可再生的自然资源。

科学家把化石分为三大类：遗体化石是生物的遗体或一部分形成的化石；遗物化石是原始人使用过的石器、骨器、装饰品和动物卵等形成的化石；遗迹化石是动物的脚印、虫钻的孔道、植物叶子的印痕等形成的化石。在自然博物馆里，陈列有已灭绝的三叶虫化石、5 亿年前海生动物海百合的化石以及具有脊柱的动物包括鱼、鸟类和恐龙等爬行动物的化石。软躯体动物和哺乳动物的化石则较少。

美国亚利桑那州东北部有一座森林。说它是森林，却不见有青枝绿叶的树木生长。说它不是森林，这里却又有数以千计的树干倒卧在地上，树木都有年轮。原来这里是一座化石林。考古发现，大约在 1.5 亿年前，这里原是一片史前树林，由于长期受洪水冲刷裹带，树木有的倒伏，有的被折断，并被泥沙和火山灰掩埋。这些被埋没的树木由于缺氧没有腐烂，它的木质细胞被矿物质填充，又经溶于水的铁、锰等氧化物的侵蚀，染上了黄、红、紫、黑、灰等色，再经地壳运动、水流冲刷，形成了如今的化石林。美国政府为保护这片珍贵的化石林，在这里建立了化石林国家公园。公园分为 6 个“林区”，最艳丽的叫“彩虹森林”，那些化石树干或红、或蓝、或绿、或紫，色彩斑斓。其他还有“水晶森林”“碧玉森林”“玛瑙森林”“黑森林”和“蓝森林”，“树枝”和“干片”都晶莹美丽。公园内还有一根长 30 米的化石树干，它的下部已被冲蚀成洞穴，像一座长桥，叫作玛瑙桥。这座世界最大的化石林也是开发得最好的化石林。

化石与一般石头应该是等重的。2010 年 4 月，我国贵州金沙县在一次施工中炸出一个溶洞，有块石头落在水潭中，却不沉下。有人把石头捞起，看到石面凹凸不平，嵌有植物花纹，于是送至贵阳市博物馆，专家们认为这块石头是蕨类植物的化石。但对于它为何会浮于水面，尚难做出定论。

63. 能自行移动的景物

世界上很多固态重物是难以挪动的。如果一个地方的沉重物体自行移动了，就会让人觉得匪夷所思。

在美国加利福尼亚州死亡谷有一块叫“干盐湖跑道”的河床，长约4.5千米，很是宽敞平坦。有趣的是堆积在河床处的众多石头竟然会“走路”。这些石头重的超过300公斤，在没有任何明显外力作用的情况下有时会“走”出上百米，让人百思不得其解。直至几年前，美国一位名叫拉尔夫·洛伦茨的地质学家经考察才解开这个谜。洛伦茨指出，石头之所以会走，得益于冰层和风力的共同作用。死亡谷冬季降雨多且大幅降温结冰，河床一片泥泞；当冰层把石头包住后，石头在冰地上就呈“飘浮”状态；加之荒漠处风暴强，几百公斤的石头完全会被吹离原处，石头自行移动也就是顺理成章的事情了。

俄罗斯普列谢耶湖东北处，也有一块能够自行移动位置的石头。该石呈蓝色，直径近1.5米，重达数吨。300年来它已数次变换过位置。17世纪初它本矗立在阿列克赛山脚下，人们不愿看到它突兀，将其移入一个挖好的大坑中。数十年后，蓝石却自己移到了大坑边上。1785年，人们决定用这块石头为基建造一座钟楼，在冰面移动它时，冰面塌陷让蓝石坠入湖底。到1840年时，人们惊讶地看到，巨大的蓝石竟躺在了普列谢耶湖岸边，距石头坠落处有数千米之遥。科学家对蓝石自行移动“行走”的难题，始终没找到答案。

在加拿大东部大西洋上有一个塞布尔岛，这是一个能“动弹”的岛。岛东西长40千米，南北宽1.6千米，岛上最高的沙丘海拔34米。17世纪时法国航船发现了这个海岛，并将它的方位准确地标注在海图上。后来又有船来到海岛，几次发现海岛在挪动位置，一年能移动约100米。虽然这里的海面常起风暴，海岛周围环境恶劣，这大西洋上爱“旅行”的岛还是吸引来不少人对其考察。人们发现，近200年来，这个岛已经向东移动了20千米。对于海岛移动的原因，科学家尚在不懈的探索中。

南极洲的湖泊随着冰架移动这本是正常的事情。但自20世纪70年代开始，位于南极半岛和亚历山大岛之间的乔治六世冰架上11个湖泊有了怪异移动。这个湖泊群呈一个巨大的香蕉形状，湖泊的移动速度比冰架快5—10倍，每年移动约500千米。专家研究发现，当冰架从狭窄的通道挤过时，它的外边缘会形成沟槽，移动较快。湖泊位于沟槽之中，沟槽的快速移动便拖带着湖泊一起移动了。

64. 时隐时现的景观

很多固态的自然景观出现在地球的某一处，会一以贯之，短时间内没有大的变化；却也有一些时隐时现的景观，令人称奇。

世界各地有很多间歇泉，时而喷涌出泉水，时而又无泉涌。我国贵州重安山崖间有一道瀑布也是间歇性的。瀑布水流由悬岩溶洞涌出，约 7 分钟，水流由小变大，形成水帘；过 7 分钟，水流由大变小，水帘消失。约 15 分钟为一周期，水流时有时无，水帘时断时现，这一景观已持续了上千年。专家调查指出，这是由于泉水经过有虹吸效应的岩洞系统，积水达到一定深度、在大气压力作用下即流，积水不足则停而形成的。

在我国江西弋阳城远郊山谷内有一水池，面积仅 2 平方米，池水却极清澈。但池中的水是忽涨忽落的，有时候干脆不见一滴水。经考察发现，池水时隐时现也是虹吸作用导致的。这取决于连通水池的溶洞水流的多少和灌入水位的高低。

伊朗中部有一座名为劳赫范申的淡水湖，面积约 2 平方千米，湖面幽静，水草丰盛。近年来这个湖有时会消失，湖床一片干涸，过一阵子又会有满湖碧水。究其原因，发现劳赫范申湖与一个地下湖相连，地下湖水位不稳定，忽多忽少，于是造成了劳赫范申湖时隐时现。

在我国广西阳朔县美女峰下，有一个水质甘甜、鱼虾丰饶的犀牛湖，面积约 300 余亩。1987 年的一个夜晚，偌大的犀牛湖突然消失得无影无踪。据考证，《阳朔县志》上早已有犀牛湖约 30 年“失踪”一次的记载。地质学家解释说，这与桂林地区遍布石灰岩等可溶性岩石、溶湖、石林、暗河等喀斯特地貌相关，断流的地下暗河一旦得到疏通，湖水加快流入暗河，就会不存。虽然犀牛湖还会“再现”，但 30 年的“失踪”周期未免长了些。

在地中海西西里岛南面，有一座时隐时现的“幽灵岛”。从 19 世纪 30 年代开始，有轮船上的人看到，随着波涛汹涌，蒸气喷发，海面上多了一座 8 米高的岛屿，以后它不断长高，一个月后已长到高出海平面 60 米。奇怪的是，这个岛在 4 个月后却消失不见了。后来小岛又多次出现和消失。1950 年又一次出现，不久再次消失。对于小岛的出没无常，有研究认为是海底火山玩的把戏。

在日本宫古岛西北 20 千米的海面上，有一片珊瑚岛礁。一年中拒不露面，只在海水退潮、变化最大的一天才浮出海面，陆地面积达 150 平方千米。不过岛礁现身的时间只有 3 小时左右，然后又会一头潜入海中，消失得毫无踪迹。1986 年 4 月 3 日，300 多人看好时机乘船登上了这一岛礁，尽情捡拾遍地的贝壳，并体验到了“征服未知土地”的欢乐。

65. 精灵古怪的图形

在世界一些地方有时会出现一些奇怪的图形。20 世纪 80 年代初，英国几个地方的农田屡屡发现有通过某种神秘的力量把农作物压平，产生出了几何图案，被称为“麦田怪圈”。30 多年以来，对于这些图形的形成，有“人为说”“外星制造说”“自然形成说”，还有“龙卷风说”“磁场说”“高辐射说”等及其他猜想。

在非洲纳米比亚距海岸线不远处广阔的沙草地面上，也出现了数以万计的怪圈。每个怪圈直径 2—12 米不等，圈内沙土裸露。当地人认为怪圈的出现是被精灵诅咒所致。科研人员到此考察很快解开了怪圈形成之谜。他们向怪圈下挖掘，挖到 5 米以下，找到了白蚁巢穴，方知是白蚁所为。当白蚁把圈内草吃光后，圈内土壤的吸水性变好，经渗透会使圈外野草长势旺盛。这里的怪圈由白蚁所造，是动物对环境的一种改造适应。

在南美洲秘鲁南部纳斯卡高原地带，从高处可见，在 250 平方千米的地面上镶嵌着各种各样巨大的几何图形。有绵延数千米长的笔直的直线，有角度误差不到 1 度的三角形、长方形等，还有绘制得非常标准的螺旋线。这一幅幅图形都占地几百平方米，人若站在其间，完全不会觉得置身图形中，而只能看到身边脚下有几十厘米深、十几厘米至数米宽的“沟”。如果乘飞机向下俯视，纳斯卡荒原还会呈现飞鸟、走兽等图形；在阳光照射下，鸟兽图形还会出现立体感。对于这里的图形是如何产生的，一直有着许多推测、猜想，但谜底尚难解开。

在乌兹别克共和国乌斯秋尔特大草原上，有一种巨型箭头图案。这是一种用土石矮墙作线条构筑的图案，一个个“箭头”指向北方，长约 1500 米，宽约 400 米，造型大致相同，平铺在大草原上，连绵几百千米。乘直升飞机从空中看，“箭头”都有着柔和的弧线，图案像小孩子穿的小裤子，两条“裤腿”向外倾斜伸开，“裤腿”终点呈三角形，三角形每个角有一个圆坑。而在“裤裆”处也设有矮墙墙坑，似是图案的入口。考古研究发现认为，这些“箭头”图案为公元前 1000 年乌拉尔南部的萨尔马特人所造，图案所标示的是早期的围猎场。围猎方式以集体进行，利用图形将野驴、羚羊等野生动物群赶进圆坑内。有资料表明，当时一次围猎可捉获 1 万多头野生动物。专家指出，对图案的研究在今天有很好的现实意义：在乌兹别克、俄罗斯南部大草原上，栖息着大量的野生动物，借助古代围猎方法以现代化方式诱捕它们，用不了多少投入，就可获得大量肉类。

66. 神秘诡谲之地

在世界的一些地方,外貌看似平常,却有着极不寻常之处。

墨西哥北部杜兰戈州有一处木马皮米盆地。1966 年石油公司在这里勘探时发现,收音机、无线电对讲机等在这里完全失去效用,无法与外界接通信息。由此这里被取名为“寂静之地”。此后研究人员注意到,有进入大气层的流星在燃烧解体中,最大的一块会突然改变飞行方向,冲向中北美洲,最终坠落在“寂静之地”的边缘。美国发射的“雅典娜”火箭坠毁,多日后也在“寂静之地”中心区找到了其残骸。1976 年科学家再次对这一神秘地区进行考察,发现当地横波传播正常,但纵波却被完全屏蔽掉,从而解开了这里的“寂静”之谜。有关调查人员对“磁场说”(即下方存在一个强大的电磁能量场,能吸引火箭、陨石坠落),也进行了分析,但尚难找到证据,做出定论。

在美国旧金山南部有个叫圣塔柯斯的小镇,这里也是个神秘地带。这块直径约 150 米、面积约 1.7 万平方米的地方有一片茂密的树林,奇怪的是,林中所有树木都如同遭遇了飓风一般,朝向同一个方向大幅度倾斜。人也不例外,到了此地便无法垂直站立,也会像树木一样向一个方向倾斜,但不会摔倒。当地还建有一间倾斜欲倒的小木屋,在屋内把高尔夫球放在向下倾斜的木板条底部,球会向上滚到木板的顶端。人们在屋内不用扶持,能平稳地走到板壁上去。这完全违背了地球上的物体所遵循的万有引力定律,也就是物体不再按所受的重力作用而运动了。此地也因这些怪象被叫作“魔鬼地带”。对于这里发生的蹊跷之事,有研究认为是“重力异常”。

世界上另有一些易发生车祸的“魔区”。1929 年德国不来梅和海文之间的公路开通后,在一年时间内,先后有 100 多辆汽车撞向公路 239 千米处的路标。一些司机反映,车辆行驶中明显受到了一股神秘力量的牵引而肇事。一位探矿师调查发现路标下有着一个强大的磁场,便在此处埋下一个装满星状铁片的匣子,竟使这里的车祸不再发生。在俄罗斯和中国也有着类似的“魔区”。十几年前位于我国兰州至新疆的兰新公路 430 千米处,好端端的、正常运行的汽车,行驶到这里就会发生翻车事故。尽管司机们行驶至此格外小心谨慎,每年仍有二三十起车祸发生。有关部门曾几次改建这段公路,也没能降低事故的发生频率。有人根据每次翻车都朝北的现象,推测北面可能有个大磁场,是强大的磁力造成翻车不断。但这一推测没有找到依据。

67. 会“杀人”的景物

世界上有的景区可以成为旅游观光区,有的也存在凶险,会成为害死人之地。

海洋之波如蓝缎子般柔和悦目,但不知哪一刻就会蹿起“杀人浪”。欧洲宇航局的扫描测量显示,仅3周中就在世界不同海域出现了10个超过了25米的巨浪。有数据表明,海上平均每周有两艘大型船只在风浪中沉没。这是由于在某种特定条件下,海浪变得极不稳定,并能从附近波涛中捕捉能量,形成巨浪,足以摧毁船只,将船上人员吞噬。

在陆地,竟会有流沙静静等待有人靠近,人失足便会落入“无底洞”,流沙成为“食人沙”。1692年,牙买加的罗伊尔港口就曾发生过因地震导致土壤液化而形成流沙大面积倾泻,造成了约半个城市消失、2000人丧生的悲剧。

在非洲马里境内有一座耶名山,山的东麓一直少有鸟兽踪迹。1968年,一支地质勘察队6名队员进山,在东麓挖掘出一块重约5吨的石头,巨石椭圆,上半部透着蓝光,下半部呈金黄色。队员们想把石头装车运走,只一会儿时间,他们均感浑身麻木,视线模糊,继而纷纷抽搐栽倒。救援队赶来将队员们救出山外,但无一人生还。就在科学家进山想寻看那巨石时,那块“杀人石”却沿着陡坡滚下了无底深渊,让奇石杀人成了一个难解之谜。

在德国北莱茵-威斯特法伦州有一处沼泽地,四周长满了灌木和野草,环境有益于动物栖息,但周围却难见有动物游逛。有人远远看到一只秃鹰在沼泽上空盘旋,然后扑向了水滩里一具大鸟的尸体,当它抓起鸟尸欲飞起,却一头栽倒下去,倒在鸟尸旁一动不动了。这里是动物的“坟地”吗?人到了这里也会死去吗?科学家佩戴装备进入沼泽考察,发现沼泽地不时冒出气泡。经收集化验,得知气体是二氧化碳。沼泽地形如倒扣的脸盆,不利于空气流通,形成了约1米厚的二氧化碳气层,难怪动物来到这里会窒息死亡。在非洲喀麦隆有一个莫诺恩湖,也是释放二氧化碳气的“杀人湖”。湖水的底层含有碳酸氢盐,若有某种因素造成湖水搅动,含碳酸氢盐的水层上升,使湖水大量释放二氧化碳气体,形成的烟雾散布湖岸,人来到这里就有致命的危险。

在我国太行山深处有一个叫石龙沟的地方,山上有清泉,草木葱茏,环境优美,却没有人居住。因为附近村民都传说这里是“杀人沟”。有一对青年夫妇不相信村民的说法,在石龙沟建房居住,开荒种地。可是不久,两人便头晕、脱发、四肢无力,没过多久便相继死亡。勘探队员进入石龙沟考察,很快发现沟内是高强的放射源,蕴藏着大量的放射性铀矿。石龙沟不能住人之谜也就此揭开。

68.各国的“死亡谷”

世界上有五大“死亡谷”、七大“死亡谷”之说。与死亡联系在一起的谷地，不免让人感到惊悚。

在我国的昆仑山，西起若羌境内的沙山，东到青海省内的布伦台，是中国的一条“死亡谷”。峡谷全长100千米，宽约30千米。虽然谷地经常山花烂漫，景色宜人，但这里的气候瞬息万变，一阵乌云翻滚，就有电闪雷鸣，风雨交加。每到夏季，因受昆仑山主脊阻挡，沿山谷东西分布的雷雨及潮湿的大气汇集，便使谷地成为高发的雷击区。加之山谷有很奇特的地质岩层构造，堆积有三叠纪火山喷发的强磁性玄武岩，在强大的“地质磁场”作用下，雷雨云中的电荷越聚越多，极易发生尖端放电即雷击现象。当强雷击发生，就会出现树木折断、草木烧焦、人畜毙命等惨状，让人避之唯恐不及。我国四川峨眉山中的黑竹沟，也被称为中国的“死亡谷”。山谷入口叫作“鬼门关”，曾多次出现人、畜进谷神秘失踪的事件，连猎人也不敢进入。山谷常有雾气笼罩，让人觉得神秘莫测，当地人视其为“恐怖死亡谷”。

美国加利福尼亚州和内华达州毗连的地带，有一个“死亡谷”，也称“死谷”。它长225千米，宽6—26千米，山谷两侧悬崖陡峭，荒凉无人。几次进入谷地勘探、探险的人都不明不白地死亡。有些学者推测，一些人进入“死亡谷”后，误入了谷地中一条大断裂层，陷入沉积物中，所以连尸体也找不到。也有学者认为，可能是谷底埋藏有剧毒或放射性物质，当人靠近时，就会致病死亡。奇怪的是，人在山谷会莫名死亡，野驴、鼠类、鸟类、蛇类等爬行动物居此却毫无异常，着实让人费解。

俄罗斯境内堪察加半岛的克罗诺基山有一个“死亡谷”。它长2000米，宽100—300米，谷内地势凸凹不平，很多地方有天然硫黄露出地面。谷地上狗熊、狼獾等野兽的尸骨到处可见。据统计，进入谷地的人至少有30人丢了性命。科学家调查后认为，造成人和动物死亡的是积聚在深坑中的硫化氢和二氧化碳，也有人提出可能是谷内的烈性毒剂氢氰酸和它的衍生物。受山岳阻隔，这些毒性物质不易挥发，一旦人和动物临近就会酿成惨剧。

在意大利那不勒斯和瓦唯尔诺湖附近的“死亡谷”，与其他地方的不同，只危害飞禽走兽，并不伤害人类。调查统计，每年在此谷死于非命的各种动物多达3.7万只，为此这里的“死亡谷”又有“动物的坟场”之称。为何这里只要动物的命，对人却格外“仁慈”，学者曾加以考察，但尚未找到答案。

印度尼西亚爪哇岛上的“死亡谷”中分布有6个庞大的山洞，洞内堆满了老虎、野猪、鹿及人体的骸骨。这里也是一处闻名于世的让人恐怖之地。

69. 地球的荒野之地

现代都市里人口众多,极具繁华。但在地球的一些角落,至今仍是人迹罕至,荒凉冷寂。

说到荒蛮之地,南美洲秘鲁的圣塔芭芭拉值得一提。这是个海拔达6000米的小矿镇,沿着危险崎岖的山路驱车多日,才能抵达镇上。高原反应和当地贫困的生活环境,使人很少能长留此地,大白天走上许久有时也难见到一个人。

南太平洋上的特里斯坦－达库尼亚群岛也是世界上一个荒蛮的角落。自19世纪开始陆续有欧洲人、美洲人到此居住,迄今仍为英国属地,现岛上居民共271人,以农耕和手工业为生。尽管有了通信设备,岛上人员进出群岛还是要乘坐远洋渔船。

格陵兰岛是世界上最大的岛屿,但岛上人迹稀少。位于东部海岸的斯克斯镇,地区面积相当于英格兰,人员却仅有500人,人均占地达到388平方千米。许多野外难觅人影,到了冬季更为冷清。

澳洲大陆因其人口稀少和原生态自然风光而闻名。地处澳洲北部一角的昆士兰,拥有大片荒原,具原始风貌奇域之美,是世界最大的未开发区,但也是澳大利亚最难到达的地方。即使有了四轮交通工具,在这一地区完全用不上,只能徒步远徙而至。

美国拥有超过1亿英亩的国际荒野保护体系,自从1964年通过了《荒野法》以来,美国这些公共土地就鲜遭人为破坏,并在长期的环境保护下保持着近乎"与世隔绝"的状态。怀俄明州加勒廷国家公园内有着一片阿柏萨罗卡荒野,阔达94万英亩,被茂密的森林和如茵的绿草覆盖,周围遍布陡峭的山谷,少有人迹。明尼苏达州与加拿大交界处,有一片沼泽荒野,包括了1175个湖泊和数百英里长的溪流,极具探险旅游价值。亚利桑那州的奇里卡瓦荒野,方圆8.7万英亩的地面上到处是粗糙的岩石,周围是陡峭的峡谷,只能通过一些狭长的小径才能进出,很多地带是至今未曾探索过的荒凉之地。阿拉斯加雾峡湾的荒野,曾是数百万年前冰川和火山极为活跃的地带,大自然鬼斧神工般雕琢出的荒原景象,独具特色。这一个个地区,是美国最具代表性的荒野之地。

70. 当代的“世外桃源”

《桃花源记》是东晋文学家陶渊明的代表作之一。文章借武陵渔人的行踪为线索,表达了对脱离尘世喧嚣、走入安宁自在生活的向往。现代的大都市繁华热闹,人口密集,呈现生活的快节奏。但在我国一些地区也有着不少风光优美、幽静如画的“世外桃源”。

湖南凤凰县的凤凰古城,历史可追溯到先秦时期。它位于湖南省西南边,是一个以苗族、土家族为主的少数民族聚居区。这里山清水秀,人杰地灵,如同一幅山水画。完好地保留了传统的建筑风格,长桥如虹,飞阁垂檐,极尽清丽典雅之风致。

海南省的蜈支洲岛静卧于亚龙湾中,面积虽只有 1.48 平方千米,却有个浪漫的名字:情人岛。岛上鸟语花香,绿草如茵,景色雅致,每个角落都演绎着不同的风情。这里是喜静度假者的“天堂”,被称为“中国的马尔代夫”。

距四川成都 319 千米的海螺沟地域,坐落着离城市最近的冰川。冰川的雪粒盆边缘是我国已知的最大冰瀑布。在周围的冰天雪地里有数十处温泉池。冬季,雪花从天幕飘洒下来,未等落地就会被温泉热气融化。望之让人有心灵被净化之感。

新疆哈巴河的东边是阿勒泰地区。阿勒泰在蒙古语中是“金山”的意思。此地森林茂密,雨雪充沛,是边疆荒漠中的绿洲。整个阿勒泰山区垂直分布着从温带落叶林到极地苔藓等各类植物,有着最为完美的原始景观,自然气息极为浓郁。

云南的罗平,位于乌蒙山南麓,滇、桂、黔三省区接合部。在罗平的坝子里有 15 万亩连片的油菜田,悦目的黄色油菜花盛开后,形如花海,辽阔无边,望之让人心旷神怡。在此徜徉游览,很有益于舒缓疲劳的身心。

然乌湖有青藏高原的“明珠”之称。湖岸山岭雄伟陡峭,每座山峰都顶着一层白雪,两峰之间则自上而下流下一条条棉絮样的带冰小河。由于温差变化,冰水进入然乌湖使湖水呈现出不同的蓝色。周围的水田里则常为碧绿的一片。自然风光极其优美。

额济纳地处内蒙古自治区最西端、达来呼布镇以东 16 千米处。这里有 3 万公顷的胡杨林。任何人来到这里,都会被扑进眼里的金黄色胡杨所震撼,颜色透明、夺目,豪放不羁,让人感受到身处荒漠之地的胡杨林那无视环境恶劣的磅礴生命力,予人以激励和力量。额济纳的胡杨林是世界上仅存的三处之一,为此这里已列为国家级自然保护区。

71. 骤燃的怪火

从远古时代起，人类就和火结下了不解之缘。然而火在给人类带来光明和温暖的同时，也会造成灾难。在自然界时有怪火骤然间点燃。

天然火灾的发生，常由于火山、地震、星陨、雷击等引起。干旱、风高物燥等，是引发火灾的条件。动物坚硬的蹄、爪，踏碰在岩石上，击出火花，引燃枯草、碎屑，也会燃起大火。有时落叶积压发酵，土壤中化学物质产生化学反应，再经阳光照射，也会自燃，烧成燎原大火。

火灾会烧毁森林，为害生命。1871 年，美国威斯康星州发生的森林大火，蔓延开来，难以扑灭，曾造成 1500 人死亡。自然界的火灾破坏力巨大，但它也有有利生物生长的一面。在森林火灾中烧掉了大量枯干和乱枝，为新树开辟了土地，并制止了树病菌的扩散，对树木本身不无益处。草原上的野火，并不损害草根；烧去枯草，留下草木灰肥料，会使草长得更加茂盛。

在自然界，森林、草原等地带会不时燃起大火，但在山野等处还会产生一些“怪火”，让人觉得蹊跷。据网上报道，几年前贵州织金县老乌山村一处废弃的水田里，有多处地方冒出的水会神奇自燃。每到晚上，田间的火苗此起彼伏，这边刚熄灭，那边又燃起。一些村民试着用水浇火，可刚刚浇灭，火焰又会冒出继续燃烧。当地村民无法解释出现的“神秘鬼火”现象，建议有关部门进行考察，看看这火的燃烧对人的健康是否有害，是否可以开发利用。

2007 年，河南三门峡市开发区南部的一片荒草地上，突然着起了离奇的大火。没有火源，没有易燃物，普通的黄土地上却像是被泼了汽油一般，源源不断地在地面燃烧。消防人员赶到后，才知道这火已烧起十几日，周围地面到处是裂缝和塌陷，虽在下着小雨，地面的火却越烧越旺。经消防人员控制火势，不断寻找对策，在怪火燃烧了一个月时终将地火熄灭。在调查着火原因时，调查人员发现，此地曾是一个密度板厂，关闭后有大量木屑、垃圾沉积。当出现了潮湿阴雨天气，地下密闭的木屑层被雨水浸泡，起热发酵，就会产生甲烷，甲烷不断积聚，地下温度持续升高，就会发生自燃，神秘的地下火龙就这样被释放出来了。

在阿根廷恩特雷里奥斯省无树大草原上，1995 年前后多次出现无形大火。突然会有一大团火光从低矮的灌木丛中冒出，血红的光焰冲向夜空，越烧越旺。临近失火处的人担心被火困住，欲逃离时，却发现没有听到火焰燃烧时发出的那种哔剥声，也看不到烟雾。当大火自行熄灭，现场也没有一丝火灾后留下的残骸余烬。这让人不解。当地人则称其“不是火的火”。

72. 忽现的奇光

在世界的一些地方,有时会忽然闪现出奇异的光。

俄罗斯的西伯利亚地区,就不时会有奇光闪现。伴随着隆隆的声音,光芒从地面冒出,照亮森林和大地。光的形态有闪电状、片状、条带状、柱状、探照灯状、散射状和火球状等,光的颜色有红、橙、黄、绿、蓝等,蓝中带白、红如朝霞颜色的光较多。但光的形态、颜色又是会改变的,变幻莫测。专家考察认为,这种光是地光,常会在深层地震发生前后出现。也有学者提出,光与地下逸出的某些可燃气体有关,地壳运动稍有地裂缝,可燃气体便喷发而出,并因氧化燃烧而发光。地光与地震有着密切的联系,地光还被认为是地震的先兆,但近年有不少研究发现,发生地震不一定都会出现地光,有地光出现也不一定就会发生地震。我国广西隆安县有座小山,近40 年来,每年冬季山上都会从下向上发出环状光芒,当人走到山脚,却又看不到光了,而此地又未发生过大震。可见地光的产生原因复杂,不能一概而论。

我国四川隆昌有一座小山,每当夜晚,人们就可以看到山间升起一团团绿莹莹的光焰。在月隐之夜,光焰缭绕山间,一直被传为神仙点的灯,由此这山也得名“圣灯山”。专家考察发现,这山上之光是地下矿物所为。石缝中源源有天然气冒出,一经氧化便会发出光泽,在夜间闪现莹莹之光。

在四川盆地,以雄伟秀丽著称的峨眉山海拔 3000 多米,四周山峦起伏,云海缥缈,景色极佳。而金顶峰的“佛光”更是峨眉山景中一绝。当上午 9 时之前,下午 3 时以后,阳光斜射,透过云海的云滴和雾粒,在云海上映出太阳的实像,反射光经过衍射分光,便会形成一个巨大的彩色光环,这就是佛光的产生。佛光直径约一二米,中央虚明如镜。午后登山者背向偏西的阳光,有时会突然发现光环中出现自己的身影,犹如面对明镜。有趣的是,即使成百上千人同时在场观看,观者也能自见自影。

佛光也称“玄光”,是一种较为特殊的自然物理现象,它的出现需要阳光、地形和云海等诸多自然因素的结合。在我国南京的栖霞山,自 2009 年发现了三圣殿的佛光后,每年从 11 月底到来年 1 月底都会如期而来。只要阳光充足,每天下午都能一观。下午 3 时许,只见一道亮亮的细线出现在三圣殿无量寿佛像的右脸颊上,然后慢慢上移,形状也随之变化,越来越圆,继而光圈移向佛像眉心,再不偏不倚照射在眉心之间,折射出绚丽的五彩光芒。从佛光闪现到光斑消失,历时约 30 分钟。

73. 绚丽的极光

极光是高层大气的发光现象。在地球南北两极附近的高空，夜间常会出现绚丽多彩的光辉，在南极被称为“南极光”，在北极被叫作“北极光”。

极光的形成和太阳活动、地球磁场以及高空大气有着关系。太阳在燃烧活动中，会放射出大量的带电微粒。微粒流射向地球，进入地球磁场的作用范围时，大部分被地磁场所阻挡，但也有约1%微粒在地球周围散落，然后寻找空隙，沿着地球磁力线高速突入高层大气中，激起空气电离而发光，于是产生了极光。成为激发态的微粒碰上氧原子，会发出绿色或红色的光，遇上氮原子，则能发出紫、蓝和少许深红色的光。又由于微粒流受地球磁场影响，总是偏向于地磁的南北两极，所以极光大多出现于南北两极附近。

极光是多少个世纪以来引起人们猜测和探索的天象之谜。在古代中国、希腊、罗马都有很多文字记载。许多民族也有各自不同的极光传说。1938年出现于英格兰的一次壮观的北极光，熊熊涌动，曾被许多人认为是一场大火。在第二次世界大战期间，1941年美国首都华盛顿上空出现猩红色的极光，引起全城人的恐慌，竟认为是德国人的轰炸机前来攻击了。可知目睹极光，有时对人产生的“刺激”之大。

通常人们所看到的极光都是瑰丽悦目的。极光出现在80—120千米的高空，有些极光还要高，能达到160千米，宽度超过4800千米。极光散发光芒，映照天宇。极光大多呈带形、弧形、天幕形、放射形等，五彩缤纷，变化多端，让人感叹在自然界中还没有哪种自然现象能与之媲美。

高空耀眼的极光在南北半球高纬度地区近极点出现得很平常。在加拿大的丘吉尔城，一年中约有300个夜晚能观赏到极光。极光在中、低纬度人烟稠密的地带不常见，但偶然也有出现。1957年3月2日晚间7时左右，我国黑龙江漠河一带出现了几十年少见的极光，如舞动的彩带，又像抖动的蓝绸和闪耀的火焰，让人目眩神迷。同年9月29日和30日夜晚，我国北纬40度以上的广大地区也曾出现了一次罕见的极光，让各地区的民众饱了眼福。

研究发现，高纬度高空最容易出现极光的时期，是在春、秋来临之前。这一时段太阳黑子多，输往地球的带电微粒流量大，极光出现的频率自然就大。极光在发光中会释放高能量，每年在大气中释放的能量几乎等于全世界发电厂产生的电容量总和。除了地球，极光在木星、土星、金星、火星上也有出现。

74. 极昼与极夜

地球公转即是地球围绕太阳的运动。地球公转的路线叫公转轨道。轨道呈椭圆形，这决定了地球绕太阳公转时，与太阳的距离会不断改变。地球绕太阳做椭圆运动的同时还要自转，而且有一个平面夹角。这使地球在一年中不同的时候，处在公转轨道的不同位置，各个地方受到的太阳光照均不一样。每年地球上的北极和南极都会出现太阳长时间不落的情况，也就是说一年内大致会有 6 个月都是白天，这种现象被叫作“极昼”。南、北两极有半年又会出现没有太阳升落的情况，甚至连月亮都很少见到，这种现象又被称为“极夜”。当北极出现极昼时，南极会同时呈现极夜。反之也一样。

每年从春分那天起，北极地区便整天都在太阳光的照耀下，成为太阳半年高挂的地方；可是从秋分那天开始，北极又会一连几个月沉寂在漫漫长夜之中，见不到太阳。南极地区则刚好相反。芬兰北部的一些城市位于北极圈内，每年入夏可享有 73 个日不落的白昼，冬季则要度过 50 多个不见日的长夜。俄罗斯的彼德格勒距离北极较近，夏季时常看到太阳滑下地平线，仅几分钟又闪耀升出。1848 年俄国作家陀思妥耶夫斯基以白夜为背景，发表了中篇小说《白夜》。

我国黑龙江北部的漠河，距北极并不算近，但每年的 5 月中旬至 7 月下旬，也能领略到一种黄昏和黎明紧紧相连的有趣景象。夕阳西下后，暮色迟迟不见降临，继而却见曙光渐渐升起。夕阳与曙光相互融合，白茫茫，亮堂堂，形成天文学上的“白夜”景观。

白夜的形成与黄昏或黎明的成因相关。太阳在西落之后一段时间内虽然没有直射光，但地平线以下的阳光仍照射着上空的大气。大气把阳光向四面散射，映照得天空仍然一片明亮。随着太阳位置下移，阳光在地平线下的角度越来越大，天空大气接受的阳光也越来越弱，散射光越来越少，明亮的黄昏渐渐昏暗，接着出现夜色。同样道理，日出之前地平线下的太阳逐渐上升，天空大气接受的阳光不断变强，黑暗的夜色便被曙光慢慢驱散了。据计算，黄昏消失和产生黎明的临界太阳高度角为地平线下 16—18 度；当大于了 18 度，天空即现夜色。在高纬度 49 度以上的地区，子夜 0 时太阳光在地平线下的角度接近 18 度时，黄昏和黎明恰巧连在了一起，于是形成了奇特的“白夜”现象。在极圈以外，纬度越高白夜出现的天数越多，夜间天空也越明亮。黑龙江漠河地区地处北纬 53 度，每年有白夜多达 70 天以上。

75. 太阳和假日

太阳是距离地球最近的恒星,是太阳系的中心天体。它强大的引力控制着大小行星等天体的运动,孕育了地球文明,并始终影响着地球上的生物。据科学研究,太阳的诞生有50亿年了,它还将活上50亿年,这么说太阳正处在中年。太阳发热发光是由于内部进行热核反应的结果,所进行的热核聚变能产生出比化学燃烧大100万倍的能量。

太阳黎明升起,照耀四方。从天文角度上来说,夜间出太阳是不可能的事。但晚间升起太阳,在我国自古就有记载。《汉书》上载有汉武帝建元二年6月11日夜晚升起了太阳。《建康志》上说,梁武帝普通元年(520)10月25日夜,东方出了太阳,红色。夜晚出太阳的记载在国外也有。有专家分析,这可能是太阳的冕状极光,冕状极光在适当条件下能变成边缘不明的圆形发光体而呈红色,容易被误认为是太阳。

太阳和放射的光芒呈金黄色,但也有人报道说见到过绿色的太阳。1979年7月,一艘波兰帆船从旧金山向太平洋波利尼西亚方向行驶。在航行中,船员不断看到绿色的太阳贴近远方海面,时隐时现。专家认为,当斜射的太阳光穿过大气层,会被拉长并分散成彩环。彩环上缘是蓝色和绿色光,下缘为黄色和红色光。日将落时,彩环的蓝色光很快散射开,绿色光却很容易穿过空气层。这样看上去太阳就成为绿色的了。

人们看到,光芒万丈的太阳有时并不是单独在照耀,而是两个或多个并存。这在中外古籍上都有记载,也让人们了解到《山海经》中"后羿射日"的神话故事不是空穴来风。古代三个或多个太阳同时出现比较罕见,加之古代科学不发达,人们往往把它看作灾祸的预兆。在欧洲,1551年罗马军队围攻德国的马格德堡城,上空忽现出三个太阳。城内人非常恐慌,以为世界末日将要来临,而出乎意料的是围城大军却拔寨撤退了。原来,罗马军队久攻不下,又见三日凌空,以为是上帝不让攻打此城。三个太阳的奇景竟使马格德堡城得以保全。

三个太阳同时出现的现象叫作假日,这是一种光学现象,是特殊的日晕。它的形成是由于高空中垂直悬浮着许多细小的正六角形冰晶,光线从冰晶的一个侧面射入,又从另外两个侧面射出,经反射和折射产生的。1985年1月3日11时左右,在我国黑龙江绥化市上空出现了"五个太阳"的奇观,也是由于冰晶的反射、折射形成的。1986年12月19日上午,在陕西西安市上空也出现了"五日并出"。据史料记载,西安在1934年1月还曾连续两天出现了"七日凌空"的奇景呢。

76. 盘点特色国家公园

“国家公园”的概念源自美国,是由美国艺术家乔治·卡特林首先提出的。1832 年,他在旅行途中对西部开发损毁印第安文明、野生动植物生存环境的现象深感忧虑,他提出:“它们可以被保护起来,只要政府通过一些保护政策设立一个国家公园,其中有人也有野兽,所有一切都处于原生状态,体现着自然之美。”之后,他的设想被许多国家所采用,尽管各自的确切含义不尽相同,但基本意思是指设立自然保护区的形式。

1872 年,美国国会批准建立了世界上第一个国家公园——黄石国家公园。100 多年以来,迄今世界上 100 多个国家和地区已设立了国家公园近千个。截至 2016 年底,我国设立了青海三江源、湖北神农架、福建武夷山、川陕大熊猫区、东北虎豹区等涉及 12 省区、共 9 处国家公园。

世界各国的国家公园大小不同,景观多样,有的独具特色。南非的克鲁格国家公园是世界上最大的国家公园之一,占地数百万英亩。这里有世界上最丰富的物种,包括大象、长颈鹿、狮子、花豹、羚羊等。游人在观景台上能尽情观赏动物的行迹。

巴基斯坦的代奥赛国家公园是著名的花园,这里有成千上万种鲜花竞相盛开,争奇斗艳,芳香四溢,如同在原野铺下了一张张鲜活的地毯,吸引蝴蝶、蜜蜂在花丛翩翩起舞,召唤孔雀等飞鸟前来展翅高歌。置身于此便是淹没在最美的花海之中。

克罗地亚的十六湖国家公园,独特之处是园内有众多的湖泊和溪流。一片片湖泊清澈见底,而且带有非常明亮的蓝绿色调。在此徒步旅行,观湖光山色,赏清幽雅景,让人心情舒畅。

沙特阿拉伯的马德恩萨利国家公园,难以见到茂密的森林,这处公园几乎全是由沙漠和岩石构成,但公园里也会显现绿洲,呈现出美丽的风景。公园里还坐落着古老的岩石墓地,展示了此地历史文化积累的深厚。

委内瑞拉的卡奈马国家公园,地处高原,拥有陡峭的悬崖和高达 1000 米的瀑布。著名的平顶砂岩山之间是宽阔的谷地,生长着茂密的热带雨林,河水从顶部汹涌而下,形成了青蛙瀑布、小蛙瀑布、宽瀑等景观。这使公园有了瀑布众多的特色。

加拿大的落基山脉处有一个国家公园群,总面积为 2.34 万平方千米,包括多个国家公园和省立公园。各公园独具特色,如库特奈国家公园拥有冰川、冰川谷和冰川湖等。山的页岩化石层中有保存得非常好的寒武纪古生物化石,据推断这些化石的年龄已有 5.3 亿年。

77. 雄峻的珠穆朗玛峰

珠穆朗玛峰是喜马拉雅山脉的主峰，山体呈巨型金字塔状，威武雄壮，昂首天外。雪线高度北坡为5800—6200米，南坡是5500—6100米。珠穆朗玛峰连接着4座8000米以上、38座7000米以上的山峰，故也有“地球第三极”之称。

珠穆朗玛峰6900米以上，平均坡度为40度左右，全为冰雪覆盖，形成了一个望不到边际的冰雪世界，地形极其险峻。珠峰的东北山脊、东南山脊和西山山脊中间，夹有三大陡壁。在山脊、峭壁间，又分布着548条大型冰川，总体积1457万立方米，平均厚度为7260米。其中最大、最为著名的复式山谷冰川是绒布冰川，其冰川的冰舌平均宽14千米，面积达86.89平方千米。一条条冰川上有千姿百态的冰塔林，有冰桥、冰塔、冰茸等冰体，高达数十米的冰陡崖，处处是陷阱的冰裂隙，还有险象环生的冰崩、雪崩区。

珠穆朗玛峰所在的喜马拉雅山区，远古曾是一片海洋。在漫长的地质时期，从陆地上冲刷来大量的碎石、泥沙，长久堆积，形成厚达3万米以上沉积岩层。之后发生了强烈的造山运动，使山地受挤压猛烈抬升。据考证，珠峰随同喜马拉雅山脉平均每一万年约升高20—30米，直至今日，仍以每一百年升高7厘米的速度上升。2020年，经我国精确测定公布，珠穆朗玛峰岩面高度为8848.86米。

珠穆朗玛峰雪盖高，自然环境恶劣，但生活在这里的动植物种类并不少。南坡降水丰富，海拔1000米以下还是热带季雨林。北坡4000米以下是高原草甸区，长有森林和灌木。这里有高等植物2300多种，山林间栖息着孔雀、长臂猿、雪豹、藏熊、藏羚羊等多种动物。

高耸入云的珠穆朗玛峰一直是人类想要攀登征服的第一高峰。自20世纪20年代开始，英国等国登山者一次次尝试向峰顶冲击，但都失败而返或死在中途。直到1953年5月，英国登山家在尼泊尔向导陪同下，才从南坡登顶成功。1960年，中国运动员和科学工作者首次实现了从北坡登顶的壮举。至2003年5月，中国健儿共14次登上“地球之巅”，先后有61人把足迹留在峰顶上。2008年5月8日，第29届北京奥运会火炬“祥云”被中国健儿带上珠峰峰顶，珠峰就此成为奥运火炬史上海拔最高的火炬传递站。截至2015年8月，自珠峰南坡登顶的为4421人次，北坡为2580人次，合计登顶的是7001人次。登顶遇难人数也达到282人。

78. 巍峨的泰山

泰山位于我国山东省中部，拔耸于鲁中南群山上。古名岱山，又有岱宗之称。是中国五岳（泰山、华山、衡山、嵩山、恒山）之一，因地处东部，故称东岳。

泰山总面积2.42万公顷，主峰玉皇顶海拔1532.7米，山体雄伟壮丽，气势磅礴，有"五岳独尊"之誉。孔子有"登泰山而小天下"之语；唐诗人杜甫有"会当凌绝顶，一览众山小"的佳句。"泰山压顶""泰山北斗"的成语更为人们所熟知，泰山在人们心目中，已成为伟大、崇高的象征。

泰山在自然科学方面有重要的研究价值。构成泰山山体的泰山杂岩，是20—25亿年前形成的太古界地层。研究了解这类岩石的成因，对解决中国东部太古代地层的划分、对比及其历史演变具有重要的典型意义。泰山自然景观雄伟壮观，有数千年精神文化的渗透、渲染以及人文景观的烘托，因而是中华民族的精神文化的缩影，而今已成为世界珍贵的遗产。

从先秦时代到中国封建社会结束，前后连续4000年、数以百代的帝王或代表帝王的使臣朝拜祭礼、百姓的朝山进香，在这里进行。泰山山上名胜古迹众多，有古建筑群20多处，历史文化遗迹2000多处。泰山具有极高的历史文化价值、风格独特的美学价值和世界意义的地质科学价值，三者融成了世界罕见的泰山风景名胜区。

"登泰山，观日出"是许多人最为期待的景观。泰山雄伟的山势使它的日出显得格外壮观。旭日东升是岱顶奇观之一，也是泰山的重要标志。在人们的守候中，随着太阳缓缓升起，旭日射出的第一缕曙光划破黎明前的黑暗，从而使东方天幕由漆黑逐渐转为鱼肚白、红色，直至闪耀出金黄色，喷射出万道霞光，最后一轮红日跃出水面，腾空而起。整个日出过程恢宏壮观，景象变化多姿多彩，让人大饱眼福而觉得不虚此行。

晚霞夕照是泰山的又一个独特美景。当雨过天晴，夕阳西下之际，站立在泰山极顶上西望，但见朵朵红云如峰如峦，在金光照射下气象万千；夕阳映照下的云峰，都镶嵌上一层金灿灿的亮边，让观赏者看到一片金碧辉煌。在无风的时段，站立岱顶常能看到白云平铺万里，犹如巨大的玉盘悬浮在天地间。当云雾弥漫的清晨或傍晚，缥缈的雾幕上有时还会呈现一个内蓝外红的光环，将人影或头影映在里面，这是出现"佛光"了。据记载，泰山佛光大多出现在每年6—8月半晴半雾、太阳斜照之时，是游人可遇不可求的景观，这让看到者倍感荣幸。

79. 神奇的黄山

黄山位于安徽省东南部，其南北长约 60 千米，东西宽约 30 千米，总面积为 1200 平方千米，景区面积有 160 平方千米。

黄山的自然风光集泰山之雄、华山之险、衡山之烟云、庐山之飞瀑、峨眉山之清凉、雁荡山之巧石等为一身，以奇峰、奇松、怪石、云海、灵泉名扬四方，自古就有“五岳归来不看山，黄山归来不看岳”之说。黄山有着众多神奇之处，有的还是“难解之谜”。

“黄山之奇，信在诸峰”。黄山风景区著名的山峰有 72 座。其中莲花、天都、光明顶三峰三足鼎立，向四外延伸发展。大峰傲然挺立，小峰错落有致，共同形成了千峰竞列、幽壑纵横的峰林壮势。莲花峰主峰突起，四周小峰起伏，状如莲花瓣，层层环抱，宛如朝天怒放的莲花。天都峰意为“天上的都会”，从峰脚仰视，峭石相峙，登山阶道如一线天梯，长 1.5 千米，有 2125 级台阶。向上攀登遥望峰顶，不时会有移步换景之妙。光明顶地势高旷，是观日出、望远景的胜地，故有“不上光明顶，不见黄山景”的说法。黄山之峰无峰不险，多数为抽拔状或削立状，雄伟而又秀丽，让人百看不厌。

黄山的松景与峰景齐名。长在山上的松树虽有千棵万棵，然而每一棵松树都有自己的身形，都有独特的姿势。黄山松生长在海拔 800 米以上的危岩峭壁之中，受气候风力的影响和冰雪的压力，树枝都向一侧伸长，松树顶多是平的，根部扎在岩隙间不能舒展而变得蜷曲。一棵棵松虬枝盘结，苍劲挺拔，姿态异奇。“迎客松”“送客松”“蒲团松”等，都是黄山的名松。

黄山的另一奇是山石，尤其是狮子林和松谷庵之间山道两旁的山石，尽是以笋状矗立着，其形态像人、像兽、像物，妙趣横生。怪石因其形态走向而得名“猴子观海”“青牛汲水”“仙人晒靴”“仙女操琴”等。

黄山的云雾亦称奇人间。一年之中有 2/3 的时间都有云雾在黄山缭绕、涌动。黄山的云海极具特色，时而是风平浪静的汪洋，时而是波涛汹涌的怒海。云海分为东海、西海、南海、北海、天海五大海区。观云海最佳的位置是玉屏楼观前海、清凉台观后海、白鹅岭观东海、排云亭观西海、光明顶观四面云涌的天海。黄山的云海形态万千，变幻莫测，被认为是大自然留下的百看不厌的“佳作”。

80. 气势磅礴的黄果树瀑布

黄果树瀑布位于贵州省镇宁布依族苗族自治县境内的白水河上,有“中华第一瀑”之称,是亚洲最大的瀑布,也是世界上著名瀑布之一。

白水河流域石灰岩地形广布,山峦重叠,地势险峻,河宽水急。白水河在流经黄果树附近地段时,河面狭窄,谷壁陡峭,河床高低不平,曲折迂回,还会出现断落,落差又很大,由此形成了以黄果树瀑布为主的九级十八瀑布和四个地下瀑布群。

经科学手段实测,黄果树瀑布高 77.8 米,宽 101 米。瀑布落差近 60 米,洪峰时流量可达 2000 多立方米每秒,比黄河的平均流量还要多。当飞瀑倾泻,水流汹涌澎湃,宽阔巨大的水帘拍击石壁,会发出山崩地裂的轰鸣,远传数里开外,令人惊心动魄。

黄果树瀑布水势浩大,下泻后水花飞溅,水珠可升高到 60 米。溅起的水沫随风飘荡,暑夏季节最是凉爽宜人。瀑布下迎纳来水的犀牛潭,水深 17 米,此潭三面环山,水色碧绿。临潭而望瀑布,飞瀑高悬,水花如珠,雨雾升腾,在夕阳斜照下形成绚丽的彩虹,蔚为壮观。

黄果树瀑布令人神往的还有瀑布后的“水帘洞”。此洞长达 134 米,位于瀑布中段峭壁上,拦腰横穿山体,由 6 个洞窗、5 个洞厅、3 股洞泉和 6 条通道组成。一排洞窗被疏密不一的水帘遮挡,洞口水草鲜嫩,凉风吹拂,雨燕、云雀在水雾中钻飞。洞壁四周布满层叠交错的钟乳石,色彩斑斓,晶莹剔透,观之让人赏心悦目。从洞内观看瀑布直泻,更受轰天撼地水流的震撼。

有考察报告称:名瀑林立,如此集中而姿态各异,为黄果树瀑布群所独有。在黄果树瀑布群中,居于上游的还有陡坡塘瀑布,它高 28 米,宽为 105 米,是这里最宽的瀑布。滴水滩瀑布总高 410 米,最下层 134 米,从大坡顶望上去,整座瀑布仿若身着白衣的天仙下凡。连天瀑布高 26 米,宽 10 米,为多级相连接的瀑布。龙门飞瀑则是位于龙宫洞中,高 35 米,宽 25 米,是一洞中瀑布。这一座座形态不同、飞流有别的瀑布,让游客能尽情开阔眼界,游览多瀑布景观。

在黄果树瀑布正对面,大峡谷绝壁陡立,瀑布倾泻而下。岩壁上建有古雅的观瀑亭,从这里可以俯瞰瀑布飞落和激流由此浩荡而去,使整个峡谷映入眼帘。如此美妙的观赏点,常让游客流连忘返。

81. 咆哮奔腾的壶口瀑布

壶口瀑布西临陕西省延安市宜川县壶口乡,东濒山西省临汾市吉县壶口镇,是中国第二大瀑布,世界上最大的黄色瀑布。

黄河奔流至此,两岸石壁陡立,上游水面宽300多米,在不到500米的距离内猛然被压缩到20—30米的宽度,于是1000立方米/秒的流水从陡崖上倾泻而下,形成了“千里黄河一壶收”的景象。水势浩大的急流跌入幽深的石槽内,好似一把巨大的水壶向外倾倒壶水一样,“壶口瀑布”因此得名。

相传,古代时大禹为制服奔腾不息的黄河,用神斧在壶口一带的峡谷中砍出了一个形似壶嘴的石缝,河水便顺势行道而去。黄河自此穿行在峡谷间,不再淹向四方了。当然这只是个传说。考古发现,壶口一带出露的基岩,上部为泥质岩类,以页岩为主,易松软破碎;下部为深层砂岩,较为坚硬。奔腾的急流在垂直下切时,遇到软硬交替的地质层,极易形成瀑布,壶口瀑布也就这样产生了。有研究显示,壶口瀑布的位置在水流冲刷侵蚀下,每年大约以70厘米的速度向上游移动,为此壶口瀑布被认为是可移动瀑布。

壶口瀑布从宽阔的河面突然受到压缩,像漏斗一样被束为不足50米的一孔,形成特大的马蹄形瀑布,径直砸下。落差达30米,最大宽度有千余米,最大瀑面为3万平方米。洪流滚滚,浊浪排空,其声、其势、其景撼人心魄。

随着壶口瀑布奔泻急落,产生了引人注目的“水底冒烟”“旱地行船”“霓虹戏水”“山飞海立”“晴空洒雨”“旱天惊雷”“冰峰倒挂”“十里龙槽”八大景观。春秋两季,瀑布落差在20米以上,激流飞溅,容易形成弥天大雾,雾如烟云,便出现了“水底冒烟”一景。瀑布反复冲击激起的水雾升空受到阳光直射,发生斜射,产生彩虹,彩虹有时呈弧形从天际插入水中,似长龙吸水而得“霓虹戏水”景。瀑布急流飞泻冲击岩石水面,如千军万马奔驰,巨大声响在山谷回荡,又似千万锣鼓齐鸣,此“旱天惊雷”一景,着实展现了“黄河在咆哮”的声威。瀑布水流直泻,过往的船只行经此地都要停船卸货,将船拖上旱路,绕过瀑布重新下水、装货、行进,“旱地行船”也就成了这里的常见景观。在壶口瀑布处,当水流剧减,则能看到河水变清的“涸瘦”景致;冬季黄河水面封冻,还可以一观瀑布处的“冰桥”。

壶口瀑布是陕西和山西两省共有的旅游景区。2013年被评为第13批国家水利风景区之一,也是国家级地质公园和地质遗迹保护区,国家4A级风景区。这里举办的瀑布节旅游活动丰富多彩,很受国内外游客的欢迎。

82.“天下奇观”钱塘潮

潮汐是在月球、太阳等天体引力作用下,所产生的有规律的自然现象。在我国钱塘江北岸的海宁市有着极其壮观的涌潮。

钱塘江大潮天下闻名,每年中秋节后两三天涌潮最是奇丽好看。有诗云:“钱塘一望浪波连,顷刻狂澜横眼前。”潮头由远而近,巨浪推拥,鸣声如雷,势如万马奔腾。观钱塘潮始于汉魏,盛于唐宋,历经2000多年,成为当地习俗。

钱塘江之所以会有如此不凡的涌潮,主要是与其入海的杭州湾的形状地貌有关。杭州湾呈喇叭口形,外口宽至100千米,往里宽度急剧缩小,仅3千米。河道变窄又有提高,加之水下沉沙对潮流有阻挡和摩擦作用;沿海常刮东南风,风向与潮水方向一致,都会助长潮势。涨潮后江面迅速变小,潮水来不及均匀上升,只能后浪紧推前浪,层层相叠,促成潮前坡变陡,潮峰可高达3—5米,最大潮位能到9米。1953年9月的一次大潮,潮水涌上海滨石塘,将古代1.5吨重的“镇海神牛”冲出10多米,让人感受到潮水的威力之大。

“八月十八潮,壮观天下无”,是北宋大学士苏东坡观潮留下的佳句。观钱塘潮中的“交叉潮”,最好地点是据杭川湾55千米的大缺口。这里泥沙淤积,形成沙洲,将涌来的大潮分为两股,称东潮、南潮。绕过沙洲后二潮像两兄弟交叉相抱,便形成了变化多端的交叉潮势,出现了“海面雷霆聚,江心瀑布横”的景象。潮水相碰激起数丈高水柱,回落江面后潮水呈十字形展现并迅速向西奔驰,同时交叉点水体做崩塌状移动,撞向顺直的海塘,激起巨大的浪花。

在盐官江面可以观赏到“一线潮”。未见潮影,先闻潮声。远方先是出现一个细小的白点,接着变成一缕银线。银线西移,遂有“素练横江,漫漫平沙起白虹”之景;再近,白线成一堵水墙,逐渐升高,显现“欲识潮头高几许,越山浑在浪花中”场面。涌潮掠过,有雷霆万钧、不可阻挡之势。

钱塘潮另有独特一景是“回头潮”。当潮水一路西奔挺进到老盐仓,这里的河道上出于围垦和护塘需要,建有一道长660米的拦水堤坝。汹涌的潮水到此再无通道,便猛烈撞击迎面的堤坝,涌浪突兀而起,直冲天际,高达十几米。然后以泰山压顶之势翻卷回头,落进西进的急流中,形成一排“雪山”,再风驰电掣地向东回奔。此时潮水前来后涌,上下翻卷,奔腾跳跃,煞是好看。在钱塘江观潮还能看到“冲天潮”“丁字潮”“半夜潮”“怪潮”等景观。观潮之乐,使“钱塘郭里看潮人,直至白头看不足”。

83.“桂林山水甲天下”

桂林山水是对桂林旅游资源的总称。典型的喀斯特地貌形成的桂林山水,是中国山水的代表。

桂林是一座文化古城。自秦始皇统一六国,在此设置桂林郡,开凿灵渠,沟通湘江和漓江,已有2000多年的历史。桂林山水以其奇丽俊秀的地貌、气质优雅的风姿、极富诗情画意的景观,成为名扬四海的风景胜地,“桂林山水甲天下”的赞誉流传至今。如今桂林山水是国家5A级旅游风景区,是中国十大国家名胜之一。2014年6月,桂林山水正式成为世界自然遗产,荣登《世界遗产名录》。

桂林山水向以“山青、水秀、洞奇”闻名于世,其中一江(漓江)、两洞(七星岩、芦笛岩)、三山(独秀峰、伏波山、叠彩山)最具代表性,是为桂林山水的精华所在。

漓江千百年来不知使多少文人墨客陶醉。它发源于猫儿山,从桂林乘舟而下到阳朔的83千米水程,如蜿蜒的玉带,缠绕在苍翠奇峰中,串联起最为优美的岩溶景区。船移景异,碧水青山,如在诗画之中。画山是漓江中的名山,峭壁临江而立,受风雨侵蚀岩石轮廓呈现多层次明暗及色彩变化,仿佛壁上有许多骏马,于此还得“九马画山”之称。阳朔之美则有“阳朔风光甲桂林”之誉。

桂林的石山是为流水侵蚀、溶蚀形成,一座座拔地而起,并以四坡壁立峭峻为特征。有的一峰孤立,有的悬崖对峙,仪态万千。独秀峰坐落在桂林市区内,平地拔起,一峰独秀,人称“南天一柱”。从西麓登临山顶,纵目眺望,整幅“桂林山水画卷”尽展眼前。伏波山位于桂林市东北,东枕漓江,孤峰挺秀。山腰处建有观景台,可一览叠彩等诸山。象鼻山位于漓江右岸,因山形酷似一头大象站江边伸鼻吸水得名。自山之西拾级而上可达“象”背,山上有象眼岩,左右对穿很像一对象眼,给人以惟妙惟肖之感。

逢山自会有洞。七星岩洞位于桂林七星公园内,洞分上、中、下三层,有六洞天、两洞府,还有众多山脚形成的洞穴称“脚洞”,穿过石峰的脚洞称“穿洞”。洞中有洞,连环套叠,变化多端。著名洞穴景观有“大象卷鼻”“狮子戏球”“仙人撒网”“银河鹊桥”等。芦笛岩位于桂林西北的茅茅头山上,洞口周围丛生芦荻草,以草为笛吹奏音色柔美,如山涧流水般悦耳而得名。两岩洞内钟乳石千态万状,色彩艳丽,红如珊瑚,绿如翡翠,黄似琥珀,白似羊脂,五彩缤纷,让人似觉走入了仙宫之境。

84. 风姿绰约张家界

张家界位于湖南省西部，是中国最早开发的重点风景名胜区，于1982年建立了我国第一个国家森林公园。1992年被联合国教科文组织列入《世界遗产名录》。

张家界风景区面积达133平方千米。大约在3.8亿年前的晚古生代中晚泥盆纪时期，张家界地域是一片汪洋。由于靠近古陆，接纳了大量来自古陆的淤积物质。这些物质沉积下来，经漫长的成岩过程，形成了厚达500多米的石英砂岩层，这就是张家界砂岩峰林形成的地质基础。又经几次造山运动，受重力崩塌、风雨剥蚀等作用，终出现了今日沟壑纵横、奇峰林立、怪石峥嵘的绝妙景观。

今天的张家界国家森林公园，集张家界、天子山、索溪峪三大景区于一体，以世界罕见的石英砂岩、峰林峡谷地貌为主体，三千翠微峰，八百琉璃水，神姿仙态，韵致绰约，有“大自然迷宫”“天然博物馆”之誉。先后开辟了黄石寨、腰子寨、金鞭溪、琵琶溪、砂刀沟等景区。

黄石寨是风景区的精华所在，也是张家界的凌空观景台。黄石寨山高陡峭，地势险要，海拔1300米，顶部面积0.2平方千米，建有望峰台、望仙台、望涧台和观洞台等最佳观景点。站峰顶俯瞰，900座峰峦尽收眼底。在此观云海、石涛、冬雪、霞日，也是妙处，素有“不到黄石寨，枉到张家界”之说。腰子寨与黄石寨遥遥相对，海拔1100多米，因形状如一弯弦月，又名月牙寨。林立的峰石构成悬崖绝壁，攀爬“之”字形小路，方能登上峰顶，一览群峰云雾缥缈、险峻幽深之奇。

张家界有多条较大的溪水，其中最长的是金鞭溪。它以张家界的标志景点金鞭岩得名，全长15千米，流经金鞭岩、纸草潭、跳鱼潭等处，蜿蜒曲折。沿金鞭溪漫游，可看到“闺门倒映”“神鹰护鞭”“双石玉笋”“劈山救母”“独峰孤猴”等有趣的景观。琵琶溪涓涓而流，清幽秀雅。砂刀沟的溪流则串起一汪汪水潭，从猴儿洞涌出，再从200多米高的石壁顶上一泻而下，将瀑布高挂山川。

张家界的山光水色具有原始、集中、秀丽、奇特、清新“五绝”。这里还是一座天然的动植物园，森林覆盖率达到97.7%。名科植物应有尽有，还生长着珙桐、滇楸、红榧、银杏等珍贵树种。山林里生长有一天能变五种颜色的“五色花”，有当地独有的“龙虾花”。栖息着背水鸡、相思鸟、飞虎、娃娃鱼等珍禽异兽上百种。这里长年气候宜人，是旅游、度假的胜地。

85. 风情迷人九寨沟

九寨沟位于四川省阿坝藏族羌族自治州九寨沟县境内，是一条纵深50千米的山沟谷地，平均海拔2000—3500米，总面积6.4万公顷，遍布原始森林，森林覆盖率达80%。九寨沟因沟谷内有树正寨、荷叶寨、则查洼寨等九个藏族村寨而得名。

九寨沟地处青藏高原向四川盆地过渡的地带，地质背景复杂，碳酸岩分布广泛，褶皱断裂引起的地壳抬升幅度大，产生了此处的多种多样地貌。以植物喀斯特钙华沉积为主导，形成了九寨沟连绵起伏的雪峰、肃穆幽深的林莽、秀丽典雅的湖塘、奔流湍急的溪水、帘珠溅玉的瀑群。奇峰、彩林、翠湖、叠瀑和藏族风情成为这里的“五绝”。此外，蓝色冰瀑也是九寨沟奇特一景，凭借陡峭岩壁悬挂的巨大天然冰雕，蓝如碧睛，由浅入深，冰清玉洁，形态多姿，这些巨大的冰珠、冰球、冰挂、冰幔，以幽蓝、澄澈的水体装点出一个璀璨耀眼的冰晶世界，让人乐于观赏。

九寨沟的水是九寨沟的灵魂，因其清纯、晶莹，且色彩丰富，故有“九寨归来不看水”之说。这里汇聚了泉、瀑、河、滩等水域景区108处，包括5滩、12瀑布、10河、多流泉等，共同组成了“水景之王”的奇妙景观。

这里湖塘的水洁净清澈，应该是没有颜色的，但很多水望去却是五彩斑斓、绚丽迷人，人们还给这些水域起了“五彩湖”“五花海”的名字。原来水域里的色彩并不是水的颜色，水的下层有各种颜色的沉积物和水藻，由于水清见底，水底景物映射到人的眼中，就呈现出了黄、橙、蓝、绿、灰等多种颜色，使水域变得五彩缤纷了。在此地有的湖塘里还漂浮着“绿色小岛”。这是由于有粗大的树木倒在湖水里，时间一长，漂浮的树干上又长出了青草、幼树，形成别致的浮“岛”，增添了新的景观。

九寨沟四季景色俱佳，以原始的生态环境、奇幻幽美的自然风光被誉为“童话世界”“人间仙境”，是我国第一个以保护自然风景为主要目的的自然保护区。保护区内主要的保护动物是大熊猫、金丝猴、白唇鹿、扭角羚等珍稀动物及其自然生态环境。保护区现有74种国家珍稀保护植物，18种珍稀保护动物，还有古生物化石、古冰川地貌等。九寨沟风景名胜区是国家5A级旅游景区，是世界自然遗产，已列入联合国教科文组织的《世界遗产名录》，是很被世界旅游业看好的一处旅游胜地。

86. 谜样世界神农架

神农架位于湖北省西部,是中国唯一一个以"林区"命名的行政区划。神农架因华夏始祖炎帝在此架木为梯,采尝百草,救民疾夭,教民稼穑而得名。林区总面积为3253平方千米。这里的地况从印支运动末至燕山运动初,发生了强烈的褶皱和大面积掀斜,就此奠定了复杂多变的地貌骨架。

原始生态旅游区位于神农架西北部,面积926平方千米。这里以原始森林风光为背景,以神农氏传说和纯朴的山林文化为内涵,集奇峰、奇洞、奇树、奇花以及奇风俗民情为一体,形成了"雄""奇""幽""野"的独特旅游文化景观。当地有种种奇观,又有着一个个令人费解的谜团。

郁郁葱葱的神农架山林中有一个"冷暖洞",洞内遍布石柱、石笋、石帘、石鼓。令人称奇的是洞口有一条非常明显的冷暖交界线:身处冷的一边,会感到冷风飕飕,寒气袭人;站到另一侧,又会觉得暖风拂面,温和舒适。左右两边仅相隔一线,但温度却相差10摄氏度以上。是洞口构造的特殊,还是洞底另有玄机,其说不一。

神农架有个叫"小当阳"的地方,那里流淌着一条河。河看似平常,却有水势大小之分,出现了"潮涨潮落"的现象,并且一天内会发生3次,特别有规律。这一现象在河流中并不多见,也是一个不解之谜。

神农架是长江、汉江的分水岭,林区有四大水系,水资源丰富,生物资源多种多样。已查明有高等维管束植物199科872属3183种,真菌、地衣927种;有药用植物1800多种,以"天然药园"驰名中外。栖息的动物种类更是繁多,现有有脊椎动物493种,是金丝猴主要分布区,有1200余只。蕴藏着丰富的昆虫种类,计28目157科4143种。

神农架的大型哺乳动物在山林间出没无常。这里的熊按毛色和外形分,有狗熊、棕熊、白熊等。具争议的是这里还有花熊,有人认为是大熊猫,也有人说是狗熊和白熊交配产生的后代。这里还有"人熊"之说,即是说存在"野人"。自20世纪50年代以来,不时有发现"野人"的报告,还有"毛发""脚印"等为证,但直至近年也未捕获到一个"野人"。

动物的羽色或毛色偶尔呈现异于同种的白色,称白化动物。神农架地带因出现了太多的白化动物而成为"白化动物之乡"。考察人员在这里发现了白金丝猴、白熊、白狼、白麝、白松鼠、白乌鸦、白蛇、白龟、白蜘蛛等30多种白化动物。为什么这里会有如此之多的白化动物,让人困惑不解,但也使人对这一景区更感兴趣。

87. 台湾佳景日月潭

我国台湾的日月潭位于阿里山以北、南投县鱼池乡。水域面积为7.73平方千米,周长约37千米,水深27米。潭水清澈,四周由群山环抱,草木葱茏。自清代即为台湾八大景之一,有“海外别一洞天”之称。

台湾的日月潭比杭州西湖面积大1/3,水深则超过10多倍,是台湾最为著名的淡水湖。在地壳运动中由玉山和阿里山的断裂盆地积水而形成。在日月潭的传说中,一说是山胞追赶神鹿,被引至这里,发现了日月潭。另一说是一对青年男女斗败恶龙,从水潭顶升起了太阳和月亮,诞生了此潭。如今在民俗表演中,高山族男女仍会扛举长竹竿,载歌载舞,演绎征服恶龙的传说故事。

日月潭原来本是两个单独的湖泊,因为发电的需要,在下游筑坝,让水位上升,两湖便连为一体。潭中有一小岛,以小岛为界,北半湖圆圆如日,南半湖弯弯似月,“日月潭”就此而得名。日月潭之美在于环湖重峦叠嶂,潭水澄澈。一年四季晨昏景色曼妙迷人,气候舒适,最热时气温也高不过20摄氏度,冬季最冷时也不低于15摄氏度。入夏在此泛舟游湖,飘荡于轻纱般的薄雾中,清爽、怡然,全然不会有暑热之感。

环潭而行,至西北岸山脚,远远就可听到水吼涛鸣。这里是从浊水溪上游引水入湖的入水口,可看到喷出的水花高达七八米,状如蛟龙吐水,气势恢宏。日月潭北侧的猫囒山,海拔1020米,是观潭景、看日出的理想之地。山腰处建有一座文武庙,庙里供奉孔子像,左右有文昌君和关羽像。山谷坡地广种茶树,还建有一座茶叶文化展示馆。潭东的水社大山高逾2000米,在山顶眺望,山峰倒影,尽收眼底,朝霞暮霭风光旖旎。南面青龙山山势险峻,山路中建有几座寺庙,其中的玄奘寺供奉有唐代高僧玄奘的灵骨(部分顶骨舍利)。

日月潭周边还有一些著名景点。青龙山顶建有一座慈恩塔,高9层,45米,是景区的最高点。亲水公园内有以生态方法改造的河流,园内广种野牡丹等花卉,吸引民众到此赏花、避暑,亲近大自然。涵碧步道平缓蜿蜒,人们穿行林荫花木之中,可见五色鸟、绣眼画眉等珍禽活跃林间,是清晨最佳的散步之所。湖西侧建有一座孔雀园,养有100多只孔雀,孔雀不时展翅开屏,翩翩起舞,让游客倍添游兴。游客来到日月潭,可品尝到当地的名食奇力鱼、曲腰鱼、潭虾、半天笋、竹鸡、麻薯等,既大饱了眼福,又大饱了口福。

88. 日本名胜富士山

富士山是日本最为著名的火山,位于九州岛的东南部,距离首都东京 80 千米。它的海拔高度为 3775.63 米,俯瞰着广阔的太平洋,是日本首屈一指的最高峰。

在日本虾夷族语言中,“富士”有“火之山”的意思。富士山是距今 1 万年前,在地壳运动中伊豆半岛与本州岛相互激烈碰撞、挤压形成的山脉,是世界上最大的活火山之一。自有文字记载,已喷发 18 次,最后一次喷发是在 1707 年。以后的 300 年至今,一直处于休眠状态。

高耸入云的富士山,山巅白雪皑皑,山体呈圆锥形,如似一柄悬空倒挂的扇子。日本诗人曾以“玉扇倒悬东海天”“富士白雪映朝阳”等诗句对富士山加以赞美。日本民众一直把富士山视为“圣山”,富士山也早已成为日本的象征。

在富士山周围 100 千米之内,都能看到其锥形山体轮廓。富士山自海拔 2300 米至山顶,地表均为火山熔岩、火山砂所覆盖,遍地沙砾中仅有弯曲的小道连通上下。从海拔 2000 米以下至山脚,便分布了一处处湖泊、瀑布、丛林等,景色异常秀美。

火山的喷发使山麓处形成无数个山洞,洞穴相互通达,洞景千姿百态。有的山洞仍有火山喷发时的喷气现象,但这是无惊无险的。一些山洞洞壁结满了钟乳石般的冰柱,终年不化,被称为“万年雪”。山顶处的大火山口,直径 800 米,深 200 米。登上山顶看日出、观云海,是很多游客的首选旅游项目。

在富士山北麓,有山中湖、河口湖、西湖、精进湖和本栖湖等五湖。五湖中山中湖面积最大,湖东南的忍野村有八个池塘,称“忍野八海”,与山中湖相通。河口湖是五湖中有小岛的湖,能倒映出富士山的倩影,是富士山奇景之一。富士山南麓是一片高原地带,褐色山坡垂直分布着针叶林、温带阔叶林和亚热带常绿阔叶林,满目苍翠,绿草如茵,植物多达 2000 多种。西南处有白系瀑布和音止瀑布,白系瀑布落差 26 米,10 余条银链似的细流形成了宽 130 多米的水帘,观之悦目。音止瀑布则以巨大的水柱自山巅冲击而下,声若雷鸣,动人心魄。

富士山的旅游资源开发较早。如今周边建有野生动物园、天然植物园、昆虫博物馆、奇石博物馆、自然科学厅、幻想旅行馆等馆所。来富士山旅游,这里的特色美食有富士宫炒面、明石烧(章鱼、鸡蛋等烧制品)、肥肠乌冬面等。

89. 菲律宾的火山

菲律宾地处东南亚,位于太平洋周围的陆地边缘火山带上。这里火山众多,爆发频繁。经统计,菲律宾共有火山52座,其中11座是活火山。

吕宋岛是菲律宾最大的岛屿,面积10.99万平方千米。在吕宋岛东南端,有一座马荣火山,是菲律宾最大的活火山,也是世界上最著名的活火山之一。马荣火山海拔2421米,周围占地250平方千米,山体呈圆锥形,缓缓的山坡十分匀称,顶端被熔岩覆盖呈灰白色,好像一顶斗笠戴在绿色的椰林、稻田之上,有"世界上最完美的火山锥"之誉。向马荣火山望去,白天不断有白色烟雾笼罩山头,入夜烟雾呈暗红色,整座火山宛如一具巨大的三角形烛座照耀夜空,形成绮丽壮观的场面。自1916年以来,马荣火山有记载的喷发已有49次。1814年2月的一次喷发,突然之间滚滚熔岩冲入一个小镇,整个村庄荡然无存,造成1200多人丧生。2000年2月的喷发迫使6万多灾民撤离家园,喷射出的岩浆和火山灰冲上了几千米的高空。

位于吕宋岛南部的皮纳图博火山海拔1486米,于1991年首次喷发。6月15日下午,正当台风经过时,这里的火山发生猛烈喷发,抛出的火山熔岩碎屑总体积超过了5立方千米,火山灰升上3.5万米高空,在平流层中悬浮飘移,其中约有2000万吨是二氧化硫,这使地球上减少了10%的阳光,导致全球气温降低约0.5摄氏度达两年之久。火山喷发使火山锥炸裂崩塌,形成宽达2500米的火山口,整个山体因此降低高度近300米。火山喷发时熔岩沿山坡滚滚而下,填满了附近的深谷,最厚处达200米,5年后这些火山堆积物的温度还有500摄氏度。火山的爆发还使肆虐的台风强度迅速减弱,但强风和雨又使降落的火山灰变得又湿又重,落入人烟稠密区,压塌房屋,造成200多人死亡。

阿波火山是菲律宾的又一著名火山,是菲律宾的全国最高峰,海拔2954米。它位于棉兰老岛达沃市西南40千米处,是一座活火山,至今不断冒烟。塔尔火山是世界上最矮的活火山,相对高度只有200米。据记载,这处火山喷发很有规律,约50年喷发一次。1976喷发时,这个小个子火山却将火山灰射到1500米高空。

菲律宾的火山喷发时是灾区,但也是吸引游客观赏的景点。菲律宾政府在阿波火山周围建成了一处阿波国家公园,面积为800平方千米。园区设有观景台、温泉、野生动物园,展示珍稀动植物,包括美丽的鹦鹉、食猴鹰等。

90.印度尼西亚的三色湖

三色湖位于印度尼西亚的克利穆图火山山巅之处。三色湖由三个火山湖组成,这三个火山湖颜色不同,色彩还会转换,展示了大自然的神奇和诡异。

三色湖原是由克利穆图火山喷发后形成的三个死火山口,经长期演变,积水成湖。三色湖分为左湖、右湖、后湖三个湖体,水面颜色截然不同,左湖水色艳红,右湖水色碧绿,后湖水色淡清。三湖彼此相邻,左湖面积是最大的,直径约 400 米,水深约 60 米。其他两湖的直径都在 200 米左右,湖水也浅些。这二湖大体对称,被称为“魔鬼的眼睛”,而且是阴阳眼,鸳鸯色。两湖之间,如同深邃的眼窝里镶嵌了变幻莫测的宝石,那仅隔一道墙垣般薄薄的峭壁,陡岩险峻,又恰如魔鬼的“鼻梁”。

对于水色各异的三色湖,流传着这样的传说:很久很久以前,在克利穆图火山山脚下,有一对青年男女要结为夫妻,但遭到双方家庭的反对。这对恋人不想被拆散,他们来到神秘的三色湖畔,携手投入到水色艳红的左湖中,一表永结同心之愿。从此当地居民每逢佳节都来到湖边,将丰盛的祭品投湖,祈求天神佑护那对忠贞的恋人。

对于三色湖水为何会有如此明显的不同,有人认为是火山口不时释放矿物质,造成湖水富含某种矿物质而产生不同的色泽。有人提出是湖水中微生物和藻类生长造成的。还有的研究称是岩壁使得金属物质汇聚,铜在氧化后能使水变得翠绿,铁质氧化后溶水便会让水呈现棕褐色。

奇特的是,三色湖并不是总保持着红、绿、清白色。在 20 世纪中曾出现多次变化,30 年代时和现在水色相仿;60 年代曾变为咖啡色、棕红色和蓝色;有一段时间,还曾变为黑色、绛紫色和蓝色。

三色湖的湖水奇妙多变,一天之内湖周边的景象也变化神奇。清晨时湖水平静,湖面如镜。每到中午湖面便有轻雾缭绕,让观赏者有如梦如幻的感觉。一到下午,湖面乌云翻滚,让人吸到刺鼻的硫黄味道,不得不赶紧离去。

印度尼西亚地震多、火山多,500 多座火山分布在大小岛屿上,包括 129 座活火山。火山无处不在,让人既爱又恨,却又惹不起,躲不开。也就是火山的喷发才带来了三色湖这样的好景观。三色湖如同一个“女大十八变的娇娇女”,以其多彩的“妆容”,吸引着各国游客前来观赏。

91. 水域狭长的红海

在亚洲、非洲两大洲的接合部有一片狭长的水域，这就是红海。

红海总面积43.8万平方千米，长近2000千米，最宽处为306千米，平均深度为558米，中部最深处达2514米。海域内有约100个大小岛屿。沿海岸有9个亚非国家和地区。

有研究认为，红海其名与地区炎热有关。海水大量蒸发，强烈的气流被骄阳映照，呈现出以红色为铺底的光怪陆离的色彩，给人一种海水似乎发红的感觉，使此海得名。也有学者指出，这里近海地区生长着大量颜色发红的热带藻类，使海水呈现了红色，便有了红海的名称。

就地质年代而言，红海属于较年轻的海域。大约在4000万年前，随着非洲和阿拉伯大陆板块断裂分离，地壳下陷，海水淹没裂谷。又经1000多万年地壳运动，红海的东西海岸线翘起分开，漫长的海岸线上没有一条长年流水的大河注入红海，就连间歇的河流也很少。红海地处北纬12—30度之间，一年中绝大部分时间烈日高照，平均日照时间在10小时以上。海水的年蒸发量高达2000毫米以上。年平均气温在25摄氏度以上，最高气温达到50摄氏度。红海沿岸地区年降雨量却在100毫米以下，气候干燥，严重缺水。举目可见漫漫无际的沙漠，黄沙任热风吹来卷去，形成山海般的沙丘。

在地壳运动中，岩浆从板块裂口处冒出，不断填补进入红海海沟，这使红海地区的矿物质含量极其丰富，海底沉积物中含有金、银、铜等贵重金属，沿岸地区蕴藏有铁、锰、铜、锌、磷酸等矿藏。红海地区盛产石油，沙特阿拉伯等国家以此致富，随着国民生活水平的提高，昔日荒凉的沙漠景象也大为改观。

红海里的水产资源也丰富多样，鱼类品种繁多，有头阔眼大的墨斗鱼，有颜色鲜红的笛鲷鱼，沙丁鱼扁平银白，鲭鲨长达数米，此外海中还有黄鳍金枪鱼、蓝鳍金枪鱼、王鱼、剑鱼、旗鱼、梭鱼、带鱼、鹦鹉鱼和珍贵的龙趸鱼等。龙虾虾体粗壮，色泽鲜艳，壳上有美丽的斑纹，肉质鲜美，是红海的一大特色。红海的另一大特产是海龟，海龟的蛋和肉是美味，龟甲可制成贵重药品。玳瑁角质板可制成眼镜架、手表带等，是深受旅游者欢迎的精致装饰品。

红海所处的地理位置得天独厚，既是沟通大西洋、印度洋和太平洋三大洋的海上要冲，又是连接亚洲、非洲与欧洲三大洲的交通要道。红海的最窄处为曼德海峡，只有20多千米，堪称海上大动脉的“咽喉”。每天有熙来攘往的各国船只依次从这里通过，驶向世界各地。

92. “欧洲巨龙”阿尔卑斯山脉

阿尔卑斯山脉位于欧洲中南部，西起法国东南部的尼斯，东到奥地利的维也纳，绵亘法国、意大利、瑞士、列支敦士登、德国、奥地利、斯洛文尼亚7国部分地区，主要分布在瑞士和奥地利境内。山脉呈一弧形，长1200千米，宽120—200千米，平均海拔3000米，山势雄伟，是欧洲最高的山脉，有“欧洲巨龙”之称。

考古研究认为，在4400万年前，非洲构造板块向北移动，与欧亚大陆板块碰撞，深层岩石发生皱褶，推挤上来后形成了今日阿尔卑斯山脉的大体轮廓。近200万年来，欧洲经历了几次大冰期，使阿尔卑斯山体被厚达2000米的冰层所覆盖。冰川移动，侵蚀岩体，形成了大批突兀的峭壁和深邃的冰川槽谷等地貌。时至今日，阿尔卑斯山脉还坐落着1200多座冰川，成为多条大河的发源地。

在阿尔卑斯山脉的山麓地带，分布有大大小小的湖泊。这崇山峻岭中碧蓝的湖泊与银光闪闪的雪峰交相辉映，构成一处处美景佳境。英国19世纪初期浪漫主义诗人拜伦曾把阿尔卑斯山脉喻为“大自然的宫殿”。

阿尔卑斯山脉绵延多国，无限风光中以山景最为引人注目。勃朗峰位于法国和意大利境内，海拔4810米，是阿尔卑斯山脉的最高峰。峰顶终年积雪，“勃朗”在法语中即是“白”的意思。从山脚仰望峰顶，洁白的积雪在阳光照射下会变幻不同的色彩，时而粉红，时而橙黄，时而灰蓝，充满神奇美妙的色泽。勃朗峰上有大面积的冰川覆盖，有些冰川出现明显的伸缩。有的陡坡上建于200年前的小屋要用梯子才能登上去，而在冰封时举步就能进入，说明了冰川的后退变化之大。

阿尔卑斯山脉的另一座高峰马特洪峰位于瑞士和意大利边境，海拔4478米。这座山峰的奇特之处在于它微弯呈三角形的峰顶，于是有“角峰”之称。马特洪峰矗立在群峰环绕之中，显得格外巍峨不凡、刚强孤傲。

阿尔卑斯山脉的少女峰位于瑞士中南部，海拔4158米，横亘18千米。这座山峰远远望去，银装素裹，恬静优雅，宛如一位披着长发的少女，由此让山峰得名。在少女峰的3545米高处，建有欧洲最高的火车站。线路于1898年开始修建，14年后竣工。其中3/4路段是在冰河下隧道岩壁间通过的，工程十分艰巨。火车载客后从峰下登顶用时50分钟，下山却只用35分钟。游览少女峰可进入很多迷宫般的冰洞；山巅岩石略呈圆形，是观景最佳处。在此尽可以领略一山之景的不同：山顶白雪皑皑，雪雾弥空；山腰以下山草翠绿，山花明黄；让人感受到少女峰之美并充满了活力变幻。

93. 湛蓝的日内瓦湖

日内瓦湖位于瑞士日内瓦近郊，是西欧著名的风景区和疗养胜地。

日内瓦湖海拔375米，长72千米，平均宽度8千米，最宽处为13.5千米，平均水深78米，最深点达310米。日内瓦湖总面积581平方千米，分属瑞士和法国两国。湖水流向自东向西，湖面略呈新月状，其“月缺”部分与法国衔接。

湛蓝的日内瓦湖是阿尔卑斯山脉地区最大的湖泊。据统计，共有41条河流、299处冰川融水向日内瓦湖注水。水势最大的罗讷河以每秒180立方米的流量，向湖的最东部流入。罗讷河发源于阿尔卑斯山，流水湍急，挟带了大量泥沙，每年带入湖中的泥沙有400万吨之多。为此有人说，是罗讷河促成了日内瓦湖，却又不断地填塞它。

尽管有泥沙沉积，日内瓦湖依偎在阿尔卑斯山脉一隅，来源于消融之雪的湖水碧清，四周景色迷人。众多文学名家都曾讴歌日内瓦湖的美景，亨利·詹姆斯称它是“出奇的蓝色的湖”；拜伦则把它比喻成一面晶莹的镜子，“有着沉思所需要的养分和空气”；巴尔扎克赞叹其为“爱情的同义词”。

经一代代修建，日内瓦湖景区已成为自然美与人工美完美结合、相映生辉的典范。著名的日内瓦喷泉矗立在湖面和天际之间，始建于1886年，经多次改建至今，现在喷泉动力是安装在湖中的两个16吨重的水泵，每分钟喷水3万立方米，无风时水柱高达140米，空中停留水量近7吨。晚间有自下而上的聚光照明设备。日内瓦喷泉除阴雨天，每日都可做喷水表演，已成为景区的重要标志。

如今到日内瓦湖游览，以勃朗峰桥为中心，环湖公园四布，有激流公园、玫瑰公园、珍珠公园、英国公园、植物园等，湖畔还有花钟。湖船绕湖一周要12个小时，游客尽可以悠闲欣赏湖光山色。也可乘坐火车观光，或者步行。人们发现，在这里不管以何种方式赏玩，在每个角度都能收获到一幅幅美景。

日内瓦湖湖水湛蓝，安详宁静，但也存在着隐患。如同地震会引起海啸，岩崩也能造成“湖啸”。公元6世纪时，这里曾爆发岩崩，瞬间湖面掀起13米高的巨浪，冲垮了日内瓦的城墙，导致众多建筑被毁，造成人员惨重伤亡。专家指出，特殊的地质构造，有可能会使“湖啸”灾难再次发生，威胁到日内瓦20万居民的安危，政府应给予高度重视。

94. 英国的“巨人之路”

在英国北爱尔兰安特令郡的大西洋海岸，有一道自峭壁伸向大海的由天然石柱组成的阶梯，被称为“巨人之路”。

这条“巨人之路”由3.7万多根石柱组成，延续6000米长。石柱外呈赭褐色，内为实心黑色，形状很规则，就像人工凿成。横截面宽度为37—51厘米，典型宽度为45厘米，大都为六边形，也不乏四边、五边、七边、八边的。岬角最宽处为12米，最窄处为三四米。石柱有的高出海面6米，有的高出12米，也有的没于水下或与海面等高。

“巨人之路”又被称为巨人堤或巨人岬。如此之多的石柱紧密聚集，其间隙仅有极细小的裂缝，是怎样形成的呢？爱尔兰民间传说中称，在远古时期它是由爱尔兰巨人芬·麦库尔建造的。他把岩柱一根根运到海底，以便能走到苏格兰与对手芬·盖尔交战决斗。当麦库尔完工后，对手盖尔跑来探视敌情，他被巨人的身躯吓坏，又听麦库尔的妻子谎称他看到的只是巨人的儿子，使盖尔想到孩子的父亲会更庞大可怕，便匆匆逃回苏格兰，并毁坏了身后的堤道，仅将残余部分留在海岸上。另有一说是，巨人芬·麦库尔为迎接他心爱的姑娘，煞费苦心，修建了这样一条堤道。古代人敬畏这种神奇景观，将其称为“巨人之路”。

而考古研究发现，完全是自然的伟力才造就了这里的奇观。在白垩纪末，北美大陆与亚欧大陆分离，地壳运动剧烈，火山喷发频繁。大约5000万年前，苏格兰西缘至北爱尔兰东缘的群岛一线火山活跃，一股股玄武岩熔流从地壳裂隙处涌出。熔岩流向大海，遇海水便迅速冷却，形成固态收缩、结晶。在凝固过程中还会产生爆裂，由于收缩力均匀，于是形成了很规则的柱形外貌。石柱之间的裂缝都直上直下，并不可思议地并在一起。火山熔岩在不同时期有多次喷发涌流，溢出于峭壁的石柱也表现出不同的排列层次。随着风雨沧桑，海浪侵蚀，石柱间的裂隙不断加深、剥落，终于演变为了今天的景象。

大量的玄武岩石柱被自然之力紧紧“捆绑”在一起，参差不齐地排列，形成了气势磅礴的玄武岩石柱林景观，是柱状玄武岩地貌的完美体现。这里的“巨人之路”有石阶通道的呈现，又有“茂密”石林的展示，不仅是一处独特的游览景点，也为地球学家的地质研究提供了宝贵的资料。

与“巨人之路”类似的地貌，在其他一些地方也有分布，如苏格兰的斯塔法岛、冰岛南部海岸、我国江苏六合的柱子山、福建漳州的牛头山等。

95. 挪威的海岸峡湾

挪威位于欧洲斯堪的纳维亚半岛的西部，被北海和大西洋环绕。挪威的国名意思是“通往北方之路”，相传古代从欧洲大陆去往北部斯堪的纳维亚半岛，有一条沿着半岛北部海岸的必经之路，挪威的国名由此而来。绵长蜿蜒的海岸线最能体现挪威这个国家的魅力和特色。

挪威海岸线囊括了近5万个岛屿和峡湾，曲折纵横地绵延了2万多千米，形成了断崖陡岸、峡湾瀑布等众多独特的景观。在挪威语中，“峡湾”的意思是深入内陆的海湾。在长久的地壳运动、冰川移动中，海水与陆地相搏，很多陆地被切割成锯齿状，让海水延伸到陆地，形成一条条内陆“河流”，峡湾就这样诞生了。独特的冰河地貌和峡湾给挪威带来了独一无二的海岸风光。挪威境内冰河覆盖面积很大，让人处处能看到亿万年前冰川时期地形变动留下的痕迹。挪威的众多山峰直达海边，远古以来冰川的巨大力量，使得一些峡湾能深深切入陡峭的群山中。群山高耸则像巨大的围墙一样保护着湾内的建筑与船泊。在挪威有最深长的峡湾，有极幽静的峡湾，还有景色最壮美的峡湾，被誉为“挪威的灵魂”。

盖兰格尔峡湾两岸耸立着海拔1500米以上的山峰，到此观光能一览著名的布里克斯达尔冰川，在海拔1500米处的达尔斯尼巴展望台上俯瞰宏大的瀑布，让人最能感受到大自然的雄奇。松恩峡湾是世界上最长最深的峡湾，全长240千米，最深处达1308米，可乘坐火车或轮渡巡游。里塞峡湾位于挪威南部，这里怪岩兀立，人站在巨岩之上，有如飘浮空中的感觉。这处峡湾原始风光自成一体，景象奇绝。哈丹格尔峡湾则有迷人的景色，一入夏果园的苹果和杏树便满树开花，很远就会闻到花香。在四周冰峰雪景中，置身果林花丛，另有异趣。

挪威国土有1/3在北极圈内。一年中有很长一段时间是极夜，长夜无边，寂寥酷寒。当夏日到来时，挪威人便纷纷走出家门，度假、休闲，放松身心，以送别漫漫冬夜离去。尤其是到了仲夏日，挪威人会集体聚集峡湾、海岸，燃起盛大的篝火，庆祝不眠的太阳重新升起。为了举办这一晚的篝火晚会，大批的人会准备整整一年，他们不断用船把漂浮水上的木头运到海滩堆积，逐渐高大如山，以使火焰烧得旺盛。挪威人相信，熊熊燃烧的篝火可以帮助太阳升温，驱散黑暗，走过漫长的冬季。用火去迎接午夜的太阳，也成为挪威民众自古形成的习俗。

96. 多趣的贝加尔湖

贝加尔湖位于俄罗斯西伯利亚南部。这里在中国古代时称为“北海”，曾是古代北方游牧民族的主要活动地区。汉代使节苏武被囚禁牧羊即在此地。

贝加尔湖弯曲狭长，形似一轮弯月。它长 636 千米，平均宽 48 千米，最宽处为 79.4 千米。湖面面积 3.15 万平方千米，总容积 23.6 万亿立方米，是世界上最深也是蓄水量最大的淡水湖，占全球淡水湖总蓄水量的 1/5。

贝加尔湖是世界上最古老的湖泊。考古发现，贝加尔湖的存在至少已有 2000 万年的历史，是在地壳运动中地层断裂陷落后形成的。通常，一个湖泊的寿命只有 1.5 万年左右，随着风吹日晒，淤泥充塞，水位降低，会逐渐干涸。所以地球上的所有著名湖泊，几乎都是不停缩减水量的。然而贝加尔湖不同，它的储水量不但从不见减少，反在逐年增加，这也是它能成为“老寿星”的原因。

这一片湖之所以能有充沛的蓄水，得益于四周有 360 条河流和山溪注入。而湖中只有一条安加拉河外流，尽管水流湍急，湖面受热蒸发，湖水水量仍能出入相抵。这湖中水多且深，很多地方超过了 1000 米。20 世纪 50 年代在探测中还曾发现有一条长达 50 多千米的裂隙，最大深度达 1940 米。湖水是如此之深，水质又极其清澈透明，一个白色瓷盘落入 40 米深的水底，从水面看去竟是一目了然。

据科学家测算，贝加尔湖能蓄存 92 个亚速海的水，蓄水量超过了波罗的海，相当于全世界大小河流 200 多天的流量，可供 50 亿人饮用半个世纪。如此充沛的水量，直接影响到沿岸的气候。夏季时减弱了周边地区的炎热，冬天湖水蕴藏的热量则缓解了岸畔地区的冰冻，变得相对温暖。而贝加尔湖本身则总是凉冷的，即便是最热的季节，水面温度也总是在 7—9 摄氏度之间。

淡水贝加尔湖不与海相通，但湖水里却生活着地地道道的海洋动物，如海豹、海鱼、龙虾、海螺等。还有身长 1 米多高的海绵，在湖底长成浓密的“丛林”。一种玫瑰色半透明的“贝加尔沙鱼”，没有鱼鳞，不产卵，直接由大沙鱼胎生，足够神奇。这让贝加尔湖有了“生物博物馆”的美称。科学家测定湖中共有约 1700 种生物，其中 64% 的动植物是在世界其他地方难以见到的。这一泓湖还是一个重要的鱼品生产基地，每年可向渔民奉上 10000 吨各种鱼类。著名的“贝加尔鲱鱼”肉质鲜嫩，味美爽口，可终年捕捞。还有鲑鱼、鳕鱼、萨门鱼、白鱼、蝶鲛鱼等也很名贵。海生的鲟鱼在这里成了淡水“贝加尔鲟鱼”，口味一新。这些都使贝加尔湖成了有趣而又多趣的湖泊。

97. 最大的湖——里海

里海位于欧亚两大洲交界处。西南部与伊朗接壤,西部濒临阿塞拜疆和俄罗斯,东北和东部与哈萨克斯坦和土库曼斯坦相邻。里海连接了5个国家,是世界上接壤最多国家的湖。

里海南北狭长,略呈"S"形。南北长1200千米,是世界上唯一长度达到1000千米的湖。东西均宽320千米。湖岸线长约7000千米。湖面面积37.1万平方千米,相当于全世界湖泊总面积的14%。里海北浅南深,湖底自北向南往下倾斜。从地貌上可分为三部分:北里海面积约10万平方千米,是浅海部分,水深多为4—6米;中里海面积约12.1万平方千米,湖底由波形沉积平原构成,水深达170—790米;南里海是海盆地构造,面积约15万平方千米,最大深度达1025米。里海有岛屿50个,总面积350平方千米。

里海是世界上最大的咸水湖,曾是古老地中海的一部分。里海在地壳运动、大陆漂移、分离独立为内陆湖,距今也不过只有1.1万年。里海栖息的动植物与海洋生物相近,也佐证了它是古地中海的残存部分。为此科学家也称这种湖为"海迹湖"。

这一湖泊,湖面低于海平面约27米。水总容积为7.6万立方千米。有伏尔加河、乌拉尔河、库拉河、捷列克河等130多条河流向湖中注流,年平均流入淡水为280万立方千米。湖底沉积物多为砾石砂、含贝壳的砂、灰质泥、黏泥等。

里海地处欧亚大陆干燥地带,水蒸发激烈,按说里海水位是会逐年降低的。然而里海水位却很不稳定,似乎有着周期性涨落的奇怪现象。第二次世界大战后,里海水位下降,使湖区周边地区的经济有了较快发展。油田开采、铀矿开采及原子能电站竞相出现。而一旦水位上升,丰饶之地就成了泽国。如何控制好里海水位,是里海周边几国面临的大问题。

丰富的石油、天然气是里海及沿岸地区的重要资源,对油气的开发始于20世纪20年代,如今湖区的石油生产已扩至离岸数十千米的水域。自1991年苏联解体后,里海地区接连发现大规模油气田。据世界经济组织评估,这一地区可能是继海湾地区成为21世纪能源主要供应地之一。围绕着能源的利益之争,湖区5国划界问题一直存在较大争议,且可能会愈演愈烈。

里海的生物资源也是多种多样。湖区生活着500多种植物和800多种动物。水域内有里海特有的蓝绿藻、砂矽藻种团,还有数种红藻、褐藻繁衍。既有海豹等海兽长居,也有鲟鱼、鲑鱼、银汗鱼等结群巡游。渔业捕捞鲟鱼的产量约占世界捕获量的4/5。里海的鲟鱼子,粒粒晶莹如珠,所制的珍珠鱼子酱售价极其昂贵。

98. 辽阔的撒哈拉沙漠

撒哈拉沙漠横亘非洲北部，西临大西洋，东倚尼罗河，北起地中海，南至马里共和国。东西长 5100 千米，南北宽 1300—2200 千米，总面积约 900 万平方千米，是世界上最大的沙漠。

踏入撒哈拉沙漠，看到的是茫茫昏黄的一片，白天是看不到地平线的。无边无际的沙海和死一般的沉寂，将人一时带进了没有生命的世界。经常是晴空万里，骄阳似火。但也常有风暴发生，灼热的空气在晒得发烫的沙丘上迅速升腾，把沙粒卷入高空，形成巨大的沙柱，旋转不已。霎时狂风大作，飞沙走石，从上千米的高处砸落下来，摧毁一切。这可怕的沙暴短则三两小时，长可刮上半天或一天，往往能给人带来灭顶之灾。

这大片除南极洲之外最大的荒漠，气候条件极其恶劣。但考古发现，撒哈拉沙漠曾经有过繁荣昌盛的远古文明。在公元前 6000 年至公元前 3000 年的远古时期，沙漠地带是一片郁郁葱葱的绿洲。几个古文化遗址岩画图案上，除刻画了人和马、水牛，还有依水而居的犀牛、河马等动物。从公元前 3500 年起，由于大气环流的变化，使这里的气候变得干燥，森林也为草原所取代。到了公元前 2000 年以后，气候转向干旱的过程加速，河流干涸，疏松的冲积物龟裂破碎，年复一年粉尘被大风吹走，而石英颗粒则在原地大量堆积，演变成为沙丘和沙海，最终形成广袤无垠的大沙漠。

撒哈拉沙漠的绝大部分低地年平均降雨量不足 25 毫米。沙漠中部的两侧盆地也往往几年不下雨，但一下便是暴雨，接着再连续旱上几年。由于缺少水湿滋润和绿色植被，沙漠的昼夜温差异常显著。夏季中午的气温常在 50 摄氏度以上，沙面温度更能达到 70 摄氏度。生肉片放在的沙石上曝晒一小会儿，就完全熟了。汽车开到这里，常会因轮胎软化而动弹不得。然而一到夜晚，沙石很快会把吸收的热量全部散发掉，温度会骤然降到冰点以下。晚间的沙漠里并不宁静，常常会有岩石崩裂的声响，又像雷鸣、鼓号，又如枪炮、兽吼，听着发疹。

撒哈拉沙漠由大小不等、波浪起伏的各种沙丘构成。低者仅数米，高者达数百米，形如小山和丘陵，连绵起伏，可达数千米，乃至数百千米，一望无际，宛如惊涛骇浪。沙丘是不停移动的，沙漠也在不断地向四周扩展，造成不少地区的居民经常要南迁北移。时至今日，撒哈拉沙漠仍然以每年 10 万公顷的速度在吞没着良田绿地。有关专家估算，约有 6000 万人正处于沙漠掩埋的危急之中，以后 50 年间向前蔓延的狂沙大漠将毁灭 3—4 个国家。这种可怕的前景已引起世界各国的极大关注，联合国也曾召集 110 个国家的管理人员、专家学者，就荒漠化治理商讨对策。

99. 狭长的东非大裂谷

裂谷是地壳运动断裂后形成的狭长深陷谷盆，被人们比喻为“地球的伤疤”。如果乘飞机越过浩瀚的印度洋，进入东非大陆的赤道上空，从机窗向下俯视，就会看到一条硕大无朋的“刀痕”，一条世界上最大的裂谷带，这就是东非大裂谷。

东非大裂谷南起赞比亚河的下游谷地，向北延伸到马拉维湖北部，在此分为东西两条。东面的一条是主裂谷，穿越坦桑尼亚中部的埃亚西湖、纳特龙湖等，经肯尼亚北部的图尔卡纳湖和埃塞俄比亚高原中部的阿巴亚湖、兹怀湖等，一路向北，通过红海和亚喀巴湾，直抵西亚的约旦谷地，全长 6750 千米。西面的裂谷则经坦喀尼喀湖、基伍湖、爱德华湖、阿尔伯特湖等，延伸至苏丹境内的白尼罗河，全长 1700 多千米。裂谷的宽度多在 60—200 千米之间，最窄处仅为 3 米。裂谷深度多为 1000—2000 米。裂谷两侧尽是刀削斧劈般的断壁悬崖，山峦起伏。裂谷的长度相当于地球周长的 1/5，足足穿越了 20 个国家。

峡谷多是由河流冲刷而形成的，裂谷则不同。据地质研究，东非大裂谷形成于上新世和更新世。在地壳运动、板块碰撞中，这里成为断层陷落带。地层断裂是由于地幔上层的热对流造成的，东非处在地幔热对流上升流的强烈活动地带，地幔上升流的上升作用使东非隆起成为高原，地表也因张力作用产生裂隙。裂隙的中间地面下沉，断裂的两翼相对抬升，构成裂谷的两壁。在裂谷的形成过程中伴有大规模的火山喷发活动，便催生了非洲著名的乞力马扎罗山、肯尼亚山等高大山峰。火山熔岩的堆积，还产生了埃塞俄比亚高原等熔岩高原地貌。

东非大裂谷为大陆漂移说和板块构造说在理论上提供了有力的证据，而大裂谷还是人类的发源地之一。起源于大裂谷的南方古猿，一直被考古学界认定为人类的始祖。20 世纪 50 年代末期，在东非大裂谷东支的西侧、坦桑尼亚北部的奥杜威谷地，考古学家发现了一块史前人的头骨化石，据测定分析，其生存年代距今已有 200 万年以上。

断崖间的深谷往往给人阴暗恐怖的印象。但在东非大裂谷的很多地带，茂密的原始森林覆盖着连绵的山峦；草原广袤，花木扶疏；一处处湖泊波平如镜，群鱼嬉戏；大批食草食肉动物在此游弋栖息，处处生机盎然。有学者研究认为，东非大裂谷的地表平静是相对的，裂度还在发展，持续的地壳运动会使湖泊、河流变得开阔，使裂隙加深，终会造成海水涌入，使东部非洲与整个非洲大陆分离。对于东非大裂谷的走向，人们也只能拭目以待。

100. 壮美的乞力马扎罗山

乞力马扎罗山地处赤道至南纬 3 度,位于坦桑尼亚北部。主峰基博峰海拔 5890 米。这座山的山脚虽属热带地域,山顶却常年冰雪不化,闪耀着银色的光芒。即使远在 200 千米处,也能看到乞力马扎罗山被太阳映照的雪冠。

高耸入云的乞力马扎罗山,孤拔于平原之上,周围并无山脉相连。它绵延 100 多千米,宽 75 千米,形成于 200 万年前。在那远古时代火山活动频繁,熔岩不断从地壳内部涌出。当一次喷发出的熔岩凝固后,会被另一次喷发的熔岩所覆盖。乞力马扎罗山共有 3 座山峰,最低的希拉峰是在最初的喷发后,又经坍塌和侵蚀形成的。以后的一次大喷发又产生了马文齐峰。基博峰则是最晚一次火山喷发所形成的,它的峰顶是一个直径 2500 米、深约 300 米的火山口,里面的火山灰坑至今仍会冒出硫黄气。基博峰是三峰中唯一位于雪线以上的山峰,覆盖其北缘的冰原一直伸入火山口,另一处冰原在西南面垂挂至 4500 米处,是非洲最大最宽的冰川。

由于基博峰雪线上冰雪常年不化,气候异常寒冷,便形成了罕见的赤道雪山奇观。长夏无冬的赤道地带之所以会出现雪景,在于高山上部空气稀薄,大气透明度好,所吸收的太阳热量就少。据测,垂直方向上每升高 1000 米,气温下降约 6 摄氏度,到了一定高度,气温就降到了 0 摄氏度以下,终年积雪的景观也就形成了。

乞力马扎罗山这座"非洲屋脊",撑高了一方地势,其独特的地理特征对周边的气候环境产生了极大影响。由印度洋吹来的东风抵达这里后,受陡立的山壁阻挡转而向上,气流里的水气在上升中凝为雨水或霜雪,使山地间有了充沛的降水。南坡、东坡和北坡的水流分别注入潘加尼河、察沃河、吉佩湖等水域。乞力马扎罗山麓为热带森林区,其山腰土质肥沃,生长着茂密的咖啡豆、花生等经济作物。海拔 3500 米左右生长着石南、苔藓等高地植物,再往上则有些高山植物。

乞力马扎罗山山脚周边,是野生动物的生存领地,有"世界野生动物园"的美称。这里设有自然保护区,区域内栖息着大象、狮子、豹、犀牛、长颈鹿、斑马、羚羊、猴子等上百种野生动物。成群的鸟儿飞来飞去,蜥蜴、蛇等爬行动物往来游弋,角马等迁徙也会经过这里。动物的嬉戏、争斗、觅食、猎杀、繁衍,千百万年以来一直是这里持续不变的景象。

以其雪峰在宁静中显现的雄奇、壮美和山麓的风光,乞力马扎罗山每年都吸引着数以万计的游客观光。美国作家海明威 1938 年到此,他在著名小说《乞力马扎罗的雪》中对乞力马扎罗山赞誉道:"犹如天地般恢宏宽广,雄伟壮丽,在阳光下洁白非凡。"

101. 盆状的恩戈罗恩戈罗火山口

恩戈罗恩戈罗火山口位于坦桑尼亚北部的东非大裂谷内,是一个死火山口。

在800万年前地壳运动、地心压力下,东部非洲发生了一连串火山喷发,形成辽阔的高原火山区。这一区域如今西接塞伦盖蒂国家公园,东连马尼亚腊湖,占地8.1万平方千米。这一区域集草原、森林、丘陵、湖泊、泥沼、火山口等多种生态地貌。恩戈罗恩戈罗火山是坐落在火山群中最大的一个。

恩戈罗恩戈罗火山最早呈圆锥形,高度是现在的两倍。250万年前最后一次喷发,将所有熔岩喷发透彻,锥体顶部下陷为凹穴,只留存了火山西北的圆桌山。这种因塌陷而形成的火山口在地质学上称为破火山口。

恩戈罗恩戈罗火山口边缘保持完整。它海拔2135米,口部直径18千米,底部直径16千米,深762米,底部占地面积264平方千米。从远处观览,这里的火山口形状恰如镶嵌在裂谷中的一个"大盆"。

非洲一年中的季节,通常只有雨季和旱季两季。当雨季来临,恩戈罗恩戈罗火山口内绿草如茵,肥沃的火山灰土上牵牛花、苜蓿花、雏菊、百合、葛兰、羽扇豆等开出了粉红、黄色、蓝色、白色等艳丽的花朵。食草动物择时生育,食肉动物也在此期间繁衍,整个火山口内生机盎然。这里是非洲野生动物最为集中的地带。有50多种大型哺乳动物,包括大象、犀牛、河马、长颈鹿、鳄鱼、角马、斑马、羚羊、狮子、猎豹、花豹、鬣狗、野狗、豺、狒狒、猴子、疣猪等。这里还有200多种鸟,包括鸵鸟、秃鹫、织布鸟、珍珠鸡、野鸭等。活动在火山口内的动物约有3万多只,可以说是整个东非野生动物的缩影。

恩戈罗恩戈罗火山口边缘把内外隔绝,大部分动物都长年定居在火山口内。到了旱季,火山口内仍然不缺少水源,有河流和山泉向湖泊、沼泽供水。火山口内有一个马加迪湖,是一个浅水碱湖,水中含盐量很高,在阳光照耀下呈现深蓝色光芒。湖水中生存有藻类和虾类甲壳动物。每到四五月,就会有数十万到上百万只火烈鸟云集火山口的碱湖,宛如一层粉红色的薄纱铺满湖面。火烈鸟在湖中觅食,结队起舞寻求配偶,形成壮观的场面。在5—11月旱季期间,火山口内的植被渐渐由绿变黄,再转成深褐色。由于火山口内大部分是草场,所以除了裸露的岩石外,都是均匀一片的草色。动物多在沼泽水域边聚居,一些动物也会迁徙到火山口外的平原,寻找暂时的生存领地,待雨季到来再重回到火山口中。

102. 野性的塞伦盖蒂平原

塞伦盖蒂平原位于坦桑尼亚中北部。东非大裂谷穿过这里时,形成南北走向的两条平行裂谷,中间即是草丛茂盛的塞伦盖蒂平原。

塞伦盖蒂平原地处南纬1—3度,自维多利亚湖东南岸向东和东南方向铺展,长达160千米,东部地带宽40千米。“塞伦盖蒂”在马赛语中是“无边的草原”的意思。塞伦盖蒂国家野生动物园设于1941年,占地面积约1.48万平方千米。1956年,这片天然野生动物保护区与恩戈罗恩戈罗生物保护区合成一片,列入世界文化与自然遗产名录。

塞伦盖蒂是坦桑尼亚野生动物最为集中的地域,也是非洲唯一仍有众多陆地动物栖息、迁徙的地区。在这里,野性的奔突、物种的比拼以及生存意志的较量,成为每日里盛演不衰的节目。

有“野生动物王国”之称的塞伦盖蒂,动物数量繁多,拥有最大规模的动物群落。除非洲五大兽大象、狮子、黑犀牛、水牛、猎豹俱全,还有长颈鹿、河马、角马、狒狒、鳄鱼、花豹、鬣狗、非洲野狗、豺、狐等哺乳动物品种。这里仅羚羊就有12种,包括汤普森瞪羚、格兰特氏羚、鹿羚、红额羚、长颈羚和个头最大的苍羚等。群居于此的斑马,肩高在130厘米左右,各种类斑纹类型不同。据检测,没有两匹斑马身上的条纹是完全相同的。斑马多以一匹雄马、数匹雌马及马驹组成家族群活动,并与角马混合一起生活,便于防御食肉动物的攻击。

为数众多的食草动物以其习性和技巧,形成了这里的“食草演替”体系。长颈鹿专吃长在高处的植物芽叶,包括谁也不动的阿拉伯刺槐。长颈羚羊吃矮些的嫩叶,将低处的草叶留给更矮小的食草动物。水牛、河马食草也各有所好。斑马可以接受粗硬的草料,但其食量较大,将多汁的茎部留给了羚羊。角马在咀嚼草皮后能激发新芽生长,也有利于羚羊、鼠兔的食用。散布于塞伦盖蒂草场的食草动物每天约产生450吨粪便。这有赖成千上万只蜣螂(屎壳郎),将粪便团成粪球,埋入土中产卵,使后代出世即能享用到粪球中的养分。蜣螂的劳作就此清洁了草原的环境。当草原出现了动物腐尸,鬣狗和兀鹫都会循味赶来,以腐尸为美食,将遗尸吃得只剩少许白骨,让草原常葆优美风貌。

塞伦盖蒂最壮观的景象是动物的大迁徙。每年五六月,便会有150万只角马、斑马,30万只羚羊,从中部平原向西部水源充足的区域迁徙;七八月间一部分食草动物又从塞伦盖蒂向马赛马拉草原挺进。千军万马横过马拉河,角马、斑马、羚羊劈波斩浪,鳄鱼拦截,狮子围捕,演绎出一幕幕惊心动魄的生存格斗瞬间。

103. 世界最长的尼罗河

尼罗河是世界第一长河,全长6600多千米,流域面积287平方千米。它发源于非洲东北部的布隆迪高原,流经布隆迪、卢旺达、坦桑尼亚、肯尼亚、乌干达、扎伊尔、苏丹、埃塞俄比亚和埃及等9个国家,最终注入地中海。

早在公元前4000年,埃及已出现文字,并用尼罗河边生长的一种名为纸草的草茎为纸,用于书写。“尼罗河”一词最早见于2000年前。拉丁语“尼罗”的意思是“不可能”。由于尼罗河中下游地区很早以前就有人定居,有大瀑布阻隔,使人们认为要了解河源是不可能的,故以尼罗命名河名。

尼罗河流域大部分在苏丹和埃及境内。从公元前6000年前后,埃及人的祖先便开始在尼罗河两岸繁衍生息,尼罗河成为埃及人民的生命源泉。古埃及时期,每逢仲夏和初秋,尼罗河就会泛滥。相传尼罗河泛滥是因为女神伊西斯的丈夫遇难身亡,伊西斯悲痛欲绝,泪水落入尼罗河中,使河水上涨,引发泛滥。古埃及人在利用尼罗河水的定期泛滥从事耕种时,发现两次大泛滥的间隔是365天,他们便把365天定为一年。年复一年,洪水过后留下肥沃的淤泥,使得农业种植十分发达。有了尼罗河的慷慨馈赠,本应是一片大荒漠的埃及有了狭长广阔的绿洲。希腊历史学家希罗多德把埃及称为“尼罗河的礼物”。古代著名的《尼罗河颂》赞美曰:“光荣啊,起源于大地的尼罗河!你川流不息,为的是使埃及苏生!”

尼罗河上游段,具有山区河流特征。中游段称白尼罗河,流经地势平坦的沼泽平原。发源于埃塞俄比亚的青尼罗河与白尼罗河汇合后到河口为下游段,下游流经典型的沙漠气候区。下游段可分为三部分:喀土穆至阿斯旺为峡谷段,纵列着“尼罗河六瀑布”;阿斯旺至开罗段,穿越沙漠,形成一条绿色长廊;开罗以下为河口段,形成面积为2.4万平方千米的三角洲。

在尼罗河下游地段,一条穿越了千里沙漠的大河,湛蓝清澈。河谷两岸黑色肥沃的土壤上,到处有种植的大麦、亚麻、葡萄和各种蔬菜。水域周边遍布生长的纸莎草、芦苇、莲、睡莲、刺槐及多姿多彩的鲜花野草。尼罗河周边生存着大量野生动物,包括河马、野驴、骆驼、羚羊、鳄鱼、狒狒、野猪等,沼泽中有鹭、鹳、乌头麦鸡和不同种类的鱼、龟等。尼罗河三角洲地区是埃及最富饶的地方,虽然三角洲的面积仅占埃及全国面积的2.4%,但在这块土地上的人口却占全国人口的90%以上。

104. 流域险奇的刚果河

刚果河位于非洲中西部，上游为赞比亚境内的赞比西河，流经赞比亚、安哥拉、中非共和国、喀麦隆、刚果布等国，最后以弧形穿越刚果金，注入大西洋。

17 世纪时，由于这条河的下游居住着刚果人，欧洲探险家把这条河取名“刚果河”。1971 年结束了殖民统治的刚果改名扎伊尔，“扎伊尔”是当地的土语，意为“大河”，这条河也改称“扎伊尔河”。以后扎伊尔再次改名为刚果民主共和国，扎伊尔河也随之再更名刚果河。

刚果河由众多支流融汇而成，全长 4640 千米，流域面积 370 万平方千米，是非洲中西部最长的河流，长度居非洲第二位。河口年平均流量为 4.1 万立方米/秒，最大流量达 8 万立方米/秒，流量仅次于亚马孙河。

在广阔的刚果河流域，支流密集，河汊众多，构成了扇形河道网。这些河流从周围海拔 260—460 米的坡地上流向一片中央洼地，这个洼地就是世界上最大的盆地——刚果盆地。自刚果河源头至河口，可分为三个区段：上游多汇流湖泊、瀑布和险滩；中游有 7 个大型瀑布，如著名的博约马瀑布等；下游有两段支流汇成的大面积湖区，这就是生机盎然的马莱博湖。

刚果河奔流向前，呈一大弧形，两次穿越赤道。流域有相当一部分地区以赤道气候为主。林区与稀树草原相衔接，森林与草原以镶嵌方式纠结一起，致使一些森林侵入了草原地盘。刚果河流域随处可见这种平稳发展的生态地貌，但沿河分布有众多的急流险滩、高峡瀑布，还有遮掩河道的阴森密林，盛传里面有“食人族”，这让早年的欧洲探险者也不免却步。

刚果河在刚果布的 1000 多千米的流域中，拥有广阔的热带雨林，面积达 200 万平方千米，占非洲热带雨林的 70%，占世界热带雨林的 25%，仅次于亚马孙雨林，而居于世界第二大热带雨林。这里资源丰富，物种多样。动物居有定所，是著名的猩猩栖息地。但这里的猩猩绝不乱走，黑猩猩只在刚果河以北密林中寻食定居，而倭黑猩猩只生活在刚果河南林地。水域中活跃着大群的河马、水獭、海牛等，爬行动物有鳄鱼、半水生的龟类、水蛇等。水域常见的鸟类有 260 多种，有海鸟海燕、候鸟苍鹭、苇鳽和本地的鸭、鹤、鹈鹕等。林中猿吼猴叫，彩鸟唱和，与水中蛙鸣此起彼伏，都显现了河谷林地充满了生机。

刚果河流域渔业、种植业、伐木业一直较发达。自博约马瀑布下，修有航道，构成了长 1.6 万千米的航运水道系统。在金沙萨河道下方建有大型水利枢纽。据测量，刚果河流域水力资源蕴藏量占世界已知水力资源的 1/6，尚未大规模开发。

105. 悬流如注的维多利亚瀑布

维多利亚瀑布位于非洲南部赞比西河中游的巴托卡峡谷地带，地跨赞比亚和津巴布韦两国。巴托卡峡谷绵延130千米，共有7道峡谷，蜿蜒曲折呈“Z”字形。维多利亚瀑布坐落其间，宽约1800米，瀑布落差106米，是世界最大的瀑布。

这座大瀑布原名“莫西奥图尼亚”，意思是“声响如同雷鸣的雨雾”。赞比亚人以此表白了瀑布飞落时巨大的声威和水雾腾至300多米高的气势。19世纪中叶，英国传教士戴维·利文斯敦在非洲内陆探险，他行至这里，目睹了瀑布的壮丽景观，就以当时英国女王维多利亚的名字为之命名。利文斯敦曾赞美大瀑布曰：“欧洲人的眼中从未出现过这么美丽的景象，即使天使从天上飞过，也会对这儿的景色流连忘返。”

赞比西河之水接近瀑布时，从巴托卡峡谷突然折转向南，从悬崖边缘下泻，以磅礴之势飞落到嶙峋陡峭的深谷中。据测算，瀑布悬落的水量可达1400立方米/秒，雨季可高达5000立方米/秒。落瀑构成了一幅银链编织的宽大壮美水帘，形成了世界上著名的瀑布景观。

整座维多利亚瀑布被峡谷上端的四个岛屿划分为魔鬼瀑布、主瀑布、马蹄瀑布、彩虹瀑布和东瀑布五段；前四段位于津巴布韦境内，后一段属于赞比亚。最西一段的“魔鬼瀑布”，水流以排山倒海之势直落深谷，轰鸣声震耳欲聋；宽度虽只有30多米，但水流湍急，有着难以遏制的力量。主瀑布以水流量最大著称，高约93米，水流飞泻，半空银光四射，深谷云腾雾绕，折射出古朴的原始美。马蹄瀑布声若万马奔腾于绝壁，涛声又似擂动的战鼓，观之动人心魄。彩虹瀑布为大瀑布的最高段，峡谷内水雾飞溅，时时会出现绚丽的七色彩虹，远在20千米之外也能看到。在赞比亚一侧，河床宽度骤然收缩，荡漾的白浪成为静流泻下，又有一种缥缈的朦胧美。在此不但能看到东瀑布的全貌，而且能将彩虹瀑布的美景尽收眼底。

飞泻而下的五段瀑布都落入到一个宽仅400米的深潭中，溅落中形成的柱状云雾柱高达几百米，在10千米以外都能听到声浪，看到水雾升腾的景象。这峡谷之潭被称为“沸腾锅”。相传早年间潭畔生活着一群年轻貌美的女子，她们喜欢擂响非洲金鼓，天长日久金鼓声化为了瀑布的轰鸣，她们身穿的五色衣裳也被日光反射到天上，成为绚丽的彩虹。据考古发现，维多利亚瀑布形成于1.5亿年前，地壳运动产生的一条深邃的断裂谷正好横切赞比西河，造成了河流跌落处两边悬崖相对，宽度仅75米，水流直落谷底，再急流而去，就此构成了这里的瀑布壮景。

106. 两季中的埃托沙盐沼

埃托沙盐沼位于纳米比亚北部，长 96 千米，宽 48 千米，面积约 4800 平方千米，底部海拔 1036 米，是非洲最大的盐沼，有“幻影之湖”之称。

盐沼即盐滩或盐壳洼地，多见于北非等处海岸。由于周期性泛滥和蒸发，盐沼底部松软，但不透水，海水浓缩和地下水毛细排水使表面有膏状物沉积。大多数盐沼是以小的海湾演变而来。

埃托沙盐沼不同于常见于海岸的盐沼，而出现在内陆深处。它是埃托沙盆地的一部分，盆地与博茨瓦纳的奥卡万戈三角洲及周边众多湖泊，组成了一个面积很大的湖。但在数百万年前，地壳运动造成流向这个湖的河流断流了，缺少水源、持续蒸发和湖底渗漏，终使整个大湖消失。埃托沙盐沼原先面积也大，长达 130 千米，如今明显缩小。然而此地在雨、旱两季，景象迥然不同，构成了地球上神奇的景观之一。

每到年初时的雨季，北部的奥波诺诺湖就会满溢，然后将洪流沿埃库玛河和奥希甘博河向埃托沙盐沼输送。盐沼有了充盈的水，加之沿岸周边的天然喷泉活跃，很快成为湖光粼粼、漫无边际的沼泽水塘。当转入旱季，盐沼上再无水迹，便会闪烁绿光，凹凸不平，裂缝纵横，不时还会掠过尘暴和旋风。干涸后的盐沼表面会覆盖一层柔软的薄薄盐壳。

1851 年，欧洲人来到这里，注意到了埃托沙盐沼。1907 年，这里建成了埃托沙狩猎公园，是当时世界上最大的自然狩猎区。1967 年狩猎区减小，腾出土地供当地部落建立家园，随后有了今日的埃托沙国家公园。公园面积 2.2 万平方千米。其中心就是埃托沙盐沼，是大型动物最多的地方，也是最早建立自然保护区的地方。

当滚滚洪流注入埃托沙盐沼之地，干旱土壤里休眠的草籽争相萌芽，一转眼土地上绿草如茵，绿洲处处，生机勃勃。很快，数以十万计的斑马、角马从东北面的安多尼平原迁徙而来，大群跳羚、棕羚、白羚在后尾随，追随在后的肉食动物则有狮子、豹子、鬣狗、非洲野狗等。蜂拥而至的动物还有大象、长颈鹿、犀牛、鸵鸟、狒狒、蠓等。哺乳动物多达 110 多种，鸟类有 300 多种。伯劳鸟、金丝雀数量众多，大批火烈鸟也来光顾。在人们眼里黝黑、棕色的大象，出现在这里变得体色纯白。这倒不是它们有了白化症状，而是它们在身上涂满盐渍黏土，是它们的防晒妙招。这些驰骋往来的大块头，静立不动时个个宛如雕塑一般。旱季到来，动物纷纷迁徙而去。干涸的盐沼表层会留下一种种动物的足印，延伸到遥远的地平线。

107. 独处一隅的塞舌尔群岛

塞舌尔群岛位于西南印度洋上，由大小 92 个岛屿组成。岛屿陆地面积为 455.8平方千米，临海面积为 40 万平方千米。塞舌尔群岛原为英国殖民地，1976 年 6 月 29 日宣布独立，成立塞舌尔共和国，仍留在英联邦。

塞舌尔群岛远离大陆，为热带雨林气候，高温多雨，年平均气温为 24 摄氏度。雨旱两季分明，雨季雨多湿润，旱季则少雨凉爽。这里拥有美丽岛国所具有的蓝天、碧水、阳光、沙滩、海风、绿树、鲜花等自然风光，享有“旅游者天堂”的美誉。

炎热潮湿的塞舌尔群岛，在波光粼粼的海面上镶嵌出一片片青山绿峰。处处有椰林蕉丛、异草奇花。在岛上 500 多种植物中，本地独有的品种就有 100 多种。茂密的灌木丛林，枝条坚韧而柔软，任何风雨也奈何它不得。那叶子如同羊角的羊角树，绿叶闪烁油亮的光，美如花朵。这里的火焰树、旅人蕉、猴面包树、露兜树、香子兰、瓶子草、水母草等，异彩纷呈，各具特色。棕榈树有多种，椰子树更为多见。岛上的海椰子树树高 30 多米，叶子长达 6 米，一棵树长成要 25 年，连续结果在 850 年以上，树龄可长达 1000 余年。每株海椰子树一次结果几十个，每个果实重达 30 千克。海椰子是生物进化过程中遗留下来的活化石，稀少而珍贵，一个海椰子果价值能达 200 美元。

塞舌尔的第一大岛是马埃岛，马埃岛的海滩宽阔而平坦，水清沙白。不论赤足走在干或湿的沙滩上，都能感受到一种独特的魅力，沙粒是如此之细腻，每踩一步都觉得是享受。这让美丽的近海沙滩成为进行海水浴、日光浴、风浴和沙浴最理想的地方。

塞舌尔的别称是“燕岛”，是世界闻名的观鸟园，有种类和大小不一的鸟儿在丛林间飞翔、鸣叫。黑鹦鹉、蓝鸽子、太阳鸟等都是岛上的珍禽。德斯纳夫岛被称为“燕蛋岛”，岛的面积不大，却是黑燕鸥的天堂。每年 7 月份是黑燕鸥生儿育女的季节，会有约 500 万只黑燕鸥飞到这座岛上产卵，孵化、养育后代。有资料记载，黑燕鸥年产蛋为 400 万—600 万枚，可提取蛋黄 40 吨左右。岛上人以捡蛋为生，加工蛋黄制作名贵产品，在国际市场上一直畅销。近年塞舌尔政府为保护黑燕鸥，已做出捡拾燕蛋和限制蛋黄出口的规定。并在告示牌上写明：“这里是属于鸟类的，您是鸟的客人！”

塞舌尔群岛少见刻意雕饰，却有着天然淳朴、飘逸俊秀的风光。在岛上目光所及，碧绿的树丛、娇艳的花草，让人愉悦；海面时而飞鱼跃出波浪，穿梭而去。这片平和、宁静又是有着旖旎热带风光的地方，自然成为人们神往的“伊甸园”。

108. 非洲西南端的好望角

好望角位于非洲西南端，距南非共和国开普敦市 52 千米，是一个非常著名的岬角。在西方探险家眼里它是个充满“美好希望的海角”，故而得名。

好望角海域因暴风雨多，海浪汹涌，初称“风暴角”。好望角地处开普半岛。山脚之下，黑黝黝的大浪从天边滚滚扑来，撞击在崖壁上，化为冲天而起的惊涛，发出轰鸣的吼声。这里会有滔天巨浪与当地海况相关。由于好望角地域处于盛行的西风带上，风力强劲，刮起 10 级以上大风是很平常的事。加之海域辽阔，海流冲向好望角陆地，受到侧面阻挡，便会涌起重重巨浪。几乎终年的大风大浪，造成遇难船只难以计数，以致有“好望角，好望不好过”的说法。这使绕经好望角航线的人感叹自己是在过“鬼门关”。

1488 年，葡萄牙航海家迪亚士率船队驶入了好望角海湾，发现了这处突兀的海角。1497 年，另一位葡萄牙探险家达·伽马率船队经过好望角，驶入印度洋，抵达印度。好望角的发现，使许多欧洲国家把扩张的目光转向东方，荷兰、英国、法国、西班牙等国船队经好望角，前往印度、印度尼西亚、菲律宾和中国，建起固定航线，使好望角成为从大西洋进入印度洋的海岸指路标。在苏伊士运河开凿使用前，好望角是来往于亚欧船舶的必经之地。时至今日，大型船舶也必须驶经这里，有统计表明，如今每年仍有三四万艘巨轮从好望角驶过。

1848 年，开普半岛顶端矗立起一座白色灯塔。这一灯塔指引航行的船只，被称为“绕开死神的航标”。由于海面常有大雾，灯塔发挥作用有限，于 1919 年废弃，成为观景台。在一旁告示牌上标有灯塔的精确位置，还写有世界 10 个著名城市距灯塔的距离，如北京是 12933 千米。好望角这一条细长的岩石岬角，像是一把插向大海的利剑，其雄伟的山势、澎湃的涛声、幽秘的气氛，都吸引旅游者观赏。俗话说到南非不到开普敦，等于没来过南非；到开普敦不看好望角，也等于没到开普敦。这就好比到中国去北京，到北京游长城，是旅游的必到之处。

包括好望角在内，开普半岛建起了自然保护区，面积达 7750 公顷。保护区内植被茂密，绿草如茵，千姿百态的花卉争相绽放。平原草莽栖息着羚羊、鹿、斑马、猫鼬、狒狒、鸵鸟等动物，近海处则有海豚、海狗嬉游，成群的海鸟在浪峰间穿梭。有时还能看到鲨鱼在近海边围猎海狗。海豚将鱼儿推上浅滩，又与海鸟一起抢食。

109. 流域宽广的密西西比河

密西西比河位于北美洲中南部，以发源于美国西部落基山脉的密苏里河为河源，向南流入墨西哥湾，全长6021千米，居世界河流最长的第四位。流域面积322万平方千米，干流流经美国10个州，与其支流一共流经美国31个州和加拿大两个省，覆盖了美国中部和东部的广大地区，是北美洲流程最长、流面最广、水量最大的河流。

密西西比河的名称源自远古时期居住于美国北部的阿尔贡金人，他们是印第安人的一支，把这条河流的上游叫“密西西比”。在印第安语中，“密西”意为“大”，“西比”意为“河”，“密西西比”即“大河”或“河流之父”的意思。作为“河流之父”，密西西比河正是整个北美大陆文明的发源地，从古至今哺育了流域的世世代代民众。为此，密西西比河还有“父河”“月河”“老人河”之称。

这条大河汇集了250多条支流，形成了巨大的树网状水系。上游支流如辫，形成多道峡谷。流经大瀑布城的一段，只有16千米，却有187米的落差，出现了圣安东尼瀑布等景观。中游的河床坡度大，急流险滩迭现。至俄亥俄河河口河面变宽，气候温暖多雨，是经济发达的平原地区。下游河道曲折、蜿蜒，多弓形湖、沼泽地。河口宽达100多千米，土壤肥沃，形成鸟爪状三角洲，每年沉积大量冲积物。三角洲面积在过去150年中增加了130平方千米，现仍以年平均75米的速度向墨西哥湾延伸。

密西西比河滔滔不绝的河水，由北向南日夜奔流在美国大地上。大河投身于现代航运领域始于19世纪初。1811年，“新奥尔良”号汽轮首航密西西比河，从河口溯源而上，开辟了3000千米的航道，人类内河航运的崭新时代由此发端。时至今日，航道深阔，水流稳定，航道年运输量在4亿吨以上，货物多为煤、焦炭、钢铁、建筑材料、化工产品等，而且美国几乎一半的谷物出口也都是通过密西西比河运输的。

密西西比河及洪泛平原形成了一处处良好的生态环境，哺育了400多种野生动物。繁茂的植被、肥沃的土壤，莎草、水池草和黍类的生长，为水禽提供了觅食栖息之地。鸟类随季节变化，沿河上下迁徙的路径，称“密西西比飞行之路”，途经的鸟儿总数每年有800万只之多，包括野鸭、鹅、天鹅等，都聚集于这条飞行之路上。在河的下游，则有更多的鸟由此路飞向中北美洲，典型的候鸟有黑雁、雪雁、绿头雁、水鸭、黑鸭、赤颈鸭、环颈鸭、针尾鸭、蹼鸡等。河域中的鱼种类也多，有几种鲇鱼、鼓眼鱼、亚口鱼、鲤鱼等，咸水区盛产虾、蟹。哺乳动物种类也不少，且分布广泛。在河口处还会看到有鲸鱼游动。

110.水声如雷的尼亚加拉瀑布

尼亚加拉瀑布,位于加拿大和美国交界的伊利湖和安大略湖之间的尼亚加拉河上。两湖之间横亘着一条陡峭的断崖,尼亚加拉河充沛的河水以雷霆万钧之势直冲而下,遂形成了气势磅礴的大瀑布。

尼亚加拉瀑布总宽1240米,平均落差55米,最大流量为6700立方米/秒。据考证,这里的瀑布形成于最后一次冰期末期,已有1万年以上的历史。伊利湖水下泻,途经地表石灰岩断层,注入比它低99米的安大略湖,形成巨大落差,造就了壮美的瀑布奇观。瀑布之壮观,首先在震耳欲聋的涛声,未见瀑布就能听到先声夺人的瀑响。在印第安语中,"尼亚加拉"是"水声如雷"的意思,大瀑布即以此为名。

观之震撼人心的尼亚加拉瀑布,下泻中受戈特岛阻隔,形成两大部分:亚美利加瀑布在美国境内,又分为两股,一股常有彩虹相映得名"彩虹瀑",另一股有婚纱形唤作"婚纱瀑";位于加拿大境内的瀑布称"马蹄瀑布",宽792米,高56米,弯为巨大的半圆形,因形似马蹄而得名。尼亚加拉瀑布水量的90%以上从马蹄瀑布流泻,水流量超过了6000立方米/秒。

尼亚加拉瀑布有着最为清澈透明的美丽水色。它下落溅起的浪花和水汽高达100多米,在阳光照耀下会升起绚丽的七色长虹。昼夜交替时观赏瀑布,还能看到随着光线的变化而变幻出各种各样的色彩和美景。远方的美国和加拿大边境城市,万家灯火,与斜阳余晖照耀的瀑布水幕相辉映,加之河岸几套灯光聚射闪耀,常让人有身临仙境的如梦如幻之感。

尼亚加拉瀑布是北美著名的旅游胜地。观赏大瀑布正面的全景,最理想的地方是立于彩虹桥上。桥建于瀑布下游的尼亚加拉河上。当年拿破仑的弟弟结婚时,曾同妻子来此度蜜月,踏上此桥。如今的彩虹桥更成为新婚燕尔的年轻人的涉足之地,游人如织。此外,从美国一侧的观景瞭望塔乘电梯下降河谷,坐"少女之雾"号仰望瀑布,还会有另一番观瀑感受。

尼亚加拉瀑布虽然风光,但几个世纪以来瀑布一直发生着变化。瀑布的上层是硬质的白云岩,下层是页岩。在水流的强力冲刷和持续侵蚀下,瀑布岩层下部的页岩不停地被掏空,上部白云岩由于失去支撑,在不断坍塌后退,至今已后退了900米,这改变着瀑布的走向。另外,美国在瀑布上游修建了几座大水电站,截走了巨大的水量,加速了美方瀑布的蜕化。有人担心,河水会逐渐聚流到加拿大一侧,百年过后美方的瀑布将要断流。

111. 夏威夷群岛的火山

夏威夷群岛从地质构造上看,位置在太平洋板块的中部,远离板块边缘的地热活动地带。但由于这里处于地球地幔层的一个热点之上,熔融的地幔物质会从这里上升喷发,形成玄武岩火山,并堆积成岛。

夏威夷群岛中的夏威夷岛,是火山活动频繁之地。岛上的火山主要有莫纳罗亚和基拉韦厄两座活火山。这两座火山最大的特点是高度流动性的玄武熔岩,而不是爆炸性的向上大喷发。在长达近 200 年中,死于火山喷发的仅有 1 人。为此夏威夷岛成为观赏火山的胜地,还设立了国家公园。

夏威夷岛的莫纳罗亚火山海拔 4170 米,但它从海底到山顶的高度则超过了 1 万米,总体比珠穆朗玛峰还高出不少。它是一座典型的盾形火山,自 1832 年以来平均每隔 3 年它就要喷发一次,不断涌出的熔岩流动冷却,使山体增大、增高。近 200 年来莫纳罗亚火山共喷发了 65 次。1959 年 11 月喷发时,沸腾的熔岩从长 1 千米的缺口处喷射而出,持续时间长达 1 个月之久,流出的熔岩达 4.6 亿立方米,如凝结为路面可环绕地球 4 周半。在 1984 年 3 月喷发时,滚滚熔岩向东北方向流动,一度逼近夏威夷首府。巨大的热浪在火山上空形成浓厚的乌云,云层产生闪电,周围出现降雨、降雪天气。为了改变熔岩的流向,美国政府调用军用飞机进行了轰炸,成为轰动一时的新闻。

基拉韦厄火山耸立于莫纳罗亚火山的东南侧 32 千米,海拔 1247 米。它是世界上一座最年轻、最活跃的活火山。火山口直径 4027 米,深 130 多米,里面又包含着多个小火山口。火山口的形状如同一口大锅,大锅中又套了许多小锅。基拉韦厄火山相对于其他火山“脾气”温和,喷发一般没有破坏性。说喷就喷,让人们习以为常。火山口里贮满了炽热的熔岩,称“熔岩湖”,面积 10 万平方米,熔岩有十几米深。“湖面”时涨时降。火山活动强烈时,熔岩外溢,如钢水奔流,蔚为壮观。熔岩上冲,又会构成“喷泉”奇景。夜幕降临,“湖面”满罩金光,从裂隙处迸发出大朵耀眼的金花,不停地闪烁。想目睹火山熔岩翻滚流淌,领略其巨大的能量、变幻的形态、浓烈的硫黄味道,也很便利。火山口最多曾聚集 4000 多人,一起观赏熔岩流向大海,激起冲天气浪的壮观场景。1960 年基拉韦厄火山熔岩从高处奔涌而下,在海边填造了 2 平方千米新陆地。1986 年又增加了 6.8 平方千米山地。2018 年基拉韦厄火山出现了大规模爆发,5 月 3 日喷发的岩浆、烟尘、石屑给居民区带来严重威胁,导致上千人撤离。5 月 17 日火山又一次猛喷,火山灰柱高达 9100 多米。

112. 荒蛮的巴德兰兹劣地

巴德兰兹劣地位于美国南达科他州，是北美洲最大的荒原，长 160 千米，宽 80 千米，满目是刀锋般的山脊深沟、重重叠叠的灰白岩层、狭窄的平顶山以及一望无垠的沙漠。它得名于北美印第安人所称的“荒凉不毛之地”，即“巴德兰兹”。“劣地”在英语中则是“恶劣之地”的意思。

这一大片荒蛮之地，在 7500 万年以前曾是一个面积约 1.55 万平方千米的浅海，并形成大片低洼沼泽地的沿海平原。气候属于亚热带，生活着大量鱼类、两栖动物、爬行动物、原始哺乳动物、鸟类，还有恐龙。到了距今 6500 万年前后，落基山脉在地壳运动隆起时将这里抬升，海水退去，携走了表层的土和岩石，使这里成为荒原。如今作考古研究，可以清晰地看到沙砾中海洋时期的一层层沉积物。

考古发掘的研究人员在巴德兰兹劣地地表下曾找到大量生物化石，包括剑齿虎、三趾类马、小骆驼等，还有 2300 万年前生活的长有大角、状如犀牛的动物，以及很像鱿鱼、头部有圆壳的海生动物。近年还找到了古老的兔以及身长 3 米疑为牛、马、野猪三者杂种的动物化石。这些都为生物学进化研究提供了重要物证。

近几个世纪以来，巴德兰兹劣地是印第安人苏族部落的生活区域。苏族人以捕食野牛为生，其捕猎方法是把野牛群赶下悬崖摔死。巴德兰兹劣地又很适合这种猎牛方式。苏族人得到野牛后，把肉和脂肪作为食物，皮用作帐篷、毯子、衣帽、皮带，牛角为勺子，长骨当棍棒，充分利用了野牛身体的每一个部分。如今在一些悬崖底部，仍可见到野牛的遗骨堆积。

巴德兰兹劣地过去除有大群野牛，还生活着一种大角羊。大角羊从落基山缓缓迁来，它们体态高大、威严，动作却很敏捷，能在陡峭的山上跑动，甚至能攀登悬崖。公羊头上长有巨大而向下弯曲的犄角，这种角是极受欢迎的室内装饰品，这给大角羊带来了杀身之祸。19 世纪初北美洲有大角羊上百万只，一个世纪后的 1910 年，仅剩 4.2 万只。1925 年最后一只大角羊也难逃厄运，被无情猎杀了。

巴德兰兹劣地现由山峦、岩层和沙漠组成，夏季酷热，偶有暴雨；冬天则寒冷刺骨。但这里并非寸草不生，死气沉沉。有的岩地上也有刺柏攀附，盆地石缝中还长有小草，开放小花。丘陵底部也有植被生长，让草原犬鼠在此安家。巴德兰兹劣地还有一处布莱克丘陵，高达 2200 多米，漫山遍野长满松树，鸟类和松鼠在此栖息，为劣地平添了生气。

113. 卡尔斯巴德的洞穴世界

卡尔斯巴德洞穴群位于美国西部的新墨西哥州高耸的瓜达卢普山。洞穴群由大小 81 个不同的洞窟组成,长达近百千米,占地 190 平方千米。最深的洞穴位于地表下 305 米。1930 年,这里建立了卡尔斯巴德国家公园。

据地质学家考证,卡尔斯巴德洞穴群形成于距今约 2.6 亿年前后。持续的降雨渗入瓜达卢普山石灰岩山体的裂缝,长久的流水侵蚀,溶解了松软的岩石,凿刻出隧洞和洞窟,沉积下的矿物质形成的各种造型,构成了多姿多彩的地下洞穴世界。

一个个具神奇景观的洞穴被冠以贴切的名字,如“太阳神殿”“王者神殿”“魔鬼泉”“大屋洞”等。其中“巨室殿”有 1200 多米长,180 多米宽,80 多米高;洞内一根石柱就高 18.6 米,直径 6 米,整座洞室确像一座气势恢宏的地下宫殿。“王者神殿”长 550 米,宽 340 米,高 130 米,盛得下几十个足球场,高到可建 30 层楼房。山体内有的溶洞上下联通共有 3 层,地上 330 米处有一层,250 米处有一层,地下 200 米处还有一层,三层蜿蜒曲折相连,岔路无数,如同迷宫。“悬水洞”由于洞壁有小瀑布形成特色,“绿湖厅”则以其洞中央艳绿色的水潭而得名。

与世界各地喀斯特地貌溶洞都生有钟乳石一样,卡尔斯巴德洞穴的钟乳石尤为绚丽多姿。“皇后厅”的钟乳石相拥而长,形成了一道光线能照透的晶莹石幕。“太阳寺”的滴水岩造型则是由黄色、粉红色、蓝色等柔和色彩的钟乳石组成。“老人岩”的特色是一个巨大的钟乳石笋,“他”孤独但伟岸地挺立在暗处壁龛中。“巨人行”洞中有 3 根穹形大石笋,峭立壁边,形似在站岗放哨,观之惟妙惟肖。洞穴中奇异的景色还包括石灰岩帷幕和洞穴珍珠等。轻轻敲打岩石帷幕即能听到悦耳的声响。洞穴珍珠是细小沙粒裹上了层层流水溶解的碳酸钙,增大形成的有光泽的石球,晶亮如璀璨的珍珠。一个个洞穴内散布四处、晶体闪亮发光的钟乳石笋、钟乳石柱、钟乳石帘,供人观赏,受人喜爱,也为地质学家研究地质构造进程提供了完整的信息。

每逢夏季日落后,从瓜达卢普山一角的“大屋洞”中,就会盘旋升起一大团乌云,移动中又像是刮起了龙卷风。其实这是卡尔斯巴德洞穴中的动态景观——数百万只蝙蝠出洞觅食。这巨大的蝙蝠群在天空呼啸而过,形成宽度达 160 千米的巨网,卷过之处飞虫片甲不留。黎明时分蝙蝠群返回,它们出洞入洞都要耗费好几个时辰。

114. 黄石国家公园

黄石国家公园位于美国西部的怀俄明、蒙大拿、爱达荷三州交界的落基山区。公园面积 8992 平方千米,是世界上最著名的野生动植物公园。

19 世纪初,这片人迹罕至的荒山原野,经探险者涉足,发现有着众多奇特景观,逐渐为人们所熟悉和重视。1872 年,经美国总统格兰特批准,在此首设了国家公园这一机构。黄石国家公园由此成为世界上第一座以保护自然生态和自然景观为目的而建立的国家公园。

早年间,当地的岩石呈灰白色。随着时光的流逝,岩石逐渐转变为黄色。在阳光照耀下,岩石更显得黄色斑斓。许多水潭的水含有较浓的硅酸成分,树木长年累月受这种水侵蚀,树干发黄,枯死,历久形成黄色化石。与树相邻的大小岩石,也被染黄的地下水涂上一层黄色。这里一望无际的区域充满了黄色的树木化石、各种形状的黄色山岩、金光灿灿的黄色水潭,这满眼的黄色景物,也使公园有了“黄石公园”的名字。

黄石国家公园拥有森林、草原、湖泊、峡谷和瀑布等各具特色的自然景观。公园按照地质现象的差异,分为玛默斯区、罗斯福区、峡谷区、间歇泉区和湖泊区五个景区。发源于园区内的黄石河由黄石峡谷奔涌而出,全长 1080 千米,是密苏里河的重要支流,贯穿了整座国家公园,直抵北部的蒙大拿州境内。它深深地切入峡谷,形成一长串激流瀑布。丰富的地热资源形成了公园的美妙景观。园区有热泉、泥泉、间歇泉 3000 多处,随处可见从地下喷出的白色热气,并发出轻重不同的声响。许多喷泉从地底几百米深处喷出,喷至几百米高空。著名的“老实泉”间歇喷发,已持续了 100 多年。水柱上升如万马奔腾,在阳光照耀下辉映出绚丽色彩,已成为黄石公园的象征。

黄石公园到处是嶙峋的岩石,但这里也有繁茂的植物,如俊秀挺拔的松柏、清香四溢的玫瑰和郁金香、呈绿色球状的仙人掌,还有大片地毯般的草坪。有统计,美国每年圣诞节所用的 300 多万株家庭圣诞树,都要从黄石公园所在的蒙大拿州采伐。另一表现公园良好生态的是动物种类繁多,园区内的动物多达 2000 种以上。外来动物大象、长颈鹿、豹子,还有老虎等隔离野生放养。本土的麋鹿、野猪等到处游走。冬季来临,冰封雪飘,成群的野牛刨开积雪找食草茎,狼群则尾随在后,伺机轰赶牛群,寻找目标将其隔离,经一番缠斗把猎物扑倒。狼群从追赶猎物到将其擒获,往往要耗费一两天时间。

115. 红杉树国家公园

红杉树国家公园位于美国加利福尼亚州西北的太平洋沿岸，南北绵延近 600 千米，面积 429.3 平方千米。园区内有明媚的海滨、幽静的河谷，而最重要的特色是这里拥有最大的红杉树林，老林区面积达到 170 平方千米。

红杉树国家公园靠近海洋，气候温和湿润，极有利于红杉树的生长。红杉树又称美洲杉树，树身长得高大，树干呈现玫瑰般的深红色。成材红杉高达 70—100 米，树龄尤其长，有不少有 2000—3000 年的高龄，最老的红杉树已存活了 5000 年。

从化石研究发现，红杉树是 2.08 亿年至 1.44 亿年前侏罗纪的代表植物，曾分布于北半球的广大地区。以后生存区域变小。这种树多长成于潮湿海岸带山谷中，饱经从太平洋飘来的温暖海雾浸润生长。幼树长大后沿整个树身分蘖树枝，随着树龄增长，下层树枝逐渐脱落，只在上层形成浓密的树冠。红杉成材后，最上端的 30 米枝繁叶茂，像撑开的巨大的伞，吸收了几乎所有投向地面的光线，树木底层形成了较为单一的植物群落，只有少量红杉幼树和一些蕨类植物生长存活。

红杉树成活率高，生命力强，甚至树根被切成碎片也能长为新树。红杉的树干、树枝上长有许多半球状的树瘤，一旦红杉被风吹或火烧等倒下，便会由树瘤组织发育出上百棵幼树，由树的根系供给营养，一段时间过后，亭亭玉立的小红杉就会在“父母树”身旁长成为一排新树。

红杉树由厚实、坚韧、耐火烧的树皮包裹着，成材后材质优良，是公认的最具价值的树种。这种树是世界上最高大的树种，有“树王”的美誉。1963 年美国国家地理协会在园区曾测得一棵红杉高度为 112 米多，是有记录以来最高的树木。据说此树如今已长高达 134 米。

高大的红杉树修长质优，这让它遭受到无序砍伐的厄运。尤其是进入 20 世纪以来，大型拖拉机和电锯发挥了其伐木威力，红杉林被大面积毁坏。1968 年，美国总统约翰逊签署法令，正式设立面积为 230 多平方千米的红杉树国家公园，使红杉树免受人为破坏。1973 年，卡特总统签署法令，将私人手中近 200 平方千米的红杉林划归红杉树国家公园，一些牧场、林场及原始森林也同时归入，使红杉树国家公园有了如今的规模。

在红杉树国家公园，除举目可见的红杉树，其他植被还有 850 多种。栖息在园区的哺乳动物有 70 多种，包括大群的马鹿、麋鹿、黑尾鹿、黑熊、山猫、狐狸、郊狼、浣熊、野兔、地鼠、蛇等。海岸线则出没海豹、海狮、灰鲸等。鸟类有 400 多种，包括猛禽游隼、栗色鹈鹕、海鹰、海雕等。

116. 流量最大的亚马孙河

亚马孙河流经南美洲辽阔的地域,长 6400 千米,居世界长河的第二位。这条大河的流量却是世界河流的第一,为 21.9 万立方米/秒,比世界上尼罗河、长江、密西西比河三大河流量总和还要大几倍,占世界河流总量的 20%。亚马孙河流域面积达 691.5 万平方千米,占南美洲总面积的 40%。支流有 1.5 万多条,最长的马代拉河长 3200 千米。这让亚马孙河有了“河海”“河流之王”的美誉。

亚马孙河流域整体呈西高东低的地貌。考古研究发现,这片巨大的洼地在新生代前是一处下陷的深度海槽,后被大量的沉积物充填,在崎岖的圭亚那高原和较低的巴西高原之间呈裙摆形展开。在上新世时,洪涝使流域成为一个巨大的淡水湖,至更新世某个时期向大西洋决口。以后海平面上升,古代沉积物形成了永久性陆地土壤,亚马孙雨林便在这种土壤上发育起来。

亚马孙河的源头是安第斯山脉冰川融汇涌动的溪流,溪流自高处涓涓流下,水量逐渐增大,然后入湖溢出,汇入乌卡亚利河与马腊尼翁河,成为亚马孙河的主干流。河流一路奔腾,浩浩荡荡流经秘鲁、厄瓜多尔、哥伦比亚、委内瑞拉、圭亚那、苏里南、玻利维亚、巴西等国家。亚马孙河河道的水大都很深,远洋巨轮可由大西洋自河口溯流而上,自东向西,航行直至秘鲁的口岸。很多河段河面宽广,使人不能同时看到两边的河岸。

在亚马孙河流经的一些地段,河水由于裹带了大量泥沙,显得浑浊,如同加了咖啡的牛奶,也被称为“白水河”;一些支流流经沼泽,水中混有很多腐殖质,水色深暗,又叫“黑水河”。河流的 87% 流经巴西境内,横贯巴西西北部,流域面积 390 万平方千米。在巴西河流北段水深 45 米,河宽可达 3000 米,巴西人称亚马孙河为“母亲河”。

除流量大、流域面积广,亚马孙河还有水位变化小、含沙少、无结冰期、水资源丰富等特点。河水量终年充沛,河口处平均以 22 万立方米/秒的水量注入大西洋,洪水期更高到 28 万立方米/秒。河口淡水冲入大西洋达 160 千米,在近海处形成了 100—180 千米的浑水区。入海口呈巨大的喇叭状,当海潮涨起,涌入河道会受到挤压抬升,潮水上溯能达近千千米,潮头浪高 5—8 米。涌潮奇观可与我国钱塘江潮相媲美。

亚马孙河流域内的亚马孙雨林,蕴藏着世界上最为丰富的生物资源。雨林所产生的氧气占全球氧气总量的 10%,素有“地球之肺”的美称。可知这一地区对地球的气候及人类的生存,是有着极其重要意义的。

117. 生物多样的亚马孙雨林

亚马孙雨林位于南美洲亚马孙平原,跨越巴西、哥伦比亚、秘鲁、委内瑞拉、厄瓜多尔、玻利维亚、圭亚那和苏里南 8 个国家,其中 60% 的雨林位于巴西境内。亚马孙雨林总面积达到 550 万平方千米,占到世界雨林面积的一半。

亚马孙雨林地处热带地区,靠近赤道,雨量充沛,又有安第斯山脉消融的大量冰水,使不少地域每年大部分时间被洪水淹没。雨林全年气候闷热潮湿,白天平均气温为 33 摄氏度,夜晚平均气温为 23 摄氏度。炎热潮湿的环境,加之是冲积平原,土地肥沃,非常有利于植物生长和动物生存。这也让亚马孙雨林有了"动植物王国"之称。

亚马孙雨林的植物种类繁多,有 15 万种高等植物,7.5 万种树木。许多大树高过 50 米,遮天蔽日。也有的地区树冠高低起伏,形成不同的层次,常见的树种有香桃木、月桂、金合欢、黄檀木、雪松、棕榈、橡胶树等。低处有葛藤、兰花、凤梨科植物争相攀附高枝生长。植物中包括有不少疗效很高的药用植物。还有在树皮处切个口子,就能淌出白浓汁液,很像牛奶的"奶树"。使用有的灌木编床,散发的气味可驱虫,对人有催眠作用,被称为"魔床"。

亚马孙雨林生息的动物数量更是极其庞大,难以确切统计种类、数量。在所知的 10 多万种动物中,具代表性的动物有美洲虎、貘、水豚、海牛、红鹿、细腰猫、犰狳、鳄、淡水龟和吼猴等众多猴类。有 8000 多种动物为巴西所独有,包括 380 种两栖动物、2500 种爬行动物、500 种鸟、700 种蝴蝶、600 种甲虫等。一片片热带雨林中,充满了神秘的原始气息和勃勃生机。

世界上 1/5 的雀鸟生活在亚马孙雨林。蜂鸟、多彩的金刚鹦鹉等都很著名。雨林中的蚂蚁也有几百种,"行军蚁"的大军所过之处,小动物荡然无存,把大牲畜也会吃得仅剩白骨。在雨林中蜿蜒穿行亚马孙河,河里鱼类多到上千种。电鳗体形像水蛇,长达两米,腹部有发射电流的器官,能发射 300 伏特的电压,既可作为自卫手段,又可以此猎取食物。有些水域还有一种"水虎鱼",只有七八寸长,但牙齿极其锋利,对血液嗅觉灵敏,一旦有鸟跌落或牛羊过河,水虎鱼会群起攻击,顷刻之间将动物吃得仅剩骨架。在巴西雨林水道中还有一种牛鱼,肉质鲜美,烹饪后能吃出牛肉、猪肉、鱼肉三种味道。雨林中长仅 40 厘米的猴子狨,长达 10 余米的水蚺,三趾树懒等,都是其他地方所难以见到的物种。亚马孙雨林这种特有的神秘与诡异,使人既望而生畏,又悠然神往。

118. 原始风貌的加拉帕戈斯群岛

加拉帕戈斯群岛位于南美洲西北部海岸外1000千米处的东太平洋赤道海域，群岛面积为7500平方千米。由海底火山喷发的熔岩凝固而成，以伊莎贝尔、圣克鲁斯等13个岛屿和19个岩礁组成，属厄瓜多尔领土。

加拉帕戈斯群岛的地质年代并不长，在500万—1000万年前，一座座高大的火山喷发，浮出海平面。最大的伊莎贝尔岛就拥有6座火山，其中的沃尔夫火山海拔1707米。通过反复的火山喷发和分层作用，群岛形成了很多崎岖山势。有些火山至今仍不时有喷发。

群岛孤悬海面之初，并无生命迹象。以后通过空中飘行、海面漂流，迁来物种。海狮、海龟、企鹅顺洋流而来，成为岛上动物的祖先。爬行动物、鼠类则是搭乘植物纠结的“木筏”登陆。体形小巧的蜗牛、蝙蝠等借助风吹，也都在此落地定居。

1535年，西班牙探险者首先发现了这些荒无人烟的岛屿，见岛上有大量巨龟，便取名“加拉帕戈”，意为“龟岛”。其后300年中，这些岛屿依然默默无闻。1835年，英国生物学家达尔文乘海军勘探船“贝格尔”号做环球旅行，踏上了加拉帕戈斯群岛。经详细考察，达尔文在岛上发现了大量世界上罕见的珍奇动植物，让他认识到物种变异规律，为其日后提出以自然选择为基础的生物进化理论及出版《物种起源》奠定了基础。

如今加拉帕戈斯群岛已发现的高等植物有700多种，动物有635种。干燥低地遍生仙人掌林，海拔高处长有腺果藤树、番石榴、醉鱼树，再往上是矮树丛和蕨类、草类。植物中40%为当地属种。

被称为“龟岛”的加拉帕戈斯群岛上，龟当然是很多的。它们最初属于同一种，后来演变成15个亚种。仅龟壳就有多种不同，有一类龟壳呈圆形，脖子与四肢都短，是长期采食矮小的植物进化形成的。有一类龟壳似马鞍，前沿上翘，便于脖子高伸，便于采食高大的仙人掌。群岛上生活着几十种雀鸟，经世代演变，鸟嘴的形状和大小各有差异。大地雀的嘴大而坚硬，像一把钳子，适合啄开坚果。仙人掌雀嘴长而尖，有利于捕食花蕊昆虫。这里的啄木鸟还会借用一下仙人掌长刺，插进树缝搅出昆虫，成为使用“工具”捕食的动物。在群岛和周边海域栖息的动物很多，包括陆蜥蜴、变色龙、海獭、信天翁、反舌鸟、招湖蟹、刺鳐、海鳗、鲸鱼、鲨鱼等。

现在生活在加拉帕戈斯群岛的居民有5000余人。几个世纪以来，人们引进的一些物种对当地生态环境造成了损害。如山羊夷平了一片片植被，野狗大量吞食蜥蜴、禽蛋，这不断受到关注。1959年政府建立了“加拉帕戈斯自然公园”，启动了保护海龟等项目，使有“活博物馆”之称的加拉帕戈斯群岛得到全面保护。

119. 世上最宽的伊瓜苏瀑布

伊瓜苏瀑布位于阿根廷东北部和巴西南部两国交界处、伊瓜苏河下游，是世界上最宽的瀑布。

“伊瓜苏”在南美洲土著瓜拉尼人的语言中，是“大水”的意思。伊瓜苏河与巴拉那河汇合后，自东向西奔流，沿途又集纳了大小30多条小河，汇为一条浩浩荡荡的大河。在经过一个“U”形大拐弯时，从宽广的河道陡然跌入一道峡谷，形成壮观的马蹄形瀑布。由于悬崖边有无数树木丛生的岩石山体，河水跌落时被分割为275股急流泻瀑，落差在60—82米之间，流泻宽度达4000米的瀑布水幕。年平均水流量为1756立方米/秒，最大水流量达到12750立方米/秒。激流冲击谷底，水花飞溅升腾，冒起的水雾有150米高。溅起的团团云雾弥漫缭绕，在阳光照射下展现出道道彩虹。暴发的雷鸣般巨响在25千米外都能听到。一股股瀑布泻到谷底后，重新汇为汹涌的急流，一路继续向南奔腾，气势令人震撼。

相传，伊瓜苏瀑布是神在大地上撕出了一条峡谷而形成的。传说有位部族的首领之子，站在河边祈求诸神恢复他所爱的公主的视力。所求的回报是大地裂出峡谷，河水涌入，把他卷入谷底。结果公主得以重见光明，并成为第一个看到伊瓜苏瀑布的人。1542年，一位西班牙传教士在伊瓜苏河流域的热带雨林中，意外地发现了这里的大瀑布。伊瓜苏瀑布自此惊现于世，与尼亚加拉瀑布、维多利亚瀑布并称为世界三大瀑布。

观看伊瓜苏瀑布的观赏点较多，在不同的地点、不同的方位、不同的高度，所看到的景象都有所不同。瀑布群中的“魔鬼喉”落差最大，气势恢宏。在阿根廷这边是从上往下看，9股大水流咆哮扑下，惊心动魄。而在巴西一方只能抬头上望，飞流自天而降，壮丽非凡。在阿根廷可穿行密林中蜿蜒的小道，自下而上观赏一段瀑布的美妙走势，也可自上而下感受瀑布狂泻不可阻挡的力量。在巴西可欣赏到大瀑布的全景，还可以乘船接近瀑布，甚至穿行进入瀑布，置身在重重的水汽中，徜徉于纯净的白雾里，经历一次神圣的大自然洗礼。

1909年、1939年，阿根廷和巴西以伊瓜苏瀑布为中心，在伊瓜苏河两岸分别建立了国家公园。在阿根廷境内，公园位于阿东北部的米奥内斯省，面积555平方千米。公园在巴西境内位于巴拉那省，面积1700平方千米，是巴西最大的森林保护区。典型的亚热带湿润气候，形成了公园特有的生态系统。园区里高大的玫瑰红树、矮小的矮扇棕树及松树、棕榈、翠竹之间，花草繁盛，色彩明丽。周边栖息的动物有水獭、浣熊、蜜熊、短吻鳄、刺鼠、山鸭等。最多见的是成群雨燕在瀑布上下穿梭翻飞。

120. 落差最大的安赫尔瀑布

安赫尔瀑布位于委内瑞拉东南部卡罗尼河支流丘伦河上。河流瀑布隐藏在高山密林之中，四周有高山环抱，人迹罕至。

委内瑞拉素有“瀑布之乡”的美称，在它崎岖多山的土地上，千万条河流穿山越岭，形成了数不清的大小瀑布。安赫尔瀑布是一条多级瀑布，它从圭亚那高原奥扬特普伊山的陡壁凌空泻下。这座瀑布没有世界上其他著名大瀑布的那种宽大瀑流，但其 979 米的落差却使它名列世界瀑布高度之首。第一级的落差为 807 米，底部宽约 150 米。接着又下跌 172 米，落入丘伦河谷地。从远处观赏安赫尔瀑布，只见天际云端有一道河水从峭壁边缘漂泻而下，像一条长长的白色丝带在随风飘舞。如遇阳光照射，便会呈现美丽的彩虹悬挂在水雾上，更像是被舞动的彩练。晨昏之际，水雾弥漫崖顶，瀑布又似矫健的银龙从天而降，发出隆隆的轰鸣。

安赫尔瀑布藏身于密林丛生的高山幽谷之中，千百年来不为外界人知，只有当地的印第安人知道这个瀑布的所在，并为它取名“出龙”。1935 年，安赫尔瀑布为西班牙人卡多纳所发现。一位美国探险家雇用美国飞行员安赫尔乘飞机来到这里，在密林深处一条河流里捞到不少金子。探险家回国后发了大财，但不久身亡。1937 年 10 月 9 日，安赫尔再次驾机重到密林寻找那条河流。在搜寻过程中无意中看到了这处大瀑布，返航后他对外宣称发现了世界上最高的瀑布。1949 年，美国人罗伯逊率领探险队，乘船进入密林，对瀑布进行了全面勘测，证明了世界上最高瀑布的存在，瀑布便以安赫尔命名。1956 年，安赫尔在一次飞行事故中丧生，他的骨灰被撒在了瀑布上空。

笼罩在山林深处的安赫尔瀑布，周围是耸立的被当地帕蒙人称为“特普伊”的平顶山。山下生机盎然，丛林中猴子的吱吱叫声和金刚鹦鹉的鸣唱此起彼伏。山顶呈现热带稀树草原的景象。山峦覆盖着洁白的柔云，上百个瀑布把山体切割成一个个方块，从空中看恍如浩瀚碧海上散布的一个个小岛。而安赫尔瀑布则是瀑布中最为出色的一个。安赫尔瀑布也被称为“天使瀑布”，雨季飞流直下，势如飞虹，珠飞玉溅，山谷全被水雾弥漫。衬以两旁藤缠葛绕的古木和嶙峋山石，壮丽之外又添肃穆之美。

由于原始地貌阻挡了陆路游人的脚步，想一睹安赫尔瀑布的芳容并不容易。雨季可乘船进入瀑布观赏区，其他时间则只能租乘飞机了。这也让安赫尔瀑布成了观赏成本最高的瀑布。

121. 大洋洲的蓝山山脉

世界上称蓝山山脉的地方有三处，一处是牙买加东部的山脉，一处是美国俄勒冈州中部向东延伸的山脉，还有一处就是大洋洲的蓝山山脉。大洋洲的蓝山山脉，位于澳大利亚南部新南威尔士洲，在悉尼以西约65千米处。山脉自东向西倾斜，东部最高点海拔1070米，西部矮处为360米。蓝山山脉是澳大利亚东部最高的山脉。

蓝山山脉绵延4000多千米。山区地表由三叠纪块状坚固砂岩累积形成。这里怪石嵯峨，难以攀越，曾是欧洲移民向西推进的障碍。在蓝山山脉另有一道独特的景观：峰峦谷地山头生长着大量桉树。桉树是地球上最古老的树种，大约有3500万—5000万年的历史。桉树为常绿乔木，树干高耸挺拔，木质坚硬，含有油质并能自然挥发微小的油滴，在空气中经阳光折射呈现蓝光。蓝山山脉即因此而得名。

为保护蓝山山脉生态环境，澳大利亚政府很早就建立了蓝山山脉国家公园，占地面积2000平方千米，被划分为8个自然保护区。园区内气候宜人，胜景很多。三姐妹峰是蓝山山脉一处著名景点，三块巨大的岩石如三座奇俏的山峰在贾米森峡谷崖上耸立，就像三位并肩立足的少女。相传石峰系巫医的三个美丽女儿化身，为防御歹徒加害，父母用魔骨将她们点化为岩石，不想巫医此后丢失了魔骨，无法使女儿们还生。如今在山峰间飞翔的琴鸟，传说即是巫医的替身，它们到处飞舞寻觅，就是要得到魔骨，以使三姐妹复活。三姐妹峰险峻难攀，于1958年修建了高空索道，以方便游客观览胜地。

琴鸟是蓝山山脉一道曼妙活动的景观。琴鸟的名称由雄鸟尾羽呈七弦琴形状而来。雄琴鸟展羽开屏时，16根尾羽向前展开，旁侧弯曲的羽毛也摆出优雅的造型，望去颇像一把七弦琴。求偶时节，雄鸟会展羽开屏，亮出毛间漂亮的银色底面，发出嘹亮的鸣叫声，载歌载舞。琴鸟是聪明乖巧的鸟儿，雌雄鸟都能惟妙惟肖地模仿上百种鸟鸣、兽叫，以及人的声音。林业工人报告说，琴鸟甚至会模仿森林中电锯锯木的响声。雄鸟在模仿中更胜雌鸟一筹。

蓝山山麓的吉诺兰岩洞是园区的又一大自然奇观。这座岩洞经亿万年地下水流冲刷、侵蚀，洞中有洞，雄伟深邃。连通在一起的有王洞、东洞、河洞、吉里洞、丝巾洞和骷髅洞等。洞内钟乳石、石笋、石幔光怪陆离，造型奇特。长长的钟乳石向下伸展，与石笋相接，成为“擎天一柱”，气势非凡。有的石柱虽断开，但互相交错有致，让人叹为鬼斧神工。

122. 变幻难测的埃尔湖

埃尔湖位于澳大利亚的中部平原上，面积为 9500 平方千米。由于这处平原本身海拔不到 200 米，埃尔湖的湖面又低于海平面约 12 米，使埃尔湖成为澳大利亚的最低点。

埃尔湖分为南北两湖，南湖较小，北湖较大，两湖由一条长 15 千米的戈伊德水道连接。雨季时雨水从远处山间流来，大部分的水沿途蒸发或渗入沙中，只有水势持续汹涌，水才能最终注入埃尔湖。这也造成了埃尔湖要么滴水不存，要么碧水无边，成为世界上最大的内陆时令湖。这座湖“脾气”古怪，变幻难测。水量充盈时是澳大利亚最大的湖泊，还是世界第 19 大湖；无水时又成为干涸的盐洼。从地图上看，两湖和相连的水道像是张着嘴巴的老巫侧面像，这巧妙的图形更增加了埃尔湖的神秘色彩。

据地理结构研究推测，埃尔湖所在地早年是通向大海的水域。由于 3 万年前地壳运动，发生断裂，阻挡了原来存在的出海口，洼地积水成湖，蒸发又形成盐池，常呈干旱、半干旱状态。当雨季降水量大，持续向湖内注水，两年后才能将湖注满。经调查，埃尔湖是咸水湖，但它又会变身淡水湖，每隔 3 年又会干涸一次。这样的定期循环已进行了约 20 万年。

1839 年，25 岁的爱华顿·约翰·埃尔从阿德莱德出发，希望成为第一个从南到北穿越澳大利亚的欧洲人，但未成功。一年后他再次尝试，终于完成所愿并到达了现在以他的姓氏命名的埃尔湖。当时湖水干涸，但湖底的淤泥阻碍了他的脚步。1860 年，一支勘探队来到这里，发现干涸的湖盆里蓄满了水，成为一个大盐湖；第二年勘探队准备测绘湖泊范围，盐湖却又干涸不存。埃尔湖的善变自此为世人所知。

埃尔湖四周遍布晒干的土地，北面是辛普森沙漠，东西两面是布满圆丘和风刻石的平原，南面多干涸的盐洼，干旱荒芜。但埃尔湖只要注入了水，周围就会焕发生机，光秃秃的湖岸上很快长满雏菊、蛇麻草等植物，沙漠豌豆等植株会迅速抽芽、开花、结籽。水还会使藻类复苏，使泥中的鱼虾卵孵化，鸟儿也会适时飞来觅食。聚集大量的野鸭、反嘴鹬、尖尾鹊、澳洲塘鹅、银鸥、燕鸥、鸻鹬等在湖边造窝繁殖，鸟窝可多达数万个，使湖区成为鸟儿的乐园。

埃尔湖以其时隐时现的神秘特性，使旅游探险者产生了浓厚的兴趣。1985 年，以埃尔湖为中心建立了国家公园，面积达 1.28 万平方千米，包括南北湖和湖北部沙漠景观。游人到此可尽情观光休闲，驾驶吉普车畅行。平滑的盐层还是极速车手理想的竞技场地。

123. 奇景佳境大堡礁

大堡礁位于澳大利亚东北海岸外的大陆架上，北起托雷斯海峡，南至弗雷泽岛附近，长达 2011 千米，宽度由北部不足 2 千米，向南展至 150 千米以上，由多达 2900 个大小岛礁组成，总面积约 20.7 万平方千米。每当退潮时，约有 1300 多个礁体会露出水面；而涨潮时，只剩下 600 多个岛礁忽隐忽现。

大堡礁是世界上最大的珊瑚礁群。众多岛礁星罗棋布，竟都是由微小的珊瑚虫等生物体构成的。从大约 1.5 万年前开始，珊瑚虫分泌的石灰质骨骼，连同藻类、贝壳等海洋生物残骸胶结在一起，以后经世代累积，堆积成了一个个珊瑚礁体。这种堆积建造的过程十分缓慢，每年不过增厚几厘米。如今一些礁岩厚度达到数百米，足见“建筑师”们在此已“劳作”了漫长的岁月。

1770 年 6 月，英国探险家库克驾驶“奋斗”号海轮做环球考察，他的船只陷在这里的珊瑚礁之间，因难以航行而搁浅。库克只好率领船员上岸修理船只，在停留期间他考察了珊瑚礁群，并为这些珊瑚礁取名“大堡礁”。以后这片有着翠绿草木、金色沙滩、风光绮丽的岛礁就成为人们向往的伊甸园。

经世世代代演变，大堡礁色彩斑斓的岛礁高低错落有致，大礁套小礁，环礁围合成湖。透过清澈的海水，可看到 400 余种珊瑚所构成的海底“森林”。这些珊瑚从形状、大小、颜色都有不同，有些很微小，有的又宽达两米，形态有扇形、半球形、鞭形、鹿角形、树叶形、花朵形等，千姿百态，颜色有红色、粉红、玫瑰红、黄色、蓝色、绿色等，异彩纷呈。

珊瑚礁群落内水温常在 22—28 摄氏度之间，适合很多动物栖息。散居于珊瑚礁的动物多达 1400 多种，包括鱼、甲壳和贝类动物以及海葵、海参、蠕虫等。由于水质优良，这里的热带观赏鱼最为绚丽多姿，有蝴蝶鱼、天使鱼、鹦嘴鱼等，在多彩的珊瑚中穿梭，把斑驳陆离的海洋世界点缀得更加迷人。

1979 年，澳大利亚政府建立了大堡礁海洋动物园管理处，划定了一些保护区。1981 年，大堡礁被联合国教科文组织列入《世界遗产名录》。如今游客来大堡礁观光，想近距离观赏珊瑚和海鱼有三种方式供选择，一是乘坐双层双底的玻璃船，透过透明玻璃领略海洋的神奇；二是乘坐潜水艇，在珊瑚礁中穿行，进入大海深处一饱眼福；三是穿上潜水服，穿梭于珊瑚中，与鱼儿共泳。当然乘坐直升飞机盘旋空中，俯瞰层次清晰的大堡礁，居高临下，另有一种优雅的感受。

124. 奇岩纷呈的坎贝尔港

坎贝尔港位于澳大利亚东南海岸的维多利亚州，濒临南印度洋，是一处著名的风景胜地。

坎贝尔港海岸的崖壁绵亘 32 千米。这一带有平静的海湾、浓密的雨林，最为壮观的是海浪千万年来冲蚀崖壁所形成的成群岩柱。

考古发现，远在 2600 万年前，这里曾是海底。当大量贝壳类动物死亡，形成富含钙质的外壳堆积，慢慢积为厚达 260 米的石灰岩，于冰河时期露出海面。以后经风浪反复侵蚀，松软的岩石脱落，只剩相互剥离的岩柱、拱桥状岩石成群矗立于海岸边。

经久不息的风浪与岩石撞击，造就了坎贝尔港众多的岩石景观。"十二使徒""伦敦桥""哨兵石""烧炉""霹雳洞"等，都是大自然在这条古老海岸留下的岩景佳作。"十二使徒"是海边一组 12 块各自独立的岩石，虽久受海蚀、风蚀、雨蚀，这一组岩石仍若巨人般矗立于海面。其数量及形态酷似耶稣的十二使徒，使这一景观充满了神圣的色彩。让人感觉奇特的是，十二使徒岩柱的色泽会随着时间而变化，尤其在黄昏时分，晚霞满天时，岩柱会有紫金、红、黄、橘红等不同的色彩变化。

自冰河时期石灰岩露出海面，被风浪冲蚀至今不停，每隔二三十年就会有大块海岸塌入海中。"伦敦桥"原是一道伸入海中的天然凸堤，因形似伦敦泰晤士河旧桥而得名。凸堤是一块平顶岩石，有两个约 40 米长的拱券和岸崖相连，拱券如同桥拱，也是由海水侵蚀形成的。1990 年 1 月的一个黄昏，狂风骤起，"桥"底掀起巨浪，将"桥"拱击碎坍入海中。"伦敦桥"就此在坎贝尔港消失不存。同样出于风浪冲蚀和坍毁，"十二信使"的 12 块岩石，如今也仅存 7 块。这都让人们再次领略了大自然的威力。

坎贝尔港于 1964 年建立了坎贝尔港国家公园。其海岸线上众多的峡谷、岩洞、岩柱所展现出的质朴美景，深受游人喜爱。这里不仅吸引着人类观光，一年四季都栖息生活着众多鸟类。一种短尾鸌鸟每年从西伯利亚飞越太平洋来到这里，在一座岩柱鸌岛上造窝，岩缝处的鸟巢一个挨一个，高高的崖壁是它们的安乐窝。海岸浅水处鱼类丰富，大批鲣鸟、鸬鹚、海燕等都聚集于此觅食。坎贝尔港还生活着很多信天翁，它们有着所有鸟类中最大的翅膀。这种大鸟喜爱狂风巨浪，顶头风越强，越能把它们向上推，并能以高速展翅翱翔。当夜幕降临，鱼虾、乌贼浮上海面，信天翁居高临下，便迎来了大快朵颐的时机。

125. 古老的昆士兰湿热带雨林

昆士兰的湿热带地区,位于澳大利亚昆士兰州的东北沿岸,覆盖面积达 90 万平方千米。这里的湿热带雨林沿北昆士兰海岸线绵延 500 多千米,是目前世界上最为古老的湿热带雨林。浓密的雨林、深邃的狭谷、崎岖的山路、湍急的河流、海滩的白沙、绚丽的珊瑚礁、活火山和火山湖,共同构成了这里奇特、迷人的景观。

在昆士兰湿热带地区,年平均降水量在 1200—4000 毫米之间,某些地段的降水量更大,其中 60% 集中在 12 月—3 月的雨季。到了雨季时,已充分饱和的土壤再难吸收水分,致使土层在连续的降雨中经常出现滑坡,并成为该地区多变的地貌特征。昆士兰雨林按地貌划分主要有 3 个区域:大迪威德高地、低平的海岸带以及两者之间的大陡面。高地的地形起伏多变,平均海拔高度约 900 米,最高的山峰高达 1600 米。湿热带雨林可划分为 13 种结构类型,按气候带和土质特点又进一步分为 27 个群落。有的地段的雨林一直延伸到大海边,边缘扩展到大海里,与大堡礁连为一体。这种地貌在澳大利亚独一无二,在全世界也是罕见的。

1998 年,昆士兰湿热带雨林被列入联合国教科文组织的《世界遗产名录》。这个湿热带地区建起了多座国家公园,仅德恩蒂国家公园就有两处世界遗产。如今世界的许多热带雨林正以惊人的速度不断减少,而这里的昆士兰湿热带雨林却未受到人类的侵扰,静静偏居于世界的一隅,让人感觉欣慰。

这里 4 亿多年漫长时光孕育的生态和进化环境,特别适合不同种类的动植物生存,生物资源极为丰富。在昆士兰湿热带雨林中,有 221 个属类的约 2260 种植物,其中包括 65% 的澳大利亚蕨类植物,21% 的澳大利亚苏铁科植物,30% 的兰花科植物。最具代表性的植物有楝树、香椿、蒲葵、金合欢、红胶木、木麻黄、苏铁、白藤、露兜树、榕树等。有些树已有两千多年的树龄,树高 60 米以上。香子兰根茎长达 15 米,是最大的兰科植物。寄生的无花果树,不断侵占宿主,经几百年演变,重重根系垂下,如无数根粗大的绳索,又似宽大的栅栏和帘子,成为雨林中一道奇观。

昆士兰湿热带雨林中的动物尤为繁多,澳大利亚的 36% 的哺乳动物、30% 的有袋类动物、23% 的爬行动物、50% 的鸟类动物、58% 的蝙蝠科动物、60% 的蝴蝶科动物、29% 的蛙类动物、41% 的淡水鱼类等,都栖息繁衍于雨林中。这里生活着多种奇特的鸟,如能发出猫叫声的“猫鸟”、发出鞭子抽动声的“鞭鸟”等。雨林中的树袋熊“考拉”性情温顺,长相很像小熊。它以树为家,喜食玫瑰桉树叶,日食上千克。这种桉树叶汁多味香,含有桉树脑和水茴香萜,这使考拉身上总能散发桉树叶的清香气息。

125 古老的昆士兰湿热带雨林

游览胜地

1. 庄严雄伟的天安门广场

巍巍城楼，坦坦广场；五洲瞩目，万众景仰。天安门广场位于首都北京市中心，南北长 880 米，东西宽 500 米，面积 44 万平方米，可容纳 100 万人举行盛大的集会活动。

元代北京建大都城，南部开有 3 座城门，正门名为丽正门，左为文明门，右为顺承门，三门以城墙连接，位于现在长安街的位置。明代时皇城建在都城的中央、宫城的外围，皇城正门——承天门即是天安门的前身。在其南端（今毛主席纪念堂的位置）还建有一座砖石结构的三门洞券门，称大明门。大明门连接向北延伸的通脊红墙，折向东西，在今长安街东、西街口建有两座与大明门样式相同的门，东为长安左门，西为长安右门。红墙再向北，与天安门一线相接，形成了一个 T 形广场，这就是天安门广场最早的雏形。

在明清两代，天安门广场前坐落着五府六部衙门。天安门城楼是举行“颁诏”盛典和出入皇宫的尊贵庄严之地。天安门广场见证了封建社会“皇权至上”的专制统治制度，也记载了中国人民在新民主主义革命中不屈不挠的革命精神，五四运动、一二·九运动等都在这里为中国现代革命史留下了浓重色彩。1949 年 10 月 1 日，毛泽东主席在天安门城楼上宣告中华人民共和国成立，使天安门城楼从此成为新中国的象征。

1949 年后，天安门广场得到多次修建。建造一新的天安门城楼总高 34.7 米，朱红色砖台之上耸立着主体城楼。楼顶覆黄色琉璃瓦，重檐大殿内东西宽九楹，南北进深五间，在栋梁枋柱上满是金龙合玺彩画。城楼有 5 个门洞，向南的金水河上建有 5 座汉白玉石桥。在天安门城楼前后各矗立着一对高耸挺拔的华表。金水桥前后还有两对外形威猛的石狮子。天安门城楼与华表、石狮子、金水桥和金水河，高低不同，层次分明，共同构成了一个雄伟、庄重、典雅、和谐的建筑体，是中华民族杰出的建筑艺术的结晶和代表作。

天安门城楼南面，建有人民英雄纪念碑。为庆祝中华人民共和国成立 10 周年，在广场西侧建起了人民大会堂，东侧建造了中国革命博物馆和中国历史博物馆。1977 年，人民英雄纪念碑正南建成了毛主席纪念堂。改革开放后，2007 年 9 月在人民大会堂西侧建成了国家大剧院。原中国革命博物馆和中国历史博物馆也经施工，改建成新国家博物馆，向公众开放。

中华人民共和国成立后的多次阅兵和国庆游行都在天安门广场举行。在喜迎香港、澳门回归，欢庆北京申奥成功等重大时刻，都有成千上万的各族同胞涌上天安门广场庆祝。二十几年来到广场观看升国旗的总人数已达到 3 亿多人次。

2. 金碧辉煌的北京故宫

北京故宫旧称“紫禁城”，位于北京城的中心。故宫始建于明永乐年间，是明清两代的皇宫，有24位皇帝在此登基继位。它规模宏大，占地7.2平方千米，建筑面积1.5平方千米，有房屋9000余间，是世界上最大的古代建筑群。一座座大殿覆琉璃瓦，金碧辉煌。

故宫建筑主要分为前后两大部分，前部以太和、中和、保和三大殿为主体，文华、武英两殿为侧翼，称为“前朝”。三大殿统建在一座由汉白玉栏杆环绕、高8.13米的高大台基上。主殿明代称奉天殿、皇极殿，清代称太和殿，是皇帝每逢节庆盛典时受百官朝贺之所，多在此殿举行典仪。太和殿俗称金銮殿，是封建皇权的象征。中和、保和二殿，是皇帝受群臣礼拜，举办隆重仪式之所。文华殿是明清皇帝的经筵之所。武英殿在明代被用作斋戒和召见大臣之所，清代则成了宫廷印书之所。故宫后部以乾清宫、交泰宫、坤宁宫及东、西六宫为中心，以宁寿宫、慈宁宫为两翼，称为“内廷”。这是封建皇帝及其后妃们居住和处理日常事务之所。在乾清宫北门外是皇宫的御花园，亭台楼阁结构精巧，假山流泉掩映在古柏、奇花异卉中，使这处以建筑为主体的宫廷式花园既清幽秀雅，又不失宫殿气魄。故宫主要建筑完全位于一条南北纵轴线上，这条纵轴线又与自外城南门永定门，经正阳门、天安门，向北经景山万春亭、地安门至钟鼓楼的北京城南北中轴线完全重合，保持着皇宫和整个北京城中轴对称的总体格局，不愧为中华乃至世界建筑史上的辉煌杰作。

1925年，故宫建为博物院。1949年后，故宫博物院的一些重要景点建筑得到维修。改革开放以来，国家以巨资投入修缮故宫中的大小殿堂楼阁。2002年故宫内启动了一次整体大修，对所有建筑进行了一次勘察诊断和损坏程度的评估，以“完整保护、整体维修”的方针，严格按照建造时的盛世工艺加以修复。在大修的同时，调查摸清了馆藏文物的家底，准确的藏品数量为1807558件。关闭已久的宝蕴楼等一处处著名景观修缮一新，向公众开放。

1987年，故宫博物院被联合国教科文组织列入《世界遗产名录》。2007年，国家旅游局批准故宫博物院为首批国家5A级旅游景区。如今每个开放日，游客从四面八方涌来，簇拥排队入馆，形成盛况。游人进入故宫游览，可看到宫廷原状陈列，观赏的展馆有绘画馆、钟表馆、陶瓷馆、青铜器馆、历代艺术馆、工艺（珐琅、玉器）馆、珍宝馆等。到北京进故宫博物院参观游览的人数连年递增，2012年、2013年单日最高流量都曾突破18万人次，全年突破了150万人次。

3. 皇家祭祀的天坛

天坛位于北京城南部、永定门内大街东侧，是明清两代帝王祭天祈谷、夏至祈雨、冬至祭雪的郊祈圣地。始建于明永乐十八年(1420)，清代经乾隆、光绪年间重修改建，形成现在的格局。

天坛占地27平方千米，地域广阔，比故宫面积还大两倍多。它有两重垣墙，形成内外坛；垣墙南方北圆，象征天圆地方。这里是中国现存规模最大的坛庙建筑群，是封建政权和神权相结合的产物，其独特、壮美的建筑风格，堪称世界建筑史上的一大奇迹。

在天坛距北门不远处，是著名的建筑祈年殿。这是一座有鎏金宝顶、三层重檐的圆形大殿，它采用上屋下坛的构造形式，宏伟壮观，气度非凡。三层殿顶覆深蓝色琉璃瓦，呈放射状，逐次收缩向上的造型，给人以拔地而起、高耸入云的感觉。祈年殿是全木结构建筑，28根大柱支撑着整体殿顶的重量，殿脊以鎏金斗拱作支撑，卯榫交叉，独具匠心。

皇穹宇位于天坛中部，高19.5米，直径15.6米。殿内由8根檐柱和8根金柱支托屋顶，上面是弧形短梁。斗拱层层上叠，天花逐次收缩，形成美观的穹隆圆顶。皇穹宇是供奉皇天上帝和皇帝祖先神主的地方，其周围的围墙呈圆形，表示天象。墙面整齐光滑，弧度规则，形成了著名景点“回音壁”。

圜丘坛位于皇穹宇南侧，又称祭天坛，是皇帝祭天的场所。坛高分3层，每层四面各有9级台阶，3层台面每层铺有9环扇面形状的石板，上层1环为9块，以下每环递增9块，至下层27环的243块，3层总计是378个9，共3402块，象征九重天。圜丘坛总高度5米，下层直径70米，中层直径50米，上层直径30米，3个数相加等于150米(合45丈)，刚好合了帝王“九五之尊”的说法。

天坛内还建有斋宫、双环亭、丹陛桥、长廊、七星石、百花园等建筑景观。在明清封建时代，皇帝到此祭祀前一天就要来皇穹宇上香，到圜丘坛看神位，然后到斋宫斋戒。祭天大礼分为迎帝神、奠玉帛、进俎、行初献礼、行亚献礼、行终献礼等九项仪程，典礼是极其隆重的。

到了民国时期，1913年天坛曾短暂向民众开放10天，大批普通百姓涌进了昔日的皇家禁地。1949年以来，天坛公园各景点多次进行了维修。1998年被联合国教科文组织列入《世界遗产名录》。是国家5A级旅游景区。如今园区各处优雅秀丽，已成为京城游人众多，集游览、休闲、健身为一体的著名公园。

4. 皇家园林颐和园

颐和园位于北京城西郊。它是我国现存的最完整和规模最大的一座皇家园林,在我国和世界园林史上都有着重要的地位。

颐和园主要由万寿山和昆明湖组成。万寿山为燕山之脉,高 58.6 米,原名瓮山,传说早年有位老人在山上挖到一只石瓮,因而得名。瓮山的南面原有一片由泉水汇聚成的湖泊,称瓮山泊。元代著名水利家郭守敬,主持开发了西山一带的水源,将沿途泉流注入湖中,然后将瓮山泊浩瀚之水引到元大都城内,成为可以接济漕运的水库。明代时瓮山泊湖岸边建起多处寺院和亭台,景色优雅。清代乾隆年间,皇家园林的兴建形成规模,万寿山前湖面扩展、挖深,修建大报恩寺,营建成了颐和园的前身清漪园。光绪年间,取"颐养冲和"的意思,将清漪园改名颐和园,曾动用海军经费,对园区进行了将近 10 年的兴建,形成了如今的格局。

今天的颐和园面积约 290 万平方米,湖水面积占全园面积的 3/4。各种形式的宫殿建筑达 3000 多间。正对颐和园东门的仁寿殿原名勤政殿,是乾隆时期依规定在园内所设,专为在园内与大臣们处理国事之所。"仁寿"二字源于孔子《论语》中的"仁者寿",取意施仁政者就能长寿。仁寿殿是慈禧太后和光绪皇帝进行内政外交活动的场所。殿中有高台,中间设屏风、宝座、御案。每当这里坐朝,烛影摇曳,香烟缭绕,给封建帝后蒙上了一层神秘的色彩。

仁寿殿后面是光绪居住的玉澜堂、慈禧居住的乐寿堂。向西坐落着长廊。长廊长 728 米,共 273 间,是颐和园最负盛名的建筑之一。它的坊梁上绘有 8000 多幅山水、人物、花鸟彩画,取材于历史故事、古典文学作品、戏剧情节、神话传说等,让人乐于观赏。

在长廊的中段处,通向北面的是颐和园的一组主体建筑,有排云门、排云殿、佛香阁、五方阁、宝云阁、众香界牌坊、智慧海无梁殿等。佛香阁建在一座 21 米高的石砌台基上,八面三层四重檐,通高 41 米,高出万寿山顶,是全园的中心和制高点,也是颐和园的标志。佛香阁仿杭州六和塔建造,气势恢宏,是一座艺术价值极高的古典建筑。

在平阔的昆明湖上,长堤、大桥、小桥、岛屿点缀着湖面,有着丰富的自然韵味。十七孔桥宽 8 米,长 150 米,由 17 个桥洞组成,用以连接东堤和南湖岛,是颐和园中最大的著名石桥。颐和园中著名景观还有东部的谐趣园、西部的石舫、南部的南湖岛和知春亭等。整座园林有多达 100 处以上的景点与湖光山色相互交融,形成中国皇家园林的精华之作。1998 年,颐和园被联合国教科文组织列入《世界遗产名录》,是国家 5A 级旅游景区,是中外游人十分喜爱的游览之地。

5.明代皇家墓地十三陵

明十三陵位于北京城西北郊。陵区面积达40平方千米,东、西、北三面环山,整个陵区就像一座巨大的天然庭院,当年是神圣不可侵犯的皇家禁地。

明成祖朱棣于永乐十九年(1421)迁都北京,“遍阅昌平诸山”后,选择了这处很有气势的形胜之一修建皇陵。以后历经230多年,先后建造了十三个皇帝的陵墓,故称十三陵。

十三陵陵园的建筑具有宏伟壮观的唐代特色,陵域外围建有80里城堞坚厚的陵垣,内部各陵都具规模,分居一山之下,中有神路勾通,形成了一个主次分明规模宏大的整体。陵园中的皇陵修建时间长短不一,如成祖的长陵修了18年,世宗的永陵修了12年,神宗的定陵修了6年。也有的葬期紧迫,如仁宗的献陵仅3个月即成。十三陵中共葬有13个皇帝、23个皇后、1个贵妃。

陵区正南是陵区起点,建有石牌坊;向北依次有大宫门、碑楼、石像生、棂星门等设置。石像生是一组极为珍贵的雕刻群,包括狮子、獬豸、骆驼、象、麒麟、马、武臣、文臣、勋臣,在800米内,共有18对,两两相观,在艺术造型上,非他处石像生所能相比。

十三陵的首陵是长陵,埋葬着成祖朱棣和皇后徐氏。长陵建筑形制为前方后圆,占地面积约12万平方米。陵区分为三个院落,一进院有陵门、神厨、神库、碑亭等。二进院有祾恩殿及两侧廊庑各15间。三进院有内红门、牌楼门、石五供和高大的明楼。长陵是十三陵中一处建筑最为宏丽的陵寝区域。

十三陵中的定陵是一座被发掘的皇陵,里面埋葬的是神宗皇帝朱翊钧。1956年5月,我国考古工作者发掘了这座地下宫殿,三年后建立了定陵博物馆。地下宫殿亦称玄宫,是陵墓建筑中最主要的部分。它由前、中、后、左、右5个宽敞的大殿组成,总深度27米,建筑面积约1200平方米,殿体石条起券,宏伟壮丽,是国内罕见的皇陵地宫之一。后殿是地宫中最大的一个殿,殿内有棺床,棺床上放置着朱翊钧和孝端、孝靖两皇后的棺椁,放有装玉料、梅瓶和殉葬品的红漆木箱。如今殿内的棺椁等物都是根据原物复制的。在博物馆陈列室里,陈列着万历年间皇帝的谥宝、谥册、金、银、玉器等珍贵文物,如皇帝的金冠,通体为金丝编制,精巧绝伦。皇后的凤冠冠上满饰以宝石为中心的珠翠,边角也饰有金制口圈和大小珍珠,精美至极。随葬品中的青花瓷碗、珠玉钗簪等,俱是文物珍品,是游人必看之物。

2003年,北京明十三陵列入联合国教科文组织的《世界遗产名录》,是国家5A级旅游景区。如今十三陵开放的景点有长陵、定陵、昭陵、神路几处。

6. 雄峻的八达岭长城

中国的万里长城是世界上修建时间最长、工程量最大的冷兵器时代的产物，是中国古代民众创造的世界奇迹之一。长城西起嘉峪关，东到鸭绿江，大都建在山岭最高处，称为万里长城。位于北京延庆区西南的八达岭长城，是目前保存较为完好的长城城段，被誉为万里长城的精华。

八达岭长城距市区约75千米。八达岭地处要冲，具有很高的军事价值，自明代开始，明清两代帝王非常注重这里的防御，不断在此修建长城。此处长城的建造多用条石和城砖垒砌，坚固密实。沿城墙每隔三五百米就有一座方形或长方形的凸出台子，一种称墙台，突出于城墙外，是古代士兵巡逻放哨的地方；另一种是敌台，也叫敌楼，长宽高均为10米，隔成上下两层，上层用来守望和射击，下层可供住宿；还有战台，用于攻战和储存武器弹药。都是驻防作战的重要军事设施。

八达岭是居庸关的外口，这里居高临下，地势险峻，明弘治年间建造了关城。城高7.5米，厚约4米，东西两座关门相距64米，城内面积约5000平方米。1949年后，政府两次对八达岭关城和长城进行大规模修缮。登上八达岭关城，向南一段开放的长城称“南四楼”，往北一段开放的长城叫“北四楼”。此地段的城墙，高大坚固，均高7.8米，上宽5.7米，下宽6.5米。墙上地面可以容纳五马并骑，十人并行。墙内相隔不远即有券门连接，上下由石梯连通。城墙外侧称“堞墙”，有砖砌的垛子叫“垛口”。垛口与垛口之间设有“瞭望口”“射击孔”“投石洞”。在城墙外小山岗上砌有高高的烽火台，遇敌情白天燃烟，夜间举火，形成一个完整的报警和御敌系统。

站在八达岭城墙上向周围眺望，长城曲折、回旋，随山势起伏向前伸延，但绝没有一处是硬拐死弯的。这种因地制宜设计城墙走向，既考虑到军事上的需要，又达到了建筑上的可能，在复杂的地形上使两者得兼，堪称奇观。在此看长城内外，一年四季景色俱佳：春到八达岭，桃花、杏花、山茶花和各种野花漫山遍野连成一片；入夏长城被白云和雾气所笼罩，犹如一条腾云驾雾的苍龙；金秋时节，城下四处枫叶争红，层林尽染；冬日的长城白雪皑皑，银装素裹，给人以清新粗犷之感。

1987年，八达岭长城被联合国教科文组织列入《世界遗产名录》，是国家5A级旅游景区。据统计，八达岭长城每年要接待中外游客200多万人次，仅2000—2009年就有500多名来华访问的国家元首和著名人士，登上八达岭长城，一览长城的壮丽风采。今日巍巍长城已失去了军事价值，但其宏伟的雄姿和非凡的气魄，已成为各国人民了解中国几千年文明史的窗口，成为连接五大洲朋友的纽带和增进友谊的长城。

7. 周口店"北京人"遗址

周口店"北京人"遗址，坐落在北京市区西南48千米处、房山区周口店龙骨山脚下，是一座古人类博物馆。

1929年，中国古人类学家裴文中先生在龙骨山发掘出第一颗完整的"北京猿人"头盖骨化石，震撼了世界。1930年，于此地又发现了距今约2万年前的山顶洞人的化石及文化遗物。令人遗憾的是，在随后的连年战乱中，"北京人"和山顶洞人的化石标本全部遗失，迄今下落不明。1949年后，政府恢复了对周口店遗址的发掘和研究，先后获取了大量完整的资料，发掘出代表40多个古尸的头盖骨、下颌骨、牙齿等化石和丰富的石器、骨器、角器及大量用火遗迹等。

周口店"北京人"洞穴的堆积层厚达40多米。经考古学家对遗迹遗物考证，"北京人"大多生活在距今70万年至20万年。食物的主要来源是狩猎和采集。经对骨骼化石测算，"北京人"的脑容量已达1088毫升，头部特征较原始，但已有了明显的现代蒙古人种的头形。男性身高约156厘米，女性身高约144厘米。"北京人"的发现，为人类进化理论提供了有力的实证。"北京人"及其文化的发现研究，解决了19世纪爪哇人的发现以来，关于"直立人"是"猿"还是"人"的争论。"北京人"以事实证明，"直立人"是人类历史的最早期，处于从猿到人进化过程最重要的环节。他们是"南猿"的后代，后来的"智人"的祖先。而"北京人"具有"直立人"典型的形态标准。

"北京人"作为"人"的一个重要特征是懂得用火和吃熟食。用火主要取于自然，知道保护火种。"北京人"创造出的旧石器文化也是了不起的，石器是"北京人"文化的重要代表。他们创造出三种不同的打石片方法：以砸石法生产出适用的石片，运用锤击法制成石锤、石钻，使用刮削法获得尖状器、砍砸器、雕刻器等。"北京人"的发现，为中国古人类及其文化的研究奠定了坚实的基础。

自周口店建立"北京人"遗址博物馆后，近年来多次进行修扩建。如今的周口店遗址分为遗址区和博物馆两部分，遗址区有著名的猿人洞、山顶洞等多个化石洞穴，博物馆包含7个展厅，藏有大量文化遗物、动物化石、石器等，图文并茂地向参观者诠释周口店遗址的历史价值和文化内涵。1987年，周口店遗址博物馆被联合国教科文组织列入《世界遗产名录》，是国家5A级旅游景区。为解决猿人洞日晒、雨淋、风蚀、洞口滑塌等问题，景区进行了钢结构施工，将"钢盔"覆盖在猿人洞上方，面积达3700平方米，一举隔绝了雨、雪、冰雹、紫外线及其他自然力对遗址的损坏，以全新的面貌，于2018年春向公众开放。

8. 天津的古文化街

古文化街位于天津市海河西岸、南开区东北角的东门外，北起老铁桥大街（宫北大街），南至水阁大街（宫南大街），长 687 米，宽 5 米。南北街口各有牌坊一座，分别书有“津门故里”“沽上艺苑”匾额。

这条街的街面上，一直有着店铺聚集、商业文化渊源深厚的历史底蕴。1986 年，这里的古文化街建成开业，商业步行街内近百家店铺装饰一新，向游客敞开大门。其中许多是老字号手工艺品店，有古玩字画、文房四宝、碑帖、杨柳青年画、天津风筝等各种装潢、专卖店。3 年后，以经营景泰蓝、苏绣、内画水晶等工艺为主的乔香阁落户于这条街，其后不断扩大经营范围，增加种类，销售的珍珠首饰、工艺伞、工艺宝剑、华服等，富有民族特色，销售渠道扩至德国、日本、马来西亚等国。在此街经营的一家家店铺古色古香，许多店铺的门面檐下枋间绘有一幅幅江南艺术风格的苏画和砖木雕刻装饰，具有浓郁的民俗风情、喜庆寓意。一家士宝斋店前展示的木雕取意《清明上河图》，观之可一览虹桥上下行船繁忙及民众劳作、交往、休闲的生动景象。在古文化街上，除能观赏买到琳琅满目的文化用品，还能品尝到众多地道美食，有狗不理包子、耳朵眼儿炸糕、正宗煎饼果子、老翟药糖、天津大麻花，吃到果仁张、皮糖张、蹦豆张的美食。古文化街坚持“中国味、天津味、文化味、古味”的经营理念，仅开业 10 年，总营业额就达到 5.9 亿元，创利税 4800 万元，接待中外游客 1100 万人次，众多党和国家领导人都曾到这条街上视察参观。如今的古文化街是津门十景之一，为国家 5A 级旅游景区。

古文化街上除了鳞次栉比的店铺，还有着一些旅游景点。天后宫位于文化街的中心段位置。天后在我国古代被称为护航女神，相传为明代福建女子，姓林名默，她经常驾船出海，搭救遇难之人。林默在福建和港澳一带亦称“妈祖”。元代时京杭大运河直抵大都城，为祈求航运安全，泰定三年（1326）将护航女神崇为天妃，沿海水域城镇广建天后宫。建于文化街的这座，有正殿、凤尾殿、关帝殿、财神殿等主要建筑 14 间。广场矗立的两根帆杆已有 600 年的历史。当年帆杆上高挂灯笼，是出海人返航的路标。如今每逢农历三月二十三日天后生日，宫前广场和南北处都会举办传统的皇会演出活动，表演舞龙灯、舞狮子、少林会、高跷、法鼓、跑旱船、地秧歌和戏剧演出等，场面热烈，极富观赏性。

在文化街上还坐落着天津最大的道教殿堂玉皇阁、最具天津特色的四合院群落通庆里、近代维新派代表人物严复的故居、大清邮政、泥人张彩塑等景点，也都值得一游。

9. 河北承德避暑山庄

避暑山庄位于河北省承德市，占地面积达564万平方米，有宫墙1万米，总面积比北京颐和园大一倍，是我国现存最大的皇家园林。

清代康熙皇帝为加强北部边疆的管辖，实行每年一次的北巡。于康熙四十二年（1703）在承德动工营建行宫，初步于5年后建成。山庄内分为宫殿区和苑景区两部分。宫殿区在山庄的南部，是清代皇帝在庄内处理政务、举行庆典、会见外国使臣和帝后居住的地方，包括正宫、松鹤斋、万壑松风、东宫几组建筑。

苑景区包括平原、湖泊、山峦三部分，山区面积约占全园面积的80%，在园区形成了群峰环绕、沟壑纵横、蔚然深秀的景象。利用山峰、山崖、山涧、山麓修造形成了众多迷人的景观。山峦峡谷之间高低错落地排列着康熙、乾隆各题名的36景，另有园林建筑20多组和寺庙观庵十几座。这些建筑又分别为若干殿、阁、塔、堂、轩、斋、亭、榭、楼、台、馆所组成。一座月色江声岛上，即有"月色江声""静寄山房"等7景。如意洲上则分列着"一片云""沧浪屿"等12景。

避暑山庄峰峦多，地形复杂，它的风景点全部是"因地制宜"而建，采取分散布局。各风景点之间，运用分景、衬景、障景、借景等以虚实、藏露、疏密、起结等造景手法，使景观形成动静连续的画面，避免人工雕琢的痕迹。山庄的一处处建筑，外观朴素，色调淡雅，多由繁茂的植物遮掩。园内有松、柏、枫、杉、槐、榆、桑、柳及榛子、山楂等，还有南方的竹子、东北的草荔枝、内蒙古的白莲、新疆的绿葡萄等。这里水源充沛，飞禽走兽自然也多。

避暑山庄建成后，康熙曾赋诗云："不贪玉子琼楼看，独在遐取理外疆。"他建起山庄并非只是避暑享乐，每年秋天他都亲率王公大臣、各级官兵1万余人进行大规模的"围猎"，实际上对北方边境异族起到了威慑作用。山庄墙外还星罗棋布着寺庙群，其中8座由清政府直接管理，称"外八庙"，康熙通过这些寺庙对北方少数民族起到了联络和安抚的作用。

1949年以来，政府对承德避暑山庄多次进行整治修缮。1994年承德避暑山庄被联合国教科文组织列入《世界遗产名录》。如今山庄的游览项目众多，可荡舟湖上，可跃马平原，还可乘坐游车环游。盛夏时节还有夜游山庄的活动，山庄的众多亭、台、楼、阁在各式灯光照耀下，与天上星月遥相辉映，恍如仙境。

10. 疗养佳境北戴河

北戴河位于河北省东北部、秦皇岛市，景区总面积 112.45 平方千米。1982 年即成为首批国家重点风景名胜区，是国内规模最大的休养疗养基地和会议培训中心。

北戴河早在 1898 年就被清政府辟为“允中外人士杂居”的避暑区。自 20 世纪 50 年代，党和国家领导人暑期便在北戴河办公休息。1954 年，毛泽东主席在北戴河写下了《浪淘沙·北戴河》著名词作。近年来北戴河景区经不断规划扩建，已成为一处中外闻名的旅游度假胜地。

北戴河景区年平均气温在 8.8—11.3 摄氏度之间，盛夏日平均气温在 22—25 摄氏度之间。年降雨量 650—750 毫米，气候宜人。景区拥有海洋、森林、湿地三个主要生态系统，分布着 6600 公顷森林、50 多亩湿地。城市绿化覆盖率达到57.4%，每立方厘米负氧离子最高为 1.5 万个，是一般城市的 20 倍。海岸上沙软、潮平，是海水浴、沙浴、日光浴的理想场所。景区地势敞阔，森林、海滨栖息着多达 451 种鸟类，是国内最著名的观日出、观鸟胜地。景区内古迹景物星罗棋布，错落有致，充分展现了“海”的魅力、“林”的幽深、“山”的灵气，形成了以鸽子窝、中海滩、联峰山为主的三大风景区。这使旅游业成为当地的支柱产业，相关的旅游服务业、旅游商贸业、旅游农业等，都有了快速发展。

景区内坐落着联峰山公园、怪楼奇园、奥林匹克公园、集发观光园、海滨国家森林公园等众多旅游景点。老虎石海上公园位于北戴河风景区中心地带，占地 3.3 万平方米，公园内遍布形态不一的礁石，有的散落在沙滩，有的雄踞于密林，更多的是伫立滩头迎向海浪。相传统一六国的秦始皇来到此地，遇大山拦挡。他取出赶山鞭，向山峦猛抽，山石应鞭溃散，而海滩上却跃起大群斑斓猛虎扑向他，将秦始皇吓得落荒而逃。看秦始皇没了踪影，虎群又化为各种姿态石头，踞伏于此，供后人观赏。

距北戴河海滨 15 千米处，有一个黄金海岸滑沙中心。这里沙细、滩缓，在国内首创了滑沙娱乐健身运动项目。滑沙类似滑雪、滑冰，又有所不同，人坐滑板上从沙山顶上飞驰滑下，能产生嗖嗖溜下的愉悦美感，又相当安全。在北戴河景区的碧螺塔公园内，自 2010 年夏每年举办海滩狂欢音乐节，有国内外众多著名歌手、音乐人莅临现场，与游客一起释放激情，共享音乐魅力。

11. 华北明珠白洋淀

白洋淀位于河北省中部、保定市境内，水域的85%在安新县境内，故有安新白洋淀之称。白洋淀面积366平方千米，是河北省第一大内陆湖，由143个淀泊和3700多条沟壕组成。

淀为浅湖。白洋淀坐落于太行山东麓永定河冲积扇与滹沱河冲积扇相夹持的低洼地带，自古即为水乡。相传嫦娥仙子的一只随身宝镜掉落民间，摔为大大小小的143块，化作白洋淀的湖泊。淀内著名的湖泊有白洋淀、马棚淀、烧车淀、藻苲淀等。又传说清代乾隆皇帝多次到此地巡游，一次不慎落水，被渔民救驾，淀上从此又诞生了他御封的"捞王淀"。抗日战争时期，活跃于此的雁翎队，在中国共产党领导下，利用淀区芦苇密布、沟河交错的地形，开展机动灵活的游击战，痛击日本侵略者和伪军。文学作品《新儿女英雄传》《小兵张嘎》《荷花淀》等都是以此地为背景创作的。

在连年干旱后，白洋淀在1982年干枯。1988年雨水充盈，湖区水量上涨，又成汪洋一片。经当地政府规划开发，很快形成受人喜爱的旅游景区。1991年江泽民总书记题写了"华北明珠白洋淀"。2017年白洋淀景区入选了《全国红色旅游经典景区名录》。

白洋淀水域辽阔，水产丰富。有水生植物47种，形成了以莲花、芦苇、芡实、菱角、白花菜、藕等为主的水生植物群。淀区还有14种哺乳动物、近200种鸟类和50多种鱼类，鱼类中主要为鲤鱼，又盛产鲑鱼、青鱼、圆鱼等，是著名淡水渔场。经近年来不断开发修建，白洋淀已建成元妃荷园、荷花大观园、鸳鸯岛、水上游乐园、白洋淀文化园、渔人乐园、王家寨民俗村等景点。

荷花大观园占地2000多亩，栽种了多种荷花，品类多而美，景色雅而奇。园区设观景、采莲等五区，民俗、垂钓等四园，泊船、赏鱼等三港，沙滩、休闲等两滩和值得一望的山景。这里的十里环园路、百顷荷花塘、千丈赏花桥、万米船航道，都值得体验观赏一番。白洋淀的文化苑更具八大亮点：西淀风荷、东堤烟柳、康熙水围行宫、敕赐沛恩寺、祈福钱屏、水生植物园、白洋淀雁翎队纪念馆、芦花寨度假村，集悠久历史文化、优美生态文化、淳朴民俗文化、革命传统文化为一体。

白洋淀的荷花节欢庆活动，自1991年连续举办至今，每年7月23日—9月23日，历时两个月。分别以出水芙蓉、百里荷香、荷塘月色等为主题，组织游客观荷赏莲，举办荷香笔会、荷花情书画摄影作品展，开展垂钓比赛，推出十八弯水路生态游项目，举行水乡民俗风情故事会、"白洋淀之秋"文艺会演等，活动丰富多彩，受到众多中外游人的欢迎和喜爱。

12. 佛教圣地五台山

五台山是名扬海内外的佛教圣地。它位于山西省忻州市五台县境内，由5座峰峦怀抱而成，东台名望海峰，西台名挂月峰，南台名锦绣峰，北台名叶斗峰，中台名翠岩峰。

五台山五峰耸立，夏无炎暑，此处又称清凉山。东汉永平十年(67)，印度僧人来中国传教，后即在清凉山上建起了大孚灵鹫寺，这就是现在著名的显通寺前身。从此五台山就成为我国的一个佛教中心。北齐时，寺院已增加到200余座。隋唐时期，五台山多有敕建寺院，供奉文殊菩萨。清代皇帝倡导喇嘛教，将灵鹫峰顶的诸多寺庙改为喇嘛庙，借以联络蒙藏上层僧俗。五台山现存有《华严经》字塔等上千件珍贵文物，是中国古代建筑、雕塑、绘画的艺术宝库。此外流传着顺治皇帝出走后在五台山出家、康熙五次微服私访等传说，更增加了这里的传奇色彩。

五台山鼎盛时期，有庙宇360多座。显通寺坐落在五台山中心区、菩萨顶脚下，是五台山规模最大、历史最悠久的一座寺院。这座寺院的主要殿堂排列在一条中轴线上，如同缩小的皇宫。大雄宝殿占地一亩二分，为五台殿宇之最，木雕彩绘，肃穆庄严。无梁殿全部用砖石建成，发券起楼，独具特色。铜殿由青铜雕铸，外观两层，内为一室，殿内四壁安放铜佛万尊，精致至极。佛光寺始建于北魏，唐代重建后大殿里保存了唐代12幅壁画，是我国现存木构建筑中唯一的早期壁画。画作取材佛教故事，笔法流畅，人物裙缘摆动，随风飘逸，能与敦煌壁画媲美。

五台山历史悠久，古迹甚多。金阁寺正殿中有一尊千手佛，高达17米多，是五台山最大的佛像，比希腊奥林匹亚的宙斯巨像还要高出4米多。显通寺铜殿前，有东西两座铜塔，各高6米多，是五台山最大的铜塔。显通寺大门外的钟楼内，悬挂着一个巨型铜钟，为明代所铸，重9999斤半，据说只为避讳“万岁”才少铸半斤。在塔院寺，有一座高70米、围基83米的白塔，塔顶为一铜瓶，瓶高53米，此寺即以塔得名。在龙泉寺门前，有一座汉白玉雕刻的石牌坊，石坊上镌刻着89条蛟龙及鸟兽花卉，是百余匠师雕刻10年才完工的，是五台山最大的石坊。

1949年以来，五台山经大力修缮已成为国家自然与文化双重遗产，是国家5A级旅游景区。如今五台山终年香火缭绕，梵音不断，宗教气氛浓郁。每年8月举办“五台山佛教文化节”大型佛事活动。此外还开展“寺庙法会祈福游”“朝台登山健身游”“金色世界生态游”“镇海松涛红叶游”“银色五台踏雪游”“五台山上过大年”等特色旅游活动，受到海内外宗教界、旅游界等社会各界的欢迎。

13. 古建一绝悬空寺

悬空寺位于山西省大同市浑源县恒山金龙峡两侧翠屏峰的峭壁间。因整座寺院如同悬挂在悬崖峭壁之上而得名。悬空寺原称玄空阁。“玄”取自中国道教教理,“空”则来源于佛教教理。

悬空寺于北魏太和十五年(491)建成。这是“一院两楼”式布局,总长约32米,有楼阁殿宇40间。南北两座三檐歇山顶殿楼凌空相望,悬挂在刀削般的峭壁上;三面环廊合抱,六座殿阁相互交叉;全寺看上去只有十几根碗口粗的木柱支撑;最高处距地面约50米。

一般建筑物的地基都垂直深置于地面,而悬空寺的地基却是横向插入山体的。一根根打入山体的横梁上,铺好木板,挑起了至少有数十吨重的楼体。考察发现,悬空寺靠山体内分布着一排排石窟石孔,而悬空寺殿体的重心就落在石窟下面的山体上。石孔从外面看上去是方的,但里面是尖尖的锐角。当楔柱打入石孔,便会撑开,卡在石孔缝里。这和今天的膨胀螺栓原理是一样的,打得越深,咬合得越紧,横梁被牢牢钉进山崖中,稳固不移。当单个建筑连接成整体,便建成了悬空寺。悬空寺的构筑“险”“巧”“奇”,有说不尽的妙处。唐代大诗人李白到此游览后,在崖壁上书写了“壮观”二字。悬空寺建成至今已有1500多年的历史,现存的悬空寺是明清两代修缮后的遗物。

悬空寺立于峭壁,经历风雨沧桑,因何又能千年不毁呢? 这除了使用建筑材料考究,再就是峡谷幽深,减少了曝晒;寺院坐落在弧形凹崖龛里,避开了雨水冲刷;恒峰阻挡了风沙,减少了风化侵蚀;远离地面,不受洪水冲袭等,这些都使悬空寺经久不衰。恒山所在的浑源县历史上曾有多次地震的记载,其中一次6级地震造成浑源县城1/3的房屋倒塌,悬空寺却安然无恙,不得不令人称奇。

悬空寺最高处的殿宇是三教殿,殿堂正中端坐着慈和安详的佛祖释迦牟尼,左边是微笑谦恭的儒家始祖孔子,右边是清高豁达的道教老子李耳。千百年来,他们一殿相处,友好和谐,教化世人,开悟人生。在全寺80多尊神像中,还有尧、舜、禹以及关云长等,展示了多元的文化内容。悬空寺虽为寺,却是佛道儒三教合一,有着包容并蓄、虚怀若谷、囊括四海的文化特性,这也是它能够流传1500多年的原因。

悬空寺近年来几次进行修缮和环境治理,1982年列为全国重点文物保护单位。2010年,美国《时代周刊》公布悬空寺为“全球十大最奇险建筑”,由此吸引来更多中外学者、观瞻者探究、求索的目光。

14. 历史悠久的平遥古城

平遥古城位于山西省中部、太原盆地西南的平遥县城内。古城平面为方形，周长 6163 米。拥有多处全国重点文物保护单位和著名景点。1997 年被联合国教科文组织列入《世界遗产名录》。

平遥古城始建于公元前 827—公元前 782 年的西周时期，为西周大将尹吉甫驻军于此而建。出于军事防御，城池筑素土城墙。由于瓮城共有 6 座，城门都突出在墙体外部，这就形成了“乌龟城”之说：南北两门像头、尾，东西四门像四只脚。南门里外两门直通，像龟的头部向外伸出，恰好南门外有两眼水井，被比喻为乌龟眼。北门的外门形状向东弯曲，又似龟尾东甩。龟在古代为“四灵”之一，以龟赋城墙之形，寄寓了古人希冀借龟之神气，使古城固若金汤、永世长存的美好愿望。四面城墙上共筑有 72 个观敌楼，墙顶外侧建有 3000 个垛口，相传它是孔子有七十二贤人、三千弟子的象征。如今的城墙是明初洪武年间扩建后的格局。

平遥古城素有“中国古建筑荟萃宝库”之称。除了保存完好的古城墙，还有始建于五代北汉天会七年（963）被列为我国第三位的现存最珍贵的木结构建筑镇国寺万佛殿。镇国寺分前后两进，前院中央的万佛殿，为五代时期留存至今的唯一木构建筑，殿内释迦坐像身躯丰伟，眉目生动，是中国寺观中硕果仅存的五代彩塑。双林寺为城堡式建筑，有殿宇 10 余座，三进院落摆放大小彩塑 2052 尊，大者高达数米，小的仅数 10 厘米。菩萨殿的千手观音神态端庄，胳膊塑造得圆润丰满，26 只手臂如扇面形排列为几层，上下交叉，变化多端，造型美观。

平遥城隍庙位于古城内东南，由 3 组建筑群组成。城隍庙居中，灶君庙、财神庙分居左右，前后四进院，占地 7300 平方米。各院建筑风格独特，手法精美，集建筑、艺术与文化于一体，是国内保存最完整的城隍庙之一。晋商名扬天下，古城中自然也少不了这一特色。有“中国第一家票号”之称的日升昌，坐落在古城西大街繁华地段，分号遍布全国 30 余城市、商埠重镇，远及欧美、东南亚等国，以“汇通天下”著称于世。随着金融业的兴起，平遥还出现了镖局。镖局的业务为押送贵重物品、银票，从如今街面镖局店铺里可看到展示有镖车、镖旗及护镖所用的十八般兵器等。

平遥古城内现存 4000 多处古、近代民居等各类建筑，被认为是中国汉民族城市在明清时期的杰出范例，在中国历史的进程中展示了一幅非同寻常的建筑、文化、社会、经济发展的完整画卷。

15. 鄂尔多斯的成吉思汗陵园

成吉思汗陵园位于内蒙古鄂尔多斯市伊金霍洛旗草原上,是蒙古帝国第一代大汗成吉思汗的衣冠冢。由于蒙古族盛行"密葬",成吉思汗葬于何处始终是一个谜。据记载,吸收成吉思汗最后一口气的"灵魂驼毛",几百年来收藏于成吉思汗陵,经多次迁移,直至 1954 年才从青海的塔尔寺迁回故地伊金霍洛旗。

成吉思汗陵在重建后于 1955 年 10 月竣工。陵园在 1956 年落成。陵园占地面积 5.5 万平方米。主体建筑由三座蒙古式大殿及与之相连的廊房组成,分为正殿、后殿、东殿、西殿、东廊、西廊六部分。正殿高 26 米,平面呈八角形,重檐蒙古包式穹庐顶,上覆黄色琉璃瓦。整个殿廊的立面,如同一只展翅欲飞的雄鹰。建筑造型明快宏伟,具有浓郁的蒙古民族风格。

正殿前耸立着两根高 12 米的旗杆,中间是一尊高大的塔形香炉。正殿中安放着一座高 5 米的成吉思汗雕像,他身着盔甲战袍,腰佩宝剑,端坐在大殿中央。这里是祭奠成吉思汗的中心,一年中有日常的祭祀和期祭、季祭、年祭等,时间不同,祭祀的仪式和祭品也有所不同。在后殿,有黄缎覆盖着的成吉思汗的灵包,安放着成吉思汗和三位夫人的灵柩,两边还有他两个胞弟的灵柩。东殿安放着成吉思汗四子托雷和夫人的灵柩。西殿供奉着成吉思汗使用过的"苏鲁锭"、宝剑、马鞍等遗物。"苏鲁锭"即大旗上的铁矛头,成吉思汗在南征北战中,用它指挥过千军万马,传说死后灵魂便附于其上。为此在蒙古民众心目中,"苏鲁锭"是神圣的。

从世界历史上看,成吉思汗是两千年来世界上最伟大的人物之一。千年更替之际,美国《时代周刊》评选"本千年十个影响最大的人物",成吉思汗荣膺榜首,他的影响力远超彼得大帝、恺撒大帝、拿破仑等人。他和子孙所建立的大帝国,改写了世界版图,深刻影响了欧洲的历史进程,使得人类之间实现了"最广大而开放的一次握手"。这使成吉思汗陵园理所当然地具有了世界文化价值。

近年来,成吉思汗陵园多次得到维修。1999 年,中华人民共和国成立 50 周年前,成吉思汗陵园再一次进行了维修扩建,建起了祭祀文化展馆,在行宫修建了混凝土蒙古包,美化了陵园庭院,建成了花卉温室等。现在的成吉思汗陵园,除陵宫,还有苏勒德祭坛、伊希哈屯殿、碑亭、铜像广场、门牌楼、门景等众多景观,每年都吸引来大批中外游客观赏。

16. 大气庄严的沈阳故宫

沈阳故宫坐落在沈阳旧城中心，是中国仅存的两大皇家宫殿建筑群之一，又称盛京皇宫，始建于后金天命十年(1625)，距今已有近400年的历史。清迁都北京后，这里称陪都宫殿。

沈阳故宫占地面积6万多平方米，有建筑114座，房屋500余间，是一处包含着丰富历史文化内涵的古代遗址。2004年被联合国教科文组织列入《世界遗产名录》。

清朝的奠基人努尔哈赤征战一生，他选择了地处军事、经济、交通中枢的沈阳为都城后，就着手筹建宫殿，首先遵循故制和满族习俗，修建了八角正殿和高台寝宫。皇太极即位，又以10年的时间完成了故宫的整体建筑。清朝入关后，后几代皇帝经常东巡盛京(沈阳)，谒陵祭祀，不断增建扩建，前后用了150多年，最后建成了如今的沈阳故宫。

沈阳故宫的建筑分为三路。东路建筑以大政殿为主体，辅有方亭十座，即"十王亭"。大政殿坐北朝南，为八角木架亭式结构，殿内门柱上雕有两条金龙，腾空欲飞；殿身上下雕绘精致的仙人、走兽、荷花净瓶、流云火焰，融合了满、蒙、汉民族的艺术特色，高雅华丽。十王亭又称八旗亭，前面的左右翼王亭各领四座旗亭，象征统领八旗。八旗是部队和行政组织的名称，是努尔哈赤在常年用兵过程中逐步创立的制度。始设黄、红、蓝、白四色旗，后增镶黄、镶红、镶蓝、镶白四色旗，合为八旗。旗即旗帜，长三角形，正旗通身一色，上绣飞龙宝珠；镶旗则在原色旗上加镶有其他颜色的彩边。

中路建筑以崇政殿为主体，南起大清门，北抵清宁门。崇政殿较之大政殿建造得更为庄严富丽，是皇太极即位后的金銮殿，是他日常朝会和处理政务的地方。殿东西有飞龙、翔凤两阁。清宁宫是故宫的后宫，建于3米多高的高台上，地处整个故宫的最高处，这种"宫高殿低"的建筑形式，依照了满族的传统习惯，与北京明故宫形成鲜明的对比。

西路建筑以文溯阁为主，包括嘉荫堂、仰熙斋、戏台等建筑，都为乾隆年间修建。是存放《四库全书》和皇帝东巡盛京时读书、看戏的场所。

沈阳故宫的宫苑建筑大气庄严，其丰富的馆藏文物也享誉中外。故宫中尤以明清宫廷文物弥足珍贵，馆藏文物的珍宝展集服饰、珐琅器、书画作品、雕刻品、漆器、瓷器等门类藏品的精粹，集中体现了古代劳动人民的智慧和明清时期杰出的生产工艺水平，有重要的观赏研究价值。

17. 依山傍水的关外三陵

清朝皇帝的陵墓,除了在河北省有东西二陵外,在辽宁省还有三座老陵,即永陵、福陵、昭陵。它们是清朝入关前所建,通称清初三陵或关外三陵。这三陵依山傍水,红墙黄瓦掩映在松柏之中,城堡建筑与山陵建筑相结合,其布局、形式继承了我国古代建筑艺术传统,并富有满族风格。

永陵位于抚顺市新宾县境内、苏子河畔,它初建于 1558 年,原名兴京陵,清顺治十六年(1659)改称永陵。这里埋葬了努尔哈赤的远祖孟特穆、曾祖福满、祖觉昌安、父塔克世等人。陵园四周砌有 3 米高的围墙,正红门内有碑亭四座,往前是城堡式方城,中为启运殿;殿后是宝城,几座大墓环列期间。基地原有老榆树一株,被封为"神树",旁立石碑,上刻乾隆皇帝东巡祭祖所作的《神树赋》。

福陵位于沈阳市东北 11 千米处,也称东陵,是努尔哈赤和皇后叶赫那拉氏的陵墓。浑河水环于前,天柱山峙其后,峰峦耸秀,松柏间时有云雾缭绕,气象万千。在正红门内建有华表、石牌坊,砌有"一百单八磴"石级。"一百单八"是取三十六天罡星、七十二地煞星之数,象征帝王是天上最大的星宿。循石级至平台,有碑楼等建筑。然后是陵园的主体部分,即方城和宝城。方城四周为城堡式高墙,四周建有四座角楼,正中是金碧辉煌的隆恩殿,殿内有木制暖阁。殿前两侧是焚帛楼和配殿;殿后有石柱门、石五供、洞门,洞门之上为大明楼,内立"太高祖皇帝之陵"石碑。方城后面是月牙形的宝城,宝城中央宝顶下即是地宫,内葬清太祖和皇后。

昭陵坐落在沈阳市北郊,又称北陵。陵园从清崇德八年(1643)始修,到顺治八年(1651)才初步建成。此陵埋葬着清太宗皇太极和皇后博尔济吉特氏。昭陵地域开阔,四季各具风采,有"宝顶凝晖""隆山积雪""龙头瀑布"等十景之胜。这里不同于永、福二陵,地本无山,为使其"依山傍水",昭陵后面以人力造出隆业山,聚土堆积了 9 座山峰。每当冬季大雪纷飞,便是一片银装素裹的肃穆景象。昭陵的结构,可分为三部分:从下马石到大红门;从大红门到方城;方城与宝城。大红门前石道两旁的石象生雕制精美,有坐狮、獬豸、麒麟、立马、卧骆驼、立象各两对。马和骆驼都为皇太极生前十分钟爱,它们的塑像陪侍陵前恰得其所,与狮、象等被誉为"十二御林"。

关外三陵修建几百年来,饱经风霜,多有损坏。1949 年后,尤其是近年来大力修整,三处古老的陵区又重放光彩,成为众多游客喜爱游览观光的著名景点。

18. 风光奇绝的长白山天池

长白山位于吉林省东南部，是中国十大名山之一，为松花江、图们江、鸭绿江三江的发源地。它形成于1200万年前的地质造山运动，后成为一座休眠火山，顶部经多次喷发拓成了巨型伞面体，火山口积水成湖，由此诞生了天池。

长白山天池海拔2189米，略呈椭圆形，南北长4.4千米，东西宽3.37千米；平均水深204米，最深处373米，总蓄水量达20.4亿立方米；水温在0.7—11摄氏度之间，平均水温为7.3摄氏度。每年从11月下旬开始有七八个月的封冻期。天池像一块碧玉镶嵌在长白山群峰中，是位于中国一侧的中朝两国界湖，是中国最大的火山湖，也是世界上最深的高山湖泊。

天池周长13千米，围绕着深碧池水的奇妙白石上，夏季时仿佛也覆盖着皑皑积雪。池水清澈凉寒，相传是天上七仙女沐浴的地方。还有一个美丽的传说，长白山上居住着一个残暴的喷火魔王，为害四方，难以降服。有位名叫吉利的姑娘，请求天庭助她除魔，王母娘娘送她一块千年寒冰，姑娘抱着寒冰钻进魔王肚子，将魔王炸碎，长白山头也被炸开一个缺口。吉利被王母娘娘收作了女儿，她思念人间，降下瑞雪将长白山头覆盖，又用雨水灌满山口形成了湖泊。

这座天池湖泊周围环有16座山峰，形成16处独特的景观。如白云峰峰顶烟云缭绕，终年不散；玉柱峰状如玉柱，与白云峰厮守对峙。其他的梯云峰、三奇峰、天豁峰、卧虎峰等，顾名思义便知其也各有特色，景致不俗。围成天池的北面浮石有一个缺口，池水漫溢而出，流在天豁峰与龙门峰之间，蜿蜒流淌了1000多米，从悬崖凌空泄下，形成了长白山大瀑布。瀑布落差68米，如一条银色巨龙自天而降。当地《安图县志》有诗记述曰："白河两岸景清幽，碧水悬崖万古留。疑似龙池喷瑞雪，如同天际挂飞流。"瀑布冲溅起的水雾如烟似云，升腾笼罩着周围峡谷，望之壮美。

古籍上说，天池之水"冬无冰，夏无萍"，这是由于池内有多处温泉，形成了一条条温泉带，水温经常保持在42摄氏度左右，隆冬时节水面热气蒸腾，暖如春夏。湖畔山中有大小几十处温泉，位于长白山北坡的聚龙泉，水量最大、分布最广、水温最高，被誉为"长白山第一泉"。在温泉区，只见泉水从岩石裂隙汩汩涌出，水色微黄，周围的岩砾被染成深浅不同的颜色，闪烁着悦目的光芒。

1980年，长白山天池被联合国教科文组织归入"人与生物圈"保护网，成为世界生物圈保留地之一。作为国家5A级旅游景区，长白山天池以风光奇绝的景色广受到中外游客的青睐。

19. 北国冰雪大世界

冰雪大世界是黑龙江省哈尔滨市推出的大型冰雪艺术节活动。1999 年为迎接千年庆典世纪游而创办,凭借哈尔滨冰雪时节的优势,展示北方旅游名城的冰雪文化和冰雪旅游魅力。

为迎接新世纪的到来,哈尔滨与国家旅游局联合举办了神州世纪首游城市——哈尔滨第一届冰雪节。活动场地位于松花江段江心沙滩,全长 1030 米,最宽处 25 米,总面积 20 万平方米,用冰 6 万立方米,用雪 13 万立方米。整个园区设计以“世纪门”“欢乐门”“卡通门”三座大门为中心,包括“世纪之声”“卡通世界”“冒险乐园”“冰上风情”“雪场欢歌”5 大景区。整个园区冰雪工程气势恢宏,魅力独特,融思想性、趣味性、观赏性、娱乐性、参与性于一园,创造了哈尔滨冰雪建筑的多项世界之最。

哈尔滨冰雪大世界的冰雪节活动自 1999 年至 2020 年已连续举办了 22 届。第二届冰雪节占地 29 万平方米,成为世界上最大的人工冰雪游乐园。这届冰雪节设置了几十项雄奇壮观的巨型冰建筑和巍峨的雪山群雕,具有强烈的视觉冲击力和震撼力,让游客大开眼界。所举办的溜冰、滑雪、堆雪人、滑冰梯、迪斯科、化装舞会、冬季垂钓、民俗村冬令营等上百项活动,让人玩得开心、上瘾,乐而忘返。首次引入的“人工小太阳”、激光组合等高科技手段,将园区夜晚打造得奇幻多彩、绚丽耀目,恍若仙境。

第六届冰雪大世界的活动主题为中俄友好年。活动占地面积 28 万平方米,有景观 2000 多件,设“和平广场”“繁荣龙江”“中华锦绣”“娱乐天地”“欧陆风”“民族风”等景点。“娱乐天地”以冒险为特色,设计了冰城堡、雪城堡迷宫、孔雀开屏冰滑梯、飞机式冰滑梯、大小冰孩、冰童滑梯等,以趣味性、冒险性、新奇性、参与性、互动性,增加了冰雪节对游客的吸引力。

第十八届冰雪大世界狂欢活动,作为央视鸡年春晚的分会场之一,设置了“狂欢派对”“月光圣殿”“冰雪游乐”等 6 座主题城堡,推出了“冰雪 T 台”“冰雪欧秀”“冰雪巡游”“冬泳表演”等 6 大直播现场,还创设了全新体验,包括 6 条超级雪道组成的激情雪圈、三维立体式冰雪滑道、4 条各长达 340 米的世界最长冰滑梯。此外,还有冰海运动会正式开幕,进行双规战车、炫舞冰靴、冰上自行车、冰爬犁等比赛较量,并举办了国际冰雕大赛。

新一届的冰雪大世界活动如何举办,值得游客期待。

20. 中国最北的漠河北极村

漠河北极村位于黑龙江省大兴安岭北坡的漠河市漠河乡，是中国最北的城镇，是中国“北方第一哨”所在地，与海南省三亚的“天涯海角”共列中国最具魅力的旅游景区景点榜前10名。

漠河北极村自清代咸丰十年（1860）开始有人居住，6年后建为通往胭脂沟的江上驿站。1917年成为二等县城所在地，1947年并入呼玛县。1981年重新建县，漠河村为乡政府所在地。1997年漠河村被辟为旅游风景区，是全国最北的旅游景区。

水势浩渺的黑龙江从这里起源。江水从村边流过，晶莹清澈，曲折回环。这里原始森林繁茂浓密，山风送爽，历史文化源远流长。由于纬度高，年平均气温在零下5摄氏度左右，冬季极端最低温曾测到零下52.3摄氏度。夏季时这里的白天通常在17小时以上，每年夏至前后，一天24小时几乎全是白昼。午夜时在室外向北眺望，天空泛灰白色，像傍晚又像黎明，万里晴空，光线清晰，可在室外下棋、打扑克牌，还可以进行篮球等活动。

漠河北极村还是观看北极光的最佳地点。夏至前后是观赏北极光的最好时节，在后半夜天空满布璀璨的星斗，尤其是“勺子”一样的北斗星鲜亮高挂，这时天幕上变幻闪烁、色彩迷离的北极光，就会大放光芒，让人一饱眼福。相传黑龙江边住着一对老夫妇，他们有七个爱女专为王母娘娘做取水的事。七女名赤霞、橙练、黄衣、绿玉、蓝裳、青霓、紫露，每到夏至前后，当地人们常能看到飘舞于天空的七条彩带，即北极光，那是七个美女回家来看望她们的爹娘了。久而久之，人们为了纪念这一家人的团聚，便设立了一个“夏至节”，在江中燃放篝火，一边歌舞一边等待北极光的出现，即使见不到北极光，也会聚集江边虔诚等待。

游客来到漠河北极村，常会向北寻去，通往丛林深处，会看到无数个“北”字，有写在树上的，有刻于石上的，也有以牌子挂在高处的，包括几乎能找到的所有名家所书的“北”字，一览后就会抵达一处“北望垭口”，这里立有标志石，上刻“中国最北点”。如今这里成为一个象征，一个坐标，吸引国内各地的游客到此体会“最北”的感受。当然，游客在北极村还能观赏到最北的邮局、最北的哨所、最北的气象站及最北的沙洲等景点。

村边的江水中盛产哲罗鱼、鳇鱼等冷水鱼。游客在饱览北极村景色风光后，可品尝鳕鱼炖豆腐、烤狗鱼、红烧鳇鱼、白肉血肠、风干香肠、油炸糕等美食，还可购买蘑菇、野生浆果、山野菜、鹿茸片等特色产品，让人不虚此行。

21. 上海的标志性建筑——外滩

外滩位于上海市黄浦区黄浦江畔,全长 1.5 千米,南起延安东路,北至苏州河上的外白渡桥,东面即是黄浦江,是一条中国历史文化名街。

黄浦江是上海的主要河流,江宽水急,早年逆水而行的船只能拉纤行走。几百年来,纤夫的足迹在黄浦江滩上踩出了一条弯曲的小道,被叫作“纤道”,这就是外滩最早的路了。清代道光年间外滩划为英国租界,陆续出现了洋行、马路、码头、船厂、银行、钱庄、领事馆等。到了20 世纪初,建筑技术的突飞猛进,使外滩出现了一些多层和高层建筑,式样五花八门,有英国古典式、英国文艺复兴式、法国古典式、哥特式、巴洛克式、东印度式、中西掺合式等,呈现世界各国建筑共存局面。这也是上海成为“十里洋场”的真实写照,是上海近代城市开始的起点。

自清代后期起,外滩陆续矗立起 52 幢风格迥异的古典复兴大厦,让外滩有了“万国建筑博览群”之称,是中国近现代的重要史迹及代表性建筑。中山东路 1 号的亚细亚大楼,建于民国二年(1913),是英商亚细亚火油公司在上海成立的办事处,史称“外滩第一高楼”。此楼上下两段是巴洛克式造型,中段为现代主义风格,为上海高层建筑中最年长者。13 号的海关大楼,建于民国十六年(1927),仿照英国议会大厦在外立面建造的大钟,为亚洲第一大钟。19、20 号的汇中饭店,原为建于清咸丰四年(1854)的上海豪华旅馆,现为和平饭店。清光绪年间翻新此楼时安装了当时中国的第一部电梯。如今外滩的古典大楼都进行了重修,修旧如旧,完好保留了古建的历史风貌。

从外地到上海游玩的人,无不走上外滩游览。外滩的黄浦公园、陈毅广场、外白渡桥、十六铺等景点都是游人驻足之地。黄浦公园以人民英雄纪念塔为主景,塔高 60 米,如江中涌起的三股浪柱汇于空中,象征鸦片战争、五四运动、解放战争中牺牲的民族英雄。外滩著名的“情人墙”,是江边一段长 1700 米的混凝土防洪墙,为老上海人谈对象的好去处,情侣扎堆。如今围墙拆除,代之以亲水栏杆。外滩的观光隧道,于 2000 年底建成,是中国第一条越江行人隧道,全长 646.7 米,两边地下建筑为 3—4 层,总建筑面积 1.75 万平方米。外滩的历史雕塑也多,如常胜军纪念碑、红石纪念碑、赫德铜像、和平女神像等,很受游客瞩目。

近年来,外滩建筑群装上了先进的泛光照明,灯光下的外滩更显光彩夺目。整个外滩的夜色意境宛如一部恢宏壮阔的交响史诗。人们说如果在中国设立夜景排行榜,上海外滩一定能名列前茅。

22. 美轮美奂东方明珠塔

东方明珠广播电视塔位于上海浦东新区世纪大道1号。塔高468米,于1991年7月开始兴建,1995年5月投入使用,承担了上海6套无线电视发射业务,地区覆盖面积80平方千米,是上海标志性文化景观之一。

东方明珠塔选用了东方民族喜爱的圆曲线体作为基本建筑线条,主体运用了3个斜筒体、3个直筒体和11个球体组成,形成了巨大的空间框架结构。塔以风力作用作为控制主体结构的主要因素,主干是3根直径9米、高287米的空心擎天大柱,具有较强的稳定性,其设计的抗震标准为“7级不动,8级不裂,9级不倒”,并具有良好的抗风性能。

高高矗立的东方明珠塔建有多处观光层。直径50米的下球体室外观光廊标高90米。263米的上球体观光层直径45米,是塔的主观光层。259米的悬空观光廊全长150米,宽2.1米,由24个可活动收放的“花瓣”状钢化玻璃构成,单元建筑面积17.29平方米。350米的太空舱直径16米,以未来主义风格展现了太空场景的科幻魅力,是塔的最高观光层。

旋转餐厅坐落在塔的267米球体上,营业面积为1500平方米,可同时容纳350人就餐。陈列馆开馆于塔座处,通过“城厢风貌”“开埠掠影”“十里洋场”“海上旧踪”“建筑博览”“车马春秋”6馆、数万件文物、几百幢按比例缩小的建筑、100多个真人般大小蜡像、近千个小蜡像和泥人,演绎出上海的发展历程。在4米大堂处还设有文化长廊,经常举办书画艺术、摄影展等,如上海少儿百米长卷主题书画展、野生鸟类摄影艺术展、可可西里保护藏羚羊图片展等。

东方明珠塔投入使用后,发挥设备优势,开展了一系列大型活动。“元旦登高”自1996年开始举办,以“新年步步高,节节向上攀”的寓意,将登塔活动打造成传统的健身运动项目。自2009年,加入了“地球1小时”活动,以此响应世界自然基金会的节能减排号召。每年3月8日,塔身会点亮粉红色灯光,呼吁全社会关爱妇女;在4月2日“世界自闭症日”,塔上会亮起蓝色灯,呼唤社会关注自闭症患者。

东方明珠塔是浦东新区开发开放后的第一个重点工程。建成后10年内便接待了295位外国首脑,举办了上百次世界级重要会议和300多场大型活动,同时创造出良好的旅游经济效益,前10年累计登塔参观人数2870万人次,营业收入达22.36亿人民币。

东方明珠塔为国家5A级旅游景区。夜景灯光的使用是东方明珠塔的一大特色。塔上灯光在电脑操控下可根据天气变化自动调节,能产生1000多种变化。入夜后塔体光芒闪耀,与外滩建筑灯光辉映,尽展现代化大都市的迷人风采。

23. 再展新姿的上海世博园

举世瞩目的第41届世界博览会,于2010年5月1日—10月31日在上海市举行。这届世博会园区位于上海南浦大桥与卢浦大桥之间,沿黄浦江两岸进行布局。园区面积5.28平方千米,设有独立馆群、联合馆群、企业馆群、主题馆群和中国馆群五大馆群。

世界博览会起源于中世纪商人集会,到了近代这种聚会除了商业交流,更是科技、文化、民族的交流与沟通,是一个展示自己、了解世界的舞台,是对当代社会文明和智慧的一种记录,以及对未来的前瞻。上海世博会举办其间,吸引了近200个国家和国际组织参展,客流达到2000万人次。

上海世博会以"城市让生活更美好"为主题,提出了"人与人、人与自然、历史与未来"三大和谐理念,在规划设计中实施了绿色建筑原则,包括绿色配置、自然通风、采光、太阳能、地热、中水利用、节水节能、立体绿化等高新科技。根据园区规划,除建造大量新型建筑,有近20%的老建筑得到保护保留;在200万平方米总建筑面积中,老建筑面积再利用达到38万平方米。上海开埠后建造的优秀老民居和见证了中国工业发展进程的工业遗产,经改建也用于餐厅、展馆、博物馆等。广受关注的江南造船厂,在世博建设中"变身",改建为中国近代工业博览馆群,得到永久保留,为发展中国家在保护工业文化遗产方面做出了示范。

上海世博会成功举办后,园区的众多建筑继续向公众开放,并成为新型的旅游景点。"世博轴"位于世博园中心地带,南北大道长1045米,错落有致地分布着6个倒锥形钢结构的"阳光谷",高40米,像一朵朵喇叭花从地下悄然开放,将阳光、空气、雨水等引入地下空间,其自然与科技的交融颇具浪漫气质。这处世博园最大的单体建筑,如今已成为集商业、餐饮、娱乐、会展等服务于一体的大型商业、文化综合体。

开办于世博园的非洲8个馆,占地3万平方米,于2013年改建为巧克力开心乐园,设有巧克力王国、甜蜜伊甸园、魔法商业街、面包音乐剧场、咖啡体验馆、美的烘焙体验馆等景点,向人们开启甜蜜生活,提供休闲娱乐享受。上海世博会落幕以来,场馆后续开发的成果不断得到展现。沙特馆、意大利馆、法国馆等都成功转型,打造成为月亮船、意大利中心、现代美术馆等精品文化产业景点。中华艺术宫、世博展览馆、世博中心、当代艺术博物馆、儿童艺术剧场等改建后也陆续开放。园区的世博公园、后滩公园、白莲泾公园等定期举办"简单生活节""草莓音乐节""爵士音乐节"等品牌文化活动,每年能吸引50万人参与。如今的世博园各景区景点更多了生活娱乐色彩,但世博文化内涵仍然浓郁。

24. 优美典雅的苏州园林

苏州园林位于江苏省苏州市。其建筑历史可上溯到春秋战国时的吴王园囿。据《苏州府志》载,苏州园林在汉代有4处,唐代有7处,宋代有118处,明代有271处,清代有130处。如今保存开放的有十几处。

中国古建筑向来以结构精巧、造型优美而著称于世,而古典园林又恰恰给建筑艺术提供了一个聚锦荟萃、争奇斗艳的理想场所。园林布局的变化,给各种不同造型、不同结构和不同风格的建筑以展露风姿的环境,使它们各自的艺术特点和造型得到淋漓尽致的表现。苏州园林更是被公认为体现中国古典园林设计的理想典范。其布局因地制宜,循例自然,变化多端,用建筑、围墙、假山、花木阻隔视线,又以曲廊、虹桥、池水、漏窗、幽径等使视线串联,从而形成若隐若现、美妙极致的景色。

苏州园林占地面积一般不大,多不过三四亩,但小巧玲珑,方寸之间别有洞天。其中沧浪亭、狮子林、拙政园和留园分别代表着宋、元、明、清四个朝代的艺术风格,有苏州"四大名园"之称。拙政园位于娄门内东北街178号,是苏州园林中最大的,也是最著名的一座,占地面积5.2万平方米,始建于明代,为嘉靖年间监察御史王献臣罢官后归隐而造,他借《闲居赋》"拙者之为政"的句意,取名拙政园。此园水面占全面积的3/5,布局以水池为中心,楼、台、亭、榭沿池畔而建,整座园林如浮在水面,艺术手法虚实结合,巧妙地从一些平淡的景观中营造出深邃的意境。

留园地处苏州市阊门外留园路,占地2万平方米。始建于明代,清嘉庆年间为官员刘恕所得,俗称刘园;光绪年间重修,取刘字谐音为"留园"。留园中部为东园与寒碧庄旧址,在池水周围的长廊上嵌刻了历代书法家的300多幅法帖,称为"留园法帖",其中最为著名的是王羲之、王献之父子的法帖。

沧浪亭位于苏州市城南,是江南现存最古老的园林,占地面积1.08万平方米。园内由一泓清水贯穿,波光倒影,景象万千。著名建筑有明道堂、观鱼处、五百名贤祠等。有刻石34处,计700多方。与沧浪亭遥遥相望的是网师园,此园也以池水见胜,用水池作主体,配合临湖古建,山石花树,衬托出"四季景"。在"射鸭廊"尽头处平台,有假山、花圃、百年紫藤,可看春景;"濯缨水阁"临荷池,是观鱼赏荷观夏景的好去处;九曲桥旁、"月到风来亭",是赏秋景的佳地;水阁对面的"看松读画轩",轩外古木盘曲,苍劲葱翠,颇有江南冬景的肃穆气氛。人们走至"月到风来亭"后,似乎没路了,可是向西一移步,又会进入另一胜境——"殿春簃"。殿春簃有移步入景之妙,美国纽约大都会博物馆的"明轩"展厅就是仿照殿春簃而建造的。

25. 秦淮河畔夫子庙

夫子庙位于南京市秦淮河北岸贡院街、江西贡院以西，为供奉祭祀孔子之地，是中国第一所国家最高学府。这里规模宏大的古建筑群，主要由孔庙、学宫、贡院三部分组成，成为中国古代文化的枢纽，从而被誉为秦淮名胜的特色景观区。

秦淮河是古老南京的文化渊源所在。位于秦淮河畔的夫子庙始建于东晋成帝司马衍咸康三年(337)，以"治国以培育人才为重"建起一座学宫。宋仁宗景祐元年(1034)，扩建学宫，并于前建起孔庙，目的在于希望士子遵循先圣先贤之道，接受封建教化。

夫子庙即孔庙，构建宏伟。庙前以秦淮河为泮池，筑堤环抱。河的南岸是一座110米长的大影壁，红墙黑瓦，是我国最长的影壁。夫子庙的第一道大门称棂星门，为六柱三门石结构，是历史上帝王出巡祭孔通过的甬道。夫子庙主体建筑大成殿是供奉和祭祀孔子之所。殿后的明德堂是当年举子们金榜题名的地方。夫子庙东面的贡院是科举时代的考场，建筑范围广阔，仅号舍就有两万多间。夫子庙广场上的奎星阁是明清时秦淮河畔的著名胜迹，所谓"魁(奎)星点斗"是文运兴旺之兆。昔日阁中供奉神像，大考之年，此处香火尤盛。大成殿两侧辟有东市和西市，展现了明清时期的江南街市风貌，店铺一溜排开，门楣上店匾、市招、彩灯、幌子形形色色，吃喝玩乐一应俱全。

"十里秦淮"一直被认为是秦淮风光的精华，而夫子庙则被称为"十里秦淮的明珠"。由庙、市、景、园所构成的夫子庙平面布局，建筑形象清朗流畅、鲜明生动、庄重典雅，营造出一种极富民族特色的观赏环境。自1984年起，夫子庙及河畔古建景物得到修复，按历史形成的庙会格局，恢复了东市场、西市场，并将临河的贡院街辟为古色古香的民族文化商业街。30多万平方米的亭、台、楼、阁、殿修饰一新，再现了明清江南的街市风貌，形成了小商品、古玩字画、花鸟鱼虫等一批特色鲜明的市场群。这里经营的传统食品、风味小吃不下200种，小吃干稀搭配、荤素相间，穿插民俗表演，具浓郁的地方特色和文化氛围，对中外游客有着久远的影响力。

如今夫子庙每年从正月初一至十八，还会举办夫子庙灯会。这里的灯会自明代即有"秦淮灯彩甲天下"的美誉。如今在灯会期间，入夜更是绚烂一片，美如星际云河。秦淮河上悬挂了花灯的画舫(灯船)游弋穿行，将"十里秦淮"的美景又向东扩展了5里。当地每年一度的灯会，使灯彩、扎裱技艺不断提高，并推动了南京剪纸、绳结、雕刻、皮影、兽舞、秧歌、踩高跷等民间艺术的发展。

26. 水乡古镇周庄

周庄位于江苏省昆山市。这座古镇保持着完好的“水陆平行、河街相邻”和“小桥流水人家”的风貌，让人神往，令人流连。

北宋年间，周迪功信奉佛教，将良田200亩捐作庙产，百姓感其功德，将其左近称为“周庄”。但此时的周庄只具集镇的雏形，相当于村落。元朝中叶，颇具传奇色彩的江南富豪沈万三之父沈佑迁居来周庄，沈家因经商而迅速发迹，使周庄也发生了繁荣变化，由原来的小集成为商业大镇。到了沈万三时期，他利用白蚬江西接京杭大运河，让周庄成为水乡，变为一个粮食、丝绸及多种手工业品的集散地和交易中心。

历经900多年的沧桑，周庄至今保存着水乡集镇的建筑风貌，全镇一半以上的民居为明清时期的建筑，有近百座古典宅院，砖雕门楼随处可见，古风犹存。最具代表性的当数沈厅、张厅。沈厅是前厅后堂格局，前为水墙门、河埠，中为墙门楼、茶厅、正厅，后为大小堂楼与后厅屋。设计精巧的“走马楼”环绕楼屋一周，由过街楼和过间阁组成一个方形的楼间通道，空间通透，居住宜人，既体现了明清风格，又颇具江南水乡特色。张厅为明代建筑，进门两侧是厢房楼，楼下楼上有蠡壳（蚌壳磨制）长短窗。大厅安放木鼓墩，旁边有一条幽深的长弄，弄底有一条小河，能走小船。河岸设有一排“美人靠”，形成了“轿从前门进，船自家中过”的情境，让人觉得有趣。

周庄纵横相间的河道使船只成为古镇主要的交通工具，如此倒也更体现了江南水乡富有闲情雅趣的特色和韵味。周庄保存着14座各具特色的古桥，都值得观赏。古老的庄东富安桥，横跨南北市河，两端有南北引桥，正桥上有四座古色古香的桥楼，南面的一座是三层楼，飞檐高啄，雕梁画栋，雅致美观。庄东北的“双桥”更具特色，银子浜和南北市河在此处成十字交叉，两条河上的两座石桥相连，桥面一横一竖，桥洞一方一圆，造型很像古时候的钥匙，当地人便称双桥为“钥匙桥”。石拱桥跨南北市河，长30米，高10米，桥顶面积25平方米，桥栏是9根4米长、半米宽的石条搭垒而成，粗犷古朴，可供游人歇坐赏景。石梁桥平卧银子浜口，桥栏由每边5根麻条石搭成。旅美画家陈逸飞曾将这座双桥定格在油画《故乡的回忆》中，在美国展出，引起轰动。后来这幅画被美国友人转赠给邓小平，使“双桥”成了一座中美友谊之桥。

27. 名满天下的西湖

西湖位于浙江省杭州市西面，三面环山，南北长3.2千米，东西宽2.8千米，面积6.38平方千米，绕湖一周近15千米。西湖是中国大陆主要的观赏性淡水湖之一，也是中国唯一一个以湖泊类入选联合国教科文组织《世界遗产名录》的景区。

这里风景秀丽，人文荟萃。湖中由孤山、白堤、苏堤、杨公堤分隔为5片水面，主要景点有定名于南宋的西湖十景，即断桥残雪、平湖秋月、三潭印月、双峰插云、曲院风荷、苏堤春晓、花港观鱼、南屏晚钟、雷峰夕照、柳浪闻莺。“平湖秋月”作为西湖十景之一，高阁凌波，秋夜在此高眺远望，但见皓月当空，湖天一色，令人沉醉。“柳浪闻莺”是一座以春花为主景的花园境地，春日的沿湖柳荫夹道，花开烂漫，黄莺鸣转其间，景色尤佳。“雷峰夕照”则以夕阳西照时，塔影横空，金碧辉煌而得名。

对于西湖的来历，流传着一个故事。说是古时天上的玉龙和金凤在银河边仙岛上得到一块白玉，经他们琢磨变成为一颗璀璨的明珠。王母娘娘知道后派天兵天将把宝珠抢走。玉龙和金凤索要不成，与王母娘娘发生争抢，争抢中宝珠从王母娘娘手中脱落降落人间，变成了波光粼粼的西湖。玉龙和金凤也随之下凡，变身为玉皇山和凤凰山，守护西湖。与西湖相关的民间传说还有很多，如《白蛇传》《梁山伯与祝英台》《苏小小》以及岳飞、济公、乾隆下江南、杨乃武与小白菜的传说故事等。

与《白蛇传》相关的“断桥残雪”景观，所说“断桥”一端连接白堤，名曰断桥，桥栏却镌刻“段家桥”三字。这座桥并不是断开的，只是指从孤山的来路白堤到此而中止。无论是春夏时绿柳成荫，还是冬日铺雪初融，断桥都无“断”意，可谓断桥不“断”。而湖西屹立湖中的孤山，看似孤立无倚，山的东西两侧多有古迹，南麓树林茂密，崖壁、假山、亭阁、曲桥、池塘错落有致，登高可一览平湖秋月景，游客络绎不绝，构成一幅和谐的绿色人生图，让人感叹孤山不“孤”。

自1984年开始，西湖景区得到大规模修复，灵隐寺、天竺寺、净慈寺、岳庙、大成殿和西湖十景碑亭等古迹陆续修缮一新，还开辟了新的旅游景点、公园，创办了仿古游等旅游活动。2002年，在78年前倒塌的雷峰塔旧址上，建成了高71.7米的新雷峰塔，使缺失了近80年的西湖十景成为完整的全景。如今的西湖更是秀美一方，美景不仅在春天，夏日可看叶接天碧的荷花，秋夜能赏浸透月色的三潭，冬雪后纵览疏影横斜的红梅。无论何时看西湖，都能领略到不同寻常的风采。

28. 新兴可观的千岛湖

千岛湖位于浙江省杭州市淳安县境内。这里原本没有湖，1959 年新安江水电站建成，巍巍大坝截断了条条水流，连绵数百里的崇山峻岭淹没于浩渺的人工湖。昔日的座座高山，成为一个个浮在湖面的岛屿，大大小小多达 1000 余个，千岛湖由此而得名。

这座诞生仅半个世纪的年轻湖泊，湖形呈树枝状，总面积 580 平方千米。库坝高 108 米，坝长 462 米，总库容量 178.4 亿立方米。湖水均深 34 米，坝前水深可达 90 米。远观湖中岛屿，一色墨绿，但大小不同，形态各异。有的微露水面，有的高耸半空；有的分离，有的并合，若即若离。千岛中界首岛最大，近 2000 亩；龙珠岛最小，不足 4 亩。随着季节变换，湖水涨落，水面的岛屿数量常有变化。前一天还坐落的碧螺小岛，一夜大雨后就会倏忽不见；而过些日子，小岛又会冒出岛尖来。一代文豪郭沫若来到千岛湖，赋诗曰："西子三千个，群山已失高。峰峦成岛屿，平地卷波涛。"以简洁的诗句勾勒出千岛湖的宏奇景观。

近十几年来，随着国内湖泊旅游渐成规模和大力推进，千岛湖也屡屡出现于游人们的行程中。千岛湖已由国家旅游局评定为国家 5A 级旅游景区，开发得较为成熟且可以用作旅游景区的岛屿已有十多座，著名游览岛屿和景点有猴岛、梅峰岛、龙山岛、孔雀岛、三潭岛、黄山尖等。蜜山岛山顶处有座圆宿塔，传说中"三个和尚没水喝"的故事就发生在这里。天池岛上有历代取石留下的洞窟，如今是天然的鱼池，在此凭栏观鱼，颇有西湖"花港观鱼"的意境。

千岛湖湖水水质清冽，水面能见度可达 9—12 米，为国家一级水体。湖中岛屿森林覆盖率为 82.5%，有植物 1786 种。湖中水产资源丰富，有 13 科 94 种形态不同的鱼类，鳙鱼、鲢鱼、草鱼等品类齐全，还有鲌鱼、鳜鱼、鳗鱼等名贵品种。湖区人工养殖业发达，年捕鱼量达到 4000 多吨。捕鱼季节，完成一次张网捕捞要用几天时间。收网时鱼儿跃出水面，惊窜挤压，水花四溅，一网可捕鱼二三十万斤，是旅游的一大看点。

千岛湖还举办有一系列主题休闲娱乐活动，钓鱼岛上有国际钓场等设施完备的硬件，有品鱼馆让游客大快朵颐。面湖而建的高尔夫球场设有国际标准十八洞球场和湖滨俱乐部。岛上的乡村游、农家乐也有长足发展，吸引了都市一族前去赏玩。一些知名的度假村如开元度假村、温馨岛度假村、凤凰岛度假村、天清岛度假村等，集合了尽可能多元的休闲元素，所建客房甚至拥有步入式的花园，让游客直接从住宿的房间推开房门便来到湖面。

29. 存世久远的乌镇

乌镇位于浙江省嘉兴桐乡市,京杭大运河依镇而过,地处水陆要冲。

乌镇有着悠久的历史,文化底蕴深厚,拥有 7000 年的文明史,这从镇东郊潭家湾古文化遗址处可以看到实证。夏商时这里属百越地。春秋时乌镇为吴越边境,战事频繁,因吴国驻兵于此抵御越国而得名乌戎。唐咸通十三年(872)此地建为镇。南宋年间以车溪河为界,分为乌青二镇,河西乌镇属湖州府乌程县,河东青镇由嘉兴府桐乡县管辖。1949 年后河西的乌镇划归桐乡县,乌青二镇统称乌镇。

乌镇水渠纵横,自古繁华,曾是周边地区的集商重地,鼎盛时期住民达 10 万人之多。从现存的清末建筑格局与整体风貌上,也能看出当时街肆的繁荣景象。如今镇上的清代民居建筑保存完好。一些人家依河筑楼,以木桩或石柱打入河床中,上架横梁、木板,筑成“人在屋中居,屋在水中游”的“水阁”。屋子靠水的部分完全突兀水中,三面建窗临水,从任何一方都能看到河上风光,让水乡情致、韵味一显无遗。街面上有重脊高檐的深宅大院,也有坐落于石板小路旁的古旧木屋。但一家家房屋的梁、柱、门、窗上的木雕、石雕都在,且工艺精湛。

这座有着水乡风情和雅致民居的古镇,有着浓郁的历史和文化气息。南北朝时期梁朝的昭明太子萧统,曾在乌镇筑馆读书多年。而镇东的立志书院,则是中华人民共和国成立后第一任文化部长茅盾少年时的读书处。据统计,乌镇在历史上曾出过 64 名进士、161 名举人。政治活动家沈泽民、新闻学前辈严独鹤、海外华人文化界大师木心等名人的名字都使古镇熠熠生辉。

乌镇是国家 5A 级旅游景区,2014 年成为世界互联网大会永久会址。原汁原味的水乡风貌和千年积淀的文化内涵,每年吸引来众多中外旅游观光团。如今乌镇上风景名胜众多,有东栅景区、西栅景区、江浙分府、修真观老戏台、汇源当铺、茅盾故居等。江南百床馆是一家专门展览古床的博物馆。江南民俗馆则展示晚清、民国时期民间有关寿庆礼仪、婚育习俗、岁时节令等民俗,设有衣俗厅、节俗厅、婚俗厅、寿俗厅等,以实物、蜡像、图片等不同方式演绎民俗风情。乌镇是蓝印花布的原产地之一,镇上的宏源染坊始创于宋元年间,参观染坊遗址,可让游客领略古代染坊的工艺流程,观赏所用器物、场地等。乌镇除拥有独具特色的人文景观,还举办贺岁拜年、元宵走桥、清明踏青、中元河灯、桐乡拳船、花鼓戏、皮影戏、香市等民俗表演活动,尽显古镇深厚的文化底蕴。

30. 清修之地九华山

九华山位于安徽省池州市青阳县境内，古称陵阳山、九子山。唐代诗人李白来此，咏《望九华赠青阳韦仲堪》诗曰："昔在九江上，遥望九华峰。天河挂绿水，秀出九芙蓉。"由此这座山更名为"九华山"。

九华山北俯长江，南望黄山；东临太平湖，西接池阳；绵延100多千米，有天柱峰、插霄峰、十王峰、莲台峰、芙蓉峰、天台峰、罗汉峰等主要山峦99座。最高的十王峰海拔1342米。区域总面积120平方千米。九华山曾为上古学仙修道圣地之一，很早就有道教活动。唐代开元末年，九华山化城寺被辟为地藏菩萨灵迹，使佛教立足。以后九华山的佛教靠苦行感化、名僧奠定根基，还有帝王扶助至于鼎盛。登临九华山的历代名人雅士数不胜数，除唐代李白，还有刘禹锡、王安石、苏辙、文天祥等。

神光岭之巅，是唐代新罗国(今朝鲜)王子金乔觉出家后圆寂的地方。塔前有石阶81级，陡峭峻拔，须扶铁链攀扶而上。塔前大殿内以白玉石铺地，四周有精美的石柱和木刻画廊。供奉佛像有的高达数丈，也有的才及寸余，菩萨低眉，金刚怒目，千姿百态，栩栩如生。登上百岁宫，看到的又是另一番奇景。99间半的五层走马通楼，建于东岩峰顶悬崖绝壁之上。明代正德年间，无暇和尚活了110岁，圆寂后遗体存于此楼，置肉身于空气中一直不腐。天台峰的岩石多奇形怪状，呈黝黑色，有的像莲花瓣，有的像老虎头，有的如金鸡独立，有的似雄鹰展翅，惟妙惟肖。越往上行，石级越陡，见到壁上刻有"天梯"二字，脚下则行走更为艰难。直至看到巨石上刻写的"非人间"，才让人精神和身体松弛下来，在此"仙境"而一览非凡的景色了。

近些年来，九华山各处古建庙宇得到大规模整修，2007年被评为国家5A级旅游景区，2009年获评国家地质公园称号。建于化城寺的佛教文物博物馆，展品琳琅满目，弥足珍贵。化城寺大雄宝殿内有清康熙皇帝御书"九华圣境"和乾隆皇帝御书"芬陀普教"横匾，后殿首为明崇祯皇帝御书"最善最乐"横匾。藏经楼珍藏明版藏经6777卷。在博物馆展厅中，有青蓝瓷钵，有历代名人字画、精巧的手工艺品等。展品中还有用梵文书写的贝叶经，在一枚直径约5厘米的桃形菩提叶上，绘有一幅观音佛像，画家通过柔中带刚的线条，描绘出婀娜身姿的形体和慈眉善目、楚楚动人的神态。另有一件手书藏经，是唐代一行和尚刺血所写之经，共写了80册，用时20年。这部藏经笔画刚劲，字体清秀，字字一笔不苟，表现出极高的书法艺术，加之刺血为墨，至今仍熠熠闪光，珍贵至极。

31. 古风犹在的屯溪老街

屯溪老街位于安徽省黄山市中心地段。北面依山，南面傍水，全长 1272 米，精华街区 853 米，宽 5—8 米，包括 1 条直街、3 条横街、18 条小巷，由不同年代建造的 300 余幢徽派建筑构成整个街巷。老街呈鱼骨架形分布，西部狭长，东部较宽，是中国保存最完整，最具南宋、明、清建筑风貌的老街市。

作为屯溪市重要发祥地的老街，是随着徽商兴起而发展起来的。历史上屯溪由新安江、横江、率水三江汇流至此的一个水埠码头发展而来，老街的形成与宋徽宗移都临安（今杭州）密切相连，外出的徽商模仿宋城的建筑风格在家乡大兴土木，这使老街也被称作“宋城”。老街的西端即北大桥，在桥头紧连的一段曲尺形街道上，有明初时徽商程维宗建造的 8 座客栈，称“八家栈”。明嘉靖年间，屯溪已是著名茶市之一。清初时老街“镇长四里”，茶号林立，并开设有钱庄、酒楼、饭馆等。民国时期老街更是一度繁荣，得“小上海”之称。

屯溪老街上的建筑一直保持着传统的徽州古代建筑风格。街内 280 多座店铺，大多为二层，属典型的下店上房形制，建筑体量大小相间，色彩淡雅、古朴，结构款式为小青瓦、白粉墙、马头墙，古色古香。建筑平面有沿街敞开式，也有内天井式，有二进二厢、三进三厢等不同，注重进深，大店铺多为“前面通街，后面通河”的格局，具有典型的徽派建筑风格、优雅的文化氛围和浓郁的商业气息。

近年来，屯溪老街经大力修缮开发，已成为一条古风犹在、独具特色的步行古街市，是“全国重点文物保护单位”。街内许多著名的老字号“同德仁”“茂槐”“老福春”“汲古轩”“艺林阁”“徽宝斋”等重放异彩，让老街被誉为“古董一条街”“文房四宝一条街”。徽派雕塑、国画、版画、碑帖、金石、盆景等随处可见，当地黄山毛峰、太平猴魁、祁门红茶、屯绿炒青等茶品，当地黄山石耳、黄山香菇、黄山竹笋等土特产品类齐全，特色小吃臭鳜鱼、秀嫂挞馃、黄山烧饼等，尤能让到此游客一享口福。

来到屯溪老街除了能一睹明清街衢风貌，还能观赏到一些著名景点。老街上有程式三宅（三处明代典型民居）以及明代数学家、珠算发明家程大位的故居等。老街上还有几家博物馆，其中的屯溪博物馆为国家博物馆，是中国首批 5 家生态博物馆示范点之一。馆内一楼珍藏有国内最大的宋坑金星金晕砚板、春秋青铜器、金丝楠木徽州床等；二楼陈列着新安画派古字画，还有徽派酱菜园“程德馨”的场地复原景观等，都是徽州文化的集中体现。

32."海上花园"鼓浪屿

鼓浪屿位于福建省厦门半岛西南隅，是一座四面临海的小岛，隔着600米鹭江(深海)与厦门隔海相望，面积为1.83平方千米。岛上景色秀丽，拥有10处、13座全国重点文物保护单位，为国家5A级旅游景区，获评全国最美的五大城区之一，被联合国教科文组织列入《世界遗产名录》。

史料记载，鼓浪屿因其西南处有一海蚀洞，受浪涛冲击，声如擂鼓而得名。登鼓浪屿要坐渡轮。历史上鸦片战争后，英、美、法等13个国家曾在岛上设立领事馆，各式楼房鳞次栉比。一些华侨富商也相继在此兴建住宅、别墅。许多楼体有浓烈的欧陆风格，古希腊三大柱式各展其姿，罗马式圆顶、哥特式尖顶、巴洛克式浮雕争相斗妍，组成了这里的"建筑博物馆"。如今岛上新旧建筑排列有序，街道典雅安静，没有汽车奔驰、停靠，自然听不到马达喧嚣。沿路望去，路边木棉树上盛开着大而红艳的花朵，让人心旷神怡，故有"海上花园"之称。岛上的著名景点有鼓浪屿最高峰日光岩，以园藏海、以洞藏天的菽庄花园，高高矗立着的郑成功铜雕像的皓月园，为纪念著名妇产科大夫林巧稚保留的毓园，海滨浴场等等。

日光岩海拔92.7米，岩顶天风台是鼓浪屿的最佳观景点。山间磴道盘旋，迂回曲折，随处有诗联题刻、摩崖石刻多达八十几处，包括郑成功、蔡元培、蔡廷锴等所题写。其中以明代万历年间丁一中所题"鼓浪洞天"为最早，距今已有400多年的历史，是日光岩上的一大文化景观。

林巧稚医生于1901年诞生在鼓浪屿晃岩路的"小八卦楼"里。她从医60多年，亲手接生了5万个中外婴儿。1983年病逝北京，一年后家乡人在毓园内建起一座"林巧稚纪念馆"。林巧稚塑像以汉白玉雕刻而成，她身穿白大褂，侧身远望前方，脸露慈祥的笑容，传神地表现出这位身材虽瘦小、精神境界却十分高大的女性形象。

在毓园东南侧一个小崖上，安放着民族英雄郑成功的全身塑像。这尊塑像高15.7米，由265块花岗岩拼装，重1.617吨，是我国历史人物塑像中最高的一座，于1985年落成。郑成功的塑像身穿战袍，手按宝剑，屹立于山崖间。海风吹拂着他那巨大的身躯，海水轻轻冲击着他脚下的岩石，远眺他从外夷收复的台湾岛，尽显威武神态。

鼓浪屿岛上住有居民约两万人。居民常闻海涛之声、鸟语，多喜爱音乐。我国有多名知名钢琴家和音乐工作者诞生在这里。据统计，全岛有钢琴的家庭多达200户以上。这也让鼓浪屿有了"琴岛"之称。

33. 神秀多姿武夷山

武夷山地处福建省西北部的武夷山市，以武夷山为中心，南北长52千米，东西宽22千米，方圆570平方千米，建有武夷山自然保护区。这里山与水完美结合，人文与自然有机相融，以奇峰、秀水、险壑、幽谷等诸多美景和悠久的历史文化遗迹而享有盛誉。保护区是国家5A级旅游景区，被联合国教科文组织列入《世界遗产名录》。

武夷山的形成经历了漫长的岁月，最初时当地不过是一片海洋。经过4亿年沧海桑田的演变，才最终形成了如今这座名山。相传上古尧帝时代，彭祖率族人移居闽北一带，当时此地洪水泛滥，汪洋一片。彭祖的两个儿子彭武、彭夷，带领族人堆山挖渠，疏浚洪水，后人为纪念武、夷兄弟，把堆起的山脉称作武夷山。

郭沫若来武夷山游览时，赋诗有“六六三三疑道语，崖崖壑壑竞仙姿”句。“六六”为三十六峰，“三三”则指的是九曲溪。武夷山山峰多以整块巨石构成，山壁如削，气宇轩昂。峰峦中列在头名的大王峰，危峰孤峭，凌云摩霄，只在南面石壁裂有一道石缝。经缘梯攀山，穿石门，绕岩坡，涉过险地，方可登临峰顶。山顶崖壁刻有“居高思危”四字，能给人“万丈危峰倚碧空，丹梯历尽境无穷”等启示。与大王峰遥遥相望的是玉女峰，此峰秀丽典雅，宛如亭亭玉立的仙女，峰顶草木锦簇，仿佛山花插鬓；峰右侧有浑圆的岩石名妆镜台，岩下有水潭得名浴香潭。这里一直流传着玉女与大王倾心爱慕的神话。武夷山的天游峰以及“水帘洞”“一线天”等景点，也都是幽奇胜地，让人流连忘返。

武夷山山水相连，水山合一，浑然一体。在葱郁的群山之间，曲折萦回的九曲溪犹如一条流动的纽带，将武夷山的山山水水联系了起来。九曲溪全长60千米，流经景区9500米。“曲曲山回转，峰峰水抱流”正是这里水绕山转的动人写照。坐竹筏游九曲是逆流而数的，自上游过浅滩第九曲，一路行至晴川一曲。九曲中有的水势平缓，有的地带则滩浅、水急。两岸峭壁形成诸多高岩景观，如“上水狮”“下水龟”等。一座岩峰正面看是“金鸡报晓”，转过岩峰再一望，又成了“猪八戒背媳妇”……

武夷山的景观与其他旅游胜地单项比，山不如泰山，峰不及桂林，水不如漓江，沟不及九寨，洞不如贵州，竹不及莫干，难能可贵的是武夷山采撷了各地山水林溪胜景之长，将碧水、青山、石滩、激流、深潭、竹枝、茶园、鸟语、花香等浓缩一地，成为密集型风景旅游区，以独特的魅力吸引中外四方游客前来游览。

34. 构筑独特的福建土楼

福建土楼主要分布在闽西、闽南的永定、南靖一带。这些客家人的传统居所，用最古老的方式建造、规模庞大的土楼，以其悠久的历史、巧妙的构筑，被誉为世界民居的奇观，被联合国教科文组织列入《世界遗产名录》，土楼景区也被评为国家5A级旅游景区。

古时中原地区的汉人因逃避战乱、饥荒等原因大量南迁。相对于原住民而言，他们是客，因而被称为“客家人”。在南迁和开发南方山区的过程中，客家人构筑了别具特色的土楼，成为客家文化的重要特征之一。

土楼是以土作墙而建造起来的集体住宅。通常在黄黏土中拌掺砂石、石灰、稻草及糯米汁等，经反复揉、捣、压、夯，筑成坚固的墙体。基础用石块砌筑，墙基厚达2米，墙顶厚约1米。土楼高为三四层，或五六层，房间多可达400余间。楼体外形有圆形、半圆形、椭圆形、方形、四角形、五角形，还有交椅形、畚箕形、曲尺形、塔形、八卦形的，各具特色。其中圆形的也称圆楼或圆寨，著名而多见。土楼为封闭式，下面两层不留窗户，大门一关就是一座坚固的城堡，成为动乱年代的“堡垒”。居住在土楼里，由于墙壁较厚，不易倒塌，可防震、防潮、防盗，还能起到保温隔热的作用，冬暖夏凉。

在永定，现存土楼2.3万多座，有的已矗立了1200多年。承启楼于清康熙年间竣工，全楼结构为三圈一中心，外圈4层，高11.4米，每层有72个房间；第二圈2层，每层设40个房间；第三圈单层，设32个房间。底层为餐厅或客厅，二层储物，三四层才做卧室。环形走廊通道和楼梯对称均匀分布于楼内。中心处为祖堂。全楼共计400个房间，建筑面积为5376.17平方米，被称为“圆楼之王”。

在南靖，保存最完整的土楼是怀远楼，建于清宣统年间。土楼直径38米，高4层14.5米，有房屋136间。楼内房间雕梁画栋，佳联成对。处于核心位置的“斯是室”是家族子弟读书的地方，构建精巧秀气，古朴天然。这座双环圆土楼至今仍适合人居住。在云水谣景区，和贵楼是建在沼泽地上的。先人们通过实践得知，松木遇水可千年不腐，便在松木桩内填土造就了这座南靖最高的土楼。和贵楼为5层，高21.5米，每层有房屋28间，共140间。建楼200多年来，一直稳固地矗立在那里。土楼是中国古代文化的精品，每一座土楼都是建筑学上的杰作，它让建筑专家和旅游者考察、观赏后赞叹不已，在国际上受到广泛的好评。

35. 湄州妈祖朝圣地

妈祖祖庙位于福建省莆田市秀屿区湄州镇宫下村东北处。这座长323米、宽99米的五进仿宋建筑群,是妈祖信仰在祖庙的载体。正殿占地面积238平方米,建于北宋雍熙四年(987),以后多次重修。

据统计,全世界有妈祖信众近两亿,建有妈祖庙5000多座,遍布美国、日本、新加坡、马来西亚、印度尼西亚、菲律宾、泰国、越南、缅甸等20多个国家。在我国港澳台地区,妈祖信仰更为普遍,仅台湾岛内就建有妈祖庙800多座。海内外所建妈祖庙虽然众多,但这些庙宇都是从湄州妈祖祖庙分灵出去的。

妈祖是怎样一位神灵呢?相传在唐代,福建莆田的湄州有一林姓人家,生了一女,至满月未啼哭一声,父母为她取名默娘。默娘长大后聪颖神异,能为人医病,事亲至孝,满17岁仍不思婚嫁之事,而是遍读书、习泳术,擅乘舟渡海,常在惊涛骇浪中救助遇难的船只。为了感激她的救命之恩,渔民把她奉为美好、善良和正义的化身,说她已升天为神,并尊称为“妈祖”。自宋代开始,封建朝廷多次对其褒奏、晋封,宋代封为“顺济夫人”,元代封为“天妃”,清代康熙时又晋封为“天后”。官员出使、兵士出征、渔民出海、客商水运,都要祷告妈祖佑护水路平安。相传郑和下西洋、郑成功收复台湾,也都仰仗了妈祖的神奇力量。

坐落在湄州岛上的妈祖祖庙,经当地政府和海峡两岸信徒的投资共建,已修葺一新,雕梁画栋,巍峨壮观。祖庙依山而建,拾级而上走入气势磅礴的山门,然后便能观赏到三层三檐式的钟鼓楼,红柱飞檐,棂窗绮丽。正殿上高悬“泽施四海”的大幅横匾,殿前矗立着两根蟠龙石柱,雕刻得栩栩如生;巨大的铜铸香炉上镶嵌着“湄洲祖庙”字样,炉内香烟缭绕。殿内供奉的妈祖神像雕刻于明代,其大小与真人相仿,端坐于莲台之上。正殿左后方是后殿,放有妈祖羽化“升天古迹”。在正殿前后还有大牌坊、长廊、圣旨门、天后殿、朝天阁、观音殿、佛祖殿、五福殿、圣父母祠、戏楼、梳妆楼、慈孝洞等众多殿堂景观。

妈祖信仰和所形成的妈祖文化,影响广泛,为此联合国教科文组织已将妈祖信俗列为世界非物质文化遗产代表名录。湄州妈祖祖庙也成为国家5A级旅游景区。如今每年都有众多妈祖信徒从世界各地来到湄州祖庙汇聚,举行拜祭、朝圣、请神等活动,仅来自海外的就有百万人之多。

36. 历史厚重的庐山

庐山坐落在江西省九江市境内鄱阳湖畔，方圆250平方千米。几千万年前的地壳运动，造就了这里叠嶂九重、崇岭万仞的地貌景观，自古就以“雄、奇、险、秀”闻名于世。

庐山自周代就有“奇秀甲天下”之称。传为大禹时所作的《禹贡》及稍后的《山海经》中，都有庐山古称的记载。周初时有位匡俗先生来到这大山中学道求仙，周天子知其才华，请他出山相助，但求才不得，就把匡俗求仙的地方称为“神仙之庐”，“庐山”之名由此而生。《诗经·小雅》有“中田有庐”。《国语·楚语》记载庐山所在的位置于战国时称“庐邑”。西汉时期，司马迁《史记》中有“余南登庐山，观禹疏九江”，使“庐山”之名始见于史书。

从很早起，庐山就有命名的山峰171座，群峰间散布岗岭26座，壑谷20条，岩洞16个，怪石22处。在水流的发育裂点形成瀑布22处，溪涧18条，湖潭14个。著名的三叠泉瀑布落差达155米，上叠形如飘雪拖练，中叠形似碎玉摧冰，下叠又如玉龙走潭，被誉为“庐山第一奇观”。庐山的云雾虚无缥缈，又有着云流化为晨雨的奥妙。一年之中山峦间还常有流动的瀑布云。面对云雾，背日而立，有时还能看到光环绕身的“佛光”。在庐山峰顶、峡谷、山垄、崖头，处处可见美景。这里的天桥、三峡桥、观音桥、枕流桥等也都是值得一游的景点。庐山动植物资源丰富，建有五大宗教庙宇。由于庐山是避暑胜地，自20世纪初庐山出现了近千幢具有英、美、法、俄等18个国家风格的别墅。30年代庐山成为南京国民政府的“夏都”，蒋介石建造了“美庐”豪宅。

庐山有着一年四季观赏不尽的美景，它又是一座充满着历史厚度的名山。从司马迁到陶渊明、昭明太子、李白、白居易、苏轼、王安石、黄庭坚、陆游、朱熹、康有为、胡适、郭沫若等，有文坛巨匠1500多位登临庐山游览，留下诗词4000余首。“飞流直下三千尺，疑是银河落九天”是唐代诗人李白对庐山瀑布的描写。“横看成岭侧成峰，远近高低各不同。不识庐山真面目，只缘身在此山中”是宋代文豪苏轼咏赞庐山的佳篇。1949年后，毛泽东曾三次登上庐山，1961年他在七绝《为李进同志题所摄庐山仙人洞照》吟道：“暮色苍茫看劲松，乱云飞渡仍从容。天生一个仙人洞，无限风光在险峰。”诗句铿锵，流传于世。

庐山是中华十大名山之一、全国重点文物保护单位、国家5A级旅游景区，被联合国教科文组织列入《世界遗产名录》。多年来一直是广受中外旅游者喜爱的游览胜地。

37.“革命摇篮”井冈山

井冈山位于江西省西部,邻接湖南省。这里是我国第二次国内革命战争时期重要的革命根据地,境内群山环绕,动植物资源丰富,是著名的自然保护区。通过发展红色旅游,井冈山已跻身于国内一流景区行列,是全国唯一一家获得首批国家5A级旅游景区殊荣的红色旅游景区,近年每年旅游人次都达到400万以上。

游览井冈山风景区,一般以茨坪为中心。茨坪是个高山环抱的盆地,海拔841米。井冈山斗争时期,红军在这里屯兵屯粮,一度为红军首脑机关驻地。如今这里已成为一座美丽的山城,有毛泽东、朱德同志的故居,建有井冈山革命博物馆和井冈山革命烈士纪念塔。茨坪东南方的黄洋界,海拔1343米,是红军五大哨口之一,至今保留着当年的哨口工事和作战壕堑。茨坪西面的小井有当年红军医院旧址和红军烈士墓,现与周边清溪、梯田、翠竹、瓦舍共同组成了一幅恬静优雅的山水田园画卷。北部的五指峰中有飞瀑、溪泉,产石鱼、石鸡等。山腰林荫深处有幽深的洞穴,当年红军曾在此宿营,坚持游击战争,此洞也称“游击洞”。井冈山处处有锦山秀谷,沿途革命胜迹络绎不绝。

井冈山是一座英雄的山,又是一座由旖旎风光赋予了灵性的奇美的山。千峰百嶂盛开杜鹃是这里的著名景观,春来观赏杜鹃开放是井冈山旅游的一大特色。据统计,井冈山杜鹃科植物有多达32种,有开白花的江西杜鹃,开红花的映山红,开粉红色花的鹿角杜鹃、云锦杜鹃,开粉红至白花的猴头杜鹃,开淡红紫色花的红毛杜鹃,还有开淡紫红色花、井冈山所独有珍稀的香味杜鹃。井冈山的杜鹃花开,可从4月中旬盛放到6月中旬。除了花色多,与别处灌木型杜鹃不同,井冈山的杜鹃是乔木型的,一棵棵杜鹃树高达15米以上,干围1米左右,开出的花朵呈五角形,大的如碗口,小的似纽扣,有的一树上竟开放着几种不同颜色的花。有“井冈明珠”之称的笔架山,辟有“十里杜鹃花长廊”,绵亘于峰脊上,各色盛开的杜鹃一组组,一丛丛,从碧峰伸向远方天际,成为难得一见的景观。

2010年首届中国井冈山国际杜鹃花节举行,中外旅游者在赏花的同时,可参与多项游览活动,包括自驾游、赏盆景花廊、杜鹃花摄影大赛、民俗文化展示、茶艺表演、红歌演唱、美食小吃品尝等。尤为可观的是5.5万平方米的巨型山野舞台上,表演了大型实景演出《井冈山》。由600多名演员出演,点亮1000多盏灯光,升起世界上最大的党徽。全景式的画面所带来的视听效果和震撼的战争场面,所表现的“激情”岁月,都给现场观众以巨大的心灵冲击。

38.“瓷业高峰”景德镇

景德镇市位于江西省东北部。东晋时称新平镇，唐代称昌南镇。北宋景德元年(1004)，因镇产青白瓷质地优良，得以皇帝年号为名，称“景德镇”。

在景德镇，兴起于五代的烧瓷古窑众多，以至出现“白昼窑烟蔽日，夜间红焰烧天”的制瓷繁忙景象。之所以有这样的盛况，和当地得天独厚的地理条件密不可分。直至今日仍在开采的三宝蓬瓷石矿，源源不断地提供良好的瓷土；这里背靠南山，为窑用松柴带来了便利；引南河之水推动水碓，获取了用之不竭的动力资源；长流的河水又能行使运输之便。正是这里的优越条件，使景德镇成为我国著名的产瓷之地，创造了高超的制瓷艺术成就。

景德镇的各种名瓷瑰丽多姿。闻名于世的白瓷素有“白如玉，明如镜，薄如纸，声如磬”之称。当地的瓷器品种齐全，品名有多达3000个以上。一件件瓷器造型轻巧，装饰多样。在装饰上有青花、釉里红、古彩、粉彩、斗彩、新彩、釉下五彩、青花玲珑等。釉色品种有青、蓝、红、黄、黑等多类，仅红釉系列又可分为钧红、郎窑红、霁红、玫瑰紫等。均用“还原焰”烧制，瓷品形色俱佳，巧夺天工。

1949年后，景德镇的瓷器在继承传统的基础上不断创新，种类更为多样，艺术水平大有提高。郭沫若在访问景德镇时赋诗曰：“中华向号瓷之国，瓷业高峰是此都。”近年来，这里的青花、玲珑、粉彩等十多种名瓷，分别获得了国家金质奖章和银质奖章。青花梧桐餐具、高温彩色釉“三阳开泰”都曾作为贵重礼品，赠给外国领导人，被外国友人誉为“国宝”。2014年，景德镇获得联合国教科文组织授予的“全球创意城市网络手工艺与民间艺术之都”的称号。

早在1954年，景德镇即建立了国内第一家专题性陶瓷博物馆。实行改革开放后，又在镇的西市区昌南湖畔兴建了“景德镇中国陶瓷博物馆”。博物馆总占地面积5.5万平方米，建筑面积3.2万平方米。馆内收藏了新石器时代的陶器和汉唐以来不同历史时期陶瓷珍品3万余件(其中有国家珍贵文物500余件)，涵括了景德镇在千年历史长河中涌现的瓷器代表品种。在市郊盘龙山中，还建有一座“景德镇陶瓷历史博物馆”。入内参观可见到古代制瓷工场、支窑木柱、制瓷坯坊、手摇石磨等实景实物，身着古代服饰的工匠和泥拌土、切削泥胎、着墨上色、码放入窑，再现了整个制瓷过程。游客来到馆中，一览匠人选料、制坯、烧窑劳作，恍如置身于几百年前的古代瓷窑。

39. “东方圣地”——曲阜“三孔”

曲阜位于山东省西南部，是中国著名的历史文化名城和孔子故里。孔子是世界上最伟大的哲学家之一、中国儒家的创始人。在两千多年历史的发展中，儒家文化逐渐成为中国的正统文化，并影响到亚洲和世界各国。西方学者将孔子与耶稣、释迦牟尼并称为“世界三圣”，以赞扬孔子集古圣先贤之大成。孔子故里曲阜也由此被誉为“东方圣地”。

曲阜“三孔”，即指孔庙、孔府、孔林。孔庙即是圣庙，是中国历代封建王朝祭祀孔子的庙宇。孔庙位于曲阜城正中，是一组规模宏大、雄伟壮观的古代建筑群，与北京故宫、承德避暑山庄并称中国三大古建筑群。早在 1961 年即列入《世界遗产名录》。孔庙建筑仿皇宫之制，共分九进院落，贯穿在以大成殿为中心的一条南北轴线上，整个建筑群共有殿、阁、坛、祠、庑、堂、亭、库、斋、楼等 466 间，门坊 54 座，占地 327.5 亩。大成殿是孔庙的主体建筑，重檐九脊，黄瓦朱甍，气象庄严，与北京故宫太和殿、泰山天贶殿并称中国“古代三大殿”。大成殿四周廊下环立 28 根雕龙石柱，均以整石刻成，柱高 6 米。石柱造型优美，雕刻玲珑剔透，是我国石雕艺术中的珍品。大成殿内正中是一雕龙贴金的巨大神龛，孔子夹纻漆塑像置于其中，左右列有颜子、曾子、子思、孟子塑像，外侧还设有“十二哲”塑像，显示着儒家学派的延续。殿顶中央藻井有巨大的雕金蟠龙，吐珠龙头正对着下方神龛楼，神龛上方悬挂“大成至圣先师”的金字匾牌。大成殿前后有露台、杏坛、奎文阁、御碑亭、寝殿和圣迹殿等建筑，共同构成了孔庙肃穆、雅深又绚丽多彩的景观。

孔府坐落在孔庙东侧，是我国现存古代最大、最豪华的官僚贵族府第，有“天下第一家”之称。孔府占地面积约 1.6 平方千米，有楼房厅堂共 463 间，九进院落，三路布局。主体部分在中路，分前衙与后宅两大区。孔府大门坐北朝南，宽三间，深两间。门前左右有雌雄双石狮。大门正中上方高悬蓝底金字“孔府”，由明代权相严嵩题写。孔府与孔庙相比，建筑风格较朴素，屋顶用青瓦，梁柱用黑漆，彩绘也不是最高制。但此府自明初由皇帝特命设置官署，建有威严的孔府大堂，这使黑漆大门内有着“侯门深似海”的气势。

孔林位于曲阜城北门外，城门至孔林之间有一条神道，全长 1266 米，两旁松柏夹道而立。孔林占地 200 公顷，周围垣墙长 7.5 千米。孔林是孔子及其家族的墓地。孔子墓在孔林的中心部位，墓上封土高 4 米，总高 6.2 米，周围 88 米。孔林有石坊、碑亭、享殿、历代石碑等建筑景观。孔林中还有许多的名木古树，其中一株相传为孔子亲手栽植。

40. 如入仙境的崂山

崂山位于山东半岛东南部,西靠青岛,东南两面濒临黄海,面积 386 平方千米。崂山是中国道教名山,是著名避暑胜地,为国家 5A 级旅游景区。

崂山风景区包括太清宫、太平宫、华楼宫、北九水、鹤山等景点。狮子石、绵羊石等奇岩怪石遍布山岗,使这里有“天然花岗岩群雕”之誉。山色与海波相映,形成了紫霞云海、海市蜃楼等奇观妙境,具山、海、林、泉、瀑之盛景。难怪《齐记》有云:“泰山虽云高,不如东海崂。”

崂山古称牢山、劳山、鳌山,又有“神宅仙窟”“海上仙山第一”之名。秦皇汉武都曾到此求仙。宋元以来,崂山上宫观次第兴建,最盛时达“九宫八观七十二庵”。历代名道丘处机、张三丰,文人李白、苏轼、文徵明、顾炎武、蒲松龄等都曾到此游历,题写诗赋,为奇丽的山水增添了文秀。元代道教国师丘处机写有一首七言绝句曰:“卓荦鳌山出海隅,霏微灵秀满天衢。群峰削玉几千仞,乱石穿空一万株。”这是对崂山风光的生动写照。

如今崂山的太清宫、上清宫、明霞洞、白云洞、关帝庙、蔚竹庵等 11 座道观保存完好。这里的宫观建筑规模宏大,有深厚的道教文化内涵,为研究崂山文化乃至中国道教史提供了重要的史料和实证。道观中的太清宫建筑布局,处处渗透道家思想,其建筑形式堪称庙宇园林的典范。它坐落在崂山南麓,宫前山径平夷,逶迤斜上,茂林修竹,一派葱绿。这座建筑简朴无华,颇具道教清静淡雅的特色。道家以“至清、上清、太清”为三清,“太清”乃太上清静之界,也即是神仙“行则逍遥”的天堂。

太清宫始建于北宋初年,是崂山寺观中历史最久、规模最大的道观,现存殿宇 140 多间。承袭着明代万历年间的建制,观内分布着三官殿、三清殿、三皇殿三组建筑,另有忠烈祠等。在观内南配房处有一间西耳房,是清代著名小说家蒲松龄居住过的房间,他的《聊斋志异》中《香玉》《崂山道士》《崂山观海市作歌》等几篇名著,就是在这里写成的。那牡丹花仙香玉和耐冬花仙绛雪,写的就是生长在三官殿院内的两株古树。牡丹干粗枝茂,春夏之交花白如雪;耐冬(山茶)双层花瓣,花红似火。这白牡丹、红山茶,在蒲松龄笔下化成了两位善良美丽的花蕊仙子,演绎出了感人的故事。

崂山以“仙境”著称,三官殿前有“逢仙桥”,二仙山有“会仙台”,还有“仙古洞”“八仙墩”“迎仙岘”“霞仙台”“仙人髻”等。置身在这景色美如仙境的地方,自会让人沾上“仙”气,有清虚幽静之感。

41. 闲适迷人的长岛

长岛位于山东省胶东半岛、辽东半岛之间,由 32 个岛屿组成。

唐代诗人白居易诗咏长岛曰:“忽闻海上有仙山,山在虚无缥缈间。”宋代名家苏轼赞叹长岛道:“真神仙所宅也!”在古代小说《西游记》《镜花缘》中,也都把长岛描绘成一个虚幻缥缈、超脱凡尘的世外桃源。

长岛分为北长山和南长山两大部分。月牙湾坐落在北长山的最北端,因海湾呈弯形宛若半个月亮而得名。它倚山而伸,抱水而卧。左右两座山峦间是一段悠长的蜿蜒伸展的海滩。这里没有细沙,却有着一个奇光异彩的球石世界。满滩的球石有的洁白如玉,有的红似玛瑙,有的黄若蜜橘,还有的紫比雕檀,晶莹像琥珀。随便一拣,便让人爱不释手。

这里诸岛由海蚀形成的奇礁异石,更形成了绝妙景观。它们实兀群聚,千姿百态。有的像宝剑直插云霄,有的如猛狮昂首卧波;有的像少女凝神静坐,有的又似亲友结伴出游。突出海面的“望夫礁”“宝塔礁”等,无不有着动人的美丽传说。这些礁石粗犷雄浑,古朴清幽,凸凹有致,别有一番神韵。

九丈崖紧邻月牙湾,峭壁高 69.7 米,绵延数百米。经数万年的风吹浪打,崖壁处易风化的千枚岩、页岩相继脱落,从而形成了海蚀崖中独有的景象:崖倾、崖裂、崖凸和崖凹,绵长的崖壁几乎以 90 度直角的姿态屹立于海边。崖顶由此也成为观日出的最佳之地。

在庙岛上有一座始建于宋代徽宗年间的妈祖庙,称天后宫。占地 90 亩,有外、前、中、后四进院落。中院由前殿、大殿及东西两廊组成,大殿是全庙最高大的建筑,天后神像居正位暖阁内龙墩上,两边有四侍女、四妃女、众多站班等。塑像为宋元作品。殿内还有碑碣、皇帝手书匾额、精美的铜鼎及元代的壁画,还有历代的船模 300 多只。如今这里已成为长岛航海博物馆的馆址。

在北长岛西北方向有一座万鸟岛,岛上地势险峻。游人穿过一条长长的涵洞,登上峰顶,会观赏到一群群鸥鸟从山崖上、海湾里、礁石间、峭壁顶腾空而起,遮天蔽日,绕岛飞旋,俯海欢叫。一时间周围上下,前后左右,到处都是鸟儿翻飞的翅膀,这生动的鸟的世界使人们感到十分震撼。

42. 中华名刹少林寺

少林寺位于河南省登封市中岳嵩山西麓的五乳峰南侧，依山傍水，因处于少室山阴的丛林之中，由此得名“少林寺”。

少林寺始建于北魏太和十九年(495)，是孝文帝专为安顿印度僧人跋陀落迹传教敕建的。孝昌三年(527)菩提达摩进入少林寺，他在跋陀开创的基业上广集僧徒，首传禅宗，从而开创了中国佛教禅宗的祖庭。少林寺山门为单檐五脊歇山顶式土木混合结构建筑，面宽五开间，进深三开间，大门建在1米多高的石制台阶之上，整座大门给人以庄重、雄浑之感。寺内建筑共分七进，大雄宝殿、天王殿、藏经阁、钟鼓楼、千佛殿、地藏殿、达摩亭、方丈堂等都建造得庄严肃穆、金翠垂辉。寺西有唐宋以来历代主持僧的墓塔，共250余座，大小不等，形态有异。这座我国最大的塔群，是研究中国古代砖石建筑和雕刻艺术的宝库。

相传少林师祖跋陀的两位高徒慧光和僧稠生性好动，慧光能在井栏上反踢毽子500余下，身手不凡；僧稠则常以角力(摔跤)、腾越(跳跃)为戏。受他们影响，少林寺的小和尚喜爱运动，并有了习武的风气。达摩为防僧徒坐禅久了精神萎靡，创“十八罗汉手”，用于舒筋活血、健体强身。以后寺内僧众为防野兽、歹人侵扰，在习武操练中，形成了强身自卫的心意拳、六合拳、大洪拳、小洪拳、通臂拳、罗汉拳等拳术，并相应发展了兵器武艺。在介入战事中，各家所用的“十八般兵器”也逐渐为少林武僧所掌握。武僧们在多次护寺和爱国斗争中大显身手。“十三棍僧救唐王”是流传久远的故事。明代倭寇侵犯海疆，少林和尚应召远征，血染疆场，屡建功勋。

有着千年历史的少林寺，多次受到皇帝的封赏，成为名扬天下的“第一名刹”。这座名刹也曾几次遭受劫难，在动乱中一蹶不振。1949年以来，少林寺得到大力修缮保护，一些少林和尚重返寺庙。电影《少林寺》热映后，这座寺庙在国内外引起强烈反响，来此参观游览、健身习武的中外人士与日俱增。在少林寺东700米处还建起一座武术馆，占地近50亩，演武大厅面积3488平方米，是一处汇集全球武林高手和少林武术爱好者于一堂、切磋技艺、举行少林拳术竞赛和演练少林功夫、培育少林武术新人之所。近年来，日本少林武术拳法联盟、新加坡少众山国术体育会、美国少林寺武术代表团等先后到少林寺“归山朝圣”。这使少林寺不仅成了中原的一处旅游胜地，还成为连接四海文化传播和友谊的纽带。

43. 黄河三峡小浪底

小浪底水库坐落在河南省洛阳市以北的孟津县。小浪底水利枢纽是治理开发黄河的重要工程，于2001年竣工。水库位于穿越中条山、王屋山的晋豫黄河峡谷中，库区全长130千米，总面积272平方千米。小浪底大坝截流后，水库内形成了众多半岛、孤岛、险峰，近观有曲折迂回的河湾，远看有烟波浩渺的湖面。晋豫黄河峡谷与库区的柏崖山、红崖山、黄鹿山等20多个景点、水库大坝交相辉映，形成了千岛星布、湖光山色、“高峡出平湖”的自然景观。

黄河三峡是流经水域的河水与王屋山孕育的精华所在。三峡位于小浪底大坝上游20千米处，面积40平方千米。三峡中的“八里峡”峡长8里，有“八里胡同”之称。两岸耸入云天的石壁森然对峙，一路咆哮而来的黄河之水被挤压缩瘦，不得不变得驯服好多。岸壁怪石嶙峋，与历史传说融为一体，“鲧山禹斧”“犀牛望月”“孟良活地”“京娘化凤”“石人顶石山”“章公背章婆”等都充满了传奇色彩。“龙凤峡”与八里峡相接，峡长10千米，九曲十八弯，沿峡谷中的凤凰坡展现出皇冠岛、情侣岛、相思瀑、龙凤潭、桃花洞、同心树、凤凰台、兄弟岗、姐妹峰等景观。这里水流平缓，景色柔美，相映成趣的景观总在用景象述说着昔日的风花雪月和儿女情长，这让龙凤峡也有“爱情峡”之称。连接龙凤峡的是“孤山峡”，峡谷蜿蜒3千米，鬼斧神工，千仞壁陡。峡谷尽头为逢石湖，清波荡漾。一座小石山形如卧牛，惟妙惟肖。峡区的九蹬莲花栈，九蹬次第升高，望之若莲花盛开。此外还有隋唐古栈道、宋代普救寺遗址、大河楼等文化胜迹、自然景观60余处。这些我国北方难得一见的山水景观，可与长江三峡媲美。

在黄河三峡东北方坐落着的神农山，也是一处著名景区。这里“山中有谷，谷中有山”，云笼雾锁时，山脊时隐时现，尽显太行山脉的蔚然大气。此山的神农谷据考证即为当年炎帝尝百草之地，满山谷里弥漫着中草药的气息，纵横的沟谷之间植被茂密，随处有生长的柴胡、山参、鸡头参、连翘、金银花及可入药的野葡萄等山果。包括已查明的怀山药、怀地黄、怀牛藤、怀菊花“四大怀药”，神农谷已成为800多种中草药的原产地。

在小浪底核心景区还建有一座大坝湿地公园，面积10平方千米，水域约占30%。园区遍布草木上千种，栖息着天鹅、白鹭、鸳鸯、黑鹳、白鹳、大鸨、金雕等鸟禽175种。湿地上建有湖心亭、观景台等，是休闲赏景、观日看鸟的极佳之处。

44.美如画廊的长江三峡

长江源远流长，奔流不息，是中国内陆最为重要的水路航道。长江三峡西起重庆市奉节县的白帝城，东到湖北省宜昌市南津关，全长193千米，两岸连山，重峦叠嶂，自古被称为壮美奇丽的山水画廊。

有关长江三峡的形成，古代传说中有的称是大禹治水的遗迹，有的说是仙女瑶姬所施的神工。北魏地理学家郦道元所著《水经注》中则讲："江水又东，经巫峡，杜宇所凿以通江水也。"杜宇是传说中古蜀国君主，凭其一己之力，驱使臣民凿通三峡，这当然是不可思议的。三峡实是远古时代强烈的造山运动所引起的海陆变迁和江河发育的结果，是大自然的造化之功。

三峡由瞿塘峡、巫峡和西陵峡组成。瞿塘峡为三峡之首，长8千米。峡谷虽短，却是"西控巴渝收万壑，东连荆楚压群山"之地，号称"天下雄关"。两岸山势雄峻，如斧削刀劈，致使江宽不过百米。船行其间，水流湍急，云天一线，让人有"峰与天关接，舟从地窟行"之感。在北岸绝壁上，有一条人工开凿的古栈道遗迹，这就是古时船夫拉纤、军事运输和客商行贾的唯一通道。两岸陡峭壁崖间还有"孟良梯""凤凰饮泉""倒吊和尚""犀牛望月"等景观。

巫峡全长46千米，峡中两岸青山连绵起伏，群峰壁立如屏，幽深秀丽。以十二峰为奇，尤以神女峰最为纤丽奇俏。蒙蒙烟雨，飞虹流彩，常把峡谷装点得妩媚多姿。这让宋代诗人陆游吟出了"十二巫山见九峰，船头彩翠满秋空"的佳句。巫峡谷深峡长，日照不足，峡中易成云致雾。云雾缭绕，千姿百态，似飞马游龙，如飘带卷纱，阳光照射还会形成巫峡佛光，这又让古人留下了"曾经沧海难为水，除却巫山不是云"的千古绝唱。

西陵峡全长66千米，是三峡中最长的峡谷，以险峻闻名于世。其特点是滩多水急，以泄滩、青滩、崆岭滩为最险。过去船行其间，险象环生，常会舟毁人亡。如今葛洲坝工程蓄水后，回水百里，水位上升，险滩礁石沉入江底，不复为害。乘船至此可一览众多景观。这里有昭君故里香溪、屈原故里秭归，还有盛产"野人"故事、充满神秘色彩的神农架。西陵峡东止于湖北宜昌，这里是古代巴人的发祥地。在如此艰难的生存环境下，巴人仍保持了乐观向上的生活态度，这从流传下来的曲调节奏明快的巴人舞可见一斑。

在长江这一地段，除这著名的"大三峡"，还有大宁河的"小三峡"和马渡河的"小小三峡"。这九峡组成了一派造化天成的瑰丽之地，是吸引众多中外游客赏游的绝佳景区。

45. 景观雄奇武当山

武当山位于鄂西，北通秦岭，南接巴山，绵亘起伏纵横400多千米。著名自然景色有72峰、36岩、24涧、11洞、3潭、9泉、9井、9台、10池、10石。72峰中的天柱峰海拔1612米，势如“一柱擎天”，其他各峰略有倾斜，像是在向天柱峰朝拜，形成了“诸峰朝大顶”的奇特山景。

武当山又名太和山。相传道教所尊奉的玄武神即真武大帝曾在此修炼而得道飞升，故后世易名武当山，意谓“非真武不足当之”。据《大岳太和山志》记载，早在唐代贞观年间，武当山就兴建了五龙祠，宣扬道教。宋元时期，武当山道教建筑逐渐增多。明永乐年间，成祖朱棣派侍郎等役使30万军工民匠，在武当山大兴土木，用了近10年时间，建成了净乐宫、玉虚宫、紫霄宫、元和观等33个规模宏大的建筑群及众多桥梁、亭台、神道等，使整个武当山成为一座“真武道场”和周围各省的道教中心。

武当山古建筑群历经沧桑，现存4座道教宫殿、2座宫殿遗址、2座道观及多处神祠、岩庙。紫霄宫是武当山古建中规模最为宏大、保存最为完好的一处道教建筑，有殿宇、楼阁、廊庑860间。大殿主体为木构建筑，殿内有金柱36根，供奉玉皇大帝塑像，其建筑式样和装饰有明显的明代特色。天柱峰顶的武当山金殿，高5.5米，面宽5.8米，进深4.2米，大殿重檐翼角飞举，殿脊装饰着镂空的珍禽异兽。殿内所有的铜铸构件完全按照土木结构插榫安装，焊接鎏金而成，结构极为精巧。在风景秀美的南岩，由皇帝赐名的“天乙真庆万寿宫”石殿，建于崖壁上。这座雄奇的殿堂，仿木结构，斗拱、檩、梁、门、柱都是用完整的岩石凿成，殿内“天子卧龙床”组雕、“三清”塑像、环立的500铁铸灵官，都是精妙之品。石殿绝崖处，横伸一雕龙石梁，悬空伸出2.9米，上雕盘龙，龙头雕一香炉，得名“龙头香”，景观尤为奇妙。如今武当山各宫观中还保存有各类造像1486尊，碑刻、摩崖题刻409通，法器、供器682件等，都是十分珍贵的历史文化遗存。1994年12月，武当山古建筑群被联合国教科文组织列入《世界遗产名录》。

北宋末期，张三丰在武当山结庐修道，他细心观察鸟蛇等缠斗，创建了太极。以后“武当太乙五行拳”就成为武当山道士世代相传的独特拳术，既能锻炼身体、按摩治疗，还可用于防身自卫，克敌制胜。武当拳不仅在我国广泛流传，也受到日本和东南亚很多人喜爱，学拳者还建起一些“武当正宗”组织。这使武当山成为中外游客游览的胜地，也是武当拳法切磋交流的中心。

46. 南岳峰秀数衡山

衡山又名南岳，为中华五岳之一。坐落在湖南省中部偏东南方，其 72 峰绵亘于衡阳、湘潭两盆地之间，总面积 640 平方千米。据战国时期《甘石星经》记载，因其位于二十八宿的轸星之翼，“变应玑衡”，犹如衡器，故名衡山。

在几亿多年漫长的地质年代里，衡山经受了内外营力的相互作用，形成了以峰林状花岗岩断块矗立的地貌特征。海拔超过 1000 米的山峰有 20 座。主要山峰有回雁峰、祝融峰、紫盖峰、天柱峰、芙蓉峰、石廪峰、岳麓山等。上古时期君王唐尧、虞舜曾在此巡疆狩猎，夏禹于此祭天求治洪之方。衡山山神是民间崇拜的火神祝融，他被黄帝委任镇守使，教民用火，化育万物，死后葬于衡山赤帝峰，被当地人尊为南岳圣帝。

衡山最高的主峰祝融峰，海拔 1300 米，亦为纪念人文祖先祝融氏而得名。这座山峦常年为烟云烘托，险峰叠衬，愈显峻极天宇。唐代文豪韩愈在《游祝融峰》诗中云：“万丈祝融拔地起，欲见不见轻烟里。”这是对雄峻山景的切实写照。从山脚向上攀登，沿途有忠烈祠、半山亭、邺候书院、铁佛寺、湘南寺、南天门、狮子岩、观音岩、高台寺、上封寺、会仙桥、罗汉洞等著名景观。峰顶是看日出、观云海、赏雪景的极佳之处。峰顶“天阶”之上建有祝融殿，殿宇两进，全部用花岗岩建造，殿顶盖有加锡铁瓦，每块长 70 厘米，宽 30 厘米。其中一些铁瓦为宋代所铸，历经千年仍光洁不锈。

衡山是著名的佛教、道教圣地，环各山峰有寺、庙、宫、庵 200 多处。祝融峰东侧古镇上的南岳庙始建于唐开元十三年(725)，后几经重修。面积 9.85 万平方米，大殿高 32 米，内外有 72 根高大石柱支撑殿宇，象征 72 峰。大殿四周石栏上有 144 块汉白玉浮雕，形象生动地描绘了《山海经》中的典故故事，飞禽走兽、花卉草虫，无不神态自然，栩栩如生。

岳麓山为 72 峰之尾峰，海拔 300.8 米。这座山峰融中国古文化精华的儒、佛、道为一体，有着深厚的历史文化内涵。山下有被列为中国古代四大书院之首的岳麓书院。山腰建有古麓山寺，距今已有 1700 年的历史，是湖南省佛教的发源地和中心。

衡山各峰古树参天，茂林修竹，奇花异草四季飘香，飞禽走兽四下栖居，是天然的动植物园。据统计，仅树木就有 800 多种，草卉有 900 多种，还有多种名贵药材。丹霞寺到毗卢洞一带出产的“云雾茶”自古即是“贡品”，驰名中外。2006 年衡山景区入选首批国家自然与文化双遗产名录，被评选为 5A 级国家旅游景区。

47. 千年胜景岳阳楼

岳阳楼坐落在湖南省岳阳市古城西门城墙之上，前望君山，下瞰洞庭，自古有“洞庭天下水，岳阳天下楼”之美誉。

岳阳楼原是东汉末年东吴大将鲁肃操练水军的阅军楼，距今已有1800年的历史。后经两晋、南北朝历次增筑，阅军楼渐成规模，得名巴陵城楼。唐代肃宗时，中书舍人贾至写《岳阳楼重宴别王八员外贬长沙》诗，将此楼首题名为“岳阳楼”。以后唐代诗人李白、杜甫、韩愈、白居易等登楼赋诗，均沿用了岳阳楼之称。李白有诗云：“楼观岳阳尽，川迥洞庭开。雁引愁心去，山衔好月来。”张说诗云：“危楼泻洞湖，积水照城隅。”孟浩然有诗曰：“气蒸云梦泽，波撼岳阳城。”都从不同的侧面吟咏出了岳阳楼的湖光山色。北宋时名士滕子京凭惠政威望，在州民中集资，重修了岳阳楼。范仲淹应滕子京之约，写出了名传千古的《岳阳楼记》。全文360余字，感物抒怀，词采飞动，道出了“先天下之忧而忧，后天下之乐而乐”的政治抱负，至今被传诵。

明清年间，岳阳楼几次毁于战火、坍塌，又重修。在清乾隆年间岳阳楼一次大修中，在楼的右侧新建一阁，名“望仙阁”。此阁后坍毁，在同治年间重建，并以仙人吕洞宾的“三醉岳阳人不识，朗吟飞过洞庭湖”的诗句为典，将此阁改称“三醉亭”。岳阳楼左侧原有一亭，得左右二亭烘托，岳阳主楼更显雅致端庄。

如今岳阳楼的基本框架是清光绪年间大修后奠定的。岳阳楼主楼坐西朝东，构造古朴独特。台基以花岗岩围砌，高0.65米。主楼高19.42米，宽17.42米，进深14.54米，为三层、四柱、飞檐、盔顶、纯木建筑。楼中四根楠木金柱自下直贯楼顶，周围绕以廊、坊、椽、檩，互相榫合，结为整体。楼顶为层叠相衬的“如意斗拱”托举而成的盔顶式，这种拱而复翘的古代将军头盔式结构，在古代中国建筑史上是独一无二的，也为今日国内仅存。

1949年后，岳阳楼得到多次维修。1983年进行了一次落架大修，修缮中严格保持了古楼的风貌，保留了古代珍贵的盔顶工艺，楼顶脊饰沿用了唐宋以来的曲线结构，观之更为流畅飞动。2006年岳阳楼景区得到新的兴建开发，面积为33万平方米，新增南城门、城墙、岳州府衙、双公祠、五楼观奇、碑廊、传统风貌街等景观景点。具有千余年悠久历史的岳阳楼是全国重点文物保护单位，被评为国家5A级旅游景区。

48. 史迹纷呈的凤凰古城

凤凰古城位于湖南省湘西土家族苗族自治州西南部凤凰县。面积10平方千米,居民由土家族、苗族、汉族等28个民族组成,是典型的少数民族聚居区,已成为国家历史文化名城、4A级国家旅游景区。

凤凰古城始建于明嘉靖三十五年(1556),400多年以来,经不断改建,遗下名胜古迹甚多。现保存有明清时期的特色民居120多栋,庙、祠、馆、阁30多座,古色古香的石板街道200多条。北门古城楼巍峨壮观,由明代土城、砖城演变而来,清康熙年间改建为石城。北门定名"壁辉门",保存至今。城楼采用本地红砂条石砌筑,重檐歇山顶,城门呈半月拱形,有两扇铁皮包裹,圆头大钉密铆其上,具有坚固的防御功能。

朝阳宫坐落在古城北西侧,是保存完好的一座近现代仿古建筑的宗祠杰作。紫红色砖墙的门楼高8米。正殿重檐青瓦,檐下斗拱三层,正脊两端有鸱吻,正中是彩色葫芦宝顶,布局均称。大厅对面建有风情浓郁的古戏台。

凡读过沈从文《边城》的人,无不为书中所描绘的湘西边城风情所深深吸引。沈从文故居位于古城中营街,老宅为沈从文祖父于清同治年间兴建,房屋为穿斗式木结构,院落两进,火砖封砌,古朴雅致,具有浓郁的湘西明清建筑特色。古城另一著名人物慈善家熊希龄,其故居坐落在古城北文星街小巷内,占地800平方米,房间门窗为木结构,上有雕花、绘图,做工精细,是典型的苗族古院落建筑模式。

凤凰古城中最具风采的是民居吊脚楼。吊脚楼也叫"吊楼",为苗族、布依族、土家族等族的传统民居,多依山傍水而建,呈虎坐形,以"左青龙,右白虎,前朱雀,后玄武"为最佳屋场,讲究朝向,属于干栏式悬空建筑。吊脚楼在居住中有着诸多好处,它高悬于地面,干燥通风,又能防蛇、防兽,楼板下又可存放杂物。其鲜明的民族特色、优雅的"丝檐"、宽绰的"走栏",使吊脚楼自成一格,具有较高的文化层次,被称为巴楚文化的"活化石"。苗族吊脚楼大多在地基外架设悬空走廊,作为进大门的通道,走廊处安装有独特的S形曲栏靠椅,民间称"美人靠",姑娘们坐此挑花刺绣,家人闲坐纳凉观景,并可在此演唱苗族古歌。土家族的吊脚楼根据地形,楼分半截吊、半边吊、两翼吊、曲尺吊、临水吊、跨涧过洞吊等多种。一些人家雕梁画栋,檐角高翘,石级盘绕,大有空中楼阁的诗画意境。如今古城风雨桥桥洞等处保存有吊脚楼十多座,古古旧旧,保留着明清建筑风格,向游客显示着历史的厚重。

49. 红色地貌丹霞山

丹霞山位于广东省韶关市仁化县境内,总面积292平方千米,由680多座身陡、顶平、麓缓的红色沙砾岩石构成,“色如渥丹,灿若明霞”,以赤壁丹崖为特色。据地质学家研究表明,在世界已发现的1200多处丹霞地貌中,广东丹霞山是发育最典型、类型最齐全、造型最丰富的丹霞地貌分布区。

地质考古认为,据今1.4亿年至7000万年前,广东丹霞山区是一片大型内陆盆地。受喜马拉雅造山运动推动,四周山地大规模隆起,盆地内接受了大量碎屑沉积,形成巨厚的红色地层。距今600万年以来,盆地又发生了多次间歇上升,并有流水下切侵蚀,丹霞红层被切割成一片红色山群,于此形成今日的丹霞山景区。

丹霞山的岩和崖色彩斑斓,红、灰、赤、赭诸色杂陈,斜皱有致,直皴斧劈,山势以奇、险、美著称。经整合开发如今已建成为“红石公园”,是国家5A级旅游景区,是联合国教科文组织公布的“全球首批世界地质公园”,2010年以丹霞山为代表的中国南方六省六个丹霞地貌风景区以“中国丹霞”的名义被联合国教科文组织列入《世界遗产名录》。

丹霞山景区主要分为丹霞景区、韶关景区、巴寨景区、仙人迹景区和锦江画廊游览区几部分。丹霞山主峰景区分为三个景观层,有锦石岩景层、始建于北宋年间的石窟寺、岭南十大禅林之一的别传寺、梦觉关、双池碧荷、通天洞、百丈峡、一线天等众多景点。登丹霞山拾级而上,天梯林立,处处险峻。百丈峡两边壁形如合掌,中夹绝径,梯级窄得仅容一人。石壁上刻有“呼吸通天”四字,道出了此处的险势。再往上是“丹梯铁索”,这里高达数十丈,壁上刻写“宜若登天”。勇者非手牵铁索,面向崖壁,俯首躬身便不能上。而登上霞关下顾,不免会惊叹自己竟登到如此之高。

湖光山色,山水相依。丹霞山坐落在锦江之滨,它的秀美离不开锦江的烘托。山多丹赭色,水为一色青,一丹一碧,对比色彩鲜明。锦江以产锦石而得名,江底的五彩锦石在清澈的江水中晶莹剔透,江滩也遍布各色彩石,供人采集、把玩。如乘坐小舟,顺江而下,远近山景交替入目,水流时急时缓,水面或宽或窄,如在画中穿行。在有的江段,还能观赏到“玉女拦江”的景致,一峰如少女横卧江边,雾霭为裳,俏丽的姿颜时隐时现。有时云雾浮动,她又像是飘然起舞,似要离别青山而去。这时船家若讲起少女的爱情传说故事,会更觉景色浪漫迷人。

50. 用于防卫的开平碉楼

开平碉楼现存1800多座，坐落在广东省江门市下辖的开平市境内。碉楼是中国乡土建筑中的一种特殊类型，是集防卫、居住和中西建筑艺术于一体的多层塔式建筑模式。2007年，开平碉楼以“开平碉楼与古村落”的名义，被联合国教科文组织列入《世界遗产名录》，中国也由此诞生了首个华侨文化的世界遗产项目。

自明代时起，开平位于新会、台山、恩平、新兴四县之间，为“四不管”之地。开平因山清水秀，水陆交通便利，有大批归侨侨眷生活于此，财产富足，由此成为土匪抢掠的目标。盗匪猖獗，洪涝频发，使当地居民被迫在村中修建碉楼以求自保。明末时井头里村修建了一座高大的瑞云楼，遇水灾、贼寇袭扰，村民躲入楼中，俱保安宜。潭江大涝，三门里村民及时登上碉楼，逃出险境。可知当地所建碉楼并非浪得虚名。

开平碉楼的建筑风格多种多样，装饰艺术千姿百态。大大小小的碉楼，有中国传统的硬山顶式、悬山顶式，也有欧洲不同时期的建筑风格，如哥特式、罗马式等。按建筑材料分，有钢筋水泥楼、青砖楼、泥楼、石楼等不同。钢筋水泥楼多建于20世纪二三十年代，整体采用钢筋混凝土现代架构，坚固而牢靠。泥楼名为泥，也相当结实。黄泥夯筑的碉楼是用黄泥、石灰、砂、红糖按比例混合拌成作为原料，然后用大好木板夯筑成墙。这样夯筑而成的黄泥墙，有近半米厚，其坚固程度不比钢筋水泥墙差。碉楼以使用功能分，有众楼、居楼、更楼之别。众楼由多家村民集资共建，出现较早，现存有470余座。居楼由富户独建，楼体高大，数量最多，现存有1100多座。更楼建于村外，楼高视野开阔，用于发现匪情和报警，出现较晚，现存220余座。碉楼尽管在用材、风格上各有差异，但都有共同点，即门窗窄小，铁门钢窗，墙体厚实，顶层设有瞭望台，配备有早期的枪械、警报器、探照灯等防卫装置，把碉楼武装成一个坚固的堡垒。

瑞石楼坐落在蚬冈镇锦江里村，是开平市内众多碉楼中原貌保存得最好的一座。楼高9层，占地92平方米，钢筋混凝土结构。顶部3层亭阁，凸现西方建筑风格，其中以四周用承重墙托接罗马穹隆顶和以支柱支撑的拜占庭穹隆顶造型最为显著。而在窗框、窗楣图案和6层围墙外墙的图案、灰雕中又加进了一些中国传统建筑文化的因素。二者结合得浑然天成，体现出高超的建筑思想。这座瑰美的碉楼由此也得到了“开平第一楼”之称。

51.“南天一柱”独秀峰

独秀峰位于广西壮族自治区桂林市中心靖江王城内。它孤峰突起，陡峭高峻，气势恢宏，有“南天一柱”之称。其山体扁圆，在晨曦夕照时披上太阳的光芒，俨然一位身着紫袍玉带的王者，为此独秀峰又被称为“紫金山”。

独秀峰是桂林的主要山峰之一，北距叠彩山1000米，东距伏波山500米，三山成三足鼎立之势。独秀峰海拔216米，高出平地66米，长120米，宽50米，面积0.61公顷。山体由3.5亿年前浅海生物化学沉积的石灰岩组成。在造山运动作用下，出现了3组几乎垂直的裂隙切割，从山顶劈至山脚，又经流水冲刷，不断溶蚀、崩塌，形成旁无坡阜的孤峰。

突兀而起，形如刀削斧劈，这使独秀峰很早就成为古人游览观赏之地。南朝文学家颜延之写出了最早的桂林山水歌，他咏道：“未若独秀者，嵯峨郛邑间。”独秀峰也就此得名。清代学者袁枚有诗云：“桂林山水奇八九，独秀峰尤冠其首。”“青山尚且直如弦，人生孤立何伤焉！”作者在此咏山，且借山形直抒了胸臆。

独秀峰坐落在靖江王城内，这里本为明太祖朱元璋重孙朱守谦的藩邸。清代时改建为贡院，是广西举行乡试、考取举人的地方。今东华门、正阳门、西华门上还嵌有“状元及第”“三元及第”“榜眼及第”的三块石牌坊，朱红大字十分醒目。1912年，孙中山誓师北伐，将大本营设在独秀峰下。后人为纪念这位伟大的革命先驱，特在山峰上下兴建了纪念塔和仰止亭。

在山峰西麓有曲折的石磴道，穿九曲桥到仰止亭，崖上有众多石刻，如唐代郑书齐的《独秀山新开石室记》、元代孔子刻像及《孔子造像记》、清代黄国材所题“南天一柱”、乾隆皇帝题诗和慈禧太后书写的大“寿”字。20世纪80年代中期，文物部门在对独秀峰石刻全面清理时，找到一块从未被发现的摩崖石刻，上书“桂林山水甲天下”，由此找到了赞誉桂林山水的出处。

山峰的东麓有颜延之的读书岩，这是独秀峰乃至桂林最古老的名人胜迹。依山而建的还有玄武阁、观音堂、三客庙、三神祠等古建。踏306级石阶后便登上峰顶，峰顶建有独秀亭，为2层，红柱，重檐，六角形仿古亭，高7米，长、宽各4.8米，面积23平方米。柱间有通透花窗、东西向双开门。亭前有10平方米平台，高踞崖顶，是鸟瞰桂林城全景的最佳观景台。

山峰西南方有山洞称太平岩，洞内有六十甲子神的摩崖线刻像。中国传统文化以六十甲子纪年，每年均有一个相对应的年神主人间之事。到此旅游，寻找与自己生肖相对应的年神，对其有所了解，也不失为旅途中一件趣事。

52. 龙城胜迹柳侯祠

柳侯祠位于广西壮族自治区柳州市中心柳侯公园内西隅。柳州古称龙城，柳侯祠是龙城民众为纪念唐代著名的文学家、思想家柳宗元，于罗池旁所建祠庙。现在的柳侯祠是按清代三进院落结构改建的，总面积2000平方米。祠内陈列有许多文物、史料，展示了柳宗元的生平和政绩。

唐代元和十年(815)，伟大的文学家和著名的革新家柳宗元官谪柳州刺史，4年后病故。他在任职期间兴德政、重文教、修城郭、植树木，移风易俗，造福于民。唐时的柳州尚属“蛮荒之地”，人生了病不去求医诊治，而是请巫师占卜，盛行杀牲祭鬼的陋俗。柳宗元就任中正值霍乱流行，到处有人杀牲祭鬼，全郡不得安宁。柳宗元深入民间，遍寻治霍乱药方，视医药为“匕首”，用以驱除疾病“厉鬼”，终使柳州的旧俗有了较大的改变。柳宗元去世后，当地民众按他“馆我于罗池”的遗愿建祠。宋代时追封柳宗元为文惠侯，后人尊称其为柳侯。

如今的柳侯祠有前、中、大殿三进院落。祠堂大门上高悬“柳侯祠”金字牌匾，为当代文豪郭沫若所题写。门联为唐代诗人韩愈诗句集结而成，联曰：“山水来归黄蕉丹荔，春秋报事福我寿民。”头进院落保存有北宋以来历代碑刻20余方，其中嵌座在中殿的“荔子碑”最为引人注目。碑文摘自韩愈《柳州罗池庙碑》的《享神诗》，因其首句云“荔子丹兮蕉黄”而得称。字为宋代苏轼亲笔。由此此碑被称为镇祠之宝。二进院落为中厅，有石井两口，古色斑驳。井是柳宗元到任后，派员勘地所掘，成为柳侯“有德于民”的见证。在三进院落的正殿中央，有一尊柳宗元的三彩陶塑像，他头戴褐色幞头，身着唐朝官服，手执狼毫，凝神攻读。这塑像是从陕西西安引进的，同时引进安放殿中的还有李白、杜甫、白居易、韩愈、刘禹锡等19位古代文化名人的塑像。

正殿中还陈列着一块残碑，这是目前全国仅见的柳宗元手迹的碑刻。碑文共26字曰：“龙城柳，神所守。驱厉鬼，出匕首。福四民，制九丑。元和十二年柳宗元。”碑文表述的正是柳宗元为民除疾消灾的意愿和抱负。此碑出土于明代天启年间，相传一同出土的还有一把短剑，剑上的铭文与碑文同，故又称“剑铭碑”。古代赶考的士子、涉水商贾常将“剑铭碑”拓本带在身上，祈求好运和平安。三进院的后殿安放有一尊柳宗元及三部将的铜塑像。祠内还有两口清代所铸的大钟，一铜一铁，也都是柳侯祠的珍贵文物。

53. 琼岛南端的“天涯海角”

海南岛是我国的第二大岛，又名琼岛。三亚市位于琼岛的南端，这里保有着旧石器时代人类文化遗迹，最南端便是被称作“天涯海角”的地方。

秦始皇兼并六国，设南方三郡，三亚是其中之一，当时称“象郡”，后称“崖州”。三亚自古为蛮荒之地，想穿越琼岛“飞鸟尚需半年程”。可知当地人迹稀少，冷寂荒凉。汉代以后，三亚便成为历代君王贬谪罪臣的去处。被“发配”到这里的人，远离亲人，山一程，水一程，几经寒暑，抑郁忧愤，跋涉至此，望沧海茫茫，无边天际，自会感觉前途无望，悲从中来。唐代宰相杨炎到此感慨：“一去一万里，千之千不还。”宋朝名臣胡铨哀叹：“区区万里天涯路，野草荒烟正断魂。”苏轼、李纲、海瑞等诸多名臣贤士也都曾被流放于此，如今一座“怀苏亭”就是苏轼贬戍至此的见证。

还是这块“蛮荒之地”，今日的琼岛南端被称为“天涯海角”的所在，湾如虹，海水碧，空气甜，椰树绿。海滩沙细，一年到头都可嬉水游玩，是中外游人心中向往的著名景区。海滩上的岩石是诱人的一景，一块块奇石如兽如鸟，如舟如屏，有卧有立，可坐可倚，石身多呈流线型。一对高 10 余米、长 60 余米的青灰色巨石上分别刻有“天涯”和“海角”字样，意为天之边缘、海之尽头，“天涯海角”即由此得名，巨石也成为景区的标志。这里另一块巨石景观是“南天一柱”。相传很久以前，陵水黎安海域恶浪滔天，渔民难以捕鱼为生。王母娘娘手下有两位仙女知道后悄悄下凡，立身南海为渔民指航打鱼。王母娘娘指派天兵天将抓二仙女回去，二人不肯，化为双峰石，被劈为两截，一截掉在黎安海水中，一截飞到天涯之旁，化为今天的“南天一柱”，如今已成为琼岛的著名人文景观。

到琼岛旅游，从三亚市出发，西行 24 千米即来到天涯海角。在这里海滩上远眺南海，可见波涛起伏，近处白鸥翻飞，远方帆影依稀，令人心旷神怡。这里再没有昔日的凄凉感觉，而让人感到快乐。海滩拥有世界一流的空气质量，空气中负氧离子含量是全国平均指标的 300 倍。长夏无冬、终年湿润的气候极有益于中老年人健康。年轻父母带着宝宝，在平民化沙地玩耍，搭沙城，挖螃蟹，捡贝壳，更能为一家人带来乐趣。沙滩北侧开设有特色食品商城和黎寨特色旅游商品市场，游客到此能品尝到新鲜的番荔枝、椰汁、山竹、菠萝蜜等海南特色水果，买到椰雕、珍珠和五光十色的贝壳盆景、珠串、手链、脚链、腰链、项串等当地著名的旅游商品。

54. 美丽富饶的西沙群岛

西沙群岛是中国南海诸岛四大群岛之一,由永乐群岛和宣德群岛组成,为中国南海陆地面积最大的群岛。

西沙群岛分布于50多万平方千米的海域,包括22座岛屿、7座沙州、8座环礁、1座台礁、1座暗礁海滩,陆地总面积为10万平方千米。海岸线长518千米。岛屿中永兴岛最大,面积3.2平方千米。石岛最高,海拔15.9米。

南海西沙群岛自古是中国的领土,是南海航线的必经之路。古代那些满载着陶瓷、丝绸、香料、珠宝的商船也都取道于此,这里因此又被称为"海上丝绸之路"。民国时期西沙群岛先后被法国、日本占领。"二战"结束后,1946年国民党政府派出"永兴号"等两舰接收西沙群岛,并以"永兴"命名了永兴岛。1974年,人民解放军对入侵西沙群岛海域的南越西贡当局进行自卫反击战,全面收复了西沙群岛。

西沙群岛海域辽阔,水天一色。这里的岛屿大多为珊瑚岛礁,海底无泥,只由珊瑚碎屑和沙粒组成,海水中悬沙量极低,海水清澈,透明度在15—30米之间。金银岛周边海水透明度最大达到34米。海水晶莹剔透,水下一丛丛、一簇簇的珊瑚五颜六色,像盛开的鲜花覆盖在海底。大小岛屿终年无夏,满目热带风光,早看日出,晚赏霞光,都会让人惊叹这里美丽的景色。到此游览,除了观赏到海域的优美景致,还能参与一些有情趣的活动。如坐海轮随同船员用拖钩钓鲨鱼,在沙滩捡拾贝壳、海螺,听渔民讲述"海神"的传说故事,在东岛"鸟世界"赏鸟,与鸟儿嬉戏,也常会让人流连忘返。

西沙群岛一些岛上的植被属热带植被类型,总面积3.3平方千米,以麻枫桐、海岸桐、银毛树、羊角树为主。人工林有木麻黄和椰子。群岛海域最富饶的还是水产,西沙珊瑚礁为世界上著名的四大高生产力区域类型之一,是捕捞金枪鱼、石斑鱼的大好渔场。周边海域有鱼类432种。海底栖生的珊瑚有8属50余种,甲壳类动物13科28属,主要蟹类有扇蟹、蜘蛛蟹、梭子蟹、磁蟹、蛙蟹、王蟹等,以扇蟹科种最多,共6属11种。虾类资源就有200多种,主要虾类有锦绣龙虾、密毛龙虾、中国龙虾、黑吉对虾、日本对虾、近缘新对虾、大额仿对虾、鹰爪虾、磷虾、糖虾等。海底软体动物有19科25属26种。

西沙群岛常年多风,风力资源丰富。年平均风速达5—6米以上,是风力发电的最佳风速。目前正得到有效开发。

55. 以秀闻名峨眉山

峨眉山位于四川省西南部，距成都西约160千米。峨眉山自古就有“峨眉天下秀”之说。《峨眉郡志》载：“云鬘凝翠，鬒黛遥妆，真如螓首蛾眉，细而长，美而艳也。”以山形如女子蛾眉而得名。

四峨山峰以大峨海拔最高，为3099米，山势雄奇秀美，即为通常所指的峨眉山。这里有金顶日出、金顶云海、佛光、圣灯四大奇观。在金顶看日出，因季节和气象条件不同而变化万千。天气晴朗时，旭日东升，万道金光罩向峰峦，峨眉山从头至脚遍布灿烂的金色，最能展现出山的秀美身姿。峨眉山是佛教名山，佛家把“银色世界”作为峨眉山的代称。峨眉山的金顶云海时开时合，气象雄伟，随着风向风力的变化，不断转换着云朵形状，令人赏心悦目。佛光有时会出现在舍身岩下午后，只见云层中骤然变幻出一个七彩光环，中间虚明如镜，投向地面，观者还能在光环中找到自己的身影。在夜晚的舍身岩下有时会显现荧荧亮光，在黑暗的山谷中飘忽不定，被佛家称为“圣灯”。对这种自然现象，有说是磷火，也有认为是密环菌发光。

峨眉山是中国四大佛教名山之一，山中寺庙众多，以报国寺、万年寺、伏虎寺、清音阁等最为著名。报国寺是峨眉山的佛教活动中心，这里佛堂敞阔，金相庄严，还有一个铸了众多佛像的铁塔。万年寺中有一个无梁殿，供奉着端坐在铜象上的铜铸普贤菩萨。总高9米多，重62吨，是铸铜技术的壮观之作。清音阁要经过九十九道拐，出幽谷，过栈道，穿一线天，才能抵达，是一处别有洞天之地。距清音阁不远有一座伏虎寺，围绕幽静的伏虎寺，流传着信奉道教的赵公明与其妹一同降伏猛虎的故事，这隐含了峨眉山佛道并重的特点。

山中寺庙多，建筑类型也不拘一格。一座雷音寺打破了寺庙建筑的常规，巧构成吊脚楼，是木桩支撑着的民间四合院式庙宇。九老洞位于山峰的1790米处。传说古时轩辕到此游山，走到洞旁，见一鹤发童颜老人坐在洞口，问老翁：“有侣否?”翁告：“洞内尚有八个。”后人因此称这个洞为九老洞。如今考察洞穴总长1505米，环形通道多有分岔，如同迷宫。洞中共有大小各异、形状独特的支洞67个，石笋、石柱、石花、石芽、石烛、石钟乳、贝窝、麻窝、天窝、吊岩等，星罗棋布，把洞穴装扮得古怪迷离。在九老洞周边聚集着峨眉山猴群，一群三五十、七八十不等，在游山道上围住游人，索要食品，伴行缠玩，成为峨眉山的一道“活景观”。

56.高巍壮观的乐山大佛

乐山大佛位于四川省乐山市南岷江东岸，濒大渡河、青衣江、岷江三江汇流处。大佛为坐姿，依山而凿，是一尊世界上最大的石雕佛像。

古代时三江汇聚于此地凌云山麓，水势凶险，过往舟楫常会发生船毁人亡的惨剧。唐代时海通和尚为减杀水患，普度众生，历尽艰辛，募集款项凿修大佛。大佛开凿于唐玄宗开元初年（713），工程一度中断，直至德宗贞元十九年（803）才告完成，历时长达90年。

倚坐于临江岸边、头与山齐的弥勒大佛，足踏大江，双手抚膝，体态匀称，神色肃穆。佛身雕刻细致，线条流畅，身躯比例恰当，气势恢宏，体现了盛唐文化的宏大气派。佛像高71米；头长14.7米，宽10米；耳长7米，耳朵眼里可站立两个人；脚背宽8.5米，可围坐上百人。据考查，大佛顶部共有螺髻1051个，远看与头部浑然一体，实则以石材逐个嵌就。在佛像右腿凹部遗存有3块螺髻石体，为长方柱形，每根高78厘米，顶面边长31.5厘米，根部边长24厘米。每个螺髻穴处都可放下一张大圆桌。调查发现，大佛的两耳和头颈后面，凿有纵横的排水沟。一场大雨过后，积水很快就通过这些沟道排走了，使佛像不致被雨水侵蚀。这座大佛经过一千多年仍能保持完好，在一定程度上要归功于这套科学的排水系统。

大佛并不是孤立之作，在其左右两侧沿江崖壁处，还有两尊身高超16米的护法天王石刻，与大佛形成了一佛二天王格局。和天王共存的还有数百龛上千尊石刻造像。在大佛左侧，沿“洞天”下去，是近代开凿的凌云栈道，全长近500米。右侧是唐代开凿大佛时留下的礼佛九曲栈道。史料记载，大佛雕好后曾建有七层阁覆盖，称为“大佛阁”或“大像阁”，然而屡建屡毁，最终废毁无存。

在古代没有科学仪器的情况下，古人是如何设计大佛的，用什么办法保证其各个部分之间比例适当、体态匀称的，工程又是怎样组织、指挥、施工的，都很难找到答案了。另外，围绕着大佛本身和周边的洞穴、石窟、石刻题记、大佛阁的不存等也还有着太多难解的谜团，值得加以探索。

在漫长的岁月中，乐山大佛曾遭受各种各样的毁坏。1962年，政府拨专款对大佛进行了维修。1990年以后又几次全面修复大佛，并增加了配套及服务设施，乐山大佛被评为国家5A级旅游景区，并被联合国教科文组织列入《世界遗产名录》。

57. 不朽工程都江堰

都江堰位于四川省成都市都江堰市城西,坐落在成都平原西部的岷江上。始建于秦昭公末年的都江堰,是蜀郡太守李冰携子,在前人鳖灵开渠基础上组织修建的大型水利工程,由分水鱼嘴、飞沙堰、宝瓶口等部分组成。两千多年来工程一直发挥着抗洪灌溉的作用,使成都平原成为水旱从人、沃野千里的“天府之国”,是世界上迄今为止年代最久、唯一留存仍在使用的宏大水利工程。

当年李冰赴任蜀郡时,岷江经常肆虐泛滥,成都平原土地缺乏灌溉,大片农田时涝时旱。李冰父子求教有治水经验的人,对周边的地形和水情做了实地勘察,然后采取了许多创造性的举措修筑都江堰。战国时代尚未发明火药,为了凿穿山岩引水,使用了火烧石头的方法,使岩石爆裂,加快了工程进度。一个长 80 米、高 40 米、宽 20 米的“宝瓶口”就这样凿出,疏导了岷江急流。李冰又指导用装满鹅卵石的竹笼在江心填筑了“鱼嘴”分水堤,以控制水势。鱼嘴分水堤因其形如鱼嘴而得名,它把岷江分为内外二江,西边一条称外江,是岷江的正流,主要用于排洪涝;东边沿山脚流动的是内江,是人工引水渠道,主要用于灌溉。又在分水堤尾部修建了“飞沙堰”,也用于溢洪。

都江堰水利工程是一项彪炳史册的功绩。人们在都江堰渠首东岸建有二王庙,用以纪念李冰父子。二王庙面对滔滔岷江水,背靠巍巍玉垒山,气派雄伟,已有 1500 多年的历史。宝瓶口侧离堆之上还专修了一座伏龙观,是祭祀李冰的专祠。祠内供奉的李冰石像高约 3 米,仪态从容。这座石像出土于 1974 年,石像臂部刻字“建宁元年闰月戊申朔二十五日”。建宁元年为公元 168 年,是东汉灵帝的年号。史学界曾有人怀疑李冰是否确有其人,这尊 1800 多年前的石像,足以提供历史的旁证。伏龙观三面是悬崖绝壁,峭壁如削,下临惊涛骇浪,与周边的山、城、堰、渠古迹辉映,景象壮观。

都江堰的修筑,是中华民族的勤劳智慧与科学创造的结晶。与早已失去了原有功用的长城不同,都江堰在今日,以至未来,还发挥着巨大的作用,造福着水域周边的人民,堪称世界水利史上的奇迹。联合国教科文组织将都江堰列入《世界遗产名录》。都江堰风景区也被评为国家 5A 级旅游景区。都江堰东侧建有离堆公园、壁画纷呈的南桥,还有金龟山、红塔山、翠屏山、禹王宫、斗犀台、观景台、西瞻亭、凤栖窝等景观景点,都是游客游赏休闲的好去处。

58. 雕刻精美的大足石刻

大足石刻造像群坐落在重庆市大足区,占地面积 167 平方千米。这里于唐代建县,取名“大足”为“大丰大足”之意。大足石刻开凿于唐永徽元年(650),历经晚唐、两宋,建有摩崖造像 102 处、1030 龛(窟)、5 万余尊,有碑文、颂偈、题记 10 万余字,成为石窟建筑中的代表之作。大足石刻是全国重点文物保护单位、国家 5A 级旅游景区,被联合国教科文组织列入《世界遗产名录》。

源于古印度的石窟艺术,自公元 3 世纪传入中国,分别于 5 世纪、7 世纪前后(魏晋至盛唐时期)在中国北方形成两次造像高峰,至 8 世纪中叶(唐代天宝之后)走向衰落。而位于长江流域的大足县境内的摩崖造像却异军突起,自 9 世纪末至 13 世纪中叶,建成了以五山摩崖为代表的大足石刻,把中国石窟造像艺术史后延了 400 余年,形成了又一石窟造像的高峰,为中国石窟造像艺术立下了最后一座丰碑。

在大足石刻造像群中,北山、宝顶山、南山、石门山、石篆山五山造像是规模最大、艺术最精美的代表。雕刻类型主要有浮雕、圆雕、凸雕、阴雕等几种。北山佛湾中部集中了北宋时期石窟造像的精华。这里有很多菩萨像,当时的人们相信菩萨极具慈悲心,只要口诵其名号,就能逢凶化吉,因此大受信仰崇拜。造像中的女性观音菩萨尤为出色,唐代的观音菩萨造像如同贵族名媛般雍容尊贵,而宋代的观音菩萨又充满了平民女性的仪容神采。这里的千手观音是国内唯一的真正千手观音,总数达到上千尊。

石门山摩窟造像为佛教、道教合一造像区,以道教造像最具特色。玉皇大帝龛外的“千里眼”像,眼如铜铃,似能目及千里;“顺风耳”面貌丑怪,张耳做细听状。二像肌肉丰健,筋脉显露,手法夸张。石窟中的独脚五通大帝,踩在风火轮上,广额深目,袍带飞扬,有来去如风之势,雕刻都很传神。石篆山摩崖造像是典型的佛、道、儒三教合一造像区,孔子及十哲龛正壁刻有儒家创始人孔子坐像,两侧壁刻有孔子最著名的十大弟子。造像中的老君龛,正中凿刻道教创始人老子坐像,左右各立 7 尊真人、法师等。这样的安设在石窟造像中是罕见的。

雕刻精美的大足石刻造像,强调善恶、美丑的强烈对比,表现的内容贴近生活,既有很强的艺术感染力,又具极大的社会教化作用,是宗教、艺术、科学、自然的巧妙结合,融神秘、自然、典雅为一体,充分体现了中国传统文化重鉴戒的审美要求。

59. 奇峰秀水梵净山

梵净山位于贵州省铜川市江口、印江、松桃三县交界处，因其形似饭甑，与梵净音近，又为佛教圣地，故称梵净山。

梵净山是中国黄河以南最早从海洋中抬升为陆地的古老地区。在漫长的地质岁月中，经历了中生代造山运动，进入强烈隆起区，于拔地而起的武陵山脉中出露为中元古宇梵净山群。梵净山山体为穹隆状变质岩和火山岩地层，峭壁耸立，溪壑纵横，林谷幽深，风光奇异。古代诗人王心鉴在《过梵净山》诗中云："近山褪俗念，唯有竹声喧。栖心皈净土，推云步梵天。"诗中赞美了景色，也道出了至此忘却尘世烦恼的清静心态。

宋代时佛教传入梵净山，兴建了西元寺。明初时梵净山上成为佛教名山，以后历代所修的寺庙最多时达数百座。以四大皇庵等为著名，四大皇庵之一的护国寺占地3000平方米，寺产遍及周围30多里。建于明代的释迦殿、弥勒殿在金顶分列左右，地处梵净山绝顶，下临1000多米深谷。举目四眺，百里风云景观尽收眼底。承恩寺建在金顶左侧，有正殿三间，配殿八间，占地1250平方米。承恩寺下还有镇国寺、回香坪、老金顶、圆通殿等古寺遗址多处，有敕赐碑、古石桥、洞穴等大批景观。尤为奇特的是，远处观梵净山，长达万米的山势走向，像极了一尊仰卧的睡佛。千百年来人们相信"山即一尊佛，佛即一座山"，各地百姓都把梵净山当作大佛朝拜。

梵净山林海苍茫，森林覆盖率达到85%以上。孑遗有7000万年至200万年前的古老珍稀物种，有植物1800多种，动物801种，其中的数十种为国家重点保护生物。在珍稀植物中，以珙桐、冷杉、钟萼木、鹅掌楸等最为著名。山头、山脊分布的落叶和常绿混交林，随着换季会使梵净山的色彩不断变化。冬季来临，山间的树木由上至下逐渐变红、枯黄、落叶，产生"青龙下山"的一景。春天到来，绿叶花草发芽生长的景象又从下面向上延伸扩展，被称为"青龙上山"，成为这里茂密植被所形成的特色活动景观。

1986年，梵净山被辟为国家重点自然保护区。黔金丝猴是主要保护动物之一。黔金丝猴栖息在梵净山海拔1700米以上的山地阔叶林中，这种猴子体形近似金丝猴，脸部呈灰白或浅蓝，耳缘白色，背部灰褐色。总数只有几百只，为贵州省独有，仅分布于梵净山。在溪水处生活的大鲵，是现存最大、最珍贵的两栖动物，其叫声如婴儿哭声，也称"娃娃鱼"，身长1米以上，体重可超百斤。也是梵净山珍贵的野生动物，是野生动物基因保护品种。

60. 革命圣地遵义遗址

遵义市位于贵州省贵州高原北部，居川黔大道的中心，面积3万平方千米，是首批国家历史文化名城，获世界自然遗产赤水丹霞、国家园林城市、中国优秀旅游城市等殊荣。

在远古时期，遵义一带即有人类栖息繁衍。桐梓县岩灰洞中曾出土旧石器时代人类牙齿化石。在马鞍山洞穴则发现大量新石器时代石器、骨器和丰富的用火遗迹。到了汉代，遵义建郡，名牂柯。唐代时农业发达，志书上称其为“黔省首邑”。这座四山环抱的小城，山川雄峻，景色秀丽，丘谷交错，湘水潆洄，有着许多独具特色的景观。

遵义最具盛名、名扬史册的是这里召开的“遵义会议”。1935年1月，中共中央在这里召开了政治局扩大会议，结束了党内“左”倾领导在军事指挥上的错误，开始确立实际以毛泽东为代表的马克思主义的正确路线在中共中央的领导地位，挽救了党，挽救了红军，挽救了中国革命，是中国共产党历史上一次生死攸关的转折点。由此遵义被称为“转折之城”“会议之都”。在新的中央领导下，红军四渡赤水，南渡乌江，西进云南，纵横于云贵高原。如今在遵义留下了极为丰富的革命遗迹，包括：遵义会址，遵义会议陈列馆，红军遵义总政治部旧址，红军遵义警备司令部旧址，中华苏维埃国家银行旧址，毛泽东、朱德、周恩来的旧居，红军街，遵义红军烈士陵园，四渡赤水纪念馆，娄山关红军战斗纪念碑，娄山关摩崖石刻等。

乌江位于遵义市南侧，是贵州的第一大川。1935年，中共中央在瓮安猴场做出决定：建立川黔边新苏区根据地，以遵义为中心向南发展。红军总政治部下达了攻击贵州白军的指示，朱德领导红军战士强渡乌江。1月3日，红军在江界河发起猛烈攻势，穿急流，越险滩，一举击溃两个团的守军，强渡乌江成功。红军又于几日后占领了遵义，赢得了宝贵的休整时间，为中央政治局会议的召开创造了条件。当年红军抢渡的乌江渡口，今日长虹飞跨，已成为著名的旅游景点。

在遵义向北约60千米处，坐落着川黔道上险峻的娄山关。这里峰如列戟，山路崎岖，蜿蜒九盘，有“峭壁插天，路通一线”之感。由于山势险要，娄山关历来为兵家必争之地。1935年1月，红军突破乌江后，为巩固黔北防御，发动了攻打娄山关战役。红军一路正面强攻，一路绕关东小道抄袭。在激烈战斗中，红军战士冒着枪林弹雨，与敌白刃肉搏，一举占领了关口。2月底，红军为摆脱敌军围追堵截，再次攻打娄山关，勇克强敌，夺取了雄关。毛泽东当年写下的《忆秦娥·娄山关》词，就刻在关口一面绝壁上。

61.“孔雀之乡”西双版纳

西双版纳位于云南省南部，东南部与老挝交界，西南部和缅甸接壤。“西双”在傣文里是“十二”的意思，“版纳”有“部落”“王国”的含义。

西双版纳的确是一片乐土。它的北面有云贵高原作屏障，阻挡住了寒流；南面受印度洋西南季风的影响，气候湿润。独特的地理位置让西双版纳成为中国唯一保存完好的原始热带雨林。这里有茂密的橡胶林、香蕉林，动植物资源非常丰富，有“植物王国”“动物王国”“药材王国”三大王国之称。

人们来到这片原始雨林，可以观赏到望天树高大乔木直刺蓝天的英姿，注目大果油麻藤、扁担藤等藤本植物如巨蟒般缠住古树，结成无边藤网的奇观。凤凰树露出地面的条条根须像凤凰的尾羽，摆出扇状弧度，塔包树塔桶形底部与张开的枝叶融为一体，成为一片自然“盆景”。雨林中鲜花争奇斗艳，形状各异的花朵似蝴蝶、似蜘蛛、如羊角、如猫耳，开得热烈奔放。千奇百怪的植物叶片像羊蹄、像鱼尾，有的叶尖滴水，有的叶筒捕虫。“九里香”香漫林间，“使君子”红、白、黄三色，“照夜白”夜间才展露芳容，还有闻声起舞的“跳舞草”、有触动即闭合的“含羞草”等，使整个雨林的群落极富生气，色彩华丽。

雨林中的动物种类繁多，各有居所。步入雨林常可看到海芋树丛悠吊、采摘、嬉戏的猴群，悠闲漫游的野象，林间空地雄孔雀翩翩起舞，展翅开屏。雨林中有野荔枝、三杈果等许多可食用的可口野果。在雨林能采摘到多种草药。在勐海原始森林里长有的“茶王树”，高达 13 米，已逾千年。茶品中著名的“滇红”条索健壮，金毫显露，出口国外被称为养生妙品。

西双版纳是傣族自治州，这里居住着傣族、汉族、哈尼族、瑶族等 13 个民族。傣族是西双版纳最主要的民族。远在 1 世纪，汉文史籍已有关于傣族的记载。在傣语中，“傣”意为“平和、勤劳、勇敢的民族”。长久以来，傣族同胞与其他民族一起，将民族文化、民族风情与热带雨林、自然和人文景观完美地融为一体，缔造了美如画卷的西双版纳家园。一首《月光下的凤尾竹》，曾经把多少人带入了那竹林掩映下的傣家竹楼中。如今游客来到西双版纳可尽情游览竹楼景观，了解傣族民众种竹、用竹、赏竹的习俗，还可观赏傣家的泼水节、赛龙舟、放火箭、赶摆、傣族青年表达爱情的“丢包”游戏，品尝烤鱼等烤菜，大饱眼福、口福，乐在其中。

62."如意宝地"香格里拉

第一次世界大战期间,一位英国飞行员驾飞机飞至中国川滇地区,飞机发生事故紧急跳伞。落地后飞行员发觉进入了一个美妙的仙境世界:雪山巍峨,湖水明澈,草木葱茏。这位飞行员在当地山民款待帮助下,顺利返回了英国。之后他在报纸上撰写了回忆文章,将那一方净土叫作"香格里拉"。1933 年,作家詹姆斯·希尔顿据此写下了《消失的地平线》一书,用他优美的文笔向世人描述了一个东方的美丽田园。"香格里拉"长期以来一直是虚构的"世外桃源"的代名词。1997 年 9 月,云南省政府依据众多研究向外界宣布:世人寻觅了半个多世纪的"香格里拉"就在云南迪庆。从此,美丽的香格里拉有了自己的归属。

迪庆位于云南省西北部,地处国家三江并流风景区的中心地带。在雪山环绕之间,分布着大大小小的草甸和坝子。这里景色优美,雅致安详,湖水静谧,寺院神圣,是很多人梦想中的伊甸园。香格里拉最著名的一景是梅里雪山太子十三峰,太子雪山坐落在澜沧江畔,它百里相连,冰峰横亘,平均海拔 6000 米以上的雪山就有 13 座,称为"太子十三峰"。其中主峰卡瓦格博峰海拔 6740 米,是云南第一高峰,被称为"雪山之神",是藏传佛教的朝觐圣地。在朝阳升起之时,雪白的太子十三峰全部会被染成一片金黄,卡瓦格博峰如同一位雄姿英发的雪山太子,被誉为"最美之峰"。

在北侧草原尽头,有一座集镇规模的建筑群,即松赞林寺。它占地 500 亩,仿西藏布达拉宫设计,是最具特色的藏传佛教寺庙。这座远离喧嚣的寺庙,土黄色的高墙厚重,黑色的窗框肃穆,殿堂内佛像庄严。整个寺庙的建筑借助向上的造型,渲染着一种崇高而神秘之境,令人对这岑寂幽奥的祖址肃然起敬。

距松赞林寺不远,即是纳帕海。纳帕海在藏语中称为纳帕错,汉语意为"森林背后的湖"。这片水域从不固定,夏季四面青山环抱,草甸油绿,百花盛开,成群的牦牛和滇种马在草地悠闲觅食,青稞架上晾晒着成熟的青稞,呈现出一片宁静祥和、丰饶美丽的高原景色。冬季来临,皑皑雪峰倒映在湖泊中,黑颈鹤、斑头雁、野鸭等飞禽从北方飞至此地过冬,让这里又成为鸟的世界。

香格里拉自古就是藏民族最理想的"如意宝地",藏经上说,它隐藏在青藏高原深处某个隐秘之地。如今这块"宝地"已在迪庆得到确认,成为世界上众多旅游爱好者所向往的游览胜地。

63. 水美景丽的大理洱海

洱海位于云南省西北部大理白族自治州，坐落在大理古城东，南北长 42.58 千米，东西宽 3000—9000 米，面积 256.5 平方千米。这是一个高原淡水湖，以狭长形似人耳而得名，辽阔的水面、丰富的水源，形成了三岛四洲五湖九曲的优美胜景。

洱海是白族祖先的发祥地之一。早在两汉时期，生活在洱海地区的大理白族先人便开创了大理古文化的历史。到了唐宋时期，在大理建立了南诏政权和大理国，将大理的白族等各族民众统一在中华大家庭中。可以说，洱海是白族的摇篮，也是大理古文明的摇篮。在洱海哺育下生息的白族同胞将湖泊称为“海”，大概是由于这是山地间能见到的最大水域的缘故吧。

洱海发源于西北部的洱源县，这里有座茈碧湖，又名宁湖。《云南通志》记载：茈碧花产宁湖中，“似白莲而小，叶如荷钱，根生水底，茎长六七丈，气清芬，采而烹之，味美于莼。八月花开满湖，湖名茈碧以此”。茈碧湖由一道长堤分为内湖与外湖，湖水清澈，盛产鱼类。明代著名旅行家徐霞客把它与西湖相比描述道：平湖浩然，“遵堤西行，极似明圣苏堤，虽无六桥花柳，而四山环翠，中阜弄珠，又西子所不能也”。就是这样一泓秀水成为洱海的源头。

洱海一碧万顷，水天一色。景观四季各不相同，在一天中的四时朝暮也多有变化，为此自古就归纳有“洱海八景”：山海大观、三岛烟云、海境开天、沧波濞舟、岚霭普陀、四阁风涛、海水秋色、洱海月映。夜间一轮明月涌出天际，清辉素波，星河共影，使人如同置身瑶台玉宇、冰壶世界的仙境。这里的人文景观也很丰富，“四阁风涛”所指海东的天镜阁、团山的珠海阁、才村海边的浩然阁、双廊的水月阁，皆为古人观赏洱海景色所造，且有历代骚人墨客于各阁赞颂洱海的诗词佳句留诸世间。矗立在洱海之滨的还有三座高塔。千寻塔高 69.13 米，共 16 层，唐时南诏国建。塔的形状与西安小雁塔的造型相似，是唐代中原汉族与大理白族人民文化交流的结晶。另两座塔各高 42.19 米，10 层，是五代时期的建筑。三塔具很高的历史、科学和艺术价值，被国务院列为全国重点文物保护单位。

苍山又名点苍山，卫护在洱海畔。苍山由 19 座海拔都在 3500 以上的山峰组成，因山色苍翠而得名，峰顶上终年积雪，银装素裹。“苍山雪”由此成为大理风光美景之一。苍山山顶处坐落着不少高山冰碛湖泊，使众多溪流夹在山峰狭谷流动，缓缓注入洱海，再与漾濞江汇合流入澜沧江。沿河流域也形成了优美的景观。

64. 青山环抱的丽江古城

丽江古城位于云南省西北部的云贵高原、丽江市古城区丽江坝中部。这里是纳西族的故乡,是中国历史文化名城之一,被联合国教科文组织列入《世界遗产名录》。

丽江古城始建于宋末元初。元世祖忽必烈南征时曾驻军于此,由此开始至清初的近500年间,丽江地区皆为中央王朝管辖下的纳西族木氏先祖及木氏土司世袭统治。丽江古城地处滇、川、藏交通要道,古时频繁的商旅活动,促进了当地商业兴旺,很快成为经济发达的重镇和仓廪集散之地。明代旅行家徐霞客在《滇游日记》中描述曰:“民房群落,瓦屋栉比。”可知城镇营建颇具规模。

丽江古城四面被青山环绕,形状如同一块碧玉大砚,为此得名大研(砚)镇。古代丽江的世袭主政者均姓木,顾忌筑城会使“木”字成为“困”字,便不筑城池,也不受“方九里,旁三门”等中原建城设置的影响。城中以三山为屏,一川相连。玉河水在古城的入口处一分为三流入城中,再析为九绕进入街市巷道,纵深之处便散流成无数条河溪,以至城中每条街道一侧都伴有潺潺清泉流水。古城中心坐落着四方街,四角延伸出四条主街,直通东西南北四郊,各条主街又延伸出更多小街小巷。大小道路交叉错结,以五彩石铺砌。小巷藏渠,小桥流水,水映柳丝,让这高原之地多了江南姑苏小镇的韵味。

古城中的民居大多为土木结构建筑,常见的形式有三坊一照壁、四合五天井、二进前后院等。青屋瓦顶从城中心向四外延绵到山边,一处处著名景点坐落其间,引人观赏。当地久负盛名的木府原为丽江世袭土司木氏的衙署,始建于元代,占地46亩,有大小房间162间,中轴路长369米,三清殿、玉音楼、光碧楼、护法殿、万卷楼、议事厅、忠义坊等殿堂,成东西向排列井然,殿内悬挂历代皇帝钦赐的匾牌11块,反映了木氏家族强盛的历史。万古楼坐落在古城西南角狮子山山顶,这座山从远处望去,犹如一头守护古城的斜卧狮,由此得名。万古楼高32.8米,由16根24米长的木柱支撑,自下通顶。楼上雕有大小多达12600个纳西风格的龙头,创世界造型之最。五凤楼位于城内福国寺中,建于明代万历年间,高20米,形制酷似五只飞来的彩凤,故名。楼内天花板上巧绘精美图案,融合了汉、藏、纳西等民族的建筑艺术风格,成为中国古建的典范。

每当夜幕降临,古老的街道就亮了起来。这里的夜市、酒吧都具特色,饱含纳西族文化的手工艺品琳琅满目,还有当地土产宣威火腿、云南菌类等供游客选择。

65. 鬼斧神工的云南石林

云南石林位于云南省昆明市石林彝族自治县境内,当地巍然耸立的石峰似莽莽苍苍的黑森林一般,被人们形象地称为"石林"。这一地区地貌被联合国教科文组织评为"世界地质公园",列入《世界遗产名录》,是国家5A级旅游景区。

云南石林是喀斯特石灰岩岩溶地貌的一种特有形态。大约在2.5亿年前,石林地带是一片汪洋大海,沉积了厚重的石灰岩。经过一个个时期的造山运动和地壳变化,岩石逐渐露出地面。到了200万年前,经水对石灰岩的溶蚀,形成的山体彼此分离,又经风雨侵蚀,大批石峰、石柱、石笋、石芽拔地而起,如剑,如戟,峭然而立,形成了如今千姿百态的石林。这一地域怪石林立,突兀峥嵘,树木丛秀,灵禽和鸣,显现出幽雅而生机盎然的景象。

石林包括大石林、小石林等众多景区景点。游人到此举目四望,到处有怪石盘踞,曲径通幽。千奇百怪的石体依其形姿获得了"双鸟渡食""犀牛望月""象踞石台""古藤交柯""凌空笔架"等名称。一处"千钧一发",只见有一块巨石卡在两座石峰之间,从巨石下方经过,竟能感觉它有摇摇欲坠之感。"极狭通人"石缝处只有尺宽,相传能过此通道寓意万事如意,这使缝隙处被胖客们磨挤得很是光滑。

步哨山地貌属大石林溶蚀洼地东部斜坡平台,柱石参差,剑峰罗列,柱状石林多,有"步哨右石门""步哨松涛"等景观。在这里还能观赏到巨型腹足类动物化石、珊瑚等海洋生物化石,记录着2.5亿年前海底世界的景象。在环林路之外的李子园箐,方圆数十里的荒山野丘上分布有另一阵群的奇异柱石,怪状的石体有聚有散,有起有伏,各种绝妙的造型无不让人叹为鬼斧神工。在其东南丛林石壁上绘有一片古崖画,画有奔放粗犷的人、兽、花鸟、星月等图案。据考证,壁画展示的是原始宗教的内容,与广西左江崖画形式相似,有重要的研究价值。

大小石林西北有一座芝云洞,长400米,高5—30米,宽3—15米,呈Y形。洞中从洞口至洞尾满布石钟乳、石笋、石柱等溶洞景观,有"玉象撑天""云中坐佛""钻山骆驼""蛟龙升腾""神牛寻母""寿星摘桃"等20多个曼妙可观的景点。石林长湖是石林又一著名的景区,这是一座熔岩湖,被青山环抱,森林覆盖率达到95%,湖水由地下水供给。周长5千米,宽300米,湖水清澈,湖面如身材修长的少女。这里就是民间传说中"阿诗玛"的故乡。

66. 闻名于世的布达拉宫

布达拉宫坐落在西藏拉萨，是一座 13 层的古建筑，巍峨壮观，位于海拔 3700 多米处，是世界上海拔最高的大型古代宫殿。

布达拉宫始建于公元 7 世纪。兴建布达拉宫的倡导者，是与唐代文成公主成亲的吐蕃王松赞干布。这位强盛时期的吐蕃王朝的王者，为推动汉藏两大民族友好交往，迎文成公主入藏，"筑一城以夸后世"，命令修筑这座古堡群，一举改变了"以毡帐而居，无城郭屋舍"的面貌。雄伟的宫堡式建筑突起在高山之上，殿堂多达 999 间。在以后几百年间，布达拉宫曾遭雷电击毁，又有战乱兵燹，使早期的建筑仅存曲吉竹普（法王洞）等两处。1652 年，五世达赖应邀觐见清顺治皇帝，被册封为"西天大善自在佛所领天下释教普通瓦赤喇怛喇达赖喇嘛"，自此"达赖喇嘛"这一封号和达赖在西藏政治、宗教上的地位便正式确定下来。五世达赖为了巩固政教合一的社会制度，发令重修布达拉宫。到第十三世达赖，布达拉宫又进行了历时八年的修建，形成了今日的格局。

庄严肃穆的布达拉宫，建筑群占地 36 万平方米，总建筑面积 13 万平方米。居中的宫殿呈褐红色，称为红宫，是供奉佛神和举行宗教仪式的地方；两侧的宫殿呈白色，称作白宫，是达赖处理政务和生活起居的地方。红宫的大殿分为佛堂、经堂、灵堂，殿堂之间由彩绘的走廊相接。佛堂里供奉着从释迦牟尼到已逝的各世达赖喇嘛的描金塑像；经堂里珍藏着大量古老的经卷；灵堂里保存着十三位达赖的灵塔。各个殿堂里都挂满了精绣经咒的幢幡，千百盏装满酥油的金灯日夜不熄。白宫里的"措钦厦"，是一座立有 48 根巨柱的大殿，四壁绘满壁画，地上放有一个个诵经打坐用的黄缎蒲团，这里便是达赖举行重大宗教政治活动的地方。

"曲吉竹普"（法王洞）位于布达拉宫的上部，建于吐蕃王朝，距今已有 1300 多年的历史。这是间岩洞似的小屋子，虽只十多平方米大，却是布达拉宫的"根"。松赞干布曾在这里读经、修身。相传这里还是松赞干布与文成公主完婚的洞房，如今这里也供奉着他们的塑像。屋内的梳妆台和石凿砌的锅台也依稀可辨。传说认为，曲吉竹普乃藏汉两家联姻喜庆吉祥之地，再大的火灾兵乱也不能给它带来皮毛之伤。根在命就在，布达拉宫也就有了后来的日新月异。

走进今天的布达拉宫，那幽深的廊道，精美的殿堂，安放的佛像，陈列的珍宝、壁画、唐卡等，不仅让人认识到这里是藏式建筑的典范、藏族文物艺术精品的宝库，它还是表明西藏是伟大祖国一部分的重要见证。

67. 美丽“天湖”纳木错

纳木错湖坐落在藏北草原中心城镇那曲的西南，东西长70多千米，南北宽近30千米，总面积约为1920平方千米。湖面海拔4718米，是世界上地理位置最高的咸水湖。在藏语中，“纳木错”意即“天湖”。

相传，在很早很早以前，这里的山是光秃秃的，地面是望不到尽头的黄沙。好心的菩萨走到这里，看到老百姓生活痛苦，饱受折磨，难过得流下眼泪。那眼泪一串一串地滴落，慢慢积起了一汪咸水，水滋润了土地，长出了青草，荒原变成了草原。牧民为感谢这好心的菩萨，便给大湖取名“纳木错”。

这当然只是个优美的传说。考古研究发现，在1000万年以前，纳木错和整个藏北草原升出海底都不高，藏北地区处于热带和亚热带草原区。到了距今300万年的时候，青藏高原尤其是喜马拉雅山脉强烈上升。藏北高原、藏北草原升到三四千米高度；而喜马拉雅山脉则升起到七八千米高，它像一道屏障，阻挡了南边的印度洋暖湿气流北来。这样，藏北地区就成了干燥的高寒地带。同时青藏高原的造山运动又把湖泊的排泄口堵塞，只有水入，不能排出，流进的水体中又含有大量盐类，便形成了纳木错等咸水湖。

纳木错是仅次于青海湖的中国第三大咸水湖。湖水靠念青唐古拉山的冰雪融化后补给，沿湖有大大小小许多溪流向其涌入。湖水清澈透明，湖面呈天蓝色。念青唐古拉山脉由湖东蜿蜒围到湖的南面，在这里耸立着它海拔7000多米的主峰。湖畔与念青唐古拉山相连的还有扎西多山，扎西多山的奇特峰林倒映在湖面上，隐隐约约，就像是一幅素雅的水墨画。湖水长年累月侵蚀石灰岩山脚，“啃咬”出一个个奇形古怪的岩洞，水流冲进涌出，日夜不息。这里湖水的颜色，由近而远分别呈浅绿、深绿、墨绿色。绿水铺向天际，朦胧迷离。湖中有三个岛，望去如同一只硕大的绿色盘子上放了一只只青螺。湖的西岸和北岸，是缓缓起伏的丘陵，丘陵下面就是广阔平坦的湖滨平原，原野上绿草如茵，繁花似锦，一年四季都可以在此放牧牛羊，风光明媚如画。

“天湖”纳木错虽是咸水湖，但只是半咸水，人和牛羊都能饮用。它对调节气候、肥育牧场大有益处。千百年来，西藏民众都把纳木错看作圣湖。虔诚的喇嘛教信徒不远千里，甚至从印度、尼泊尔等国而来，在纳木错湖绕行诵经祈祷，还会用湖水洗身子。有人则把湖水当作圣水，装入洁净的瓶子带回家乡，称其为“生命的甘泉”。伸入湖心的扎西半岛上有座扎西寺，香火旺盛，是朝拜者的必到之处。

68. 以“奇险”著称的华山

在中华五岳中，西岳华山位于陕西西安以东的华阴市，海拔 2154.9 米。华山有东、西、南、北、中五大主峰，宛如一朵花的五个花瓣。古时“华”与“花”二字相通，故此这座大山得名华山。

地质考古发现，大约在六七千万年以前，由于造山运动，地壳隆起，地层产生断裂，北侧下降形成渭水平原，南侧上升成为华山。华山整体是个浑然巨石，四面如削，它倚天拔地，峻峭无比，只有一线小道能通达峰顶。古人称它为“奇险天下第一山”。

在东峰山脚下，千尺幢和百尺峡陡立面前。山路近似垂直，凿石作梯级，两边挂铁索。想登上去前往观日台看日出，需挽住索链迈步攀爬，这需要相当的勇气。一旁崖壁上刻有“回心石”三字，好多登山者到此看路径近乎 90 度垂直，过于险峻，而掉头返回了。北峰三面绝壁，巍然独秀。相传周武帝曾到此问道，峰上有石洞，为“武帝问道处”。1949 年，人民解放军八勇士冲破天险，登上北峰，配合大部队歼灭了国民党守敌。根据这段神兵飞越天堑的神奇故事，还拍摄了《智取华山》的影片。由北峰向南，经过“擦耳崖”“猢狲愁”“上天梯”，又到了险峻的“苍龙岭”。这里山路狭窄，宽不足三尺，路径陡直，两边是万丈深渊，让人不敢举步。《唐国史补》有载，大文豪韩愈行至此处，在万丈深谷前吓得大哭，以为再也回不去了，写遗书投到崖下与家人诀别。后得救被护送下山。如今苍龙岭一侧还刻有“韩愈投书处”字迹。

华山五峰中最具传奇色彩的是中峰玉女峰。玉女峰的整体形状很像是一个活灵活现的鸟头。峰顶建有玉女祠。据说春秋时期有一个叫萧史的青年，他善于吹洞箫，动听的箫声把当时秦国的公主弄玉都迷住了，于是发生了一段公主放弃荣华富贵下嫁平民百姓的浪漫爱情故事。玉女峰由此得名。玉女祠就是后人为纪念公主弄玉而修建的。南峰是华山的最高处，也是华山的最险处。这里有贴着悬崖架设的栈道，虽只有 30 来米长，却是一步一险，让人心跳。西侧西峰是华山五峰中最秀丽险峻的山峰，这里有“摘星石”“巨灵足”等景观。《宝莲灯》中沉香劈山救母的故事也发生在这里。如今翠云宫边上有一巨石中间开裂，如被斧劈，名“斧劈石”，旁边还立有一柄长把大斧。传说沉香就是在此地力劈华山，救出了被二郎神拘禁的母亲三圣母。华山险峻，景观景点又有着丰富的优美传说，吸引着众多游客慕名而来。

闲适是旅游少不得的心态，然而到华山游览还要带足勇气和毅力。

69. 关中古刹法门寺

法门寺位于陕西省宝鸡市扶风城北的法门镇，是我国境内安置释迦牟尼真身舍利的著名寺院。一出演绎“姣女告状”故事的传统戏曲《法门寺》，流传至今，让这座寺院名扬天下。如今在法门寺塔后旧殿前的甬道上，还保留有青石一方，上面有深约一寸的双膝窝，传说就是当年姣女告状时跪过的石头。

法门寺始建于东汉末年，建木塔四层，安放佛祖指骨舍利，素有“关中塔庙始祖”之称。隋文帝开皇三年（583）得称“成实道场”。义宁二年（618）改称“法门寺”。最盛时占地面积达百亩以上，有24个院，和尚多达3000人。一千多年以来，法门寺历经沧桑。1976年，四川松潘地震，造成法门寺塔倾斜，后塔顶跌落。如今矗立的法门寺塔十三级，八角形，是1988年后仿明代建筑风格重建的，为钢筋混凝土结构。改革开放以来经多次修缮，法门寺已成为著名旅游胜地，是国家5A级旅游景区。今天的法门寺整体布局为塔前殿后格局，真身宝塔为寺院中轴，塔前有山门、前殿，塔后为大雄宝殿。法门寺内有一些文物是价值连城的，如铜佛殿前的唐代汉白玉垂莲柱础、明代成化年间铸造的重3.6吨的大铁钟等。宝物中还有宋徽宗坐过的一块石头，一经浇水，石面就会显现一只眈眈而视的老虎，被称作“卧虎石”。寺内所藏的周、唐、宋、元、明、清各代石刻，也都是不可多得的珍贵文物。

世上很早就传言：法门寺下有地宫，内藏佛骨和珍宝。《扶风县志》也记载，塔下地宫“修制精工，金碧辉煌，水银为池，泛金船其上……旁金架裟尚存”。1987年，文物工作者在清理倒塌的塔基时，终于发现了地宫。当挂着石锁的石门被打开，一座世界上年代最久远、规模最大、等级最高的地宫呈现在世人面前。大批出土的文物，全部是国家一级甲等文物，品种多，很多都完好如初，是研究唐代政治、经济、文化、宗教等多种学科的极珍贵实物证据，对中国乃至世界文化史都具有重要意义。

经发掘，在地宫典藏文物中有四枚舍利，其中一枚“灵骨”色黄，有似骨质的颗粒分泌物，骨长40.03毫米，重16.2克。经专家鉴定此为真身佛骨，是当今世界上独一无二、佛教界至高无上的圣物。另一件藏品八重宝函，为大小不同的八只盒子层层相套，俱为重重宝器。出土珍品中还有120余件金银器、礼器、茶具、熏香器、琉璃器、瓷器等，还有包括武则天绣裙在内的400多件唐代丝织品，色彩斑斓，保存完好。这些珍宝的面世，在佛教界、海内外都产生强烈反响。

70. 神采飞天莫高窟

莫高窟位于甘肃省西部河西走廊最西端、敦煌城东南三危山下。坐落在那里的洞窟鳞次栉比、重重叠叠,南北长约1600米。

据碑文记载:前秦建元二年(366),有位法号叫乐尊的僧人来到敦煌三危山,看到河岸边的山上忽然显现万丈金光,光中似有千万尊佛像,于是便在这片崖壁上架梯开凿了第一个佛窟。自那时开始,历经十六国、魏晋南北朝、隋、唐、五代、宋、西夏至元,广建佛窟。唐代时已达到1000余龛,俗称千佛洞。至今仍保存洞窟492个,珍存壁画45000多平方米,彩塑2400余身,是世界上现存规模最大、保存最完好的佛教艺术宝库,为全国重点文物保护单位,被联合国教科文组织列入《世界遗产名录》。

莫高窟建筑群是集建筑、雕塑、壁画三位一体的立体艺术典范。历代民间艺术家在继承中原汉民族和西域兄弟民族艺术优良传统的基础上,吸收并融合了外来文化的表现手法,发展成为具有敦煌地方特色的中国民族风格的佛教艺术。莫高窟的建筑艺术完整地保存了千百年来的建筑形式,一座座楼阁巍然兀立,气势恢宏。每个洞窟的顶上都塑有一个慈眉善目的佛像。

莫高窟的彩塑艺术成就极高,不同时期的塑像各有特点,分为圆雕、浮雕、彩塑等形式。从北魏到北周是彩塑艺术发展的第一个时期,以弥勒佛像、释迦多宝并坐像和佛教故事中的苦修、降魔、成道、说法为主。佛像的形象受南朝人物形象影响,塑像骨骼显得清秀。隋唐时期是莫高窟彩塑艺术的高峰发展时期,出现了菩萨像、弟子、天王、力士、金刚等容光焕发之作。最大的弥勒像高达33米,最小的佛像只有2厘米。一些佛像造型也以现实为蓝本,观音的形象也由男性转为女性的世俗化形象,体态丰满,肌肤细腻,体现了艺术家的娴熟技巧和注入的真情实感。

与彩塑相媲美的是莫高窟的壁画。壁画的题材主要包括佛像、佛经故事、传说神话、佛教史迹等。这些壁画历经千百年风沙的侵蚀,依然色彩鲜艳,鲜活生动。壁画中凡是表现讲经说法的场面,必有"飞天"形象出现。据统计,壁画中的"飞天"多达4500多个。在古代艺术大师的笔下,飞天仙女的身高大的两米多,小的不足5厘米;有的体态丰腴,有的灵秀纤巧;或击鼓吹箫,或结队欢舞,散花如雨。那反弹琵琶的仙女舞姿更是超越了人体柔韧的极限,美妙出尘。莫高窟不仅是飞天荟萃之境,也是中国历史上最早出现飞天形象之地,相传中原以及日本的飞天都是从这里引进的。难怪日本前首相竹下登参观敦煌莫高窟,赞叹它是"飞天故乡"。

71. 与泉相映鸣沙山

鸣沙山位于甘肃省敦煌城南，东枕莫高窟，西至党河口，绵延40千米，南北宽20千米，均高100米，最高峰1715米。这座山以山动沙响得名，晋代始称鸣沙山。

鸣沙又叫响沙、哨沙等，是一种奇特的却又是世界上多见的自然现象。沙漠、沙丘或沙滩，由于受气候和地理因素的影响，造成以石英石为主的细沙粒被风吹震动、沙层滑落的相互运动，众多沙粒在气流中旋转，表面空洞产生“空竹”效应，就会发出嗡嗡等声响。世界上已发现的能发声的奇特沙漠、沙滩多达100多处。

敦煌这里的鸣沙山已形成了3000多年，鸣沙记载也由来已久。魏晋《西河旧事》有载：“沙洲，天气晴明，即有沙鸣，闻于城内。人游沙山，结侣少，或未游即生怖惧，莫敢前。”对于沙鸣的原因，有着种种传说。其中之一相传，此地原是水草丰美的绿洲，汉代一位将军率领大军西征，夜间遭到敌军偷袭。正当两军厮杀之际，大风突起，漫天黄沙将两军人马全部埋入沙中，由此这里便有了鸣沙山，而沙鸣就是当年的喊杀之声。千百年来，清风吹拂沙鸣似管弦丝竹，狂风大作时沙响声更为巨大。清代诗人苏履吉吟有佳句：“雷送余音声袅袅，风生细响语喁喁。”鸣沙山为此成为敦煌的八景之一“沙岭晴鸣”。

鸣沙山为流沙积成，沙分红、黄、绿、白、黑五色。一望无际的沙山、沙丘形态各异，如月牙、金字塔，又像游龙、鱼背，组成的沙链高高耸起，有棱有角，丘丘相连，排列整齐。当人从山顶下滑，沙随人落，响声贯耳。若在晚间行走沙丘，除了能听到沙鸣，还能显现人体移动摩擦沙粒产生的悦目火花。让人感到奇特的是，白天爬沙丘留下了脚印，第二天会痕迹全无。

在鸣沙山两条沙臂张伸围护中有一座月牙泉，因其酷似一弯新月而得名。泉湖面积8800平方米，平均水深4.2米，水质清澈，波光如镜。其地处沙丘包围之中，每年狂风都会掀起周围大量黄沙，但历经千百年烈风，却始终不被沙尘掩盖。考察认为，这是由于月牙泉地势低洼，渗流在地下的水能源源不断向泉中补充，使其经久不涸。鸣沙山与月牙泉犹如大漠戈壁中的一对孪生姐妹，“山以灵而故鸣，水以神而益秀”。人们至此从山顶鸟瞰，于泉边畅游，都会有“鸣沙山怡性，月牙泉洗心”之感。20世纪70年代，当地垦荒造田招致水土流失，水位急剧下降，到了90年代月牙泉的缩小已令人堪忧。当地采用人工方法，调水蓄水，这才保持住月牙泉水量充盈。

72. 广阔丰饶青海湖

青海湖位于青海省青藏高原东北部，是中国最大的内陆湖、咸水湖。青海湖在藏语中为“措温布”，意为“青色的海”。

青海湖在距今100万年前后的成湖初期，原是一个大淡水湖，与黄河水系相通、外流。上新世末，造山运动使周围山脉隆起上升，将注入黄河的倒淌河堵塞，让青海湖演变为闭塞湖，加之气候干燥，此湖又逐渐成为咸水湖。

古称西海的青海湖，远看水天一色，一望无际，确有着海洋般的波澜壮阔气势。它海拔3196米，东西长105千米，南北宽63千米，周长360千米，面积4543平方千米，呈椭圆形。平均水深21米，最大深度32.8米，总蓄水量为1050亿立方米。湖区有大小河流近30条，东岸有两子湖，一名尕海，面积48平方千米，是咸水湖；一名耳海，面积8平方千米，系淡水湖。青海湖被四面高山环抱，北有大通山，东为日月山，南倚青海南山，西靠橡皮山，四山海拔都在3600—5000米之间。青海湖山水相映，景色壮观，站在湖畔，可见远山逶迤，湖面波光粼粼，蓝色的湖水能分出深浅不同的层次，远看、近看、俯视或平视的景色能展示出不同的美妙。

青海湖是广阔博大的湖，又是生物资源极其丰富的湖。这里的鸟类有222种，分属14目35科，数量多时达16万只。湖中鸟岛和三块石等岛屿上，建起了以鸟类保护为主的自然保护区。鸟岛又名蛋岛，因鸟卵遍地而得名。它东头大，西头窄长，形似蝌蚪，全长1500米。栖息在这里的鸟类主要有斑头雁、鱼鸥、棕头鸥、鸬鹚、燕鸥、黑颈鹤、天鹅、赤麻鸭等。青海湖丰富的鱼类资源和湿地、岸畔的茂盛植物为禽类提供了充足的食物饵料，让这里成为鸟儿自由栖息繁衍的乐园。

生活在青海湖里的鱼类较单纯，盛产全国五大名鱼之一的裸鲤，俗称湟鱼。这种鱼在湖区数量很大，平均年产量有5000多吨。每年四五月间，鱼群游向河口附近产卵，密密麻麻地铺盖水面，湖水呈现一片金黄色，鱼儿游动搅水有声，翻腾跳跃，场面壮观。在此捕鱼相当容易，下水抓鱼往岸上甩，一会儿工夫就能得鱼几十条。用棍棒打鱼，片刻成堆。湖面连着的布哈河，过去骑马过河，就会踩踏死几条鱼。如今游客到此钓鱼，在鱼线五钩放上鱼饵，一拉线常能钓上三四条鱼。将鱼破腹、去脏，洗净放锅中，清水加姜、辣椒、盐等佐料煮之，鱼肉白嫩，蘸醋而食，鲜美有蟹肉味。湖中另有一种鱼，有许多小黑点的“麻子鱼”，比湟鱼肉味更加鲜嫩。还有一种“大嘴鱼”，嘴大，通体灰黑，其貌不扬，鱼肉却极其细嫩，是湖中最好吃的鱼种。

73. 依山傍塬塔尔寺

塔尔寺位于青海省西宁市西南的湟中县鲁沙尔镇。寺院宏大，占地面积 14.4 万平方米，有大小 1000 多座院落，4500 多间殿宇僧舍。这里是中国西北地区藏传佛教活动中心，在中国及东南亚享有盛名。现为国家 5A 级旅游景区。

塔尔寺因先有塔后有寺而得名。寺内主要建筑八宝如意塔坐落在寺前广场上，共有大同小异的八个塔。这是在 1776 年，为纪念佛祖释迦牟尼一生中的八大功德而建造的。各塔高 6.4 米，底部周长 9.4 米；底座面积 5.7 平方米，以青砖砌成；塔的腰部装饰有经文；每个塔身南面都有佛龛，内藏梵文。

大金瓦殿位于全寺正中，面积 450 平方米。初建于 1560 年，后形成三层重檐歇山式金顶，四角设金刚、套兽和铜铃。殿内悬挂清代乾隆皇帝所赐"梵教法幢"金匾。殿内矗立着 12.5 米高的大银塔。这里是我国喇嘛教格鲁派（黄教）创始人宗喀巴诞生的地方，塔上有一龛，内塑宗喀巴像。塔以纯银为底座，镀金、镶嵌珠宝，裹以数十层白色哈达，以示尊贵。

大经堂是寺中规模最大的建筑，为藏式平顶土木结构，面积近 2000 平方米，是拥有 168 根大柱的大型经堂。堂内设有佛团垫，可供千余喇嘛集体打坐诵经。殿内大柱都由龙凤彩云的藏毯包裹，屋面按照宗教法制和西藏传统艺术，装有铜制镏金的金鹿法轮、各式金幢、宝瓶、宝塔、宝伞和倒钟等，观之富丽堂皇，给人以庄严之感。寺中小金瓦寺、小花寺、九间殿、四大经院、吉祥宫、跳神舞院、过门塔等集汉藏技术于一体的建筑，也都历史悠久，各具特色。

酥油花、壁画、堆绣，被誉为"塔尔寺艺术三绝"。酥油花灯节是塔尔寺一年一度的盛会。酥油花灯以土法提制的奶油——酥油，糅以各色石质矿物染料，塑制成人物、山川、花木、动物，点燃的铜质灯具。在闪耀的灯光中，形象地表现宗教故事、民间传统或某种生活场景，是藏族人民的一种民间工艺。相传当年文成公主和松赞干布成亲时，从长安城带回一尊释迦牟尼佛像，喇嘛教徒为表达对佛的尊崇与爱戴，在佛像前献上一束酥油塑制的花朵，从此藏族地区相沿成习，酥油花的制作越来越精美。酥油花糅合了石质矿物染料，色彩鲜丽而不易褪色。在存放酥油花的大殿里，可看到历年保存下来的酥油花精品。在大大小小的作品中，有不少是表现松赞干布和文成公主的。这一对象征着汉藏民族亲密一家的夫妇，藏族人民的心目中都对他们怀有崇高的敬意，他们也是酥油花制作中传统的表现题材。

74. 西北湿地鸣翠湖

鸣翠湖位于宁夏银川市兴庆区掌政镇境内，湖区总面积约1000余亩，湿地面积约800亩。是我国首批国家湿地公园，享有“中国生态保护最佳湿地”的美誉。湖区苇丛摇绿，百鸟翔集，鱼跃清波，不是江南，胜似江南。

考古地理研究发现，黄河流经地势平坦的银川平原，无论地质时期还是历史时期，河道都曾在平原地带左右往返摆动。久而久之，在黄河故道西侧便形成了大小、深浅不一的湖泊，其中就包括鸣翠湖，最终在距今400年左右的明代末期定型。岁月更替中的鸣翠湖，经历了诸多历史变迁，自2000年起，开始了湿地保护与环境建设。通过退耕还湖、封育治理、禁牧禁猎，保持了原有的自然风貌，给鸟类、鱼类等水生动植物以良好的生态环境，维护了生态平衡。

如今的鸣翠湖湿地，植被丰富，有维管植物109种，水生浮游植物69种，以湿地植被为主，包括垂柳、沙枣、紫穗槐、香蒲、芦苇、荷花等。栖生湿地的野生鸟类有97种，其中有国家保护鸟类大鸨、中华秋沙鸭、黑鹳、白尾海雕、大天鹅、小天鹅、鸳鸯等。湿地景区以广阔的水体、优美的环境、舒适宜人的气候，吸引游人观光游览，迷宫探险，静心垂钓，泛舟采莲，使人陶醉于湖光水色之中。景区还为年轻游客准备了水上梅花桩、水上S桥、水上云梯等众多娱乐项目，新鲜而刺激。

景区规划有十大旅游景点，已建成开放的有百鸟鸣翠、迷宫寻鹭、车水排云、碧水浮莲、青纱漏月、芦花追日、同此凉热等7处。“迷宫寻鹭”根据道家八卦艺术设计，迷宫水道总长10余千米，以芦苇、水道构成，整座水上迷宫的水道蜿蜒曲折，变化多端，处在鸟类集中营，以苍鹭居多。在上百个看似相同的道口，驾小舟探寻出处，追寻苍鹭踪迹，颇有趣味。“车水排云”一景，以两轮高大水车为标志物。来到水车近旁，观雨帘雾帐，可一览自然和谐的田园生活画卷，感受作为昔日农耕文明的历史沧桑和黄河文化的古朴雄浑。在“碧水浮莲”景点，300亩荷花塘中，盛开着单瓣、多瓣、白色、粉色、红色等各种荷花，竞相展示了荷花的娇柔姿态和出淤泥而不染的超凡脱俗品质。“芦花追日”景点，展现的是秋日风光，芦苇绽放出棉絮一样的白花，飘飘洒洒，漫天飞舞，追逐落日，是难得一见的景观。景区正在筹建的还有“千步廊桥”“东堤夕照”“绿帐问茶”三景，当这些景点建好，整个湖区景点将串联成一片，更为可观。

75. 雄奇秀美六盘山

六盘山位于宁夏回族自治区西南部、固原市原州区境内。海拔2942米,山体狭长,呈东南至西北走向。因山路曲折险狭,须经六重盘道才能抵达峰顶而得名。六盘山是关中平原的天然屏障,黄河水系的泾河、清水河、葫芦河都发源于此。

在地质时期造山运动和长期内外营力作用下,六盘山地带形成了强烈切割的中山地貌,峡谷处悬崖峭壁极为险峻,历来有"山高太华三千丈,险居秦关二百重"之誉。地势的特征造成了峡谷中溪流交错、跌宕,形成了溪、瀑、泉、涧等多种水体景观。

六盘山是古丝绸之路东段北道的必经之地,是历代兵家屯兵用武的要塞重镇。成吉思汗征服西夏时曾在此休养生息,整肃军队,后病逝于此。六盘山下的泾源县总人口的97%为回民,积淀着丰富的伊斯兰文化和浓郁的回族风情。六盘山还是1935年中国工农红军长征时翻越的最后一座大山。毛泽东的一首《清平乐·六盘山》,使六盘山名扬四海。

六盘山山高林密,动植物资源丰富。据统计,有森林3.1万公顷,高等植物788种,木材蓄积量122万立方米。主要树种有山杨、桦、辽东栎、山柳、华山松等,林下多箭竹。药材植物有600多种,党参、黄芪、贝母等畅销全国。六盘山还是一座"天然动物园",有包括金钱豹、林麝等脊椎动物200种,金雕、红腹锦鸡等鸟类147种,有昆虫资源17目905种,包括珍稀的波纹水蜡蛾、丝粉蝶等。六盘山海拔较高,气候凉爽,历来有"春去秋来无盛夏"之说。登上主峰米缸山远眺,只见云海苍茫,重峦叠嶂,一年中的景色总是秀美迷人。

六盘山国家公园横跨宁夏泾源、隆德、原州两县一区,总面积6.78公顷,森林覆盖率达80%以上。园区汇集了宁夏乃至西北地区生态旅游的精华,建有二龙河、鬼门关、凉殿峡、小南川、白云山、六盘山红军长征纪念馆等七大景区,共60多个景点。集中深山峡谷、泉溪瀑布、气候天象、生物分布、历史文化、民俗风情等多种景源,成为休闲旅游、红色旅游、消夏避暑、森林探险、科普考察的理想场所。

六盘山的红军长征纪念馆,距隆德县城14千米,于2005年落成,包括纪念馆、纪念碑、纪念广场、纪念亭和吟诗台五部分。纪念馆面积2159平方米,以大量红军长征时期的照片、图表、实物等,再现了中国工农红军三次经过六盘山地区时的斗争历史。纪念碑坐落在纪念馆顶部平台上,高26.8米,长18米,宽4.5米。东西两侧分别嵌有毛泽东的著名诗词《七律·长征》和《清平乐·六盘山》手写体。正面"六盘山红军长征纪念碑"10个镏金大字,由江泽民同志题写。

76. 内陆畅流的塔里木河

塔里木河位于新疆维吾尔自治区塔里木盆地北部，由叶尔羌河、和田河、阿克苏河等汇合而成，最后流入台特马湖，全长 2137 米。塔里木河流域在地域上包括塔里木盆地周边向中心聚流的 9 大水系、114 条源流和塔里木河干流，流域总面积为 102 万平方千米。

塔里木河的河流水源主要来自天山和昆仑山等高山冰雪融水。水资源总量达 429 亿立方米。塔里木河上游多为起伏不平的沙漠地带，致使冰山的融水含沙量大。夏季河道融水量急剧增长，河水咆哮奔腾穿行在荒漠、草原上，极不稳定，被称为“无缰的野马”。

处于中国西部干旱地区的塔里木河，对当地来说是一条至关重要的河流。其宝贵的河水及其所维系的以胡杨林带为主的生态环境，决定着沙漠的进退和绿洲的存亡。古代“丝绸之路”上许多城邦的兴废，无不与塔里木河的流向变迁关系密切。20 世纪 50 年代，对塔里木河上游的盲目无序开垦，大量引水，致使中下游河道淤塞、断流，造成大片胡杨等林木枯死，土地沙化，连台特马湖也处于干涸状态。生态环境恶化，以胡杨林为主的“绿色走廊”告急。随着国家西部大开发战略实施，塔里木河流域的生态环境得到有效治理。2001 年，从 530 千米外的博斯腾湖调来强大水流，经断流 30 年的塔里木河道，源源流进了干涸的台特马湖。塔里木河这条新疆各族人民的母亲河再度焕发出勃勃生机。

如今塔里木河流域林业用地面积为 286 万公顷。横贯全流域广泛分布着胡杨、灰杨、沙枣、红柳、骆驼刺、香蒲、拂子茅等林木和灌丛。流域草地资源丰富，面积辽阔，达 2389 万公顷。分布的动物种类繁多，山区有盘羊、岩羊、马鹿、雪豹、棕熊等。平原荒漠区有野骆驼、沙狐、斑猫、塔里木兔等。鸟类有兀鹫、胡兀鹫、雪鸡、雪鸽、草原雕、大天鹅、红隼、百灵鸟等。水域中盛产新疆大头鱼、塔里木裂腹鱼及鲤鱼、鲫鱼、草鱼、鲢鱼等。长期以来，塔里木河在中游地区形成了南北宽达数百千米的冲积平原，河道纵横，支流众多，芦苇水草丛生，两岸胡杨林一望无际，形成天然的绿色长廊，是新疆重要的棉、粮、蚕桑和瓜果的生产基地。

塔里木河流域的自然景观和人文景观很多，包括博斯腾淡水湖、巴音布鲁克天鹅湖、“冰山之父”慕士塔格峰、有神秘色彩的“盛泽”罗布泊、流动的塔克拉玛干沙漠景观等。流域还有大量的古代文明遗迹，有古城遗址 40 余座，仅阿克苏境内古丝绸之路通道上，就有全国和自治区重点文物保护单位近 60 处，如克孜尔千佛洞、龟兹古城、香妃墓、古楼兰遗址等。此外，和田千里葡萄长廊、和田大枣园、库尔勒绿洲香梨园等，也都是值得游客游逛的。

77. 横然而卧的天山天池

天山天池位于新疆维吾尔自治区昌吉回族自治州阜康市境内、博格达峰北坡山腰处。海拔1910米，南北长3.5千米，东西宽0.8—1.5千米，湖面呈半月形，面积约5平方千米。湖深数米至数十米不等，最深处103米。

天山天池在地质学上属冰碛湖，是第四纪冰川运动的产物。20万年前，地球又一次气候转冷，天池地区发育了壮观的山谷冰川。冰川挟带着砾石下移、挫磨、刨蚀着冰床，对山谷挖掘、雕凿，在天池谷形成冰窖。冰舌前端受挤压消融，融水下泄，所挟带的巨砾岩屑逐渐沉积下来，成为横拦谷地的冰碛巨垄。当气候转暖，冰川消退，这里便潴水成湖，形成今日的天山天池。

天池一名，来自清乾隆年间乌鲁木齐都统明亮所题《灵山天池统凿水渠碑记》。天池古称"瑶池"，相传3000多年前，穆天子曾在天池之畔与西王母欢筵对歌，留下佳话。20世纪70年代初，郭沫若陪同柬埔寨西哈努克亲王旅游至此，他临湖吟出了"一池浓墨沉砚底，万木长毫挺笔端"的佳句。

天池由三个湖面组成，东侧为东小天池，古名"黑龙潭"，潭下为百丈悬崖，瀑布飞流直下气势磅礴。传说这里是西王母沐浴梳洗的地方，故又有"梳洗涧"之称。西侧为西小天池，形似铜盘，池水清幽，相传为西王母洗脚处，故又称"玉女潭"。博格达峰是世界著名冰峰之一，海拔5445米，突兀插云，峰顶的冰川积雪闪烁着皑皑银光，与山腰天池湛蓝的湖水相映成趣。天池之水融于冰雪，清澈澄明，波平如镜。周边绿草如茵，野花似锦，毡房点缀，羊群悠闲地移动。景色优雅，如诗如画。环绕着天池，有牧场、林场、鹿苑、果园。雪线上生长着雪莲。松林地带、山壑之中出没着狍子和珍禽异兽。湖区栖息着多种鱼类、水鸟。天山天池风景区是国家5A级旅游景区，被联合国教科文组织列入《世界遗产名录》。

天山天池旅游名胜区按景点布局分为天池景区、马牙山景区、娘娘庙景区、博格达峰景区、花儿沟景区、白杨沟景区、水磨沟景区、北部沙漠景区等。每个景区又分为多处景点，如天池景区即有天池石门、西小天池、东小天池、天境浮空、定海神针、东岸靓女、南湖黄龙、大湾倒影等景点。"定海神针"为一株生长在天池大海子北岸的古榆树，郁郁葱葱，枝繁叶茂。相传其为西王母的金簪，在制服恶龙时插在此地化成。以后无论天池水位如何上涨，始终淹不到树的根部。此树宛如保护天池的"定海神针"，具有很高的生态价值。

78.“丝路”重镇吐鲁番

吐鲁番位于新疆维吾尔自治区天山东部、吐鲁番盆地中部。地貌北高南低，西窄东宽，面积约7万平方千米。

吐鲁番是古代“丝绸之路”的重镇，早在新石器时代距今六七千年前就有人类活动，有4000多年的历史文化积淀。这个区域，已发现历史文化遗址200余处，出土从史前到近代文物40000余件。大量的文物、史实证明，吐鲁番曾经是西域政治、经济、文化的中心，是世界上影响深远的中国文化、印度文化、希腊文化、伊斯兰文化体系的交融交汇点。截至2013年，吐鲁番有国家级文物保护单位13个，已开发出旅游景区16个，其中国家5A级旅游景区1处。交河故城、高昌古城被联合国教科文组织列入《世界遗产名录》。

地处吐鲁番市的火焰山，呈东西走向，横卧于吐鲁番盆地北缘。古籍称火焰山为“赤石山”，维吾尔语称“克孜勒塔格”，意为“红山”，因山由红色砂岩构成。这里是中国的“热极”，夏季最高气温可达47.8摄氏度，地表曾有温度超过70摄氏度的纪录。沙窝里能烤熟鸡蛋。火焰山海拔约500米，虽然高度不起眼，却凭借《西游记》中“孙悟空三借芭蕉扇”的故事名扬天下，为这座山增添了浓郁的神话色彩。火焰山下的柏孜克里克千佛洞，于南北朝后期开凿在木头沟西岸的崖壁上，现存57个洞窟。这里一直是高昌地区的佛教中心。

火焰山的暑夏热浪滚滚，寸草不生，但它一条条峡谷里却是泉水汩汩，林木青葱。特别是著名的葡萄沟，长20千米，一条白练似的河溪融天山冰雪奔流而来，浇灌着整个沟里层层叠叠的葡萄田。在随处可见的葡萄架上，挂满了丰收的黑葡萄、马奶子葡萄等各色各味葡萄品种。荫房是葡萄沟的一大特色，有一两层楼高，用土坯砌成，状如碉楼，四壁有密密麻麻的孔洞，借火焰山的热风晾干葡萄。葡萄沟以盛产无核白葡萄、马奶子葡萄出名，年产鲜葡萄1000多吨、碧绿的葡萄干400吨，被称为“葡萄王国”。

吐鲁番的坎儿井也非常著名。当地终年少雨，但天山有众多的冰川、丰富的融雪，丰富的地下水便向盆地低洼处流来。从汉代开始，古人就懂得在水脉上打竖井，再横向打地下渠道，把众多竖井串通，引来源源不断的清流。坎儿井由地下暗渠输水，可减少水分蒸发，常年自流灌溉，而且水温水量稳定，水质不受污染。这传承至今的坎儿井总长5000千米，多达1000多条，滋润着吐鲁番绿洲。古代新疆人民创造的这种独特的坎儿井，是中国各族人民智慧的结晶。如今虽然吐鲁番已有了现代化的引水手段，但坎儿井这浩大的地下引水工程，是足以和万里长城、南北大运河相提并论的。

79. 胜景纷呈阿里山

阿里山位于祖国宝岛台湾中部的嘉义市东部,东面靠近台湾的最高山脉玉山。阿里山由大武峦山、尖山、祝山、塔山等18座大山组成。阿里山森林游乐区总面积约1400公顷。这里海拔2216米,年平均气温10.6摄氏度,夏季平均气温14.3摄氏度,气候温和,盛夏凉爽,是著名的避暑胜地。

阿里山有云海、日出、森林、晚霞和铁路"五奇"。阿里山"云海"为台湾八景之一。在祝山顶峰观赏云海,既能看到云的缥缈多变,又能一览"海"的气势磅礴。茫茫天色中忽见白云自山谷升起,有如汪洋一片,又像海浪翻卷;远若天边,又近似咫尺;时而在山腰回旋,时而沿山谷奔流,变化万千,妙趣横生。祝山山巅建有观日楼,凌晨登临楼台观"日出",初见东方微露一抹红晕,淡若无有,期待中光芒显现,弥漫整个天空,一轮红日款款升起,悬于群峰之上,蔚然壮观。高山之上空气稀薄,太阳辐射和紫外线相对增强。在祝山上观赏晚霞,也比平地处看到的绚丽、悦目。

阿里山为台湾三大林场之一。在浓密的大片森林中,"神木"极负盛名,它矗立在阿里山主峰上。这是一棵红桧树,树高60米,下部直径6.5米,十几人才可将其合抱,是世界上已发现的最大红桧树。不过这棵"神木"于1997年发生下半身倒伏,取而代之的是新的神木群。阿里山的台湾杉、铁杉、红桧、扁柏、小姬松被称为特产"五木",都是贵重的高级建筑用材。阿里山的"樱花"很美,千岛樱、山樱花、吉野樱、八重樱在盛开季节依序绽放。吉野樱花瓣洁白似雪,耀眼一片,是樱花季的最高潮。其他花卉如森氏杜鹃、石楠花、毛地黄、木兰、射干菖蒲等也竞相开放,把阿里山装点成望之醉人的无边花海世界。

阿里山的登山铁路建成于1913年。铁路以嘉义市为起点,全长72千米,从海拔30米升至2300米,一路蜿蜒于群山重峦之间,很多路段是穿越山壁架空而筑的。全线有200多座桥梁,60多条隧道。在当时的施工条件下,艰辛的工程凝结着台湾同胞的无数心血。修筑铁路原为开发阿里山森林资源,搬运木材而铺设。随着阿里山旅游业的兴起,自20世纪60年代铁路转变为以输送观光旅客为主了。铁路从山脚登峰,盘旋而上,在几小时内可穿过热带、亚热带、温带、寒带四带迥异的森林区,让人颇有兴味。

在阿里山森林游乐区,还有姐妹潭、孔雀溪、慈云寺、树灵塔、高山博物馆、高山植物园、邹族文化部落演出、萤火虫聚赏等历史人文景观和自然景观,吸引着越来越多的游客探访。

80. 国宝荟萃的台北故宫

故宫博物院是北京的著名建筑景观。在台湾也有一座故宫博物院,它坐落在台北市郊外双溪,依山而建,富有中国传统的宫殿特色。馆内所藏文物大部分是半个世纪前从北京故宫运至台湾的文物精品,数量达到 24 万余件。其中如商周的铜器、石器,晋唐以来的书法,唐宋以来的画作,宋元以来的名窑瓷器、竹器、善本书籍,明清以来的雕刻、玉器、漆器、珐琅等。品类多样,均属华夏之宝。

这里的文物展出,主要设在院内的主楼。大楼殿阁高耸,雕梁画栋。楼分四层,二层以上设为展室。二层大厅安放着孙中山的铜质坐像,是按南京中山陵的铜像原模翻制成的。铜像四周是著名的书法绘画之作,走廊两壁是大幅长卷的《清明上河图》和《出警入跸图》,皆为旷世之珍。

台北故宫博物院的稀世奇珍数不胜数。如游人争睹的国宝西周毛公鼎,鼎高 53.8 厘米,下有三足,高耸两耳,花纹简洁,外形古朴。鼎内有一首铭文,共 497 个字。这具年代久远的青铜器出土于清道光末年的陕西岐县,名声远扬。

藏品中有一件清代翠玉白菜,此玉半白半绿,白绿相接处是渐渐地变色。经玉工高手雕琢,将其作为逼真的菜蔬造型。叶的下部是白色,渐上渐绿,自然如真,是馆中玉器里名气最大也最受人喜爱的文物。

藏品清代红玛瑙福寿洗,以贵重的赤红玛瑙雕制。大块的红色部分雕作一株桃树,用桃树干作为洗的贮水处,并巧用玛瑙边角雕出一个桃实;对玛瑙上一块白色的部分,则雕成一只蝙蝠。桃代表"寿",蝙蝠象征"福",玉工就这样巧妙地合成了这件福寿洗器物。

六朝玉荷叶水盛,是贮水之器,备磨砚之用。此器作枯荷之形,干叶向上卷起,颜色也由翠绿变为橙黄。这一水盛,不仅形状肖真,色泽亦与枯荷无异,以此改变平平的盘形,足显巧思。

展室中还有众多的藏品以各自独有的魅力吸引着游客观赏。如河南安阳出土的殷商遗物枭形立雕,它由整块云南大理石雕成,兼具枭喙、枭目、人耳、兽角、象足、鱼鳞等造型,雕刻雄浑有力,所表达的生命韵感极其强烈。清代的一块肉形石,不但看上去"肉"的肥瘦层次鲜明,而且肉皮部分肌理清晰,毛孔宛然,酷似一片刚刚割下的鲜猪肉,令人叹为观止。展室还珍藏有大批名家字画,包括《文姬归汉图》、王羲之的《快雪时晴帖》。文房四宝中有宋代苏轼从星砚、明代狼毫万年笔,件件精细,都是文物中的珍品。

81. 引人光顾的海洋公园

香港是“购物者的天堂”，也是著名的休闲娱乐胜地。香港的“海洋公园”位于香港港岛南区黄竹坑，总占地面积 91.5 公顷。园区依山而建，分为高峰乐园和海滨乐园两大主要景区，是以登山缆车和海洋列车连接，集海陆动物、机动游戏和大型表演于一体的世界级主题公园。2012 年香港海洋公园获国际游乐园及景点协会博览会颁发的“全球最佳主题公园”称号，成为亚洲首家获此殊荣的主题公园。

这处海洋公园初期有游乐设施 40 多种，2005 年按照新的发展计划，将景点及机动游戏增至 70 个。几年后展出大熊猫等野生动物，建起“梦幻水都”水族馆，使到此游玩的人次连年上升，成为全球最受欢迎的主题公园之一。

海洋公园包括海洋天地、集古村、绿野花园、雀鸟天堂、山上机动城、急流天地、水上乐园、儿童王国等八区。山上部分有海洋馆、海涛馆、海洋剧场、百鸟居等；山下部分是水上乐园中心。1.4 千米长的缆车通道往来于两园之间，形成完整的公园景区。250 台缆车每小时可运载游客 5000 人。往返的缆车在 200 米高空运行，将山下低地与南朗山高峰连接起来。游客于高空俯瞰深水湾、浅水湾和低地公园景色，悦目而开心。

这里的海洋馆是世界上最大的水族馆之一，长 38 米，宽 22 米，水深 7 米，分 4 层。游客可由通道环绕参观。馆内按珊瑚礁布局设计，放养海洋鱼类 5000 多条、400 多种，从体长不足 2 厘米的盐雀鲷到 3 米多长的豹纹鲨等千姿百态的鱼，让游客大饱眼福。海涛馆建有巨型水池和各种不同的人工海岸，以适合不同的海洋动物生活。展出了美国加州海狮、非洲皮毛海狗及塘鹅、爵士企鹅等。这里有可操控的人工海涛，海浪起伏高达 1 米。游客可控制一台海底摄像机，细看海底动物生态。海洋剧场位于山上中央，能容纳 4000 名观众。在中央巨大的水池内，每日有加州海狮、瓶鼻海豚做精彩表演。百鸟居设计独特，巨型不锈钢丝网罩着面积 2500 平方米空间，展出有地栖鸟、森林鸟、丛林鸟和非禽鸟 3000 多只。

公园的游乐项目种类繁多，包括疯狂过山车、冲天摇摆船、极速跳楼机、翻天飞鹰、飞天秋千、太空摩天轮、浪漫飞船、越矿飞船等。还可乘坐直径 22 米的七彩氦气球，上升到 120 米的高空，一赏港岛美景。儿童乐园则有威威剧场、幻彩旋转马、小丑旋风、升空奇遇、蛙蛙跳、弹弹屋、互动影子乐、动物故事坊等游乐活动设置，极受少年儿童的欢迎。

海洋公园每年接待游客 200 多万人次。每逢夏季都举办夏水礼活动，另设主题商店、特色餐饮，形成游客如织的旅游高潮。

82.“立体圣经”大三巴牌坊

大三巴牌坊位于澳门特别行政区。这座牌坊是澳门天主教圣保禄大教堂正面前壁遗址,是澳门标志性建筑物和“澳门八景”之一。2005 年,大三巴牌坊与澳门历史城区其他文物被联合国教科文组织列入《世界遗产名录》。

1562 年,葡萄牙人历经数年,在澳门修建了“圣保禄”大教堂。由于葡萄牙语“圣保禄”的发音接近粤语中的“三巴”,故这座教堂也称作“大三巴教堂”。教堂由一名意大利籍耶稣会神父斯皮诺拉设计,以日本工匠巧夺天工的技术建成,糅合了欧洲与东方建筑艺术,是当时东方最大的天主教堂,号称“东方梵蒂冈”。兴建这座教堂,仅前壁牌坊就耗白银 3 万两。这座教堂建好后,曾两次毁于大火。1835 年的一次火灾,将教堂尽数烧毁,只剩下前壁,即如今的大三巴牌坊。

大三巴牌坊高 27 米,宽 23.5 米,为意大利文艺复兴时期的“巴洛克”式建筑。牌坊共分五层。顶端竖有“十”字架。下面一层嵌有象征圣婴的铜鸽,围有太阳、月亮及星辰的石刻。第三层雕刻有圣母像,以牡丹和菊花环绕。第四层分别安放了耶稣四名圣徒的雕像,以狮子、玫瑰花、棕榈树等装饰。底层为三面门户,以爱奥尼柱式支撑及装饰墙面。大三巴牌坊上的各种雕塑栩栩如生,既保留了传统,又有创新;既展现了欧陆建筑风格,又继承了东方文化风貌,体现了中西文化相融合的特色,堪称“立体的圣经”,是远东地区最为著名的石雕宗教建筑。大三巴牌坊前临 68 级石阶,牌坊和延伸而下的石阶构成了吸引中外游客登临观赏的闻名于世的胜迹。

看完大三巴牌坊,还可以到内侧广场的天主教艺术博物馆参观。馆内收藏了澳门的天主教教堂和修道院具代表性的画像和雕塑等。其中最珍贵的是一批以宗教生活为题材的油画,这是远东地区的第一批画作,也是东方最古老的油画。

在大三巴街与大三巴右街之间,有一条小横巷,长 50 米,已有 80 多年的历史,得称“恋爱巷”。小巷两旁建筑充满欧陆风情,经美化现已成为行人专用区。有澳门民间传说称,当人从这里的小巷走过,不久就会遇到恋爱。电影《伊莎贝拉》《游龙戏凤》都曾在此取景拍摄。

今日的大三巴牌坊已失去了原来的实际功能,但它与澳门人的生活息息相关,牌坊前会不定期举行各种文化活动。大三巴牌坊及周边广场、小巷,是游客造访澳门的必到之处,许多澳门人结婚时都要到大三巴牌坊前留下婚纱摄影照,以留纪念。而外来的游澳门情侣到此拍订婚照、婚纱照也成为时尚。

83. 质朴至美北海道

北海道位于日本列岛的最北部，是日本的第二大岛，面积8.3万平方千米。北海道中部高，四周低，山地占总面积的60%，森林覆盖率占总面积的70%。属温带季风气候，气温寒冷，年平均气温为6—10摄氏度。这里四季分明，具雪国特有的季节性特征，并以雪景闻名于世。

北海道有辽阔的大地、一望无际的草原，山丘舒缓，湖光柔美，到处是清雅的景致，没有人工雕琢，美得自然朴实，让人难以忘怀。这里的春天来得较晚，但几天之间原野就成为大片花海。从樱花到野生的铃兰开成一片。铃兰那如弯弓般的细茎上长满了白色小花，宛如遍地摇动的铃铛。在北海道的赏花胜地富良野，这里位于北海道的中心处，被称为北海道的"肚脐"。每年入夏，盛开的薰衣草将整个富良野染为紫色，从浅紫到深紫的花都给人们带来清幽宜人的香气。接下来又有秋季的波斯菊和向日葵等花盛开，与连绵起伏的"拼布花田"延续花海之盛。花海边缘北海道的绿色也令人着迷，林木郁郁葱葱，田苗方方正正，满眼浓浓的绿色，让人放松身心，忘却烦恼。

冬季北海道的景色最是柔美，在银装素裹的冰雪世界，静谧、安宁，风柔雪软，并不很寒冷。更具有传奇色彩的是，在周边一片白雪皑皑和低温笼罩中，人却可以躺在露天温泉里"泡汤"，里面热气腾腾40摄氏度的温泉水带着硫黄味，让人越泡越舒服。泡洗一番后，附近的餐饮店又迎候游人。当地的风味餐，无论午餐、晚餐，端上来精致得都像工艺品。北海道被称为世界第三大渔场，海鲜极负盛名，尤其是以大马哈鱼烹制的"石狩火锅"口感最佳，鱼子酱就米饭寿司更是可口。其他如鳟鱼、墨斗鱼、章鱼、雪鱼等，也有着不同的烹调方法，在不同的场合有不同的吃法，常被点食。此外，北海道的拉面尤为好吃。日式拉面流派多，北海道的拉面最重汤料，一般有味噌、盐和酱油三种底料，分别由猪骨、海鲜等长时间熬制。劲道的面条浇上浇头，口味撩人。黄油玉米面、乌冬牛肉面等都是爽口之食。

一年中，北海道的民间传统庆典活动连续不断，冰雕节、冰雪节、烟火大会、湖水节、鲑鱼节、灯饰节等，每年定期举办，颇受游客欢迎。北海道还有众多著名的自然与人文景观，北桧山町的浮岛公园坐落着10个能慢慢移动并改变姿态的小岛，令人叫绝。"等别地狱谷"是火山口遗迹，周围弥漫着刺鼻的硫黄气味，火山口内会不时发出巨大的声响，使人产生"地狱般恐怖"，由此也吸引来大批游客观赏。

84.“爱情的丰碑”泰姬陵

泰姬陵位于印度著名的阿格拉城,距首都新德里 200 多千米。泰姬陵那洁白的圆形穹顶与石壁,与水中倒影辉映融合,在不同的时间和自然光线中,显现出不同的特色。这座建筑是一个王朝建筑艺术的代表,在很多人心里是纯洁爱情的象征,被誉为“爱情的丰碑”。

泰姬陵始建于 1631 年。这是印度历史上莫卧儿王朝的鼎盛时期,国王沙·贾汗治理国家有方,到处是一派歌舞升平的繁荣景象。国王有一个王后,在后宫与她形影不离,外出巡视时也会把她带上。一次这王后随同国王出巡,在中途生育难产而亡。在王后弥留之际,国王问她有什么要求,她请求为她造一座大陵墓,以此纪念彼此的真挚爱情。悲痛欲绝的国王遵照王后的遗愿,为她建造了这座规模宏大而又精美的陵墓,并以王后的封号命名,简称泰姬陵。工程开工后每日雇用 2 万多施工人员,费时 22 年,终于完成了这一宏伟的建筑。谁知泰姬陵建好不久,国王就被他的第三个儿子撵下了台,关入古堡,他也只能在夜深人静时,借着朦胧的月光隔窗遥望一下泰姬陵。

宏伟的泰姬陵是一个统一的整体,结构严谨,工整对称。整个陵园占地 17 万平方米,呈长方形。四周有红色的围墙,从大门到陵墓有红石铺的甬道和一渠清澈的流水。陵墓全部用洁白的大理石建成,主要建筑是台基、圆底寝宫和四座尖塔。台基为正方形,边长 95 米,高 7 米。上面为圆底寝宫,底部也呈正方形,边长 57 米。寝宫四壁各有一座拱门,拱门两侧还排列有 24 座小拱门。寝宫正上方有一面鼓状石座,承托着一个匀称的圆顶。顶端是一座金属小尖塔。寝宫屋脊周围有四座圆顶凉亭。台基的四个角上分别矗立着四座白色大理石的三层尖塔,高 42 米,在塔顶可俯瞰全城。陵园面前有一个正方形花园,中间是一池清泉,周围绿树掩映。整座陵园形成了和谐、优雅而浪漫的意境。

常游览泰姬陵的人知道,看泰姬陵不能只来一次,要分时段地看。朝霞升起时,晨雾笼罩中的泰姬陵犹如一位睡眼惺忪的丽人,景观显得幽柔而娴静。午间时分,泰姬陵头顶蓝天白云,身倚碧水绿树,出落得玲珑剔透、光彩悦目。斜阳夕照下,白色的泰姬陵会从浅黄、金黄,逐渐变为粉红、淡青色。随着月亮冉冉升起,最终回归银白色。在月光映照下,白色大理石陵寝还会发出淡淡的紫色,让人有清雅出尘之感。

如今有无数印度和从四方而来的青年男女结伴而来,面对泰姬陵许下他们相爱的誓言。泰姬陵因爱而生,在其光辉下,爱情的故事又正被后世续写。

85. 密林深藏吴哥窟

吴哥窟位于柬埔寨西北，是修建于热带丛林深处的建筑群。吴哥窟有五座圣塔，是柬埔寨国家的象征，国旗的中心就是圣塔的图案。1992 年，这处古迹被联合国教科文组织列入《世界遗产名录》。

吴哥古迹是高棉文化鼎盛时期的物化见证。公元 802 年，阇耶跋摩二世统一了高棉王国，将首都设在洞里萨湖北岸，取名“吴哥”。此后历代国王在此大兴土木，建造宫殿和庙宇。在 12 世纪中叶时，修建进入高潮，共有几十万人参与施工，前后历时 37 年，建起了庞大的吴哥寺庙建筑群，使吴哥成为整个高棉人的宗教和政治中心，国家历史进入了全盛时期。1431 年吴哥遭泰人入侵，高棉人弃城而去，远赴 240 千米外的金边建立新都。吴哥的宫殿和寺庙自此被埋藏在幽深的绿色丛林里。1861 年，一位法国生物学家亨利进入柬埔寨西部丛林考察热带动物，意外看到了吴哥建筑奇观。吴哥古迹就此结束了清幽沉寂，成为人们探索东方文明与美的圣地。

吴哥窟也叫吴哥寺、“小吴哥”，是世界上最大的宗教建筑物，也是整个吴哥遗址中保存最完好的寺庙建筑。它占地约 208 公顷，周长约 5000 米，四周环绕城池，城池内有两道围墙，还套建了一座方形石城，层层回廊纵横相连，构成了一个套一个的正方形。在吴哥窟内，整座建筑由壕沟步道及三层回廊构成，全部用石头堆砌，没有水泥石灰，也没有钉子梁柱，每一块石头从 100 公斤到 1000 公斤不等，石头之间看不到砌筑的缝隙，甚至不能插进刀片。寺的主题建筑屹立在全寺正中的截顶式金字塔形三层台基上，台上有五座莲花蓓蕾形圣塔，中央塔最高，塔顶距地面 65 米。塔的四面雕刻着婆罗门的头像。塔的最底一层加廊壁高 2 米，长 800 米，布满精细的浮雕。塔身、塔顶、门楼等处都饰以莲苞形石刻，总数有一万多枚。吴哥窟在建筑技术的结构、比例、均衡、雕塑上的成就，使它成为世界上最完美的古迹之一。

吴哥窟的佛像浮雕最是丰富多彩。它刻于回廊的墙壁及廊柱、窗楣、栏杆之上，令人目不暇接。城门上有四面佛像。人面石雕分布四面，厚唇，微闭双眼，有着意味深长的微笑。更多见的是整墙的女神像，她们面含微笑，头戴花饰，端庄秀丽。在吴哥窟外墙内侧保留尚好的天女浮雕墙上，呈现舞蹈形态的天女雕像裸露上身，头戴华冠，显得雍容华贵。翩翩起舞的天女有的拈花，有的转体亮相，脸上所呈现的神秘微笑，让人会想到西方人所迷醉的蒙娜丽莎。

86. 佛祖诞生地蓝毗尼

蓝毗尼位于尼泊尔鲁潘德希县境内,处于尼泊尔西南与印度交界处。这是一个景色美丽的地方,山间平地树木丛生,溪流淙淙,幽香的兰草花、火红的杜鹃花点缀着满园春色。远近山峰翠绿一片,云雾缥缈,笼罩出迷人、神秘的色彩。

公元前565年的一天,迦毗罗卫国的摩耶·黛维王后在回娘家途中,路过蓝毗尼花园,被这里花团锦簇的美景所吸引,住下欣赏起来。正月十五入夜,王后在圆月银辉夜景中,扶着园中的娑罗树,生下了王子悉达多。悉达多相貌端庄,天资聪颖,长大后对人生的苦难一直有深深的思考。在他29岁时,他抛弃了王子的高贵地位,离别妻儿,剃发修行,遍访名师。中年时期,他终于在一棵菩提树下大彻大悟,创建了佛教学说。由于他是释迦族人,以后他的追随者和信徒便尊称他为“释迦牟尼”,意为“释迦族圣人”。

蓝毗尼成为佛教的发祥地。这里建有一座纪念佛祖诞生的白色摩耶女神庙,庙建在两层石砌高台上。虽然寺庙庙门矮小,殿堂也不够宽敞,但这座白色的方形建筑,在浓郁的古木衬托下颇显古朴、典雅和庄严。庙堂正面的壁龛里是一幅石雕的释迦降生图,描绘的是摩耶夫人手抚一株无忧树的树枝,初生的婴儿悉达多端立在近旁的莲饰台上的情景。如今因石像年久剥蚀,人物形象已有些模糊。而庙堂外的娑罗树也并非原株。但虔诚的佛教徒视这里的一石一木全为圣物,顶礼膜拜。在女神庙南建有佛寺和佛塔,殿内安放巨大的佛祖雕像。每年4月的释迦诞辰日,在蓝毗尼都要举行盛大的法事活动,各地佛教徒云集于此。当地信徒还将释迦牟尼佛像放置在彩车上四处巡游。

在摩耶女神庙正北,安放着著名的阿育王石柱。印度孔雀王朝的阿育王曾来到蓝毗尼朝圣,在此立下这根石柱。上刻铭文曰:“阿育王灌顶凡二十年,亲来恭敬。此为释迦牟尼菩萨降生之处。”这根石柱曾遭雷击断裂,现在的石柱是发掘后经修复重新竖立的。地面以上高5米,地下部分深4米。阿育王石柱确凿地证明了蓝毗尼是佛祖的降生之地,是蓝毗尼最重要的历史遗迹。

公元406年,我国东晋和尚法显为寻访佛迹,曾到达了蓝毗尼和迦毗罗卫城,成为最早访问尼泊尔并留有记载的第一个外国人。公元635年,唐代著名高僧玄奘来到了蓝毗尼,朝圣取经,并对当地景物有生动的描述。正是根据玄奘等人的记述,考古学家终于在1897年将埋于地下的阿育王石柱发掘而出。

87. 巴比伦古城遗址

巴比伦古城遗址位于伊拉克首都巴格达以南、幼发拉底河右岸。巴比伦是与古代中国、印度、埃及齐名的人类文明发祥地。巴比伦意即“神之门”，曾是公元前2000—1000年西亚最为繁华的政治、经济和文化中心，是古巴比伦和新巴比伦的首都。

巴比伦原是小村庄，经五六个世纪的发展，逐渐兴旺，走向辉煌。希腊古代历史学家希罗多德在其名著《历史》一书中曾详细记录了巴比伦城的盛况。全城面积约1万公顷。双重城墙，外墙周长16千米，城墙厚度足以让一辆4匹马拉的战车转身。内墙周长8千米。在城墙以东还筑有防护土墙，形成三重城垣。城内街道宽广，用砖铺筑，已使用了沥青。街西坐落着南宫，是国王的主要宫殿，长300米，宽190米，由5所庭院和殿室组成。被誉为古代世界七大奇迹之一的巴比伦“空中花园”就建于南宫里。花园是在宫殿顶部砌筑台阶式园田，广种花草树木，以便观赏。相传这座花园是新巴比伦国王尼布甲尼撒二世为取悦他的妃子修建的。为解妃子怀念绿水青山之闷，便模仿她家乡的风光和当时盛行的宗教大神坛营造了这座别具一格的建筑。梯形花园里遍栽奇花异草，泉水由高高的喷泉冒出，再扭曲旋转喷发，下面流水潺潺。园中还有幽静的走廊和精致的楼阁，这一空中花园也成为巴比伦城的标志。

城内街北建有主宫，这里坐落着埃萨吉纳大庙及所属的埃特梅兰基塔庙。庙塔高大，称巴别塔，高91米，基边长91.4米，塔基上有7层，顶部是一座蓝玻璃小庙。塔的外沿建有螺旋形阶梯，可绕墙而上，直达塔顶。巴别塔是城内的最高建筑，在城内及周边任何地方都能看到它，被称为“通天塔”。

19世纪末，消失两千多年的巴比伦古城被发掘出来。如今，古城墙及雕刻在上面的浮雕雄狮、雄牛、神龙等，虽经几千年磨蚀，形态仍栩栩如生。主宫遗物中现存一座狮足踏人石雕，即著名的巴比伦雄狮。狮子身长约3米，高约2米，宽近1.5米，巍然屹立于一块长方形石垫上，狮爪下踩着一个石头人。这象征着古阿拉伯人不畏艰险、勇于争胜的英雄气概。伊拉克政府在古城遗址上仿建了一座古城门，门高4米，宽2米多，门的上端是拱形顶盖，两边同古旧城墙连接。城门内设立了博物馆，陈列出土的巴比伦古城文物。2015年，伊拉克政府已向联合国教科文组织申请将巴比伦古城遗址列入《世界遗产名录》，以使其得到更好的保护。

88.“中东庞贝”杰拉什

杰拉什古城遗址位于约旦首都安曼以北,坐落在吉利亚德山群峰环抱之中。这是一座深受古希腊、古罗马文化影响的城市,也是一座保存最完好的罗马古城之一,素有“中东庞贝”之称。

早在铜器时代中后期至公元前900年的铁器时代初期,这里就诞生了绚丽的文明。公元前332年,亚历山大大帝到来,使杰拉什更加兴盛。公元332年,拜占庭帝国兴起,定基督教为国教,当地原有的神庙被改为基督教教堂。公元661年,伍麦叶王朝建立,杰拉什成为连接大马士革、麦加、麦地那通商、朝圣的必经之路,是东西方贸易的枢纽,更是繁荣一时。8世纪中叶以后,杰拉什连遭地震损毁,经济衰退,逐渐被沙尘掩埋于地下。1806年,德国旅行家欧里赫在此地发现了杰拉什古城遗址。自1920年开始,这座沉睡了上千年的古城遗址被发掘了出来。

如今来到杰拉什古城遗址观览,从南向北走,先看到一座凯旋门,庄重高雅,是为纪念公元129年古罗马皇帝哈德良到来而建。入门后就是一座古竞技场,是罗马时期很小的一座赛马场,长240米,宽50米,一侧为台阶式看台,可容1.5万人观赏赛马或斗兽。古城南门也专为罗马皇帝而建,里面的大广场长90米,宽80米,64根爱奥尼石柱如竖琴一样整齐矗立着,旁边是供人行走的边廊。古城的中心地带建有一座宙斯神庙,建于公元162年。宙斯神庙分为神庙和神殿两部分,分别坐落在高低两层大平台上,神殿居于下层,两层之间有台阶相连。神庙立于长41米、宽28米的台基上,内殿被林立的科林斯石柱所环绕,每根柱直径2米,高20米。可以想见当年神庙的辉煌高大。神庙是古城最高的建筑,站在此处视野开阔,可俯瞰广场和古城大片区域。

在城内广场一侧还建有一座月亮女神庙。月亮女神是杰拉什的保护神。作为圣地,女神庙建于2世纪,然而并没完工,原计划要竖32根石柱,建造者只立了12根,停工先去建宙斯神庙了。广场连着一条卡多大街,长800多米,一直通往北门。街道两旁也有着队列般整齐的科林斯石柱,街道也称“列柱大街”,是古城的主干道,据说也是为迎接罗马皇帝而建,又称“加冕大道”。宙斯神庙一旁建有一座南剧场,巨石堆砌的看台可容3000多人观看演出。场子中央舞台有很好的回声效果,可以让场地每个角落的人都能听到清晰的乐声。经修复这里还不时举行演出活动。2014年我国曾派团参加这里的杰拉什艺术节活动,在此表演了宫廷舞。

89. 岩壁镶嵌佩特拉

佩特拉古城遗址位于约旦南部沙漠地带，距约旦首都安曼约 260 千米处，海拔 1000 米的高山峡谷中。这座古城几乎全在岩石岩壁上雕凿而成。遗址处岩石带有珊瑚宝石般微红的色调，在阳光下熠熠闪耀，为此这里又被称为“玫瑰古城”。

佩特拉在希腊语中是“岩石”的意思。它的历史可追溯到公元前 4 世纪前后，曾是游牧民族纳巴特王国的首都。正是远在两千多年前的佩特拉土著人雕凿出了这里的古城。公元 1 世纪时，罗马人控制了佩特拉周边地区，佩特拉成为罗马帝国的一个繁荣省份。后由于商业贸易路线改变，佩特拉的地位被削弱，终被遗弃。1812 年，瑞士探险家约翰·贝克哈特发现了这处古城，使销声匿迹了上千年的佩特拉重现于世。

经过两个世纪的考古发掘，如今来到佩特拉古城遗址，在山脚下先可看到一座本特宫，也称“女儿宫”。相传 3 世纪时，古城极度缺少水源，国王下令，如有人能引水入城，愿以女儿相许。后来有一位建筑师从谷外劈山筑渠，让碧水流入城中，国王便在此建宫，将女儿嫁他，此宫遂得称女儿宫。这是一座拜占庭式古庙建筑，南北两道门各有 12 根大石桩，衬托着 20 米高的石头宫殿，气势雄伟。在宫门前石壁左边可看到有水渠遗迹，即为当年引水的见证。

进入佩特拉古城遗址，要途经一条峡谷，峡谷有 1.5 千米长，最宽处 7 米，最窄处仅 2 米。两侧山岩都雕凿有洞窟、岩墓。在峡谷尽头，耸立着卡兹尼陵墓，也称“金库”。作为国王的陵墓，这里面藏有众多宝物。在阿拉伯语中，“卡兹尼”就是藏宝室的意思。而宫里顶端安放的瓮就专用于藏宝。卡兹尼大门高 40 米，宽 30 米，建筑分为上下两层，3 人合抱粗的罗马式石门柱，上有 6 根，下有 4 根，撑在大厅。横梁、门檐都雕有精细图案，组成了佩特拉最美的石雕建筑。

从卡兹尼墓前向右穿行，有一座古罗马剧场。这是公元 2 世纪时罗马人的杰作。剧场依山凿就，共 34 排，拥有可容纳 6000 名观众的阶梯形座位。舞台建在一块巨大岩石上，周围以 4 根粗大的石头圆柱支撑，设计独具匠心。在这座剧场后面，地势开阔，古城依四周山地地势建造了寺院、宫殿、浴室、住宅等，还开凿有纵横水渠。这里的一座德伊神庙，曾出现在斯皮尔伯格导演的电影《夺宝奇兵》第三部中，很让影迷向往。古城东北部山岩处，开凿了气势恢宏的三层巨窟，正面是罗马风格的建筑，为历代国王陵墓。现在这里设有佩特拉石窟博物馆。

90. 信仰之城耶路撒冷

耶路撒冷是中东地区的一座古城,这里有众多圣迹,在历史上充满了神奇的传说,被犹太教、基督教和伊斯兰教尊崇为圣地。

耶路撒冷由旧城和新城两部分组成。旧城在东部,有古老的城墙围绕,城墙高12米,总长4千米,周围有8座城门。城里由十字街道分为四个居民区,东北是穆斯林居民区,西北是基督教居民区,东南是犹太居民区,西南为亚美尼亚居民区。其中穆斯林居民区最大,亚美尼亚居民区最小。城区房屋随着地势高低而建,大多数是两层的石头房子。旧城东南角有闻名于世的神庙山,场地南北长490米,东西宽280米,正中有一座萨赫莱清真寺,建于公元691年。清真寺雄伟庄严,有着金色圆形的顶部,下面的建筑体由精雕细刻的玉石砌成。神庙山的西南角坐落着阿克萨清真寺,建于公元705年,规模宏大。全寺由280根石柱支撑,里面的长方形大殿宽敞明亮。这两座寺院是世界上1亿多穆斯林的圣地,受到各地穆斯林的朝觐。

神庙山也是犹太人的圣地。神庙山西侧有堵“哭墙”。这堵墙同阿克萨清真寺的西墙相连接,是用石头垒成的高大墙壁。据说,过去犹太人在这里举行宗教活动,忆及往事,常会大哭一场,“哭墙”的名称就由此而得。如今这一段古墙遗址已成为犹太民族的象征,犹太人在此聚集,以自己独特的方式举行祈祷。

在旧城区域除了清真寺、犹太教教堂,还有为数不少的基督教堂、修道院和亚美尼亚人的大教堂。其中著名的基督教的圣墓教堂,又称复活节教堂。这座教堂是罗马皇帝君士坦丁一世建造的。耶稣是基督教所信奉的救世主,又称基督。因为耶稣就葬在耶路撒冷,于是建造了这座教堂,并使这里成为基督教的圣地。

耶路撒冷新城的面积大大超过旧城,并展现出与旧城不同的现代化风貌,有堂皇的商业街、雅致的别墅、宽阔的林荫大道和景色宜人的公园等。

数十个世纪以来,耶路撒冷历经战乱,时至今日仍冲突不断,可谓屡遭劫难,命运多舛。和平对人们来说虽然依旧渺茫,但虔诚的灵魂依然不变地将这里当作他们最终的归宿。这座信仰之城承载了数不清的痛苦与欢乐,无论悲与喜,得与失,这里也永远是漂泊者心目中最神圣的寓所。

91. 奇迹之城迪拜

迪拜是西亚阿拉伯联合酋长国首都,位于中东地区中央,是面向波斯湾的一片平坦沙漠之地,面积4114平方千米。

早在公元前3世纪,迪拜就有人类活动。考古学家在迪拜朱美拉地区发现有公元5世纪时人类的住区、遗址及文物。有文字记载,1799年迪拜出现了村庄,以后便在小渔村建立了迪拜酋长国。进入20世纪,迪拜成为周边地区商旅的聚集地,渐渐形成中转贸易港。1966年,迪拜因发现石油一夜暴富。随着1969年第一桶原油出口,本不起眼的沙漠小城迪拜,其经济和城市建设都得到了快速发展,在短短的几十年里一跃成为全球瞩目的大都市。近10年间,继石油之后,迪拜的经济发展主要依靠了旅游业、航空业、房地产和金融服务业。

虽然没有值得炫耀的历史,迪拜却有足以让世界刮目相看的创造现代感的能力。大片造型奇特的楼群和人工构造物,完全体现了迪拜从沙漠中崛起的现代都市的魅力所在。位于迪拜市区的哈利法塔摩天大楼,落成于2010年,曾是世界第一高楼。基座为伊斯兰建筑风格,采用六瓣的"沙漠之花"造型,整座大楼外形呈"Y"形,由3个建筑主题连贯成一个核心体,并螺旋上升,至顶部转换为尖塔状。哈利法塔高828米,总共162层,造价15亿美元。建造中使用了33万立方米混凝土、6.2万吨强化钢筋、14.2平方米玻璃;内设56部升降机,运行速度可达17.4米/秒。双层的观光升降机每次可载42人。大楼内设有1044间公寓,49层办公用楼;在76层有全球最高的游泳池,158层有全球最高的清真寺。按照设计,大楼地基可承受1000米高的建筑,这即是说,只要需要,楼顶就可以轻松地再往上加盖。

阿拉伯塔酒店外形酷似船帆,也称迪拜帆船酒店。酒店建于波斯湾人工岛上,共56层,高321米。内设202间高级客房,客房面积从170平方米到780平方米不等。总统套房在25层,家具是镀金的,除卧室、起居室,还设有单独的电影院、餐厅,出入有专用电梯。迪拜还建有棕榈岛、世界岛等人工岛群,用于商业开发、企业活动和公众聚会。迪拜博物馆、迪拜河、迪拜奇迹花园等也都是著名的景点。奇迹花园占地7.2万平方米,拥有许多种花卉,2013年获得吉尼斯世界纪录认证的"世界最大的垂直立体花园"。

近年来,传统与现代的交织,东方与西方的融合,让迪拜成为众多电影摄制组的首选之地。哈利法塔成为《碟中谍4》的外景地,中国影片《巨额交易》也来迪拜取景。帆船酒店则在电影《欲望都市2》中,展现了女主人公在阿拉伯世界享受的豪华。科幻影片、印度电影,也扎堆到迪拜拍摄,一展科技感和异域风情。

92.横跨欧亚的伊斯坦布尔

伊斯坦布尔是土耳其最大的城市,位于土耳其境内最西北端,面积5343平方千米。这座城市不仅是繁华的国际大都市之一、著名的旅游胜地,还是世界上唯一的地跨欧亚两大洲的大都市。

伊斯坦布尔始建于公元前7世纪,旧称君士坦丁堡。从公元330年起,它作为罗马帝国以及其后的拜占庭帝国、奥斯曼帝国的都城,达1600多年。在5世纪时,正值我国唐代,这里成为"丝绸之路"通向欧洲的唯一通道,也是"丝绸之路"西端的终点。

有着悠久历史的伊斯坦布尔,城内分布着众多文化文物古迹。一座座庄严肃穆的清真寺和高耸入云的宣礼塔,矗立在现代化建筑中间,特别引人注目。市内有清真寺500余座,宣礼塔800多个,故有"宣礼塔城"之称。著名的苏丹艾哈迈德清真寺,有6个塔,是世界上仅有的六塔清真寺。寺内供人做礼拜的大厅气势宏伟,四周墙壁上都镶嵌着蓝色的花瓷砖,使得厅内光线显得极为柔和静谧,因此它又以"蓝色清真寺"传名于世。

伊斯坦布尔城内还坐落着20多座大教堂,著名的圣索菲亚大教堂,六根锥状长柱直指青天,显示着宗教精神的崇高。教堂大堂内大量运用彩色大理石砖、玻璃和马赛克镶嵌画,在天窗射进的光线中闪烁不定,由此更增添了宗教的神秘气氛。登上教堂高处大厅,可远眺博斯普鲁斯海峡,给予人最宽广的视野。城内还分布着40多座博物馆。奥斯曼帝国时的托普卡帕故宫,建于1478年,占地70万平方米。土耳其共和国成立后,故宫辟为博物馆,收藏了历史上许多珍贵的文物和文献。馆内展出的珠宝玉石琳琅满目,其中的苏丹王冠、宝座、装有金刚石的铠甲,都是稀世之宝。还有一人高的金制"蜡烛",重40多公斤,上下嵌有6666块金刚石,光泽夺目,更是极品。在这个博物馆中,还专设有中国瓷器馆,陈列着上自唐宋下至明清的大量瓷器。瓷器绚丽多彩,有浅绿色的瓷碗、咖啡色的瓷壶、紫红色的瓷瓮、金黄色的瓷坛等。瓷器上还绘有彩画,有的画着古代中国人拉着载有瓷器的马车,披星戴月向"西域"进发。这些都是中土两国人民经济文化交流、友谊源远流长的见证。

伊斯坦布尔古老却又现代,喧嚣但也宁静。这是一方多种文明交汇的土地,有声有色,却又浑然天成。在吸引各国游客前来的观光游览中,"土耳其浴"也是一大特色。土耳其人进公共浴室,大都会随身携带一个内容丰富的食品盒,浴后又吃又睡,过上一天。从某种意义上说,土耳其的公共浴室同咖啡馆一样,已然成为人们社交活动的重要场所和当地文化的组成部分。

93. 杰出的雅典卫城遗址

雅典卫城位于希腊雅典市中心的卫城山丘上,始建于公元前580年。卫城是希腊最杰出的古建筑群,是当时的宗教政治中心。

公元前8世纪,古希腊爱奥尼亚人建立了奴隶制城邦,选择这里的岩山作为都城。公元前505年,雅典成了希腊各城邦盟主,都城的建构更加完善。不久发生了希波战争,雅典的卫城和所建的神庙遭到波斯人的破坏。公元前478年,雅典城邦国变得强盛,称霸地中海,希腊文明进入了鼎盛时期,卫城和神庙都得到大规模修复。

雅典城名来自智慧女神雅典娜的名字。雅典卫城是雅典以及全希腊的一颗明珠。在卫城修建中,几乎全部使用了洁白的大理石材料。一座座神庙雄踞于小山顶上,从雅典市的任何角落向其观看,都会感觉到神灵的俯视,让人有圣洁感。卫城的大门位于山丘两侧。山门是真正的入口,以多利安式及爱奥尼式列柱巧妙穿插排列,气势恢宏。

帕特农神庙建于公元前447年。神庙长70米,宽31米,由46根多立安式列柱环绕支撑,每根支柱高10米,直径2米,神庙总面积1200平方米。神庙的建造对“黄金分割”有极其巧妙的运用,还打破了过去希腊神庙正立面6根立柱的传统方式,大胆地使用了8根立柱。这座神庙是卫城最负盛名的建筑,是世界上最早的古代大庙宇,为举世闻名的古代七大奇观之一。卫城著名神庙还有北面的伊瑞克提翁神庙、埃雷赫修神庙等。

在人类历史上,雅典卫城曾是整个西方世界的思考中心,西方哲学、民主政治、奥林匹克、《荷马史诗》等无不牵动着人们的心灵。正如法国作家福楼拜所言,雅典是“历史与艺术最璀璨的源泉”。卫城虽残损破旧,满目是坍塌的墙石列柱,但这里并没有太多的凄凉景象,反倒让人心生怀古和眷恋之情。

卫城博物馆位于卫城东南角,自1834年各神庙出土的文物都收藏于此,包括“扛小牛的男人”“赤足有翼的胜利女神”等,是研究古希腊雕刻艺术的重要实物。卫城入口南侧的阿迪库斯音乐厅,建于古罗马时代,为户外三层式建筑结构,半圆形剧场可容纳6000多人欣赏音乐演出,观众在剧场任何一点都能清晰听到舞台上演员的道白和音乐表演。这座剧场直至21世纪夏季仍经常举办一些大型演出,包括远道而来的中国乐团所做的民乐表演。

94. 罗马古竞技场遗址

罗马古竞技场,又称古斗兽场,其遗址位于意大利首都罗马市中心、威尼斯广场南侧。它建成于公元 80 年,是古罗马帝国标志性建筑之一,是为取悦凯旋的将领士兵和赞美古罗马帝国而建的。

这座象征古罗马帝国强盛而建的竞技场,外观呈正圆形,俯瞰则显现椭圆形,占地面积 2 万平方米,长轴长 188 米,短轴长 156 米,周长 527 米,围墙高 57 米。场地表演区长轴 86 米,短轴 54 米,地面铺有石板。外围设四层看台,分为五区,约有 60 排。最下一层前排为贵宾区,坐有元老、长官、祭司等;第二层为贵族使用;第三层是富人区;第四层为站席,上边一区由普通民众使用,最后一区给底层妇女使用。站席之上装有悬索吊挂的天篷,用于遮阳挡雨。庞大的竞技场可容纳近 9 万人。

在使用简陋铁器的奴隶时代,以 8 万名奴隶作劳工,历时 8 年,完成了这座巨柱擎天的宏伟工程,创造了古代建筑史的奇迹。相传竞技场落成后曾连续 100 天举行人与 5000 只各种野兽的生死搏斗。这里上演着世界上最残酷血腥的杀戮表演,炫耀着曾经的刀光剑影、虎啸狮吼。在竞技场顺楼梯而下,建有一排排地下室,这是当年关押等候上场的角斗士和野兽的地方,乌黑的墙角,浓烈的血腥味和野兽的臊气,充满了人间地狱的恐怖氛围。人和野兽都急于扑向明亮的竞技场,角斗士们或与野兽相搏,或相互死拼,由他们自己充当刽子手和死囚这双重角色。这就是古竞技场,曾经燃烧着人类最野蛮的欲望,爆发过最疯狂的欢呼。

如今近两千年过去,寒来暑往,这座古竞技场被时光剥蚀了坚固的建筑。参差不齐的墙壁,有的还保持着当年的高度,有的已倾倒,只剩下半壁颓垣;有的墙面被风销雨蚀,凹凸不平,有的崩塌殆尽,只留有墙基。构成建筑物的米黄色大理石已被风尘濡染得色彩斑驳。看台上,过道间,到处散落着残石碎砖。长年不见阳光的墙角、柱后,长有幽绿的苔藓,小草迎风摇曳。

游人来到这里,面对着一片寂静的废墟,听向导讲解当年九万颗人头攒动的场景——一层层、一排排的贵族、骑士、官员、老兵、平民挤满了座座看台,各色各样的服装争奇斗艳,人们兴奋、狂热,葡萄酒使他们血脉扩张,千万双手臂在挥舞,到处是张开的嘴巴在呼喊,汇成了汹涌翻腾的巨浪。今天这一切不复存在,在西斜的落日和橘红灯光的衬托下,依然可以感受到它昔日的宏伟与壮观。即便只余断壁残垣,仍能激起人们的无限感动和震撼。

95. 水城丽景威尼斯

威尼斯位于意大利东北部海滨，是意大利最大的港口之一。它倚畔亚得里亚海，东西长 4260 米，南北宽 2790 米，呈“S”形。城市的西北方向有一条 4000 米长的人工堤岸，是威尼斯与大陆相连接的唯一纽带。

公元 453 年前，威尼斯还是个小城镇。一些地方的居民为逃避战乱，聚集这里，开始用石块等建造了这座水上城市。经过一千多年的兴建发展，今天的威尼斯已成为世界上最为著名的水城，是水域风光最具吸引力的旅游城市。这里有 117 条运河和 400 座桥梁纵横交错，把 118 个岛屿连成为一个城市整体。

威尼斯是一个没有车的城市，既不通汽车，也不能骑自行车。但这里船是处处都可以见到的。建筑物门口，宾馆、商店、居民家门外，多有码头，出门见水，一步登舟。建筑物四面临水，地基以石头砌筑，十分牢固，不致受到潮水涨落的影响。有的大旅馆横跨几条河，从一个房间走向另一个房间，也要过河，从桥上走，或是坐船摆渡。这里的船自是种类多样，除了汽艇、摩托艇、帆船等，还有一种黑色平底单浆的小木船，叫作“贡多拉”。这是一种游览观光船，船的头和尾部尖翘，船头饰有马头形雕刻，船板铺有鲜艳的地毯，船上设有舒适的坐椅。船夫头戴草帽，上系红绸带，身穿白底红条衬衫。船夫摆桨时还会高唱意大利民歌，形成当地旅游的一大特色。

威尼斯在历史上曾经是一个强盛而繁荣的国家，历史古迹众多。格朗特主运河全长 3850 米，从城市中心穿流而过。运河西岸至今保留着许多 12 世纪以来的不同风格的建筑。其中著名的圣马可广场，是游人游览威尼斯必到的游览区。圣马可大教堂坐落在广场一侧，它曾是中世纪欧洲最大的教堂，因其中埋葬了耶稣门徒圣马可而得名。教堂的钟楼高达 98 米，堂内陈列着金器、象牙和精美的云石，内壁镶嵌着一幅幅精美的瓷片壁画。它原为一座拜占庭式的建筑，15 世纪加入了哥特式尖拱门等，17 世纪加入了文艺复兴时期的装饰。它的五座圆顶和整座教堂结构设计、装潢布置，风格不同，又和谐统一，是古代建筑的杰作，有“世界最美的教堂”之称。在威尼斯城古迹中，有哥特式、巴洛克式、文艺复兴式教堂 120 座，钟楼 120 座，修道院 64 座，还有各式宫殿和海滨浴场 40 多座。歌德与拜伦都曾对威尼斯赞扬有加，拿破仑则称威尼斯为“举世罕见的奇城”。

近半个世纪以来，威尼斯因地下水抽取过多，造成地面下沉，西方报纸以“威尼斯末日正在来临”的耸人听闻的标题加以报道。造成各国旅客争相拥至威尼斯，作“绝后”的观光。经西欧一些科学家的共同努力，威尼斯陆地下沉的危机已得到有效控制。如今到威尼斯旅游的人数又趋于稳定。

96. 以“歪”扬名的比萨斜塔

比萨斜塔位于意大利托斯卡纳省,坐落于比萨城奇迹广场上。奇迹广场分布着大教堂、洗礼堂、钟楼、墓园等一组宗教建筑。钟楼即比萨斜塔,位于大教堂后,为独立的罗马式建筑。

比萨斜塔建造于1173年。由著名建筑设计师那诺·皮萨诺主持修建。这座塔开始的塔高设计是100米左右。动工5年后,塔身从3层出现倾斜,直至完工向东南的倾斜一直持续。有研究认为,建造塔身的每一块石砖都是石雕佳品,材质坚硬,石砖之间的黏合极为巧妙,能有效防止塔身倾斜引起的断裂,这也是斜塔矗立于世近千年歪而不倒的主要原因。

有人曾提出,比萨斜塔是故意被设计成倾斜的,施工记载表明并非如此。完全是建塔者的总体把握和不放弃,才歪打正着,有了这座比萨城的标志性建筑。斜塔以大理石砌筑,共8层。从地基到塔顶58.36米,从地面到塔顶55米。圆形地基面积285平方米。塔体总重约14453吨。重心在地基上方22.6米处,倾斜角度3.99度,偏离地基外沿2.5米,顶层处突出4.5米。斜塔内有楼梯300阶,游客可登临游览观光。

相传在1590年,出生在比萨城的意大利物理学家伽利略,曾在比萨斜塔上做自由落体实验,将两个重量不同的铅制球体从相同的高度同时扔下,结果两个铅球几乎同时落地,由此发现了自由落体定律。这一载入科学史册的研究,使比萨斜塔更加出名。

施工中建筑主体倾斜,本是败笔,而这座斜塔却因祸得福,成为奇观,每日吸引各国成千上万游客观览,形成该地的主要经济支柱。1987年联合国教科文组织将这一景观列入《世界遗产名录》。以后几年,比萨斜塔发生倾斜加剧,经测定,塔顶已偏离中心垂直线4.25米,并且以每年加大1.25毫米的速度继续倾斜。有专家根据研究推测,250年后斜塔会因塔身的重心超出塔基外缘而倾倒。也有研究认为,斜塔因内力结构曾向东倾斜,以后又转向南,倾斜不会持续加大,也不致倾倒。政府部门还是认识到了比萨斜塔的危机,在1990年关闭了比萨斜塔,并向全球征集解决方案。

经反复论证,比萨斜塔使用了地基应力解除法,以斜向钻孔方式,从斜塔北侧地基下缓慢向外抽取土层,使北侧地基下降,斜塔重心在重力作用下逐渐向北侧移动。2001年,塔身垂直了近38厘米,倾斜角度回到了安全范围之内,关闭了10年的斜塔也得到了重新开放。接着,一个10个人的强力修复小组上阵,清理塔身,花费了8年多的时间,清理了24424块塔石,让整座斜塔焕然一新。

97. “国中之国”梵蒂冈

梵蒂冈坐落在意大利罗马城西北角的高地上，是世界上最小的国家，占地仅0.44平方千米。梵蒂冈国名全称为“梵蒂冈城国”，拥有自己的货币、邮政、电讯及民政机构，是政教合一的体制。因四面都与意大利接壤，故称“国中之国”。

梵蒂冈意为“先知之城”。4世纪时，教皇在罗马城西北角耶稣门徒圣彼得殉教处修建了康斯坦丁大教堂，以表纪念。15—16世纪，这座教堂改建为圣彼得大教堂，成为天主教会举行最隆重仪式的场所，是罗马教皇进行政治与宗教活动的中心。1929年，意大利政府承认梵蒂冈为主权国家。梵蒂冈就此成为世界上最特殊的国家，既是天主教教皇的领地，又拥有独立主权。

小小的梵蒂冈地处台伯河右岸，城区略呈三角形，东西长1045米，南北宽805米。除城东南外，三面有城墙环绕，从著名的圣天使堡通向梵蒂冈城内有一条“密道”。城内分布着圣彼得广场、圣彼得大教堂、梵蒂冈宫、梵蒂冈博物馆等建筑。

城中心的圣彼得大教堂是世界上最大的天主教堂。初建时为长方形，巴西利卡式。重建时用了120年时间，教堂改建后呈文艺复兴式和巴洛克式，是希腊十字架结构，造型传统而神圣。主体建筑包括门廊东西长230米，南北宽138米，占地面积2.3万平方米，可容纳6万人进入。教堂正中有一座由艺术家米开朗基罗设计、距地面高达137.8米、周长71米的圆形穹顶，是梵蒂冈城的最高点，也是罗马城的最高点。圣彼得教堂的设计，融合了对称美学、透视美学、比例学等原理，具有高度的科学性，观之和谐而庄重。中央大厅地面以名贵的斑岩铺就，花纹别致，光滑剔透。祭坛前面的地窖里，安葬着圣彼得的遗骨。陵墓前的杆子上点着99盏长明灯，彻夜不熄。大教堂平面呈“十”字形，“十”字交叉处为整个教堂的中心教皇坛。坛上的金色华盖内雕着一只展翅飞翔的金鸽，从天而降，光芒四射，象征着它给人间带来了福音。教堂廊檐上方有以耶稣为中心的11尊雕像，堂内穹顶一个大厅四壁布满了以《圣经》为题材的绘画、雕像，不少是名家杰作。

城东的圣彼得广场是罗马教廷的广场，广场呈椭圆形，地面用黑色小方石块铺砌而成，两侧由两组半圆形大理石柱廊环抱，有圆柱284根，方柱88根，组合构成。广场中央矗立着一座直插云霄的方尖石碑，是从埃及远道运来。广场上安放了数不清的椅子，供世界各地到此的信徒休息。这里浓郁的宗教氛围使整座梵蒂冈城弥散着一种圣洁的、凝重的却又神秘的美。

98. 袖珍小国摩纳哥

摩纳哥是摩纳哥公国的简称，地处法国南部地中海海岸线上，北、东、西三面被法国包围。东西长3千米，南北最窄处仅200米。边境线长4.5千米，海岸线长5.16千米。国土面积2.02平方千米，是面积仅大于梵蒂冈的世界第二小国，比北京的颐和园面积还小。

摩纳哥面积虽小，却是世界上人口最为稠密的地区之一。距最近一次统计，摩纳哥总人口为7.5万余人。本国人口为8675人，其余人口来自世界上125国。这是由于该国免交个人所得税，故而吸引来数量可观的富裕避税移民。全国有警察30多名，有消防员20多名，也设有军队，但官兵只有十几人。

以著名的中世纪皇宫、街道景观、豪华的赌场和舒适的气候，摩纳哥每年都能吸引数十万游客前来观光、度假。旅游业也是摩纳哥的支柱产业。摩纳哥以“赌国”著称，在蒙特卡洛区建有西欧规模最大的赌场——蒙特卡洛俱乐部，内部装潢极具豪华，吸引世界各地的商贾贵富来此遣兴。一生在流放和借债中度日的俄国作家陀思妥耶夫斯基，曾带着他千辛万苦得到的一笔稿费，来到这里，投注参赌，结果把钱输光，回国后他以沉痛的心情写出了中篇小说《赌徒》。早年被埃及民众赶下台的法鲁克皇帝，曾在这里一夜输掉数百万美元。出赌场侧门有一块突出的岩石，下面就是波涛汹涌的地中海。有不少来此赌钱输得精光的赌徒，万念俱灰，无路可走，便会纵身从石上向下一跃，了却残生。这块岩石也得名“舍身石”。

摩纳哥保持着几百年前的古老风貌，又兴建了不少现代化设施建筑。这里的蒙特卡洛歌剧院是欧洲著名的文化遗产景点。海洋温泉浴场面积为6600平方米，设有海水泳池、康复宫等。这里定期举办蒙特卡洛国际杂技节、国际礼花节、一级方程式赛车大奖赛等活动。该国体育赛事丰富，除赛车，还有足球、网球比赛等。摩纳哥不能搞足球联赛，组队参加法甲联赛，曾八夺法甲联赛冠军，2004年还杀进了欧冠决赛。

摩纳哥拥有一座世界上最早和最大的海洋博物馆。这是一座白色的石头建筑，矗立在濒临海湾的悬崖上。馆高87米，长100米，连同地下室共有三层。博物馆于20世纪初建成，1910年开放。如今走进宽敞明亮的正厅，迎面墙上镶着巨大的玻璃，透过玻璃可以望见浩瀚的地中海，使人产生置身大洋深处之感。展厅陈列有各种海鱼海兽的骨骼标本、研究海洋的各种仪器和用具以及各种捕鱼工具、海船造型等。水族陈列室则展览有千奇百怪的经济鱼类和观赏鱼类，让人目不暇接，大开眼界。

99. 巴黎地标埃菲尔铁塔

埃菲尔铁塔矗立在塞纳河南岸、法国首都巴黎的战神广场上，于1889年建成，曾是当时世界上最高的建筑物。这座塔得名于设计它的建筑师、结构工程师古斯塔夫·埃菲尔，已成为法国文化象征之一。

1880年后，法国为彻底摆脱普法战争的耻辱，显示国力，在议会决定于1889年再次举办世博会，主题是庆祝法国大革命胜利100周年。政府向全球招标，在巴黎战神广场设计建造一座高塔。1887年冬，人们掘开了广场的冻土，开始了筑塔工程，随之质疑和抗议之声一直不断。作家莫泊桑还邀集了40来个文艺界名流，向铁塔工程承办人递交了请愿书，对"滥造铁塔"、伤害"历史与艺术"提出抗议。以后诗人高贝又将塔斥责为"畸形的船桅""丑恶的妖怪"。也有人认为，铁塔四个塔墩难以保持完整的水平面，建造中铁塔一定要出现倾斜等。然而建造铁塔毕竟是新生事物，广受巴黎欢迎，并如期落成。事实证明，建成后的铁塔塔墩稳固，坚如磐石，铁塔建到180英尺高度，四墩最大误差不超过2.5英寸。直至今天，铁塔仍保持完美水平。

拔地而起的埃菲尔铁塔高300米，加天线共324米。整座塔由分散的钢铁构件组成，像一堆模型组件。构件共18038个，总重1万吨。施工中共钻孔700万个，使用金属部件1.2万个，用铆钉250万个。除四脚墩使用了钢筋混凝土、水泥，全身都是钢件，共用熟铁7300吨。建造中基座花了一年半的时间，铁塔安装用了8个月多一点。埃菲尔的计算极其准确，工厂生产的1.2万件规格不一的部件，安装中没有一件需要修改。施工两年间几乎没有一件事故发生。

埃菲尔铁塔分为三层，分别离地57.6米、115.7米、276.1米。一二层设餐厅，三层都设有观景台。从塔座到塔顶有1711级阶梯。这座塔横空出世，让巴黎多了一座"首都的瞭望台"。上中下三层瞭望台可同时容纳上万人赏景，三层台有不同的视野，能带给人不同的感受和乐趣。游人从塔底登上最高一层，差不多用1个小时的时间，也可乘电梯登临顶层。当人升高站在顶层台上，会发现嘈杂的巴黎一下静了下来，变成了一幅巨大的"地图"，大道、小巷全成了粗细不一的纵横线，全巴黎尽收眼底，晴天时极目可望到60千米开外。

埃菲尔铁塔是铁器，风吹日晒雨淋难免会造成锈蚀。铁塔建成110多年以来，先后为其"清洗"18次。由人员先用砂纸打磨钢架，刮掉老化漆皮，喷涂新漆。所用油漆由3种不同色度的褐色漆构成，底部色深，顶部色浅，一次用漆多达55吨，让铁塔终年光彩照人。

100. 古老壮观的巴黎圣母院

巴黎圣母院是位于巴黎市中心、西堤岛东南处的一座教堂建筑,是天主教巴黎总教区的主教座堂。

法国文学家维克多·雨果,曾以巴黎圣母院为背景,创作了传世名著《巴黎圣母院》。小说以离奇对比的手法,描述了一个发生在15世纪的故事:巴黎圣母院的副主教克罗德道貌岸然,心如蛇蝎,先爱后恨,迫害吉卜赛女郎埃斯梅拉达。面目丑陋、心地善良的敲钟人卡西莫多为救女郎献身。小说揭露了宗教的虚伪,歌颂了下层劳动人民的善良、舍己为人,反映了雨果的人道主义思想。

巴黎圣母院始建于1163年,至1345年才全部建成,历时180多年。研究发现,这里早在罗马时代就是一处神祇神殿的遗址。新建的这座教堂属哥特式建筑类型,全部采用石材,高耸挺拔,壮丽辉煌。雨果在《巴黎圣母院》中比喻它为"石头的交响乐"。从远处眺望这座圣母院,巨大的院门四周满布雕像,一层接一层,石像越往里层越小,所有石柱挺拔修长,与上部拱券相连,中庭又窄又高又长,直通顶部的钟塔和尖塔,望之给人一种向蓝天升腾之感。

圣母院坐东朝西,正面高69米,占地面积6144平方米。平面呈横翼较短的十字形。建筑分三层,底层有3个桃形拱门洞。中央拱门门上雕像描述的是耶稣在天庭的"最后审判"。右边拱门雕像表现了圣安娜的故事。左边圣母门描绘了圣母受难复活,被圣者和天使围绕的场景。拱门上部有众王廊,陈列有旧约时期28位君王的雕像。中层两侧建有精美的石质中棂玻璃窗,其中一个圆形的直径10米,称为"玫瑰窗",上刻耶稣基督在童贞女的簇拥下行祝福礼的盛况。其色彩之绚丽,如星光闪耀,并以五彩斑斓的光芒射向四周。第三层上筑有雕花拱形的石栏杆,雕有众多神魔精灵,表情古怪。整座教堂承袭了老教堂的传统格局,设计有5个殿堂。纵长128米,全宽40米,穹顶宽33米。几排直径5米的大圆柱从地面直撑殿顶,柱高24米。排柱间距不到16米,从而形成狭窄而高耸的空间,给人以向"天国"靠近的感觉。

教堂大厅可容纳9000人做礼拜,其中1500人坐席前设有讲台。堂内使用的大管风琴有6000根音管,音色浑厚深沉,特别适合演奏圣歌和悲壮的乐曲。教堂南北两侧建有两座钟楼,悬挂大钟。南钟楼巨钟重13吨,钟声洪亮,敲击声全城可闻。北钟楼有387级阶梯,直通高60米的尖塔。在塔顶可一览巴黎景色和塞纳河风光。每年吸引着成千上万的人到此游览。

2019年4月15日,实施维修的巴黎圣母院突遭大火,损毁严重,标志性的尖顶被烧断。其如何修复引起了世界关注。

101. 见证法国历史的卢浮宫

卢浮宫位于法国巴黎市中心的塞纳河北岸，始建于1204年。原是法国王宫，居住过50位法国国王和王后，是法国文艺复兴时期最珍贵的建筑之一，以收藏古典绘画、雕刻闻名于世。

12世纪末，当时的法国国王菲利普二世为防止从西而来的敌人入侵巴黎，决定在巴黎城外建造一座防御型城堡，这就是卢浮宫。这座城堡四周有沟壑围绕，并建有多座圆柱形高塔用于防御。建成后的卢浮宫主要用于存放王室的档案和珍宝，也放养名犬、关押战俘。到了14世纪，巴黎城向外扩展，卢浮宫失去了防御堡垒的作用。当时的法国国王查理五世便搬入卢浮宫，成为第一位把卢浮宫作为皇宫的国王。不过他之后的国王并没有继续选择这里居住。直到1546年，弗朗索瓦一世才重新入住卢浮宫。受到文艺复兴影响，这位皇帝令建筑师将卢浮宫按照文艺复兴的风格重新整修扩建，城堡主塔被移平，周围的沟壑也不复存在，新建了如今组成卢浮宫建筑群东翼的方形庭院等。

波旁王朝开始后，亨利四世下令修建了长达300米的"花廊"。里面植树种花，还养鸟养狗，国王甚至在廊中骑马追捕狐狸。之后，在位长达72年的"太阳王"路易十四迁居到更为华美的凡尔赛宫，卢浮宫就变成为皇家的档案馆和藏画馆。

拿破仑即位后，对卢浮宫又进行了大规模的扩建。征伐四方的拿破仑个人非常喜爱收藏，在向外扩张的同时，几千吨的艺术品从欧洲诸多国家被掠夺到法国，收入卢浮宫。卢浮宫也一度更名为拿破仑博物馆。后拿破仑战败流放，卢浮宫中掠夺来的艺术品才物归原主。

历史性的变革和新旧制度的矛盾冲突，曾使皇家宫殿卢浮宫不断改建、重建、焚烧，甚至险遭拆毁。不过主体建筑一直完好。如今的卢浮宫，整体建筑呈"U"形，卢浮宫博物馆包括庭院在内，占地面积19公顷，自东向西横卧在塞纳河畔。宫前有一座玻璃建筑入口，称"金字塔"，是华人建筑大师贝聿铭设计的。卢浮宫主体是由双柱构成的空柱廊，中央和两端各有凸出部分，形成5个大的空间。用来展示珍品的宽敞大厅多达上百个，各大厅四壁及顶部都有精美的壁画和精细的浮雕。宫内按藏品种类分为希腊罗马艺术馆、埃及艺术馆、东方艺术馆、绘画艺术馆、雕刻艺术馆和装饰艺术馆6部分。2012年这里的伊斯兰艺术部展厅对外开放，为卢浮宫增添了新的色彩。

卢浮宫馆藏文物达40余万件，包括三件镇馆之宝：《断臂维纳斯》《胜利女神像》和《蒙娜丽莎》画像。常年开放的展品约有3.5万件。如果要在每件展品前停留观赏1分钟，就要花费3个月的时间。

102. 大而壮哉凯旋门

为迎接外出征战胜利的军队将士们凯旋,世界上很多国家都建造了凯旋门,仅欧洲就有100多座。现今世界上最大、最壮观的凯旋门当属法国巴黎的凯旋门,世称雄狮凯旋门。凯旋门位于巴黎戴高乐广场中央,香榭丽舍大街西端。广场和周边12条大街也是当年配合凯旋门而建,大街各宽40—80米,呈放射状,如星光四射,广场又称明星广场。1970年戴高乐将军逝世,广场也改称戴高乐广场。

巴黎凯旋门是拿破仑下令修建的。为纪念1805年法国打败俄奥联军,于1806年提出完成一项"伟大的雕塑",以迎接日后凯旋的将士。同年8月,按照著名建筑师让·夏格伦的设计工程动工。但随着拿破仑被推翻,工程也中途辍止。1830年波旁王朝倒台后,工程继续。断断续续30年,这座凯旋门于1836年终于落成。

巴黎凯旋门以罗马帝国雄伟庄严的建筑风貌为灵感,它尺度巨大,外形单纯,除檐部、墙身和墙基,不做任何大的分划,不用支柱,更没有线脚。摒弃了罗马凯旋门多个拱券的造型,只设一个,简洁庄严。落成后的凯旋门高49.54米,宽44.82米,厚22.21米。中心拱门高36.6米,宽14.6米。在两面门墩墙面上有4组以战争为题材的大型浮雕:《出征》《胜利》《和平》《抵抗》。《出征》表现了展翅飞翔的自由女神后面,跟随着前往出战的士兵。所标"1742年志愿军出发远征",即是著名《马赛曲》的浮雕。《胜利》表现的是拿破仑率兵大捷后的胜利欢腾场景。在4组浮雕之上,还有6组平面浮雕,分别描述了拿破仑时期法国的重要历史事件,门内还刻有558位拿破仑时代英雄的名字。在1920年11月,巴黎凯旋门下方建造了一座无名烈士墓,墓是平顶的,里面安葬了一位在第一次世界大战中牺牲的无名战士,代表着大战中死难的150万法国官兵。

100多年以来,巴黎凯旋门一直是著名的观光景点。凯旋门内设电梯,游客可直达50米门顶,也可沿273级石梯拾级而上,登顶后一览巴黎全景。门顶上还设有一个小型博物馆,陈列有凯旋门的修建史及拿破仑的生平事迹等。如今,每逢节日,就有一面10米多长的法国国旗从拱门顶端垂下,在无名烈士墓上空迎风飘扬。还会有一名身着拿破仑时代戎装的战士手持劈刀,守卫在《马赛曲》雕像前。凯旋门还有个奇特之处是:每当拿破仑周年忌日的黄昏,从香榭丽舍大街向西望去,一团落日正巧映在凯旋门拱形圈里。

103. 久负盛名的海德公园

海德公园位于英国伦敦市中心的威斯敏斯特教堂地区，地处白金汉宫西侧，占地 160 万平方米。原属威斯敏斯特教堂产业，是英国最大的皇家公园。

16 世纪时，英王亨利八世将这片园林用作王室公园和狩猎场。查理一世执政时期，海德公园曾向公众开放。19 世纪后，伦敦扩建，原处在伦敦西郊的海德公园逐渐成为市中心地区，并成为市民聚集游玩的地方。

白金汉宫西临海德公园，是英国王室居住和工作之地，以白金汉公爵的名字命名，为一座雄伟的三层方形建筑。白金汉宫前部曾建有一座大理石材质的拱门，在这大型宫殿前显得狭窄，在 1851 年宫殿扩建时将其移放海德公园东北角，成为公园壮观的一景。在海德公园周边的著名景观还有国会大厦及大本钟、圣保罗大教堂、西敏寺、大英博物馆、伦敦塔桥等。在海德公园南部，矗立着 1876 年为维多利亚女王的丈夫艾伯特亲王所建的纪念碑，对面坐落着皇家艾伯特大会堂，椭圆形大会堂上覆盖着玻璃穹顶，壮观辉煌。维多利亚女王曾首次在这里举办了伦敦国际博览会。如今每年夏天会在此举办“无座音乐会”。

海德公园的著名“景点”是“演讲者之角”，位于东北方雕镂精致的石拱门一侧。自 19 世纪以来，每星期天下午，便会有人站在装肥皂的木箱上发表演讲，对国计民生等话题高谈阔论，慷慨陈词。这种“肥皂箱上的民主”延续至今，只是将木箱换成了演讲者自带的梯架。到了 19 世纪末，海德公园又成为英国工人集会和举行示威游行的出发地。每当有大规模的示威游行，参加者从各地赶来，在海德公园聚集，然后前往市区主要街道开展游行活动。

海德公园是伦敦市民和游客非常喜爱的休闲场所。园中蛇形九曲湖将园区分为两部分。湖光迷人，天鹅成群。公园建有皇家驿道，两旁巨树参天。森林、河湖、花圃、绿野，错落有致，呈现静温悠闲的氛围。海德公园西面与肯辛顿花园相近，白天两园无缝融合在一起。肯辛顿花园会于黄昏时关闭，海德公园却从早 5 时一直开放至午夜 3 时，且门票免费。园区周围有不少酒店、餐厅经营，为到此的游客提供煎鲽鱼、烤牛排、牛肉馅饼等美食。

海德公园每年最热闹的活动，是国王的诞辰日，举行鸣放礼炮的仪式。当日海德公园里布置得艳丽多彩，观众从四面八方涌入公园。上午 11 时，皇家炮兵马队从石拱门来到检阅场，鸣响 41 声礼炮。礼炮中 21 响是庆祝国王生日的，另 20 响是向首都致敬。礼炮鸣放完毕，炮手将大炮装上四轮马车，向伦敦北营房飞奔而去，民众欢声震耳欲聋，形成欢庆的高潮。

104. 警示世人的达豪“纪念馆”

在德国巴伐利亚州达豪市,有一座非同一般的纪念馆。它是第二次世界大战时期德国的三大集中营之一,是1933年开始建造的,是德国关押政治犯最早的一处集中营,后来成为所有集中营的“典范”,被视为法西斯党卫军的“暴力学校”。它以一座废弃的兵工厂改建,先后关押过25万名囚犯,有近7万多人在监禁中折磨致死。

为了让人们,尤其是青年一代记住法西斯分子的滔天大罪,缅怀为反法西斯而捐躯的烈士,1965年,经过达豪集中营幸存者们不懈的努力,在巴伐利亚州政府的支持下,以集中营旧址建成的达豪纪念馆正式对外开放。馆区尽可能地保持了集中营的原貌,它占地上百公顷,呈长方形,四周建有壕沟和铁丝网,每隔十几米便筑有高大炮楼,装有探照灯,架设机关枪,严密监视着营区每一个角落。馆内看到的只有黑白两种色调,除展品无其他装饰。一些关押犯人的塌破简易营房已拆除,只留墙基。展空中陈列着大量图片、实物、文字图表等。

一幅幅图片展示,昏暗的木板房内塞满了木头床,犯人只能拥挤在里面“就寝”。白天则被赶到一侧营地做苦力,一个个骨瘦如柴,表情绝望。还有些图片记载了这里以囚犯进行活体实验,把人从冰冻状放入热水中,记录复苏时间;关入高压舱,持续加压,取得人致死的气压数据等。在营区东北角设有焚尸炉,当囚犯被驱赶到一旁的“浴室”沐浴,喷洒而下的却是毒气,然后就可将一丝不挂的尸体拖到焚尸炉焚烧。焚尸炉共有4台,夜以继日不停地运转。即使这样,当盟军解放这里时,尚有7500具尸体未及焚毁。一旁死难者的鞋子堆积如山,甚至有乳儿的小软底鞋。一幕幕画面场景无不昭示了德国法西斯的滔天历史罪证。

继达豪集中营建立后,第二次世界大战期间德国法西斯在欧洲先后建立了1000多个集中营,共杀害了1100多万平民和反法西斯战士。每座集中营无不浸透了被害者的鲜血。最早建立的达豪集中营尤为臭名昭著。如今到慕尼黑来游玩的人,很多人也会就近到达豪纪念馆参观一下。与童话般的天鹅堡、国王湖相比,游客走进这座昔日的“杀人魔窟”,一睹阴森、恐怖的实地旧景,都会触目惊心。在人们脚步沉重地离开这令人窒息、血腥、残暴、黑黝黝的旧址,心中都会回响一个声音:决不能让法西斯和残暴的种族主义重演!达豪纪念馆出口处也有文字提示:“当世人忘掉这些事的时候,那就是说,这些事还会发生!”警示世人不可忘记。

105. 维利奇卡古盐矿博物馆

维利奇卡盐矿位于波兰南部克拉科夫市郊。自 13 世纪起开始大规模开采，开掘有 9 层，最浅处 64 米，最深处 327 米，通道总长 250 千米。盐矿中建有教堂、盐雕馆等建筑景观及地下湖泊，除有经济价值，还具有历史、宗教和艺术价值。联合国教科文组织于 1978 年将其列入《世界遗产名录》。

有关维利奇卡盐矿的由来，流传着一个金嘉公主的神话故事。相传很久以前，匈牙利一位国王将爱女金嘉公主许配给波兰大公，操持嫁妆时，国王问爱女喜欢什么，女儿告之盐矿，并说盐矿会带给波兰人幸福、安乐。国王应允，送给她一枚订婚戒指。金嘉公主便将这枚戒指抛向了马拉穆累斯山。以后人们不仅掘出了维利奇卡盐矿，还找到了公主的戒指。自此波兰人在请客吃饭时多了“滋味”。

文献记载，早在 1044 年维利奇卡所在地就发现有大量岩盐矿资源，随后一二百年便迅速开发。14 世纪时维利奇卡盐产收入已占到国家收入的 30%。16 世纪得益于机械化运用，这里的盐井越挖越深，到达 300 米深处。

一代代矿工们在采盐的同时，和艺术家合作，巧妙地利用不同的空间，凿成一座座风格迥异的建筑。盐矿先后建成地下教堂 40 余座，最深处在 7 层，距地面 270 米。建在 101.4 米的圣金嘉公主礼拜堂，高 12 米，长 54 米，最宽处 18 米。地板雕有精美的花纹，天花板雕有吊灯，圣母像高 2 米。整座教堂是用 67 年开凿出来的。

盐矿各层中，盐雕作品也异常丰富。有根据达·芬奇名画制作的浮雕《最后的晚餐》，有《加利利婚宴》盐雕，还有约翰·保罗二世、鲁尔德圣母塑像及《十二岁的耶稣在圣殿》等一尊尊盐雕精品。自 15 世纪起，游客就可入内参观，地下游览路线也逐步形成。肖邦、哥白尼、歌德等都曾到此游览。

如今，维利奇卡盐矿已停止盐的开采，建成了古盐矿博物馆，让游客触摸历史和盐雕艺术的脉搏。一层有神话厅、哥白尼厅等景点，二层可参观金嘉公主教堂、地下盐湖等，三层有高大的“二战”时期的飞机发动机组装车间；还有宽大的多功能厅，可举行集会、体育比赛和歌舞演出等。盐矿中还设有邮局、餐厅、娱乐休闲场所等。盐矿总面积达 100 余公顷，尽管开放的仅占 1% 区域，游客走完整个路线也要 3 个小时。有研究发现，盐矿自身独特的小环境有治疗哮喘和过敏的功效，为此在地下 210 处，还设立了一个地下康复疗养中心。

106. 壮丽辉煌的莫斯科红场

红场位于俄罗斯首都莫斯科市中心,是一座古老的广场和重大历史事件的见证场所。在俄语中,红色含有“美丽”之意,红场的意思就是“美丽的广场”。

莫斯科红场约有500年的历史。15世纪末,伊凡三世下令在莫斯科城东建商业区,形成商业广场。1517年发生火灾,广场焚毁后又建,多次易名,至17世纪下半叶才被“红场”之名取而代之。19世纪初,拿破仑军队仓皇出逃莫斯科,将城市付之一炬。此后莫斯科民众重建了城市和广场,让红场形成了如今的规模。

今天的莫斯科红场,南北长695米,东西宽130米,呈不规则长方形,总面积约9.1万平方米,相当于北京天安门广场的1/5大。地面全部用赭红色老条石铺成,油光瓦亮,是一大特色。广场北面是俄罗斯历史博物馆,东面有莫斯科国立百货商场,南面有圣瓦西里大教堂,西侧是克里姆林宫红墙及三座高塔。

圣瓦西里大教堂的建筑风格非常独特,中间是一个带有大尖顶的教堂冠,8个带有不同色彩和花纹的小圆顶分布周围,错落有致,再配上9个金色洋葱头状的教堂顶,造型优雅美妙。北面的俄罗斯历史博物馆是二层的红砖建筑,它的南北两侧各建有大小塔楼8座,屋顶呈乳白色,与红色砖墙相衬,色彩鲜明。博物馆设有48个展厅,展品多达450多万件。这里既是一般的普及性历史博物馆,也是全俄历史、地方史的科研和教学中心,每年平均接待观众200多万人次。

广场西侧红墙之内便是赫赫有名的克里姆林宫。它占地26公顷,巍然矗立在红场已有800多年的历史。宫里有许多宫殿、教堂和办公大楼。十二信使教堂、天使教堂、圣母升天教堂、圣弥额尔教堂这四大教堂,造型极美,分别建于15、16世纪,是俄罗斯与意大利的建筑师们,把意大利文艺复兴风格与俄国东正教精神糅合起来的建筑杰作。伊凡大帝钟楼是克里姆林宫中的最高建筑,高81米。钟楼有5层,冠以金顶,外观呈八面棱体层叠状,每一棱面有拱形窗,窗口有自鸣钟,声音洪亮。

红场集中了许多宗教和文化娱乐设施,还散落着图书馆、剧场、著名大学等。在克里姆林宫西面,还有亚历山大花园和无名烈士墓,里面有很多值得一看的建筑和雕塑。克里姆林宫既是昔日富丽堂皇的帝王住所,又是坚固的堡垒,珍藏着大批文物国宝,与红场一起构成了莫斯科迷人的旅游风景线。

107. 旷古奇功大金字塔

在非洲埃及首都开罗西南10千米处的吉萨区，坐落着三座很大的金字塔，分别是胡夫金字塔、哈夫拉金字塔和孟卡拉金字塔，一般统称为大金字塔。其中以胡夫金字塔最为著名，建筑水平最高，保存至今也最为完好。它大约建造于公元前2580年，是法老胡夫的坟墓。

胡夫金字塔原高146.5米，因年久风化，顶端有10米剥落，现高136.5米。在巴黎埃菲尔铁塔修建起来之前的几千年间，胡夫金字塔一直是世界上最高的建筑。相传，这座金字塔是由10多万劳工，历时20多年才建造完成的。

这一造型独特、体积宏伟，世界上体量最大的单体建筑，令人惊异、崇敬和着迷，但也一直让人感到困惑和不解。塔体由230万块磨光的石灰岩石砌成，平均每块重达2.5吨，石块间结合紧密，隐约可见的只是一条黑线，纸插不进。在那样的年代，人们是如何为巨石切割、打磨、层层地运输砌筑的呢？塔的东、西、南、北四壁，正好面对着地理位置上的四个方向，其误差接近零度，是怎样计算的呢？塔内有三处密室，由甬道、回廊连接，完全找不到使用火炬等照明工具的痕迹，在这塔墓深处，照不进自然光，当时的人是如何施工的呢？有学者指出，即使按现在的条件，想要仿造一座这样的金字塔，也是没有把握完成的。

大金字塔中的哈夫拉金字塔，是法老胡夫儿子哈夫拉的塔墓。这座金字塔比胡夫塔低了3米，塔前建有附属建筑和著名的狮身人面像。这座石像像面参照哈夫拉相貌，身形雕为狮子，高20米，长57米，雕像一只耳朵就有2米高。除狮爪外，雕像全部由一块天然岩石雕成，成为绝世之作。孟卡拉金字塔是胡夫孙子的塔墓，建造时逢第四王朝衰落时期，塔高降低至66米，墓内结构也显纷乱。埃及现存的金字塔共有107座，大部分分布于开罗吉萨区，与三座大金字塔组成了高低错落的金字塔群。

金字塔是埃及的象征，成为人类文明的绝唱。人们不停地研究、猜测，有人认为这是远古另一个高度发达的文明留下的遗产，还有人认为是外星人留在地球上的联络标志。有的人类学家还考证指出，虽然大金字塔完成于公元前2450年，但整个吉萨高原的古代建筑群的整体设计，早在这8000年前便已经完成。这让金字塔在旅游者心目中变得更为神秘和崇高。

108. 印度洋上丁香岛

在非洲东部印度洋上,坐落着坦桑尼亚的一部分——桑给巴尔。桑给巴尔由桑给巴尔岛、奔巴岛及20多个岛屿组成,1964年,坦噶尼喀和桑给巴尔组成了坦桑尼亚联合共和国。桑给巴尔在波斯语中是“黑人海岸”或“黑人国”的意思。这里有着悠久的历史,由于美丽、富饶,被誉为“印度洋上的明珠”。

桑给巴尔岛屿上的城市,是非洲景色最为秀丽的地区之一。在桑给巴尔市,建筑物大多是阿拉伯式的,高大的木门上布满铜钉,精雕细刻着优雅的阿拉伯图案。一座高高矗立的阿吉布宫建于1883年,宫前宫后建有华丽的阳台,在阳台上可以一览全城的美景,有“奇妙的房子”之称。桑给巴尔还保存着一些古代城堡、宫殿和寺院,有古代的石造城墙、塔形堡垒、清真寺等,就像《天方夜谭》中所描绘的那样,展现出神秘多彩的风情。

桑给巴尔最为著名的是它盛产丁香,被称为“丁香之岛”。每当丁香开花的季节,岛屿便沉浸在芬芳的香海之中。这里的丁香种植占耕地面积的50%以上。当地的财富不是以丁香树的种植面积来计算,而是以株数确定的。岛屿共有将近500万株丁香树。树株多高达10余米,叶子终年常绿,使树冠形成长圆的球形。所要摘取的就是树的花蕾。一棵树种下五六年即可收获,可采摘六七十年。每到下半年的丁香收摘期,清晨时成群结队、穿着各色民族服装的人们便涌入丁香林,攀上高枝,用一种眼花缭乱的快速动作,采摘一串串丁香花蕾。成熟的花蕾会由绿色转为鲜红色或金黄色,摘下晒干后则呈褐色。可用其蒸馏制油,有强烈的香味和较重的辣味,是极好的调味品。欧洲人尤其喜爱丁香油,佐餐、烹饪、制糖果糕点,甚至酿酒都离不开它。此外,丁香油还是可用作滋补健身、祛风湿的药品。这里每年要向世界各地,特别是欧洲出口丁香六七千吨,占世界丁香总产量的80%以上。

桑给巴尔盛产丁香,但丁香的祖籍却在印度尼西亚的马鲁古群岛。17世纪时,荷兰殖民者独霸印度尼西亚丁香市场,牟取暴利,严禁丁香走私。后法国殖民者费尽心机,偷运出丁香树苗,移植推广,打破了荷兰人的垄断。如今,作为丁香故乡的印度尼西亚,每年竟要从桑给巴尔进口大量丁香。丁香这一名贵的香料,也是一味中药。《大英百科全书》还有记载曰:汉代,爪哇使者出使中国,把丁香作为礼品带了来,使者谒见中国皇帝时,口含丁香,结果满室飘香,在场者为之动容。可见,丁香传到中国是很古老的事了。

109. 津巴布韦“石头城”

在非洲南部津巴布韦首都哈拉雷以南200多千米处,矗立着一座占地约1万亩的石头城遗址,被习惯称为“大津巴布韦”。在非洲班图语系肖纳语中,津巴布韦意为“石头城”,也可解释为“酋长住宅”“酋长之墓”“富饶的矿山”等。这里的石头建筑建于公元8—10世纪,为这一时期东非文化的代表。

石头城遗址是一个庞大的互相联系的建筑群,全部用30厘米长、10厘米厚的花岗岩石块垒成。内城是遗址中最壮观,也是目前保留得最完整的建筑。这是一个近乎椭圆的石砌建筑物,东南一面较完整,墙高9米。西南、正北和东北面有三个出入口,这三面的墙要矮一些,高约6米。石墙的底部一般宽约5米,顶部宽约2.5米。在东北面进口处不远还有一堵墙,只有外墙的一半高,据说这墙的历史更悠久。它同外墙平行,与围场内几堵断墙相接,形成几个院落。整个围场里小围墙纵横交错,通道弯弯曲曲,从布局看应该是宫廷。在围场东边,建有一座圆锥形石塔,塔高11米,底部直径6米,顶部直径2米,是实心实体的。考古学家曾在四周考察寻找,希望能找到一个进口,但难以如愿。为何要建这样一座石塔,至今仍为难解之谜。在围场的东墙脚下,有一处奇特的山洞,具有扩音作用,朝着洞口大声喊话,远近建筑群里的人皆能听到。可见当时的人已掌握了运用声学的原理。

沿围场山腰两旁的石阶而上,就能登临“卫城”。卫城全长244米,与围场一样,也是全部用石块砌成的。城墙随着岩石起伏顺着自然之势进行垒建,其中一段建在一个天然的岩石山嘴上。能工巧匠把花岗岩石块垒砌起来与天然石岩混合一体,技术极其精湛。城墙下面有一条很狭窄的通道,仅容一人通过,从防卫的角度看,真可谓“一夫当关,万夫莫开”了。站在卫城的城墙上,可以俯瞰整个周围区域,在日出光照和晚霞辉映下,景象壮观。

在卫城东南方的小围城里,发掘出了珍贵的石雕“津巴布韦鸟”,以特产皂石雕刻,它鸽头鹰身,高40厘米,脖子高昂,翅膀紧贴身体,雄踞在1米高的石柱顶端,具有图腾崇拜色彩。这种鸟还作为津巴布韦的象征,印在了国旗上。从小围城低矮的石屋遗址中,还发掘出一系列古代文物,其中有阿拉伯玻璃器皿和中国青瓷、陶器的碎片。古青瓷碎片的花瓶底围绘制有“大明成化年制”的字样。可知当初“大津巴布韦”是一个相当繁华的都市,并表明中巴两国早在14—15世纪已有直接或间接的贸易往来。

110.“黄金海岸”的加纳古堡

非洲西部的加纳是一个美丽、富饶、饱经沧桑的国家。南面亚斯蒂沿海地区是世界闻名的原生金矿区。在海滨坐落着大大小小30多座古堡、炮楼遗迹,这是殖民主义早年为掠夺黄金、贩卖奴隶修筑的据点。其中两座坚固高大的古堡作为历史遗迹被保留下来,还被联合国教科文组织列入《世界遗产名录》。

15世纪,欧洲的殖民主义开始了早期的侵略活动。1471年初,葡萄牙人乘船南下非洲,在今天海岸角不远的地方登陆,以后殖民者接踵而来,使用暴力和欺骗的手段,抢掠当地人的黄金,强占金矿,强迫奴隶开采。这个地方遂被称为“黄金海岸”。15世纪末,葡萄牙人向这里增派了更多的军队,在木亚河口修筑了埃尔米纳城堡,作为掠夺黄金的总部。

埃尔米纳堡修建于1499年,是殖民主义在加纳构筑的最早一个侵略据点。城堡规模很大,筑造坚固,它呈长方形,四周用岩石砌筑城墙,中央是4层主楼,主楼中间耸立着一座八角形的塔楼,作为殖民总督的官邸。主楼两侧建有6个方形堡垒,驻兵把守。城堡内凿有应付紧急情况的深水井,设有军火库、粮仓。墙洞布设枪眼,堡上架有大炮。城墙外挖有又宽又深的壕沟,上架吊桥,是进出城堡的必经通道。在城堡底层设有关押奴隶的地牢,有秘密通道通向海岸,殖民者掠夺了黄金,掳来了奴隶,常从底部通道押运上船启航。据记载,在葡萄牙统治加纳的最初一个世纪里,每年从这里运往葡萄牙的黄金,相当于当时世界黄金产量的1/10。

在加纳首都阿克拉以西130千米处,有一座海岸角奴隶堡。于1657年为欧洲的奴隶贩子所建。这座专门关押奴隶的城堡,紧靠海边,呈菱形,全部由岩石砌成,十分牢固。城堡四角有高大的碉堡,设有炮台,火力密集。在两层建筑中,下层西侧是一排排关押奴隶的牢房,一旁是看守者的兵营。以低矮通道连接的地牢共有15间,每间面积约40平方米,但要塞入一二百奴隶,不能躺下,只能一个挨一个挤坐一起,拥挤、潮湿、饥饿让不少人奄奄一息,便被扔至海滩,任由饿鹰、秃鹫啄食。地牢与海水只有一石之隔,能清晰听到海水击打的涛声。在地牢最南处有一扇门称“不归之门”,当年一批批奴隶就是通过这道门被押运美洲,从此再也不能归来。从17世纪中叶到19世纪末,是惨无人道的奴隶贸易最猖獗的时期,约有3000万非洲黑人像牲口一样被贩运到美洲。而海岸角奴隶堡则是关押、输送奴隶数量最多的转运地,是那段黑暗、悲惨历史的见证。如今,海岸角奴隶堡已开辟为“西非历史博物馆”,在这座博物馆中,展出了地牢的原貌、残酷折磨奴隶的刑具等实物,还展示了加纳和广大非洲人民争取民族独立和解放的斗争并取得胜利的史实。

111. 白色的“卡萨布兰卡”

达尔贝达原名卡萨布兰卡，位于北非摩洛哥西部大西洋沿岸、首都拉巴特西南，是摩洛哥的历史名城，全国最大的港口城市。这里平均海拔 50 米，气候温和，年降雨量 400 毫米。城市临海，树木常绿，风光秀丽，是北非著名的旅游之地。

达尔贝达有着悠久的历史。12 世纪柏柏尔人在此建起城市，取名安法，意为“高地”。中世纪伊斯兰教传入当地，城市规模不断扩大。15 世纪中叶安法被葡萄牙殖民者占领，夷为平地。1770 年摩洛哥国王下令在安法旧址兴建新城，将其命名为达尔贝达，意为“白色的房子”。18 世纪末西班牙统治者为取得达尔贝达的贸易特权，将其更名卡萨布兰卡，在西班牙语中，卡萨布兰卡同样意为“白色的房子”。1943 年 1 月，美国总统罗斯福和英国首相丘吉尔在卡萨布兰卡举行会议，讨论“二战”后期诸多问题。此次会议使卡萨布兰卡名扬天下，成为世界名城之一。1956 年摩洛哥独立，将卡萨布兰卡的名称恢复为达尔贝达。

达尔贝达虽已成为正式的城市名称，但由于卡萨布兰卡之名深入人心，仍让人乐意接受和说在口头上。人们已弄不清楚是有了“卡萨布兰卡”这个城市之名后，才修建了白色的房屋，还是因为房屋一片皆白，才取了“卡萨布兰卡”的名字。总之卡萨布兰卡街区满目都是白颜色的建筑物。白色的高墙大院，映衬着棕榈树的绿叶、铸铁的阳台、土黄色的地面、男男女女走动摇曳着的多彩衣袍，都使这座城市有着被岁月打磨的神采。

在一望无际的白色建筑风貌中，哈桑二世清真寺高高耸立在大西洋岸边，1/3 建在海面上，格外醒目。这座清真寺是由摩洛哥国王哈桑二世提议修建的，并以他的名字命名。寺院占地 9 公顷，可同时容纳 10 万名穆斯林做祷告，是西北非地区最大的清真寺，于 1987 年兴建，1993 年竣工投入使用。寺院散布有 1000 个大小不一的喷泉。在寺内四面墙壁上，由五颜六色的大理石和马赛克镶出了阿拉伯人喜爱的几何图案，装有 22 扇铜制大门，在高达 20 米的巨型水晶吊灯照耀下，殿堂显得富丽堂皇。寺院的宣礼塔高 200 米，还设有演讲厅、经学院、博物馆、图书馆等附属设施。这里的图书馆馆内藏有英国女王伊丽莎白二世赠送的一本有着 1000 多年历史的《古兰经》真本，成为镇馆之宝。

一部荣膺奥斯卡奖的影片《卡萨布兰卡》以及一曲男中音演绎的名曲《卡萨布兰卡》，都增添了游客对这座北非城市的神秘感。很多人选择到这里休闲度假，在海滩看海水湛蓝，让海风吹拂，按自己兴致冲浪、游泳、划船、钓鱼，把自己埋入洁白的细沙中，在阳光和大海的陪伴下放松自我，都会认为这是一座很浪漫、很有味道的城市。

112. 美国的象征——自由女神像

自由女神像位于美国纽约曼哈顿海港内自由岛的哈德逊河口处。自由女神像身穿古希腊风格服装,头戴光芒四射的冠冕,七道光芒象征七大洲,右手高举代表自由的火炬,左手抱握一块铭牌,上刻:1776 年 7 月 4 日(《独立宣言》颁发的日期)。女神脚下是手铐、脚镣及锁链,象征着挣脱暴政的约束和自由。1984 年,自由女神像被联合国教科文组织列入《世界遗产名录》。

这座名扬世界的自由女神像,是法国在 1886 年赠送给美国独立 100 周年的礼物。雕像以法国巴黎卢森堡公园的自由女神像作蓝本,由法国著名雕塑家巴托尔迪历时 10 年完成了雕塑工作。女神外貌设计来源于雕塑家的母亲,而女神高举火炬的右手则以雕塑家妻子的手臂为原型。雕像锻铁的内部结构,是由后来建造巴黎埃菲尔铁塔的古斯塔夫·埃菲尔设计的。

自由女神像称不上是历史古迹,仅是一件人工塑造的艺术品。但在纽约港口矗立起这样高大的雕像,却是作用非凡的。女神像地处轮船航线附近,轮船驶来,首先看到了高大的雕像地标。夜间高擎的火炬内灯火通明,使雕像更为清晰,从而使自由女神像成为船舶进出港湾的重要景观。

1874 年,造像工程在法国开工。在 1876 年费城举办的庆祝美国独立 100 周年博览会上,自由女神"执火炬的手"在博览会展出,引起轰动。仅"食指"就长 2.44 米,直径 1 米多,是一件有着独特造型的艺术珍品。不久美国国会便通过决议,正式批准总统提出的接受自由女神像的请求,并确定了建立地点。1884 年,自由女神像历经 10 年建造完成,正式宣布赠送美国。随后将女神像拆散装箱,用船运往纽约。接下来自由女神像便在曼哈顿自由岛上拔地而起。它高 46 米,加基座近 100 米,重 225 吨。整座雕像以 120 吨钢铁做骨架,80 吨铜片为外皮,以 30 万只铆钉装配固定在支架上。底座变为了一座美国移民博物馆。女神像体内有螺旋形阶梯,使游客能登上它的头顶,这相当于徒步攀登一幢 12 层的楼房。

一个多世纪以来,耸立在自由岛上的自由女神像已成为美利坚民族和美法人民友谊的象征,表达着美国人民争取民主、向往自由的崇高理想。如今到此观光的游人,可搭乘轮渡,来到铜像底部,乘电梯直达基座顶端,再沿阶梯登上头顶。如提前预约,还能站到王冠尖顶处,鸟瞰曼哈顿全景风貌。

113. 美国总统的官邸——白宫

白宫也称白屋，是美国总统的官邸和办公室，常指代美国政府。1902 年，被西奥多·罗斯福总统正式命名“白宫”。

白宫位于华盛顿哥伦比亚特区西北宾夕法尼亚大道 1600 号，坐北朝南，是一幢白色的新古典风格的砂岩建筑物。由主楼和东西两翼共三部分组成，前为椭圆形草坪，后有拉斐特花园，共占地 7.3 万多平方米。

主楼宽 51.51 米，进深 25.75 米，有底层、一楼、二楼、三楼共 4 层。底层设外交接待大厅、图书室、地图室、瓷器室、金银器馆、工作人员办公室等。从正门进入主楼，5 个主要房间是国宴厅、红厅、蓝厅、绿厅和东厅。东厅是白宫最大的房间，可容纳 300 名贵宾，用作大型招待会、舞会和各种纪念性仪式庆典。总统办公的椭圆形办公室位于西厢旁边的位置，对面室外是总统专属的玫瑰花园。主楼二层是总统全家的起居室。主楼南面大草坪上，矗立着高耸的华盛顿纪念碑，这是美国人民为纪念他们的国父华盛顿而建立的。纪念碑南面是《独立宣言》起草人、美国第三任总统杰斐逊的圆形纪念堂。西面遥对着一座古希腊神殿风格的建筑，这是林肯纪念堂。都是白宫的重要景观。

从美国独立至今，共有四十几位总统入主白宫。而首任总统华盛顿，只见过白宫建筑图纸，未曾住进这所宅邸。居住最久的“白宫主人”是富兰克林·罗斯福，他连任了 4 届总统。在白宫住期最短的是第九届总统威廉·哈里逊，搬进去只住了两个月便去世了。白宫是全美国唯一的一座完全以公费来维持的“公家房屋，私人住宅”。作为纳税人的美国民众常常会自豪地说，他们是“白宫的房东”。

白宫每年要举行多次颇有影响的大型宴会，称为国宴，一般由四星级正餐、演出文艺节目和舞会三部分组成。参加人数限定在 126 人。其中必须到席的，除了总统夫妇和来访的外国首脑夫妇、访团的贵宾、国务院和白宫官员、少数议员和记者，还有一些名额。总统夫妇往往根据个人爱好，填补空额人选。福特总统喜爱体育运动，体坛明星就成为常客；里根总统早年当过电影演员，好莱坞的影星就频频成了国宴座上宾。

白宫在世界上众多的国家元首官邸中，是仅有的几个常年向民众开放的住所之一。这个规定自杰斐逊总统开始，一直延续至今。每周星期二至星期六，上午 10 点至午后 2 点，开放 4 小时。每天平均接待游客 4500 人，一年达 150 万之众。白宫内对外开放的景点是有限的，游客不得自由活动，几十人为一组，只是由导游带领在指定区域做一些走马观花的参观。

114. 海峡飞架金门桥

金门大桥峙于美国加利福尼亚州旧金山与马林郡的金门海峡上。这座桥使用了10万多吨钢材,耗资3550万美元,历时4年,于1937年建成通车,是世界上罕见的单孔长跨距大吊桥之一,成为旧金山市的象征。

建成后的金门大桥,在桥的两侧各有一座巨大的铁塔。塔高342米,水面之上为227米,相当于70层楼房高的建筑。从高塔上伸出的两根粗大钢缆,每根直径各为92.7厘米,重2.45万吨。钢缆与桥身之间再用钢索连接,每根钢索也重达6412吨,由2.7万根钢丝绞成。钢缆两端延伸到岸上,锚定于岩石中。大桥凭借桥两侧两根钢缆所产生的巨大拉力高悬于半空。桥中心处距水面67米,即使涨潮,大型船只也能从桥下畅行无阻。包括延伸部分,大桥全长2737米,桥面宽27.4米,有6条车行道和两条宽畅的步行道。著名的1号公路从这里通过,每天从路面行驶的车辆多达十几万辆。远望大桥,整个桥身宛如一条钢铁巨龙卧于蔚蓝的海面上,景象壮观。

金门大桥在1957年以前是世界上最长的悬索桥,两座钢塔(桥墩)之间在1964年以前,拥有世界上悬索桥中最长的跨度。大桥以红、黄和黑色混合的"国际橘"色漆涂刷。这条棕黑色纽带,将旧金山海湾区的周围城镇连接在一起。大桥以雄伟磅礴的气势,吸引着无数的游客。人们站立桥头,观赏海湾内的绮丽风光;信步桥面中央,极目太平洋上,看渔帆点点,海鸥翻飞。这一幅幅如画的景色,常让游客流连忘返。

然而这座闻名遐迩的金门大桥,又有"死亡之桥"的名声。自从大桥建成,从金门桥上跳海自杀者已超过1600人。他们中有老人、青年,有男人也有女人。有人为生活困苦、无所依靠而绝望,也有人因疾病、失恋、抑郁而厌世。轻生的人独自走到桥上,在无人注视的地方,跨过铁栏杆,居高临下,纵身扑进汪洋大海,以此了却一生。桥面与海面距离大,加之人坠落时产生的巨大冲击力,自杀者基本上无生还的可能。为了防止在金门桥上再发生投海自杀的现象,旧金山市的警察部门在桥上布置了大批安全人员,不分昼夜地值班巡查。虽然很早便使用了闭路电视实行"自杀监视",快速及时加以劝阻,一幕幕悲剧仍在继续重演。2013年,自杀者为46人,创年度最高纪录。在此之前安装防护网的提议被多次提及,由于资金等问题而搁置。在又一年年初,大桥高速和交通管理区董事会经投票通过,终确定在桥梁两侧各增加20英尺宽的防护网。其推动计划实施的原因之一,是董事会会长的孙子也于3周前跳桥自杀。

115. 中华风情浓郁的唐人街

在美国、加拿大、澳大利亚等一些国家，人们把华人聚居的地方称作唐人街。有不少华人世代旅居海外，然而他们有着民族的自尊，自称炎黄子孙，怀念中华故土。美国的华盛顿、纽约、底特律、洛杉矶、旧金山及波士顿等众多城市中，都有唐人街，在美华人已有近100万，其中居住在纽约唐人街的华人就占了其中的1/10以上。

纽约唐人街位于纽约的曼哈顿下区。几条几千米长的街道，与四周摩天大楼林立的嘈杂世界相比，这里别具风采。街道两旁的建筑物，除了间或有中西合璧的不多楼房点缀，多为古老的中国飞檐斗拱式小楼。阳台古朴，楼下大门两侧书悬中文对联，有的人家门前还蹲坐着一对造型别致的石狮子。

每逢中国的传统节日如春节、清明、端午、中秋，唐人街的诸多家庭都以传统的中华民族方式祭祖、庆祝。人们衣着光鲜，相互走访。春节是一年中最隆重、热闹的节日，除夕之夜，整个唐人街被彩灯照耀，鞭炮齐鸣。街头有戏班彩唱，孩子们群聚玩灯。很多人家按传统礼俗请神、焚香、吃年夜饭、通宵守岁。大年初一，人们在唐人街耍狮子、舞龙灯、踩高跷。近年还邀请国内花会进行民俗表演，吸引各国游客观赏，形成一年一度的欢庆高潮。

唐人街有最具中国特色的商业门店。从各式中国服装、古今书籍、文玩字画，到中国名酒、风味食品等，应有尽有。文物商店里摆满了中国的传统工艺品，有抽纱、刺绣、织锦、玉雕、贝雕、漆器、景泰蓝、唐三彩、景德镇瓷器、宜兴紫砂壶等，琳琅满目，让人爱不释手。

华人餐馆兴旺发达，是唐人街的一大特色。这里有国内八大菜系京、沪、川、粤等各式风味的餐馆，不仅华人爱吃，也广受外裔人士青睐。他们喜欢吃“北京烤鸭”“四川麻辣火锅”“苏式汤包”“扬州炒饭”“广式叉烧”等名菜，也爱吃当年慈禧太后点食的“豌豆黄”“芸豆卷”“艾窝窝”“小窝头”“肉末烧饼”等小吃。有着种种传说的“炒杂碎”，营养丰富，物美价廉，也大受欢迎。中国餐馆的菜肴美食烹制考究，风味独特，每逢周末或假日便座无虚席。

在唐人街，居住的华人后代深受东方古老文明的熏陶而心存孝道。一些热心公益事业的人士创办了“安老会”“人瑞中心”等会所，供应廉价午餐、附设文娱室等，让老人们安度晚年。居住于此的华裔青年一代接受了西方文化教育，但很多人在作风和气质上都保留着东方人的特点。他们一般聪敏好学，对古老的中华传统文化饶有兴致，身居海外而心向故土。

116. 名城胜景多伦多

多伦多位于北美加拿大安大略湖西北岸畔,是加拿大最大的城市,又是政治、经济、文化和交通中心。市区有半数居民来自全球各国100多个国家的移民,汇聚了140多种语言,成为世界最多元文化的城市之一。多伦多已连续多年被联合国人居署评为全球最宜居的城市之一。

包括相邻的尼亚加拉瀑布,多伦多著名旅游景点很多。矗立在多伦多市中心的国家电视塔,形似利剑,上端有陀螺形建筑的高塔。人们习惯以英文缩写的头一个字称它为CN塔。建造中挖土方6.2万立方米,使用钢筋4万吨,施工历时10个月。建成后塔高553.33米,塔身重13万吨,上下垂直差只有2.97厘米,塔身承受的风力可达每小时428千米。在20世纪90年代前它的高度雄踞世界第一。塔上安装着用于广播、电视、气象、通信的设施。在335米到366米处的7层陀螺形大堂,设有瞭望室、瞭望平台、旋转餐厅等旅游娱乐设施。塔中安装有4部电梯,能以每秒6米的速度升降,不到1分钟就可从塔底直达360米处。在瞭望室还有一部电梯,能将游客送至447米的空间观察舱去观光。站在高耸入云的舱室内,看地面的街道、楼房,都像焊在线路板上的电子原件,让脚下的世界变得无比宽广,令人心旷神怡。

CN塔一侧坐落着著名的多伦多体育馆,它拥有着世界上最先使用的可全方位伸缩的顶盖。这里经常举办重要的冰球比赛,还有NBA现场直播多伦多猛龙队的比赛。冰球和篮球比赛总是满场,一票难求。这里的美国百老汇演出也很发达,仅国王大街就有多家剧院,不断上演根据奥斯卡获奖影片改编的舞台剧。国王大街西侧的电影博物馆展品洋洋大观,展览中还有很多专题,如骷髅新娘、死亡谷、剪刀手爱德华等,配合黑白影片的放映,让人重温昔日的美好时光。市中心的卡萨罗玛城堡,有长达270米的幽深隧道、98间神秘的塔楼等建筑,还有依山而建的大花园等,也是吸引游客光顾的景点。

多伦多市中心的皇后西街,曾是著名的工业街区,如今已变身艺术保护区域。过去很普通的酒馆、酒吧,甚至一部老的电梯,都显现出了现代元素和艺术特色。501街车行道,全长49千米,是北美洲最长的街车线,街车行驶缓慢,且经常停站,但很多人还是喜欢乘坐,以一赏城市百态,为此这条线路还被评选为“全球人生之旅的最佳路线”之一。

多伦多市每年举办有花卉展、街头节、美食节、爵士音乐节、狂欢节、龙舟赛、大赛车、圣诞老人游、冬令节、新年晚会等大型活动,让当地的旅游热持续升温。

117. 玛雅遗址——蒂卡尔古城

蒂卡尔地处中美洲危地马拉西北部的佩腾湖畔密林深处。蒂卡尔古城是迄今发现的年代最早、规模最大、保存最好的玛雅古城。

玛雅文化是世界重要的古文化之一。玛雅文明孕育、兴起、发展于今墨西哥的尤卡坦半岛、恰帕斯、塔帕斯科和中美洲的一部分,包括危地马拉、洪都拉斯、萨尔瓦多和伯利兹,总面积为32.4万平方千米。玛雅文化的前古典时期,为公元前1500—公元300年,出现在危地马拉的太平洋沿岸及高原地带。以建筑、雕刻、绘画为文化特征,在广场大建石料建筑和大型石碑,现存最早的纪念碑建于公元前4世纪。

蒂卡尔古城于20世纪50年代被发掘。整个城市占地面积为130平方千米,中心部分占地面积约17平方千米。经查明,这里坐落着各种建筑物达3000座,出土石碑200块,石柱80根,大小劳动工具和生活用品10万件。研究表明,这座古城存在的年代是公元前3世纪到公元9世纪。做出这样的判断并不困难,按玛雅人的传统习俗,每隔20年竖一块碑,上刻象形文字铭文,注有年份,经破译文字便知。蒂卡尔古城的发现,让印第安文明也有了重新评价的价值和地位。

蒂卡尔古城的精华在中心广场附近。广场东侧是1号金字塔,由于它状似一头雄踞的美洲豹,故称美洲豹金字塔。塔高60米,塔身分为9个梯级,顶部建有小庙。全塔气势轩昂,匀称庄重。此塔建于公元810年,是区域内石砌金字塔中的佼佼者。塔南有一座由6个庭院组成的长廊式建筑群,每个庭院又各建有一组殿堂。这里地势起伏不平,修造者独具匠心,巧造石阶,使建筑高低错落有致。全城面湖而立。中心广场西南有七殿广场,这里矗立着7座宫殿,殿堂的门楣上雕刻着骨骼和骷髅等花纹,含有神秘的意义。七殿广场以北,坐落着2号金字塔,塔顶雕刻着巨大的假面,塔底分为三个大厅,厚实的石壁上刻有古代玛雅人劳动和生活的精美浮雕。2号金字塔建于公元736年。浮雕显示,到了8世纪上半叶,在玛雅人中已经出现了社会和阶级分化,这就彻底动摇了那种认为直至哥伦布发现新大陆前,拉丁美洲印第安人始终处于原始公社阶段的假说。

在以中心广场建筑群为主体的蒂卡尔古城里,散布于密林中的建筑多达上千处。据推测,蒂卡尔在人口最多时可达20万。大量事实表明,这里的古城是玛雅文化鼎盛时期的宗教、政治和贸易中心,大批的金字塔、祭台、驿道、浮雕、绘画等,也都证明了这一点。经半个多世纪的发掘,今天的蒂卡尔已成为举世闻名的考古、旅游胜地,被联合国教科文组织列入《世界遗产名录》。

118.“石头的故乡”复活节岛

复活节岛位于南太平洋上,是南美洲智利的领土,但距智利却有3000千米之遥,与太平洋上其他岛屿距离也远,孤立于洋面。这座海岛呈三角形,每个角上都有一座较大的火山。岛上还有很多小火山。火山口周围长满了绿色植被,较大的火山口有的形成湖泊,湖边生长着芦苇,构成了岛上独有的自然景观。

1722年4月22日,荷兰探险家罗格文率船队发现了这个航海图上没有标记的小岛。船员靠近小岛时,惊奇地发现岛的四周竟然站立着一排排巨人。上岸一看,才知道那是一尊尊高大的巨人石雕像。因为这天是“基督教复活节的第一天”,罗格文即为该岛取名“复活节岛”,意思是“我主复活了的土地”。

岛上林立的巨大石雕像,让罗格文及船员、之后到来的西方冒险家都啧啧称奇,感觉神秘莫测。海岸边的石雕巨像有300多尊,都是以黝黑的玄武岩、凝灰岩雕凿。有些还用贝壳镶嵌了眼部,让雕像显得炯炯有神。在火山口采石雕刻场内,还有多达300多尊雕像,有的只有不多的斧凿痕迹,有的已雕刻完整,可以运走。雕像一般高5—10米,重几十吨。最高的22米,重达300吨。有的雕像上戴有石帽,帽重也达10吨。雕像造型生动,多为高鼻梁、深眼窝、浓眉毛、长耳朵、翘嘴巴,双手贴肚。石像的表情或阴郁、或冷漠、或沉思,严肃得让人看了心情压抑,而找不到一个笑模样的。在雕像周边,还安放有石台,坐落着露天庭院等石材建筑。

几百年来,这座孤处的海岛、沉默的巨石人像,注视着每一位登岛造访者,最终让他们怀着哑谜而去。人们难以找到答案的是,是什么人雕刻了这些石像?象征了什么?又是如何把沉重的雕像从火山口处运到几十千米外的海边的呢?有人说这是外星人的作品,又怎样证明呢?复活节岛上的住民称,他们的居住地自古是“世界的肚脐”,这让人不好理解。直到后来航天飞机的宇航员从高空俯瞰地球,才知道当地人没说错。孤悬于太平洋的复活节岛真的很像是“肚脐”。这让人又想不通,难道古代岛民也从高空看过下面岛屿吗?假若如此,又是用怎样的飞行器把他们带上高空的呢?

在复活节岛南部的圣城奥朗戈,还发现了4300多幅岩画作品,作品内容丰富,包括植物、动物、海景、天象等,具有高超的艺术表现力。此外,还发现了被称为“科哈乌”的石雕条板,刻有鸟首人身的“鸟人”浮雕图案及象形文字。虽然至今还没有人能解读,却都展现了人类文明存在的印迹。

119. 里约热内卢的耶稣雕像

里约热内卢位于巴西东南部沿海地区，是巴西乃至南美洲的重要门户，是巴西第二大城市，素以重要的交通枢纽和旅游、文化、金融中心而闻名。这座大都市背山面海，山海交融，优美的自然景观与人文景物错落有致，包括30多处沙白水洁的海滩、创建于1808年的植物园、有多达100万件藏品的国立博物馆、多座历史悠久的大教堂等。这里的马拉卡纳球场曾先后举办了两届足球世界杯赛，举办了2016年奥运会开幕式。里约热内卢还享有“狂欢节之都”的美誉。这里的耶稣基督雕像，更是引人注目，成为这座城市的标志和象征，是世界最著名的纪念雕像之一。

耶稣基督雕像矗立在海拔700多米的科科瓦多山顶上。雕像耶稣身着长袍，双臂平举，目光深情地俯视着里约热内卢全景，展示了博爱的精神和对独立的赞许。从远处望去，雕像就像一个巨大的十字架，有庄重、威严的气势。耶稣的身影与群山融为一体，不时有云团飘浮，使耶稣像若隐若现，更显神秘和圣洁。雕像建于山的顶端，无论白天和夜晚，从里约热内卢市区里几乎每个角落都可以看到它。

在科科瓦多山上建造一座雕像的想法，始于19世纪50年代中期。当时天主教神父佩德罗·博斯请求巴西帝国的伊莎贝尔公主筹措资金，建造一座大型宗教纪念物，未引起重视。巴西在1889年成为共和国后，这个设想又被政府否决。直到1921年里约大主教再次提出造“雕像地标”，才付诸实施。当时组织了一个“纪念像周”活动，吸引捐款，主要面向巴西的天主教徒。经提出设计要求，采纳了“救世基督展开双臂”的造型。

雕像由波兰裔法国艺术家朗多夫斯基所设计。他于1926年至1931年先在法国造好雕像部件，然后运往巴西组装。一组技师团研究了设计方案后，决定以钢筋混凝土代替钢材，以便更适合十字架形状的雕像。确定以滑石作为雕像外层材料，这种石材有柔韧性好的特点，能有效抵御恶劣的天气。里约为此还建造了科科瓦多的上山铁路，以利于将打造的大块石料运至山顶。

雕像历时4年建成，高38米，仅头部即高近4米，两手伸展宽度达28米，总重1145吨。承重雕像的基座，同时也是一座能容纳150人的天主教堂。1931年10月12日，是巴西圣母显灵日（又称守护神节），在科科瓦多山上举行了盛大的雕像落成典礼，由时任巴西总统的瓦加斯为雕像剪彩。

2006年10月12日，在雕像落成75周年的庆典上，里约市枢机大主教欧瑟比欧在雕像下为圣母显灵日做弥撒，宣布这座耶稣像为朝圣圣地。此后，天主教徒便纷纷来雕像前接受洗礼和举行婚礼仪式等活动。

120. 波哥大的黄金博物馆

在南美洲哥伦比亚的首都波哥大,坐落着一座世界闻名的黄金博物馆。博物馆于 1939 年设立,1968 年迁至现址。馆内收藏了 2.6 万件印第安人制作的精美金器,是世界上最大的金器博物馆。

哥伦比亚自古就盛产黄金。从 5 世纪开始,这里的印第安人就爱用黄金做装饰品,如耳环、鼻环、项链、手镯、脚镯、壶、杯、碟、碗、盘、假面具和香炉等,其中大部分是用金箔、金丝制作的。17 世纪时,这个南美国家平均年产黄金 3.7 吨,产量占当时世界产量的 46.8%。黄金一词在当地常被人用来命名,表示如意吉祥。

印第安人信奉太阳神教,曾流传着镀金人的传说。说是居住在安第斯山麓的奇布卡族首领每逢传位加冕,会在全身涂满金粉,带上各种黄金祭品,乘船去瓜达维达湖朝拜神灵,把金粉洗落湖中,投下祭品。随行朝拜的印第安人也纷纷把金饰品投湖,致使湖中堆满各类黄金。这样的传说给奇布卡人带来了灭顶之灾,16 世纪初,西班牙殖民者侵占到这里,到处疯狂寻找镀金人,挖湖掘墓,抢掠黄金。印第安人将金器坚壁起来,使一部分金器文化得以保存。

如今开放的波哥大黄金博物馆有三层建筑,一层介绍印第安人的历史,二层介绍印第安人的淘金术和炼金术,三层是收藏的各类金器展区。展品包括宗教仪式上所用的祭祀器皿,器皿上刻有鹿、鹰、蟾蜍等图案。蟾蜍被认为是智慧的化身,曾受到家家供奉。展品另一大类是头、胸和腹部的装饰物,上面雕刻有人头像和飞禽走兽的花纹,是求神拜天和喜庆节日时佩戴的。展品中还有一些金制的日用品,如鱼钩、刀、碗、盆、碟等,有的还是公元前 2000 年印第安人的制品,上刻图案花纹,有着特定的含义,极其珍贵。

在三层上设有一座"黄金大厅",大厅门口警卫森严,参观者要分批而入,每批不超过 20 人。当人们走进大厅,感觉漆黑,突然间灯火通明,只见眼前金光灿烂一片,如同阿里巴巴进入了大盗的金银珍珠宝库一般,厅内四周玻璃柜内各种造型、不同色泽的黄金珍宝琳琅满目,令人眼花缭乱。在黄澄澄的各种金器中,参观者还能欣赏到镶有 1400 块绿宝石的"圣体匣"。这里的展品只是发掘出来的印第安人文物的很少一部分,许多珍贵的金器艺术品在几百年中被西班牙等殖民者盗窃一空。但就是从这些保存下来的展品中,人们也可以看到哥伦比亚人民的智慧和高超的艺术水平。在馆中参观者还能看到两场介绍黄金开采的传奇故事影片,让人了解到这里的一件件黄金展品,都渗透着哥伦比亚人民的血和泪,有着极不寻常的经历。

121. “鲁滨孙”漂流过的海岛

胡安·费尔南德斯群岛属智利领土，位于智利以西，距陆地 160 千米的南太平洋上。主要由马斯地岛、马斯阿富埃拉岛和圣克拉拉岛组成，总面积 185 平方千米。由于长期与外界隔绝，使群岛成为古代绿色植物天然保护区，被联合国教科文组织列为“地球生物圈世界遗产”。

“鲁宾孙”是英国作家丹尼尔·笛福笔下的人物，笛福以鲁滨孙在胡安·费尔南德斯群岛孤独生活了 4 年多的故事，创作了《鲁滨孙漂流记》一书，流传至今。书中的主人公出身于英国中产阶级家庭。他去海外冒险，结果遇难，漂流到荒岛上。为了生存，他做木筏、开荒地、与划船而来的野蛮人搏斗。在开发荒岛的过程中，表现了一个劳动者的优秀品质，虽然孑身一人，但他克服了生产工具简陋和地震、旱灾、疾病等天灾人祸。通过小说说明人的生产劳动是社会发展的基础，人只要热爱劳动，有坚韧的意志力，就可以战胜恶劣的环境，创造奇迹。小说在通过鲁滨孙历险过程的同时，也表现了殖民占有思想。

胡安·费尔南德斯群岛是一个火山岛群岛，岛上的风光，一如笛福小说描写的那样，有森林、山谷、泉水和瀑布。在马斯地岛上，楔形的埃尔荣克山峰高达 1000 米，峰端云雾缭绕。小说中的鲁滨孙曾在上面不断燃起烽火，以便引起过往船只注意，盼望有人来搭救他。为此有人称这座山峰为鲁滨孙的“瞭望台”。

在 19 世纪的很长时间里，胡安·费尔南德斯群岛一直无人居住。直到 20 世纪六七十年代，才有 500 余智利居民移居此地，集中住在马斯地岛的巴蒂斯塔村里，靠捕捞螯虾为生。村里除建造了木板住房，还建有仓库，以及一座灯塔、一所小学、一座小教堂和一座公墓。此外，这里还有一座 18 世纪西班牙城堡的遗址。

胡安·费尔南德斯群岛四季常青，气候宜人，年平均温度为 13 至 15 摄氏度。海岛上植被丰富，植物多达 450 种，其中的 135 种是这里所独有的。一种黄色兰花，已被生物学家宣布在地球上消失，只有标本存于博物馆，近年又在岛屿草丛中被发现。岛上没有毒蛇和猛兽，附近海域盛产鱼类、贝类和大龙虾。这或许就是“鲁滨孙”得以在荒岛生存的原因。

在马斯地岛山腰处有一个岩洞，深达 9 米，低处有暗泉涌流。小说写道当年“鲁滨孙”曾在洞内居住。有书记载，岩洞还是海盗藏身和贮存金银财宝之所。如今游人来到岛上，也都会进洞走走看看，领略一下 18 世纪时漂泊荒岛人的生活环境。

122. 澳大利亚的黄金海岸

黄金海岸位于澳大利亚东部海岸中段,布里斯班以南,由一段长 42 千米的数十个连续排列的优质海滩组成,以沙滩金色而得名。黄金海岸不是形容词,而是一个名词。这里气候宜人,光照充足,海浪湍急,极受冲浪滑水爱好者的欢迎,是昆士兰州重点旅游度假区。

1770 年,英国航海家库克来到此地,见这里水浅礁危,将突出水面之地取名警告山、危险岬等。19 世纪 40 年代,欧洲人开始在此建移民点,开荒种植,建造屋舍。如今当年土著的聚居之地,已成为宾馆、别墅林立的旅游中心。这里一年也分四季,但夏季时间较长。即便是冬季,这里的阳光也是暖洋洋的。金色海岸线的后面,辛特兰山脉覆盖着大片雨林,形成"黄金背后的翠绿"。这里一处处峡谷、溪流、瀑布、洞穴,景观美得自然天成,有"澳洲的夏威夷"之称。

爽朗的自然景观与澳洲的沙滩文化巧妙结合,形成了黄金海岸的旅游特色。绝佳的海岸风光,丰富的娱乐设施,多彩的购物场所,将这里打造成了旅游者的"天堂",每年到此观光造访的游客超过了 200 万人。库鲁姆宾海滩有一个飞鸟保护区,占地 20 公顷,在此可观赏到红嘴、蓝颈、绿羽、长尾等各种鹦鹉,它们栖息枝头,鸣叫悦耳。这里还有全澳洲最大的海洋公园,展示有各种鲨鱼、水母、海龟、海蛇、海驴等海中生物,还能欣赏到精彩的海豚表演。海岸园林之间还错落有致地分布着儿童乐园、空中缆车等休闲娱乐场地。山坡处有展示珍禽、异兽、名花的公园。广阔的大草坪上则是抛掷回旋镖(一种澳洲土著使用的猎具)的场所,游客到此都可比赛一番,大显身手。海岸一侧还有展示库克当年乘坐的"努力号"帆船复制品,供凭吊观赏。

在金色沙滩一侧,有一座自然桥公园。神奇的是园中瀑布后有一个洞穴,洞穴中生活着一种能发光的蠕虫。这是一种昆虫,与蚊子相似,但其尾部长有一个发光的器官。每当天将黑暗,洞穴内便会闪烁美丽的光,吸引人观赏。

在海岸的繁华地段,建有一座"华纳电影世界"。这是一座很有特色的主题公园,占地面积 415 英亩。园区内再现了《警察学校》《卡萨布兰卡》等影片中出现的街区。游客入内可以欣赏到著名电影的画面,蝙蝠侠、超人等让人熟知的银幕形象会随时出现在面前。人们可设身处地地体验电影画面带来的娱乐,使人乐而忘返。在海岸大街等街道上,大小商厦、土特产商店门类繁多,商品琳琅满目。各式酒吧、意式餐厅、德式餐厅、印度餐厅、中式餐厅等连成一片,让游人的休闲观光感到惬意。

123. 新西兰的皇后镇

皇后镇位于新西兰南部卓越山脉山脚下，瓦卡蒂普湖北岸。在距今 1.5 万年前的冰河时期，这里曾被冰河覆盖。后经不断的地壳变动，冰河退去，周边一带又成为新西兰地势最为险峻的地方。如今的皇后镇海拔 310 米，依山傍水，又是一处风光美妙的地区，有“小瑞士”之称。

瓦卡蒂普湖是一个深而蓝的高山湖，平滑如镜的湖面上，倒映着周围雄伟的山形和翠绿的树影。天空蔚蓝，云朵洁白，空气清新，小镇的木制建筑排列得当，美如画卷，这也让当地有了“最适合女王居住之所”的美誉。由此，皇后镇也成为新西兰最受欢迎的新婚蜜月胜地。宁静的道伯夫湾更是成为新人们的首选，这里既有碧海蓝天、丽日暖风、适合日光浴的绵软沙滩，又不时薄雾弥漫，充满神秘朦胧的气息。看鱼儿跃水，鸟儿探海；听虫儿鸣唱，山泉叮咚，也都为新人增添了浪漫的情调。

随着旅游业的发展，曾几何时，皇后镇这片纯净优雅的地面上，又多了个“冒险之都”的称号。有那么多寻求惊险刺激的人，来到这块美丽的地方，进行竞技运动，以求得到更大的愉悦。在卡瓦劳河和沙特欧瓦河上有一种喷射快艇，这种新西兰发明的水上快艇能在水面上翻转飘移，做出一系列游乐设施动作，并穿越惊险的狭谷、激流礁滩等，是一次刺激的探险之旅。皇后镇还是高空跳极的发源地，在卡瓦劳大桥上跳极，配有特别的“跑道”，以将人送往距地面 400 米的高空。这里的休特弗河和卡瓦罗河四季都有漂流活动。冬季这里更是著名的“户外活动天堂”，在白雪皑皑的山地间，滑雪可持续很长一段时间。科罗奈特峰南部湖群是最古老、最著名的雪场，雪质纯洁，场地优良，非常适合在夜晚和清晨滑雪。无论是雪板滑雪、自由式滑雪，还是全家人一起滑雪，多变的滑雪场地能满足各方面要求，让人们滑玩得尽兴。游客到此还可以租用直升飞机飞往高山地区观光，享用香槟野餐。租用快艇入海兜风，观光垂钓。拖行降伞、山地车速降、在世界一流场地打高尔夫球，也是众多游客喜爱参与的活动。

皇后镇的吉布斯顿谷是世界上纬度最南的葡萄种植区，以盛产雷司令、黑比诺、灰比诺、霞多丽葡萄酒而著名。葡萄酒庄园都拥有自己的美食餐厅，向游客提供美酒海鲜大餐。每年 6 月末至 7 月初，皇后镇会举办“冬之祭”庆典活动。活动有 60 多项，包括体育、艺术、音乐、喜剧、葡萄酒、美食及与冬雪有关的方方面面，颇受众多旅游爱好者的欢迎。

124. 风光绮丽的岛国斐济

岛国斐济位于浩瀚的南太平洋上，地处澳大利亚以东，新西兰以北，由大小800多个岛屿和礁岩组成，陆地总面积约1.83万平方千米。国名名称源自汤加语的“岛屿”。考古发现，早在公元前1500年这里的岛上就有人居住。1643年荷兰航海家首先到达此地。19世纪欧洲人移入斐济，1874年斐济沦为英国殖民地。1970年斐济独立，为英联邦成员国。

这个地跨东西半球的岛国，森林覆盖率约占国土面积的一半。年平均气温22至30摄氏度。自然风光秀丽，气候宜人，旅游业发达，年游客量可达70万人，是国家的主要外汇收入来源。来到斐济的人首先着迷的就是它的色彩。人们都知道海是蓝色的，而在斐济看到的海，很多时候是彩色的。这是由于海水清澈，无数色彩斑斓的海鱼和珊瑚礁将大海搅得五彩缤纷。这里海水的蓝也有着不同，从岛上木屋露台向远处眺望，海水从淡蓝，到浅蓝，到天蓝，到湖蓝，然后是蓝墨水一样的深蓝，再远处往往被一道珊瑚礁白线或黄线圈住，给人留下了难忘的看海经历。

在斐济几个大岛上，设置了众多的自然文化景观景点，经营着游客喜爱的旅游活动，包括内陆漂流、航海、深海垂钓、帆板船、冲浪、浮潜、深潜等水上体育娱乐项目，还组织有举办婚礼、蜜月旅行等活动的度假村。有的礁湖度假村只对情侣开放，配备有精致的沙滩小屋，环境清幽，充满了浪漫迷人的情调。

在斐济首都苏瓦的太平洋港，建有一个古代文化中心。引人注目的有一座堡垒，这是按照古代斐济人抵御外来侵略者时修建的自卫设施。堡垒四周木栅栏上装备了古代作战用的矛剑，表现了斐济人追求民族独立自由的斗争精神。这里还设有古代特色的街市，街道两旁的建筑物、市场、店铺，一色古代风格，游客在此选购土产皮革、古色古香的木器和珠宝、贝壳和手工艺品，生意兴隆。游客也可以乘坐独木舟环礁湖巡游，纵观文化中心全貌。岸边的陈设乃至居民的起居饮食习俗，都仿照20世纪以前的古老传统进行。在古代茅舍里，身穿古代服装的斐济人或制作木器，或编织草篮、草席，或在硬木上雕图刻花，或在打造独木舟，把古时斐济人的劳动和生活表现得淋漓尽致。在古代文化中心的一处高地，可以俯瞰周边幽美的景色。露天餐厅备有古代传统美食佳肴，供游客选用。这里还有花鸟园，养殖了上百种禽鸟和上千种热带花卉，供游客观赏。每当太阳落山后，古堡旁的天然舞台上便会举办富有浓厚民族特色的演出晚会，由土著艺术家表演传统的音乐舞蹈，这是在其他地方所欣赏不到的。

125. 大洋深处的波利尼西亚

波利尼西亚意为“多岛群岛”，是太平洋上三大岛群之一，地处大洋洲，在中东部太平洋海面形成一片三角形地带。

岛国波利尼西亚由大片的火山岛和珊瑚礁组成。早在公元300年就有人在此居住。1521年麦哲伦首次航行就抵达这里。1880年法国兼并了这里的马克萨斯和社会群岛等岛屿，1947年这些岛屿共同构成了法属波利尼西亚（法国的海外领地）。直到1977年，法国才同意其内部自治。

法属波利尼西亚美丽富饶，首府帕皮提到处是木制建筑的二层楼房，楼上是住宅，下层是店铺。这个城市有4万多人，华人占到1/4。街道上是望不到头的水果店、杂货店、工艺品店、服饰店、中国餐馆、西式餐厅等，出售当地土产草编平帽、纱笼草裙、贝壳饰物等。有的店铺也售卖巴黎香水、欧美时装。在帕皮提大街上，抬头可见身穿旗袍的土生华人少女、金发碧眼的法国女郎和混血姑娘，她们风姿绰约，楚楚动人。当地的土著女子，耳旁垂挂着大红鲜花，按当地的习俗，挂在右耳的说明已婚，挂在左耳则表示待字闺中。

法属波利尼西亚群岛水色山光，绮丽秀美。村舍茅庐点缀其间，椰林摇曳，鲜花盛开，木瓜飘香，景象迷人。每周土著居民都会在村寨举办野餐、篝火、歌舞晚会。夜色降临，村民纷纷出动，把整只野猪裹泥烧烤，篝火旁放长桌，摆满椰子、菠萝、香蕉、木瓜、西瓜等时鲜果品，碟子里盛有烹烧的鲜美龙虾、生蚝、鱼和海蟹。客人入座后，村里的酋长向客人敬酒，致欢迎词。客人一边品尝美食，一边观赏传统民间歌舞表演。地处大洋深处，这独特的夜景、热情的款待、异域风情的演出，让游客浑然忘我。而这也成为当地人的重要收入之一。

在这里的群岛上，游客能加入原汁原味的土著文化生活，在波拉波拉岛、大溪地岛等岛屿上，还能享受到原生态的水上浪漫。许多酒店建于面海的礁石上，每个房间建有大阳台，能近观远眺海景；有的房间墙壁和地面就以强化玻璃铺设，游客躺在大床上就能不时看到鱼群嬉戏、游走，而且都是最自然的水中景观，这种亲水体验是每个游客都难以忘怀的。波拉波拉岛的近海处还建有一座教堂，每年都有来自世界各地的新人到这里举办婚礼。教堂不仅前后通透，地面也是一整块透明玻璃，其下就涌动着海水。一对新人在仪式中仿佛是在水面上行走，在神父的祝福声中，走向地老天荒。这样的场景让人不可思议，却又是那样真实而美妙。

图书在版编目(CIP)数据

百科集趣. 第三辑 / 于永昌著. －－ 北京 : 中国文史出版社, 2021.3

ISBN 978－7－5205－2642－5

Ⅰ. ①百… Ⅱ. ①于… Ⅲ. ①科学知识－普及读物 Ⅳ. ①Z228

中国版本图书馆 CIP 数据核字(2020)第 240778 号

责任编辑: 薛未未

出版发行: **中国文史出版社**

社　　址: 北京市海淀区西八里庄路 69 号院　邮编: 100142

电　　话: 010－81136606　81136602　81136603 (发行部)

传　　真: 010－81136655

印　　装: 北京新华印刷有限公司

经　　销: 全国新华书店

开　　本: 720×1020　1/16

印　　张: 25　　　　字数: 462 千字

版　　次: 2021 年 3 月第 1 版

印　　次: 2021 年 3 月第 1 次印刷

定　　价: 68.00 元